本书为北京市社科基金重点项目研究成果

国际环境立法
的伦理基础

GUOJI HUANJING LIFA DE LUNLI JICHU

林灿铃◎著

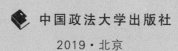
中国政法大学出版社

2019·北京

图书在版编目（ＣＩＰ）数据

国际环境立法的伦理基础/林灿铃著. —北京:中国政法大学出版社,2019.5
ISBN 978-7-5620-9004-5

Ⅰ.①国… Ⅱ.①林… Ⅲ.①国际环境法学－立法－研究 Ⅳ.①D996.9

中国版本图书馆 CIP 数据核字(2019)第 090922 号

出 版 者	中国政法大学出版社
地　　址	北京市海淀区西土城路 25 号
邮寄地址	北京 100088 信箱 8034 分箱　邮编 100088
网　　址	http://www.cuplpress.com（网络实名：中国政法大学出版社）
电　　话	010-58908586（编辑部）58908334（邮购部）
编辑邮箱	zhengfadch@126.com
承　　印	固安华明印业有限公司
开　　本	720mm×960mm　1/16
印　　张	29.25
字　　数	480 千字
版　　次	2019 年 5 月第 1 版
印　　次	2019 年 5 月第 1 次印刷
定　　价	88.00 元

作者简介

    林灿铃 男，1963 年 9 月生，法学博士，福建周宁灵凤山人，留学归国，现为中国政法大学教授、博士生导师、国际环境法研究中心主任，同时兼任中国国际法学会理事、中国环境科学学会环境法学分会副会长、教育部学位与研究生教育发展中心评估专家、教育部社科基金项目评审专家、国家社科基金项目评审专家、国家海外高层次人才引进计划（千人计划）评审专家等职。主要研究领域为：国际法、国际环境法、国家责任法、环境伦理学、国际关系学、国际政治学等，代表作有《国际法上的跨界损害之国家责任》《环境伦理学》《国际环境法》《荆斋论法——全球法治之我见》《跨界损害的归责与赔偿研究》等，近年来主持"突发工业事故跨界影响的国际法理论与实践""跨界损害问题的归责与赔偿研究""国外应对气候变化法所涉重点问题识别和研究""跨国界大气污染问题的国际条约与规则研究""国际环境立法的伦理基础研究"等国家级和省部级科研项目数十项，并在国内外发表《论跨国界环境污染的国家责任》《现代国际法的主体问题》《国际社会的整体利益与国际犯罪》《浅析个人在

国际法上的地位》《论国际法不加禁止行为所产生的损害性后果的国家责任》《环境问题的国际法律调整》《国际法的"国家责任"之我见》《环境保护与国际立法》《儒学与当今世界主题》《儒学于当今世界之圭臬论》《工业事故跨界影响的国际法分析》《跨界水资源开发利用的国际环境法原则》《国际环境法之立法理念》《侨民保护之国际法理论的发展》《论国际环境法在当代国际关系中的地位和作用》《气候变化与中国法制对策》《边境地区环境问题的法治之道》以及《气候变化所致损失损害补偿责任》等学术论文近百篇。

序 PREFACE

　　谁也不要妄想支配大地，因为，大地是没有主人的！

　　自然界虽为人类提供了生存和发展的必要条件，但我们必须看到，地球所拥有的物质资源和能源有限，自然界的一些状态限制了人类的生存和发展，自然界只提供了人类生存与发展的可能性，要使这种可能性变为现实性，还需要人类的创造。因为自然界并不是为了满足人类的需要才存在的。自然界的规律性不等于人类的目的性。

　　物种一般是先稀少，然后灭绝，这就好像病是死的前兆一样。但是，如果对于物种的稀少并不感到奇怪，而当物种灭绝的时候却大感惊异，这就好像对于病并不感到奇怪，而当病人死去的时候却感到惊异，以致怀疑他是死于某种暴行一样。如今，就生态环境的灾难性而言，其规模之大、范围之广、程度之深超出了史上任何一个时期，已经到了无以复加的地步！海洋油污、水源短缺、酸雨赤潮、土地沙化、森林毁损、物种锐减、能源紧缺、飓风雪灾、火山地震、空气污浊、冷暖无常、四季失调、牛疯鸡瘟、非典疫病……凡此种种，不仅已严重影响人类的政治、科技、经济生活等各个方面，甚至于精神的空虚和文明的萎缩。这些迫在眉睫的深重灾难严重威胁着我们，已经成为危及我们生存与发展的根本问题，使我们难以安生。且这些灾难的规模和速度，业已超出了一个民族、一个国家或是一个社会群体的控制能力！直面如此的生存危机，为了拯救自己，我们必须采取行动，建立一套行之有效的共同遵守的行为规则，以保护和拯救我们赖以生存的家园！必须考虑自身的行为方式，制订规章制度以规范我们的行为！必须扭转环境质量的退化，保持和谐、健康的持续发展！燃眉的环境危机要求我们树立人与自然和谐相处的观念，重新认识客观存在的事物条理，以更新我们的环境伦理观，确立新型的环境道德观和现代文明观。

　　确立新型环境伦理观应以生态科学揭示的人类持久生存所必需的，且存在于自然生态系统中的"公共利益"作为其现实基础和客观依据，我们只有承认了生态规律的真理性和不可抗拒性，才能发现生态系统的稳定平衡对人类生存利益的价值性，进而作出人类应当保护自然生态的道德选择。因此，人类整体的长远的生存利益才是人类保护自然道德行为（应该）的最终根据。我们应按照有利于人类在自然界持久生存下去且更好地生活的要求来确立人对自然的实践行为的评价标准系统，为人类改造、利用、占有自然确定正当的范围、合理的途径方式，并承担起优化自然生态系统或环境的道德义务。因为我们清楚，环境伦理关注的对象虽然是其他生物的生存和生态系统的完整，直接强调的也是人对其他生物和生态系统完整的态度和责任，但从根本上说，它所关注的实际上是人类持久生存下去的生态要求。人类之所以应当将道德关怀扩展到其他生物和整个生态系统，根本在于人类生存有这种生态学意义上的客观要求。人类尊重其他生物以及非生物的存在，维护生态系统的完整，同时也是尊重自身的存在，关注自身的命运和幸福。

　　从环境道德的角度调整人与自然的关系，必须确立环境行为的基本原则，以此作为人类对待自然环境的行为准则和判断人类环境行为善恶与否的根本标准。因为，单就环境道德而言，如果没有法治化的话，是难以形成真正的行为约束的。反之，法治如果不是建立在正确反映客观伦理和道德规范基础上的话，那便注定是"恶法"。因此，我们必须通过变革，变革我们的旧观念，勇于承担责任，于此变革中创建并健全正确反映客观伦理和道德规范的良善之法。

　　责任是由于尊重规律而产生的行为必要性，责任是一切道德价值的泉源，合乎责任原则的行为虽不必然善良，但违反责任的行为却肯定都是恶邪，在责任面前一切其他动机都会黯然失色。对人类来说，责任具有一种必要性，也可叫作自我强制性或约束性。所以在伦理学上，责任和义务两者并没有什么本质不同，都是一个人必须去做的事情。德性的力量也正在于排除来自爱好的欲望的障碍，以便担负起自己的职守。人，每一个在道德上有价值的人，都要有所承担，没有任何承担、不负任何责任的，不是人而是物件。

　　千年等一回！

　　因为最终遁身蟹腹的法海和尚的钵盂降妖，使许仙深爱的娘子白素贞化出本身成了一条巨蟒，许仙被这一幕惊吓而死去！而白娘子为使许仙复活，历尽艰辛，几乎付出生命的代价才求得仙草！正所谓，"随缘消旧业，任运着衣裳"。我们的信仰与文化，与社会有着休戚与共的关系；我们神圣的思想和礼仪，不能封闭在院墙之内，必须进入主流社会，取得社会认同。"悲极无言，做就对了。"我们不能坐而论道，须"悟已往之不谏，知来者之可追"。从"心"开始，从当下做起，我们的话题就从这开始吧！

2018 年 9 月 5 日 于荆斋

CONTENTS 目 录

玄荒之变

　　玄者，玄道也；荒者，荒野是也。玄道之道乃天道，天、地、人三才一体；荒野实乃地之道，万物之滥觞。然而，生养众生、滋养万物的大地，却因为人类的肆意妄为、自傲癫狂、无知无畏和无休止的索取，在经历了因贪婪所致的灾难之后，倏然成了漫无边际的汪洋，人们只能生存于水上浮岛，泥土成了命之依托生之所望[1]……漂泊于洪涛之中的方舟唯有等待鸽子衔回的橄榄枝![2]

第一节　虐　症

　　没有战争，没有杀戮，然而，人们却在迅速地死亡、逃难，鼠疫流感、鸡瘟牛疯、疫病肆虐、沙尘雾霾、气候变化、物种骤减、海啸飓风、江河泛

────────────

　　[1]　影片《未来水世界》场景：公元2500年，在经历了一场由于人类过度浪费而造成的灾难之后，地球两极冰川大量消融，海平面上升，地球成了一片汪洋，由人类所创造的文明自此消失。为了适应这种生存环境，人们只能在水上生存，建起了水上浮岛，泥土成了稀有之物。

　　[2]　诺亚方舟：创造世界万物的上帝耶和华见到地上充满败坏、强暴和不法的邪恶行为，于是计划用洪水消灭恶人。同时他也发现，人类之中有一位叫作诺亚的好人。《创世纪》记载：诺亚是个义人，在当时的时代是个完全人。耶和华神指示诺亚建造一艘方舟，并带着他的妻子、儿子（闪、含与雅弗）与媳妇。同时，神也指示诺亚将牲畜与鸟类等动物带上方舟，且必须包括雌性与雄性。大渊的泉源都裂开了，天上的窗户也敞开了。四十昼夜降大雨在地上。洪水淹没了最高的山，在陆地上的生物全部死亡，只有诺亚一家人与方舟中的生命得以存活。在220天之后，方舟在阿勒山附近停下，且洪水也开始消退。又经过了40天之后，阿勒山的山顶才露出。这时诺亚放出了一只乌鸦，但它并没有找到可以栖息的陆地。7天之后诺亚又放出鸽子，这次它立刻就带回了橄榄树的枝条，诺亚这时知道洪水已经散去。

滥……致使人类存续维艰、人类文明几遭摧毁。

一、史上大瘟疫

人们在极度恐惧中看着自己的亲人无助地死去，人们惊恐着四散逃窜，抛下自己的家园，到处是被遗弃的城市，到处都蔓延着一种恐惧、孤独和绝望……你能想象这是何种的凄凉？何样的悲戚？何等的无奈吗？你愿意置身其中吗？然而，这一切却都是曾经的事实！也许某一天还会重来！

（一）鼠疫大流行

鼠疫，又名核瘟，是鼠疫耶尔森菌借鼠蚤传播的烈性传染病，为广泛流行于野生啮齿动物间的一种自然疫源性疾病，在人间流行前，一般先在鼠间流行。鼠间鼠疫传染源（储存宿主）有野鼠、地鼠、狐、狼、猫、豹等，其中黄鼠属和旱獭属最重要。家鼠中的黄胸鼠、褐家鼠和黑家鼠是人间鼠疫的重要传染源。《鼠疫约编》记载："何谓鼠疫，疫将作而鼠先毙，人触其气，遂成为疫。"其疫发病急骤，寒战发热，头痛面赤，肢节酸痛剧烈，多见在腋、胯部起核块，红肿痛热，或兼见血证（衄血、吐血、便血、尿血），或咳逆上气，或神志昏迷，周身紫赤，唇焦舌黑，当急报卫生防疫部门。治宜清血热、解疫毒，兼以活血化瘀。鼠疫致死率极高，人类历史上曾三次大流行，死亡人数数以千万计。第一次发生在公元6世纪，从地中海地区传入欧洲，死亡近1亿人；第二次发生在14世纪，波及欧、亚、非三洲；第三次鼠疫发生于18世纪，是指1855年始于中国云南省的一场重大鼠疫，传播32个国家。第三次鼠疫大流行以传播速度快、传播范围广超过了前两次而出名，这场鼠疫蔓延到了所有有人居住的大陆，其从云南传入贵州、广州、香港、福州、厦门等地后，这些地方死亡人数就达10万多人。中国南方的鼠疫还迅速蔓延到了印度，1900年传到美国旧金山，也波及了欧洲和非洲，在10年期间就传到77个港口的60多个国家。单在印度和中国，就有超过1200万人死于这场鼠疫。据世界卫生组织透露，这次大流行一直延续到1959年，这次流行的特点是疫区多分布在沿海城市及其附近人口稠密的居民区，在家养动物中也有流行。

现在，鼠疫已非常罕见，但并没有完全消失，因为它仍然会在鼠类之中传播，一有机会还会传播给人。在20世纪80年代，非洲、亚洲和南美洲每年都有发生鼠疫的报道。1996年印度爆发的鼠疫还成了世界性的重大新闻。

目前，每年大约有 1000 人到 2000 人感染鼠疫。即使在美国，平均每年也会有十多人从野外鼠类处感染鼠疫，1/7 的患者会死亡。尽管鼠疫已非不治之症，也容易控制，但是历史惨剧在人们心中留下的阴影却难以消除，它仍然被许多人视为最恐怖的疾病。

鼠疫的病原菌——鼠疫杆菌——是 1894 年由法国细菌学家耶尔森发现的。几年后，另一位法国医学家又发现鼠疫主要是通过跳蚤叮鼠再叮人传播——引发这种可怕瘟疫的不是瘟神而是老鼠和跳蚤！事实上，鼠疫等疫病的流行是人类自身造成的严重后果。直到 18 世纪，欧洲各国开始加强基础卫生设施的建设，改进下水道，集中处理垃圾，普遍杀蚤、灭鼠、消毒……通过这些举措，鼠疫得到了有效的控制。这被称为"第一次卫生革命"。

1. 雅典鼠疫

公元前 430 到公元前 427 年，一场前所未有的大瘟疫悄然降临雅典，民众中流行着一种怪病：先是发高烧，继而眼睛变红，发炎，口中喉舌出血，呼吸困难；干咳，嗓子变哑；胸部疼痛，全身抽筋；皮肤呈红色和土色并有脓疮和溃烂。身强体健的人们突然被剧烈的高烧所袭击，眼睛发红，仿佛喷射出火焰，喉咙或舌头开始充血并散发出不自然的恶臭，伴随呕吐和腹泻而来的是可怕的干渴，患病者的身体疼痛发炎并转成溃疡，无法入睡或忍受床榻的触碰，有些病人裸着身体在街上游荡，寻找水喝直到倒地而死，……过去所遵守的丧葬仪式，现在都无法遵守了。甚至连狗也死于此病，吃了躺得到处都是的人的尸体的乌鸦和大雕也死了，存活下来的人不是没了指头、脚趾、眼睛，就是丧失了记忆。

雅典鼠疫是一场毁灭性的传染病，袭击了整座雅典城，大量的人口死亡，整个雅典几乎被摧毁。毫无疑问，这场鼠疫造成的灾难是致命的。

2. 查士丁尼瘟疫

查士丁尼瘟疫是指公元 541 到公元 542 年在地中海世界爆发的一次大规模鼠疫，它造成的损失极为严重。此次瘟疫对拜占庭帝国的破坏程度很深，其极高的死亡率使拜占庭帝国人口急剧下降，劳动力和兵力锐减，正常生活秩序遭到了严重破坏，还产生了深远的社会负面后果，而且对拜占庭帝国、地中海、欧洲的历史发展产生了深远影响。

公元 4 世纪以后，曾经盛极一时的罗马帝国渐渐分裂为东西两部分。雄踞东部的拜占庭帝国的历代皇帝一向以罗马帝国的正统继承人自居，所以一直试图收复失地，重新统一罗马帝国，再现往日的辉煌。到公元6世纪时，拜占庭帝国的皇帝查士丁尼决定采取行动，实现这一梦想。于是，查士丁尼于公元533年发动了对西地中海世界的征服战争。然而，就在他横扫北非、征服意大利，即将重现罗马帝国辉煌的时候，一场空前规模的瘟疫却不期而至，使东罗马帝国的中兴之梦变为泡影。公元541年，鼠疫开始在东罗马帝国属地中的埃及爆发，接着便迅速传播到了首都君士坦丁堡及其他地区。当时的情景极其诡异且恐怖：当人们正在相互交谈时，会不自主地开始摇晃，然后就倒在地上；人们买东西时，站在那儿谈话或者数零钱时，死亡也会不期而至。鼠疫最严重的时候，一天就有5000人到7000人，甚至上万人不幸死去。

官员在极度恐惧中不得不向查士丁尼汇报，死亡人数很快突破了23万人，已经找不到足够的埋葬地，尸体不得不被堆在街上，整个城市散发着尸臭味。查士丁尼自己也险些感染瘟疫，在恐惧之中，他下令修建很多巨大的能够埋葬上万具尸体的大墓，并以重金招募工人来挖坑掩埋死者，以阻断瘟疫的进一步扩散。于是，大量的尸体不论男女、贵贱和长幼，覆压了近百层埋葬在了一起。鼠疫使君士坦丁堡40%的居民死亡。它还继续肆虐了半个世纪，直到1/4的罗马人口死于鼠疫。这次鼠疫引起的饥荒和内乱，彻底粉碎了查士丁尼的雄心，也使东罗马帝国元气大伤，走向崩溃。然而，疫病却并未停下脚步。它开始向西欧传播，此后又在地中海地区飘掠肆虐了两个世纪之久。人们把这次起源于公元541年的鼠疫称为"查士丁尼鼠疫"，它的流行使欧洲南部1/5的人口丧命，在之后的五六十年间欧洲又有几起鼠疫流行，总死亡数估计达到了1亿人。

3. 米兰大瘟疫

1629年至1631年，意大利爆发了一系列的鼠疫，通常被称为"米兰大瘟疫"。

1629年，德国和法国士兵将传染病带到了意大利的曼图亚。在三十年战争中，威尼斯军队感染了疾病，当他们撤退到意大利中北部时，将疾病传染给了当地人。当时，米兰总人口为13万，在这次瘟疫中染病而死的人数高达6万人。致命的瘟疫也在悄悄地扩散着，人们的惶恐心理愈来愈强烈，以致认为自己身边的每一样东西都已沾染上了病毒，田地里的作物和树上的果实，凡是能被人接触到的东西无不如此，甚至于墙壁、街上的人行道以及房门把手……通通变成了不可触碰的禁忌。这次大瘟疫，使人惶惶不可终日，使米兰成了名副其实的"恐怖之城"。

　　4. 马赛大瘟疫

　　1720 年，法国马赛突发瘟疫，影响了整座城市和周边城市，造成 10 万人死亡。这是该市有史以来最严重的一次灾难，也是 18 世纪初欧洲最严重的瘟疫之一。这场瘟疫的病原体是鼠疫杆菌。商船大圣安图望号经过的黎波里和当时正在暴发瘟疫的塞浦路斯后从黎巴嫩出发开往马赛。途中一名土耳其乘客死后数名船员也相继死去，包括船上的医生。船到达马赛后，港口机关立刻下令隔绝。数天后，马赛市内暴发了瘟疫。市内的医院很快就爆满，整个城市都被惊慌所笼罩。他们把病人从家里和市内赶出去。万人坑被挖出来，但是很快就被填满了。最后，市内机关无法处理这么多的死人，以至于在城市周围数千死尸被堆积起来。为了阻止瘟疫蔓延，法国下令隔绝马赛和普罗旺斯，违反这个命令的人将被处死。为加强隔离，法国还建立了瘟疫隔离墙。

　　（二）天花

　　天花是一种由天花病毒引起的烈性传染病，以其急速而猛烈的传染性和高死亡率而危害人类，感染天花病毒的人会出现严重的全身中毒症状和成批的斑疹、丘疹、疱疹、脓疱等皮疹。天花病毒是痘病毒的一种，患者在痊愈后脸上常常会留有麻子，"天花"由此得名。天花是目前为止，在世界范围内唯一被人类消灭的一种传染病，1979 年 10 月 26 日世界卫生组织在肯尼亚首都内罗毕宣布，全世界已经消灭了天花。

　　公元 164 年至公元 180 年古罗马发生了可怕的"安东尼瘟疫"。此瘟疫的症状为：剧烈腹泻、呕吐、喉咙肿痛、溃烂、高烧、手脚溃烂或是生坏疽，感到难以忍受的口渴，皮肤化脓。据罗马史学家迪奥卡称，当时，罗马一天就会有 2000 人因染病而死，相当于被传染人数的 1/4。死亡人数如此之多，以至于从罗马城和其他城市中不断运出一车车尸体，总死亡人数估计高达 500 万。就连皇帝马可·奥里略本人也因感染瘟疫死去。这场瘟疫所带来的惨状可谓令人心惊胆战，因无人埋葬而在街道上开裂、腐烂的尸体——腹部肿胀，大张的嘴里如洪流般喷出阵阵脓水，眼睛通红，手则朝上高举。重叠着的尸体在角落里、街道上、庭院的门廊里以及教堂里腐烂。在海上的薄雾里，有船只因其罪恶的船员，遭到上帝愤怒的袭击而变成了漂浮在浪涛之上的坟墓。

四野满是变白了的挺立着的谷物，根本无人收割贮藏，还有大群快要变成野生动物的绵羊、山羊、牛及猪，这些牲畜已然忘却了曾经放牧他们的人的声音。在君士坦丁堡，死亡人数不可计数……尸体只好堆在街上，整个城市散发着恶臭。

有人认为这是天花最早流行的记录，病源是来自蒙古，这也是迫使匈奴人西迁的主要原因之一。

（三）霍乱

霍乱是由霍乱弧菌引起的急性肠道传染病，发病急、传播快、波及面广、危害严重，常经水、食物、生活接触和苍蝇等而传播。作为世界卫生组织确定的必须国际检疫的传染病之一，霍乱在 19 世纪之前，只是印度、孟加拉等历史悠久的地方的疾病。进入 19 世纪之后，由于轮船、火车以及新兴工业城市的出现，霍乱开始肆虐全球，曾先后 7 次在全球范围内流行，其中有 6 次是在 19 世纪，因此也被称为"19 世纪的世界病"。

历史记载，霍乱共有 7 次全球性的大流行。第一次始于 1817 年，止于 1823 年，疫情到达欧洲边境；第二次大流行起于 1827 年，止于 1837 年，疫情分三路穿过俄罗斯到达德国，又从德国被带到英国东北，1832 年再被爱尔兰侨民传到加拿大，并在同一时间到达美国。其中 1831 年在英国首次发生的时候，没有人想到，这场浩劫将持续几十年。在第一波霍乱菌的袭击中，英国至少有 14 万人死亡，一些小村庄几乎全村覆灭。当然，对于 19 世纪初的人类来说，这种可怕瘟疫的发生、传播和控制都是一个谜。在英国的城市和乡村，每天都有灵车不断地往墓地运死人，工厂和商店里没有人，人们到处寻找药物，作最后无力的挣扎。当患者从肠痉挛到腹泻，再到呕吐、发烧，在几天甚至几小时后面临死亡时，人们能够感受到的，除了恐惧，还是恐惧。

第三次大流行时间特别长，从 1846 年延续到 1863 年，到达北美并波及了整个北半球；第四次大流行起于 1863 年，止于 1875 年，是通过一艘从埃及开往美国的航船流传开来的；第五次大流行起于 1881 年，止于 1896 年，流行于亚洲的中国和日本、非洲的埃及以及欧洲的德国和俄国；第六次大流行起于 1899 年止于 1923 年；在这百年间，霍乱的六次大流行造成的损失难以计算，仅印度死亡人数就超过 3800 万。

1961 年，霍乱又开始了第七次大流行。这次起于印度尼西亚，然后传到亚洲其他国家和欧洲，患者高达 350 万；1970 年进入非洲，百年不见霍乱踪影的非洲从此深受其苦。世界卫生组织的统计数据显示，2001 年，非洲霍乱患者占了全球霍乱患者的 94%。20 世纪 90 年代初，霍乱重返西半球，从秘鲁向外传播至临近的国家，一年内就造成了 40 万病例和 4000 名死者，仅秘鲁一国的经济损失就达 7.7 亿美元。

（四）黄热病

黄热病是继鼠疫、天花、霍乱之后第四个被《国际卫生条例》规定为需国际检疫的传染病。作为一种古老的病毒，黄热病的传播历史已达 5 个世纪之久，人类有记载的第一次黄热病流行事件发生在 1648 年的墨西哥尤卡坦半岛。此前在加勒比海地区便已有该病存在。17 世纪至 19 世纪，该病通过交通运输、人员流动传入北美和欧洲后，成了美洲、非洲及欧洲部分地区最严重的传染病之一，造成人群大量死亡及部分社会活动瘫痪。如，1741 年，英国 2.7 万名士兵攻打哥伦比亚，却因 2 万人感染黄热病而溃不成军；1793 年，美国费城黄热病大流行，全市 1/5 的人口死于黄热病，导致社会完全混乱。据统计，美国至少有 50 万人罹患此病。

1801 年，拿破仑派出数万名法国士兵在海地登陆，这些士兵大多身经百战，战斗经验丰富，统治者信心百倍地认为能夺回因黑人起义而失去的这片殖民地。一开始正如拿破仑所料，在法国优势兵力的进攻面前，装备落后的海地人节节败退。然而，就在法国人欢庆胜利之时，一场规模巨大的黄热病降临了。当地的黑人基本安然无恙，法国竟有万人死于瘟疫，法军不得不退出海地。由于在海地的惨败，拿破仑作出了一个足以影响整个世界历史的决定。1803 年 4 月 30 日，法国与刚刚独立不久的美国签订了一项协定：法国将北美所属的面积达 214 万平方公里的路易斯安那以 1500 万美元的价格卖给美国，平均每英亩仅值 4 美分。这笔震惊世界的交易使美国的国土面积在一夜之间扩大了近一倍，也使美国具有了成为世界新强权的资本。

1826 年，英国殖民者入侵非洲时也遭遇了黄热病，535 名殖民军在两个月中死亡了 115 人。1851 年，巴西的里约热内卢开始流行此瘟疫，造成至少 2.3 万人死亡。1853 年到 1990 年，古巴的哈瓦那因黄热病而死亡的人数达到 35 900 人。1883 年巴拿马运河第一期工程曾因黄热病严重流行而被迫停工。1940 年以前，黄热病在非洲同样是使大量人员死亡的主要原因。

20 世纪后，黄热病开始在中、南美洲及非洲形成地方性流行态势。20 世纪 60 年代以来，非洲和南美洲的黄热病疫情仍在持续。

(五) 黑死病

黑死病在人类历史上是最致命的瘟疫之一，黑死病在全世界范围内造成的死亡人数高达7500万。其中欧洲的死亡人数为2500万至5000万。其在西方文明史上所留下的恐怖记忆远远超过其他任何疾病。

黑死病的一种症状，就是患者的皮肤上会出现许多黑斑，所以，这种特殊瘟疫被人们叫作"黑死病"。对于那些感染上该病的患者来说，痛苦的死去几乎是无法避免的，没有任何治愈的可能。

长期以来，有不少学者怀疑鼠疫杆菌是黑死病的根源，但都因缺乏足够证据而无法下定论。德国和瑞士的研究人员通过系统观察橡树年轮，发现中欧地区在中世纪的一段时期内夏季降雨量特别大，湿度明显大于现在，而同样在这一时期流行的黑死病可能与这一气候特点有一定关系。研究人员发现，中世纪晚期中欧地区的夏季气候通常较湿润，但1300年到1340年间曾出现过一段干燥期。最引人注目的是，在1350年到1370年间，中欧地区的夏季降雨明显增加且气候温暖，而此时也恰是黑死病在整个欧洲大陆肆虐的时期。研究人员由此推断，两者之间可能有一定关联，这段时期之后到18世纪初期，中欧地区的夏季气候又都比较干燥，随后有段时期以及18世纪末期曾再次出现过湿润的夏季，之后则开始了近200年夏季较为干燥的气候趋势。

毋庸置疑，将气候变化与疾病、饥荒、人口迁徙等社会现象联系起来进行跨学科研究将有助于我们更好地了解人类社会的变化进程。

二、尚无定论的疫病

虽然世界卫生组织于1979年10月26日在肯尼亚首都内罗毕宣布，人类已经消灭了"天花"。但是没有人知道，随着环境破坏和环境污染，又将出现多少人类不认识的新疫病！

(一) "非典"（SARS）

"非典"是一种成因至今都尚不明确的新的呼吸道传染病。2003年4月16日，世界卫生组织正式宣布这一"重症急性呼吸系统综合征"的致病源为一种新的冠状病毒，因其具有传染性，故称其为由新型冠状病毒引致的传染性非典型肺炎，简称"非典"（SARS）。

1. "非典"爆发

孟冬寒气至，北风何惨烈。然而，2002年的孟冬，比较温暖的南国粤地广东佛山却发生了一起嗣后令世界震惊的疫情，即 11 月 16 日发现首个"非典"病例（广东佛山农民庞某尧），[1]一个新世纪的黑色幽灵——"非典"——突然光顾了神州大地。患者症状表现为持续高烧、干咳、阴影占据整个肺部，使用任何治疗肺炎的药物均无效果。而后传来消息，医治过该病人的医务人员也感染发病，症状与病人相似。这种"怪病"最后被称作"非典型肺炎"，一种比普通的肺炎可怕百倍的传染病，它的病死率高达 3% 以上。

"非典"和其他呼吸道传染病的最大不同表现在，较早出现呼吸气促、急促或呼吸困难，查体肺部有实变体征，X 线检查有双肺间质性浸润，肺部病变消散吸收较慢。"非典"可以导致肺部纤维化，使整个肺部变得像木头一样没有弹性，病情危重者主要是出现呼吸窘迫综合征，血氧浓度显著降低，不能自主呼吸，多脏器功能衰竭。

"非典"在广东省现身后于 2003 年初蔓延至香港，尔后北上北京。2003 年 2 月 26 日，"非典"首度发生在越南首都河内；2003 年 3 月 5 日，"非典"窜到了加拿大多伦多；2003 年 4 月 19 日，我国台湾地区"非典"疫情进入发病高峰期（4 月 28 日，台湾地区出现第一名因"非典"感染而死亡的病例）；2003 年 3 月 15 日"非典"传延到了新加坡。当新加坡与加拿大等地陆续有人感染"严重急性呼吸道综合征"（SARS）之后，世界卫生组织持续呼吁应小心避免不知名肺炎的传染，并对全球的旅游者、专业医疗人员与卫生当局提出了少见的紧急旅游劝告与建议。美国疾病管制局也对那些打算到已受疫情感染的亚洲地区（如：新加坡、越南、中国等地）旅游者提出劝告与建议。

2003 年 4 月 1 日，美国政府召回了所有驻香港和广东的非必要外交人员及其家眷。美国政府同时也警告美国公民，除非必要不要到广东或香港访问。瑞士政府也禁止香港厂商参加即将举行的瑞士钟表展，担心病情会扩散到瑞士。2003 年 4 月 2 日，世界卫生组织破天荒地提出旅游警告，建议延后所有

---

〔1〕由于其病发时，还没有"非典"这一说法，此属事后命名。参见《中国中医药信息杂志》2003 年第 9 期的《抗击"非典"大事记（2002 年 11 月~2003 年）》中有相关的记载。另外，世界卫生组织网站刊登的《严重急性呼吸道综合征（SARS）》一文有这样的描述："现在已经知道，SARS 第一例病例于 2002 年 11 月中旬出现在中国广东省。"并且，在 2003 年 5 月 17 日发布的第 56 届世界卫生大会临时议程项目下的严重急性呼吸道综合征（SARS）秘书处报告中有更为详细的记载："2 月 11 日，中国卫生部将一起急性呼吸道综合征的爆发通知卫生组织，在这起爆发中，广东发生 305 例病人和 5 例死亡。2 月 14 日，卫生组织被告知，此病临床上与非典型肺炎相吻合，病例早在 2002 年 11 月 16 日就被发现，爆发正得到控制。"

到香港与广东的非必要行程。

2003年4月19日，北京多所高校宣布停课。4月20日，中国原卫生部决定原来五天公布一次疫情改为每天公布，同日，国务院决定取消当年的"五一"长假。4月23日，北京市宣布全市的中小学从24日起停课两周，确保疫情不会在校园扩散。4月25日，北方交通大学、中央财经大学学生宿舍楼实行隔离控制措施。4月27日，北京暂停娱乐场所经营，并开始公布各区县疫情和隔离区信息。

一时间，"非典"成了家喻户晓的名词。2003年4月初，北京街头出现了"口罩一族"，各药店预防"非典"的中药热销、脱销。报纸、电视、互联网快速传递着关于"非典"的种种消息。各地的亲朋好友通过电话、短信彼此交流关于"非典"的情报……特别是4月20日以后，政府开始每天公布"非典"疫情，每天感染的人数节节上升，严重到医务人员被感染的每天平均达15.81人（从4月21日到5月1日）。

世界卫生组织公布的统计数字显示，截至2003年8月7日，全球累计"非典"病例共8422例，涉及32个国家和地区。自2003年7月13日美国发现最后一例疑似病例以来，没有新病例及疑似病例。全球因"非典"死亡的人数为919人，病死率近11%。最新统计显示：中国大陆地区累计病例5327例，死亡349人；中国香港地区1755例，死亡300人；中国台湾地区655例，死亡180人；加拿大251例，死亡41人；新加坡238例，死亡33人；越南63例，死亡5人。

2. "非典"引起的恐慌、乱象

亚洲开发银行统计，因受"非典"影响，全球在此期间经济总损失额达到590亿美元，其中中国内地经济的总损失额为179亿美元，占中国GDP（国内生产总值）的1.3%，中国香港地区经济的总损失额为120亿美元，占香港GDP的7.6%。

由于"非典"具有高传染性和未知性，并且没有有效的药物和治疗手段，"非典"的出现，瞬间引起了公众的恐慌。在"非典"爆发前期，百姓人人自危，坊间流传的"预防秘方"，往往会带来抢购热潮。由于听信吃醋和板蓝根可防非典的传言，市民一度疯狂购买醋和板蓝根，使得板蓝根和白醋的价格被哄抬到高于市价5倍至10倍，并出现了断货情形。尽管专家每天都在辟谣，但这些"民间秘方"的销量，仍像坐了火箭一般直线上升。在北京，流传着盐可以杀死"非典"病毒的传言。据新华社报道，在 2003 年 4 月 23 日到 25 日的两天之内，北京共售出了 7247 吨盐，这是平时 45 天的销售量。

在广东清远，为了杜绝"非典"在公共领域的传播，交通部门在银盏收费站和连州、连山通往广西、湖南的进出通道都设置了"关卡"，对每一位进入清远境内的乘客进行先登记、测体温后通行的制度，市内所有公共场所都进行了定期消毒。

由于"非典"尚未有根治的方法，因此，"隔离"成了防止疫情扩散最有效的方法，在"非典"重灾区，中小学全面停课，大学则是里面的不许出去，外面的不许进来，并且没有相应时限。只要体温升高，无论你是否发烧，立马隔离，专人送饭，出门不敢去人多的地方，连上个公交车都心存恐惧。从"非典"重灾区回来的人，都需要进行全方面位检查，一旦确诊，立即隔离，并且隔离对象范围特别广，凡是潜在的接触人员都属于隔离对象。另外，对于隔离的楼层或小区，有专门的警卫 24 小时看守，禁止人员出入，对于生活必需品的采购、垃圾的倾倒，由穿戴专门隔离防菌服的人员负责；甚至有些地区还出现了用"吊篮"的方式运送生活物品和食材。

（二）马尔堡病毒

1967 年 8 月，在德国马尔堡、法兰克福以及南斯拉夫贝尔格莱德的几所医学实验室，一些工作人员出现了高热、腹泻、呕吐、大出血等症状。这一事件最终造成 31 人感染，其中 7 人死亡。三个月后，德国专家才找到罪魁祸首：用于实验室研究的乌干达猴子携带的一种危险的蛇形棒状的病毒。该病毒第一次出现在马尔堡，"马尔堡病毒"由此得名。

1975 年，一名从津巴布韦回到南非的男子，感染了他的旅行同伴以及一名护士，该男子死亡，其他两名痊愈。

1980 年及 1987 年，在肯尼亚亦有发现马尔堡出血病，2 人染病，1 人死亡。之后的一次大爆发发生在 1998 年至 2000 年的刚果民主共和国。149 宗个案中 123 人死亡，大多数感染者都是金矿的矿工。

2004 年 10 月，马尔堡病毒又出现在了安哥拉西北部的威热省，该疾病逐渐从其爆发地蔓延，至 2005 年 7 月才平息，累计报告病例 374 例，其中死亡 329 例。美国疾病预防及控制中心统计数据显示，2005 年内，病症个案以每天 3% 速度增加。这次爆发的发病死亡率高达 99%，在其爆发的前 5 个月更是高达 100%。

2007 年 7 月至 10 月，在乌干达一个矿区造成 3 人感染，1 人死亡。

2014 年 10 月 5 日，乌干达卫生部宣布：该国发生了新一轮马尔堡出血热疫情。乌干达首都坎帕拉的一名医务人员被发现死于马尔堡病毒，这名死者在 9 月 18 日前后出现了头痛等症状，身体状况不断恶化，9 月 28 日不幸离世。他的血液样本经过检验后，被确证感染了马尔堡病毒。

2014 年 10 月 7 日，根据乌干达卫生部发布的消息，与马尔堡病毒感染死亡者亲密接触的人中，有 8 人出现症状，另外，乌干达卫生部在密切接触死者名单中，增加了 17 人，截至 6 日为止，处于医学观察的人数已达到 97 人。

马尔堡病毒可以透过体液（包括血液、排泄物、唾液及呕吐物）传播，且最容易感染儿童。在非洲，有 75% 的病例发生在 5 岁以下儿童身上，成人感染者大多为与受感染儿童接触密切的亲属和医护人员。因为儿童的免疫系统相对薄弱，目前患病的大部分死者是 5 岁以下儿童。马尔堡出血热的潜伏期一般为 3 天至 9 天，长的可超过 2 周，病程为 14 天至 16 天。最初两天的症状，就是发热（发热极期体温可达 40℃ 以上）、肌肉痛、关节痛、全身不舒服，没有特异性。接着，就会出现疟疾症状，腹泻、腹痛、恶心、呕吐、便血等。之后，会出现严重的出血症状，呕血、流鼻血等。其可以影响到胃肠道和肺部，并伴随有皮疹。晚期常出现中枢神经系统症状，如嗜睡、昏迷等。症状呈渐进性发生，出现多脏器损伤，如肝功能损伤、胰腺炎症及神志失常、颤动等神经系统症状，继而导致肝衰竭、弥散性出血和多器官衰竭。严重者可发生休克，约 1/4 的患者会死亡。幸存病例完全恢复大约需要 5 周时间，恢复期并发症有睾丸炎、复发性肝炎、骨髓炎、眼炎、腮腺炎等。实验室检测显示，患者发病早期有蛋白尿、转氨酶升高、淋巴细胞减少、中性粒细胞增多、血小板显著减少、伴有反常的血小板凝聚现象。马尔堡病毒会引起宿主全身性出血，感染后期甚至会造成全身内脏的溶解，所以死亡率极高。

对于这种具有高度传染力而且能够致命的疾病，目前人类还没有任何有效疫苗或医治的方法。

（三）埃博拉病毒

1976 年，一种不知名的病毒疯狂地虐杀了扎伊尔（现称刚果民主共和国）北部的埃博拉河沿岸村庄的百姓，导致数百人死亡，有的家庭甚至无一幸免，"埃博拉病毒"也因此而得名。据统计，1976 年 6 月至 11 月，扎伊尔发现的 318 名患者中有 280 人死亡，病死率 88%。苏丹发现的 284 名患者，有

151 人死亡，病死率 53.2%。时隔三年后的 1979 年，埃博拉病毒又肆虐苏丹，一时间，尸横遍野。

1994 年 6 月，加蓬的明克伯、马科库地区及热带雨林采金区爆发了埃博拉疫情，发病 49 例，死亡 31 例，病死率为 63%。1995 年 4 月，该病毒又在刚果（金）基奎特市及其周围地区爆发，发病 315 例，死亡 245 例，病死率为 77.78%。继发病例多为治疗和护理人员，占所有病例的 25%。1996 年 2 月 5 日至 6 日，加蓬奥果韦伊温多河流域的一个偏僻的人烟稀少的农村，开始出现 19 例埃博拉病毒感染者，其中 10 人死亡。该地区在 2 月至 4 月共发生 32 例，死亡 21 例，病死率为 65.63%。1996 年 7 月 13 日至 1997 年 1 月 18 日，加蓬北部发病 60 例，死亡 45 例，病死率为 75%。

2000 年 8 月至 2001 年 1 月，乌干达北部的古卢、乌辛迪及姆巴拉拉，共发病 425 例，死亡 224 例，病死率为 53%。2001 年 10 月至 2002 年 3 月在刚果共和国和加蓬，共发病 123 例，97 例病死，病死率为 79%。2002 年 12 月至 2003 年 4 月底，刚果共和国共发生感染病例 143 例，病死 128 例，病死率为 89.5%。其流行原因与人类狩猎活动有关，通过与黑猩猩和其他哺乳动物接触而感染。2005 年 4 月至 6 月，在刚果共和国发病 12 例，死亡 9 例。

2012 年 7 月 31 日（当地时间），乌干达发现 3 例感染埃博拉病毒病例。截至当地时间 8 月 3 日，已确诊 53 名感染埃博拉病毒的病例，至少 16 人死亡。另有 312 人因被怀疑感染埃博拉病毒而被隔离。2014 年 2 月，西非开始爆发大规模埃博拉病毒疫情，世界卫生组织发布的关于疫情的报告表明：截至 2014 年 12 月 2 日，以几内亚、利比里亚、塞拉利昂疫情最为严重，美国、塞内加尔与西班牙也陆续出现了确诊病例报告，至 2015 年 3 月，累计出现埃博拉确诊、疑似和可能感染病例 17 290 例，其中 6128 人死亡，死亡人数上升趋势正在减缓。

目前确认的埃博拉病毒属有五个种：扎伊尔型、苏丹型、塔伊森林型、本迪布焦型、莱斯顿型。

埃博拉病毒是一种能引起人类和灵长类动物产生埃博拉出血热的烈性传染病病毒，有很高的病死率，在 50% 至 90% 之间，致死原因主要为中风、心肌梗死、低血容量休克或多发性器官衰竭。埃博拉病毒是一个用来称呼一群属于纤维病毒科埃博拉病毒属下数种病毒的通用术语。埃博拉病毒引起的埃博拉出血热是当今世界上最致命的病毒性出血热，感染者症状与同为纤维病毒科的马尔堡病毒极为相似，包括恶心、呕吐、腹泻、肤色改变、全身酸痛、体内出血、体外出血、发烧等。埃博拉病毒，生物安全等级为 4 级（艾滋病为 3 级，"非典"为 3 级，级数越大防护越严格）。病毒潜伏期可达 2 天至 21 天，但通常只有 5 天至 10 天。

"活死人"现象就是一种由这一病毒引起的疾病。在连续高烧数个小时后，一个感染埃博拉病毒的病人将会陷入昏迷或者昏厥状态，而这一征兆与临床死亡极为相似，所以经常被认为这个病人已经死亡。但是，几个小时或者几天后，这个病人会忽然苏醒，并且进入一种极具攻击性的状态。这个意识模糊的病人将撕咬所有运动的物体，包括人类和动物。同时，这种疾病将使得病人分泌大量的唾液，并且引发内出血现象。但是，在外人看来，这个"忽然复活的死人"嘴角流下了鲜血、眼神变得呆滞，已经变成了一个"吸血鬼"。

1976 年以来，通过将埃博拉病毒爆发与太阳黑子极值、拉马德雷现象进行对比，得出初步结论：在 1977 年至 1999 年拉马德雷暖位相时期，全球气候迅速变暖，埃博拉病毒经历了连续 14 年的最长间断期，其他时间爆发强度也不大，处于相对平稳期；在 2000 年至 2030 年拉马德雷冷位相时期，埃博拉病毒爆发连续间断期不超过 3 年，爆发强度成倍增长，处于相对活跃期。

随着环境的恶化，全球气候变暖，埃博拉病毒的再次爆发只是时间问题！

第二节　气候变化与生物安全

在我们这个世界，在我们这个时代，将要发生一些足以影响我们生活的变化，这种变化与战争不同，但却比战争来得更加猛烈。

一、气候变化

即使海平面上升几十厘米，阳光灿烂的日子少几天，我们也会觉得问题不是很严重。我们长期适应的那种自然永恒的观念，以及自然界将渐渐地、细微地发生变化的观念，源自人类对自然界极其扭曲的感觉。然而，人类对于气候改变、气候无常、空气污染和臭氧耗竭的关切，已经对科学、经济和社会信息提出了新的要求。今天，人类的关注点应向把大气和环境视为整体的新能源和可再生能源〔1〕转移。保护大气、臭氧层和气候已经刻不容缓。因为，气候失常正在威胁着我们的持续生存，给人类经济和社会带来难以形容的不利影响。

（一）生物多样性丧失

生物多样性是一个完整的生态系统，各个组成部分之间存在着有机的联系。它包括所有的植物、动物、微生物物种以及所有的生态系统和它们形成的生态过程。自工业革命以来，全球环境状况日益恶化，水土流失、土壤沙化、滥伐森林及空气污染对野生动植物造成了重大威胁。物种灭绝的速度超过了任何一个历史时期。象牙及其他野生动植物产品的国际贸易可以追溯到几千年前，但在过去几十年才变成了一桩价值上亿美元的国际贸易；现代化的捕鱼队、先进的捕鱼工具和残忍的捕鱼方式以及冷冻设备可能使整个鱼种群消亡；几千年来，候鸟在其迁徙途中一直遭到猎人的捕杀，尤其是所谓的先进的杀虫剂和候鸟栖息地的减少及污染，使候鸟在迁徙途中险象环生、凶多吉少；荒漠化已经在很多地方蔓延，一些物种也可能因此变得更容易灭绝。据估计，近几十年间全球约有 1/4 的物种灭绝了。

从 20 世纪 90 年代开始，气候变化成了对生物多样性最具威胁的因素之一。联合国政府间气候变化专门委员会（Intergovernmental Parrel on Climate Change，IPCC）得出的结论是，气候变化对生态系统及其提供的产品和功能可造成严重的不利影响。一些生态系统很可能会消失，而其他的生态系统则将经历物种组成的剧烈变化。到目前为止，关于气候变化对生物多样性的影响仍不清楚。珊瑚礁漂白概率的逐渐增高很可能是最近全球海洋温度升高的结果。自 1989 年以来，有关珊瑚礁漂白的报道大量增加，所有大规模的漂白记录都出现在这个时期以后。最重要的大规模漂白与 1997 年至 1998 年的厄尔尼诺事件有关，当时世界上所有的珊瑚区均受到了影响。一些地方（包括最著名的印度洋）的珊瑚在该事件之后大量死亡，几千平方公里范围内 90%的珊瑚都死亡了。此外，气候变化还会间接导致热带山区森林两栖动物数量的不断减少。

---

〔1〕 新能源和可再生能源包括太阳热能、太阳光电能、风能、水力、沼气、地热、海洋能、畜力和人力，这些能源是在专门为环境与发展大会编制的发展和利用新能源和可再生能源委员会的报告（参见 A/CONF.151/PC/119 和 A/AC.218/1992/5）中提到的。

（二）厄尔尼诺与"世纪洪水"

气候变化是人类社会当前面临的一个重大而紧迫的全球性问题。

气候变化导致旱涝反常，由于气压变化、风向变化和海温变化，太平洋东部附近的暖空气上升，令当地干旱地区发生洪涝；太平洋西部冷空气下降，令当地湿润多雨的地方干旱。进入 20 世纪 70 年代后，全世界出现的异常天气，有范围广、灾情重、时间长等特点。在这一系列异常天气中，科学家发现，一种作为海洋与大气系统重要现象之一的"厄尔尼诺"[1]潮流起着重要作用。1982 年 4 月至 1983 年 7 月的厄尔尼诺现象，是几个世纪来最严重的一次，太平洋东部至中部水面温度比正常高出约 4℃ 至 5℃，造成全世界 1300 人至 1500 人丧生，经济损失近百亿美元。1986 年至 1987 年的厄尔尼诺现象，使赤道中、东太平洋海水表面水温比常年平均温度偏高 2℃ 左右。同时，热带地区的大气环流也相应出现异常，热带及其他地区的天气出现异常变化。南美洲的秘鲁北部、中部地区暴雨成灾；哥伦比亚境内的亚马孙河河水猛涨，造成河堤多次决口；巴西东北部少雨干旱，西部地区炎热；澳大利亚东部及沿海地区雨水明显减少；中国华南地区、南亚至非洲北部大范围地区均少雨干旱。1990 年初又发生了厄尔尼诺前兆现象。这年 1 月，太平洋中部海域水面温度高于往年，除赤道海域水面温度比往年高出 0.5℃ 外，国际日期变更线以西的海域水面温度也比往年高出了将近 1℃；接近海面的 28℃ 的暖水层比往年浅 10 米左右；南美洲太平洋沿岸水域的水位比平时上涨了 15 厘米至 30 厘米。

1997 年至 1998 年，发生了厄尔尼诺与南方涛动（ENSO）[2]现象，太平洋东部至中部水面温度比正常高出约 3℃ 至 4℃，美洲地区有持续暴雨，东南亚地区则持续干旱并发生了大规模的森林火灾。厄尔尼诺事件导致全球降水

---

〔1〕 厄尔尼诺（西班牙语：El Niño），又称圣婴现象，与另一现象南方涛动合称为 ENSO。是秘鲁、厄瓜多尔一带的渔民用以称呼一种异常气候现象的名词。主要指太平洋东部和中部的热带海洋的海水温度异常地持续变暖，使整个世界气候模式发生变化，造成一些地区干旱而另一些地区又降雨量过多。

〔2〕 南方涛动为厄尔尼诺/拉尼娜现象在大气的对应关系。所谓的"涛动"是指赤道附近太平洋东西处之气压变化，最早由英国气象学家沃克（Gilbert Walker）于 20 世纪初期发现并提出。南方涛动是指在太平洋与"印尼-澳洲"地区之间气团平衡移动的情况，它与出现厄尔尼诺或拉尼娜时的典型风场有关。厄尔尼诺及拉尼娜属海洋系统部分，而南方涛动则为大气系统部分，两者的结合称为厄尔尼诺-南方涛动（ENSO）。

量比正常年份明显增多。这导致太平洋中东部及南美太平洋沿岸国家洪涝灾害频繁，同时印度、印度尼西亚、澳大利亚一带则严重干旱。这次厄尔尼诺现象紧接 1990 年至 1994 年发生，频密程度罕见，但规模较小。在此期间中国西南五省的旱情也是由厄尔尼诺现象所引起的。厄尔尼诺现象不仅会造成严重干旱，还导致海平面高度变化和环太平洋地震火山活动。由于风力的推动作用，厄尔尼诺和厄尔尼诺的转换使东西太平洋海面反向升降了 20 厘米至 40 厘米，破坏了地壳的重力均衡，导致海洋地壳反向均衡升降 7 厘米至 13 厘米，激发了环太平洋地震火山带的地震火山活动。

　　"厄尔尼诺"导致的洪灾后果极其严重。2013 年 5 月至 6 月间，连续性的暴雨袭击了中欧地区，平均降水量达 77.6 毫米，较常年同期偏多 1.2 倍，为近 34 年以来历史同期最多。此次强降雨具有强度大、时间长、范围广等特点。从降水异常的区域分布来看，中欧西部、北部和东南部等地降水量偏多 1 倍至 3 倍，局部地区偏多 3 倍以上，降水异常偏多的中心区域主要位于德国、捷克和波兰等国家。此次降雨强度极端性明显，共有 96 个监测站点日降雨量达到极端降水事件标准，一些站点更是突破了历史极值。持续的暴雨天气最终导致严重的大洪水，引发了 1950 年以来多瑙河和易北河流域的最大洪涝，莱茵河、多瑙河、伏尔塔瓦河等多条河流及其支流决堤，损毁了数千座房屋、建筑和车辆，造成至少 23 人死亡，农业用地和基础设施受到严重影响。位于德国与奥地利边境的"三江之城"帕绍受灾最为严重。帕绍位于多瑙河、伊恩河和伊尔茨河三条河流交界之处，以往也经常遭受洪水袭击，而此次的洪水水位一度超过了 12.5 米，是 1501 年以来的最高水位。帕绍老城区已经完全被淹没，城区供电供水中断，大批居民受到洪水的围困。此次洪水灾害影响到了捷克、德国、奥地利、斯洛伐克、波兰、匈牙利和瑞士等国家，造成了 165 亿欧元（约 220 亿美元）的经济损失。连续的强降雨还袭击了中东欧地区，德国、奥地利、捷克、匈牙利等国的很多河流水位暴涨，泛滥成灾，部分河流的水位甚至达到了近 400 年来的峰值。洪灾造成至少 20 人遇难，数万人被迫撤离家园，多国宣布进入"紧急状态"，可谓是名副其实的"世纪洪水"。

　　2017 年，飓风"哈维""艾尔玛"和"玛丽亚"肆虐美洲，造成了重大的生命和财产损失，数百万人的正常生活陷入停顿。在孟加拉国、印度和尼泊尔，洪灾创下了历史新高，造成 1200 多人死亡，4000 多万人生活受到影响。房子的地基已经损坏。墙壁潮湿，到处出现裂缝。厨房的墙角长出霉斑。屋外的地面被海水浸泡，土壤严重盐碱化，已经很久不生长植被。不远处垃圾堆里的赃物被海水冲得到处都是，令人作呕。

（三）海平面上升，家园难再

在烟波浩渺的太平洋上，有一个由一串璀璨的"明珠"构成的美丽岛国，她的名字叫图瓦卢，其国家总面积只有 26 平方公里。这个由 9 个环形小珊瑚岛组成的国家最高海拔也不过 4.5 米，总人口不过 1.1 万人。图瓦卢人民虽不富足，可是他们与世无争，其乐融融。这里没有战争，没有恐怖主义，没有争权夺利，没有钩心斗角，人们将构成这个国家的 9 个环状珊瑚小岛称为太平洋上的"九颗闪亮明珠"。

然而，2001 年 11 月 15 日，美国权威的华盛顿地球政策研究所发表了一份不仅令图瓦卢生民，也令所有关心人类命运的人闻之心焦的"讣告"：由于人类不注意保护地球环境，保持生态平衡，由此造成的温室效应导致海平面上升，太平洋岛国图瓦卢的 1.1 万国民将面临灭顶之灾。唯一的办法就是全国大搬迁，永远离开这块他们世世代代居住、生活的土地。鉴此，图瓦卢政府官员首先积极游说澳大利亚当局，希望澳大利亚能卖给他们一个荒岛当作新国土。遭到拒绝后，经种种努力，最后决定图瓦卢人移居到 4000 公里以外的南半球岛国新西兰，这样的搬迁使图瓦卢人不仅了失去美好的国土，还要颠沛流离去一个完全陌生的地区重建新家，完全改变热带海岛生产生活习惯而去适应温带生存环境，其心之悲可想而知！

2000 年 2 月 18 日，生养图瓦卢人民的大海已经给了他们一次可怕的预演。在那一天，该国的大部分地区被海水淹没，首都的机场及部分房屋都泡在了汪洋大海之中。该国的海平面于 2 月 19 日下午 5 时左右上升至 3.2 米，2 月 20 日下午 5 时 44 分海潮才缓慢退却。由于这个由 9 个环形小珊瑚岛组成的国家最高海拔也不过 4.5 米，所以低洼地方的房屋全部没顶。可以预见，如果地球环境继续恶化，在 50 年之内，图瓦卢 9 个小岛将全部没入海中，在世界地图上将永远消失。2001 年 11 月 15 日，图瓦卢领导人在一份声明中说，他们对抗海平面上升的努力已告失败，并宣布将放弃自己的家园，举国移民新西兰。图瓦卢将由此成为全球第一个因海平面上升而进行全民迁移的国家。事实上，图瓦卢的末日可能会提前到来。图瓦卢的整个国土都是由珊瑚礁组成的，全球气温变暖导致珊瑚的生长速度减慢甚至大量死去，被珊瑚礁托起来的图瓦卢也会因此而"下沉"。

其实这只不过是这个太平洋岛国不得不面对的灾难的开始。自21世纪海平面上升以来，图瓦卢的生存便受到了极大的威胁。数年前，该国前总理佩鲁曾声称图瓦卢最终将永远被汪洋吞噬。他在当时已开始呼吁图瓦卢人另觅容身之所。当时他说，这样的情况是"最坏的打算"。但没有想到，此话余音未了，图瓦卢人民已不得不准备他们搬家的行李了，成了名副其实的"环境难民"。

正在发生的一个个悲剧将是许多国家沿海城市的"未来"。科学家普遍预测全球气温上升2℃至3℃，格陵兰岛上的冰盖就会全部融化，"全球海平面就将至少会上升7米"。包括纽约、上海在内的大都市都将被海水淹没。如果任由现状发展，到21世纪末，气温将至少升高3.6℃。

另一个令人向往的岛国——马尔代夫——由1190个岛屿组成，被誉为"上帝抛洒人间的项链""印度洋上人间最后的乐园"，面积300平方公里，人口数量40万左右，是亚洲最小的国家，全国平均海拔1.5米。如果联合国政府间气候变化专门委员会（IPCC）对全球暖化下海面上升速度计算准确的话，最快一个世纪，这些岛屿将被海水淹没。2010年10月21日，马尔代夫国驻华大使在接受记者专访时表示，没有一个马尔代夫人希望背井离乡，我们正在努力实施自救，包括建立防波堤、改善珊瑚礁和植被的生存环境，构筑我们这个国家的天然屏障。对我们来说，岛上的一切皆有生命，其中也包括小岛本身。但更需要全球共同对抗气候变化，没有他们的帮助和共同努力，马尔代夫将会消失。

图瓦卢、马尔代夫的今天可能就是整个世界的明天！

太平洋岛国帕劳前总统托里比翁在2011年9月的联合国峰会上曾呼吁联大向国际法院寻求咨询意见，以确定各国是否有法律责任，确保其领土上的任何排放温室气体的行为不会危害其他国家。2012年2月3日，托里比翁再次在联合国强调了国际法院的咨询意见对于像帕劳这样的小岛屿国家的重要性。托里比翁当天在纽约联合国总部举行的记者会上表示，不断上升的海平面导致了像帕劳这样的小岛屿国家会被完全淹没的风险，随着岛屿一起被淹没的还会有这些国家独特的历史、语言和文化。

应对气候变化任重而道远。由于大气中温室气体浓度具有边界效应，达到《京都议定书》的目标也只是应付气候变化问题的第一步。尽管从长期来看，可以实现大气中温室气体浓度的稳定，但全球变暖仍会持续几十年，水平面也还将会在未来几个世纪继续升高，这将对人类造成严重后果。所以，为当代和后代保护气候系统乃是一件迫在眉睫却又长期的艰巨工作，国际环境保护是个系统工程，需要综合治理，我们需要为一个强有力的、广泛的国际性监督制约机制的早日形成而努力。

二、生物安全

我们还有很多的事情要做。在新的世纪里，地球的生物多样性将经受其最严峻的考验。未来人口还会迅速增加，尤其是在发展中国家，消费呈指数增长。因此，物种和生态系统将面临更严重的威胁——更不用说气候变化、臭氧层耗损和危险化学物会使其雪上加霜。除非我们现在就采取行动，否则我们的孩子将生活在一个贫困的世界里。

（一）物种灭绝

农业在很大程度上造成了野生遗传基因资源的贫瘠，大面积单一种植取代了草原丰富的遗传基因，整个农业仅仅是建立在几十个物种的基因基础上。单一树种的次生林也取代了天然林丰富的遗传基因。多产的植物或家养动物品种取代了利润较低但更"原始"（即更接近野生）的品种。可见，生物物种除了自然灭绝和进化的原因外，主要是人为的原因所导致。农耕、畜牧、工业化、污染、人口过多、城市发展和环境破坏等，无疑极大地加速了物种灭绝的速度。

自 6500 万年前恐龙因自然灾害灭绝以来，我们正在制造最严重的物种灭绝危机。这种灭绝是不可逆转的，而且对我们人类的幸福构成威胁，因为我们的幸福离不开粮食作物、药品和其他生物资源。

物种的减少和灭绝已凸现成为主要的环境问题。目前物种的灭绝速率高于其背景速率许多倍，所谓背景速率是指在很长的地质学时间尺度内就一直存在的物种灭绝速率。根据化石记录估计，哺乳动物和鸟类的背景速率为每500 年至 1000 年中有一个种的灭绝。国际自然保护同盟定期出版的红皮书表明，大约哺乳动物物种的 24%（1130 种）和鸟类物种的 12%（1183 种）被认为在全球范围内正受到灭绝威胁。自 1996 年的红皮书评估以来，哺乳动物中极度濒危物种数已从 168 种增加到 180 种，而鸟类的极度濒危物种数则从 168 种增加到 182 种。然而，分析表明，经过下一个 100 年脊椎动物种群的灭绝速率可能高于 15% 至 20%。[1] 几千年来，我们驯化了大量的植物和动物，成为我们食物中的重要组成部分，但是随着现代化越来越关注相对很少的作物品种，这个宝库正在日渐萎缩。在主要的农作物种类中，大约 30% 的品种目前正面临灭绝。

生物多样性正面临极大的危机，这个危机主要来自环境污染、对自然资源的掠夺性获取、外来物种的侵入以及森林、湿地、珊瑚礁和其他生态系统的瓦解、退化和完全丧失。此外，全球大气的变化（如臭氧层耗损和气候变化），又给生物多样性增加了额外的压力；石油泄漏（老问题）和生物技术（新问题）对生物多样性也产生了很大的影响。仅在 1998 年，世界范围内就发生了 215 次石油泄漏事件，共有 10.8 万吨石油泄漏到海洋和内陆环境中。生物技术逐渐被用来对生物进行遗传改良，进而引发了生物安全问题，使对生物多样性潜在风险的各种担忧也随之增多。

（二）栖息地的退化和丧失

栖息地的丧失和退化是引起物种减少的最重要因素。例如，将森林和草地开垦为耕地会导致当地动植物物种的灭绝。全世界约有 120 万平方公里的陆地在过去 30 年里被开垦为耕地。最近的全球调查显示，栖息地的减少是影响 83% 的濒危哺乳动物和 85% 的濒危鸟类的主要因素。栖息地的改变是由多种类型的土地利用变化造成的，包括农业发展、林木砍伐、大坝建造、采矿和城市发展等。

事实上，自然栖息地的大规模减少早已发生。联合国粮食及农业组织的评估表明：在 1980 年至 1995 年间，发展中国家的森林覆盖约减少了 200 万平方公里——平均每年减少 13 万平方公里。森林减少的主要原因包括转变为农业和含有再定居的发展计划。其结果是栖息地（如中美洲热带干旱森林）的实际消失。在物种减少方面，由于淡水栖息地退化最严重，20% 的淡水物种在最近几十年内即将灭绝或受灭绝威胁。引起淡水鱼类灭绝的主要原因是栖息地质量的下降。

今天，生物多样性保护行动的焦点已经从保护单个物种向保护栖息地和生态环境转移。世界自然基金会提供了目前在大范围内如何构思保护计划的说明。该国际组织最近促成了在生态区域（该生态区域具有相对稳定的气候，

---

〔1〕 联合国环境规划署编：《全球环境展望 3》，中国环境科学出版社 2002 年版，第 117 页。

栖息着特定的物种和生态群体）水平上行动的优先权。需特别重点保护的生态区域包括俄罗斯的贝加尔湖、澳大利亚的大堡礁及大西洋的阿根廷、巴西和巴拉圭的森林。

设立保护区（如国家公园）是保护栖息地最常用的方法之一。根据《保护世界文化和自然遗产公约》，包括国家公园在内，目前总共已有 167 个场所被设为自然遗址。在过去 30 年里，被保护场所的总面积在不断增加，从 20世纪 70 年代的不到 300 万公顷增加到 20 世纪 90 年代后期的 1200 万公顷以上，由此表明，各国政府一直在努力建立保护区。虽然保护区对于保护生物多样性的效果备受怀疑，但最近的一项对世界 93 个保护区的分析表明，大多数的公园都成功地阻止了土地开垦，还在一定程度上减轻了林木砍伐、打猎、火灾及放牧。

（三）外来物种

外来物种是成功地定居于当地生态系统的那些外来生物（通常由人类运输）。通过捕食的影响、栖息地的改变和对生态系统过程的破坏等，外来入侵物种对环境的破坏及生态系统的威胁是长期的、持久的，对其加以控制或清除往往十分困难。外来物种会成为本地物种的主要威胁，它不仅会破坏当地的生态平衡，甚至会引起生态灾难。

陆地上明显的例子有：法属波利尼西地区由于引进食肉的蜗牛而使许多本地蜗牛品种减少；新西兰由于引进澳大利亚的刷尾负鼠而使本地鸟类减少。水生方面的例子：约三十年前，食肉的尼罗河鲈鱼被引入维多利亚湖，进而使得 250 个本地丽鱼科鱼品种灭绝。

近年来，侵入中国的外来物种有松材线虫、湿地松粉蚧、美国白蛾、非洲大蜗牛、美洲斑潜蝇、豚草、飞机草、水葫芦、大米草等。我们最熟悉的外来入侵物种要算水葫芦了。水葫芦原产于南美，大约于 20 世纪 30 年代被作为畜禽饲料引入中国，并曾作为观赏和净化水质植物推广种植。由于其无性繁殖速度极快，现已广泛分布于华北、华东、华中和华南的 17 个省市，尤以云南、江苏、浙江、福建、四川、湖南、湖北和河南最多。如云南滇池内连绵 1000 公顷的水面上全部生长着水葫芦，覆盖度近 100%，由于水质污染和因此而导致的水葫芦的疯长，滇池内很多水生物已处于灭绝边缘。本来美丽无比的滇池由此而成了死湖、臭湖。

外来生物不仅会给当地的经济带来难以估量的损失，还会通过改变生态系统造成一系列水土、气候的变化，进而造成更加巨大的损失。此外，外来生物入侵还会直接威胁到人类的健康。比如，豚草花粉是人类变态反应症的主要致病源之一，所引起的"枯草热"给世界范围人们的健康都带来了极大危害。

（四）生物技术

从 1973 年重组 DNA 技术的成功以来，现代生物技术突飞猛进，为解决人类的粮食和医药短缺以及环境问题带来了美好的前景。通过应用现代生物技术，对农作物、畜禽品种和水产品的遗传基因进行修饰，可使其品种改良、产量增加、品质提高、抗性增强。正是由于具有这种十分广泛的市场效益，各国目前都在抓紧进行这一领域的研究，并取得了显著进展，如转基因[1]牛羊、转基因鱼虾、转基因粮食、转基因蔬菜和水果等都相继培育成功并已部分投入市场。然而，生物技术既可以造福人类，也可能给人类带来灾难。生物技术作为生产粮食和制造药品的一种良好方法，在不断得到加强的同时也带来了对人类健康和环境的潜在负面影响，包括生物多样性方面的风险。尤其是当人类不能确保正确合理操作和运用这项技术时，这种影响可能是灾难性的。2000 年 1 月通过的《〈生物多样性公约〉卡塔赫纳生物安全议定书》即确认了转基因农产品对人体健康和生态环境有一定风险，这就要求人类在发展转基因技术的同时，必须认真、慎重地研究其安全问题，确保不危害人体健康和生态环境。

地球上丰富的生命资源是经过 35 亿多年演化的结果，它是由地壳、冰期、大火和物种间相互作用等一系列变化带来的巨大力量创造出来的。正是各种生命形式的存在、各种生命形式之间的彼此相互作用以及同外界环境之间的相互作用，才使得地球变成了唯一适合人类生存的地方。生物多样性为我们生命的衍续提供了大量的物品和服务。生物资源是人类文明发展的支柱，是生物多样性中对人类具有现实和潜在价值的基因、物种和生态系统的总称，它们是生物多样性的物质体现，是人类赖以生存的物质基础。[2]然而，今天生物多样性正面临着威胁，处于危险之中。

---

〔1〕　转基因就是从完全不同物种上截取其基因片段移植到目标生物的基因组上，克服了天然物种生殖隔离屏障，使目标生物的基因组发生改变，改变其性状，从而可以按照人们的意愿创造出自然界中原来并不存在的新的生物功能和类型。

〔2〕　张维平编著：《保护生物多样性》，中国环境科学出版社 2001 年版，第 7 页。

第三节　物之生境

米糠之虫，生而灭之，灭之再生，循环反复尽皆生境使然，犹如细菌之抗药、变种而已。地球上的每一物种皆具有其特殊的生境[1]和自然过程。

一、水土危机

水与土地一起构成地球自然资源的母体资源。安全的淡水是维持地球上生命的基本要素。土壤是所有生物赖以生存的最基本的物质基础，她孕育了人类文明。水、土壤、各种植物织就的绿色斗篷，滋养着地球上所有的生命。然而，现代人类却很少记得，没有土壤，陆地植物就不会生长；没有了植物，动物也就无法生存；没有了动植物，人类也必将不复存在。"人类在文明进步的过程中，虽然已经发展了多种技能，但是却没有学会保护土壤这个食物的主要源泉。"[2]非但如此，"这个过程以其至今为止的形式使土地贫瘠，使森林荒芜，使土壤不能产生其最初的产品，并使气候恶化"。[3]摧毁往往比建设来得容易，当标志着现代化与城市化的座座高楼拔地而起时，我们应该想到，人类有一天将要为此付出代价。

（一）水资源危机

水既是地球万物之源，也是人类的生命之源。

水资源对于地球上生命的存在和发展、工农业生产的进行和人类物质文化生活的丰富，都有着不可替代的作用。"水是生命之源。"这点可以从我们所处的地理环境，从我们的日常生活和工作，从我们的工农业生产、卫生设施以及自然、文化景观等我们生存与生活的每一个环节、每一个细微之处体现出来。

人的生命过程实际上就是体内水的流动过程。水在人体内是以溶剂形式

---

〔1〕　生境是指生物个体、种群或群落所有的具体地段环境。生境内包含生物所必需的生存条件和其他生态因素。

〔2〕　[美] 弗·卡特、汤姆·戴尔：《表土与人类文明》，庄崚、鱼姗玲译，中国环境科学出版社1987年版，第5页。

〔3〕　[德] 恩格斯：《自然辩证法》，中共中央马克思恩格斯列宁斯大林著作编译局译，人民出版社1984年版，第311页。

存在的，食物中的许多成分都要通过溶于水而被人体吸收，而废物又需要通过水被排泄出体外，没有水生物体就不能进行新陈代谢和吐故纳新，生命即宣告结束。

随着地球人口的不断增加和工农业生产的发展，水资源的短缺越来越明显，甚至在地球上的许多地方出现了水荒。淡水不仅存在数量问题，而且存在质量问题和水生态系统的严重失调问题。这就造成了严峻的全球水危机，直接危及人类的生存和发展。

1. 数量危机

气候变化和不可持续的土地使用所导致的土地退化等都是造成淡水资源减少的原因。于人类而言，对水的需求将是 21 世纪最为紧迫的资源问题。从 1900 年到 1995 年，全球水消耗量增长了 6 倍——是人口增长速度的 2 倍强，并且随着工农业和家庭用水的增加，其仍在快速增长。

根据联合国的评估，如果今后 30 年中的水的分配和使用方法仍没有明显改进，全球水资源形势将极大地恶化。事实上，联合国预计，到 2025 年，生活在中等或严重水源紧张的国家中的人口将增至全球人口的 2/3。目前人口的增长和社会经济的发展，尤其是工业和家庭的现代化，使得水需求量大大增加。如果目前的增长势头持续下去，工业用水预计将于 2025 年翻番。[1]农业用水预计也会随着世界粮食需求的增加而增长。

根据可持续发展世界首脑会议提供的资料，农业用水占用了全球淡水资源的约 70%。联合国预计，在未来的 20 年里，世界需要增加 17% 的淡水灌溉农作物以满足人类对粮食的消费。加上工业用水、家庭用水和市政供水，到 2025 年，整个淡水供给需要增加 40%。[2]水危机已经严重制约了人类的可持续发展。人类的不合理利用造成了水资源的萎缩。过度用水、水污染和引进外来侵略性物种造成湖泊、河流、湿地和地下含水层的淡水系统的破坏，已经给人类带来了严重后果。在美国、印度和中国的一些地区，由于过度开采地下水，导致水床沉降而无法补充河流的水源，常常造成河流断流而使下游干涸，如美国的科罗拉多河和中国的黄河。此外，淡水资源还会受到砍伐森

---

〔1〕 美国世界资源研究所等编：《1998—99 世界资源报告——全球环境指南》，国家环保总局国际司译，中国环境科学出版社 1999 年版，第 186 页。

〔2〕 参见 2002 年《可持续发展世界首脑会议实施计划》之"水资源管理"。

林的威胁，亚洲和拉丁美洲国家遭受的洪水主要是上游的森林被破坏所致。在印度，每年有2000万公顷的土地遭洪水侵袭，洪水仅在恒河平原会造成超过10亿美元的损失。高原森林的破坏使中国的漓江处于危险之中。

大部分水需求的增长将发生在发展中国家，因为那里的人口增长和工农业发展都是最快的。

对水资源的优化管理是减轻未来水资源紧缺和避免水生态系统被进一步破坏的关键。从目前来看，提高水的使用效率会大大增加可利用的水资源。如在发展中国家有60%至70%的灌溉用水并没有被庄稼所利用，而是蒸发或流失了。尽管从20世纪70年代中期以来，节水滴灌法的使用增长了28倍，但它灌溉的面积还不足世界耕地总面积的1%。

从长远的角度来看，联合国水资源评估明确指出，许多地区日趋严重的水资源危机必须通过严格的政策来解决，即将水资源重新分配到经济和社会效益最好的用途。同时，也有必要对节水技术和污染控制给予更大的重视。水污染破坏了很大一部分可利用的水资源，极大地加剧了各地区现有缺水问题的严重性。但是，即使实行了抑制水需求增长的措施和提高了使用水的效率，也还是需要新的水源。世界银行估计，由于多数低投入的可利用水资源储备已消耗殆尽，用于进一步开发新的水源所需的财政及环保的投入将会是现有投资的2倍至3倍。

联合国的研究还着重指出了面临严重的水资源危机且人均收入较低的发展中国家潜在的严峻形势。这些国家大都处在非洲和亚洲的干旱及半干旱地区。这些国家可利用水资源中的大部分都被用于农田灌溉却都苦于缺乏污染控制措施。这些国家的发展将会受到限制，因为他们既没有多余的水资源，也没有财力将其发展方向从密集的灌溉农业转向其他产业，以创造就业机会并获得收入，以进口粮食。

根据1997年9月联合国秘书长关于淡水综合估计的报告，人类现在直接或间接利用着世界水供应量的一半以上，全球人均淡水可用量从1950年的17 000立方米下降到了1995年的7000立方米。对水的需求的增加不仅是由于人口的增长，而且还是由于生活水平的提高和用水行业（如采矿、金属加工、水泥生产、木材加工和以灌溉为基础的农业）的扩大。比如一个欧洲人每年消费约800立方米的水，大约是一个加纳人的70倍，而一个美国人每年对水的消费更是超过了 3000 立方米。[1]

许多大河的流量和水流时间几乎全部为人类控制，实际上并没有流到海洋。这对水族生物非常不利，会导致鱼类数量的减少和生物多样性的严重破坏。三角洲的退缩导致肥沃的土地消失，而气候变化和水平面的升高则使这个问题更加严重。根据联合国的估计，在下个 60 年间，埃及可能会丧失 19% 的可居住土地，需要迁移大约 16% 的人口。纵观全世界，人们担心，半个世纪内，地球 80 亿居民对淡水的需求将超过地球的水资源。

水资源的分布在不同国家之间以及在同一国家内部都是很不均匀的。在某些地区，由于水的抽取量极大而资源有限，造成地表水面大幅度缩小而地下水也在以快于降雨补充的速度被大量抽取。

在一些地区，人类用水的需求得不到满足，水生态系统也遭到了破坏。1997 年联合国对淡水资源的评估显示，全世界有 1/3 的人口居住在面临中度至严重水源紧张的国家和地区。这些地区的淡水消费量超过可更新水资源总量的 10%。大约有 80 个国家，40% 的世界人口在 20 世纪 90 年代中期严重缺水，估计在 25 年之内，2/3 的世界人口将要居住在水紧张国家。到了 2020年，水的使用量将会提高 40%，其中 17% 以上的水将用于满足人口增长所引起的食品生产。联合国是通过确定每个国家的耗水量与其拥有的可利用水资源之比——使用与资源比——进行估算的，这一比值是衡量整体水资源紧张状况的一个很好的标准。所谓中度至严重水源紧张是指水的使用与资源比超过了 20%。联合国警告说，到 2025 年，世界将近一半的人口会生活在缺水的地区。现在缺水或水资源紧张的地区正不断扩大，特别是北非和西亚尤为严重。

当一个国家每人每年可用水量低于 1000 立方米"基线"以下时，该国就会被认为可能要长期缺水。许多地区已经存在着长期水缺乏。在这些地区，降雨量少或不稳定，为满足灌溉、工业和城市人口对水的需求，用水量已经大大增加。印度、中国、墨西哥和美国的许多水资源紧张地区已经被迫转向使用地下水，而地下水的抽取通常比补充要快，土地利用的变化（如砍伐森林使水资源减少和流失）以及人类生活、工农业生产造成的污染进一步限制了水的供应。

在过去的一个世纪里，人口增长、工业发展和灌溉农业的扩张是引起水需求增加的三个主要因素。过去 20 年中，农业消耗了经济发展中的大部分淡

---

〔1〕 ［法］亚历山大·基斯：《国际环境法》，张若思编译，法律出版社 2000 年版，第 186 页。

水。规划者一直认为通过增加更多的基础设施来控制水文循环,就可以满足不断增长的需水量。传统上,修筑河坝是保障灌溉用水、水力发电和生活用水的主要手段。世界上最大的227条河流中,已经有大约60%被堤坝、引流、运河等切割,同时对淡水生态系统也造成了影响。

由于清洁水源的减少,对其需求的竞争也就随之加剧。这通常发生在不断扩张的城市地区和农村的使用者之间。在有着系统的水资源使用和配给法规的地方,水市场运作正常,买者可以以合理的价格与卖者交换供水。这样的系统在越来越多的国家得以成功实施,包括美国的西部和澳大利亚。然而,有效的水价,即将水价提高到足以抑制浪费,在一些低收入的国家仍是个极为敏感的问题,因为在这些国家大多数人都依赖灌溉农业生活。

2. 质量危机

淡水受到的威胁是多样的、复杂的,污水排放是传统的利用河流的方式,它会导致鼠疫和霍乱的流行。而排放化学和危险物质、使用杀虫剂和化肥都会影响水的质量。

目前,全球有11亿人未能用上安全饮用水,24亿人缺乏充足的用水卫生设施。即使在发达国家,污水在排放前也未必全部经过处理。在欧洲联盟的一些南部成员国中,约有一半人口生活在没有废水处理系统的环境中。

为城市居民提供安全用水和卫生设施仍然是个特殊的挑战。大约有1.7亿发展中国家的城镇居民能够得到安全水的供应,0.7亿人在20世纪90年代的头5年拥有了适当的卫生设施,但这些影响仍是微不足道的,因为约有3亿多的城镇居民仍然缺乏安全水供给,并且到1994年底仍有将近6亿的居民缺乏足够的卫生设施。

对于世界上许多贫困人口的健康而言,持续饮用未经处理的水仍是最大的环境威胁之一,尽管使用改善水供应的人口比例从1990年的79%(41亿人)增加到了2000年的82%(49亿人),但仍有占全球人口近一半的人缺乏安全饮用水和缺少足够的卫生条件,而这些人口大部分居住在非洲和亚洲。缺乏安全的水供给和卫生设施导致上亿人患上了与水有关的疾病,每年至少造成500万人死亡。[1]全球每天有6000名儿童因为水传播疾病而死亡。[2]可

---

〔1〕 参见联合国环境规划署编:《全球环境展望3》,中国环境科学出版社2002年版,"综述"部分。
〔2〕 联合国环境规划署可持续发展杂志:《我们的星球》2002年第1期。

见，与水相关的疾病是一个重大的健康问题。特别在发展中国家，80%的疾病和1/3的死亡者与受过污染的水有关系。

在许多发展中国家情况更为糟糕，他们正面临各种各样的毒物污染问题，如富营养化、重金属、酸化、难降解有机污染物（POPs）等，同时也在与一些传统的（诸如水资源贫乏和卫生设施缺乏等）问题做斗争。当污染涉及地下水时，威胁尤为严重。因为地下水的污染稀释起来慢而且净化措施耗资甚巨。据估计，在多数亚洲国家，50%以上的家庭用水由地下水贮备供给，而这些国家同时也在大力发展采矿业和制造业，这两个行业正是地下水的两大主要污染源。水缺乏正在不断加剧，人类健康也会受到生活用水污染不断加剧的严重损害，这在迅速城市化的地区尤为突出。

水质问题常常与水的可用性问题同样严重，但是却很少有人重视这个问题，特别是在发展中地区。污染源包括未处理的污水、化学排放物、石油的泄漏和外溢、倾倒在废旧矿坑和矿井中的垃圾，以及从农田中冲刷出的和渗入地下的农用化学品。世界主要河流半数以上已经被严重地耗竭和污染，周围的生态系统受到毒害，并使其质量下降，威胁着依赖这些生态系统的人们的健康和生计。

3. 淡水生态系统危机

在我们这个似乎所有的生态系统都在承受重压的星球上，淡水生态系统（河流、湖泊和湿地、多种多样生态群落）可能是受威胁最严重的。根据国际自然保护同盟（IUCN）关于全球生物多样性所受威胁的最新统计，约有34%的鱼类（其中大部分是淡水鱼）正濒临灭绝。与陆地或海洋的生态系统相比较，淡水生态系统不仅失去了更多的物种和栖息地，还有可能因为修筑水坝、污染、过度捕捞等各种威胁遭受更大的损失。

从范围上看，淡水生态系统是相当有限的，只占地球表面面积的1%。但这个系统中的物种却是多种多样的，有着与其面积极不相称的物种数量。例如，在亚马孙河中有超过3000种鱼类。非洲的维多利亚湖仅脊鳍类热带淡水鱼就有350种之多。北美的密西西比河里大约有300种淡水贝类。总而言之，全世界40%以上的鱼类和全球动物的12%都居住于淡水栖息地，他们中的许多物种都局限在很小的区域内，因而也极易受到侵扰。

目前，修筑水坝和开挖运河仍然是对淡水生态系统威胁最大的两大因素，它们会极大地影响到物种的数量和多样性。埃及的阿斯旺大坝自1979年投入使用以来，使得尼罗河上捕鱼业捕捞到的品种几乎下降了 2/3，而地中海地区沙丁鱼的捕获量也下降了 80%。100 年来不断地开挖运河及河岸的开发使得莱茵河的原有的漫滩面积减少了 90%，河中原有的鲑鱼群也几乎消失殆尽。

近年来，人类对淡水生态系统影响的规模和范围都在直线上升。1950 年，世界上有 5270 座大坝，今天，总数已超过 36 500 座。与此同时，因航运而改造的河流数目也从 1900 年时的不足 9000 个增加到了将近 50 万个，从而使得这些水域渐渐变得不适于生物生存。

鉴于水坝和沟渠给航运、农业及能源生产带来的利益，它们仍是各国发展战略的重要组成部分，尽管它们所造成的环境危害也是人所共知的。在东南亚，沿湄公河及其支流上正在筹建的水坝多达几十个。湄公河流域目前水坝还较少，因而仍是世界上淡水生物种类最丰富的一块宝地。据估计，这一流域中的鱼类有 500 种或者更多，每年从湄公河及其支流中所捕到的鱼是当地居民的重要食物来源。但仅从流域中为数不多的几处水坝的情况就可看出，这一资源是多么容易受到破坏。湄公河的一条支流"Mun"河自从 20 世纪 90 年代初期建起了"Pak Mun"大坝以来，原来栖息在这条河中的 150 种鱼类已基本上全部消失了。

在过去的 50 年里，堤坝改变了世界河流的形状，使得不同地区约 4000 万至 8000 万人口迁移，导致临近的生态系统发生了不可逆转的变化。

在南美洲，"Hidrovia"工程——水上高速公路——将创造一个长达 3400 公里的水上走廊，从而为巴拉圭、玻利维亚以及巴西内陆地区打开水上贸易的大门。这项工程牵涉到对巴拉圭河和巴拉那河大段河道的疏浚、扩宽和取直，以使得大吨位的驳船护送队能够直接到内陆地区。不幸的是，巴拉圭河流经世界上最大、保持最好的洼地"Gran Pantanel"，在这一地区疏浚和开挖沟渠可能会使水位大为降低，从而危及生活在这里的 600 种鱼类、650 多种鸟类、80 种哺乳动物和 9 万种植物。

20 世纪的水开发减少了沼泽和湿地。将水移为他用、改变水流以及工业和生活废弃物对水的污染等对淡水生态系统产生了很大的影响。在许多河流和湖泊，生态系统功能已经遭到破坏，或已完全丧失。在一些地方，需水量的增加使得大河的来水量减少，对沿岸和临近地区产生了影响。高取水量已经导致了生态系统再生能力的丧失，多种野生物种消失，尤其是食物链顶端的物种。

　　湿地也是一个重要的生态系统，它不仅会影响物种的分布和广义上的生物多样性，还能够对人类的居住和活动产生影响。湿地能够提供对洪水的自然控制、碳储量、自然水净化，以及鱼、贝、虾等产品。目前还没有可靠的信息能够说明全球还剩多少湿地。最新的估计表明，湿地可能至少覆盖了1280万平方公里。农业和定居等人类活动严重破坏了淡水生态系统，20世纪里50%的湿地因此消失。生态系统的破坏降低了水量和水质，导致人类可用水的有效利用率下降。

　　淡水生态系统还面临许多其他威胁，如工业污水排放对农业、城市生活径流形成普遍存在的压力，酸雨已使加拿大湖泊中的鱼类减少了40%；过度捕鱼困扰着许多淡水系统，在里海及其支流，鲟鱼因被过度捕捞而濒临灭绝；为农业生产和城市生活供水而进行的河流改道使得科罗拉多河下游的鱼类受到威胁甚至濒临灭绝；土壤流失造成的淤积是导致斯里兰卡特有鱼类减少的主要原因；生活在维多利亚湖中的200种脊鳍类热带淡水鱼在与外来鱼类的生存竞争中惨遭灭绝，另有150种也面临威胁。

　　面对这些威胁，人们对淡水生态系统的关注也在逐渐增加。世界银行和一些发展银行过去一直重视水坝及其他主要的水利项目，现在也渐渐改变了政策，强调需要对这些项目的总体利益和代价作更加全面彻底地调查。

　　更为积极的势头是许多国家都开始恢复被破坏的淡水生态系统。罗马尼亚多瑙河三角洲生物圈自然保护区的官员正将世界银行"全球环境基金"以及其他来自外国的捐赠所提供的资金，用于拆除那些为将位于多瑙河口广阔的三角洲湿地变成农田而建的堤防和水坝。美国的工程师也试图在佛罗里达的大沼泽地国家公园进行类似的清理。

　　为进一步减低对淡水生态系统的破坏，《生物多样性公约》的签约国将1998年会议（第四次缔约国大会）的重点放在淡水生态系统面临的威胁上。专家们强调，全球范围内的水开发规模仍不断扩大，迫切需要全世界的共同努力。

　　水是一种有限的资源。砍伐森林、采矿、非持续农业、城市化、过度抽吸蓄水层、水道被用作污染沟、酸雨、化肥、农药、淤积和干旱的气候等因素，导致了水质的恶化和供应的紧张。

　　为了保证优质水的充足供应，以维持人类活动、消灭疾病、保护地球生态系统的水文、生物和化学的功能，水资源的规划和管理是不可缺少的。江河流域必须予以管理，以保护淡水资源。这既需要政府之间的合作，更需要国际法律的规范。

在淡水保护方面，与海洋保护和生物多样性保护一样，国际环境法在国际水资源保护制度上已经构建出了一整套原则和规则。

（二）土地退化

土地是地球上重要的自然资源，她是所有生物赖以生存的最基本的物质基础，是人类文明的源泉。人类文明源于土地，但也因土地的退化而陷入绝境。[1]如玛雅文明的消失、印度河文明的衰落、古埃及文明的渐行渐远等等。文明从产生到崩溃，究竟是什么在作怪？对此，蕾切尔·卡逊在《寂静的春天》中给出了答案：让美国无数的城镇失去春天声音的，不是巫术，也不是敌人的行动，而是人类自己。[2]可见，由于气候变化和人类活动等因素导致的土地退化，已经严重威胁了整个地球的生态环境及人类的生存与发展。

1. 土地退化原因

土地退化的主要原因是人为造成的。不可持续的农业土地利用、落后的土壤和水资源管理方式、森林砍伐、自然植被破坏、大量使用重型机械、过度放牧及落后的轮作方式和灌溉方式以及盲目使用杀虫剂等都是造成土地退化的重要原因。自然灾害（如干旱、洪水和滑坡）也会造成土地退化。

自1972年以来，不断增长的食物生产一直是造成土地资源压力的主要因素，到2002年，现有土地要为比1972年人口多22.2亿人的人口提供食物（联合国人口司2001年数据）。1985年至1995年，世界上许多地区的人口增长速度都超过了食物的增长速度，尤其是在非洲。全世界105个发展中国家中有64个国家的食物生产速度都落后于人口增长速度。

世界人口暴增，迫使人类大规模垦荒，砍伐森林，毁林毁草造田，以求增加耕地面积，满足人类对粮食的不断增长的需要，这种做法以及对广大草原的超负荷过度放牧等原因，破坏了植被和整个生态系统的平衡。

---

[1] 美国学者弗·卡特和汤姆·戴尔在其合著的《表土与人类文明》中，考察了历史上二十多个古代文明的兴衰史，得出的结论是：绝大多数地区文明的衰败，源起于赖以生存的自然资源受到破坏。

[2] 美国生物学家蕾切尔·卡逊（Rachel Louise Carson），美国海洋生物学家。1962年，她的作品《寂静的春天》出版后，成为当时美国和全世界最畅销的书。书中的危机思考，引起了美国政府的重视，从而在1972年全面禁止DDT的生产和使用。其后，世界各国纷纷效法，目前全世界几乎已经没有生产DDT的工厂了。《寂静的春天》被看作是全世界环境保护事业的开端。

政策失调和农业活动的不规范也加重了土地压力，例如，超量使用化肥和其他化学物质导致了土壤退化。

土壤侵蚀是造成土地退化的主要原因，并对土壤的功能产生重要影响——土地可以作为污染物的缓冲和过滤器，在水和氮循环中具有重要作用，它可以提供居住地和支持生物多样性的能力。

土地退化几乎总是包含土壤有机质的损失，如果这种趋势能够得到抑制或回转，土壤和植被覆盖中碳的存储水平将会有很大增长的潜力。

城市面积仅占地球陆地面积的1%。然而，城市扩展，包括许多地区的工业、交通和休闲活动用地对土地资源造成了很大压力。比如，美国每年因城市化损失约40万公顷的农业用地，中国在1987年至1992年因城镇建设损失了约500万公顷的农业用地。土地退化、河流淤积、土壤污染，从酸雨到工业废弃物，都是与城市化和工业化有关的环境问题。发达国家农业土地削减的主要原因之一就是居住区建造过多。

此外，城市产生的废弃物是土地退化的主要原因。据估计，有195万公顷土地因工业化和城市化而退化，其中一个重要的原因就是发达国家把有毒有害废物出口到了发展中国家。

2. 土地退化的灾难

土地除了作为动植物生命的支持系统和工业生产的基础外，还有助于保护地球上的生物多样性、调节水循环、碳存储和循环及提供其他的生态系统服务。土地是一种有限的资源，也是自然资源的依托。土地退化的直接结果就是土地生产力下降乃至丧失，导致可利用土地面积的减少，直接威胁着地球的"生命支持系统"。然而，仓促的土地归并、过深的纵向犁沟、无节制的毁林砍树、道路的混凝土化、追求土地面积收益的城市化、对难以量化和分类的需求不予考虑的虚假的计划功能等，所有这些都使得充斥简易住宅楼的郊区大为增加，……而被吞噬的土地最终必然荒化，必将导致人类的灾难，——城市变成了令人厌烦、肮脏、衰败、枯燥、非人格化和犯罪频繁的隔离地；自然灾害也会因此而更加严重。这一切所造成的牺牲和后果是难以计算的。

由于受环境变化和人类活动的影响，在干旱、半干旱和亚湿润干旱地区所产生的土地退化已经被明确地认定为严重的环境问题，它直接造成了对人类社会生存和发展基础的破坏，对生物多样性、地球生物群和生物生产力，以及全球的气候变化都将产生重大的影响。

土地退化的主要类型有水蚀（56%）、风蚀（28%）、化学退化（12%）和自然退化（4%）。导致土地退化的原因有过度放牧（35%）、森林砍伐（30%）、农业活动（27%）、过度开采植被（7%）和工业活动（1%）等。[1]

土地的退化是一项全球性的环境问题，是一个严重的环境灾害。国际社会认识到，必须立即采取一致行动，在可持续发展的框架内采取有效的方法，动员全人类的力量、知识和智慧，以制止土地退化。

土地退化发生在由于长期滥用土地削弱了生产能力的任何一处贫瘠的土地上，可以表现为土地生产能力的丧失、土壤退化等。土地退化已经对全世界1/3的农业用地造成了影响，造成用于农业、牧业及其他用途的土壤不再适于耕作。

土地退化最大的影响之一是它制造出了成百上千的"环境难民"，这些人因为原本居住的土地无法养活他们而不得不背井离乡。

土地退化还会给环境带来严重影响，其中一个主要影响就是生物多样性的丧失。土地退化也可能通过减少碳槽（由于可以固化二氧化碳的植物减少）或者增加地球的反射来影响气候变化。

中国的"神舟5号"拍摄到的大部分土地没有覆盖绿色植被而是以赤裸裸的黄色直接面向宇宙的中国地图令人震惊。多年的干旱和毫无节制的滥砍滥伐使我们的绿色极度匮乏。近百年来中国出现了1900年、1928年至1929年、1934年、1956年至1961年和1972年数次大旱，进入20世纪90年代以来，中国北方干旱频繁发生，特别是西北地区出现了1995年和1997年的严重干旱。最新统计显示，中国沙化土地已达174万平方公里，占国土面积的18.2%，沙化面积每年仍以3436平方公里的速度扩展。[2]

干旱的频繁发生，会造成沙尘暴肆虐、森林覆盖率降低、草原退化严重、天然水域缩小、河道断流、水资源锐减、土地沙化面积扩大等，致使自然灾害的发生频率加大，给经济建设和人的生命财产造成巨大损失。干旱造成的环境影响有土壤和地下水的盐碱化、淡水生态系统污染加剧、经济发展和人

---

〔1〕 联合国环境规划署编：《全球环境展望3》，中国环境科学出版社2002年版，第60页。
〔2〕 新华网北京2003年6月17日报道。

口膨胀，水资源短缺现象日趋严重，直接导致干旱地区的扩大与干旱化程度的加重。干旱灾害是中国最主要的自然灾害之一。据统计，自然灾害中85%为气象灾害，而干旱灾害又占气象灾害的50%左右。中国最早的关于旱灾的记载始于公元前206年。从那时起至1949年的2155年中，发生过较大的旱灾1056次，平均两年一次。

非洲的撒哈拉地区从1968年到1974年期间遭受了长达6年的旱灾，大约有25万人死于饥饿、干旱或者疾病，此外还有上百万的动物死亡。

土地退化是生态危机的前奏，严重威胁着整个地球的生态环境及全人类的生存与发展。土地退化造成森林锐减，使天然植被大量死亡，甚至引发动植物物种的灭绝，导致世界生态系统遗传物种多样性的明显减少。这一过程使现代人和后代人失去了遗产物质，使我们失去了医药和工业化学品的重要潜在原料，使我们永远失去了美丽的动物和部分文化遗产，使生物圈也缩小了。[1]此外，土地退化导致了土壤产力和营养成分的减少，地上和地下生物量随之减少，从而减弱碳吸收的能力，并且影响植物和土壤有机物的多样性。更严重的是，由于滥樵、滥伐、滥垦等不合理的人类活动以及由此而造成的土地退化，致使植物资源遭受剧烈摧残，生物多样性由此急剧减少。毋庸置疑，土地退化不仅造成种群、群落破坏，使许多物种濒危或消亡，而且导致土壤肥力、土地生产力降低，对全球粮食生产也构成了威胁。没有人会怀疑土地退化的严重性和危险性，因为非常明确的一点是：一英尺的土地可能需要数世纪才能恢复地力，但短短数年就可能受到侵蚀并退化。[2]

随着土地退化的日益严重，如果任由土地持续退化或不能有效地加以控制，人类势将丧失生存与发展的根基。为了实现土地可持续管理的目标，促进生态可持续发展，有关防治荒漠化、森林管理、控制气候变化、维护生物多样性的主要国际环境条约和战略正在被用于重新评价国内及国际环境法律与政策，以管理土地退化、规范未来土地的可持续利用。

二、进化论之谬

一切灾难皆源于无知、贪婪。繁华褪尽，回归本真。此时，我们应该为

---

〔1〕　世界环境与发展委员会：《我们共同的未来》，王之佳等译，吉林人民出版社1997年版，第41页。

〔2〕　杨国华、胡雪编著：《国际环境保护公约概述》，人民法院出版社2000年版，第117页。

生养咱的母亲——地球——做点什么了！

人类是自然的一部分，生命有赖于自然系统的功能维持不坠，以保证能源和养料的供应。《世界自然宪章》宣示了人类是自然界的一部分，没有这个自然界，人类就不能生存。人类是环境的组成部分，从这个角度看，环境的每个组成部分不仅具有直接关系到人类的价值，而且，还是一个相互关联的系统中不可缺少的要素，必须保护这个系统以确保人类的生存。尽管人类生存这个最高目标仍然是以人为中心，人类却不再被视为自然界之外或之上，而是与自然界相互联系、相互依赖的一部分。然而，人们一心进化自己，一面放纵地发展着自己，一面在紧张的竞争和顾虑中生存，越来越自私，当自私欲望得不到满足时，各种不道德的行为和犯罪愈演愈烈。人们失去了理解和信任，在社会上失去了安全感。短暂的享受和荣耀，换取着无可挽回的一切：道德滑坡、心理畸变、利欲膨胀、两极分化、怪病丛生、无休止的竞争、社会的畸形发展、资源的耗竭、环境的污染、惨烈的战争等。失去了道德的约束，人们会失控地发展私欲，造成无可挽回的一切。如今恐怕到了必须破除进化论迷信的时候了。

人是自然界孕育的特殊高等物种，即使与猿相像，但人绝不是由猿进化而来的。动植物有差异，生而为人也一样，我们也许看得到，也许看不到。例如，某个品种水稻比另一种更能抵抗洪涝。有人头发卷，有人头发直。有人会晒黑，有人会晒伤。有人的嘴唇能撅起，有人的嘴唇撅不起来。某个品种的牛能经受住干旱，另一种则不能。这便是生物多样性。生物多样性不仅代表种类，也代表不同的动植物物种之间相互联系和相互作用的方式。进化论不仅误导了整个生物学，而且误导了心理学、伦理学和哲学等许多领域，误导了人类文明的发展。它给人类文明造成的潜在的祸害，是触目惊心的：它让人把宗教和道德善恶视为欺骗、败坏精神寄托和道德制约；它告诉人们弱肉强食，适者生存，在竞争中采取各种手段发展自己；让人们相信反传统、反潮流的畸变可能出现更进化的、更好的结果；它让人相信人是动物的后裔，让人相信人的本性来源于动物。西方心理学进一步发展认为：人的欲望是人最本质的本性，甚至是进化出来的最好的本性，为物欲横流和伦理的败坏从科学上解除了约束，这种宣传已经充斥了社会的方方面面。种种这类败坏的因素渗透进了现代社会的一切，潜在地推动了人类道德的滑坡。

三、环境问题的实质

"环境"的总体乃是"生物圈",[1]是指以各种生命形式为中心的宇宙的一部分。国际环境法所言"环境"则指人类赖以生存和活动的空间和条件,包括人类的自然生存基础,即土地、大气、水、矿藏、森林、草原、自然遗迹、人文遗迹、风景名胜、城市乡村、生物圈及其相互关系尤其是与人类的关系。它包括自然因素和社会因素。自然因素指陆地、土壤、水域、大气、动物、植物、矿藏、文化和自然遗产等;社会因素诸如为保护环境而采取的政策、方针、贸易措施等与各国社会、经济条件有关的利用、保护和改善环境的影响国外环境权益的行为。可见,作为国际环境法的环境概念比自然环境概念的外延要大。

人类与环境,两者存在于统一体中,并且必然是相互依存、相互影响和相互促进的。环境直接影响着人类的生存。同时,人类的活动也影响着环境。人类的行为或行为的后果,能够改变自然,耗尽自然资源。[2]20世纪中叶以来,随着量子论、相对论和系统论、控制论、信息论的广泛运用,以及新的理论(如耗散结构理论、混沌理论、协同论等理论)的提出和运用,增强了人类对自然的认识和驾驭能力;而航天、通信、网络技术的发展使人的器官得到进一步的解放;电子技术的广泛运用,使工业生产由自动化向智能化转化;遗传物质的发现、DNA双螺旋结构的发现、基因工程的运用、克隆技术的发明,为人类的农业和医学的发展注入了新的活力。人类在使用科学技术获取大量物质财富并极尽享乐之能事的过程中造成了能源短缺、生态失衡、资源枯竭、空气污浊、核威胁等严重影响并制约自身生存与发展的后果——环境危机。

诚然,环境问题自古有之。环境问题的产生虽说是多种因素综合作用的结果,但人类对环境的基本认识和态度却不能不说是其中最重要的因素。毫不讳言,很少有人会注意并重视这样一个事实:自从生命出现在地球上以后,大气中就有了一定数量的二氧化碳,正是它吸附了一定数量的太阳光线,才使得地球变得温暖。如果没有二氧化碳,我们这个世界将像火星一样阴冷而

---

〔1〕　参见联合国教科文组织《人与生物圈计划》。
〔2〕　参见《世界自然宪章》"前言"。

没有生命，所以，稍稍有一点温室效应是好事，正是因为这样，我们这颗行星才有了生机。问题是，温室效应控制在什么样的限度内才好。在金星上，大气中二氧化碳的含量是 97%，结果，它所吸附的热辐射是地球大气的 100 多倍，这使金星处在 700 摄氏度的焦热之中。地球大气的大部分是氮和氧，目前，只有 0.035% 的二氧化碳，几乎难于发现它的踪迹。事实上，我们之所以为温室效应感到忧虑，是因为担心二氧化碳含量有可能从 0.035% 上升到 0.055% 或 0.06%。这个数字虽然不是很大，但是它却足以使所有的事情变得大不一样。[1] 可以说，环境问题的产生与发展是与人类自身的认识和态度以及观念紧密相连的。所谓环境问题不是技术、经济的发展造成，而是观念所致。

不仅是人类，凡是有生命的东西，都存活于使之能够存活的环境之中。即，生物体皆居于与其固有环境能够有机结合的互动关系之中。存在着与各不同物种可能感受的刺激和可能的反应互相对应之所谓"环境世界"，对于生物而言，除根植于大地母亲而栖居一定的环境外，乃是不可能存活的。在此意义上，作为生物种类之一，也就很容易理解人类所赖以生存的特定的生物学、生态学的环境的重要性了。尽管人类自诩为"万物之灵"，然而，现在已经到了哪里也没有避居之所的时候了。即使是正在筹划危机降临之时乘宇宙飞船而逃离地球恐怕也已经来不及了！到实现这一目的为止，地球环境之现状的保证已经是极为困难的了。即便是万幸能来得及逃离地球，也不过是仅仅逃避了问题而已。难道可以说是解决了问题吗？在此，我们应该研究的是，正视环境问题，探索自然与人类之间"本来应有的"关系。逃离地球即使成功，作为人类只要想生存下去，无论到哪里也摆脱不了环境问题。只要你是人，就无法逃避环境问题。也就是说，与其说是"环境"问题不如说是人类自身的存续问题。

所以，环境问题的说法乃是种逆说，其实质是这（人类存续本身）的问题而不是那（环境）的问题，非彼而此也。原因就在于人类一旦离开了彼（环境——能够存活的地方）就无法存活了。

---

〔1〕 ［美］比尔·麦克基本：《自然的终结》，孙晓春、马树林译，吉林人民出版社 2000 年版，第 11 页。

第四节　环境危机的全球化

地球上所有的水域都是相通的，大气环流作用又使地球上任何一个地方的空气污染都不可能滞留在一隅之地。世界生态环境是一个整体，发生在任何国家的生态破坏、环境污染都可能带来不可抗拒的全球性的后果。全球性的生态环境问题包括全球气候变暖（温室效应）、臭氧层破坏、酸雨、生物多样性锐减、森林破坏、荒漠化、海洋污染等。这些全球环境问题相互联系、相互制约，使人类所面临的各种环境问题构成了一个复杂的生态环境问题群。

一、全球生态危机

环境灾难是人类盲目地破坏和改变环境和生态系统，从而引发环境反应，使人类遭受到的可怕的严重后果。全球性的生态环境问题的出现和不断恶化，是由无数国家和地区生态环境的破坏和污染累积而成的。随着生产的飞速发展和人口的急剧增加，对环境的污染和生态破坏也在不断地加剧，田地、树林、湖泊、河流、都市都受到了污染。终于，在 20 世纪 50 年代至 60 年代，环境污染发展为社会公害，导致成千上万人生病以致丧命。"公害"给人类带来了深重的灾难。

1930 年 12 月 1 日至 5 日，由于有害气体和粉尘污染空气，比利时的马斯河谷工业区一周内便有 60 多人死亡；20 世纪 40 年代初发生于美国洛杉矶市的化学烟雾事件，对人体造成了极大危害；1948 年 10 月 26 日至 31 日发生于美国宾夕法尼亚州多诺拉镇的空气污染造成 17 人死亡并在 4 天内使占全镇 43% 的人口（5511 人）发病；1952 年 12 月 5 日至 8 日，英国伦敦燃煤产生的烟雾毒气，致使 4 天中死亡人数较常年同期多了 4000 余人；1953 年至 1956 年，日本熊本县爆发水俣病（由于甲基汞中毒而引起的中枢神经疾患）；1955 年日本富山县出现由锌、铝冶炼厂排放含镉废水污染神通川水体而使两岸居民中毒引起的骨通病；1961 年日本四日市发生了哮喘事件；1968 年 3 月日本九州、四国等地发生了实际受害者达 1.3 万多人，使整个西日本陷入恐慌混乱之中的米糠油事件。这"八大公害"〔1〕都是由环境污染造成的。它发生在资本主义最发达的国家。在那里，一方面是物质文明高度发展，另一方面是环境污染极其严重。

进入 20 世纪 80 年代以后，每年都在发生大量污染，公害事件的范围和规模不断扩大，灾难连连不断，环境灾难痛苦的阴影笼罩着人们。一系列后果严重的地区性重大灾难跨越了国界：莱茵河的污染波及了瑞士、法国、德国、荷兰和北海，切尔诺贝利的影响侵入并跨越了欧洲大陆。在工业化国家中，存在含水层的水源受到污染，过分使用农药和化肥造成土壤毒化，在生态脆弱的地区进行大规模城市建设（如在沿岸地带），形成酸雨以及贮存有害废料等一系列问题。非工业化国家则出现了沙漠化、毁林、土壤流失和土壤沙化、水灾以及不按计划建设的特大都市遭到二氧化硫（可导致哮喘）、一氧化碳（可导致大脑和心脏紊乱）和二氧化氮（可导致免疫性抑郁症）的毒害等问题。新的关系到整个世界的全球性问题频频出现，意大利塞维索化学污染事故、美国三哩岛核电站泄漏事故、墨西哥液化气爆炸事故、印度博帕尔农药泄漏事故、苏联切尔诺贝利核电站泄漏事故、瑞士巴塞尔赞多兹化学公司莱茵河污染事故以及全球大气污染和非洲大灾荒，被合称为"新八大公害事件"，以示与上述"八大公害事件"的区别。

此外，臭氧层空洞、全球气候温暖化、酸雨、赤潮以及造成严重危害的核污染和农药污染等亦普遍存在。目前，全球气候温暖化与土地荒漠化、湿地缩减以及生物物种锐减（生物多样化问题）等已构成了世界性的四大热点问题。

可见，20 世纪中叶以来，严重的环境问题已从国内走向了国际，由区域性发展成了全球性，生态危机显现出了超越国家的、全球化的性质。

二、全球环境意识

尽管有本位主义、地方主义和种族中心主义的禁锢，尽管不少人仍缺乏全面看问题的能力，尽管还存在片面的观点和主观的认识，但是有一种感觉在逐渐具体化。这种感觉便是：地球是一个整体，我们同属于这一地球，人

---

〔1〕 参见裴广川、林灿铃、陆显禄主编：《环境伦理学》，高等教育出版社 2002 年版，第 358~362 页。

类面临着许多世界性的问题。这种感觉正孕育着全球意识，正在开启一个新纪元——与地球共生存！

人类正在把地球机能的防御系统一个个破坏掉。

全球性的环境污染和破坏，使人类的生存和发展受到了日益严峻的挑战，环境问题已成为全人类共同关心的重大问题。并不讳言，人类对环境危难做出的反应首先是地区性和技术性的。1970年4月22日，美国国内掀起了一次以保护地球与环境为主题的"地球日"活动。这一天，全美国有10 000所中小学校、2000所高等院校和一些社会团体共2000余万人举行了游行和集会，发表演说，要求美国政府采取措施保护环境。美国国会被迫休会，议员们都到各自的选区参加"地球日"活动。这是人类有史以来第一次规模宏大的国内环境保护活动。它反映了人类自身对环境问题的反省和觉醒，唤起了世界民众的环境意识，推动了世界各地风起云涌的环境保护运动，对世界环境保护事业产生了极为深远的影响。

20世纪70年代，由于生态协会和生态政党的大量出现，世界上共有70多个国家建立了环境保护部。人类对环境问题的认识有了一个质的飞跃，环境意识日益增强，环境保护热潮在全球蓬勃兴起。

联合国于1972年6月5日在斯德哥尔摩召开了人类环境会议。这是人类历史上第一次保护环境的全球会议。会议的口号是：人类只有一个地球。会议通过的《人类环境宣言》呼吁全世界各国政府和人民为维护和改善人类环境，造福全体人民，造福后代而共同努力。1972年10月联合国大会第27届会议根据世界各国政府和人民的意愿，接受并通过了把人类环境会议召开的6月5日这一天确定为"世界环境日"的建议。确定在每年的6月5日世界各国都要开展群众性的环境保护宣传纪念活动，以引导人们积极关心和努力解决环境问题，以呼吁全世界人民都来注意保护人类赖以生存的环境，自觉采取行动，参与环境保护，同时要求各国政府和联合国系统为推进环境保护进作做出贡献。在斯德哥尔摩人类环境会议的促进下出现了负责保护环境的国际组织（如联合国环境规划署）和国际性行动计划（如联合国环境计划、联合国教科文组织的人与生物圈计划等）。

20世纪80年代，人类对环境问题的认识又向前迈进了一步，联合国通过《我们共同的未来》的报告提出了"可持续发展"战略思想，并把它作为人类未来生存发展的唯一途径。1990年4月22日，全球范围内发起了纪念"地球日"活动，这是 20 世纪 90 年代"环境十年"运动的开端。1992 年 6 月 3 日至 14 日联合国环境与发展大会在巴西的里约热内卢举行，会议旨在协调保护生态的必要性和第三世界经济发展的必要性。会议还制定了旨在促使联合国成员共同努力保护生物圈的 21 世纪行动计划。183 个国家的代表团和联合国及其下属机构等 70 个国际组织的代表出席了会议，102 位国家元首或政府首脑亲自与会。会议通过和签署了《里约环境与发展宣言》《21 世纪议程》《关于森林问题的原则声明》《联合国气候变化框架公约》和《生物多样性公约》等五个文件。它是继 1972 年联合国人类环境会议之后举行的关于世界环境与发展问题的筹备时间最长、规模最大、级别最高的一次国际会议，被誉为"全球首脑高峰会议"。会议强调，为了保证人类社会的持续发展，必须依靠科学技术进步和提高自然资源利用率，尽量减少对自然资源的索取和对生态环境的破坏。正如大会秘书长斯特朗所指出的，环境与发展协调是环发大会带给人类的"最好希望"。这是人类环境发展史上影响深远的一次盛会。

上述情况表明，国际环境保护热潮的冲击和呼唤，使人们普遍提高了环境意识，环境问题引起了人类的关注，加深了人类的危机感和责任感。正像《里约环境与发展宣言》所指出的那样，人类已意识到了"地球的整体性和相互依赖性"。环境问题不再被当成孤立事件，它同人类的整体发展、整体生活联系在一起。它要求动员全世界的力量，采取联合行动，使环境与发展相协调。[1]

三、全球新议题——环境外交

随着全球环境问题的凸显，全球环保意识逐渐高涨，这对人类的思维方式、发展模式和生活方式产生了深刻的影响。人们逐渐意识到，环境问题的解决，离不开国际的协调与合作，环境外交便因此应运而生。

（一）环境外交的兴起

在全球规模的问题中，民族主义、战争、军备竞赛、经济不平等、压制人权等属于早已存在的问题，目前最为迫切和突出的是环境破坏问题。全球化的发展破坏了全球生态系统的平衡。环境的大灾难与核武器的威胁不同，其是从没有战争的人类行为中产生的。为了人类的健康和财富必须我们考虑

---

〔1〕 姚炎祥主编：《环境保护辩证法概论》，中国环境科学出版社 1993 年版，第 2、3 页。

人类本身的行为方式。环境问题的解决不仅超出了国家间对立关系的范围，而且民族国家内部有组织的活动也是很重要的。[1]发达国家工业化的加强、发展中国家经济开发的进展使超越国界的全球环境受到了破坏。自然资源、能源、土地、海洋、水、臭氧层、空气、森林等生命得以维持的必要条件正在逐渐受到破坏，环境的再生是相当困难的。全球化使生态环境价值不断下降，人类自身的生存正处于岌岌可危的状态。20世纪中叶以来，经济、人口、发展、生态开始成为涉及所有国家和各种文明（即关系到整个地球）的问题，尤其是生态问题，更是最为显著的问题中的问题。随着世界各国对冷战和防务关注的日益减少，取而代之的是对自然环境遭受破坏的关注，这已成为人类面临的最普遍的问题。随着冷战的结束，两极格局解体、核大战危险减少、国际安全状况有所改善，昔日被两极格局所掩盖的矛盾和问题日益暴露，其中非常突出的就是全球环境问题。这自然引起了国际社会的广泛关注，环境外交随即成为新型国际关系的重中之重。

"环境外交"一词首次出现于美国密歇根大学出版社于1983年出版的《环境外交：对美、加跨界环境关系的回顾和展望》一书中。此后，"环境外交"一词得到了广泛使用。[2]1987年世界环境与发展委员会在其报告《我们共同的未来》中提及了"环境外交政策"。报告指出："那些没有这样做的政府，应当考虑研究制定'环境外交政策'。一个国家的外交政策需要反映这样的事实，即它的政策对其他国家和公共区域的环境资源基础有日益扩大的影响，正如其他国家的政策对他们也有影响一样。"[3]1988年剑桥大学出版社出版了《国际环境外交》；1994年牛津大学出版社出版了《环境外交：达成更多有效的全球协定》；1998年麻省理工学院出版社出版了《全球环境外交》。

何谓环境外交，有人认为，环境外交是"一种官方行为，其主体是主权国家，由正式代表国家的人员和机构通过访问、交涉、谈判、缔结条约，发出外交文件、参加或发起国际会议和国际组织等多种多样的外交方式，处理

---

〔1〕　David Newson, "New Diplomatic Agenda: Are Governments Ready?", *International Affairs*, 1998, Vol. 65, No. 1, p. 138.

〔2〕　John Edward Carroll, *Environmental Diplomacy: an Examination and a Prospective of Canadian——U. S. Transboundary Environmental Relations*, University of Michigan Press, 1983.

〔3〕　世界环境与发展委员会：《我们共同的未来》，王之佳等译，吉林人民出版社1997年版，第412页。

和调整环境领域国际关系所进行的对外活动。"[1] 也有人认为，环境外交是指各种行为体、政党、政府间国际组织、非政府组织，通过正式和非正式的外交行动，以交涉、谈判等和平方式去维系或调整国际环境关系，旨在捍卫国家环境权和争取国家发展权利的同时兼顾国际共同环境利益，也可以借此实现和服务于特定的政治目的和其他战略意图，是国际关系行为主体通过谈判等和平形式，调整国际环境关系的各种活动的总称。[2] 还有人认为，环境外交另一层含义是利用环境保护问题实现特定的政治目的或其他战略意图。[3] 当然，环境问题不仅是各国自身的问题，同时也是全球的问题。以解决环境问题为目的的环境外交既是为了本国利益也是为了全球共同利益。其在维护国家利益的同时也可以促进国际环境合作以维护全球共同利益，尽可能使国家利益与全球共同利益同步协调，追求绿色共赢。这是无可厚非的。但，倘若要给环境外交下一个定义的话，笔者认为，"环境外交"是指国家等国际关系主体以谈判、磋商、签约等方式协调处理国际环境关系的活动。环境外交的主要内容包括：与环境保护相关的人才培养、技术转移和资金资助等国际合作以及国际环境立法谈判、国际环境条约的履行和国际环境纠纷的解决等。

环境外交始于 20 世纪 60 年代，但在 1972 年之前，其范围、影响程度甚小，环境问题探讨的内容相对甚少，属于环境外交的自发阶段。1972 年随着斯德哥尔摩人类环境会议的正式召开，环境外交活动开始在世界范围内蓬勃发展。

真正意义上把环境外交付诸实践的最早的国家是日本。20 世纪初，日本连续十几年实施发展重工业、化学工业战略，忽视环境保护，在追求经济高速发展过程中，造成了大规模的产业公害，使得东京湾、濑户内海等工业集中的沿海地区和附近海洋的污染十分严重，居民健康也受到了损害、威胁。环境污染逐渐成为日本严重的社会问题，骇人听闻的公害事件相继发生。如1953 年至 1956 年日本的水俣病事件；1961 年日本四日市的哮喘病事件；1955年至 1972 年的骨痛病事件等。日本在成为经济大国的同时也成了举世闻名的

---

〔1〕 王之佳编著：《中国环境外交》，中国环境科学出版社 1999 年版，第 43~44 页。

〔2〕 丁金光：《国际环境外交》，中国社会科学出版社 2007 年版，第 2 页。

〔3〕 张海滨：《环境与国际关系——全球环境问题的理性思考》，上海人民出版社 2008 年版，第23 页。

"公害大国""公害先进国"。基于此，日本国内掀起了此起彼伏的反公害浪潮。从 20 世纪 60 年代末起，日本开始重视环境问题，扭转了重发展、轻环境的政策基调，针对环境问题制定了公害对策基本法，形成了较为完善的法律、行政体系、环境政策评价体系，有效地抑制住了环境的继续恶化，并逐渐向好的方向发展，日本也由此演变成了当今的环保先进国。日本基于自身的教训，利用其在公害治理中形成的优势和在治理公害的过程中积累的大量经验，抓住环境问题给国际社会带来的新变化，率先提出并实施了环境外交。1989 年，日本外务省将环境问题作为日本外交的一项重要课题，首先提出要开展"环境外交"、日本外务省发表了《外交蓝皮书》第一次将环境问题作为日本的外交课题之一，并且设立了有关环境问题的特别小组，研究在环保领域通过提供资金和技术开展国际合作等问题。这是日本推行环境外交的开始。同年，日本政府在东京主持召开了地球环境会议，提出了"地球环保技术开发计划"，进一步向世界表明了其对环境问题的关注和热情。

（二）环境外交的勃发

20 世纪 60 年代，全球经济得到空前发展，空调、彩电日渐普及，人类的生活自第二次世界大战以来有了很大改善。同时，世界范围的环境公害亦日见肆虐，出现了令人寝食不安的"公害"。瑞典出现了森林枯死，湖鱼消失现象。瑞典政府认为造成这一严重后果的起因是酸雨，并认定引起酸雨的直接原因是外国工场群。鉴于此，1968 年 5 月，瑞典向联合国经济社会理事会递交了召开联合国人类环境会议的提案，该提案得到全会一致的赞同。同年 12 月，该提案作为 55 个国家的共同提案得到了联合国大会的一致赞同。联合国大会随后设立了会议事务局，开始了 1972 年斯德哥尔摩人类环境会议的准备工作。由此可见，解决环境问题仅凭一个国家是难有收效的，国家间的协力才是解决问题的良好办法和关键。但是，由于南北发展的差异，不同利益的国家集团对于环境问题从各自的利益出发产生了意见分歧，从而展开了围绕自身利益的争夺世界主导权的环境外交活动。

大多数的发展中国家都认为环境问题是一部分发达国家的污染问题，贫困中的发展中国家与此没有太多关系，强调落后才是真正的环境问题，环境污染的责任在于发达国家，对可能妨碍发展中国家发展的环境会议难以认可。因而，如何提高发展中国家的热情，如何广泛采纳发展中国家的观点令会议组织者大伤脑筋。

1970年，联合国经社理事会作出了"在决定斯德哥尔摩会议议题中考虑发展中国家的落后问题是不可或缺的"的决议。据此，联合国大会亦强调给予发展中国家特别考虑的必要性。1971年2月召开的人类环境会议第二次准备会出台了反映发展中国家观点的主要议题——"发展与环境"。"发展与环境"最终成了斯德哥尔摩环境会议的六大议题之一。

1971年11月，77国集团（发展中国家集团）在利马集结，商讨于翌年召开的第二次"贸发会议"（UNCTAD）的共同战略，并确认届时于斯德哥尔摩会议上亦采取共同行动。77国集团于同年12月的联合国大会上提出了关于斯德哥尔摩会议的"发展与环境"的决议案。该决议案的主旨是：发达国家在全球各地造成了污染，应承担污染治理费用；发展中国家的落后问题应以进一步发展来加以解决，发达国家的环境政策不能成为发展中国家谋求发展的阻碍，也不能有碍于贸易的进一步扩大。

对此"发展与环境"决议案，英美两国反对，日本、西欧和东欧弃权（合计34票）。由此，在即将召开的斯德哥尔摩会议上必将出现南北的对立问题。应该说在1968年联合国大会表决通过召开斯德哥尔摩人类环境会议时，谁也未曾料到会出现如此强烈的对立状态。

尽管当时世界局势是东西对立、南北矛盾十分激烈，苏联、波兰、匈牙利、捷克斯洛伐克、保加利亚、古巴、蒙古、民主德国等社会主义诸国没有参加，但在1972年6月，人类终于在斯德哥尔摩召开了联合国人类环境会议。会议达成了"人类环境宣言""环境行动计划"以及设立联合国环境规划署等诸项决议。会议全面分析了当时所有重大的环境问题，将环境保护问题和全面实现这一保护的立法置于全球范围内。源于这次大会的思想和方法成了之后国际环境法发展的主要特征。

1972年联合国人类环境会议的召开使得国际环境保护事业取得了快速发展。联合国成立了联合国环境规划署，许多国家都开始重视环境保护，纷纷设立环保机构、颁布环境立法，环境非政府组织在环境保护中的作用日益加强，国际环境条约也纷纷缔结。

为了进一步将《人类环境宣言》所确立的精神发扬光大，在斯德哥尔摩联合国人类环境会议召开十周年之际，国际社会于1982年5月10日举行了内罗毕人类环境特别会议，会议总结了1972年联合国人类环境会议以来的工作，并针对国际上出现的新的环境问题制定了今后十年的规划。会议郑重要求各国政府和人民巩固与发展迄今已取得的进展，并且指出迫切需要在全球、区域和国家范围内为保护和改善环境而加紧努力，并通过了《内罗毕宣言》。[1]在国际环境外交发展史上，内罗毕会议所起的作用是承前启后的。世界环境保护事业在1972年至1982年这十年间，即联合国人类环境会议到内罗毕会议这一时段时间内得到了繁荣发展。1982年到1992年期间，国际环境合作空前发展。"环境外交"一词得到了广泛使用。环境外交的领域逐步扩大、内容日益丰富。各国环境外交有了比较牢固而共同的条件基础——国际环境法的空前发展。1987年在《我们的共同未来》的报告中提出的"可持续发展"理念，为国际环境法奠定了基础。另外，在此期间有多个国际环境条约的签订，如1982年《联合国海洋法公约》，1985年《保护臭氧层维也纳公约》，1987年《关于消耗臭氧层物质的蒙特利尔议定书》等，极大地促进了全球环境保护一体化的发展。

此后的1988年，对于环境问题而言可谓是至关重要的转折年，该年的联合国大会被称为环境大会，从此，国际政治的重心开始转向了地球环境问题。

1988年9月27日，苏联时任外长谢瓦尔德纳泽在联合国大会强调了环境给人类带来的巨大威胁，宣称依靠军事手段的安全保障已经成为历史，应将联合国环境规划署改组为环境保护理事会以确保生态学性质的安全保障，并提议召开联合国环境会议。紧接着，1988年12月7日，苏联时任总书记戈尔巴乔夫在他的演说中提出了削减50万军队的计划。他认为，地球环境问题对安全保障具有十分深刻的意义。1988年9月，在世界银行、国际货币基金组织的柏林大会前，8万多人在柏林举行游行，反对带来环境破坏后果的投资。世界银行的大会上各国也围绕开发援助与环境破坏问题展开了激烈的争论。

1989年1月2日的《纽约时报》把地球比作"老人"，以地球作封面，出版了各地环境污染的特辑。美国时任总统布什在其1月的就职演说中，高举环境保护大旗，宣称自己是环境保护论者。

1989年3月5日，英国时任首相撒切尔夫人以在伦敦开会为条件与联合国环境规划署共同举办了关于臭氧层保护的会议，123个国家参加了这次会议。这次会议对达成全面废除氟隆（fluon）的生产和消费的协议作出了贡献。

1989年3月10日，法国与荷兰、挪威商议在海牙召开以地球升温为议题

---

〔1〕　林灿铃:《国际环境法》（修订版），人民出版社2011年版，第28页。

的首脑会议（24 国首脑参加），中、美、苏三国由于可能带来大国对立而未被邀请，撒切尔首相为了表示其不快也没有参加会议。这次会议所通过的《海牙宣言》提议："为了解决地球升温这一国际政治的新课题应设立专门机构。"

向来对防止酸雨、限制汽车尾气持消极态度的英国、法国于 1988 年突然来个 180 度的政策大转变，不能不引起世人的瞩目。这难道不意味着发达国家在围绕地球环境问题而争夺主导权吗？

1989 年 7 月，在法国召开的发达国家七国财长会议上，由于法国时任总统密特朗的极力推动，地球环境问题成了会议主题，经济宣言的三分之一被环境问题所涵盖。此后的首脑会议，每年都有大幅的关于环境问题的内容进入宣言。1991 年 12 月，由法国政府后援的为里约热内卢环境与发展大会（1992 年）做准备的非政府组织（NGO）会议在巴黎召开。

1989 年 11 月，荷兰主持召开了关于大气层污染和气候变化的 69 国环境部长会议，荷兰已将环境问题视为国内政治的最大课题，同时在外交上关于环境问题也表现出了非常积极的态势。这次会议为取得就防止地球表面升温而采取对二氧化碳的排出进行一定限制的协作进行了努力，最终形成了下述一致意见：参加会议各国认可对造成温室效应的废气的排出进行限制的必要性，根据 1990 年召开的关于气候变化的政府间会谈和第二次世界气候会议的成果，发达工业国家应尽早采取废气排出之规制（限制）。

此外，瑞典的环境外交攻势也是十分显著的。该国在联合国人类环境会议（1972 年的斯德哥尔摩会议）的召开，《远距离跨界大气污染公约》（1979 年）的缔结以及主办酸雨对策的国际会议等方面都作出了贡献。

而在挪威，原环境大臣的布伦特兰登上了首相的宝座，并在联合国取得了"环境与发展委员会"的领导地位。

加拿大的环境外交也取得了十分显著的成绩。加拿大政府在 1972 年的斯德哥尔摩联合国人类环境会议的演讲中，表达了在加拿大召开第二次联合国环境会议的希望，并且为限制氟隆而主办了蒙特利尔会议（1987 年），对《关于消耗臭氧层物质的蒙特利尔议定书》的签署作出了贡献。1988 年 6 月，加拿大政府在多伦多主办了"关于大气污染的地球安全保障的国际会议"，46 个国家和联合国各机关参加了该会议。而且，联合国环境规划署执行主任中有两位都是加拿大人：首任主任斯德罗格及其后任主任多德威尔。此外斯德哥尔摩人类环境会议和里约热内卢环境与发展会议的会议主席也都是加拿大的斯德罗格。

经过 1987 年布伦特兰领导的"世纪环境与发展委员会"发表的委员会报告——《我们共同的未来》、1988 年联大关于环境问题的讨论以及发达国家的环境外交等多方努力，在里约热内卢召开联合国环境与发展大会的决议（1989 年 12 月联大决议）最终得以通过。

1990 年 9 月召开的关于气候变化的政府间工作组会议（IPCC）提出了为防止地球温暖化应缔结国际条约的建议。同年 10 月 29 日，于日内瓦召开的第二次世界气候变化会议讨论了关于削减二氧化碳排出量的可能性等问题，该会议的科技小组通过了发达国家至 2008 年能够削减二氧化碳排出量的 20% 的宣言。

根据 1990 年 12 月的联大决议，由联大所设置的政府间协商委员会来协调防止地球升温的条约缔结事宜。由于政府间委员会直接负责有关协商内容和结果，所以，其明显受占联大多数的 77 国集团的影响。虽然巴西、印度、墨西哥、印度尼西亚等发展中国家充分发挥了主导作用，但最终并未如愿，特别是关于是否将二氧化碳排出量的削减目标纳入条约依然没有结论。直到 1992 年 5 月 9 日各国才最终达成合意，终于赶上了里约会议的条约署名。条约最终以不明记二氧化碳削减目标的具体数字但明确发达国家责任而达成妥协。

1991 年 1 月，经济合作与发展组织（OECD）召开环境部长会议，6 月，中国邀请 44 个发展中国家在北京召开环境与发展会议，此外，还先后召开了里约会议的第 4 次准备会、生物多样性公约的协商会议（第 6 次）等。由此，发达国家集团、发展中国家集团，以及联合国全体会员等分别结集在一起，进行对策协商，呈现出了关于环境问题的喜人的多种协商形式。

1992 年 6 月联合国"环境与发展大会"在巴西的里约热内卢召开。共有 172 个国家的代表团出席会议，116 个国家元首或政府首脑到会讲话，10 000 名代表参会。会议产生了五个文件：《联合国气候变化框架公约》《生物多样性公约》《关于森林问题的原则声明》《里约环境与发展宣言》和《21 世纪议程》。环境保护与可持续发展得到了各国的普遍认同，为国际环境外交的进一步深入发展提供了交流平台。作为国际关系主要行为体的国家，纷纷将环境外交明确列为国家外交战略的重要方面，并将全球环境问题列入了重要的活动议程，置于越来越重要的地位。

在这个时期环境外交开始进入了各国外交政策考虑范畴。国际环境法规已不断完善。随着全球化的深入，环境与贸易问题凸显，环境外交政治化的趋势显现，具有了浓厚的国家利益色彩，这其中美国和日本极具代表性。冷战结束后，美国克林顿政府推出了以恢复美国在世界的领导地位为总目标的"参与和扩展"战略，并把环境因素纳入了国家政策的范畴。美国站在国家利益而非全球利益的角度来对待环境问题，认为环境问题会延缓美国经济的发展，有碍美国全球战略的实施，在环境合作援助上，采取"双重标准"，对发展中国家有强烈的偏见。[1] 相比之下，日本在国际环境合作中就显得更为积极主动了。在"环境与发展"大会期间，日本主动提供环保资金和技术支持，承诺在五年内为地球环保事业提供 9000 亿至 10 000 亿日元的环保援助。此外，日本还广泛签署双边及多边环境协定，积极参与有关环境问题的国际会议及国际环境立法活动。并且利用其环保技术优势，转让了不少世界领先的环保技术，通过提供资金和智力援助开展国际环境合作。但是在这个过程中，日本也开始向国外转移环境污染，输出"环保文化"。[2]

2002 年，在南非的约翰内斯堡召开了"世界可持续发展首脑会议"。104 个国家的元首、政府首脑，192 个国家的 1.7 万名代表出席了这次全球"高峰会议"，以新千年"执行计划"为中心进行磋商。会议在克服了重重困难之后，达成了共识，确定了改善人类环境、到 2015 年将世界 13 亿贫困人口减少一半等行动目标。世界可持续发展已不再是抽象的概念，而是需要实际行动。实际上，早在 2000 年联合国时任秘书长的安南主持的纽约联合国千年首脑会议上，环境问题成为主题。安南提供给会议的主要建议就涉及了"自由的需求：发展议程"和"可持续的未来：环境议程"两部分。环境部分涉及气候变化、绿色预算、千年生态评价等内容。此外，值得一提的是，安南还支持建立全球契约，"环境责任"被国际性协议提及。该次会议对环境问题重要性的认识是鼓舞人心的，但没有实际进展报告。就环境管理，安南言辞激烈，认为国际团体未能为后代提供"维持在这个星球上生活"的自由。"相反，我们掠夺了属于我们后代的遗产来支付目前不可持续的环境行为。"事实

---

〔1〕 丁金光：《国际环境外交》，中国社会科学出版社 2007 年版，第 153~161 页。
〔2〕 丁金光：《国际环境外交》，中国社会科学出版社 2007 年版，第 178~182 页。

上，约翰内斯堡"世界可持续发展首脑会议"召开的背景是全球可持续发展遭受到了一系列挫折，包括美国于 2001 年宣布退出《京都议定书》。该次会议表明了实施可持续发展的政治意愿，重申了"共同但有区别的责任原则"，通过了《约翰内斯堡可持续发展宣言》和《可持续发展世界首脑会议实施计划》。后者强调了可持续发展三要素的有机结合，即经济发展、社会进步和环境保护是独立而相互支持的支柱，提出必须在一个全球化趋势的世界中保护经济和社会可持续发展的自然资源基础，讨论了相关措施和制度框架建设。本次会议主要是重新确认遵循 1992 年联合国环境与发展大会通过的宣言和行动计划，表达了世界各国的共同愿望并呼吁加强国际合作。可持续发展战略将继续为南北之间在新千年的合作提供基石。

2012 年 6 月 20 日至 6 月 22 日，里约峰会即"联合国可持续发展大会"，于巴西的里约热内卢举行。此次会议与 1992 年在里约热内卢召开的"联合国环境和发展大会"正好时隔 20 年。为纪念 1992 年通过的《21 世纪议程》这一历史性事件，该峰会被称为"里约+20 峰会"。"里约+20 峰会"是人类社会向绿色经济转变的一个机会。峰会聚焦"可持续发展和消除贫困背景下的绿色经济"和"可持续发展的体制框架"两大主题，并设定了三个要实现的目标：第一，重申各国对实现可持续发展的政治承诺；第二，评估迄今为止在实现可持续发展主要峰会成果方面取得的进展和实施中存在的差距；第三，应对新的挑战。峰会制定了可持续发展和消除贫困背景下的绿色经济与可持续发展的体制框架，并通过了最终成果文件——《我们憧憬的未来》：决定发起可持续发展目标讨论进程；肯定绿色经济是实现可持续发展的重要手段之一；决定建立高级别政治论坛；敦促发达国家履行官方发展援助承诺；向发展中国家转让技术和帮助加强能力建设；等等。

（二）国际关系博弈点：2012 年至今

这一阶段，环境外交正成为世界外交的热点和焦点之一。全球环境污染和生态破坏依然蔓延，全球化进程进一步深化，环境问题全球化、法制化、政治化、常态化特征越演越烈，国际环境法向更广、更深方向发展，环境外交更加显得专业化、复杂化、艰巨化、越发注定将长期化，首脑高频率介入环境外交以及非政府组织和公众踊跃参与环境外交的趋势日益明显，环境与贸易的冲突、环境难民问题、战略性环境资源争夺与利用、各国在全球环境治理中的责任分担与利益分享等挑战已无可回避。环境外交围绕新问题出现了新焦点。

1. 环境壁垒

环境保护与贸易自由是人类奔向幸福生活的两驾马车，在防止环境受到损害的同时促进贸易的发展才是我们的目的。然而，在环境外交领域，贸易与环境的关系却表现为贸易政策的冲突。现行的环境保护贸易政策实质上成了发达国家对欠发达国家的"绿色壁垒"。这种以保护生态环境、自然资源和人类健康为由而限制进口产品的贸易政策，极可能加剧南北的矛盾，导致贸易争端。

目前世界贸易组织（WTO）协调贸易与环境关系的缺失也主要体现于此。WTO 对环境问题的调整在很大程度上还停留在宗旨和原则层面，更多地体现为对环境保护的政治回应，尚未形成比较完整的规则体系。因此，如何在贸易自由和环境保护中找到一个平衡点，就成了环境外交领域的焦点问题。

2. 环境难民

环境难民的产生有诸多原因，包括人为环境灾害、自然灾害和资源短缺等。全球环境恶化导致环境难民的数目日渐增多，而随之产生的法律问题也将不断增多。如环境难民的移民问题将直接影响国家和地区稳定。人类受环境灾害的影响逐渐加大，诸多因素导致灾害频发，如环境退化与全球气候变化、人口增长速度加快与密度增加、人口迁徙与无计划的城市化等。所有自然灾害和人为环境灾害以及资源短缺都会给人类、生态系统、动植物群落带来威胁。由于资源拥有量少、应付灾害的能力差，贫困人口是最易受到灾害伤害的人群。在过去的三十多年中，曾经因为自然和人为灾害所造成的环境和社会经济影响而寻求避难的非洲贫困人口达数百万。环境难民往往生活在生态环境脆弱的地区，因其生活方式较为单一，导致难民往往可能与相邻社区发生冲突，因此，可能给自然资源造成很大压力。到了 20 世纪 90 年代中期，与环境恶化有关的难民的数目已经达到 3000 万左右。而如此大数量的环境难民，可能会引起社会动荡，倘若安置不妥，更可能进一步导致地区性国际冲突。如埃及阿斯旺水坝工程曾经导致 10 万多环境移民出现，移民大量转移往邻国苏丹，导致苏丹出现了诸多社会问题。再如 20 世纪 80 年代中期非洲发生特大旱灾，数百万的难民穿越国境，这对整个国家和地区的稳定都将构成极大威胁。无疑，环境难民带来的法律问题必将成为环境外交关注的热点议题。

3. 领域的多元化

尽管主权国家仍是环境外交的主导力量，但当代环境外交力量呈现出了多元化的特点，其他行为体也积极参与环境外交活动，并日益汇集成一个相互辅助的环境外交网。其中，非政府组织（NGO）尤其是国际性环保 NGO 的地位和作用早已在国际气候体制中得到了其他参与主体的广泛认同。例如，1948 年成立的世界上规模最大、历史最悠久的全球性非营利环保机构，也是自然环境保护与可持续发展领域唯一作为联合国大会永久观察员的国际组织——世界自然保护联盟（International Union for Conservation of Nature，IUCN），1951 年成立的大自然保护协会（The Nature Conservancy，TNC），1961 年成立的世界自然基金会（World Wide Fund for Nature or World Wildlife Fund，WWF）以及 1979 年成立的绿色和平组织（Greenpeace）等。以国际气候谈判为例，NGO 被允许以观察员身份参加《联合国气候变化框架公约》项下的大部分正式、非正式谈判，并可通过在会期发放文件以及与谈判人员面对面交流来影响谈判进程。

此外，环境外交作为外交的一种，当然不会脱离政治和意识形态，但是它更依赖于现代科学技术。如臭氧层外交、全球气候变暖外交、外层空间外交、跨国酸雨外交、海洋环境保护外交、危险废物越境转移外交、生物多样性外交、南极外交等当代热点环境外交。而这些无不源于现代科学技术的发展，无不以现代科学技术为依据和手段。可以认为，没有现代环境科学、生态科学、地球科学、大气科学、海洋科学等现代科学技术，就没有当代环境外交活动。由于环境外交涉及大量的科学技术问题，所以环境外交素有科技外交之称。

第五节　走出困境

培根、笛卡尔和马克思都认为，人掌握了技术便会成为自然界的主人。继这种乐观主义的看法之后出现了海森伯格和格伦的观点。他们认为，人类将成为超生物发展的工具，这种发展是由技术推动的。[1]

18 世纪 60 年代（1769 年）开始的以蒸汽机为特征的第一次科技革命和

---

〔1〕 ［法］埃德加·莫林、安娜·布里吉特·凯恩：《地球祖国》，马胜利译，生活·读书·新知三联书店 1997 年版，第 96 页。

19 世纪末、20 世纪初发生的以电力为特征的第二次科技革命以及第二次世界大战后以原子能、电子计算机、空间技术的发展和应用为主要标志的第三次科技革命使人类的主观能动性得到了空前的膨胀。

普遍的技术化、工业化和城市化到处都在产生正反两方面的后果，它在带给人们利益的同时也在快速地摧毁古老的农业文化，导致富有几千年历史的农民逐渐消亡：1800 年时，全世界只有 3% 的人生活在城市里，而在今天的西欧却有 80% 的人是城市居民。墨西哥城、上海、孟买、雅加达、东京等大型都市仍在不断扩大。这些巨型城市正在饱受（并使其居民也在饱受）交通堵塞、城市噪音、精神紧张和各种污染之苦。物质贫困在贫民窟中迅速蔓延，精神贫困则不仅集中在贩毒吸毒犯罪成风的街区，同时也笼罩着由警卫和保镖守护的豪宅。灿烂的城市向人们提供了自由和娱乐，但它同时也把控制的触角伸向四面八方，挤车、上班、睡觉——这枯燥的公式令人窒息，不断加剧的精神紧张在耗尽人们的精力。

科学、技术、工业三驾马车载着人类的命运狂奔。经济增长失去了控制，把人们引向了深渊。发展有两种表现，一方面，它完全是一种神话：社会进入工业化后便可实现福利，缩小极端的不平等，并给予个人尽量多的幸福；另一方面，它是一种简单化的观念：经济增长是推动社会、精神、道德等诸方面发展所必需的动力。这种技术–经济观念完全无视人类的特性、共同体、相互联系和文化等诸多问题。

对发展的盲目信仰同对一往无前的进步的盲目信仰密切相关。它一方面消除了人们的怀疑，另一方面掩盖了在发展中实施的野蛮行为。我们应该抛弃两种现代神话：一是作为宇宙主体的人类能够征服自然；二是工业的增长、发展和进步可以无限度地突飞猛进。

发展的神话塑造了一种信念，即应该为发展而牺牲一切。这种神话成了为冷酷无情的专制统治进行辩护的工具。残酷的发展革命使不发达的悲剧更加悲惨。

发展已经进行了数十年，然而南北之间严重的不平衡依然存在，不平等也在日益加剧。地球上生活在富裕国家的 25% 的人口消耗着 75% 的能量；大国垄断着高科技，甚至还掌握着认知权力和操纵着包括人类在内的物种遗传资本。发达世界销毁剩余的农产品，对土地实行休耕。而与此同时，贫穷世界的灾荒、饥饿却层出不穷。每当发生内战或自然灾害，临时性的慈善援助便被官僚主义寄生虫或唯利是图的奸商所吞噬。第三世界不仅在经济上受到发达世界的剥削，而且还不得不忍受发达世界的盲目、狭隘和自以为是。

在非洲，地力耗尽，气候恶化，人口增加，艾滋病肆虐。受世界市场波动影响的单一种植取代了家庭和地区性的自给自足的多种种植。单一种植在世界市场波动的影响下陷入危机；向危机部门投入的资本大量流失。从乡村向城市的迁徙使失业者充斥贫民窟。一切事物的货币化和商品化摧毁了互助友爱的集体生活。发展的悲剧和不发达的发展，疯狂的科学技术竞赛，割裂的和简单化的思想造成的盲目，……所有这些都把我们抛入了失控的冒险之中。

工业的副产品以及工业手段在农业、渔业、畜牧业方面的使用造成了日渐严重的普遍的危害和污染，使地球的生物圈以至人类的心理圈都受到威胁。与此同时，科学、技术、工业，这些进步信仰的核心也受到了越来越严重的侵蚀。科学表现出了越来越突出的双重矛盾性：物理学对核能的掌握不仅能促进人类的进步，而且也会导致人类的毁灭。广岛和长崎的原子弹，以及后来由大国和中等强国展开的核军备竞赛都严重威胁着全球的未来。死亡的威胁已经涉及生物圈：技术与城市发展造成的排泄和挥发物正在毒化我们的环境，并成为人类的杀手。此外，原已被医疗卫生赶跑的死神又卷土重来。它把一种尚不为人所知的病毒注入了人们原以为可免于感染的性器官，从而以死亡的幽灵威胁着每一次拥抱。疫病的恶魔如"非典"（SARS）让人防不胜防。最后，随着恐惧、绝望和暴力的扩展，死亡将向我们的心灵深处推进。

科学、技术和工业三者的发展在所有地方都正在失去造福的特点。在人们对福利和技术手段的解放作用抱有幻想的所有地方，现代性的观念依然具有影响力和充满希望。可是，这种观念在已经获得福利的地方却开始受到质疑。现代性在过去和现在都是一种由受乐观活力推动的文明复合体。然而，在推动这种活力的科学、技术和工业出问题后，现代性本身也就成了问题。[1]从此，到处都充斥着紊乱或强烈的丧失未来感。到处都产生出这样一种意识，即目前并不是实现充分发展的最后历史阶段。到处都有人感到，迎接他们的不是光辉灿烂的未来，甚至也不是幸福的明天。未来病渗透到了当前，并引发了心理忧伤，尤其是在一种文明把信仰资本全都投向未来的情况下。然而，

---

　　〔1〕〔法〕埃德加·莫林、安娜·布里吉特·凯恩：《地球祖国》，马胜利译，生活·读书·新知三联书店 1997 年版，第 76 页。

长期以来，人类的惰性和盲目总是很难克服的，只有当出现灾难性后果时才可能引起有组织的反应。"当一天和尚撞一天钟"的生活可以缓解未来危机感，尽管不能把握未来，但仍可照常盘算着如何生儿育女和设计他们的前途。

我们应该意识到，科学技术发展的失控导致了发展问题和文明问题，人口剧增和生态威胁也是由它造成的。技术革命带来了战争的扩大化、环境破坏的日益严重、支配与从属关系中的经济不平等、艾滋病与毒品的传播、武器跨越国界的转移，以及由此而来的对立感情等皆危及着人类尊严。

显然，我们的现代文明患了超速病。当务之急是充分意识到这种狂奔的危险性，应该减速和刹车，有必要设想对经济增长和竞赛进行国际调节，并颁布一份人类生活标准宪章，以便促成另一种前途。

如何才能减速？国际主义试图把人类变成一个民族；世界主义试图把世界变成一个国家。实际上，在相互依存的时代，这个问题不可能由一个国家单独解决。我们应该使人们变成"人类"（Humanity），把地球变成容纳人类多样性的共同家园。要解决这一问题就须形成一种世界性的共识。"发展"作为一个重要词汇应纳入联合国语言，联合国应当成为实现这种重心偏移的核心和负责全球治安的权力机构。当一个国家侵害其他国家时，联合国应当进行干预。应当树立全球的公民身份、全球的公民意识、全球的知识与科学观点和全球的政治态度。我们还应当积极建立和联合国有关的全球性新实体，参与制定关于人类重大问题的共同纲领。

我们希望的是没有恐慌，没有陋习，没有政策偏颇，有的是法治、文明和良好的秩序！

第二章

伦理 道德 法

伦理是客观存在的，体现事物条理的客观必然性，是事物内在的规律。对这种规律的主观反映就是道德，道德是主体对伦理的正确反映，即主体的德性和德行。而伦理所固有的客观规律以及所蕴含的内在价值则是法生成的基石，法应以伦理价值和德行规范为逻辑起点和归宿。因而，良好的法律制度必须符合客观伦理及其正确反映的道德，法律只有正确体现、反映伦理价值取向和道德规范，才能获得社会的普遍认同，进而成为社会生活中真正起作用的行为规范。

第一节 说 "法"

何为 "法"？绝大多数的人可能都会答曰：法是统治阶级意志的体现。然而，古今中外，对于 "究竟什么是法" 却众说纷纭，莫衷一是。

一、"法" 之本义

法者，天下之公器也。何谓公器？有鉴于国内法与国际法之关系以及国际法在内国的实施与效力，又，国内法治与国际法治的和谐统一之追求，所谓 "公器" 就应从法之本义着眼。何谓法之本义？则请从 "法" 字说起。

汉字 "法" 的古体为 "灋"，来源于金文，由 "水、廌、去" 三部分组成。在远古时代，"水" 除了是生活中必不可少的物质资料外，还有另外的含义。河流既是划分地域的标志，也是防范敌人的第一道防线。而且，当一个人违背了氏族生活的基本准则、对他人生活造成恶劣影响时就将被放逐到

"水那边"去。因此,其在自然存在物的身份之外,被赋予了防范敌人、消除罪恶的武器等"法"的内涵,逐渐成了维护社会秩序的象征性物质。据东汉许慎所著《说文解字》一书的解释:"灋,刑也。平之如水,从水;廌,所以触不直者去之,从去。""平之如水,从水",一般解为法具有公平与正义的意思,代表公正。而"廌"则是一种传说中的独角神兽,性中正、辨是非,有神明裁判的意蕴。《说文解字》"廌"篆文之下还有"解廌,兽也",这里的"解廌"《神异经》《论衡》《独断》等均写作"獬豸"。至于"廌"到底为何物,《说文解字》说它"似山羊,一角。古者决讼,令触不直者"。几千年来,"廌"在中国的传统文化中始终被视为是社会权威、法治公正的象征。

在拉丁语中,"Jus"和"Lex"都可以译为法,但却分别代表了两种不同意义上的法。"Jus"是抽象意义上的法和权利,兼有正义、公平的道德意蕴,通常可以在形而上的本体论范围内讨论;而"Lex"则是一个在认识论与方法论上的经验范围内讨论的概念,原指罗马王政时期国王制定的法律和共和国时期各立法机构通过的法律。[1]这种语言现象在欧洲是相当普遍的。如与"Jus"含义相当的有"Droit"(法语)、"Recht"(德语)、"Diritto"(意大利语)、"Derecho"(西班牙语)等;与"Lex"相通的则有"Loi"(法语)、"Gesetz"(德语)、"Legge"(意大利语)、"Ley"(西班牙语)等。这两种"法"之间不是平行的、各行其是的关系。一般认为:具体的法被抽象的法所决定和支配。这种观点与西方固有的思想方式关系密切。西方思想史上许多著名的学者都认为,现实生活中能够被感知的现象是事物的假象,因此,必须深入到事物的背后,捕捉决定现象的规律性的东西,即所谓本质。所以,现实的法律需要服从真正的法。由此导致了在欧洲法律思想发展史上具有广泛影响的抽象的法与具体的法相分立的法的二元论的思想方式——自然法(Natural law)与实证法(Positive law)学说。自然法是与实证法相对的一种学说见解,是指承认天地间有着放诸四海皆准的道理,例如不得杀人、放火、偷盗、奸淫,应对父母孝顺、对国家尽忠等道理,不同国家、种族、宗教,甚至现在、过去的人均有相同的认知,[2]其是在区分抽象的自然法与具体的实在法,并进而强调实在法必须服从自然法的基础上形成的。因此,君权与

---

〔1〕 梁治平:"法辨",载《中国社会科学》1986年第4期。
〔2〕 耿云卿:《先秦法律思想与自然法》,台湾商务印书馆2003年版,第60页。

法也就没有理论上的必然联系了。

"法"，在应然和抽象的层面，首先应当理解为人们心中的公平、正义经验的符号性表述，表达人们对于公平正义的期许和追求。或者说，当某人诉诸公平、正义理念时，他（她）并没有指示现实中存在着名为公平或是正义的某物。他（她）只是采用这样的符号作为一种方式来表述一定种类的经验。当然，随着历史的发展，"法"不仅必须首先被理解为一种符号，还更多地在实然和具体的层面使用，法的符号化的表述也因此逐渐让位于一种指示性、规则性的使用，即法律条文——律。

可见，"法"的真正涵义便是体现经济社会发展规律的人们心中对于公平正义的期许和追求，是人类社会公平正义的符号性表述。"律"则是一种国家意志，是体现国家意志要求的实在法律规范和秩序体系，是社会实在法。

二、何谓"律"

在中国，古代的"律"与现代的法律一词比较接近。《说文解字》云："律，均布也。"根据后人注释："律者，所以范天下之不一而归于一，故曰均布也。"[1]意为古人将"律"喻为调音律的工具，这意味着当时的人认为"律"是规范人的行为、促进社会秩序与和谐的工具。

法与刑、法与律可互训，含义相通。如《尔雅·释诂》云："刑，法也。""律，法也。"《唐律疏议》云："律之与法，文虽有殊，其义一也。"并说"李悝集诸国刑典造法经六篇……商鞅受之以相秦，改法为律"。可见，古代中国法、刑、律只是不同时期指称同一现象的不同语词：夏、商、周为刑，春秋战国为法，秦之后改为律，一直沿袭到清末。三者的核心是刑。一定意义上，这是中国古代诸法合体、统一于刑的写照。由于中国古代一般将法与成文法相等同，并且尤其强调法自君出，所以，法律一般被人们理解为以刑事惩罚这种国家暴力为后盾的君主控制大臣和百姓的手段及工具。

从清末修律开始，汉语中的"法""律"的词义有所变化，不再局限于"刑"的范围。目前，根据我国《宪法》和《立法法》的规定，我国法律专指由全国人民代表大会及其常务委员会制定的规范性法律文件，这可被视为狭义的法律；而在广义上，我国法律则泛指一切国家机关依照法定权限和程

---

〔1〕（汉）许慎撰：《说文解字注》，（清）段玉裁注，上海古籍出版社1981年版，第157页。

序制定的规范性法律文件。教科书中所说的一般意义上的法律，则指国家制定或认可的并以国家强制力保证实施的行为规范的总和。

在西方世界，自古希腊迄今，提出了古代自然法理论、中世纪神学自然法理论、古典自然法理论、分析实证法理论、整体性法律理论、历史法学理论、社会法学理论、现实主义法学理论等一系列理论。尽管人们极其努力地试图以不同的分析视角对法律的定义作出回答，但遗憾的是，迄今也没有找到一个统一的法律定义。

古代自然法理论的代表人物或派别主要是古希腊的斯多葛学派和古罗马的西塞罗。古希腊人关于"法律"的含义，既包括更高级内容的法，又包括具有较低级内容的法。高级法主要是指神法或自然法，低级法就是国家法，它们都属于法律。这种理论认为：神法或自然法是关于上帝或自然的法则、宇宙的规律；国家法是人定的规则，但它必须合乎自然法，只有符合自然法的国家法，才是真正的法律。古罗马的西塞罗说："法源自自然。"[1]法律源自于自然法，而自然法是自然的力量，是明理之士的智慧和理性，是合法和不合法的尺度。这种自然法适用于所有时代，产生于任何成文法之前，更确切地说，产生于任何国家形成之前。[2]所以，"如果法不是源自于自然，都将被废除"。因此，"我们区别好的和不好的法律，只能凭自然标准。我们遵循自然，不仅区分合法和非法，而且区分高尚和丑恶"。[3]概而言之，古代自然法理论的基本内容是：①法有自然法和国家法（实在法）之分。希腊法哲学观念中，已经包含了法的二元论，虽然在斯多葛学派那里就提出了，但还不明确，甚至有些模糊。第一次明确、系统地阐述了两者的区别的是西塞罗。②自然法的本质是正确的理性，法律即理性，是人神所共有的。法律是自然中固有的最高理性。理性规定了人们应该做的和不应该做的；什么是对的，什么是错的。当这种理性在人类的心中确立并得到实现时，它就是法律。所以，自然法就是理性法。③自然法是正义的基础，而正义的实质就是正确的

---

〔1〕［古罗马］西塞罗：《论共和国　论法律》，王焕生译，中国政法大学出版社1997年版，第197页。

〔2〕［古罗马］西塞罗：《论共和国　论法律》，王焕生译，中国政法大学出版社1997年版，第190页。

〔3〕［古罗马］西塞罗：《论共和国　论法律》，王焕生译，中国政法大学出版社1997年版，第201~202页。

理性。合乎正义，就是合乎自然法。西塞罗将理性置于至上地位，正确的理性指明了善与恶，规定了正当与不正当的行为的原则界限，从而为正义奠定了基础。作为人类行为规则的法律必须体现正义，即正确的理性，非正义的法律是无效的。所以，西塞罗才说，从孩提时代，我们就知道了这么一句谚语："一个人要求助于正义，就去诉诸法律。"这里，正义成了法律的代名词。④违背自然法的国家法是无效的。神学自然法思想家奥古斯丁认为："所有人类制定的法律，只要是从自然法引申出来，便都是符合理性的。如果一项人类的法律与自然法相违背，它便不再合法，而毋宁是法律的败坏。"[1]根据奥古斯丁的看法，如果国家法律不符合自然法和正义，便不具有真正法律的特征，国家也不是真正的国家。由此可知，没有正义，便没有法律、没有国家。奥古斯丁认为，没有正义，何谈国家，除了是一大群强盗外，它还能是什么？亚历山大大帝曾捉获过一个海盗。他问海盗："你在海上劫掠，意欲何为？"海盗回答："和你在陆地上劫掠是一样的。只是因为我驾驶小船劫掠，所以我被称为海盗；而你拥有一支强大的海军，所以才被称为皇帝。"[2]奥古斯丁就是这样发现检验现实的法律秩序之正当性的批判标准的。"现实的法律秩序必须具有一个基础，这一基础不可能是法律自身，不能仅仅因为国家机关制定了它，就可以把法律的标签贴在上面。这一基础必须是其他事物：这里，它是真理的终极源泉——上帝的意志。"[3]

　　古典自然法理论是于 17 世纪至 18 世纪由启蒙思想家们提出来的，它已经不同于古代自然法理论和神学自然法理论。因为在这之前的自然法，不是上帝的意志就是神的或自然的意志。而到了近代，自然法被从天上拉到了地上，从神坛走向了人间。自然法不过就是人类应当遵循的道德规范和习惯风俗，无论是上帝的意志还是神的、自然的意志，无非就是虚构的或自然规律。人类只要以群的方式生活，就离不开道德规范和习惯。譬如说，17 世纪荷兰的格老秀斯就把自然法概括为这样一些习惯规范："他人之物，不得妄取；误

----

〔1〕　参见 [意] 登特列夫：《自然法：法律哲学导论》，李日章等译，新星出版社 2008 年版，第47页。

〔2〕　[英] 韦恩·莫里森：《法理学：从古希腊到后现代》，李桂林等译，武汉大学出版社 2003 年版，第 67 页。

〔3〕　[英] 韦恩·莫里森：《法理学：从古希腊到后现代》，李桂林等译，武汉大学出版社 2003 年版，第 65 页。

取他人之物，应当返还；契约必须遵守；损害必须赔偿；有罪必须得到惩罚。"这些正是人类应该遵守的道德：诚实、守信、正义、公平。17世纪，英国的霍布斯把自然法概括为：①寻求和平、信守和平；②每个人都必须放弃按其本性而为所欲为的权利；③对所订立的契约必须履行；④每个人基于自己的利益而尽可能地施惠于人；⑤每个人都应当使自己适应其他人，即合群；⑥任何人都不得羞辱、辱骂或仇恨、藐视他人；⑦在发生争端时必须有一个公平的裁判者秉公处理，任何人都不得在自己的争诉案件中充当法官。[1]洛克把人们处于自然状态中所遵循的自然法概括为："任何人都不得侵害他人的生命、健康、自由或财产。"[2]洛克认为："自然法所规定的义务并不在社会中消失，而是在许多场合下表达得更加清楚，并由人类法附以明白的刑罚来迫使人们加以遵守。由此可见，自然法是所有的人、立法者以及其他人的永恒的规范。他们所制定的用来规范其他人的行动的法则，以及他们自己和其他人的行动都必须符合自然法即上帝的意志。凡是与自然法相违背的人类的制裁都不会是正确的或有效的。"[3]

分析实证法理论的主要代表人物是19世纪英国的奥斯丁和20世纪英国的哈特。奥斯丁代表旧分析法学派理论，哈特代表新分析法学派理论。奥斯丁认为，法律就是命令，不是命令的法律被不恰当地叫作法律。奥斯丁说："任何实证法或者被称作严格意义上的法律，就是由主权者个人或者人组成的主权体为独立的政治社会中的个人或者成员制定的。法律的存在是一回事，其善恶优劣则是另一回事。无论它是或者不是什么都是需要研究的，而它符合或者违背假定的标准则是另一种不同的研究。一项法律，只要它实际上存在，就是法律，尽管我们不喜欢或者其不同于我们所赞同或者不赞同的价值标准。"哈特赞成奥斯丁法律与道德相分离的基本观点，但他不同意把法律仅仅说成是主权者的命令，把法律的强制作为法律的本质。因为法律不仅规定了义务，还赋予了人们可以自由行使的权利，如果仅仅把法律看作是强制性的命令，这与强盗的命令有什么区别？所以，哈特在批判奥斯丁法律观点的前提下，提出了他自己的法律定义，即法律是规则，是义务规则与权利规则

---

[1] 参见［英］霍布斯：《利维坦》，黎思复、黎廷弼译，商务印书馆1985年版，第98~120页。
[2] ［英］洛克：《政府论（下篇）》，叶启芳、瞿菊农译，商务印书馆1964年版，第6页。
[3] ［英］洛克：《政府论（下篇）》，叶启芳、瞿菊农译，商务印书馆1964年版，第84页。

的结合。针对自然法学者所提出的不符合道德的法律就不是法律的观点，哈特认为，这是采取了一种狭义的法律定义。他认为，如果我们采取广义的概念，就会使我们在理论探讨中将所有规则，包括违反社会道德的法律（即恶法），都视为法律。相反，如果将不符合道德的法律排斥在法律之外，除了引起混乱，肯定不会有别的结果。[1]

整体性法律理论是美国法学家德沃金在批判哈特的规则论基础上提出来的。在德沃金看来，法律是规则的理论忽视了那些非规则的各种准则，这些准则包括原则和政策。而原则是应该得到遵守的公平、正义或者道德要求，像"任何人都不得从自己过错的行为中获利"就是法律原则。德沃金在《法律帝国》中讲述了"埃尔默案"：1882 年，埃尔默在纽约用毒药杀害了自己的祖父，因为他知道他的祖父曾在立下的遗嘱中给他留下了一大笔遗产。后来，他的祖父又结婚，娶了一个年轻的女子，埃尔默担心爷爷再婚后修改遗嘱，所以就杀害了爷爷。埃尔默在罪行被发现后被判处监禁。本案的关键是，埃尔默能否获得继承权？因为按照当时纽约州的法律，只要遗嘱是合法的，就有继承权。所以，埃尔默的律师说，既然其祖父的遗嘱没有违反法律，那么这份遗嘱就是有效的，埃尔默有权继承。如果法官剥夺了他的继承权，那么就是用法官自己的道德信仰取代法律。当时代表大多数法官意见的厄尔法官说，在任何地方，法律都尊重"任何人都不得从自己过错的行为中获利"的道德原则。最后，埃尔默丧失了继承权。[2]他认为，法律是种不断解释性的概念，因为它并非就是法律文字所写明的。它既有明确的含义，又有隐含的含义，也就是文字与法律的真正意图并非是统一的。那么，法律是什么？由什么来界定呢？德沃金指出："法律帝国是由态度而不是由疆域、权力或程序界定的。"[3]这里的"态度"，指的就是法律解释的态度。也就是说，法律是什么，不是由国家权力机关确定的，也不是由法律程序确定的，而是把法律视为一种解释的态度。这种态度一经确立，法律制度便不再是机械的东西，人们试图赋予制度以意义，然后按照这种意义进行调整。解释不仅决定了法律为什么存在，而且还决定了法律现在所要求的是什么，法律的价值与内容

---

〔1〕　［英］哈特：《法律的概念》，张文显等译，中国大百科全书出版社 1996 年版，第 204~205 页。
〔2〕　［美］德沃金：《法律帝国》，李常青译，中国大百科全书出版社 1996 年版，第 14~19 页。
〔3〕　Ronald Dworkin, *Law's Empire*, Harvard University Press, 1986, p. 413.

合二为一了。法律的文字只是法律的形式，而内容及其意义是通过法官的解释来阐明的，法官借助于解释深化了法律的含义，拓宽了法律的适用领域，是一种更加尊重法律的表现。由于德沃金的法律原则指的就是道德原则，所以，在一定意义上说，德沃金的法律定义包含着某些道德的因素。不过，需要说明的是，德沃金将原则看作是法律，主要适用的场合是疑难案件。当法律规定得很明确、不需要法官的解释时，法律规则就是法律。因此，理解德沃金的法律定义是需要分场合的。

历史法学理论的代表人物是 19 世纪德国历史法学家萨维尼。他认为，法律是一个民族历史、传统、文化的产物，是民族的精神。法律随着民族的发展而发展，随着民族的衰亡而衰亡。按照萨维尼的观点，法律具有民族性，非人为所定。萨维尼认为，法律为一定民族所特有，如同其语言、行为方式和基本社会组织体制。而法律以及语言，是存在于民族意识之中的。法律的发展与民族的发展一起成长，民族壮大而法律壮大，民族丧失而法律消亡。所以，法律乃是民族的自然之法与习惯之法，它首先产生于习俗和民众信念，然后由法学家制定出来，但绝不是由立法者的专断意志决定的。由此，萨维尼把法律的发展划分为习惯法或自然法、学术法、法典法三个阶段，而法典法则是习惯法与学术法融合的结晶。什么是立法的使命？什么是法学的使命？在萨维尼看来，立法对民法的形成有两方面的作用："第一是对实证法起补充辅助作用，第二是对法的发展起推动作用。"[1]当习惯法规范不确定时，需要立法予以补充。但是，"只要法律处于生气勃勃的进步状态，则无需制定法典"。[2]这实际上反映了萨维尼对习惯法的维护，而习惯法被认为是维护封建贵族的特权的法律，所以遭到了马克思的批判。马克思在《〈黑格尔法哲学批判〉导言》中指出："有个学派以昨天的卑鄙行为来说明今天的卑鄙行为是合法的，有个学派把农奴反抗鞭子——只要鞭子是陈旧的、祖传的、历史的鞭子——的每一声呐喊都宣布为叛乱。"[3]同时，萨维尼认为，法律的精确性取

---

〔1〕 ［德］霍尔斯特·海因里希·雅科布斯：《十九世纪德国民法科学与立法》，王娜译，法律出版社 2003 年版，第 31 页。

〔2〕 ［德］弗里德里希·卡尔·冯·萨维尼：《论立法与法学的当代使命》，许章润译，中国法制出版社 2001 年版，第 26 页。

〔3〕 ［德］马克思："《黑格尔法哲学批判》导言"，载《马克思恩格斯全集》（第 3 卷），人民出版社 2002 年版，第 210 页。

决于法律是否获得有效执行。假如没有迫切之必要，则不当立法，即便立法，也需考虑到法律在现实中的权威性。如果法律之精神因为当下的无知而遭毁弃，则不如不立法。也就是说，立法者要考虑到法律制定出来之后能否被有效执行，即便法律制定出来了，但如果民众出于内心的拒绝而不予服从，法律就会失去其权威性，而无权威性的法律，真是令人堪悲。

社会法学理论是 20 世纪出现的，它主要强调法律的作用应当是基于社会利益或者社会公共利益。代表人物是法国的狄骥和美国的庞德。狄骥是"社会连带主义法学"的创始人。狄骥反对个人主义学说，他认为人不能孤立地生活，只能在社会中生存，我们不能把人视为独立和孤立的个人，而只能将人视为一种社会存在。人不能先于社会而存在，他只能存在于社会之中，并且只能借助社会才能存在。只有在他进入社会之后，当他成为社会的成员时，他才可能享有权利和获得权利。因为只有这时他才与其他人发生关系。所以，社会人的概念是法学理论唯一可能的出发点。[1]既然人是社会的人，那么每个人就都应当承担社会功能，为社会公共服务。同时，在反对主权理论的前提下，其认为国家的权力不再是发布命令的权力，而是为了满足组织公共服务而必需的权力，也就是为履行义务而必需的权力，"除非是为了实现这一目的，它的行为没有任何效力或法律价值"。[2]因此，狄骥用公共服务概念取代了传统意义上的主权概念。在他看来，国家不再是一种发布命令的主权权力，而是由一群个人组成的机构，这些个人必须使用他们所拥有的力量来服务于公众需要，因此，公共服务的概念是现代国家的基础。那么，什么是公共服务？狄骥认为："公共服务就是那些政府有义务实施的行为。"[3]具体说就是："任何因其与社会团结的实现与促进不可分割而必须由政府来加以规范和控制的活动就是一项公共服务，只要它具有除非通过政府干预，否则便不能得到保障的特征。"[4]譬如，除了传统意义上的国家防御、维持国内安全与秩

〔1〕 ［法］莱昂·狄骥：《公法的变迁 国家与法律》，郑戈、冷静译，辽海出版社、春风文艺出版社 1999 年版，第 243~245 页。

〔2〕 ［法］莱昂·狄骥：《公法的变迁 国家与法律》，郑戈、冷静译，辽海出版社、春风文艺出版社 1999 年版，第 13 页。

〔3〕 ［法］莱昂·狄骥：《公法的变迁 国家与法律》，郑戈、冷静译，辽海出版社、春风文艺出版社 1999 年版，第 50 页。

〔4〕 ［法］莱昂·狄骥：《公法的变迁 国家与法律》，郑戈、冷静译，辽海出版社、春风文艺出版社 1999 年版，第 53 页。

序、司法等职能外，还有邮政、电信、交通、教育、社会保障等，而且随着社会的发展还会发展出各种新的、政府所担负的义务。基于公共服务的概念，"法律首先是一种调整公共服务的法律"。[1]而作为美国社会法学创始人的庞德则认为，社会法学的核心是强调法律的社会作用和效果。庞德认为社会法学与各法学流派相比，具有五个特点：①社会法学家关注的是法律的运作，而非权威性律令规则的抽象内容；②社会法学家认为法律是一种集经验和理性制定于一身的社会制度，法律是理性积累的经验，也是经验的理性。法律是这样一种社会制度，它能够通过人类的智慧发展完善；③社会法学强调法律的社会目的，认为法律应当服务于社会目的，其最终权威来源于对社会利益的保护；④社会法学从功能和作用上观察法律制度、法律原理和法律规则，法律规则的形式只不过是一种手段而已；⑤社会法学家的哲学观点是各不相同的，但方法却是实用主义的。[2]庞德提出了法律是一种社会工程的学说，主张把法理学看作是一门社会工程学。"社会工程被认为是一个过程、一种活动，而不是一种知识体系或者一种固定的建筑秩序。人们评判工程人员的标准是他所做的工作，而评判他工作的标准则是它是否符合该项工作的目的，而不是它是否符合某种理想型的传统方案。"[3]所以，在庞德看来，应该像对待工程师那样对待法学家、法官和立法者，要考虑法律秩序，而不是争论法律的本质；要考虑利益、主张和要求，而不是考虑权利；要考虑必须满足和保障的东西，而不仅仅考虑用以满足和保障这些东西的制度；要考虑把当下要做的事情做到什么程度，而不仅仅考虑如何去做；要考虑制度是如何运作的，而不是制度是否完美无缺。正因为如此，对法律最合适的类比就是工程。庞德关于法律是一种社会工程的学说，其理论基础是实用主义哲学的工具论，即"有用即是真理"和"成功证明手段合理"，所以，法律工程学是这种实用主义工具论的具体运用。[4]

现实主义法学理论是于20世纪20年代至30年代出现在美国的，代表人

---

〔1〕 [法] 莱昂·狄骥：《公法的变迁　国家与法律》，郑戈、冷静译，辽海出版社、春风文艺出版社1999年版，第54页。

〔2〕 [美] 罗斯科·庞德：《法理学》（第1卷），余履雪译，法律出版社2007年版，第237~238页。

〔3〕 [美] 罗斯科·庞德：《法律史解释》，邓正来译，中国法制出版社2002年版，第225页。

〔4〕 张宏生、谷春德主编：《西方法律思想史》，北京大学出版社1990年版，第412页。

物是霍姆斯、格雷、卢埃林、弗兰克等。美国现实主义学者用法官的判决解说法律的概念。霍姆斯认为，法律是法官将作出什么反映的预测。他在《法律的道路》一文中建议采用坏人的视角看待法律。他说："如果你真想知道法律究竟是什么，你必须像一个坏人那样看待法律，坏人只关心那些实质性后果，这种后果是他运用法律知识就能预见到的；而不像一个好人那样，他先为自己的行为寻找到良心之类的模糊的理由，不管是法律之内的还是之外的。"所以，"如果我们采取这位坏蛋朋友的视角，我们就会发现，他不关心公理与推理之类的无用的东西，而就想知道法院事实上到底将作出怎样的判决。我十分同意他的这种想法，毫不掩饰地说，对法院事实上将作出什么样的预测，正是我所认为的法律。"[1]格雷在《法律的属性与渊源》中更直接地说："立法机关所说的只是语词而已，正是法院来确定这些语词的含义。法律是由两部分组成的，这就是制定法和法官造的法，而真实的情况是，所有的法律都是法官所造的。"他还引用了大主教霍尔德里的话说："无论是谁，只要享有解释任何书面的或口头的法律的绝对权威，那么，实际上是他而不是最早起草的或讲述这些法律的人，才是真正的立法者。"卢埃林则指出："法律官员（法官、执行官吏、书记官、狱吏、律师）就争议所做的事，就是法律本身。"弗兰克认为："就具体情况而论，法律或者是实际的法律，即对这一情况的一个判决；或者是大概的法律，即对一个未来的判决的预测。"[2]

第二次世界大战后，作为新自然法学派主要代表之一的朗·富勒提出，被称为法律者至少应具备以下几个要件：

第一，普遍性。其是指法律必须要能客观地运作，其规则适用需要具有普遍性，不能包含专门针对某些人的内容，其要保护的是一种公平原则，属于一种法律的外在道德。亦即要让规范的对象不区分地全部必须遵守，始能称为法律，此即"天子犯法与庶民同罪"。

第二，法律必须公布，晓喻天下。虽然我们无法要求所有人都熟知法律，但是在许多活动中，人们遵守法律不是因为他们直接知道这些法律的内容，而是他们会仿效那些了解法律之人的行为，而且法律应当被公布的另一个重要原因是，这样才能将其置于公众的监督和评论下。换言之，如果法律没有

---

〔1〕 O W. Holmes, "The Path of Law", Harv. L. Rev. 4 (1897), p. 33.

〔2〕 张宏生、谷春德主编：《西方法律思想史》，北京大学出版社 1990 年版，第 420 页。

公布，人民将无法监督负责执行法律的人是否遵照了法律。

第三，法律不可溯及既往。用将来的法律来处罚过去的行为，就法秩序而言是相当荒唐的，但是溯及既往型的法律有时候会作为一种矫正手段，回过头去做一些补正的工作则为例外。[1]

第四，法律应具有可理解性及清晰性。因为含糊不清或艰涩难懂的文字，会让人无所适从。但要如何让法律具有清晰性呢？最好的办法是利用一般人在生活中所建立的常识性判断标准，将之放入法律中。此外，要求法律必须具备清晰性的原因是什么？富勒以"奥札瓦诉美国案"[Ozawa v. United Sates, 260 U. S. 178（1922）]为例了进行了说明：当时最高法院解释了一项将归化限定在白种人的法律条款。法院指出，单纯以每个人的肤色来作为检验标准，是很不切实际的，因为即使是同一种族，在肤色上也会有很大的差别。换言之，从一般人的法律感情出发，此种法律显然不合乎公平正义。但何谓公平正义，又无一定的标准。换个角度，从人种学的应用来看，肤色这一语词的涵义显然并不十分明确，由于欠缺清晰性，使得该法在日后的适用上一定会产生很大的问题。运用此种论点，将可以通过解释的方式避免立法者创制出严苛、不人道的法律。其又提出，霍贝尔的《原始人的法》（*The Law of Primitive*）书中有一章节论了因纽特人婚姻制度的问题，由于在因纽特人中似乎存在着婚姻概念，但却不存在明显的标志来界定一项婚姻关系的开始和结束，导致在 A 看来是公平竞争一位女士好感的行为，在 B 看起来却是对于他家庭的侵犯。为此，因纽特人为大量由于性嫉妒所引起的暴力所困扰，而这些争斗又导致了居高不下的自杀率。面对此种情况，应该要采取的方式其实并非是布道或教育，而是某种明确的立法措施，以界定和稳固婚姻关系，这样才能彻底解决问题。

第五，法律须有一致性。当人们做了法律要求的事，但却被另一法律所惩罚时，我们就不能期待人们将来能对所有的法律都作出恰当的反应了。因此，若立法部门对法规之间相互抵触的现象不在意，将会造成整个法律秩序的严重损害，而且考虑是否有抵触的因素不应只有在技术方面，还应包含这一问题所有周遭的整个环境制度。例如，道德的、政治的、经济的、社会的等，唯此方能正确地知悉是否有不一致、不协调的情形。

---

〔1〕 ［美］朗·富勒：《法律的道德性》，郑戈译，五南图书出版公司 2016 年版，第 84 页。

第六，法律应具备可实现性。亦即必须能够明确某人导致违反法令的行为是出于故意，还是基于某种过错或疏失，始能要求其负责。

第七，法律的稳定性。如果法律频繁变动，或突然变动，会导致人们无所适从，加上若其变动为溯及既往，将会使人们已经根据之前的法令做出的行为的愿望落空，或给他们增添无法预期的负担。这些都会对社会的整体秩序产生莫大影响。

第八，官方行为应与法律规则一致。在此，所谓的一致性可能被很多的因素所破坏，包括掌权者对个人权力的追求、法律的不易理解、法律的错误解释，甚至是个人偏见。然而，其中最复杂的因素在法律的解释上。因为解释通常被认为是揭示立法者的原意，但是，面对此种复杂的问题，即使立法者有某种真实的意图，人们还是处于猜测的状态，又或者立法者有可能根本没有所谓的原意存在。在此种情况下，当法官自我宣布立法者的意图是什么的时候，实际上只是自行立法，以填补遗漏之处。但为了使其"解释"具有逻辑性，在解释一项法律时，我们通常会将其想象成一种个人的心理现象，所以我们会不断追问立法者的意图，但实际上我们要解释的是一个集体行为，因为一部法律的起草往往都有很多人，他们不一定同时行动，而且对其所追求的目标可能也没有共同的理解。因此，法律的起草者就一部法律制定的意图与该法律是否被正确的解释之间，其实并无法律上的关联性。[1]

此外，还有部分西方学者把法律或法律制度等同于法律秩序。如，神意说认为法及其形成的相应的法律秩序来自于神意；古典自然法学派主张法律秩序的出现是基于人类理性的选择；当代法国法学家彼得·斯坦和约翰·香德通过对原始氏族社会人们解决冲突方式的发展历程的回顾，提出了法律秩序是作为暴力冲突的有效的制止手段而出现的观点。纯粹法学派的汉斯·凯尔森首先把法等同于秩序，认为"法律是个人行为的一种秩序"，进而将法律秩序看作法律规范的等级体系或法律规范的总和，"法律秩序是一个规范体系"。"一个不能从更高规范中得来其效力的规范，我们称之为'基础'规范。可以从同一个基础规范中追溯效力的所有规范，组成一个规范体系，或一个秩序。"由此可见，在凯尔森那里，法律秩序是一套统一于"基础"规范的法律规范的等级体系，其外延等同于法律，其内涵是法律体系、法律结构

─────────

〔1〕 ［美］朗·富勒：《法律的道德性》，郑戈译，五南图书出版公司2016年版，第116页。

的有序化。而社会法学派的马克斯·韦伯则首创了"法等于秩序"的命题，认为"法是得身体的或心理的强制力的可能性保证的，目的在于使人的服从或对违反它加以报复的，由为此目的而产生的特殊的工作人员而执行的秩序"。

以上各个不同的法学流派都对法律是什么进行了不同的解释和定义，的确会让人莫衷一是。但这些观点大致都依赖作者的观察和价值观而定。日本法学家穗积重远针对法律一词的含义说过："一国当执行法律之际，这法律一词或有相当的准确的专门意义。但一离开法庭，它的意义就变得紊乱起来了。每一位作者，往往固持己见，于一页之上，把这一词重复地用来用去，一若饮啜迷药般似的，发生了离奇的幻想，要使读者及其他作者，对于他所说的话而发生一种虚伪的信仰，这是确实的情形。"[1]

其实，从一般意义上讲，法律指的是国家制定或认可的并以国家强制力保证实施的行为规范的总和。最简单、直观的认识就是，它首先是国家制定的规范人的行为的规则，不服从法律、违背法律、破坏法律，就会受到国家法律的制裁。判断一个人的行为是否合法的依据就是法律，法律是评价人的行为合法与否的尺度。如此，法律是国家依一定的立法程序加以制定、公布的实定法，除非依一定的程序加以废止或终止，否则法律无论好坏，均为有效，皆需遵守，而无须考虑该实定法是否合理或符合"法"的精神。即"良法""恶法"皆为法，更无所谓"恶法非法"之说。当然，追求因应社会经济发展规律并反映人们心中对公平正义之期许的良善之法（即"良法"）应是我们的目标。

三、法与律

在古代文献中不曾见到对"法律"所做的注释，每每遇到这一语词，都是将其拆分为"法"与"律"进而分别做注。这说明，古代文献中的"法律"与现代意义的"法律"显然是不同的。

在历史与现代语义的变迁过程中，"法"和"律"在语义上最初是趋同的，而后含义逐渐分离，如今又趋于统合。譬如，"法"和"律"在古代汉

---

〔1〕 ［美］Roland R. Foulke、［日］穗积重远：《〈法理学大纲〉与〈法律哲学 ABC〉》，施宪民、李鹤鸣译，中国政法大学出版社 2005 年版，第 159 页。

语中曾是一组同义词。《尔雅·释名》："法，常也。"《尔雅·释诂》："律，常也，法也。"《注》："谓常法。"《尔雅》中的"法""律"既通训也互训。再如《易经·师》："师出以律。"《孔颖达疏》："律，法也。"《唐律疏义》更明确地指出："法亦律也，故谓之律。"然而，《唐律疏义》却另有记载："悝集诸国刑典，造《法经》六篇，商鞅传授，改法为律。"《唐六典注》："商鞅传《法经》，改法为律以相秦，增相坐法，造三族之诛，加车裂镬烹之刑。"商鞅"改法为律"，说明了"律"与"法"的不同。

与"法"的抽象意义不同，"律"的意义相对具体。"律"每隔一定期间便会颁布，已然形成一种制度，而且律法统一，并不会随意更变。因此，"律"逐渐成为大一统思想在法律上的一种体现，后来的大一统王朝的法律基本都沿用"律"这一名称，如《汉律》《晋律》《开皇律》《唐律》《大明律》《大清律》等。

1815 年马礼逊的《华英字典》用"法律"对译"law"这一单词。同时，在 1823 年版的《华英字典》中，马礼逊还选用了"法"与"律"二字连用的另一种组合形式——"律法"（且字典中未见"法律"）。大井镰吉的《英华和识字典》（1879 年）和罗布存德的《新增英华字典》（1897 年）也用"律法"对译"law"一词。不可否认的是，即使是在"律"的意义上使用（实然层面），也不能忽视其在当下的法律体系中同样蕴含了"法"的价值追求。毋宁说是"法"与"律"的结合，这或许是两种在意义分离之后的某种统合，展示了一种更深层次的异与同。可以说，"法律"与"律法"是一组同素异序词，这种异序组合创造新词的方式是汉语中十分独特的构词方式。但是正如"法""律"在表意上的差别一样，"法律"与"律法"在使用中也存在着不同。按照汉语表达的习惯，尤其是在并列组合中，往往将主要的意义放在前面，呈现出由主到次的表达序位。

一般而言，"法"相较于"律"具有更为宽泛的内涵与外延，"法"为人们心中公平、正义的符号性表述，表达人们对于公平正义的期许和追求。"法"包含了"律"的内容，"法"还要求"律"——实定法——能够实现应有的公平与正义的功能。"律"即法律条文，仅仅是"法"的一个具体组成部分，为实定法，表达的是一种具体的、实定法上的规则以及制度安排。其意义在于要求具体法律规则体系的构建以及民众对于规则的遵守与奉行。当然，该规则体系应当以"法"的意义为指向，不能偏离公平与正义的基本价值取向。于法治建设而言，"法"的意义明确了"法治"推进的基本方向、本质精神和价值追求。显然，"法"的内涵更具广度与深度。可见，"法"与"法律"是有差异的，主要体现在以下四个方面：

首先，两者的内在属性不同。"法"是一种权利要求，是反映一定社会经济生活所要求的公平权利的追求与期许。"法律"则是一种国家意志，是体现国家意志要求的实在法律规范和秩序体系。

其次，两者与国家权力的联系程度不同。"法"与国家权力并无直接的必然联系，不能把权力看作是法的实在基础。而"法律"则与国家权力有着直接的必然联系，"法律"所具有的普遍性、规范性和国家强制性、国家意志性等特征，正是以国家权力为后盾的。

再次，两者与社会经济联系的性质和程度不同。"法"对一定社会经济条件的反映是直接的。而"法律"则是统治阶级意志的集中表现。

最后，两者的效力不同。"法"不具有国家意志性，所以它的效力没有国家强制力作保障。而"法律"具有国家意志性，主要依靠国家强制力保证实施。

而就目前的语词用法上看，"法"与"律"的内容互有交叉，相辅相成、密不可分，共同组成了"法律"一词。然而，将两者拆分开来看，却又并不完全相同，"法"与"律"之间存在各自的内涵与外延。随着现代法律观念的日趋深入、法律制度的日益完善，"法律"在表意上更为单一、精准，更为偏向于"律"的意义。如：律师而非法师，法律硕士而非法学硕士，法律系而非法学系，二者之差异还是很明显的。

当然，今天并未直接使用"律"的表述，"律"更多地被"法律"一词所替代。1948年出版的《国语辞典》中首度吸收了"法律"一词，释义为"国家所制定之国民行为规则；其广义则凡人类团体所制定之行为规则皆是"，并标注"法"为"法学术语"。在现代法学理论和现代汉语中，"法律"既可以指法律的整体，即广义的法律，如《中华人民共和国宪法》规定，中华人民共和国公民在法律面前一律平等，这里的法律包括法律、行政法规、地方性法规、规章、自治条例和单行条例等；也可以仅指全国人大及其常委会制定的法律和特别行政区立法机关制定的法律，即狭义的法律。因此，"法"与"律"的异同又在一定程度上转换为了"法"与"法律"的异同。而在法学中，一般意义上的法律有时又被简称为法。

第二节 伦理与道德

"伦理"（Ethics）一词来源于古希腊，本义是习俗、风俗或性情。"道德"（Morality）或"道德的"（Moral）则来源于拉丁文，本义也是习俗、风俗或性情。有的人，如英国哲学家伯纳德·威廉姆斯（Bernard Williams，1929 年至 2003 年）则认为"伦理"包含的意义更广泛，而"道德"则包含于伦理之中。[1]有人在使用这两个词汇时不加区分，如美国的唐纳德·帕尔玛就笃定对"伦理/伦理的"和"道德/道德的"在使用时不加区分。[2]果真如此吗？果真可以这样吗？

一、伦理探赜

中文"伦理"一词，最早出现在《礼记》中："乐者，通伦理者也。"东汉郑玄将其解释为"伦，犹类也；理，犹分也"。[3]又，欧阳修的《与薛少卿书》写道："族大费广，生事未成，伦理颇亦劳心。"可见，伦理即事物之条理，是指人类的人伦关系特性以及与他类事物的区别。《说文解字》认为："伦，从人，辈也，明道也；理，故从玉，治玉也。"[4]人们将此引申为人与人之间的不同的人伦关系与社会秩序。中国历代占主流的儒家伦理观也是从国家和社会整体的角度来认识和理解伦理这一概念的。

"伦理"一词由"伦"和"理"二字组成。"理"就是道理和规则。"伦"者从"人"从"仑"，首先是"辈"的含义。由于"辈"反映的是一种将人分为有上下高低顺序的人际类群关系，因而"伦"同时有"序"和"类"的含义。由此引申，凡是存在上下高低顺序的地方都有"伦"，如天地有伦、声音有伦、语言有伦。不仅事务有"伦"，而且人际也有"伦"，如"天、地、君、亲、师"为五天伦；君臣、父子、兄弟、夫妻、朋友为五人伦。孟子说：

---

〔1〕 Bernard Williams, *Ethics and Limits of Philosophy*, Cambridge, Mass：Harvard University Press，1985，p. 8.

〔2〕 ［美］唐纳德·帕尔玛：《伦理学导论》，黄少婷译，上海社会科学院出版社 2011 年版，第5~6 页。

〔3〕《礼记·乐记》："凡音者，生于人心者也；乐者，通伦理者也。"郑玄注："伦，犹类也。理，分也。"参见郑玄注《礼记·曲礼下》。

〔4〕（汉）许慎撰：《说文解字注》，（清）段玉裁注，上海古籍出版社 1981 年版，第 669 页。

"教以人伦：父子有亲，君臣有义，夫妇有别，长幼有序，朋友有信。"（《孟子·滕文公上》）其中，"人伦"当是"人伦之理"，父子、君臣、兄弟、夫妇、朋友为五伦，即五类基本的人际关系，而处理这五类人际关系的"理"，其原则分别是亲、义、别、序、信。"三从四德"之"三从"指妇女未嫁从父、出嫁从夫、夫死从子；"四德"指妇德、妇言、妇容、妇功。"三从四德"是中国古代女性的道德规范，是为适应家庭稳定、维护父权-夫权家庭（族）利益需要，根据"内外有别""男尊女卑"的原则，由儒家礼教对妇女的一生在道德、行为、修养进行的规范要求。所谓"三纲五常"，其"君为臣纲、父为子纲、夫为妻纲"，指称着处理父子、君臣、夫妻这三类人际关系的准则；"五常"为"仁、义、礼、智、信"，则是指称着实践这些伦理原则所依赖的道德心理基础和通过实践这些伦理原则所成就的德性。

故，推及于人，"伦理"也就是"人伦之理"，便是父子、兄弟等的尊卑上下，长幼有序，指的就是人与人以及所有事物之间应有的样态，是不以人的意志为转移的客观存在。

从字源上来讲，伦理主要是人与人之间的类别与秩序之意。具体地说，它包括两个方面的内涵：一方面，伦理关系以人与人之间相互区别的认定或规定为基础。这种认定可以有不同的根据：在中国传统社会，人们以血缘及生理年龄来确认，传统伦理以"辈"训"伦"就体现了这一设定，"伦，从人，仑声，辈也"；在市场社会中，契约与需要的差别成了人们界定人之定位的根据，平等、民主可以看作根据契约来进行人伦定位的结果。另一方面，伦理关系以人与人之间权利（利益）与义务（责任）的界定或要求为内容。伦理关系的形成是以双方的共同利益为目标的，而共同利益只不过是双方通过各自权利（利益）的享有与义务（责任）的付出，进而达到双方关系的稳定与持续。与人伦根据相类似，这种权利（利益）与义务（责任）的界定也有不同表现：在中国传统伦理中，它以"分""尽分"来体现其要求，不同的辈分地位享有不同的权利、履行不同的义务，即"安伦尽分"；在市场社会中，它既规定了信用等抽象要求，也规定着特定交往情景中的相互对等的具体内容。[1]

如果我们将体现人伦区别的设定视为人们交往关系的源发性形式的话，

---

〔1〕 许斌龙："法律与人格——法律伦理学的视角"，载《华东政法学院学报》2002年第6期。

那么对双方权利（利益）与义务（责任）的界定就是一种人伦关系中的生成性内容。在这里，源发性形式决定着生成性内容，生成性内容体现源发性形式的要求。从这一角度我们可以看出，人治与现代意义上的法治相区别的关键在于源发性形式方面，即人治首先确定了人与人之间的不平等形式，进而决定着不平等的权利与义务。如中国传统法律文化中就规定，君主为立法之主体，臣民则是守法义务的承担者。[1]相反，现代意义上的法治则是以人民意志为立法之源的人伦形式为基础的，即所谓的主权在民，即使是在人们的日常交往与经济交易过程中，地位平等仍然是现代法治人伦的基本前提，如现代民法、合同法中都有着认可人们自愿、公平互利的协议等条款。伦理中的"伦"按照东汉经学家郑玄在为《孟子》作注时说，伦即序。而所谓的"序"就是秩序、序次。但序并非是什么一般的关系，而是"识人事之序"，是"从人从仑，仑者辈也"之序。可见，伦理中的"伦"所指的秩序或序次乃是对人与人的相互关系的一种界定。而伦理中的"理"即道理。将这两个字连起来，那么，"伦理"之义就是说人们相互之间所客观存在的内在的类别与秩序。比如孟子提出的"五伦说"，即父子、君臣、夫妇、长幼、朋友，界定的都是人与人的关系。而要处理好这些关系人们分别应该遵循什么样的道理和准则呢？孟子认为："父子有亲、君臣有义、长幼有序、朋友有信。"在孟子看来，有亲、有义、有别、有序、有信就是人们处理"五伦"关系所应该遵循的"理"。具体来说，为人父者要体现有亲之理就需要做到"慈"，为人子者要体现有亲之理就需要做到"孝"；为人君者要体现有义之理就需要做到"仁"，为人臣者要体现有义之理就需要做到"忠"；为人长者要体现有序之理就需要做到"友"，为人幼者要体现有序之理就需要做到"恭"。[2]那么，我们在社会生活中所应遵循的这些"理"到底从何而来呢？事实上，"理"的产生源于"伦"，源于人与人之间的这种客观类别与秩序。正是这"识人事之序"的伦，对每一社会成员在社会生活中的身份和角色进行了明确的界定，使得每一个社会成员都能首先从把握自己的特殊身份和社会角色入手来领悟自己的行为所应当遵循的"理"。人伦关系在人们的社会生活中是具体的、复杂的。所以，人们在社会生活中的身份和角色也是多重和复杂的。

---

〔1〕　参见《管子·任法》："夫生法者，君也；守法者，臣也。"
〔2〕　邹渝："厘清伦理与道德的关系"，载《道德与文明》2004 年第 5 期。

不同的人伦关系界定着不同的社会身份和角色，而不同的社会身份和角色又要求人们必须要遵循不同的"理"。我们的行为所应当遵循的"理"只有在特定的人伦关系中才能够得到合理的解释与说明，"理"的实质事实上表达的就是我们在社会生活中怎样才能处理好与自己相关的各种人伦关系，表达的是我们在社会生活中"做人"的道理。

反过来讲，我们在处理这些人伦关系时，为什么应当遵循这些"理"呢？我们在社会生活中之所以应当去遵循这些"理"，其目的就是为了使这些人伦关系处于融洽和谐的状态之中，而不是使它们处于一种紧张状态之中。也就是说，理是为伦服务的，理的丧失就是对伦的破坏。所以，中国古代"伦"总是与"和"字紧密联系在一起的。"和"正是我们处理人与人的相互关系时所要追求的真正目的。在中国古人看来，不仅人与人的相处要遵循这个道理，其他任何事物也都应当遵循这个道理。比如，在人与自然的关系上，只要人类遵循一定的"理"，诸如敬畏上天、爱护自然、保护生态环境等，那么人与自然的关系就有可能和谐。所以，中国自古就有"行为有伦万事和顺，万物有伦天地序达""天人合一"等说法。这里需要特别指出的是，伦理之"理"对人们"行为应当"的要求，并不是一种永恒不变的行为法则。随着，人类对自身人伦关系认识的不断深入，"理"自始至终都处于不断变化发展之中。"理"的发展与变迁体现的是人类的一种反思精神，正是在这种精神的指引下，人们始终都在不断地寻求一种更为公正、更为合理的、更能处理好各种人伦关系的"至善"法则。

伦理侧重于人与人之间的类别与秩序。而道德则侧重这种类别与秩序的个体意识。道德，可以理解为道之德性。所谓道即普遍的法则及其存在的根据，其实质也就是作为德性的本体性前提的伦理；而德性则是通过主观活动与物质实践而形成的对道即伦理的认知、认同。所谓"德者，得也"，[1]"得天下之理之谓德"，[2]"凡行而有得者，皆可谓之德矣"，[3]都表明德性是以伦理为前提，并由伦理客观性向个体主观性转变而形成的。由此可见，相对于伦理的本体性地位而言，道德具有被决定的特征。这种决定作用主要体现

---

〔1〕 语出《管子·心术上》。

〔2〕 （宋）张载：《张载集》，章锡琛点校，中华书局1978年版，第32~33页。

〔3〕 （清）王夫之：《读四书大全说·卷一·船山全书》（第6册），岳麓书社1991年版，第439页。

在几个方面：第一，伦理类型决定着道德类型。伦理类型取决于人与人之间的相互区别的设定与认定，并规定着相应的权利与义务，如家庭血缘型、市场契约型、宗教信仰型等，后者则决定着个体道德的具体类型，如以家庭血缘为基础的、侧重于义务（责任）的仁义德性，以市场契约为基础的侧重于权利（利益）的规范道德。第二，伦理结构决定道德层次。伦理结构的形成与秩序的建构，既具体规定着双方的权利（利益）与义务（责任），又导向一定的价值目标，并且是通过双方权利（利益）与义务（责任）的具体界定来达成价值理想的。与这一伦理结构相适应，道德也可以被划分为秩序认同与价值信仰两个层次。其中，对秩序的认同可以说是一种最基本的道德要求。第三，伦理内容决定道德内涵。由于双方的伦理设定总是物质性的权利与义务体现出来，而后者又与人们的需要、物质生产紧密相关。因此，德性又具体体现为个人需要与伦理、个体生产与伦理的观念联系，它最终体现为个体对自身需要的道德超越，以及对物质生产的道德操持。当然，作为个体主观意识的德性并不是处于单纯被决定的地位。相反，上述道德类型、道德层次以及道德内涵的不同方面总是会以一种总体性的德性在人们的实践活动中发挥其能动性，它以外化或物化的形式作用于他人与社会，从而最终使得双方设定的人伦秩序、权利（利益）与义务（责任）成为一种客观化的存在。由此可见，伦理与道德是互为前提、相互作用的。正是在伦理与道德的这种互动中，社会运行及其发展得以成为现实。[1]

西方谈到"伦理"，如以词源来看，伦理学的英文"ethics"，主要源自于希腊语的"ethika"。而"ethika"则是从"ethos"演绎而来的，亦即含有风俗、习惯、传统惯例之意。而习俗（ethos）的含义，是指区别此群体和彼群体间风俗的不同之后又转变为性向和品性的意义。在西方哲学史的发展过程中，自亚里士多德有关伦理学的几部著作问世以来，"ethika"就有了新的意义，进而成了一门专门研究善以及人类德性的科学。[2]古希腊时代的伦理主要就是"德性伦理"或"美德伦理"，伦理学就是管理人自身的政治。亚里士多德认为："由于幸福是一种合乎完满德性的现实活动。所以对德性的研讨

---

〔1〕 许斌龙："法律与人格——法律伦理学的视角"，载《华东政法学院学报》2002 年第 6 期。
〔2〕 蒋少飞："从词源上简述伦理与道德的概念及关系"，载《改革与开放》2012 年第 10 期。

就刻不容缓了。"[1]灵魂的德性分为两类:"其中一类是理智德性,另一类是伦理上的德性。智慧和理解以及明智都是理智德性。而慷慨与节制则是伦理德性。"[2]伦理德性是由风俗习惯沿袭而来的,因此把"习惯"一词的拼写方法略加改动,就有了"伦理"这个名称。在道德哲学范畴内,伦理包含有两个层面的意义:首先,伦理用来反映通常的意义时,指的是行为对错的实质性伦理信仰、价值观和原则(英语用的是小写的"ethics")。其次,伦理指的是对伦理原则和价值观的依据及本质所进行的系统性哲学研究(英语用的是大写的"Ethics")。[3]

黑格尔认为,伦理就是成为现存世界和自我意识本性的那种自由的概念。[4]也就是说,它是主观与客观的统一。"整个伦理既有客观环节,又有主观环节;它是绝对精神在客观精神领域的真理性存在,它自身的生长发展过程包括三个阶段:直接自然的阶段(家庭)、丧失了直接统一的阶段(市民社会)、通过分化和中介而达成的最后统一阶段(国家)。"[5]

事实上,伦理是客观存在的体现事物条理的应有的社会关系体系。内涵包括所反映的事物条理的社会关系体系是何种社会关系体系以及证明这种社会关系体系内在机理的原理。这种应有的社会关系体系可以被进一步划分为两类:一类是由自然原因而形成的伦理关系。如人类由于长期的自然孱弱的特点和男女关系基础上形成的家庭伦理关系,是不以个人意志为转移的、根据辈分确定的必然的、不可逆转的亲子、长幼和相互间的赡养扶养关系。另一类是由于社会原因而导致的伦理关系。如在不同的社会生产方式和社会条件下,人类的最原始的天性通过自觉主体的反思就形成了自己所特有的行为方式、思维习惯、心理特征与文化传统,从而形成了与之相适应的调整人们行为的规则系统。伦理之所以是客观的关系,其依据是特定的社会生活条件。这种应有的社会关系是经过反思的、体现人类主观精神的关系。正如黑格尔

---

[1] [古希腊] 亚里士多德:《尼各马科伦理学》,苗力田译,中国人民大学出版社 2003 年版,第 24 页。

[2] [古希腊] 亚里士多德:《尼各马科伦理学》,苗力田译,中国人民大学出版社 2003 年版,第 26 页。

[3] [英] 金伯莉·哈钦斯:《全球伦理》,杨彩霞译,中国青年出版社 2013 年版,第 8 页。

[4] [德] 黑格尔:《法哲学原理》,范扬、张企泰译,商务印书馆 1961 年版,第 164 页。

[5] [德] 黑格尔:《法哲学原理》,范扬、张企泰译,商务印书馆 1961 年版,第 173~174 页。

所言，客观的东西中充满着主观性。[1]人类初始关系的形成，离不开精神条件，即离不开语言和对他人、对自己的意识。父母与子女之间的关系，不但是自然的由生育而产生的血缘关系，而且是有自觉意识和自主意识的社会关系。另外，伦理还指符合基本人性规则的社会关系。人的自由、自利、同情和仁慈相互并存，从而形成和谐的社会秩序。最后，这种社会关系体系的现实化要借助于各种实体化的规则来完成，如法律与道德。

二、道德索隐

古代药店有对联：

但愿世间人无病，何妨架上药生尘。横批：人人安康！

如今的药店也贴联：

买十赠五，多买多赠，购药满128元送鸡蛋10个……

何谓"道德"？上述古今药店对联的对比启发你了吗？

"道德"一词由"道"与"德"二字组成。让我们首先从"道"和"德"这两个字的含义分析入手来全面准确地把握道德的内涵。

在中国古代典籍中，"道"与"德"最初是两个单独的概念。"道"的涵义是指道路，如"周道如砥，其直如矢"。以后引申为原则、规范、规律、道理和学说等多种意义。如孔子的"志于道，据于德，依于仁，游于艺"。又有"朝闻道，夕死可矣"。这里所谓的"道"，乃是做人、治国的根本原则。老子的"道生一，一生二，二生三，三生万物"中所谓的"道"，是宇宙的本体。老子又说："道生之，德畜之，物形之，势成之。是以万物莫不尊道而贵德。道之尊，德之贵，夫莫之命而常自然。"其中，"道"指自然运行与人世共通的真理。《论语·学而》："其为人也孝弟，而好犯上者，鲜矣；不好犯上，而好作乱者，未之有也。君子务本，本立而道生。"钱穆先生的注解是："本者，仁也。道者，即人道，其本在心。"可见，"道"是人关于世界的看法，应属于世界观的范畴。许慎在《说文解字》中解释说："道，所行道也。"

---

[1] [德]黑格尔：《法哲学原理》，范扬、张企泰译，商务印书馆1961年版，第165页。

可见，"道"之本意是指道路，道路是有方向和两边的，行走时循道而行，不逾两边才不会迷失方向并抵达目的地。人们要想达到目的地就必须"顺道而行"，因而"道路"就是一个形象的规则，于是，"道"逐渐被引申为"正确规则之义"，被引申为人的行为必须遵循一定的原则和规范。至春秋末期，经老庄等哲人的本体论论述，"道"被擢升为哲学范畴，意指天地之"本原"与万物运行演化之元始规则，并有"天道"和"人道"之分。殷商时期，"德"的甲骨文是左"彳"右"直"结构的写法，金文是上"直"下"心"结构的写法。前者是正直行为之意，后者是正直心性的含义。由于正直的行为就是合乎人道的行为，即德行，正直的心性就是具有人道的心性，即德性，加之"德"与"得"相通，于是渐有"得道"之意。

"德"字在《卜辞》中与"得"字相通，表示对"道"的践履，而后有所得。东汉末的刘熙对"德"的解释是"德也，得事宜也"。意思是说，"德"是把人与人之间的关系处理得适当、合宜，使自己和他人都有所得。东汉时的许慎也将"德"解释为"德，外得于人，内得于己也"。也就是说，"德"一方面指"以善念存储心中，使身心互其益"，这是"内得于己"；另一方面指"以善德施之他人，使众人各得其益"，这是"外得于人"。朱熹在给《论语》作注时这样解释："德者得也，得其道于心而不失之谓也。""德"真正要"得"的是"得道"，是得到人们行为应当遵循的各种原则和规范，使其内化于心，并能够持之以恒地保持下去。看来，"德"之所以要通"得"，是因为"德"的确需要"得"，没有"得"就不会有"德"，但"德"之所"得"绝非自我利益之"得"，而是得到人之所以为人的道理之"得"。

与"道"相比，"德"的涵义偏重于主观方面，是指人在实行"道"的过程中的内心所得，是人世的德性、品行、王道。

"道"与"德"二字的最早连用，始于《荀子·劝学》篇中的"故学至乎礼而止矣，夫是之谓道德之极"。也就是说，只要人们学到了"礼"，按"礼"的要求去为人处事，也就到了最高的道德境界。在这里，荀子不仅将"道"与"德"连结为一个概念，而且赋予了它较为确定的意义，即指人们在社会生活中所形成的品质、境界和调整人与人之间关系的原则和规范。无疑，"德"与"道"存在极为密切的关系，二字联用后形成的"道德"既有"德行与德性的规范之意"，也有"符合规范的德行和德性"之意。总之，道德的含义是指人们在社会生活中将"做人"所应当遵循的原则和规范（即道）内化为自己的个体人格品质（形成德性），然后再通过自己自觉的行为释放（德行）达到既有益于他人和社会，同时也有利于自己完善自我人格品质和提升人生境界的精神需要的主体性追求的行为。[1]

在西方，"道德"（Morality）一词起源于拉丁语的"Mores"，意为风俗和习惯，后来又意指国家生活的道德风俗和人们的道德个性。西方世界的道德观主要表现为以下几种：

（一）利己主义道德观

利己主义道德观包含主观利己主义的道德观和客观利己主义的道德观。主观利己主义道德也就是心理利己主义的道德。这种理论确信每个人事实上只追求自己的利益，人们只想做对自己有利的事情，而不是做我们感觉应该做的事情。一个人想做的事情与应该做的事情是不同的。这种主观利己主义的道德观不是一个可信的理论。因为这种道德理论的论证是有缺陷的，我们总是做我们最想做的，然而，某些事情，不是因为我们想做，而是因为我们感觉到我们应该做；如果我们只做对自己最有利的事情，而不顾及其他人的利益，那么这个社会的公共利益就难以维系，社会迟早要解体。所以，按照这种理论，人们对善恶的任意主张就是善恶本身，人们的奇想是道德标准的确证，唯一的问题是人们如何侥幸地去做。[2]客观利己主义的道德观认为每个人都应该仅仅追求自己的利益。客观利己主义的道德理论的倡导者是20世纪50、60年代的美国哲学家爱因·兰德女士。爱因·兰德认为客观利己主义是把人的生命作为价值标准，每一个生命体的存在都是其目的本身，而不是其他目的或他人利益的手段。所以，人必须为了自己而生存下去，既不能为了他人而牺牲自己，也不能为了自己而牺牲他人。为自己而生存意味着达到其自己的幸福是人类最高的道德目的。[3]爱因·兰德认为，人类的善并不要求人们自我牺牲，它也不是通过一些人为另一些人的牺牲而达到的。如果人们不去觊觎不该得的东西，既不自我牺牲也不接受他人的牺牲，并彼此以交易者对待，那么人们之间的合理利益就不会彼此相互冲突，交易的原则是唯

---

〔1〕 邹渝："厘清伦理与道德的关系"，载《道德与文明》2004年第5期。

〔2〕 ［美］爱因·兰德：《新个体主义伦理观——爱因·兰德文选》，秦裕译，生活·读书·新知上海三联书店1993年版，第35～36页。

〔3〕 ［美］爱因·兰德：《新个体主义伦理观——爱因·兰德文选》，秦裕译，生活·读书·新知上海三联书店1993年版，第23页。

一的理性主义的伦理原则，是正义的原则。因为作为交易者，他不把人看成是主人或奴隶，而是独立平等的人。他通过自由、自愿、非强制、非逼迫的交往来彼此对待，借助他们自己独立的判断，各方都获得利益。因此，只有基于理性的利己基础（即公正的基础），人们才能适合一起生活在自由的、和平的、繁荣的、仁爱的和理性的社会中。无论是主观利己主义还是客观利己主义道德观，都是建立在利己主义之上的。亚当·斯密认为：毫无疑问，每个人生来首先主要关心自己，因为他比任何其他人都更适合关心自己。[1]其实，"个人是本身利益的最好的和唯一的裁判者"。[2]

（二）利他主义道德观

利他主义道德观就是只考虑他人的利益而不顾自己的利益。基督教的教义就是"不求自己的益处，反求别人的益处"。我国传统儒家的道德观就是利他主义道德观。"仁"的核心就是无私利他，公而无私便是仁。我国主流道德价值观就是利他、忘我、无我的道德观。利他主义的道德观之不足表现在这种道德观无法普及成为人人遵守的道德规范。利他主义道德观缺乏公平因素，容易引发混乱。边沁认为，是非标准或善恶标准不是由上帝或抽象的规范决定的，而是由快乐与痛苦的幸福观决定的。也就是说，道德的目的是追求个人或集体的最大幸福，从而要求人们为按照满足自己的或最大多数人的最大幸福而行动。

（三）文化相对主义道德观

文化相对主义道德观认为，不同的文化与社会存在着不同的道德规范，道德判断的标准是与文化联系在一起的。文化相对主义道德观早在古希腊的诡辩派哲学那里就已经存在了。诡辩派反对绝对的道德标准，教导学生要遵守地方习俗，他们建议扔掉道德绝对性的枷锁，因为其在一种文化里是对的，在另一种文化里就可能不对。[3]具体而言，文化相对主义道德观主张不同的社会有不同的道德规范，一个社会的道德规范在其所处的社会范围内决定什么是对的，没有客观的标准来判断一个社会的道德比另一个社会的道德更好，也就是没有客观的普遍评价标准。我们所处的社会的道德规范也没有特殊的

---

〔1〕 ［英］亚当·斯密：《道德情操论》，蒋自强等译，商务印书馆 1997 年版，第 101～102 页。

〔2〕 ［法］托克维尔：《论美国的民主》，董果良译，商务印书馆 1988 年版，第 72 页。

〔3〕 ［美］凯利·克拉克、安妮·包腾格：《伦理观的故事——人性完善的探究》，陈星宇译，世界知识出版社 2010 年版，第 4 页。

地位，它只是众多规范中的一种，对我们来说，判断其他人的行为是否正确是一种自大，我们对其他文化的道德实践应当采取一种宽容的态度。[1]斯图亚特·雷切尔斯教授在《道德的理由》中从道德判断需要充分理由的论证才能被接受的角度提出了他自己的道德底线概念。他认为，任何道德判断都需要论证，在论证中需要考虑两点：一是道德判断必须基于充足的理由；二是公平地考虑到每个人的利益。换句话说，就是做最有充足理由去做的事。同时，对行为影响到每一个人的利益都给予同等的重视。他提出，有责任感的道德行为人应该是这样的：其公平地关心每一个他行为影响到的人的利益；其详察事实并考查其含义；其只在深入思考并确认其有效性之后才接受行为准则；其愿意聆听理性的声音，即使这意味着先前确信的东西需要作修改；其愿意按照深思熟虑的结果行动。[2]雷切尔斯这种聚焦理由的道德底线概念，虽然没有明确为道德给出一个定义，但至少为我们思考道德问题和作出道德判断提供了思维工具。

综上，在历史上的不同时期，包括现当代，许多的思想家和各种学术理论流派对道德其实都有各自的理论认识，但几乎从来没有获得一个一致的看法和意见。主要是因为道德的观念是随着社会生活本身的变化而变化的，尤其是道德观，都有其社会学背景，即理论本身是社会现实的反映，一定的理论体现了一定的社会现实。多种不同的道德观自然加深了对什么是道德的困惑。然而，如果我们返回到道德问题的起点，就会发现亚里士多德的判断仍然是正确的。他在《尼各马科伦理学》第1卷卷首指出："一切技术，一切研究以及一切实践和选择，都以某种善为目标。所以人们说得好，万物都是向善的。"[3]在亚里士多德看来，最高的目的就是人所共知的善，而善自身是普遍的、最高的，最高的善是行为和实践的目的与终点；最高的善就是最完满德性的实现活动，而幸福就是完满德性的活动。因为幸福不是现成的，而是在实现活动之中。所以，使人幸福的就是善的，就是快乐的，而使人不幸福

---

〔1〕 [美]詹姆斯·雷斯切尔、斯图亚特·雷切尔斯：《道德的理由》，杨宗元译，中国人民大学出版社2009年版，第20页。

〔2〕 [美]詹姆斯·雷斯切尔、斯图亚特·雷切尔斯：《道德的理由》，杨宗元译，中国人民大学出版社2009年版，第14~15页。

〔3〕 [古希腊]亚里士多德：《尼各马科伦理学》，苗力田译，中国人民大学出版社2003年版，第1页。

的、痛苦的就是恶的。善恶就是人们普遍容易接受的评判道德的评价标准。可见，道德是一种调节人与人、人与社会之间关系的伦理规范，属于社会意识形态范畴。道德以规范人的行为来协调人与人（社会）之间的交往和协作，是由各种各样的规则所构成的规范体系。道德是规范人们实际行为的意志法则。道德又是人存在的一种方式，它以应当怎样生活、怎样为人处世，引导人们达到某一特定境界，形成某种秩序。个人或群体的道德是行为方式和生活方式。总之，道德既是人的一种思想方式，又是一种实践方式。道德的存在方式是历史的，一定的生产力和生产方式形成了一定的道德。在人类社会的早期，图腾、风俗、礼仪、禁忌、巫术起到了原始道德的作用。由此可见，道德与人的本性及其内在需要密切相关。可以说，道德正是人的内在需要的产物。[1]正如美国伦理学家蒂洛所指出的："关于'人为什么要有道德'这个问题，如果我们依据经验和理性来考察人类历史和人性，就会发现人们有着许多共同的愿望、目标和需要，如友谊、爱情、幸福、自由、平等、安定，等等。为了满足这些需要，人们必须确立和遵循一定的道德原则，这些原则鼓励人们相互合作，使人们不必担心被伤害、被偷窃、被欺骗和被欺诈。这些原则的确立和遵循，不仅是为了自己，也是为了别人。因此，道德的产生是由于人类的需要，由于认识到以合作的和有意义的方式共同生活的重要性，……坚守道德原则，能使人们尽可能生活得和平、幸福、充满创造性和富有意义。"[2]

相较于西方文化把道德视为一个独立分离的单元，中国古代并没有特别把道德领域跟非道德领域切割开来，两者之间界线模糊又经常融为一体。在希伯来、伊斯兰和印度文化中，道德附属于宗教而不是独立的单元，原始部落（非洲人、印第安人、澳洲土著等）的道德通常附属于传统习俗，亦非独立单元。但不论是东方还是西方，道德一词都包含了社会道德原则和个人道德品质两方面的内容。[3]它是人们共同生活及其行为的准则和规范。不同的时代、不同的阶级有不同的道德观念，没有任何一种道德是永恒不变的。即便在同一时代，不同的阶级、阶层或利益集团，由于各自的需求与愿望不同，

---

〔1〕 杜振吉："道德的起源与人的需要"，载《理论学刊》2003 年第 5 期。

〔2〕 ［美］J. P. 蒂洛：《伦理学》，孟庆时等译，北京大学出版社 1985 年版，第 30 页。

〔3〕 周立梅、楼刚："厘清伦理与道德的理论价值和现实意义"，载《青海师范大学学报（哲学社会科学版）》2011 年第 4 期。

所处的物质经济条件不同，意识形态不同，其道德定义亦不尽相同。马克思、恩格斯在《德意志意识形态》一文中谈到，道德是"物质生活过程的必然升华物"。[1]一定的生产方式产生一定的伦理关系及其对道德生活的客观要求，人们具体的社会存在不同也决定人们会有不同的道德意识和道德实践。这两者通过种种途径形成人们的内心信念和品德养成，而且转化为道德理想，制约和引导人们的行为。

概而言之，道是方向、方法、技术；德是素养、品性、品质；道德则是一种社会意识形态，是由思想行为所表现的，有一定标准的社会、风俗、习惯，其包括道德意识、道德规范和道德实践，是社会与自然一切生存与发展的利益关系中的善恶标准和行为规范。道德往往代表着社会的正面价值取向，起判断行为正当与否的作用。一言以蔽之，道德就是以善恶评价为形式，通过社会舆论、内心信念和传统习惯来评价人的行为，调整人与人、人与社会以及人与自然之间相互关系的行为规范的总和。

三、伦理与道德的关系

"伦理"和"道德"有着极其密切的联系，尽管在日常生活交往中两个概念常常被混同使用。但事实上，二者还是有着严格区别的。

有人认为"伦理"和"道德"的涵义是基本相通的，一般都是指处理人与人之间关系的原则和规范，在日常生活中两者常常相互替代或连用，如"伦理关系"亦即"道德关系"。"伦理""作为调和人际关系的规则"其实也就是道德，即"德行与德性的规范"。正如北京大学某学者所言："无论在中国，还是在西方，道德与伦理都是一个意思。因此道德现象也可叫作伦理现象，道德行为也可叫作伦理行为，道德判断也可叫作伦理判断，道德学也可称作伦理学。"[2]

不可否认，"伦理"与"道德"具有极其密切的联系。可以说，"伦理"是"道德"的底版和内容，道德是对伦理的识别和行动。"伦理"指社会中的"应然"关系，反映了一种客观必然性，是事物内在的规律。对这种"应然"关系的概括，对这种规律的反映就是道德。"道德"是主体对道德规范的

---

[1]《马克思恩格斯选集》（第3卷），人民出版社1972年版，第29~30页。
[2] 魏英敏、金可溪：《伦理学简明教程》，北京大学出版社1984年版，第5~6页。

内化和实践，即主体的德性和德行。"伦理"更侧重于社会，更强调客观方面，"道德"则更侧重于个体，更强调内在的操守方面。伦理的基本功能是建立社会生活秩序，处理人与社会的关系。道德的基本功能是建立个体内在的生命秩序，从而调节个体情与性、义与利的矛盾关系，是指人与人之间的道德关系和道德行为。二者最大的共同之处是他们都是认识人类行为的价值规范。道德是通过社会舆论、传统习俗和内心信念来维系的，是对人们行为进行善恶评价的心理意识、原则规范和行为活动的总和。它是道德主体的观念、原则和规范以及由此支配的道德实践。伦理则是在解决人与人之间的道德实践中的矛盾冲突以及作为其基础的利益冲突所应遵循的行为准则。它在本质上是道德主体在道德实践中产生的社会行为结构和行为规范。脱离了道德主体性，就不可能存在伦理关系。正因为如此，伦理学在西方又被称为"道德哲学"或"道德科学"。通过上文的分析可知，"德"与"得"相通的原因之一就在于"德"的确需要"得"，但"德"之所"得"并非利益之得，而是要"得道"。只有首先"得道"，才能最终"成德"。那么，"成德"所需要得到的"道"又从何而来呢？如果我们将这个问题与伦理的概念联系在一起，我想我们不难找到问题的正确答案。事实上，"成德"所需要得到的"道"均来源于伦理中的"理"。"伦理"中的"理"，讲的是人们在处理各种关系时所应遵循的各种道理和准则，其含义与道德中的"道"事实上是完全一致的。在复杂的社会关系中人们一旦领悟到了这种"人伦之理"，"人伦之理"就成了人们在社会生活中的"为人之道"。人们一旦"悟其理""得其道"，并将之"化于心"，就有了"德"。所以，伦理的"理"与道德的"道"应当是统一的。由"伦"生"理"，由"理"成"道"，由"道"化"德"，这就是隐含在伦理道德之中的密不可分的内在联系。[1]

尽管伦理的通常含义与道德存在着重叠之处，我们也用后者指关涉我们与他人关系时所做的正确与美善之事。简言之，这类价值观和标准的问题与宗教信仰、文化观念、风俗习惯、某些角色的具体语境密切相关。但我们也需要看到二者的区别。以"伦理"指社会的人际"应然"关系，对这种"应然"关系的概括就是道德；而"道德"则是指人与人之间的道德关系和道德行为，是主体对道德规范的内化和实践。"伦理"强调的是客观存在，"道

---

〔1〕 邹渝："厘清伦理与道德的关系"，载《道德与文明》2004年第5期。

德"根植于伦理之中，是个体的主观意识，强调主体内在的操守。可见，二者的区别还是十分明显的。

第一，伦理具有社会普遍性，而道德具有个体独特性。伦理的侧重点是人们在社会生活中客观存在的各种社会关系，突出的是如何保持这些复杂的社会关系，使之处于一种和谐的状态之中。而道德强调的则是社会个体，突出的是社会个体能否将伦理衍生出来的道德内化为内在品性，并转化为一种自觉的行为。正如甘绍平博士所言："应用伦理学所体现的并不是一种个人性的决策行为，而是一种集体性的决策程序，它要求调动全社会的智慧通过协商和讨论对道德冲突的各种层面及因素进行周密的权衡，从而求得理性论证基础上的道德共识。应用伦理学的一个基本精神就是，任何涉及当事人的决断都应体现当事人的意志，任何复杂的伦理道德问题都是公开的道德交谈的对象。就此而言，应用伦理学所倡导的道德上的共识理论，可以理解为是民主原则向伦理学的一种推广。"[1]

第二，伦理具有双向性，是相互要求的，而道德在本质上具有单向性，表现为人对自我的要求。伦理是人的内在品德的外在化表现形式，是主体道德实践的对象化、实体化，因而对主体道德起着外在他律的制约作用，只有当具有道德品质的个体间发生关系时才会引发伦理。而道德是人内在的良心、善、知、仁、勇等的自律规范，它直接源于人的个体的内在心声。为了保持伦理关系的和谐与融洽，伦理义务对社会成员的要求具有双向性的特征，即要求处于特定伦理关系的当事双方都要恪守同样的"理"，互为条件才能使伦理关系处于和谐与融洽的状态。比如在朋友关系中，讲信义是这一伦理关系得以维系的前提。所以，伦理义务要求处于这一伦理关系的当事人双方都要恪守同样的"信义"原则，如果一方背弃了信义，那么，朋友之间和谐、正常的伦理关系也就被破坏了。又比如"父慈子孝"，如果父慈子不孝或者子孝父不慈或者父不慈子也不孝，便都是对父子这一正常人伦关系的破坏。而道德与伦理不同，由于道德强调的是个体，所以道德义务的要求具有单向性特征。道德始终立足于自己，始终强调自我的应当。比如，前面提到的朋友关系，如果一方背信弃义，那么另一方是否就可以"你既然对我不仁，那么我也可以对你不义"了呢？在道德看来是不行的，你不能因为别人做了不道德

---

〔1〕 甘绍平："应用伦理学：冲突、商议、共识"，载《中国人民大学学报》2003 年第 1 期。

的事情，你自己就可以做不道德之事。如若那样，只能说明你们俩的道德水平差不多。真正的道德应当是"善者，吾善之，不善者，吾亦善之；德善。信者，吾信之，不信者，吾亦信之；德信"。[1]

第三，伦理诉诸共同意识，道德则诉诸个体的经验认同。也就是说，伦理具有一元性，而道德具有多层次性。伦理关系服从于人们化解道德矛盾冲突的道德实践交往关系的整合，是在社会交往实践碰撞中，在共同利益驱使下形成的一种通行的行为规范或行为方式。对某一历史阶段的社会来说，伦理关系是一元的，它一旦形成，就具有必然性，是在社会范围内"裁决"社会公道，设定"道德"与"不道德"的最低客观标准。在不同的时空中，各利益个体或集团，都有不同的甚至对立的道德原则。

第四，伦理是客观的，而道德是主观的。所以，伦理的判断尺度是对与错，而道德的尺度是善与恶。人们在社会生活中的人伦关系是一种客观存在，正是这种客观存在的人伦关系界定着我们每个人特殊的社会角色和社会身份，伦理对于人"行为应当"的要求直接与人的这种特殊的社会角色和社会身份相联系，因而它也应当是一种客观存在。你具有什么样的社会角色和社会身份，你就应该遵循与这一角色与身份相宜的道理，对于这一点，不是人想回避就能回避得了的。

第五，伦理体现于社会正义，道德则依赖于个人的心性，其所体现的是个人的道德修养和道德境界。[2]

将"伦理"与"道德"不加区分地加以混用是不可取的，且是极其错误的。如，孟子把君臣、父子、夫妇、长幼、朋友称为五伦，这五伦只能说是伦理而不能说是道德。而君臣有义、父子有亲、夫妇有别、长幼有序、朋友有信就是基于五伦的道德。可见，道德是人们对伦理（客观存在）的主观反映。正确反映者即为"道德"，不正确反映者即为"不道德"，而绝无"不伦理"之说。

厘清伦理与道德的联系和区别具有极其重大的意义。在理论上，其有助于我们从理论高度更加明确一些领域的具体研究对象。如应用伦理学，研究

---

〔1〕 参见《道德经》第 49 章。

〔2〕 周立梅、楼刚："厘清伦理与道德的理论价值和现实意义"，载《青海师范大学学报（哲学社会科学版）》2011 年第 4 期。

的不仅仅是各国具体领域的个人道德问题，更主要的是指整体的伦理。应用伦理学的目标是要靠社会结构与制度的调整（结构伦理）、靠决策程序（程序伦理）、靠社会整体的共同行为（团体伦理）来实现的，甚至连最具个体色彩的消费伦理，要想真正发挥作用，也要靠社会群体的共同协作来完成。应用伦理学是研究如何使道德规范运用到现实的具体问题，是一种使伦理智慧通过社会整体的行为规则与行为程序得以实现的智慧。[1]这里强调的是一种伦理秩序，而非个人某种高尚道德的建立。而我们传统的伦理学，它的使用范围一般只局限在个人的狭小领域，只关注个人的道德修养和道德境界，它涉及的往往是独特情形下的个体行为，要求个体对道德悖论进行决断。所以，我们可以说传统伦理学更注重个体道德建设，而应用伦理学主要的是研究具体的应用领域的伦理秩序。

四、环境伦理与环境道德

伦理与道德既有联系又须区别，在环境领域，其体现为环境伦理与环境道德的联系与区别。

（一）环境伦理

传统伦理的思考方式是以人伦为对象的。环境伦理是伦理科学的新发展，是人类在反思人与自然及其在此基础上的人与人的关系的互动历史经验的基础上，为了实现人与自然的和谐共生所呈现出来的人与自然以及在此基础上的人与人之间的应然关系。因为环境伦理从生存理性的高度去认识人类与自然环境的关系，并且倡导人类对待自然环境的伦理责任，把环境问题纳入伦理的范畴，人类对自然环境的认识从此被打上了浓厚的人文关怀烙印。

1. 环境伦理的要旨

作为新型的人类文明观，环境伦理首先是要实现人类整体的平等。环境伦理特别强调以平等原则为人际关系的行为准则，要求发展主体必须破除"自我中心主义"，应该以人类生存发展的整体利益和长远利益为视角，实现人类的真正平等，对自己的发展行为实行自律。换句话说，就是任何人都享有发展的权利，同时承担不损害他人发展的义务，即你的发展不能损害别人发展的权利。环境伦理所要求的人类整体平等原则，具体体现为代内平等和

---

〔1〕　甘绍平："应用伦理学：冲突、商议、共识"，载《中国人民大学学报》2003 年第 1 期。

代际公平。

环境伦理的另一要旨是实现人与自然的和谐，即开发自然又保护自然的生态文明观。以往，在人类中心主义环境伦理观指导下，人类对自然资源进行滥用且过度索取，致使环境遭受了严重破坏，导致环境危机，使人类自己面临环境恶化而陷入生存困境。与以往的人类中心主义环境伦理观不同，新型环境伦理观不再以人为唯一尺度，也不以人的利益为出发点和归宿，而是把道德对象由人扩展至自然界，承认自然的生存权并强调人与自然之间的和谐。

2. 环境伦理的特点

第一，环境伦理具有客观性。也就是说，应然的环境伦理关系之所以是客观的关系，其依据是特定的社会生活条件。生活经验告诉我们，人与自然以及在此基础上的人与人之间的相处，总有一种特殊的关系，这种关系既不是自然的、盲目的关系，也不是由权威、律令强行规定的关系，而是一种由关系双方或特定一方作为自觉主体，本着"应当如此"的精神相互或特别对待的关系。凡是经历过社会生活的人，都不能否认这种社会关系的存在及其重要意义。黑格尔认为："如果人们从客观方面来观察伦理，那么可以说，人们在其中不自觉具有伦理观念"，"个人存在与否，对客观伦理来说是无所谓的，唯有客观伦理才是永恒的，并且是调整个人生活的力量。因此，人类把伦理看作是永恒的正义，是自在自为地存在的神，在这些神面前，个人的忙忙碌碌不过是玩跷跷板游戏罢了"。[1]

第二，环境伦理是在人类反思的基础上的人类主观精神的体现。环境问题的实质其实就是人的问题，是由人类错误地对待自然环境造成的。环境问题越来越严重，已经威胁到了人类的持续生存。人类究竟应该走向何方去到何处？具有理性反思能力的人类，在痛定思痛之后认为，用新型文明观——环境伦理——来处理人与自然以及在此基础上的人与人、人与社会之间的关系是顺应历史发展潮流，有利于人类的进步、人类的可持续生存以及人性的提升的最佳选择。

第三，环境伦理是符合基本人性的。人类自从在地球上出现的那一天起至今，面临的基本问题是相同的，即生存和繁衍。在生存和繁衍的实践中，

---

〔1〕 ［德］黑格尔：《法哲学原理》，范扬、张企泰译，商务印书馆 1961 年版，第 165 页。

自利、同情和仁慈成了人类的共性。人们追求自由，向往平等与正义，但我们深知文明起源于人的一切欲望、尊严、生存与发展，乃至于精神生活的享受须臾也不能离开自然环境。所以说，环境伦理是符合基本人性的，最基本的人性规则同样是环境伦理的主要内容与直接表现。

此外，新型文明观——环境伦理——还强调"尊重大自然的人类美德"，人类在通过生产活动、生活活动与大自然进行物质、能量、信息交换而获取幸福的过程中，不能以破坏大自然为代价，不能因为追求幸福而向大自然无度索取，进而破坏生态平衡。人类对自然的开发利用必须被限制在大自然再生和自净化能力范围之内。人类在追求自身幸福的过程中，应当尊重大自然自身的规律，尊重大自然才能使人类的幸福永恒。

(二) 环境道德

所谓的环境道德是指作为调整人与人、人与自然及其相互关系的社会规范，是由环境道德原则、环境道德规范和环境道德范畴以及环境道德行为等道德要求所组成的完整体系。[1]环境道德是人类处理人与自然环境的关系时应遵循的善恶准则和行为规范，是新形势下人类道德的进步和完善，作为一种社会公德，其是各个民族、各个国家、各个地区和各个社会阶层共同遵守的行为准则。

1. "环境道德"理论的兴起

传统道德构成了环境道德的基础。在长期与自然打交道的过程中，人类出于生存的需要，逐渐摸索出了一些保护自然的经验，形成了某种习俗，直接或间接地保护了自然环境。当时人口数量很少，劳动工具简单，人们靠狩猎和采集为生，生活居无定所。因此，当时的人类对自然的破坏力极小，不存在如今所见的生态环境问题。即使出现某地生态环境的恶化，在地广人稀的条件下，人类可以通过迁徙另谋生路。何况当时的人们对自然的认识很有限，对自然敬畏有加，感恩于天地赐予了万物。在进入农业社会后，生产力发展和人口繁衍增殖，变森林为农田。在这一时期，人类对自然的开发力度大增，开发和破坏成了同一过程，主要表现在对地表植被的破坏，导致水土流失、洪水泛滥。某些古代文明的衰落据说也与人类对当地的生态环境的破坏有关，如玛雅文明和美索不达米亚文明可能便是日积月累的环境压力的牺

---

〔1〕 裴广川、林灿铃、陆显禄主编：《环境伦理学》，高等教育出版社2002年版，第142页。

牺品，这些环境压力最终导致粮食供应减少并破坏了整个经济。总之，在农业社会，普遍的环境道德还没有形成，如果说已出现了某些保护环境的观点，也只能算是一种朴素的、建立在感性认识上的观点，其影响范围也是小规模的。

道德本身是随着人类社会的发展而不断进化的，道德素质也是在不断提高的。从工业化之初到工业社会早期，自然对于人类来说还不是那样稀缺。因此，当时的道德并未危害人类对自然的规范，或者说并未将破坏环境提升到道德的高度。

人类需要的满足以及人类能够尽可能生活得和平、幸福、充满创造性和富有意义等愿望其实都取决于自然环境的供给，取决于人如何道德地对待自然。随着工业化、经济全球化的发展，人类的掠夺性开发使自然不堪重负，环境问题越来越严峻。这时，一部分滥用资源和污染环境行为就会侵犯他人的利益和自由，损害公共福利，甚至威胁他人的生存。如此，生态环境问题必然地成了一个道德问题，世界已发展到了需要构建一种新型道德以指导人们的行为的时候了。环境道德由此应运而生。可见，道德既是历史的，也是不断发展和丰富的；既是抽象的心中理念，又是具体的行为规则。

环境道德水平的高低，标志着国家、地区、民族、个人的文明程度和道德风貌，标志着新的发展理念和方式的形成，标志着保护环境已经成为良好的道德风尚并成为全社会的共识。

2. 环境道德的根基——德性

德性，即道德品性。指人的自然至诚之性。"故君子尊德性而道问学。"[1] 郑玄注："德性，谓性至诚者也。"以德性为根基，不仅能够增强和升华环境道德规则，还能促使环境道德主体自觉履行环境职责。

首先，德性增强和升华环境道德规则。环境道德规范作为环境道德的具体内容，具有实践性和可操作性，对环境道德的践行至关重要。但是，环境道德规则都是具体而明确的，每一项规则针对具体的对象和目的而制定，有特定的适用范围，具有特殊性。例如，保护动物的道德规则的最佳适用范围是动物界，不太适用于河流海洋。由于自然物种类繁多，环境道德规则可以不断增加，但不可能穷尽所有自然物，因此，也相应地具有片面性。同时，

---

〔1〕 语出《礼记·中庸》。

环境道德规则具有变化性。因道德对象、场合等条件的变化，环境道德规则不可能是固定不变的，尤其是当人的利益与保护环境相冲突时，道德规则就不得不进行调整，而这类调整大多是对原先确定的道德规则的降低和削弱。自卫原则是对"不伤害原则"的调整，也是对"不伤害原则"的弱化，是一种退让和权益选择。特殊性和变化性是环境道德规范的特点，也是环境道德规范的局限，德性也因此而必要。在环境道德中，道德关系中所涉及的自然物种类众多，其生存条件千差万别，德性的普遍性、整体性和稳定性能适应这种复杂状况，克服具体环境道德规则的局限，将道德关怀顺利地扩展。同时，德性具有本原性和终极性，具有极大的延伸性和辐射力。关爱自然的德性可突破环境道德规则的边界，可将环境道德规则通过类比和迁移，无形而有力地扩展环境道德规则的适用范围和影响力，使人在各种场合都能关爱和保护自然，能将道德关怀施于某阶段道德规则尚未顾及的自然物，使有限的环境道德规则具有无限的价值。因此，环境道德规则是实现道德关怀扩展的重要途径。然而，环境道德的目标更重要的是将规则内化为道德主体的内在需求和自觉追求，让道德主体对自然怀有尊重、畏惧和感激之情，从而关爱、怜惜和呵护自然。只有超越环境道德规则，提升环境道德规则的价值，才能实现环境道德的重要目标。而这实质上是德性独有的功能和价值。德性是一种优良品质，其价值取向是崇善、求善。德性不仅在一般意义上对环境道德起作用，还更深刻地影响着环境道德。环境道德主体一旦形成优良品质，便能将其关爱自然的价值目标赋予各种环境道德规则，使环境道德规则具有明确方向和归宿，使其地位和价值获得极大提升，同时也能内化成道德主体的自我需求，充分发挥其功能。

其次，德性促使环境道德主体自觉履行职责。道德关系是道德主体与道德客体之间的关系。在人际道德中，道德主体与道德客体原则上是平等的，都是有自我意识、有目的、有情感的人，都会主动自觉地尽力争取自己的利益，即使是在道德关系中处于弱势的一方也不例外。在此意义上，道德主客体既是道德主体，也是道德客体。同时，平等的道德地位通常是主客双方相互斗争、相互协商的结果，而其中的道德规则、道德规范既是双方斗争、协调的结果，也是双方评判和监督对方的准绳。这意味着道德义务和道德责任并不单纯地依赖道德主体的自律，道德客体在道德主体德性的形成和作用上是不可忽视的推动力量。环境道德的情况则不同。在环境道德中，道德主体是道德关系的主导者，也是道德责任的唯一承担者。如此神圣而沉重的使命，要想很好地完成，道德主体如果只是单纯地遵守道德规则是远远不够的，也是难以胜任的。相比于人际道德，环境道德更依赖道德主体的优良品质，依赖德性。德性是一种内心信念，有了它，道德主体便可以克服环境道德规则的外在性、强制性，将规则内化为自己的需求和愿望，自觉自愿、积极主动地履行自己的义务和职责，虔诚地敬畏生命，善待自然万物，施德于一切生灵，展现人性的光芒。

3. 环境道德的特点

环境道德的任务和目的是运用道德手段调整人与自然的关系，并通过发挥道德意识在保护自然环境方面的舆论和教育作用，培养新的道德义务和观念，规范人的行为，使生态系统向着有利于人类生存和发展的方向进化。[1]因此，环境道德的产生及其塑造既适应社会发展的要求又扎根于人类整体利益，在长远利益的追求之中，有利于人的全面发展的需要，更是对全人类的可持续生存的命运负责任。所以，环境道德具有十分独特的特点。

第一，客观性。环境道德规范的产生和形成，有着深刻的社会经济根源，它离不开一定社会物质生活条件和一定的社会关系。一定的社会经济形态决定着人们的社会生活和精神生活，决定着人们的道德关系和道德面貌。[2]1859 年，马克思在《〈政治经济学批判〉序言》中指出："物质生活的生产方式制约着整个社会生活、政治生活和精神生活的过程。不是人们的意识决定人们的存在，相反，是人们的社会存在决定人们的意识。"[3]所以，环境道德的内容具有客观性。

第二，环境道德是"主观的法"。亦即，环境道德作为环境行为规范，其调整范围与环境法律有相重合的地方，但即使是在相同的调整范围内，两者规范人们环境行为的途径也是不一样的。环境法律是通过强制性的规范直接控制人们的外在环境行为；而环境道德作为规范在调整人们行为时则是强调必须使得特定社会所要求的规范成为人们的内心信念或良知，即"主观的法"，此时的道德就是指人们的道德品质或主观操守。

---

〔1〕 李万古："再论环境道德"，载《山东师范大学学报（社会科学版）》1994 年第 1 期。
〔2〕 裴广川、林灿铃、陆显禄主编：《环境伦理学》，高等教育出版社 2002 年版，第 157 页。
〔3〕 《马克思恩格斯选集》（第 2 卷），人民出版社 1972 年版，第 82 页。

第三，尽管环境道德是由环境伦理决定的，但这并不意味着环境道德就可以与特定社会的客观环境伦理要求完全一致。这是因为，环境道德不管是作为一种规范还是作为个人的品性，其都是人类意志的产物。对人类而言，利益、情感等固有的人性和人类实践经验、知识获得的有限性等现实原因，使得其不可能准确无误地认识到客观伦理。也就是说，现实社会生活中的环境道德总是与环境伦理的要求有一定程度的差距或差异的。

第四，环境道德更加依赖和凸显德性的价值。环境道德是人际道德的扩展，也是对人际道德的超越。相比于人际道德，环境道德的显著特点是道德范围的扩大和道德对象的增加。一是将道德关怀由人扩展到自然；二是将道德关怀由当代人扩展到未来人。第一个特点十分鲜明，它突破了人际道德的边界，为环境道德所独有。为了减缓这种突破对人们的冲击，有的学者试图通过进化论阐明其合理性和必然性。纳什分析了权利不断地由部分人逐渐扩大到所有人，最后发展到大自然的演变，说明大自然权利处于权利进化的最高阶段。在利奥波德看来，伦理学是不断延伸和扩大的，由最初的人与人的道德关系，发展到个人与社会的道德关系，如今，伦理理论正向人与自然人、与环境延伸，在进化和生态上都是必然的。然而，环境道德涉及道德关系中的人与自然，这类道德主客体是物种上的异类，具有社会意义上的异质性，处于不对等关系，因而，环境道德是道德发展的质的飞跃。表面上，环境道德与道德没有多大差异，因为在人际交往中，造福子孙、庇佑后人也是道德的基本要求。但是，人际道德主要限于人际社会环境，强调人类文明成果的沉淀和传承，使后代生活更加富裕和心性完美。而环境道德则从个体和人类的生存根基（即自然环境）出发关爱子孙后代，倡导为后代留下蓝天碧水。它潜含了人际道德的内涵，并由人际社会扩展到了自然环境，更加全面，也更为根本。显然，对未来人的道德关怀在环境道德中有独特的内涵和深度。环境道德是道德发展的更高阶段，是更高尚的道德，它对道德主体的要求更高、更严格，要求人对自然给予同情、热爱和尊重，真诚地关心、呵护自然。同时，它更能体现人的独特价值，彰显人高于自然的智慧和品性，展示人悲天悯人、珍惜生命的胸襟和情怀，突出人的无私和崇高。这些远远超出了单纯道德规范，极大地依赖于德性。热爱自然是环境道德的前提，这是善良品性的体现，也是道德的觉悟，是遵守环境道德规则和履行环境道德义务的基本条件和重要保障。相比于人际道德，环境道德更加突出德性的地位和价值，也更依靠德性的支撑。

（三）二者的联系

环境伦理关系是在人与自然以及自然界内部客观存在的一种固有的、自在的社会关系，这种社会关系不以行为主体的主观意志和主观观念为转移，是一种相对稳定的社会关系，是环境道德认识和道德实践活动最本质的客体，是道德调节的对象，是提出道德原则和道德规范的依据。而环境道德关系是在环境伦理关系基础上确立起来的，是环境伦理关系的现实化，是人类依据自己对固有的、自在的伦理关系的理解、领悟之后而自觉构建起来的主观反映。道德关系有其多样性和变动性。在不同地区、不同国家和不同时期，人与自然的关系中存在着具有同一属性的环境伦理关系。但在此基础上，不同地位、不同国家、不同时期在人与自然的关系上所建立的环境道德关系，则不完全相同，它具有多样性和变动性等特点。一言以蔽之，环境伦理是客观存在，环境道德是主观反映。正确反映、善待自然则天人合一，和谐发展；不正确反映，如强调一味索取、战天斗地，则天灾人祸不断。

第三节　伦理与法

伦理与法的关系是人类社会文明治理中一个古老而常新的话题，探究法与伦理的关系，不仅关乎二者的存在意义，更是对发挥伦理对立法者的指引、对执法者的指导、对守法者的教化与鞭策作用有所助益。笔者将重点研究二者的关系以及互动的表现形式，以期对构建合乎人道伦理之法有所裨益。

一、伦理与法的相对独立性

法是在人类步入阶级社会之后才产生的，是由国家制定或认可并由国家强制力保证实施的一种社会行为规范。即法随着国家的产生而产生，也将随着国家的消亡而消亡。而伦理与法律不同，在没有阶级、国家和法律的原始社会中，伦理就产生了。伦理在起源阶段表现为一种人们在长期劳动和共同生活中形成的风俗习惯。这种风俗习惯在原始社会中都能为氏族成员自觉地遵守，只需依靠舆论、权威就可获得社会成员的尊重。因而，法与伦理在起源上就存在着区别，也各自具有相对独立性。

（一）伦理与法在形式上的分离

法与伦理的相对独立性是指，伦理观念在通过立法者的意志转变成现实的权利和义务后，就有了自己相对的独立性，有了相对独立的运作模式。社会个体在法律调整范围内的行为模式、权利和义务将直接受到既定的法律规范的约束，其将根据法律的规定享有权利、履行义务、承担法律责任。

法作为以权利与义务体现伦理或正义的实体规则，要明确人们之间的权利和义务，要对人的行为具有现实的约束力，其就需要与伦理相分离。如果法不从伦理中相对独立出来，就可能会因为考虑具体个案的结果导向和某些人的“伦理”目的而牺牲一般性的、具有普遍约束力的法。这样，执法者和司法者将难以克服法律适用中的恣意与任性，对所有社会成员而言，法将丧失其普遍性与权威性。

但需明确的是法与伦理的分离是形式意义上的分离，并不是价值意义上的分离。法要能起到规范人们行为、保证社会秩序的作用，必须是具体明确的，具有较强的可操作性。事实上，法一旦产生，就具有了形式上的确定性和客观性，就具有了逻辑形式合理性。这就意味着法在一定范围内超越了具体个案的正当性的证明，建立了已经存在的、绝非模棱两可的规则。法规则或原则经由高度逻辑系统化的专业模式而加以有意识的建构。在法适用的过程中，具体案件从早先即已建立的规则或原则出发，加上专业化的演绎逻辑推理的过程，进而得出裁判结果，由此形成了法的自治性。当然，法与伦理在形式上的分离并不意味着他们在价值上不一致，这只是为了最终能够真正实现一定的社会伦理要求，保证法的权威而使其必须具有以逻辑合理性为特征的自治性。

（二）法在反映伦理上的有限性

伦理具有客观实在性，是一种客观的社会关系，是社会科学领域的“真理”，是难以认识的，也是整个人类意志无法完全精确把握和反映的，人类意志可能无限地接近，却不能达到。[1]从立法上来看，虽然在古代社会，很多法律是从原始习惯发展而来的习惯法，但在现代社会中，成文法在各个国家的法律体系中所占的比例越来越大，甚至是全部。这样，立法者的主观意志

---

〔1〕　陈秀萍：《变革时期法律与道德的冲突问题研究——兼论法律的伦理性》，中国方正出版社2008年版，第15页。

和主观能力在法律的形成中的作用就越来越明显。作为立法者的个人或集体，其知识与能力是有限的，不能制定反映普遍正义和绝对具体明确的要求的法律。此外，立法者对于客观世界的反映存在滞后性。国家和国际的法律往往落后于事态的发展，现代生活越复杂，成文法对于伦理的反映与内化的有限性就越明显。

此外，人类语言的局限性也是导致法与伦理相对独立的原因。海德格尔曾说，世界的存在是不可表达的，语言永远也不能表达世界的本来面目。[1]伦理是客观世界中体现事物条理的应有的社会关系体系，而法是以人类语言为载体的行为规范，所谓语言则是无限客观世界之上的有限的符号世界。人类语言的丰富程度不足以反映自然现象的无限性、自然力的结合与变化，以及一个事物向另一个事物的演变等，这些演变皆具有伦理的现实特征。因此，法对于伦理的反映因语言的局限性而存在偏差，也是客观的。因此，法与伦理事实上是不可能一致的。当然，对于这种不一致和偏差，我们可以从法律系统之外的立法环节中，通过完善法律制度的方式加以矫正。

二、伦理与法的互动

法不能远离伦理。因为法不会自动地得到实施，必须由单个的个人来启动、维持、指导法律装置的运转，必须用比法律规范的抽象内容更全面的事物来激励这些人采取行动，并确定自己的行动方向。不过，只要观察一下构成当今法律体系之主干的众多法律规范，我们就会明白，它们绝不是对伦理习俗所做的权威发布。在很大程度上，它们体现了法学和司法寻求从传统法律素材中合乎逻辑地得出一条规则，或者是寻求一条可以说是有权威支持着的规则。它们是对传统规范所做的技术性处理，或者是对权威的法外命题所做的技术性改编。在法与伦理关系的发展进程中，两者的关系处于不断变化、运动的过程中。在最初的发展阶段，作为对当地不同的习俗和法律解释，人们提出了依据自然之公正和依据习俗之公正的理论。在严格法阶段，法律规范是自给自足的，并且从不考虑外部影响。伦理遭到了忽视，而哲学只不过是用来提供或支撑起一个权威性基础罢了。在衡平法或自然法阶段，公认的法律规范集合体不再是自给自足的了。未受保障的利益以及遭到忽视的伦理

---

〔1〕 刘放桐等编著：《现代西方哲学》（修订版），人民出版社1980年版，第592页。

所施加的压力，促使反映伦理的道德理念以外部力量的形式融入了法律。因而，在一定时期内，伦理得到了优先重视。因而有的法学者将法律规则视为某种类型的伦理准则，并将法学从属于伦理学。当这种融合完成之后，先前的压力便逐渐消失了，因而，这一时期的任务，是对从伦理中接收过来的内容进行消化和系统化。似乎只有立法者才会遭遇到伦理问题——在极少数需要其进行干涉的场合。从而，法律与道德、法学与伦理学并肩而立、相互比照。最终，在新一轮发展的开始阶段，当未受保障的利益和遭到忽视的伦理再次施加压力时，被要求为创造性司法活动——用来保障那些利益并将伦理和伦理研究结果转化为法律素材——提供一个合理解释的法学学者又一次将法学从属于伦理学，并提出了相关的新说法。

但毫无疑问，法与伦理的关系并不是两条平行的、永不相交的直线，其是随着社会的发展而不断发展变化的。一方面，从整体而言，它们都属于社会规范体系，是指导人们的行为规范，两者具有规范属性和功能，这就决定了两者具有相似性，它们各自通过自己不同的方式作用于人的行为，对人的行为产生影响。另一方面，两者所调整的对象在内容上有交叉重合关系，有些对象既属于法律调整的事物也属于伦理、道德调整的事物。任何值得被称为法律制度的制度，都必须关注某些超越特定社会结构和经济结构相对性的基本价值。一种完全无视或忽视伦理基本价值的一个价值或多种价值的社会秩序，不能被认为是一种真正的法律秩序。[1]法的伦理价值内涵在于：凡是法律所禁止并制裁的行为，都应当是伦理所反对和谴责的；凡是法律所要求并肯定的行为，都应当是伦理所提倡和颂扬的。[2]比如，不许杀人、欠债还钱等既是法律要求也是道德要求。平等有偿、诚实信用等，既是市场交易中的道德要求，也是市场交易中的法律诉求。在法与伦理交叉的地方，立法者将这种重合的伦理、道德要求确认为了法，即成为受法律保护的人们的行为准则。

在现实社会生活中，客观地存在着伦理法律化和法律伦理化的现象。伦理法律化是依据客观实际的需要，把一定的伦理规则、道德原则或德行规范

---

〔1〕 ［美］E. 博登海默：《法理学——法律哲学与法律方法》，邓正来译，中国政法大学出版社1999 年版，第 318 页。

〔2〕 刘华："法律与伦理的关系新论"，载《政治与法律》2002 年第 3 期。

上升为法律，并最终实现法律化的伦理由他律转向自律的过程。伦理法律化的学理基础是伦理和法律的内在共性及社会发展的需要。总体而言，在人类社会发展的进程中，反映伦理的道德控制逐渐减弱，伦理基础规范已逐步被法律替代，法律控制日趋强化。这是一个不断发展的必然趋势，尤其是在社会共同秩序和公共利益等方面，那些被视为是社会交往的基本而必要的道德正当原则，在所有的社会中都被赋予了具有强大力量的强制性质。这些道德原则的约束力的增强，当然是通过将它们转化为法律规则实现的。伦理向法律的转化，分为两种情况。一是当一种行为侵犯特定的社会关系或者社会秩序，仅靠某种伦理规范约束已不足以制止时，就需要将该伦理规范确认为法律规范而通过法律拘束力来制止。诚如，诚实信用从伦理规范转化为法律原则，欺诈行为便受到了一定的遏制。二是当对一种行为的赞赏和奖励，仅靠道德评价已不足以支持时，同样需要将其上升为国家意志，通过国家强制力来支持。与此同时，我们也需要重视法律转换为伦理的客观现象。某些法律规范和制裁的行为会因社会观念发生变化而退出法律的调控范围。比如20世纪，在西方国家，自杀行为不仅是非道德行为，而且是触犯刑律的行为。西方国家规定了对自杀行为的刑罚，但是之后又将其非罪化，使其不再受法律约束而转为伦理规范调整的对象。这就是法律与伦理相互转化的一个例证。

三、伦理与法的内在关系

伴随着社会关系的日益复杂和人们对客观规律认识的不断深化，法的外在形式化特征日益显著，法律领域的技术性因素也迅速强化，几乎有排挤和遮蔽其价值因素之势。这也使法与伦理之间的渊源和依赖关系显得更加模糊了。但无论如何，法还是应以伦理为归属，以体现某种伦理精神、追随某些道德目标、遵循某些价值准则，每个法律条文背后都应蕴藏着一个伦理命题或道德判断。可以说，道德是伦理的主观反映，法律是道德的强制化、具体化形态。

（一）法源于伦理并反映伦理

不同文明的进程虽然各有特色，但它们都是特定自然、社会条件的产物，是在特定的社会物质生活方式以及在此基础上形成的人类意识和文化传统的互动过程中形成的。作为在人类文明进程中居于重要地位的法律也不例外，其产生的终极原因在于特定社会的物质生活方式，但其发展和变化也同样离不开自然、社会条件，以及在此基础上形成的社会结构、社会制度和价值观念之间的相互作用。作为由特定自然、社会所决定的社会条件结构中的伦理，同样是法律产生、发展和变化的社会历史条件，与其他社会因素相比，法与伦理之间的联系更为紧密。

任何一个民族皆有自己的伦理观，其法律皆体现了各自的伦理观。从这种意义上讲，各民族的法律都未尝不可以被称为"伦理法"。[1]法律是与特定社会、特定时代的伦理精神的总体上的一致与符合。法律与伦理的理论逻辑是法律的伦理性理论前提。恩格斯曾说："在社会发展某个很早的阶段，产生了这样的一种需要，即把每天重复着的生产、分配和交换产品的行为用一个共同规则概括起来，设法使个人服从生产和交换的一般条件。这个规则首先表现为习惯，后来便成了法律。"[2]这种习惯以"道德"为实体，但已孕育着"法律"。习惯法的形式是法律的，内容是习惯的，而精神实质则是伦理的，法律起源于道德习惯这一事实便使法律天然具有伦理属性。在一般情况下，伦理的精神实质和价值取向为法律所选择或者吸收，而非具体伦理规范直接成为法律。[3]

中国自古以来就在不懈地寻求良好的社会秩序和人与自然的和谐，并将此"不懈追求"视为人类的理想。在老子哲学里，"人法地，地法天，天法道，道法自然"的思想不尽是为了顺应道，当它被作为解决社会问题的方案提出来时，实际上隐含了一个价值上的判断，即"自然是和谐完满的"。儒家思想的理想目标也是归于与自然的和谐，追求"天下为公，选贤与能，讲信修睦"的"大同世界"。即使是当时的法家，虽然主张法治，甚至严刑重罚，但其最终目的还是追求和谐、协调的社会秩序。孔子将以德治国与单纯的行政命令两种办法加以对比得出了"道之以政，齐之以刑，民免而无耻；道之以德，齐之以礼，有耻且格"。[4]意思是说，单纯用行政命令去管理人民，用刑罚去处理那些不执行命令的人，最好的结果也只能是使人民不敢犯法，免受关押和刑罚处分，却缺乏耻辱之心；如果能从爱护人民，提高人民的道德

〔1〕 范忠信："中华法系的亲伦精神——以西方法系的市民精神为参照系来认识"，载《南京大学法律评论》1999年第1期。

〔2〕《马克思恩格斯选集》（第2卷），人民出版社1972年版，第538~539页。

〔3〕 刘华："法律与伦理的关系新论"，载《政治与法律》2002年第3期。

〔4〕 语出《论语·为政》。

水平和思想觉悟出发，从应遵守公共道德原则出发去提高其认识，就会达到使人民具有羞耻之心和识别好坏的能力，自觉不做坏事、丑事、恶事，把违法乱纪的事全部消灭在邪念萌生之初。这是德治教育的感化作用，它能"防患于未然"，刑罚法律则只能"施于已然"，只能起到威慑与警诫作用。当然，无论是"明德慎罚""礼法并重"，还是"德主刑辅"，其实都是为了维护纲常伦理。封建的"法治"是人治下的"法治"，是泛指道德主义，是把法律作为手段来配合推行封建的伦理、道德。数千年来，历代统治者都把伦理、道德与政治相结合，将礼与刑融为一体，使僵硬的法律规范借助于道德提升为人们自觉的内心信念和行为标准。

西方国家对法与伦理关系的探讨也是源远流长的。早在两千多年前，古希腊思想家柏拉图就认为，法律是维护正义的手段，正义就是以善待友，以恶对敌。亚里士多德、苏格拉底主张守法是人的道德责任，法律的制定必须着眼于德和善。亚里士多德曾说，法律的实际意义应该是促成全邦人民都能进行正义和善德的永久制度。他认为，法律应当是实现正义、美德和幸福的各项原则。西方许多著名法学家都认为，人对社会道德理想的追求是通过法治体现出来的。具有代表性的是斯多葛学派的自然法，它对罗马法和罗马法学产生了巨大的影响。自然法的核心是认为法律是善良和公正的艺术，自然法构建了自然、理性、正义、平等的价值体系。18世纪以后，自然法思想被资产阶级法学家视为反对封建专制的武器。自然法学派最突出的特征就是认为符合道德的法才有效力，与道德冲突的法则是恶法，而"恶法"非法。这样的观念无需苟同，但在西方传统中，还是有许多值得我们借鉴的关于"守法"的道德观，如柏拉图便有"人们必须有法律并且遵守法律，否则他们的生活将像最野蛮的兽类一样"的名言。

从中西方关于"法与伦理的关系"的历史中可以看出，无论是东方还是西方都主张把外在的法律内化为人们自觉的意识，法律只有成为人们的心理、情感需要才能得到普遍、自觉的遵守。

（二）法是伦理得以正确反映的保障

由于伦理往往过于抽象，依靠社会舆论的督促以及人们自身信念的驱使，显然并不足以满足社会的需求。法治是人们在长期的历史实践中经过反复互动往来而衍化出的一种制度化的生活方式，同时，法治因作为一个社会普遍追求的理想而具有主观意志性，因此其具有价值属性。在法治建设之中，普遍地遵守法律，既是作为公权力行使主体的国家（政府）的道德义务，又是作为私权利主体的公民的道德义务。这也就是说，在真正的法治状态下，人们之所以守法、法之所以具有普遍效力是因为法的要求与社会伦理的价值取向基本吻合，从法律规则到现实的社会法治秩序的过程正是法律价值在合乎人们的道德感受与内心体验的前提下，有效地内化为社会成员自觉的价值选择和行为准则的过程。而这一过程也就是以守法的形式实现伦理的过程。

法律保障伦理的实现，乃是法律最符合人性发展的一种理想状态。这一理想状态不只是观念性地存在于立法者、司法者内心的某种图景，更是法治所应当有的伦理上的圆满状态。伦理上的圆满是人不断克服与自然与社会关系之间的矛盾，使自身的行为符合伦理规律。在此意义上，法是体现伦理圆满的一种选择方式。因此，法律不是由一堆文字组成的僵死的躯体，而是由伦理价值支撑的活的灵魂，只有通过文字领悟"法"的伦理意蕴才能真正领略到法治作为人的生存方式与存在样式的真正内涵，才能在具体的历史发展进程（即人的社会必然性的展开）中寻找到法与伦理的契合点，使充分反映人的本性的，对人性不断进行丰富、完善的，源自于生命本体意义追求的法律和以此为基础而建构的民主法治得以维系。

（三）伦理是良法与否的评判标准

于法律中体现伦理是法律有效性的前提。就是说，立法者制定的法律必须符合特定社会的伦理关系和伦理要求，符合人类的基本价值原则，这样才能使法律的要求在社会中真正实现。伦理价值与原则是维系法律根本属性和实现民主法治的必备条件。假如法律背离了人类最基本的伦理目标和人类道德，它就将丧失规范人们行为的基础，其强制推行可能会给人类带来巨大的灾难。一个社会的法律越是符合这一社会的伦理，它就越是有效。这是因为法律秩序虽然有强制力量作后盾，但其真正实现还是要更多地依赖于大多数人对法律规则的认同和自觉遵守。

人们参与法治化的过程，在绝大多数情况下都体现为遵守法律。这是因为我们每个人不可能都成为立法者、司法者，但我们都应该是一个守法者。守法是法治的核心理念。也就是说，源于人的良心与道德并受其支配而产生的对法律的情感，以及在此基础上产生的法的神圣性的意识和观念。对法律的宗教情怀和信仰，是全部法律建立、存在和发展的根本前提和保障。甚至可以说，公众的法律情感和法的神圣性观念，是法本身之存在及其具有效力的"合法性"根据。

法要符合特定的社会伦理，意味着要与构成这一特定社会关系的应有规则系统的要求相一致。而对特定社会关系体系的探索，对应有规则系统的研究，都离不开对人性的科学认识和揭示，这也是人们正确理解和追求社会正义的前提条件。只有这样，法律才能推动社会的发展和进步、人类的幸福和文明。在现代法治社会，国家主权已从君主手中回归到民众手中，权力意志失效，法律也不再是王公特权的权威延伸和护卫工具，因而法律的评价标准，必须建立在公民共同体正当性、合理性及合法性的伦理价值基础上，并最终决定法律的良恶和立废，从而使民主和法治精神得以落实和贯彻。如果否认法律的伦理价值基础，不仅难以为法律再找到其他价值根基和标准而使其陷入盲区，而且还会使法律蜕变为简单的专政工具。

法关乎我们的存在，关乎我们作为人与天地自然的相通之性。法不能仅仅是"器"，还应当关乎"道"。我们需要正义的法律和有实践智慧的法官来维持社会秩序，捍卫世道人心，也需要法律贴近人性，顺应人性与人道。在法与伦理的相互作用中，我们应该重视伦理对于法律的影响意义，制定出符合人类本性、顺应客观规律的法律对于构建合理良善的法治具有重大意义。良法之良不仅应该表现为超越于自身的形而上的价值追求，法律作为外在的规范，还应具体表现在特定社会的法律条文之中。如果缺乏对大众内心的认可与尊重，法是无法获得实施效力的，更不能起到规范社会的作用。正如美国著名法学家富勒所说，良好的法律制度必须符合一定的道德标准，完善的法是内在道德和外在道德的统一，是程序自然法和实体自然法的统一。[1]法与伦理的关系中，作为立法的目标与落脚点的人对于伦理的个体反映也就是自身道德水平的建设极其重要。因此，在良法的基础上，作为守法者的公众应提高自身的道德水平。对于社会基本伦理具有正确的感知与内化，从而提高对法律的认可度，对于法律的颁布与实施也将起到强而有力的支持与推动作用。

---

〔1〕〔美〕富勒：《法律的道德性》，郑戈译，商务印书馆 2005 年版，第 106 页。

第四节 道德与法

法是一个国家政治生活中不可或缺的，而道德也有同样的作用，没有道德作为基础的法是不能够持久的。法影响道德，道德支撑法，两者之间相辅相成，共同作用于国家治理。法与道德具有共性，能够调节人们的行为规范，维护社会秩序，法与道德在价值目标上应是一致的。

一、道德与法的共性

道德与法的起源在价值目标上是一致的，"道德"的本义为心里产生的正直正义、公正的体验，即所谓良心。道德维持是无形的，依靠的是人们的信仰、传统、文明和教育。阶级产生之后，统治阶级利用国家机器对某些规范进行强制执行，就产生了法（法律），象征社会公平正义的法（法律）在社会控制体系中应保持与"道德"价值目标的一致性。

（一）道德与法的相互促进

法本身具有引导作用，其制裁某些行为，又鼓励某些行为，这在无形之中给人提供了行为准则，告诉人们该做什么，不该做什么，无形中对道德加以引导，并将这种规定加以固定，形成法律条文。法的价值观和道德在一定程度上是重合的，因此，在一定程度上也保障了道德的实施。道德的影响存在于方方面面，非常广泛，除了保障执法者秉公执法，其对守法者自觉守法的自觉性也起到了良好的促进作用。在社会生活中，有不少法律不能解决的问题都可以依靠道德来解决，并且能够保证司法公正。因为人们的行为规范是受道德约束和良心驱使的，其可以防止犯罪行为发生，使犯罪率降低，让社会管理成本更低。

可见，于社会管理而言，法与道德是相互渗透、相互补充、相互促进、协调发展、相辅相成、缺一不可的。二者的紧密关系具体又表现为法律道德化、道德法律化和法律回归道德。

法律道德化则指的是法律主体把守法内化为一种道德义务，以道德义务对待法律义务。[1]其要求人从内心认同法律，并视之为一种道德义务，这与

---

〔1〕 范进学："论道德法律化与法律道德化"，载《法学评论》1998 年第 2 期。

法律回归道德截然不同。这反映出法律本身也在希求能从调节"连线"走向社会网络的终端，深入人心，更好地维持社会秩序。从严格调整与社会关系有关的人类行为这一点出发，法律既可直接吸收道德中涉及主体间利益关系的内容，又可创制出新的、道德不曾设计的制度，如"流通票据规则""交通规则"等；既明确地规范和要求人们守法、强制制裁违法者，又试图走入人们的心中使人"认同、遵守"。

利用法律的手段使部分道德义务上升为法律义务，并以国家强制力为后盾予以强制执行是维护社会基本秩序的必需手段。这个由道德转化为法律的过程就是"道德法律化"过程。[1]在此方面，法律仅是将一部分与法律上的主体之间关系的维系密切相关的人类的某些道德义务纳入自己的规范体系并赋予其强制力，而对于不涉及社会关系，仅仅是个人领域的私人道德问题，法律则越来越倾向于给予其自由，或者根本没有限制。

至于近现代所谓部分法律的回归与道德的契合，则多发生在私德领域。例如，在某些国家或地区，成年男子之间相互同意的同性恋行为已被排除了在刑法管辖范围之外、婚外性关系已通过不实施刑事规定而不再成为一种罪行。而且进一步思考，同性恋的双方如果自愿，就根本没有利益冲突和社会关系破坏的可能性，纯粹属于私人领域。

（二）道德与法在价值目标上应是一致的

从历史的角度看，法最初起源于道德。在古代社会的法典中，法律、道德和宗教思想常常混为一体。在后来漫长的历史发展中，随着社会生活的日益复杂和人类抽象思维的发展，法律得以从道德规则中逐渐分离。然而，在法律的发展过程中，其直接从道德规则中借用了权利、义务、责任这些基本的词汇，成文法的形成和发展过程也无处不体现着立法者对于道德原则的敬畏和顺从。

当然，维持社会秩序的法律需要具有道德性要求。法律制度化的强制力本身就有着过于注重形式化的特征，如果法律制度化的强制力不能够得到道德力量的支持，就会成为一种恶的强制力。所以，理想的社会秩序获得的途径是社会的道德水平的普遍提升，即实现社会秩序供给的道德化。

---

〔1〕 李常青、冯小琴："论法和道德的现实与未来的冲突及构造"，载《现代法学》1999 年第 21 期。

道德是关于人们思想行为的善与恶、美与丑、正义与非正义、光荣与偏私等观念、原则与规范的总称。它以期通过一种对个体的近乎完美的要求，约束和规范人的行为，从而使社会关系的和谐水到渠成。即它维持社会秩序的出发点是个体内在素质的养成。它要求的是"人们对于道德规范所固有的正当性的内在信念"，在外化为有利于社会与人类的规范行为之后，社会关系自然就和谐了。

法律则是以调整社会中人与人之间的关系为出发点，以减少摩擦降低成本来最终维持社会关系的。它通过调整人们的行为来间接调整宏观的社会关系，但这并不意味着法律在调控时的出发点是人们的行为。人的行为有无数种可能，而法律是以什么为标准使人们从纷繁的行为中选择出其调控的对象的呢？概言之，对于那些不可能影响到人与人之间关系的行为，是不会受到法律的约束的；而那些与社会关系有关，涉及个体周围"关系线"的存废、安稳与否的行为，必然会受到法律的限制。

法与道德的关系至为密切，在内容上，法与道德相通且密不可分，二者这种密切关系可从庞德的"法律发展五阶段"中得到充分的体现。

1. 原始法阶段

在远古时代，并无法律、道德、宗教、风俗习惯等区分，皆浑然成为一个体系。中国古代也是如此，一切的社会规范均称为"礼"，宗教、政治、经济等一切社会秩序皆非依礼不可，"礼"即规范。

2. 严格法阶段

西方社会最初由原始法阶段衍生出的法律规范，皆具有较严格的色彩，即所谓"以眼还眼，以牙还牙"，此种规范的特色是至为严格，而无道德、人情的考虑存在。

3. 自然法或衡平法阶段

由于严格法阶段的规范过分严格，未考虑行为人的动机、目的等因素，因此发展到第三阶段，便是大量自法律之外吸收道德观念，使其成为法律秩序的一部分，在吸收的过程中，将过分严格的法律规范，转变成较符合一般人民的道德观。

4. 法律成熟化阶段

19世纪后期，由于资本主义快速发展，加上过去吸收来的法规范过于庞杂而无体系，因此各国纷纷颁布法典，将之加以整理并予以体系化。这一阶段可以被认为是法律成熟化的阶段。

5. 法律社会化阶段

到了 20 世纪，世界经济秩序激烈变化，致使法律与社会之间产生了极大的差距，已存在的法律已经无法适应客观事实的需求，法律开始吸收新的观念、新的社会思想来充实、填补空白。例如，民法上的过错责任主义，便有一部分被无过错责任所取代，又或是保险制度的采用，将危险分散到了社会大众之中，其背后均有浓厚的道德观念支持。[1]

总之，依靠国家强制力保证实施的法律与依靠人们的内心信仰和观念来实施的道德，它们既相互作用又互相促进，其价值目标都是实现社会的治理，对人们的行为形成某种约束。在复杂的社会环境中，法不可能毫无遗漏地规范所有的行为，而道德却能够填补这一空白。道德对人的要求有高低之分，而法是维护道德的最低标准。道德作为最原始的维系社会秩序的方式，未必会制约法律的制定和确立，但一定会影响法所约束的公民对法的接受程度。法律必须回应正义、道德，如果法的内涵和目的能够被其所约束的公民信任并且信仰，那么，公民推动法律进步和演变的过程，就是法的目的实现的过程。

二、二者之区别

道德并不局限于维持社会关系，而是试图以社会个体心理认同为起点在各个方面对其行为作出规范并施加道义上的义务，以培养社会终端结点的人的高素质的手段来维持社会秩序。有些道德要求比较高，范围又十分广泛。可以说，如果道德的标准能被大多数人们所践行，那么社会秩序便会被维持得井井有条。法律则不考虑行为主体的内心想法，它是为了预防行为对社会关系破坏的可能性而对行为加以限制。它希望的是通过确保人们相互关系的稳定进而使社会稳定。法律对每个终端结点的人的要求并不是面面俱到的，也不需要其做到表里如一。但法律不仅是维持社会关系，更高的要求是为人们的一切政治、社会、经济、文化活动提供良好的环境，使之更加高效。可见，法（法律）与道德的区别也是十分明显的。

（一）渊源不同

就法律渊源来说，法律一般是由国家制定、认可的，立法程序有着严格

---

〔1〕 杨日然：《法理学》，三民书局 2011 年版，第 57、58 页。

的规定，一部法律必定是通过谨慎严格的创设过程才能得以出台的。国家赋予法律以权威和地位，要求人们必须遵守和顺应。作为硬性规定，任何违背法律的行为及其行为者都将得到严厉的制裁，这也是法不可侵犯的表现。而道德的形成源远流长，随着社会的发展，文明的进步，道德逐渐产生并稳定。其不是由国家或什么机构认可或制定的，且无成文的范式。

（二）行为标准不同

法的制定和实施离不开国家，需要国家制定并赋予其权威，法的制定有严格的程序和专门的机关，法的实施、解释同样有专门的程序和规定，任何人都不能对法做随意的解释。而道德没有成文形式，表现及范围比法律宽泛，其效力往往并不是死板的，而是存在于公众的观念、社会习俗之中。其主体相对法律的主体较宽泛。道德并没有固定的解释，道德的判断标准也不像法律那样严格，只要是符合传统上的风俗和公众的观念，都可以被大众所接受。

（三）存在形态不同

法律是国家制定、认可的，基本以成文形式固定，这既是国家权力的要求，也是维护法的权威性的必然要求。而道德则主要存在于人的内心，凭借信念和信仰约束人们的行为，相对法律来说，其具有较高的弹性空间和多变性。道德没有固定的形态，不同的人对道德的定义和见解也有所不同，而法的存在形式是固定的，法律条文怎样规定也是固定的。

（四）调整方式不同

法律主要关注人们的外在行为，只有犯罪动机而没有行动是不牵涉法律的，只有当一个人的行为成立后法律才开始干涉和调整。其造成的损害后果如何影响的仅仅是刑罚程度。而道德对人的约束从内心开始，从动机开始，道德主要是通过内在约束外在，对人的动机产生好或坏的评价，用信念对人进行鼓励或谴责。

（五）运作机制不同

法律的制定有严格的程序规定，法律的执行同样有严格的主体限制和程序保障，只有这样才能维护法的权威性和不可侵犯性，才能保障法律制度的运行，才能体现法的强制性。法的主体既享受权利又承担义务，权利和义务是相对的，而道德没有严格意义上的执行程序和主体，道德的义务主体在履行义务时并不以享受权利为前提。

（六）强制方式不同

违法就会被处罚和惩戒是法的强制性所在，即通过外在的制强力使行为人得到应有的惩罚，从而达到震慑和惩处的作用。法律的惩罚是外在且可见的。而道德的影响力是无形的，存在于人的内心世界，好的动机会得到道德的鼓励，而不好的动机只能是主体内心世界的无形谴责，并不表现为某些物质后果。虽然道德的这种制约方式也在一定程度上存在强制性，但是其更多地依靠内心力量，而不是外在力量。

（七）解决方式不同

对于违法主体，法律的惩罚方式是利用已经存在的实体规范和程序对行为人进行惩罚，这种惩罚是事先规定出来的，是已知的，固有的。而道德影响的是行为人的内心，没有国家强制力的保障，通过压力和舆论来谴责行为人的内心，是无形的。

三、环境道德与环境法律

道德规范和法律规范都是人类社会的行为规范，法律规范主要表现为国家的强制力，道德规范则主要存在于人们的思想意识和风俗习惯之中。环境道德和环境法律的关系十分密切，两者之间存在着一种互相补充、互相影响和互相促进的辩证关系。

（一）环境道德与环境法律的联系

法中有道德，道德中有法，他们在一定条件下可以相互转化。环境道德是对传统的有关自然的道德的继承和发展，是包括当代环境问题、资源危机和环境保护运动在内的社会经济状态的产物，是现代科学技术与伦理学相互渗透和作用的结晶。[1]环境道德作为调整人与人、人与自然及其相互关系的社会规范，是由环境道德原则、环境道德规范和环境道德范畴以及环境道德行为等道德要求所组成的完整体系。其中，环境道德的基本原则、规范和范畴是构成环境道德体系的核心，是建立具体的环境道德规范的主旋律。[2]

环境立法与环境道德在调整功能上各具优势，可以形成互补的良好状态。

---

〔1〕 蔡守秋等："环境法的伦理基础：可持续发展观——兼论'人与自然和谐共处'的思想"，载《武汉大学学报（社会科学版）》2001年第4期。

〔2〕 裴广川、林灿铃、陆显禄主编：《环境伦理学》，高等教育出版社2002年版，第142页。

环境立法注重强调调整人的外在行为，而环境道德则注重调整人的内心活动。只有将法律和道德联系起来，才能使它们更好地发挥调节社会的作用。

环境道德规范法律化，有利于环境法律为普通大众所了解和遵守。环境道德规范的法律化，侧重于环境立法的过程，是良好的环境法律产生和发展的过程，此过程一般指立法者按照立法程序将环境道德理念、规范或规则以法律条文或法律规范的形式表现出来。包括将一定的环境道德规范直接上升为法律规范、规定环境法律主体必须遵守一般的环境道德规范、规定准用性环境道德规范等形式。其实现形式为环境法律，其价值定位为环境法治。环境道德在被法律化后，能更有力地发挥作用。没有法为其提供强有力的支持，环境道德的实施将是非常困难的。因为人们在社会生活中必须守法才能正常生活。将环境道德吸纳为环境法律以成文的书面形式公布于众，可以使得环境道德为大多数人以守法的方式加以遵守，进而实现环境道德的要义，其于创建良好的环境秩序来说无疑是最佳途径。为了保护和管理好环境资源，将环境道德和环境法律结合起来，良好有效的环境道德规范就有了法律的保障和维护，而环境法律所赋予的权利义务也就有了道德力量的支持。此即环境道德规范的法律化。环境道德规范的法律化是环境法律规范的道德化的前提，环境法律规范的道德化是环境道德规范的法律化的必须要求。没有环境道德规范的法律化，得到普遍遵守的良好的环境法律便无从产生；没有环境法律规范的道德化，环境法治的理想将难以实现。环境道德规范的法律化是环境法治的基础，环境法律规范的道德化是环境法治的内涵。实践说明，环境法治的良莠与人们的环境道德水平以及环境文明的进步有着十分密切的联系；而加强环境法治又有利于环境文明程度、人们环境道德素质的提高。环境法的贯彻、实施和有效性，有赖于环境道德风气的形成和环境道德水平的提高。

此外，环境道德和环境立法的相互影响和作用，还表现为环境法律的道德化。环境法律规范的道德化，是使环境法律转变为更高的道德习惯和道德义务的过程，是环境法律归其本源的过程，是环境法得以被主体普遍遵守、自觉遵守的必然体现，其有利于主体守法精神的养成和环境法治秩序的形成。侧重于环境法的实施特别是守法过程，其一般指环境法律主体把环境守法内化为一种环境道德义务，即以环境道德义务对待环境法律义务、自觉遵守环境法律。其价值定位为环境法治。良好的环境法律，就是符合环境道德的法律，就是促进环境公平和正义的法律。它在某种程度上决定着环境法的本质和特点，从而构成了环境法治的基石。

（二）环境道德与环境法律的区别

环境道德与环境法律关系密切，两者之间既互相补充、互相影响、互相促进又互相区别。

1. 形成方式不同

法律一般与国家的组织活动有关，是由国家经严格的程序制定或者认可而形成的，是理性自觉的成果，而道德是在社会生产生活中通过自然演进逐步形成的。环境法律是立法机关制定或认可的，环境道德是在社会生产生活中潜移默化产生的，不是自觉制定和程序选择的产物。

2. 调整对象不同

道德要求人们行为动机高尚、善良；而法律则着重要求人外部行为的合法性，不能离开行为过问动机，单纯的思想和动机不是法律的调整对象。环境道德不仅要求人履行保护环境的义务，还要求人要有环保的意识和理念。环境立法则是规范人们的环境行为的。

3. 调整范围不同

道德所调整的范围要比法律广泛得多，几乎涉及人们在社会生产、社会生活中的一切活动；而法律则只调整人们某些特定的行为。环境道德的调整范围比环境法律广泛。法律所禁止的行为，一般也是道德所谴责的，而道德所谴责的行为，却不都是法律所明令禁止的。

4. 调整机制不同

道德调整主要借助社会舆论、社会评价、习俗、习惯、传统和社会教育来培养人们的道德义务感和善恶判断能力，通过人的内心信念的自觉遵守而起作用。其调整标准是模糊的，规范性较弱；而法律是通过专门的机构和人员按明确的程序与形式进行的，社会成员在法律面前很难有选择的余地，个人的主观意愿不会从根本上影响法律的效力。环境法律亦是依国家强制力保障实施的。

5. 调整时间不同

环境道德对人们社会行为的调整是一种事前调整，其无须外部强制，人们能按自己的道德标准去处理现实生活中的各种社会关系，具有一定的积极性；而环境法律调整则带有一定的消极性，是一种事后调节，其通过对已经触犯法律的行为采取惩治方式来调整人们的行为，是在违法行为发生之后进行的。

6. 表现形式不同

环境法律是经过严格程序制定的法律规范，是一个结构严谨、逻辑清晰的完整的法律体系。相反，环境道德由于其自然演进的本质属性而不具有这种特征，它广泛来源于各个不同的国家、地区、民族、群体，从而形成了不同的道德规范体系，具有分散性。

第五节 理想国

伦理是客观存在的，体现事物条理的客观必然性，是事物内在的规律。道德是主体对伦理的正确反映，即主体的德性和德行。法是体现经济社会发展规律的、人们心中对于公平正义的期许和追求，是对伦理价值和道德规范的反映。伦理、道德、法三者具有内在的紧密联系，彼此相互渗透、相互融合、相互转化、相互影响并相互促进。

作为人的行为规范，法应该是伦理价值和道德规范的正确反映。因为伦理包含着整个社会的方方面面，不仅包括对善恶美丑、曲直是非的认知，还包括对合理性、正当性的价值判断，绝不单纯、狭隘。伦理是人们处理相互关系时应遵循的行为准则，是在长期的社会发展中形成的关于人类行为的起码价值标准。法律只有体现、反映一定的伦理价值取向和道德要求，才能获得社会的普遍认同，进而成为在社会生活中真正起作用的实际行为规范。法不是"纯粹"技术、抽象的规范，立法、司法的各个环节都应贯彻伦理、道德规则和精神。法律观念是以伦理价值为重要逻辑起点和归宿的。因而，法的制定不能远离伦理和道德，法的制定应竭力正确反映伦理和道德，使所立之法不远离人性良知——公平与正义，力求符合社会生活的事实、民族历史的传统、人们的心理倾向，保持与社会的同一性，进而维持社会的安定与和谐。否则，法将沦为某些个人私欲的工具，将得不到人们的遵守，更遑论调整和维护良好的社会秩序了。

以立法者而言，所有的立法者都是站在国家的立场上进行道德宣示的，统治者必然通过国家意志的形式来确认社会的公共道德准则，无论是美国的《独立宣言》，还是法国《人权宣言》，抑或是《德国民法典》，都贯彻了"人生而平等""天赋人权""私有财产神圣不可侵犯"等基本道德准则。可以说，社会是一个以伦理作为支撑的聚合系统，而法律在当代世俗社会中是伦理规则、道德规范的基本体现和重要后盾，并以此来弥补作为现代社会集合基础的普遍共同的价值观念的明显缺失。同时，法当然可以反作用于伦理、道德，促使新型伦理观的形成和成就高尚的道德品质。

此外，还需要特别加以强调的是，法还应该符合具有普世价值的公平正义，如此，法律才会是具有理性的法律，也才会是具有良知正义、符合天道、顺应自然的法律，才能使人类社会达到讲信修睦，使人不独亲其亲，不独子其子，使老有所终，壮有所用，幼有所长，鳏寡孤独废疾者皆有所养。

法为公器，秉持正义；大道之行，天下为公。如此，是为理想之国也！

第三章

国际环境立法

全球生态危机促使全球环境意识的形成并使人类深刻认识到了所有地球人是休戚与共的命运共同体！20 世纪 60 年代末，随着科学家发出呼吁，公众越来越强烈地认识到生物圈面临的危险，掀起了前所未有的要求加强环境保护的舆论运动。这说明，环境保护运动从一开始就是全球性和自发性的。此外，它还具有与新的世界观相一致的强烈的哲学内涵，其中包含着对生物圈恶化做出反应的新的个人和社会价值观。这个没有组织的、不依附任何占统治地位的意识形态的思想运动（生态运动），很快便激起了社会的广泛注意，国际社会迅速对此做出了反应。

第一节　当今世界主题

世界无时无刻不在经历深刻且复杂的变化，其变化依循时代的更迭。世界主题不仅表明了一个具体时期内世界变化的主要矛盾和趋势，并且为揭示和解决矛盾提供了具体途径。随着时代的变迁，世界的主题并非一成不变。

一、国际关系的发展

两次世界大战给人类带来了空前的惨祸，人类在痛定思痛后终于提出了"和平与发展"的世界主题，希冀在"和平与发展"这面世界主题的旗帜下重建家园，过上幸福的生活。然而，历史的悲剧总是由人类的无知、激情、狂妄和盲目造成的。伟大与卑贱，高尚与丑恶，善良与残暴，华贵与贫困等这些"人性"中存在的矛盾与复杂的现实令人难以置信地表现在历史中。而今，"人性"的冒险仍在发展并加剧。

惨绝人寰的世界大战的硝烟尚未完全散去，人类便又开始了更加残酷的争斗。1947年3月12日，美国时任总统杜鲁门发表了《总统宣言》，提出"自由主义"与"共产主义"的殊死对立。紧接着，其国务卿于1947年6月5日抛出欧洲复兴计划，在经济上和政治上"把欧洲分裂为两个对立的集团"，导致了战后东西阵营的第一次冷战高潮——1948年第一次柏林危机。为了在军事上完全控制欧洲，1949年4月4日，以美国为首的北大西洋公约组织（NATO）成立，标志着美国以欧洲为重点的全球战略部署初步完成。1949年10月1日，社会主义中国建立，东阵营力量骤然扩大，令美国无比震惊，遂于1949年11月成立了对社会主义国家实行封锁禁运的巴黎统筹委员会，意在扼杀"共产主义"，独霸世界。

面对以美国为首的西阵营的上述举措，以苏联为首的东阵营作出了强烈的反应。1947年，欧洲共产党工人党情报局建立；1949年1月8日，经济互助委员会成立，迈出建立东阵营的重要一步；1950年《中苏友好同盟互助条约》签订；1955年5月14日，华沙条约组织正式建立，确立了华沙条约体系，标志着以苏联为首的社会主义阵营最终形成。至此，形成了以美苏为首的既是政治集团，又是军事集团和经济集团的两大阵营，战后两极对垒的"冷战"体制最终形成。

战后东西对垒的核心依然是"力"（Power）的较量，其特征是展开以核武器为代表的军备竞赛，这种以"核"为核的军备竞赛基本上是以"恐怖的均衡"[1]之架势拉开的。毋庸置疑，"恐怖的均衡"在促使核技术以及兵器技术进一步开发以不断增强自身攻击、报复能力的同时，也加速了现代科技的发展。其结果是两大阵营相互不断地投入大量的人力、物力资源，陷入了一种难于自拔的恶性循环之中。苏美两国都试图以顽固的办法来维持和平，即双方互相威胁，结果注定是使恐惧心理无限增长。[2]在这个恶性竞争持续的半个多世纪，在这个不断吞噬能源、资源的半个多世纪，世界究竟发生了什么变化？作为万物之灵的"人"是否感悟到了什么？天降酸雨、江河泛滥、

---

〔1〕　[日]川田侃：『国際関係の政治経済学』，日本放送出版協会1990年版，第109页。

〔2〕　[德]狄特富尔特等编：《人与自然》，周美琪译，生活·读书·新知三联书店1993年版，第11页。

气温升高、土地沙化、物种锐减、病魔肆虐……这些"达摩克利斯之剑"式的威胁——生态危机——的警报在 20 世纪 70 年代终于拉响。人们逐步认识到：技术–工业的发展造成了多方面的破坏和污染。今天，死神正在被温室效应不断加热的大气中游荡。因此，一种新的死亡形式闯进了人类所属的生命范围。[1] 长此以往，作为"人"的我们是否还能久居故园——地球？有让我们能够得以迁居的星球吗？如果没有，我们应该怎么做？做什么？今天，不堪重负的地球已经向我们提出了一个极其迫切的关键性问题：我们能否走出"恐怖的均衡"？走出这种恶性循环？能否善待地球？约束自己？面对这一切，迫在眉睫的是，我们应该清醒地认识这个世界，尤其是现在的世界。

二、世界主题的历史演变

15 世纪到 17 世纪，随着哥伦布发现新大陆，世界正式拉开大航海时代的序幕，这一时代也被称为地理大发现时代。从那时起，人类社会又一次经历了重大的变化。大航海时代的远洋活动极大地推进了世界各大洲之间的联系，随之形成了众多的海运航线。由于新航路的开辟，东西方之间产生了大量的文化交流与贸易往来。欧洲在这个时期迅速发展并以此奠定了超越亚洲的基础。在自由贸易盛行的同时，人类近代史上以少量财物换取土著居民大量金银财富的欺诈交易、入侵与瓜分亚、非、拉三洲的殖民主义以及殷殷鲜血、累累白骨的黑奴贸易等恶行可谓罄竹难书。所以，大航海时代的世界主题可以说是"发现"与"掠夺"。

由于大航海时代欧洲诸国对新航线途经的亚、非、拉国家进行了掠夺并在国内进行资本原始积累，种种恶行导致了三类矛盾在当时不断加剧：第一类是西方列强各自为政，只顾自身利益而导致的列强之间瓜分世界的矛盾；第二类是西方列强掠夺式的殖民主义导致的列强与全世界被压迫民族的矛盾；第三类是全世界各个国家内部统治阶级和被压迫者之间的矛盾。两次世界大战以及世界各国国内的解放斗争都宣告了在 20 世纪很长一段时间内"战争"与"革命"是世界的主题。

不同时代的世界主题反映的是不同时期的世界矛盾以及解决矛盾的不同

---

〔1〕 ［法］埃德加·莫林、安娜·布里吉特·凯恩：《地球祖国》，马胜利译，生活·读书·新知三联书店 1997 年版，第 18 页。

方法。从大航海时代到战争与革命再到冷战时期，随着时代的变化，世界主题也发生了巨大的变化，即从发现和认识世界到掠夺和瓜分世界再到战后重新构筑国际秩序。

第二次世界大战结束后，随着雅尔塔会议的召开，1945 年～1991 年间的国际政治格局被称为"雅尔塔体系"。1946 年 3 月 5 日，英国前首相丘吉尔针对苏联以及东欧社会主义国家在美国富尔顿城的威斯敏斯特学院发表了反苏联、反共产主义的"铁幕演说"。"铁幕演说"正式拉开了美苏冷战的序幕。之后，1947 年 3 月 12 日，美国"杜鲁门主义"出台，标志着以美国为主的资本主义阵营（北大西洋公约组织）与以苏联为主的社会主义阵营（华沙条约组织）之间的"冷战"正式开始。当时的美国和苏联同为世界上的"超级大国"，为了争夺世界霸权，两国及其盟国展开了数十年的斗争。在这段时期里，虽然分歧和冲突严重且在局部地区存在由两个超级大国直接或间接参与的战争（如越南战争、阿富汗战争等），但双方都尽力避免世界范围的大规模战争（第三次世界大战）爆发。双方的对抗通常通过局部代理战争、科技和军备竞赛、太空竞赛、外交竞争等"冷"方式进行。虽然不排除有局部动乱，但"和平"与"发展"开始成为世界主题的趋势愈发明显。两次世界大战给人类带来的惨祸，使人们惊醒，在战争的废墟上重建家园的同时我们顿悟：和平与发展——是人之所以为人的最基本的尊严保障！[1]

1989 年的东欧剧变和 1991 年的苏联解体，标志着两极格局的瓦解，美国成了世界上唯一的超级大国，世界格局变成了世界多极化进程中的"一超多强"，即一个超级大国和多个强国或同盟，"冷战"宣告结束。

"冷战"结束，"环境"升温。环境灾难取代了战争成了人类最大的威胁。1992 年，联合国环境与发展大会秘书长斯特朗明确指出："确保全球环境安全是人类历史上所面临的空前绝后的巨大挑战。"[2]可见，严峻的环境危机不仅关系到国际社会的发展还关系到国际社会的安全和稳定。跨界环境损害、

---

〔1〕《联合国宪章》开宗明义："我联合国人民同兹决心，欲免后世再遭今代人类两度身历惨不堪言之战祸，重申基本人权，人格尊严与价值，以及男女与大小各国平等权利之信念，创造适当环境，俾克维持正义，尊重由条约与国际法其他渊源而起之义务，久而弗懈，促成大自由中之社会进步及较善之民生，并为达此目的，力行容恕，彼此以善邻之道，和睦相处，集中力量，以维持国际和平及安全，接受原则，确立方法，以保证非为公共利益，不得使用武力，运用国际机构，以促成全球人民经济及社会之进展，用是发愤立志，务当同心协力，以竟厥功。"

〔2〕参见《中国环境报》（1992 年 9 月 29 日）。

生态破坏和资源争夺必然会导致国际纠纷、冲突。任何人都能一目了然地看到其问题的严重性。"环境与粮食、能源、国防和国家安全是同等重要的大事"已是世人的共识，保护环境与经济发展是不可分的。环境资源制约着人类活动、制约着经济和社会的发展，环境是经济发展的基础，是人类社会健康持续进步的根本保障。环境保护与经济发展乃是载着人类奔向美好生活的马车的两个轮子。牺牲任何一方都是错误的。我们没有必要做出非此即彼的选择。环境保护的目标是保护和改善人类的生存环境，提高人类的生活质量；社会经济发展之目的则是保证充分就业，保证实际收入和有效需求的大幅稳定增长，提高生活水平。二者实际上乃殊途同归。二者对于人类的生存和使人类拥有一个更加美好的未来都是缺一不可的。皮之不存，毛将焉附？连我们赖以生存的环境都没有了还哪来的发展！还凭借什么发展！我们需要和平，需要发展，更需要保护环境。致力环境保护已经成为国际社会的共同利益和共同责任，已经成为国际社会面临的重大任务之一。保护环境同维护和平、为保护人的尊严和基本权利而为全人类创造生存条件同样重要。环境保护与和平、发展一样业已成为当今世界的主题。毋庸置疑，国际环境法就是为了解决环境问题应运而生并不断发展完善的。

第二节　国际环境法的诞生

在新的时代、新的国际关系中，人类的法律必须重新制定，以使人类的活动与自然界的永恒的普遍规律相协调。

一、国际法发展的新领域

一切都在变化、发展中，国际法亦然。

当今，世界科学与技术的发展突飞猛进，给人类社会的发展以巨大的推动，这是令人鼓舞的。世界各国为了确保经济的繁荣与发展、确保社会的安全与稳定，无不致力于对高科技的研究和应用。但与此同时，它也给国际社会带来了不少困扰和危险，给人类社会带来了各种各样的损害。近几年来，国际上连续发生了一系列由现代工业和科技活动引发的灾难性事故。例如：核电厂发生泄漏、爆炸事故，对邻国造成核污染；空间物体失控而坠入他国境内造成人身、财产的损害以及环境的污染；油轮在海上发生事故，造成大面积海域的油污，严重影响海洋生态资源或渔业；跨界水资源的污染以及大面积的工业酸雨等。以上这些事故都涉及国际法的国家责任问题，致使国际法上的国家责任问题越来越复杂。

我们所居住的星球的生态整体并不和政治边界相联系。各国在本国境内进行各种合法活动时会相互影响，其一方面体现了人类通过财富的生产能力得以维持生活水平的需要，另一方面使得人类生活质量的降低，以及其他价值的丧失。不平衡的环境价值状态使得环境破坏、污染的全球协调难以实现，经济不平等、生态系统的破坏，意味着全球价值与个别利益之间形成了难以协调的关系。[1]任何问题的解决都无从着手，只能使破坏性进一步加剧。生态环境的破坏是人类的共同问题，必须具有超越国家政治主体的人类共同体意识。

在今天这个高度信息化时代，资金、信息、污染、大众文化、物资、人员的资源和危机的重要性不断增大，并向全球社会扩散，左右着绝大多数人们的生活和政治。新发生的许多问题具有超国界的特性，是仅仅依靠国家所难以应付的。为了改善这种状态，非政府组织、市民团体、大众运动不断出现，人们期待着具有这种职能的国际机构的出现。在价值分配决定的过程中，非政府组织、市民集体、国际机构、国家主体间正在出现权力的转移。

参加全球价值分配决定过程的多种多样的非国家主体、超国家主体、大众运动、社会运动的常态化，使得全球价值分配决定过程不仅复杂、不明确，而且各个层面都具有全球性，它们之间并不是孤立的，而是彼此互动的。军事安全价值与经济价值、政治价值、社会文化价值、生态环境价值都是彼此联结的。由此，经济安全、政治安全、社会文化安全、生态环境安全使安全问题呈现多元化，具有广泛的意义。从国家安全到国际安全、人类安全、综合安全，其内容已经超出了国家范畴。

在全球化条件下，价值间的相互依存关系扩大，一国的价值、问题与其他国家的价值、问题相互联结。在全球价值的范围扩大的同时，价值内容的多元化、复杂化，既有与以往国际体系类似的课题，也有全新的课题。不仅有军事问题，而且还有经济发展、环境破坏、人口·粮食·资源与能源、基

---

〔1〕 参见［日］星野昭吉、刘小林主编：《冷战后国际关系理论的变化与发展》，北京师范大学出版社1999年版，第64、65页。

本权利、难民·移民、艾滋病与毒品等对人类来说必须予以解决的全球规模问题。

环境是影响人类生存和发展的各种自然因素和社会因素的总和。当今，环境的严重污染所造成的危害已影响到了人类的政治、科技、经济生活等各个方面，已从不同角度要求加快制定有关跨界损害责任制度的规则。鉴于此，视环境污染为一种无国界限制的国际性犯罪已是一种趋势。〔1〕环境保护已成为当今国际社会面临的重大任务之一。可以说，国际组织或国际法就是为了解决环境问题而不断发展、完善的。〔2〕环境保护与和平、发展一样已经成为当今世界的主题。

起因于现代科学技术的发展和自然资源的开发和利用的活动，显然对环境造成了严重的跨界损害。这类具有潜在危险性的活动目前虽然并不是国际法所明文禁止的，但其提出的却是一个新的法律概念或法律原则。其看起来十分抽象而且复杂，但在国家关系中却变得越来越突出，在国际活动中可能被援引来支持或反对一个国家的某一行为。实际上，其与当今国际交往有着密切的关系。就中国的情况而言，中国的航天事业无疑已经有了很大的发展，是世界上少数几个具有空间能力的国家。中国的卫星发射技术已经进入了国际市场，有时需要进行穿越别国领土或公海的运载工具试验。这些活动一旦失误，就有可能对别国人员和财产造成损害，从而产生国家责任。虽然中国加入了《关于各国探索和利用包括月球和其它天体在内外层空间活动的原则条约》《营救宇宙航行员、送回宇宙航行员和归还发射到外层空间的实体的协定》《空间实体所造成损害的国际责任公约》《关于登记射入外层空间物体的

---

〔1〕　违背国际义务的行为从其表现形式上可以分为作为和不作为；从其违背的国际义务的性质而言，则可以分为一般的国际不法行为和国际罪行。根据《国家责任条款草案》第19条的规定，依据现行国际法规则，一国违背下述国际义务的行为构成国际罪行：①严重违背对维护国际和平与安全具有根本重要性的国际义务，例如，禁止侵略的义务；②严重违背对维护各国人民的自决权利具有根本重要性的国际义务，例如，禁止以武力建立或维持殖民统治的义务；③大规模地严重违背对保护人类具有根本重要性的国际义务，例如，禁止奴隶制度、灭绝种族和种族隔离的义务；④严重违背对维护和保全人类环境具有根本重要性的国际义务，例如，禁止大规模污染大气层或海洋的义务。也就是说，违背国际社会根本利益至关重要的国际义务，以致整个国际社会公认违背该项义务是一种罪行的行为，即"危害国际社会整体利益的、违反公认的国际法规范、根据法律应该受到刑事惩罚的犯罪行为或严重违法行为"为国际罪行。参见高燕平：《国际刑事法院》，世界知识出版社1999年版，第368页。

〔2〕　〔日〕原彬久编：『国際関係学講義』，有斐閣1996年版，第167、168页。

公约》《核事故或辐射紧急情况援助公约》《及早通报核事故公约》等国际责任公约，但公约制度并不足以适用于所有可能发生的情况，有的国家也可能并未参加公约。因此，我们有必要从习惯国际法的角度来研究损害责任问题。例如，1978年，苏联核动力卫星宇宙-954号坠毁，碎片散落在加拿大境内。为此，加拿大向苏联要求赔偿，依据的不仅是两国都参加的外空公约，而且将损害责任作为一般国际法原则加以援引，从而有助于加强其求偿立场。在民用核活动领域，最近几年中国也已起步，包括建设核电站、国际运输核材料以及与外国进行核能方面的合作等。这些活动也可能会涉及由核事故引起的责任问题。苏联切尔诺贝利核电站事故发生后，核活动造成了域外损害的潜在威胁，引起了国际社会的强烈关注。在国际原子能机构的主持下，两项有关核活动的国际公约在很短的时间内便相继完成，即1986年签署于维也纳的《及早通报核事故公约》和《核事故或辐射紧急情况援助公约》，这两个公约中国都参加了。此外，中国邻国众多，在国际河流或共同水域的利用中也可能与有关国家发生纠纷，并产生责任问题。在海洋开发、环境污染等方面，一国的活动给别国造成损害的事例是相当多的，特别是科学技术的发展要利用外空、海底，因而产生的问题也就更多了。

　　所有这些问题都有一个共同的特征，那就是从现行国际法来看，其都是法律所允许的或是未加禁止的，因而被认为是合法的。[1]因此，传统国家责任——以不法行为为基础的国家责任——已不能完全适用于调整当今国际社会所出现的这种法律关系——国际法不加禁止行为所造成的跨界损害的国家责任。[2]

　　违法的存在是以法的存在为前提的。国家责任的意义不仅是对国家的违反其国际义务的不当行为的国际法律责任进行追究，也是使受损害国家的利益得到的合理赔偿。

　　毋庸置疑，高科技活动所导致的跨界损害的严重后果，已经影响到了人类的政治、科技、经济生活等各个方面，正严重威胁着人类的生存。可以说，随着全球环境意识的增强，跨界损害问题已从局部的、区域性的具体法律问题发展了带有普遍性的国际法问题。保护环境同维护和平、为保护人的尊严

〔1〕 周晓林："合法活动造成域外损害的国际责任"，载《中国法学》1988年第5期。
〔2〕 参见林灿铃：《国际法上的跨界损害之国家责任》，华文出版社2000年版，第46~53页。

和基本权利而为全人类创造生存条件同样重要。所以，保护环境、防止跨界损害已经成为国际社会的共同利益和共同责任，如何预防和减少跨界损害、致力环境保护已成为当今国际社会面临的重大任务之一。20 世纪 70 年代以来，跨界损害问题不仅成了国际政治的主要课题更是成了国际法的主要课题。20 世纪 80 年代末，随着"冷战"空气的日益稀薄，跨界环境损害问题显得越来越突出、越来越重要。随着地球环境负荷的不断增大，不论是谁都能一目了然地看到其问题的严重性。为了回应此种趋势，今日的国际法在关于环境保护的权利义务、为防止环境损害发生的预防基准、环境领域的国际合作等方面，都在进行着不懈的努力。正因如此，我们应看到国际法发展的必然趋势，致力于国际环境保护之法律制度的确立，从而进一步丰富和发展环境保护的国际法律制度。

二、国际环境立法肇始

全球生态危机促使全球环境意识的形成并使人类深刻认识到了所有地球人都是休戚与共的命运共同体！20 世纪 60 年代末，随着科学家发出呼吁，公众越来越强烈地认识到生物圈面临的危险，掀起了前所未有的要求加强环境保护的舆论运动。这说明，环境保护运动从一开始就是全球性、自发性的。此外，它还具有与新的世界观相一致的强烈的哲学内涵，其中包含着对生物圈恶化作出反应的新的个人和社会价值观。这个没有组织的不依附任何占统治地位的意识形态的思想运动（生态运动），很快便引起了社会的广泛注意，国际社会迅速对此作出了反应。国际组织的介入标志着"环境新时代"的开始。

（一）联合国人类环境大会

作为一个新的法律部门，国际环境法始于 20 世纪 70 年代。

1968 年 12 月 3 日联合国大会通过 2398-XⅧ号决议，决定召开关于"人类环境"的世界大会。这一决定产生了强烈的影响，尤其是在政府间国际组织中，几乎所有组织都意识到了环境问题的重要性。

1972 年 6 月 5 日至 12 日联合国人类环境大会在斯德哥尔摩召开，共有 6000 名代表参加，其中包括 113 个国家的代表、所有重要国际组织的代表、400 多个非政府国际组织派出的 700 名观察家、以个人名义与会的代表和大约 1500 名记者。这表明，这次大会的宗旨——环境保护——得到了普遍地重视。

大会经过讨论通过了许多重要的文件，尤其是《人类环境宣言》《环境行动计划》等。

1.《人类环境宣言》

《人类环境宣言》（以下简称《宣言》），其包括前言和 26 条原则。前言强调人既是环境的产物，同时也是环境的塑造者；对于人的幸福和充分享受基本权利（包括生命权本身）而言，自然事物和人创造的事物都是必不可少的。保护和改善环境对于人的幸福和发展具有重要的意义。前言承认世界人口的自然增长会不断给环境带来新的问题，但同时也认为，随着社会进步和生产力、科学技术的发展，人类改善自然的能力在日益增强。

《宣言》所宣示的原则则更具体地表达了前言的内容，当然，也反映了出席会议各方的政治考虑。第 1 条原则指出：自由、平等、使人能够有尊严地和舒适地生活的环境质量、满意的生活条件，这些都是人的基本权利。同时，人类也有义务保护和改善环境；反对种族灭绝、种族隔离、种族歧视、殖民主义以及外国的压迫和统治。尽管这些概念结合得并不好，但环境保护与人权的基本联系得以确立。

《宣言》第 2~7 条原则是斯德哥尔摩大会成果的核心。其宣布，地球的自然资源不仅包括石油和矿物，也包括空气、水、动植物以及自然生态系统中的代表性样本，应为今人和后代的利益保护这些资源。人类负有特殊责任保护由野生动植物及其生存环境构成的遗产，应使可再生资源的再生能力受到保护、使不可再生资源不被耗竭。在任何情况下，充分的管理都是必要的。《宣言》要求停止倾倒有毒物质和环境不能吸收的其他物质，国家尤其应防止海洋污染。

《宣言》第 8~20 条原则是关于环境保护的实施，其中有 4 条主要是针对发展中国家的。《宣言》承认，经济和社会的发展对有利于人类生活和工作的环境来说是必不可少的，对欠发展的最佳补救方式是增加资金和技术援助。各国的环境政策应增强穷国进步的潜力而不是削弱它；国际援助应与此一致。基础产品和原材料的价格稳定和利润充分是环境管理中必要的经济因素（第 8~12 条原则和第 17 条原则）。《宣言》强调规划的统一和协调的必要性（第 13~15 条原则）。对于人口问题，《宣言》只是建议采取尊重人权的政策，由有关政府自主决定（第 16 条原则）。《宣言》第 18~20 条原则提到了国际环境政策的手段：国家机构的规划和管理、运用科学技术、交换信息和进行环境教育。

最后一组原则（第 21~26 条）是关于国际合作的，其对国际法的发展具有特殊意义。第 21 条原则今天已被公认为是国际环境法的习惯法规则的基本表述：

> 按照联合国宪章和国际法原则，各国有按自己的环境政策开发自己资源的主权；并且有责任保证在他们管辖或控制之内的活动，不致损害其他国家的或在国家管辖范围以外地区的环境。[1]

此外，《宣言》要求，各国应合作发展有关污染和其他环境损害的责任和赔偿的国际法；应当确定环境领域的标准和规范，但必须考虑各国尤其是发展中国家的主要价值标准。各国应为保护和改善环境进行合作，使国际组织发挥协调、有效和推动性的作用（第 22~25 条原则）。最后一条原则谴责使用核武器和其他大面积杀伤性武器。

2. 《环境行动计划》

斯德哥尔摩人类环境大会的另一重要成果是由 109 个建议组成的《环境行动计划》。其内容可以归纳为三个方面：环境评价、环境管理、支持措施。

环境评价计划被称为"地球瞭望计划"，包括环境分析、研究、监督和信息交换。其中，国际合作具有重要的作用。

环境管理涉及人类设施和自然资源。这方面的内容大致分为：关于有毒和危险物质的倾倒、限制噪音的规范、控制对食品的污染、污染控制措施。其中，海洋环境保护引起了人们的特殊注意，并于 1972 年开始筹备联合国海洋法会议。对于野生生物物种的保护，行动计划也强调要加强国际合作，形式包括缔结条约、政府行动协调、国家立法信息交换，以及在国际范围内制定规划和行动计划。

《环境行动计划》中的支持措施包括对公众进行环境教育和培训环境专家，以及建立环境制度。实际上，一切预期行动都应被纳入国际框架之中。因此，《环境行动计划》预计设立一个负责环境协调工作的中心机构，并建议在联合国专门机构和区域组织之间进行分工。正是根据斯德哥尔摩大会的建

---

〔1〕　参见中国环境报社编译：《迈向 21 世纪——联合国环境与发展大会文献汇编》，中国环境科学出版社 1992 年版，第 159 页。

议，联合国大会通过了决议（2997-XXVII）设立环境领域的专门机构，即联合国环境规划署。

3. 人类环境大会的深远影响

斯德哥尔摩人类环境大会的重大意义在于，它全面分析了当时所有的重大环境问题，将环境保护问题和全面实现这一保护的立法置于全球范围内。这次大会的全球性不仅体现在环境这个概念上，也体现在世界性的机构和政策中。

在机构方面，设立于联合国内部的机构——联合国环境规划署成了这一活动的协调者。在法律发展方面，越来越多的国际环境法律文件被起草和通过，国际环境法成了国际法领域中发展最迅速的一个分支。

斯德哥尔摩大会还产生了重要的国际环境法习惯规则，这些规则包括：国家开发自然资源的主权权利和使其管辖范围内或控制下的活动不对其他国家造成损害的义务；通知其他国家并在需要时与其协商的义务；对于可能对环境造成不利影响的意外情况交换情报与合作；外国人诉诸行政和司法程序的平等权利；等等。

法律必须适应客观现实的挑战。

我们所面临的严酷的现实（如生态系统恶化、酸雨频降、水源污染、森林面积锐减、土地沙漠化、温室效应引起气候的改变、臭氧层空洞等环境危机）表明，不采取有效措施保护环境无异于自取毁灭。前述关于环境保护的世界性国际会议、国际组织（政府间的和非政府间的）和积极投身于这一前所未有的保护自己及后代家园的自发性的全球环境运动的个人，都非常明确地认识到：人类赖以生存的水、空气是没有国界的，保护臭氧层、稳定气候和保护生物多样性等全球性环境问题唯有通过国际合作、一起遵守共同的规则才能得以解决。保护环境已经成为国际立法的必然趋势和首要任务。

数量众多的国际环境组织、身处环境危机中已经醒悟的个人、高涨的环境保护意识、风起云涌的环境保护浪潮、为新时代提供法律基础的国际司法实践以及刻不容缓的生存危机等，集中体现于具有划时代意义的人类盛会——斯德哥尔摩人类环境大会。其成就了一个因应现实的新的法律部门——经过阵痛的国际环境法。

源于斯德哥尔摩环境大会的思想和方法成了以后国际环境法发展的主要特征，1972 年斯德哥尔摩人类环境大会是国际环境保护运动发展史上的里程碑，是制定国际环境法基本规则的首次尝试，是国际环境法诞生的标志。

（二）国际环境法的定义

环境问题自古有之，有些国内法早就有关于保护环境的规则。中国古籍《逸周书·大聚解》云："春三月，山林不登斧，以成草木之长。夏三月，川泽不入网罟，以成鱼鳖之长。"又《礼记·月令》载："孟春之月……命祀山林川泽，牺牲毋用牝；禁止伐木；毋覆巢，毋杀孩虫、胎夭、飞鸟……"西方国家的环境立法可以追溯到 19 世纪中叶至 1863 年英国颁布了第一个《污染控制法》，以控制制碱厂的酸雾和燃煤锅炉排放的烟尘。国际上，早在 19 世纪的一些条约中，就已经存在保护自然的规范了。基于 19 世纪末 20 世纪初开始出现于有关环境保护的国际条约之中，如 1891 年英美之间的《白令海海豹保护条约》，但内容都很单一、零散而不成体系。

第二次世界大战后，国际上制定了一系列保护环境的公约。这一时期，国际社会对环境问题的复杂性和严重性虽然也尚无全面的了解和清醒的认识，对环境的保护也仍局限在较窄的范围内，没有形成对国际环境保护具有指导意义的一般原则，但有关环境保护的条约法的内容已为"国际环境法"奠定了基础。

随着工业化和城市化的加速发展、科学技术的进步，人类社会的生产活动发展对环境的影响大规模地超出了国界，影响到了他国或不在国家管辖之下的地区。尤其是现代高科技的高速发展和人类社会的生产活动达到了空前的全球化规模，加之世界人口的膨胀，都使得环境污染成了全球问题。此外，核武器的发明、宇宙空间的探索表明人类有改变地球环境的能力；大规模环境灾难的发生，使人们普遍认识到人类环境有不断遭到灾难性祸害的危险。人们开始深刻地认识到：长此以往，大自然将在不久的将来衰亡乃至崩溃，从而失去供养人类的能力；"伟大"的人类将无立足之地、藏身之所；环境问题已经成为危及整个人类生存与发展的全球性根本问题。为了保护人类赖以生存的环境，为了拯救我们自己，全世界的人们必须联合起来采取共同行动，进行广泛的合作，制订规章制度，规范环境行为。为适应这种生产的全球化和在世界范围保护环境的需要，国际环境法得以产生并迅速发展。

从国际环境法的产生发展过程中，我们可以明显地看到生产力发展水平不一样、自然资源和环境条件不一样、经济基础存在差异的各国共存于唯一的地球这一事实。这一事实决定了各国之间的相互依赖性，要求各国在关于经济发展和人类生存的基本物质条件的问题上取得一致。各国由此而有了协调其利益和意志的必要性和可能性。《保护臭氧层维也纳公约》及其议定书就是世界各国为保护人类环境而协调意志的一个例子。如果作为人类生存、发展的物质基础的地球环境遭到毁灭性的破坏，那各国的经济就会从根本上动摇甚至崩溃。正如《21世纪议程》所说："各国政府认识到，现在需要有一种新的全球性努力，要将国际经济系统的要素与人类对安全稳定的自然环境的需求联系起来。"[1]

基于国家在国际社会国际关系中的重要地位和活跃表现，有人认为："国际环境法的概念是指调整国家之间在国际环境领域中的行为关系和各种国际环境保护法律规范的总称。国际环境领域主要指国家之间所涉及的一系列环境范畴，它包括全球、区域、多边和双边国家等环境领域。在这一领域中的行为关系指的是在开发利用、保护和改善国际环境中所产生的各种关系。而各种国际环境保护法律规范在这里指的是对各国有约束力的一些原则、规则和规章、制度等，它包括公约、条约、协定和议定书等。所以，对于国际环境法的概念我们也可以这样归纳，其是指调整国家之间在开发利用、保护改善环境以及调整在国际环境保护方面的分歧与合作的过程中所产生的对各国有约束力的原则、规则和规章、制度的总称。"[2]

毋庸置疑，国际环境法是人类社会发展的必然产物，是国际社会因应环境保护需要进行广泛合作的一个新兴的法律部门。其主要是将国际法的一般原则适用于国际环境问题，例如，禁止权利滥用原则、领土完整原则、善邻原则、"使用自己的财产不应损及他人的财产"等，是关于国际环境问题的国际法原则、规则和制度的总和。[3]我们必须明确，国际环境法是国际法主体，主要是国家（但不限于国家）在利用、保护和改善环境而发生的国际交往中形成的，体现它们之间由其社会经济结构决定的在利用、保护和改善环境方面的协调意志的，调整国际环境关系的法律规范的总体。它包括有关的条约和国际习惯。当然，从广义上看，有关的一般法律原则、司法判例、国际法学说和国际组织的宣言、决议也是国际环境法的一部分。

---

〔1〕 国家环境保护局译：《21世纪议程》，中国环境科学出版社1993年版，第2页。

〔2〕 戚道孟编著：《国际环境法概论》，中国环境科学出版社1994年版，第26页。

〔3〕 王铁崖主编：《中华法学大辞典——国际法学卷》，中国检察出版社1996年版，第199页。

　　国际环境法是调整国家及其他国际法主体之间为保护、改善和合理利用环境资源而发生关系的各种有拘束力的原则、规则和制度的综合体系，是在现代政治、经济、文化、科学技术等各种因素错综复杂的变革条件下发展起来的。[1]其表现为法律规范，即有法律约束力的行为规则，是适用于国际社会的法律，由国家作为主要的法律主体，以国家的共同制定或认可作为立法方式，以国家单独的或集体的强制措施作为实施的保障。[2]其调整那些与利用、保护和改善环境有关的国际关系，调整对象是广泛的。凡是与利用、保护和改善环境有关的国际关系，不论它属于国际政治关系、国际经济关系还是属于其他领域的国际关系，都是在国际环境法的调整范围之内。关于此"环境"概念的外延，国际社会迄今并未达成共识。科勒普费尔曾认为，环境包括了"人类的自然生存基础，即地表、空气、水、生态圈及其相互关系与人类的关系"。不过，现在科勒普费尔采用了"创造了人类的环境"这一概念。该概念包括了不同的因素，即环境媒介、环境客体、具体的空间（如海洋环境与太空环境保护）、相互关系（因果关系），以上因素共同构成生态系统，此外，还包括与人类的关系，甚至包括个人的权利。总之，作为国际环境法调整对象的环境概念比自然环境概念的外延要大。不过，国际环境法的许多调整对象（例如对植物与动物的保护）则是直接针对自然环境的。[3]

　　国际环境法对国际环境关系的调整，是通过创立、维持或认可其主体之间在利用、保护和改善环境方面的权利义务关系来实现的。这种调整是以特定的与利用、保护和改善环境有关的法律事实的存在为根据的。如在1941年美加之间的"特雷尔冶炼厂案"中，加拿大的特雷尔冶炼厂排放的富含二氧化硫的浓烟给毗邻的美国造成了损害。国际仲裁庭裁决加拿大应对美国进行赔偿，这就确定了美国的求偿权利和加拿大的赔偿义务。

　　人类释放的二氧化碳等"温室气体"在大气层中的大量增加会导致一种危及生命支持系统的效应——"温室效应"的出现，从而引起全球气候变暖；起泡剂的生产以及使用制冷剂和喷雾剂，会破坏臭氧层，而臭氧的大量损失又会对人类和牲畜的健康以及海洋食物链下部的一些生命形态造成了灾难性

---

　　[1] 马骧聪主编：《国际环境法导论》，社会科学文献出版社1994年版，第1页。

　　[2] 王曦编著：《国际环境法》，法律出版社1998年版，第54页。

　　[3] 参见［德］沃尔夫刚·格拉夫·魏智通主编：《国际法》，吴越、毛晓飞译，法律出版社2002年版，第559、560页。

的影响。所以，各国一致认为需控制和减少人类"温室气体"的排放，于是便制定了《保护臭氧层维也纳公约》（1985 年）、《联合国气候变化框架公约》（1992 年）等国际条约来对各国有关的权利和义务加以调整。

综上所述，国际环境法（international environmental law）是关于国际环境问题的原则、规则和制度的总和，是主要调整国家在国际环境领域的具有法律拘束力的规章制度，是保护环境和自然资源、防治污染和制裁公害的国际法律规范，是建立在"地球一体"[1]概念上的国际法新领域。其终极目标是保护和改善国际生态环境和生活环境，促进国际经济的发展和人类社会的进步，最终建立一个人类可持续生存的社会。

第三节　国际环境法的性质

环境问题是关乎人类整体存亡的共同问题，要求我们的利益观必须着眼于人类命运共同体，而不是某个人、某个小集体、某个国家或地区的利益。国际环境法基于环境伦理以"善"为立法理念，强调仁德为政，抑制不正当诉求，必将大大推动国际新秩序的建立，促进人类的共同发展，是具足人类公益情怀的真正意义的公法。

一、人类共同利益

国际环境法的目的是保护人类的共同利益。什么是人类的共同利益？关于这个问题，有许许多多见仁见智的观点，亦有各种各样的不同名称。如"一般利益""全体利益""国际公益""人类利益"等。[2]笔者也曾就此做出过如下界定：所谓"整体利益"，并非指各国兼有之利益，而是特指不能够将其分配给哪一个特定国家的、各国之间不可分的"集体的利益"，[3]法国学者亚历山大·基斯教授认为，"共同利益"首先是人类的生存，也是组成生

---

〔1〕　参见［美］芭芭拉·沃德、勒内·杜博斯：《只有一个地球——对一个小小行星的关怀和维护》，《国外公害丛书》编委会译校，吉林人民出版社 1997 年版，第 3~38 页。

〔2〕　［日］山本草二：「国際行政法の存在基礎」，载 1969 年『日本国際法外交雑誌』第 67 券第五号；［日］杉原高嶺：「一般利益に基ついて国家の訴訟権」，载 1975 年『日本国際法外交雑誌』第 74 券第 3、4 号。

〔3〕　林灿铃："国际社会的整体利益与国际犯罪"，载《河北法学》1999 年第 1 期。

物圈的个人和民族可以在尊严和自由中过一种物质上满足的生活。[1]这里的"人类"，包括"今世"和"后世"。"后世"也就是我们的子孙后代，子孙后代的生存条件不应比今世从前人那里继承的条件差。众所周知，环境与资源是不能无限再生的资本，一旦用尽耗绝，未来的世代便难以生存。因此，我们必须倡导"代际公平"。从《人类环境宣言》第 2 条原则、[2]《保护世界文化和自然遗产公约》第 4 条[3]开始，到《里约环境与发展宣言》第 3 条原则[4]和《约翰内斯堡可持续发展宣言》第 6 条，[5]后代权利已经越来越明确地被规定在国际法律文件中。

1968 年 9 月 15 日通过的《养护自然和自然资源非洲公约》在宗旨中强调：从经济、营养、教育、文化和美学的观点出发，为了当今和未来人类的幸福，鼓励个别和共同行动，以养护、利用和发展土壤、水、动植物。

1979 年 6 月 23 日《保护迁徙野生动物物种公约》前言主张：各种野生动物都是地球自然系统不可替代的组成部分，应为人类的利益而受到保护。每一代人都为后代掌管着地球的资源，负有保护和谨慎使用遗产的使命。

1992 年 5 月 9 日通过的《联合国气候变化框架公约》第 3 条第 1 款规定：各国有义务在平等的基础上，根据共同但有区别的责任和它们各自的能力，为今世、后代的利益保护气候系统。

使"地球的生态系是封闭式的世界而非开放式的宇宙"这一观念深入到生产与生活的所有领域的文化精神的缔造之中乃是人类义不容辞的责任。为此，我们必须强调"持续生存原则"。持续生存是指人类在自然中持久地、更

---

〔1〕[法] 亚历山大·基斯：《国际环境法》，张若思编译，法律出版社 2000 年版，第 11 页。

〔2〕《人类环境宣言》第 2 条原则："为了这一代和将来的世世代代的利益，地球上的自然资源，其中包括空气、水、土地、植物和动物，特别是自然生态类中具有代表性的标本，必须通过周密计划或适当管理加以保护。"

〔3〕《保护世界文化和自然遗产公约》第 4 条："本公约缔约国均承认，保证第 1 条和第 2 条中提及的、本国领土内的文化和自然遗产的确定、保护、保存、展出和遗传后代，主要是有关国家的责任。该国将为此目的竭尽全力，最大限度地利用本国资源，必要时利用所能获得的国际援助和合作，特别是财政、艺术、科学及技术方面的援助和合作。"

〔4〕《里约环境与发展宣言》第 3 条原则："为了公平地满足今世后代在发展与环境方面的需要，求取发展的权利必须实现。"

〔5〕《约翰内斯堡可持续发展宣言》第 6 条："我们在人类的摇篮非洲大陆宣布，我们通过《可持续发展问题世界首脑会议执行计划》和本《宣言》，彼此承担责任，并对更大的人生大家庭以及子孙后代负有责任。"

好地生存。[1]所以，我们必须深刻认识到环境保护不仅关系到我们自己——"今世"，而且关系到我们的子孙——"后世"的"共同利益"。

20世纪60年代末，即国际环境法诞生前夕，人类历史开始出现"人类共同遗产"的概念。

1967年8月17日，马耳他常驻联合国代表阿维德·帕多向第22届联大提交了著名的"帕多提案"，建议把国家管辖范围以外的海床洋底及其资源宣布为"人类的共同继承财产"。"帕多提案"是海底开发制度历史上的一个关键性事件，它吹响了建立国际海底制度的号角。自此，联合国开始着手研究和制定和平利用海床洋底的法律原则和规范，并于1968年成立了联合国海底委员会。

"人类共同继承财产"的原则得到了世界各国的普遍赞同。联大于1970年12月17日以108票对0票和14票弃权通过了《关于各国管辖范围以外海洋底床与下层土壤之原则宣言》，庄严宣布了一系列有关国际海底的原则。明确了国际海底及其资源为"全人类共同继承财产"的法律地位，为建立国际海底制度奠定了法律基础。

1982年，《联合国海洋法公约》进一步使原则宣言的规定更加条文化和具体化。该公约第136条和第137条规定："区域"及其资源是人类的共同继承财产，一切权利属于全人类，由管理局代表全人类行使，任何国家或自然人或法人都不得对"区域"及其资源主张或行使主权或主权权利，并且除依照公约的规定外不应对"区域"的矿物主张权利。简言之，"区域"已视置于即将建立的国际海底管理局的专属管辖下，任何在公约规定以外开发"区域"内资源的行为都是不被准许的。

《联合国海洋法公约》将"人类共同继承财产"作为条约上的定义固定了下来，使其成了一项正式意义上的国际法。

"人类共同继承财产"是国际法上的一个崭新原则，有其确定的法律内容。这一原则首先排除了个别国家对海底的主权要求，肯定了海底及其资源是人类的共同继承财产，因此理所当然地在国际法上属于所有国家的共同主权。概括起来，"人类共同继承财产"原则有三大特征：

第一，共同共有。国际海底区域及其资源是人类共同继承的财产，属于

---

[1] 裴广川、林灿铃、陆显禄主编：《环境伦理学》，高等教育出版社2002年版，第56~58页。

世界各国人民所共有，代表这些人民的所有国家都是共同财产的共同共有人。在法律上，共同共有人对共同财产享有平等权利，但这种权利是不可独立支配的。

第二，共同管理。"区域"及其资源为世界各国人民所共有，也应当由世界各国共同管理。共同管理的形式就是建立国际海底管理局，各国通过该局共同参加海底区域及其资源的管理。管理局根据国际社会全体成员的授权控制"区域"内的活动，管理"区域"内的资源。"'区域'内资源的一切权利属于全人类，由管理局代表全人类行使。"只有通过共同管理，才能赋予共同财产以充分意义。

第三，共同分享。"区域"及其资源既然是人类的共同继承财产，那么来自共同财产的一切收益，当然应为全人类也即由所有国家共同分享。《联合国海洋法公约》规定：在无歧视的基础上公平分享从"区域"内活动取得的财政及其他经济利益。共同分享不是平均分享，而是要优先照顾发展中国家的需要。这样才能真正达到"公平分享"的目的。

"人类共同继承财产"原则所包含的三个基本特征是互相联系的。共同分享是共同财产的目的，共同管理是共同分享的措施，而共同共有则是共同管理和共同分享的基础。

此外，"人类共同继承财产"概念还被适用于月球和天体。事实上，在人类共同利益在法律上被具体表述为人类共同遗产之前，它已经以普通的语言存在于南极制度、无线电频谱制度和同步卫星轨道制度之中。这些制度都规定了不强占、保护资源、合理利用的义务。国家自主决定遵守这些义务，实际上这些规则一般不会给缔约国带来直接好处，国家也并不是为了自己获得任何直接的好处。其目的是为了保护由野生动植物物种、海洋、空气、土壤、风景等构成的人类生存环境，是为人类共同利益这个更长期的目标服务：即为维持和平、防止可能造成危险的国际紧张局势，尊重和保障所有人的尊严、基本权利和自由，制止对自然资源进行自私的、破坏性的过度开发。这些公约明确体现着人类的共同利益。而且，在许多旨在保护环境特定内容的条约中，人类共同利益也被列入了条约的目标之中。

1972年11月23日联合国教科文组织《保护世界文化和自然遗产公约》声明：任何文化和自然遗产的坏变或丢失都有使全世界遗产枯竭的有害影响。1992年6月5日《生物多样性公约》在前言中指出：生物多样性的保护是全人类的共同关切事项。

由此可见，国际环境法通过调整国家之间在开发利用、保护和改善环境的过程中所产生的各种国际关系，来达到防止和解决国际环境问题的目的。国际环境法规定了各国在开发利用资源、保护和改善国际环境中享有的各种权利和应尽的义务，其通过协调两国之间或多国之间以至全球环境保护方面的行动，加强国际合作，以解决业已存在的问题。

总之，国际环境法的目的就是保护和改善国际生态环境和生活环境。[1]前者包括最大限度地减少不可更新资源的消耗、保护地球的生命力和多样性等；后者包括改善人类生活质量，保护人类的健康，促进国际经济的发展和人类社会的进步，从环境保护的角度讲，最终建立一个人类可持续生存的社会。

显然，国际环境法是为人类共同利益而制定的规则。国际环境法对环境的保护是法律规则而不是通过道德规范来实现的，前述论证阐明了国际环境法的性质，使人们认识到保护生物圈乃是人类的共同利益。正如《环境伦理学》一书所阐述的："环境伦理关注的对象虽然直接的是其他生物的生存和生态系统的完整，它直接强调的也是人对其他生物和生态系统完整的态度和责任，但从根本上说，它所关注的实际上是人类持久生存下去的生态要求，或者说是人类持久生存所必需的且存在于生态系统中的'公共利益'。人类之所以应当将道德关怀扩展到其他生物和整个生态系统，根本在于人类生存有这种生态学意义上的客观要求。人类尊重其他生物的存在，维护生态系统的完整，实际上就是尊重自身的存在，关注自身存在的利益、幸福和命运。总之，环境伦理原则的确立，应以生态科学揭示的人类自然生态系统中的'公共利益'作为其现实基础和客观依据，我们只有承认了生态规律的真理性和不可抗拒性，才能发现生态系统的稳定平衡对人类生存利益的价值性，进而做出人类应当保护自然生态的道德选择。因此，人类整体的长远的生存利益才是人类保护自然道德行为（应该）的最终根据。我们应按照有利于人类在自然界持久生存下去且更好地生活的要求来确立人对自然的实践行为的评价标准系统，为人类改造、利用、占有自然确定正当的范围、合理的途径方式并承

---

[1] 戚道孟编著：《国际环境法概论》，中国环境科学出版社 1994 年版，第 44 页。

担起优化自然生态系统或环境的道德义务。"〔1〕在这里，最后的一句应扩展为："我们应按照有利于人类在自然界持久生存下去且更好地生活的要求来确立人对自然的实践行为的评价标准系统，为人类改造、利用、占有自然确定正当的范围、合理的途径方式并承担起优化自然生态系统或环境的道德义务和法律责任。"

二、善念

环境是我们生存与生活的必需，发展是为了使我们生活的更加美好。国际环境法是人类文明发展的客观反映，是调整人类环境行为的法律规范，其立法理念反映和揭示了可持续发展所需要的法律关系。

国际环境问题具有全方位、立体式、整体问题与局部问题交叉、既有当前困境又有滞后效应等特点，而各国在政治、经济、科技、历史、文化、法制等方面存在巨大差异，导致相互间存在诸多利益冲突，这些利益冲突又实实在在地妨碍着各国在国际环境领域中的协调行动。诚如，发展中国家由于科技、社会条件的落后与经济发展不足普遍存在赤贫现象。贫穷使环境质量退化，而环境质量的退化又加剧贫穷，形成恶性循环。这不仅影响着发展中国家本身的安全、稳定和发展，也影响着国际社会的安全、稳定和持续发展。所以，解决环境问题必须和解决贫困问题联系起来，必须优先考虑发展中国家的特殊情况和需要，这是由国际社会的现实和保护环境的要求所决定的。1992 年《里约环境与发展宣言》具体体现了这一原则。〔2〕联合国环境规划署前执行主任托尔巴博士在 1991 年 8 月 12 日至 14 日的"发展中国家与国际环境法北京研讨会"上就此发表意见认为："国际环境法需要建立保证发展中国家得到额外财政援助的机制。国际环境法将继续发展成为国际社会急需的全面的法律文件的保证就在于我们要预料到新的环境问题并预防这些问题的发生并纠正业已存在的损害。"许多重要的国际环境协定对此都有特别强调。如《联合国气候变化框架公约》规定："应当充分考虑到发展中国家缔约方尤其是特别易受气候变化不利影响的那些发展中国家缔约方的具体需要和特殊情

---

〔1〕　参见裴广川、林灿铃、陆显禄主编：《环境伦理学》，高等教育出版社 2002 年版，第 52 页。

〔2〕　1992 年 6 月《里约环境与发展宣言》第 6 条原则："发展中国家、特别是最不发达国家和在环境方面最易受伤害的发展中国家的特殊情况和需要应受到优先考虑。环境与发展领域的国际行动也应当着眼于所有国家的利益和需要。"

况。"〔1〕《生物多样性公约》规定，进一步承认有必要订立特别的条款，以满足发展中国家的需要，包括提供新的和额外的资金和适当取得有关的技术。〔2〕1992 年 8 月 20 日生效的《关于消耗臭氧层物质的蒙特利尔议定书》在前言中指出："决心采取公平地控制消耗臭氧层物质全球排放总量的预防措施，……并铭记发展中国家的发展需要。"再者，随着环境污染、生态破坏和资源短缺等环境问题日益尖锐，国际环境争端时有发生，并有增多之势。其中包括越境环境污染争端、因输出污染危害引起的争端和资源利用争端等等。和平解决这些争端，不仅关系到各相关国家的切身利益，而且关系到全球的环境保护事业和国际安全、稳定与和平。为此，《里约环境与发展宣言》第 26 条原则明确规定："各国应和平地按照《联合国宪章》采取适当方法解决其一切的环境争端。"《保护臭氧层维也纳公约》规定各缔约国应通过谈判等和平方式解决可能发生的争端。〔3〕《核事故或辐射紧急情况援助公约》《及早通报核事故公约》《控制危险废物越境转移及其处置巴塞尔公约》等都规定了必须和平解决争端。《联合国气候变化框架公约》和《生物多样性公约》不仅规定了和平解决争端的一般义务，而且规定了相应的方法和机制。面对利益博弈纷纭复杂的国际争端，欲贯彻落实"和平解决国际环境争端"这一基本原则，非秉"善"之法难以达成。

于阶级社会而言，法律是统治阶级意志的体现，阶级社会中的一切法律也只能是统治阶级意志的体现。统治阶级通过掌握国家政权这一政治优势，不仅有必要而且有可能使本阶级的意志体现于法律之中，使法律成为贯彻和实现其意志的强有力的手段。国际社会不存在所谓的统治阶级，我们不承认（事实上也不可能）存在所谓的"世界政府"或"超国家组织"。因而，国际法只能是国家间的协议、是国家的"共同同意"。通过调整其主体之间在开发利用、保护和改善环境的过程中所产生的各种国际环境关系来达到规范人类

---

〔1〕 参见 1992 年 6 月《联合国气候变化框架公约》第 3 条原则。

〔2〕 参见 1992 年 6 月《生物多样性公约》"序言"。

〔3〕《保护臭氧层维也纳公约》第 11 条 "争端的解决"：第 1 款：万一缔约国之间在本公约的解释或适用方面发生争端时，有关的缔约国应以谈判方式谋求解决。第 2 款：如果有关的缔约国无法以谈判方式达成协议，它们可以联合寻求第三方进行斡旋或邀请第三方出面调停。第 3 款：在批准、接受、核可或加入本公约或其后任何时候，缔约国或区域经济一体化组织可书面向保存国声明，就未根据上述第 1 或第 2 款解决的争端来说，它接受下列一种或两种争端解决办法为强制性办法：(a) 根据缔约国会议首届会议通过的程序进行仲裁；(b) 将争端提交国际法院。

环境行为和解决国际环境问题，以保证国际环境合作取得成功，并以保障人类生存权和保护人类健康持续发展为目的的国际环境法尤其如此。以往，不论是国内国际也不论是东西阵营还是南北集团，总是以斗争为纲，结果"不是你死就是我活"抑或两败俱伤、同归于尽。人类现在终于明白过来："生存环境的毁坏，不是你死我活，而是谁也别活，你我都不能活。"于是，国际社会开始强调由斗争走向合作，但是在合作中却又怀私己之心，总是想方设法多攫取一些私利，结果又是合作与斗争并举，事实上又退回到了你争我夺的境地。迨至濒临生存危机始觉不得不正视、不得不进行"各国意志的协调"，这就是于国际环境法中所表现出来的诸如"禁止转移污染和损害环境""顾及发展中国家特殊需要""候鸟、湿地、生物多样性保护""特殊种群的捕杀、核试验的禁止""强调和平解决国际环境争端"和"共同责任原则"等蕴存"善"的规则。可见，作为国际法新领域的国际环境法，不仅深刻认识还于其构建中一秉善意，体现与彰显了世界主题之重大意义。但于国际环境法实施之中，由于依然存在过多的利己私念而致使国际环境法每每陷于私己泥淖而裹足难行。究其根源，盖因不知"人与自然之内在关系"，不谙"环境问题之实质"，不晓"环境保护无国界"，不明"当今世界之主题"，不行"可持续发展之道"。凡此种种，不仅是不知、不明、不谙国际环境法之真谛所致，更是不"善"，缺少"善"意所致。因而，我们必须以"超越种族和地域以人类共同利益为价值尺度"为原则指导立法活动，建立友善的全球伙伴关系，最终改善全球生态环境和生活环境，促进经济发展和社会进步，建立一个人类可持续生存的和谐社会，保障人之所以为人的基本尊严。

法律规范是通过立法理念起作用的。理念是灵魂！因此，笔者要加以特别强调的是：只有以"善"为立法理念并"一秉善意"，才可能洞察比感观世界更加丰富、更加深刻的法律本质，在更高的层次上提升法律价值，构筑法律精神，为人类行动提供指南。只有以"善"为念的立法才是真正意义上的良善之法。唯以"善"为念，才能使国际环境立法和国际环境法的实施得以顺利推进。

孔子曰："断一树，杀一兽，不以其时，非孝也。"孟子云："不违农时，谷不可胜食也；数罟不入洿池，鱼鳖不可胜食也；斧斤以时入山林，材木不可胜用也；谷与鱼鳖不可胜食，材木不可胜用，是使民养生丧死无憾也。"打猎者不杀幼仔和孕兽，打鱼者不用密网，伐木者不采稚苗。可见"善"的社会性及作用于社会的意义。"善"在社会中产生互动，便是和谐社会！

善念产生善行。存善念、吐善言、施善行。以"善"为立法理念，善待自然、善待他人、一秉善意以遵行所担负之环境义务。如是，天下之公器——"国际环境法"立矣。则安生可得，幸福可享。

三、环境保护无国界

一个地方的环境灾难会不同程度地直接或间接影响到其他地方的环境状况，危及其他国家和人民。大气是流动的、不受国界的限制，在某一个国家排放的空气污染物，可以通过气流传播到其他国家，扩散到很远的地方。如多氯联苯通过大气从工业国的释放源传到了北极，英国等西欧国家排放的硫氧化物飞到北欧构成了酸雨，等等。水是流动的，全球水系是相互联系的整体，一个国家的跨国流域的水污染同样会影响到别的国家。迁徙动物也不受国界的限制，候鸟和洄游鱼类在一年之中会有规律地从此地迁徙到彼地，包括从一国迁徙到另一国。可见，大气、水流、野生物种乃至整个自然环境都不受人为国界的限制，一国境内严重的环境污染，其危害性在很多情况下会波及多个国家乃至影响整个地球的生态系统。

人类是生物圈中的一个组成部分，自然界与人类是同呼吸、共命运的统一体。

地球只有一个，人类只能同舟共济；人类是一个整体，尽管生活在不同的主权国家内，但在环境保护问题上，必须齐心协力。

1972 年罗马俱乐部关于人类困境的报告——《增长的极限》——公开发表；1987 年世界环境与发展委员会以"从一个地球到一个世界"的总观点负责制订"全球的变革日程"；[1] 1992 年初，具有全球影响的世界观察研究所发布了世界环境状态年度报告，用大量数据说明世界环境正在恶化，指出需要开展一场环境革命来拯救人类；联合国环境规划署公布的世界环境状况报告，也以大量资料说明环境问题的严重；等等。所有这些都在警示我们，人类所面临的环境危机已经非常严峻，我们必须充分认识到人类赖以生存的地球是一个整体，是一个总的生态系统，它的各个组成部分是相互联系、相互

---

〔1〕 参见世界环境与发展委员会：《我们共同的未来》，王之佳等译，吉林人民出版社 1997 年版。

影响、相互制约的。因此，从地球自然环境的本身发展规律来说，需要各国共同予以保护。

　　同时，在我们的地球上，不仅存在着两国以上共管的环境资源，而且还存在着属于全人类的环境资源，即"人类共同继承财产"。所谓"人类共同继承财产"，包括"公域环境"。[1]这些领域或资源不属于任何国家所有，而为全人类共有，应为全人类谋福利，为世界各国共同管理和合理利用。《联合国海洋法公约》宣布国家管辖范围以外的海床和洋底及其底土为人类的共同继承财产。《指导各国在月球和其他天体上活动的协定》明确规定："月球及其自然资源均为全体人类的共同财产。"公海、南极虽然未被宣布为人类共同的财产，但它们也不属于任何国家。根据南极条约体系，南极实际上是作为"人类共同继承财产"在一个多边合作的体制下进行管理的，保证其仅用于和平目的，世界各国应共同管理并重视对其环境资源的保护。此外，对于各国主权管辖范围的某些环境组成部分，鉴于对人类具有重要价值，其亦被赋予了"人类共同遗产"或"人类共同财富"的意义，要求在承认国家对其享有主权权利的前提下，通过国际合作对其进行国际保护。例如，作为"人类共同记忆"的世界遗产，根据1972年的《世界自然和文化遗产公约》，国际社会为集体保护具有重大价值的文化遗产和自然遗产建立了一个长久性的有效机制。这些世界遗产仍属世界各国所有并主要由各国自己保护，但整个国际社会有责任根据该公约进行合作，使之受到国际性保护，以便永久保护和为全人类享用。

　　今天，世界经济越来越相互依赖，其任何部分都受到整体的左右。同样，其任何部分出现的动荡和变化也都会影响整体。咖啡市价的下跌会促使哥伦比亚的农民去种植古柯，古柯种植又会促进全球范围的毒品加工交易，以及在世界各大银行的洗钱活动。世界的各个部分与整体世界结合得越来越紧密了，而且整个世界在其各个部分的存在也越来越突出了。对此，不仅民族和国家深有体会，就连个人也认识到了，如今每个人都无时不在接收和利用来自全世界的信息和物质。例如，一个欧洲人早上醒来后会打开他的日本产收音机，以便了解世界上发生的种种事件。当他喝着中国或印度的茶，或是品

―――――――――――

　　[1]　"公域环境"指国家管辖范围以外的区域，包括公海、公空、国家管辖范围以外的海床和洋底及其底土、地球南北两极、外层空间等。

着哥伦比亚或巴西的咖啡时，火山爆发、地震、政变、国际会议等消息会传进他的耳朵。他躺入漂满泡沫的澡盆，在剃须刀抹上散发着异国香味的凉爽液。他穿起用埃及或印度棉花制造的汗衫、内裤和衬衣。他外面穿的是由曼彻斯特和鲁贝-图尔宽加工的澳大利亚羊毛所制作的毛料套服，或是来自中国的皮夹克和美国风格的牛仔裤。他手上戴的是瑞士或日本手表，他的眼镜框是用加拉帕戈斯群岛的玳瑁所制，他的钱夹是用加勒比美洲野猪皮的或非洲蟒皮做的。在冬季的餐桌上，他可以吃到阿根廷或智利的草莓和樱桃、塞内加尔的新鲜扁豆、非洲的鳄梨或菠萝、瓜德罗普岛的甜瓜。他可以喝到马尼克岛的朗姆酒、俄罗斯的伏特加、墨西哥的龙舌烧酒、美国的威士忌和爱尔兰的麦芽酒。他可以在家中欣赏一部由韩国人指挥的德国交响乐，或是在屏幕前观看由中国人拍摄的《篱笆、女人和狗》。虽然住在贫民窟里的非洲人不在这个全球舒适圈内，但他们同样处在"全球环路"之中。他们的日常生活受到本国生产的可可、食糖和原料在世界市场的价格波动的影响。他们被源于西方的世界化进程，尤其是被不断扩大的工业化单一种植逐出了村庄。他们从自给自足的农民变成了谋求挣工资的次等城市居民，他们的需求从此按货币方式出现了。他们也向往舒适。他们使用铝制或塑料餐具、喝啤酒或可口可乐；他们睡在由聚苯乙烯泡沫制成的垫子上；他们穿着按美国式样印制的T恤衫；他们随着混合风格的音乐跳舞，这些音乐把他们的传统节奏用美国的配器法表现出来，从而使他们追忆起由其奴隶先辈带到美洲的音乐节奏。作为世界市场对象的这些非洲人同时也是按西方模式组成的国家的臣民。因此，我们每个人，无论贫富，也不管是福是祸，都不自觉地带着全球的性质。世界化既是明显的，又是潜意识的和无处不在的。

　　人类是一个整体，地球只有一个。我们必须认识到：任何一个人或一个国家都不可能建立起自己的环境防线。环境保护绝不是一个人、一个地区或一个国家就能够做到的，其需要全世界、全球范围的大动员，是整个人类共同的事业，是全人类——不分种族、不分地域、不论信仰、不论贫富——都应该履行，必须履行的义务。人类必须齐心协力，同舟共济，否则，终有一天将彻底灭绝，就如同现在已经灭绝的物种一样。如果真正认识到这一点，那么环境的国际保护就是整个人类的最高的共同利益。面对人类共同的危机，为了人类最高的共同的利益，人类必须采取共同的行动，制定改善环境、保护环境的法律。我们应按照有利于人类在自然界持久生存下去且更好地生活的要求来确立人对自然的实践行为的评价标准系统，为人类改造、利用、占有自然确定正当的范围、合理的途径方式并承担起优化自然生态系统或环境的道德义务和法律责任。

20世纪50年代以来，世界的万花筒每天都在用餐时间把水灾、龙卷风、岩浆或泥石流、饥饿、屠杀、宫廷政变、谋杀、锦标赛等画面送到人们家中。人们不仅以观众的身份看到这个世界的悲剧、屠杀和暴行，同时也介入了别人的生活并为他们的苦难所触动。即使只有闪光灯亮起的一瞬，人类的情感也被激发了起来，纷纷把衣服和钱物捐献给国际救援机构和人道行动组织。地球另一面的人们遭受的灾难会激起瞬间冲动和人类同呼吸、共命运的感觉，这便是同属于地球的感觉。因此便出现了"地球村"概念：地球犹如一个村子，它既是统一的又是存在矛盾的，并经历过种种误解和敌对。

毫无疑问，当今世界，生态环境问题已经超越了国界和意识形态，在"生存"这个最基本的层面上，把人类共同的命运联系在了一起。"生存"还是"毁灭"，这是我们每一个人都必须认真对待的问题。倘若我们打算继续生存下去，那就必须构建一种与自然和谐相处的新的生活方式，并运用道德与法律的力量来维护这种生活方式。

地球人命运共同体的意识是我们所处的这个新千年最具深刻意义的事件：我们与地球息息相关，患难与共。我们必须护理好地球，否则我们便只有死亡。接受地球公民的身份便是接受命运共同体。既然我们发现了自己与自然组成的命运共同体，我们便应担负起对地球的责任。我们必须彻底抛弃征服计划，不再统治地球，而是医治地球的疾病，对地球进行护理和耕作。

四、恕道

子贡问曰："有一言而可以终身行之者乎?"子曰："其'恕'乎! 己所不欲，勿施于人。"[1]子贡请教孔子："人生修养的道理，能不能用一句话来概括?"子贡的意思是："为人处世的道理不要说得那样多，只要有一个重点，终身都可以照此目标去做。有没有这个重点? 如果有那又是什么? 请老师赐教。"孔子回答说："大概是'恕'吧，自己所不想要的任何事物，就不要加给别人。"

"恕"是推己及人、人己统一的情操。有人用拆字法解释"恕"："恕"

---

〔1〕　语出《论语·卫灵公》。

分解开可作"如""心"两字,"如""心"两字一合就是"恕",意思就是和于我的心,并且推己及人。我的心所要的,别人也会要;我所想占的便宜,别人也想占。既然如此,为人立世则应严格要求自身的净化:只要是我自己不要的,便不要再施给别人;我想得到的利益,也应想到别人,分一点利益给别人,或者有时别人对不起自己,也不要去斤斤计较,原谅他一点,这便是"恕"。

孔子十分强调、重视这个"恕",是因为它可以调整人与人之间的关系,使之达于合理。"己所不欲,勿施于人"是人一生都用得着的,上至帝王将相,下至黎民百姓,都可以也应该以"恕道"规范自己。孔子正是从社会需要,从人们的心理基础出发,提出以"恕"为人生修养的着眼点的,可见他提倡的修养非常讲究从实际出发。

孔子"己所不欲,勿施于人"的思想包涵着丰富的内容。例如,对于为政者,孔子反对"居上不宽",要求对下级"赦小过"。孔子提出的"君使臣以礼",便是要为政者使用民力时,应像祭祀天地祖宗那样慎重、虔诚,不要轻率妄为,这些都是对为政者行"恕道"的基本要求。对一般人而言,要求"躬身自厚而薄责于人",即多自责,少责人,以及贵人而贱己、先人而后己等等,都是"恕"的体现。

推己及人,"老吾老以及人之老,幼吾幼以及人之幼"。故而,为确保国际环境立法的实效性,有时必须要打破国别界限,强调人类命运共同体,提倡深度的国际合作,反对发达国家压迫发展中国家、转嫁环境压力。

长期以来有一些国家以邻为壑,利用发展中国家的"发展需求",将在本国难以处理或造成严重环境污染的危险废弃物出口到发展中国家或倾倒于国家管辖范围以外的全球公域,损害自身管辖范围以外的环境,大肆向外转移污染和危害环境的工业、产品和有害废物,并由此在世界各地引发了诸多环境争端。1989年6月19日,拉美社从哈瓦那发出了一则题为《对第三世界发动一次新战争》的报道,指出工业化国家每年在毁掉数百万吨粮食的同时,还将数百万吨的有毒垃圾运往亚洲、非洲和拉丁美洲。这种向发展中国家转移污染和生态破坏的事实不仅损害了发展中国家的利益,而且还危害了公域环境。实际上,地球环境是一体的。为保护自国环境而不惜将危险废弃物所引起的损害转嫁给其他国家或使其破坏公域环境,到头来也难逃与大家一起品尝自身行为所带来的恶果。针对此类行为,诸多国际法律文件都作出了明确规定，1982 年《联合国海洋法公约》第 195 条规定："各国在采取措施防止、减少和控制海洋环境的污染时采取的行动不应直接或间接将损害或危险从一个区域转移到另一个区域，或将一种污染转变成另一种污染。"国际社会于 1989 年 3 月 22 日，在"铭记着危险废物和其他废物的产生、其复杂性和越境转移的增长对人类健康和环境所造成的威胁日趋严重。深信各国应采取必需措施，以保证危险废物和其他废物的管理包括其越境转移和处置符合保护人类健康和环境的目的，不论处置场所位于何处。注意到各国应确保产生者必须符合环境保护的方式在危险废物和其他废物的运输和处置方面履行义务，不论处置场所位于何处。充分确认任何国家享有禁止来自外国的危险废物和其他废物进入其领土或在其领土内处置的主权权利"的前提下通过了《控制危险废物越境转移及其处置巴塞尔公约》。1992 年《里约环境与发展宣言》第 14 项原则规定："各国应有效合作阻碍或防止任何造成环境严重退化或证实有害人类健康的活动和物质迁移或转让到他国。"

我们不能讳言：20 世纪不仅是人类相互搏杀最为惨烈的一百年——两次世界大战所带来的人间惨剧；也是人类对生态环境破坏最为严重的一百年——空气污浊、酸雨频繁、土壤沙化、水源枯竭、温室效应、物种锐减等问题无时无刻不在困扰着人类。显然，科技和经济的高速发展，给人类的生活带来了日新月异的变化，给人类社会带来了巨大的利益，但同时也给人类带来了各种各样的危害和损害，甚而至于精神的空虚和文明的萎缩。有鉴于此，我们须在总结过去经验的基础上痛定思痛，确立起当今世界的三大主题——环境保护、和平与发展！为达成当今的世界主题，人类务必要进行一场伟大的革命——观念革命，走下万物之灵的神坛，褪去人定胜天的狂妄，摈弃藐视一切的心态，正确定位，珍爱生命，善待万物，众生平等，己所不欲，勿施于人，在全球范围内研究、实践以加强环境意识、提高公众修养、促进全球合作，以新的环境观念教化、鞭策每一个人。如此，则暴力不再、世界和平、和谐发展；政治清明，官吏奉公廉洁；世风淳朴，百姓安居乐业；人类才能得以和平共处，永续发展！

"己所不欲，勿施于人"，早已成为处理人与人之间关系的原则之一。而于当今世界，其对于处理纷繁复杂、瞬息万变的国际关系，为实现人类的和平与发展，为达成环境保护的目标与实现世界和平经济的繁荣来说，不失为是一面镜子、一个准则！

五、仁德为政

"不违农时，谷不可胜食也；数罟不入洿池，鱼鳖不可胜食也；斧斤以时入山林，材木不可胜用也；谷与鱼鳖不可胜食，材木不可胜用，是使民养生丧死无憾也……"[1]正如中国古代圣贤孟子所强调的在政治上以"民本位"为基础，要保持人类最根本的生存条件，就必须自我节制，如果在农民耕种收获的季节，不去妨碍生产，那粮食就会吃不尽了。如果细密的渔网不到大的池沼里去捕鱼，那鱼类也会吃不完。如果砍伐树木按一定的时节，木材也会用不尽。粮食和鱼类吃不完，木材用不尽，这样便使百姓对生老病死没有什么不满，亦即强调"人以自然为生存的基础"。如《孔子家语·屈节解》记载，孔子派巫马期去观察宓子治政的情况，巫马期回来后说，那里打鱼的人把打上来的小鱼都放生了，他认为宓子这个人道德是完备的。孔子赞同其观点，可见儒家是以对待小生灵的态度作为评价一个人为政品德的重要方面的。

中国儒家关于国家的管理，特别强调官吏的正直、示范作用和"以德治国"。"为政以德，譬如北辰，居其所而众星共之。"[2]又云："'政者'，正也。子帅以正，孰敢不正?"[3]认为德治是从"爱人"（热爱人民这一根本观念）和自身的清正廉明、办事公正等示范作用反映出来的。官吏如能这样，就会像北斗星一样，居在北斗之柄，其他星星都要围绕着它旋转。儒家还将以德治国教育与单纯的行政命令两种办法加以对比，认为"道之以政，齐之以刑，民免而无耻；道之以德，齐之以礼，有耻且格"。[4]意思是说，单纯用行政命令去管理人民，用刑罚去处理那些不执行命令的人，最好的结果也只能达到使人民不敢犯法，免受关押和刑罚处分，然而缺乏耻辱之心；如果能从爱护人民，提高人民的道德水平和思想觉悟出发，以应遵守公共道德原则去提高他的认识，就会使人民具有羞耻之心和识别好坏的能力，进而自觉不做坏事、丑事、恶事，把违法乱纪的事消灭在邪念萌生之初。这就是人们常说的德治教育的感化作用，它能"防患于未然之前"，刑罚法律则只能"施于已然之

---

〔1〕 语出《孟子·梁惠王上》。
〔2〕 语出《论语·为政》。
〔3〕 语出《论语·颜渊》。
〔4〕 语出《论语·为政》。

后", 只能起到威慑与警诫作用。所以: "苟正其身矣, 于从政乎何有? 不能正其身, 如正人何?"[1] "其身正, 不令而行; 其身不正, 虽令不从。"[2]这就是说, 为官者, 本身能清正廉明, 模范地遵守社会公德和国家的法规法令, 就会得到人民的支持, 做起事来不会有什么困难。如果自身不端正, 口头说一套, 做的是另一套, 老百姓看在眼里, 记在心里, 虽然发出命令, 人民也不会服从你。[3]

"德政", 也称"仁政", 直接导源于孔子的"为政以德, 譬如北辰, 居其所而众星共之"。其后, 经孟子大力弘扬, 形成了一整套"仁政"学说。它以"民本思想"为核心, 要求为政者修身正己、遵礼循法、关心民瘼、德以化民、富以裕民、取信于民、制民恒产、轻徭薄赋、反对不教而诛、实施中刑中罚和恤刑慎刑等。"德政"主要是针对"为政者"即君主和官员们说的。它包含两个相辅相成的方面: "德政"主体和"德政"客体。"德政"主体是"为政者"。这一"关键的少数"能正心诚意、修身齐家, 方可国治天下平。"德政"客体是民众、老百姓。"德政"必须脚踏实地施德惠于民, 让老百姓得到实实在在的好处。它得有一套安民、宽民、养民、惠民、利民、富民的措施, 使老百姓安居乐业、老有所养、幼有所教、壮有所业。

"德政"是古代儒家民本政治的实体性内容。诚然, 它也只是一种理想政治。民本政治在本质上不同于现在的民主政治。它不是民为主, 而是君为主; 它不是民有、民治, 而是君有、君治; 它也不是民享, 只是不赞成君主独享, 要求君民共享, 说到底就是对老百姓赐以阳光雨露, 给他们分一杯羹。"德政"的反义词是暴政、虐政、劣政、恶政。我们之所以予"德政"以正面评价, 是因为其具有反对鱼肉百姓、竭泽而渔的人道性政治光辉。"为政以德"有别于"以德治国"。前者是传统词语, 后者是时兴话语。无论是从法理学上还是从伦理学上说, 道德只能律己、治己, 不能律人、治人, 不能治国。"治"字在汉语中是个多义词。"治国"之"治", 是统治、管治、管理之意, 带有明显的国家强制性; "治医""治药""治学""治陶""治木"等之"治", 是专研医药、学问或某种技术; "治身""治心"之"治", 则是修身

---

[1] 语出《论语·子路》。

[2] 语出《论语·子路》。

[3] 贾顺先等编撰: 《论语新编注译》, 四川大学出版社2001年版, 第6页。

养性。后两类"治"均无国家强制性。"德治"之"治",当属于第三类。"德治",其实就是"治德"。准确地说,所谓"德治",是官员自己"治"自己的"德"、自己正自己的"德"。为上不正,焉能正人?!还是孔夫子那句话,只有"为政以德",才能"众星共之"。

刚刚过去的 20 世纪,就生态环境的毁灭性破坏而言,其规模之大、范围之广、程度之深超出了史上任何一个时期,且问题依然层出不穷。就个别国家而言,环境破坏的情形和速度甚至超过了全球的一般状况。[1]从世界范围来看,每年释放出来的 300 吨二氧化碳加上其他的有害气体和尘埃,使得全球一半的城市人口都在不健康的空气中挣扎;温室效应则使海平面上升、四季失调。而全球约有 1/3 的陆地及 15 亿人口受到土地荒漠化的威胁,荒漠化给人类的生存造成了严重的灾难并成为导致贫困和阻碍经济与社会发展的重要因素。森林消失令人惊心,倘若缺少有效措施,到 21 世纪中叶,世界重要的热带森林将不复存在!此外,全球每天往大海中倾倒的垃圾和污染物已多达十多万吨,沿海居民中患肝炎、霍乱及其他传染病的病例迅速增多,鱼虾和其他浅海生物急剧减少。世界资源研究所发布的一份《让选择继续下去》的研究报告表明:今天地球上的鸟类和哺乳动物的灭绝速度已经是自然状态下的 1000 倍,如果照此趋势发展下去,在今后的 20 年内,每 10 年将丧失全球物种的 10%,也就是说,地球上每天将有近 150 个物种永远地消失……尽管我们在减少使用臭氧层消耗物质方面做了许多工作,但地球上空的臭氧层空洞并未缩小。环境破坏的规模和速度,已经远远超出了一个民族、一个国家或是一个社会群体的控制能力!

---

[1] 以中国为例,全国 532 条主要河流中,有 436 条受到了不同程度的污染。7 大江大河流经的 15 个主要城市河段中,有 13 个河段水质严重污染。20 世纪 80 年代初,约 1/5 的水井水质超过了饮用水质标准,到了 80 年代后期,超过饮用水质标准的水井就已经达到了 1/3,而到了 2000 年,已有 3/5 的城市地下水受到污染。近 20 年来中国土地沙化面积,平均以每年 2460 平方公里的速度在继续扩展,这相当于每年损失一个中等县的区域面积。在华北、东北、西北的"三北"地区,有 80% 的土地正在发生着不同程度的荒漠化,整个国家每年因荒漠危害造成的损失高达 550 亿元。空气污染日益严重,城市大气中总悬浮微粒日均值浓度,北方地区超过世界卫生组织规定的 4 倍~5 倍,南方地区也达 3 倍多。空气污染带来了严重的酸雨现象,酸雨的危害不仅在城市发生,而且已扩展到农村地区。由于人为破坏,《中国 21 世纪议程——中国 21 世纪人口、环境与发展白皮书》称,中国动植物种类中已有 15%~20% 受到威胁,高于世界 10%~15% 的水平,在国际公认的 640 个濒危野生物种中,中国占了 156 个。种种迹象表明,中国面临的环境破坏极其严重,西部有些地区不仅已经不适于人类生活,而且也已经不再适于动物生存了。

今天，我们处在一个大变动、大交流、大发展的时代，东西方文化的碰撞、互动实属必然，绝不应该非黑即白、非此即彼。同时，今天的世界虽然充满了冲突与角力，但随着"环境问题的无国界""一个网络"以及"地球村"的形成，我们相信：面对人类共同的环境问题，各国同心同德，不以追求一己之利而损害他国，以"共同责任"为国际环境法基本原则，如此环境危机必将可解，人类社会方可健康、持续发展。

第四节　国际环境立法基础

立法需要通过人道主义制造和完善规则体系，将人之本质需求，尤其为精神方面的需求，凝结为具有规制力的法律规则。而立法基础可以说是此规则产生所依托的现实转化。由于社会的人伦关系之和谐依赖于社会秩序的协调以及法律规则约束。这种所谓的法律规则体系设置了种种行动模式来指引行为者行为，而立法活动则是法律规则体系产生的源泉。由此立法活动应该要作为一种描绘人伦有序化蓝图的行为而存在，这需要依托立法基础而实现。

一、立法基础的涵义

"基础"者，"埋墙石为基，立柱墩为础"是也，亦即事物发展的根本或起点。而至于"立法"之说，中国古代早有提及，如《荀子·议兵》中有言："立法施令，莫不顺比。"战国《商君书·更法》谓："伏羲神农教而不诛，黄帝尧舜诛而不怒，及至文武，各当时而立法。"西汉《史记·律书》的"王者制事立法"，《汉书·刑法志》的"立法设刑"，以及北周《羽调曲》的"树君所以牧人，立法所以静乱"都是对立法的表述。另可见于宋陆游之《上殿札子》："若赋不加轻，则用力虽多，终必无益，立法虽备，终必不行。"又可见于清李渔之《闲情偶寄·词曲上·音律》："调声叶律，又兼分股、限字之文，则诗中之近体是已……前人立法，亦云苛且密矣。"从诸多的历史文献中，可见古代关于立法之阐释，主要是赋予其几种涵义：首先，立法皆是在特定之历史阶段和国情下产生的；其次，立法常成为掌权者支配和控制社会的手段；最后，立法是为了创制、认可具有强制力之规则，该规则应被社会成员遵守。

于现代社会，法学界对"立法"一词之界定仍然各执千秋，无所定论，应当将其在反映的意志上作不同的诠释：

第一，将其按照独立行使立法权之主体多寡进行划分，即"国家机关立法主体说"[1]。其内部分为广义、狭义和折中。首先，广义之"国家机关立法主体说"指代国家机关，及由中央到地方的各级国家代议机关和行政机关及被授权之国家机关，依照法定权限及程序制定、修改抑或废止法律法规的规范性法律文件和从属于法律、法规的规范性文件之活动。其次，折中则称立法是各级国家代议机关依照法定权限及程序，制定、修改和废止法律、法规或从属于法律法规的规范性法律文件之活动。最后，狭义之"国家机关立法主体说"专指国家最高代议机关和它的常设机构，依照法定权限和法定程序，制定、修改或废止"法律"这种特定的规范性文件的活动。

第二，依其反映的意志不同，可归纳为"组织（个人）立法主体说"[2]，该说认为行使立法权的主体是组织（主要是国家机关）或个人。该说依据立法内容所反映的意志又细分为"统治阶级（或国家）意志说""政权意志说"[3]。首先，立法为享有立法权的国家机关或个人根据统治阶级的意志而进行的制定、认可、修改或废止具有法律效力的行为规范的活动。该类"组织（或个人）意志说"体现的是阶级（或国家）之意志。其次，立法是以政权为名义，经由立法主体（具有特定职能的机关或个人）为反映整个执政阶级之意志而进行的制定、修改或废止具有明确性及普遍适用性之规范法律条文或文件的活动。博登海默认为，立法主体为有权之机关，"立法"（legislation）所意指的为政府机关（专门为此目的而设置的，并能够将这种法律规定在正式法律文献中作出表述）经由审慎思考而进行的创制法律律令的行为。[4]《布莱克法律词典》（第7版）将立法解释为："依照特定正式之程序，由某种宪定政府机构以书面形式制定成文法的过程。"[5]此二说法也即所谓"过程说"。而《牛津大词典》则将其定义为按照某一特定的法律制度，能够有效反映法律之权力与权威人士或机构的意志而谨慎地制定或修改法律规则的程序。

---

〔1〕 周旺生主编：《立法学教程》，法律出版社 1995 年版，第 15~16 页。

〔2〕 周旺生主编：《立法学教程》，法律出版社 1995 年版，第 23~24 页。

〔3〕 张善恭主编：《立法学原理》，上海社会科学院出版社 1991 年版，第 56~64 页；

〔4〕 ［美］E. 博登海默：《法理学——法律哲学与法律方法》，邓正来译，中国政法大学出版社 1999 年版，第 415~416 页。

〔5〕 *Black's Law Dictionary*, Steventh Edition, Bryan A. Garner Editor in Chief, Published by West Group ST. Paul, MINN. , 1999.

该说反映了立法过程之产物及其所制定、修改或废止的法律，体现了"结果说"之思想。

综上所述，"立法"是有权主体依照法定职权及法定之程序制定、修改和废止关于特定问题的、主要调整特定领域的具有法律拘束力的原则、规则和制度的活动。"立法基础"即为特定的主体制定的依据法定职权和法定的程序进行的制定、认可、修改和废止的活动，关于特定问题的主要调整特定领域的具有法律拘束力的原则、规则和制度的活动所赖以支撑的根源和起点。

二、立法的物质基础

立法不是立法者凭空造法，而是对物质生活条件表述的结果。也就是说，立法必然要具备一定的物质基础。

（一）立法是物质生活条件决定的结果

立法是物质生活条件决定的结果，具有客观性。物质决定意识，经济基础决定上层建筑。法律作为上层建筑，显然要受到客观物质生活条件的制约，立法者必须在物质生活条件划定的界限内完成创制法律的活动。因此，立法归根结底是由社会物质生活条件所决定的。作为社会物质生活条件基本要素的地理环境、人口因素，特别是生产方式，对立法有重大影响。[1]在原始社会，由于当时的物质生活条件较为低下，人类首要关注的是维持最基本的生存需要，所以并不具备开展高度复杂的立法活动的可能，有的只是一些从直观经验出发所形成的零散的习惯规则，旨在维持部落基本秩序。随着物质生活条件的改善，人类需要确保彼此不会因对有限的生活资料的争夺而两败俱伤，因此才会运用抽象思维去思考个体与个体、个体与国家之间的关系问题，努力通过制度来规范所有人的行为，确保物质生活条件的稳定性。正因如此，霍布斯和洛克才会提出以保护个体安全和私有财产为核心的自然法理论。而当物质生活条件发生了质的提高之后，人类就需要处理那些在物种生活条件中更为复杂的细节问题，立法需要对大量新兴的权利如发展权、环境权、食物权等作出解释和定位，以回应物质生活中的新矛盾。如果没有出现新的权利诉求，也就意味着物质生活条件没有发生大的变化，那么就不存在通过立法解决新问题的可能。

---

[1]　周旺生：《立法学教程》，北京大学出版社 2006 年版，第 40 页。

综上，尽管立法是由立法者制定的，但立法者也必须脚踏实地，从当时的物质生活条件出发来考虑如何立法，而且立法的内容必须来源于真实的物质生活。

（二）立法是对物质生活条件的法律反映

立法虽然由物质生活条件所决定，但这并不意味着立法就是对物质生活条件的简单归纳和总结。立法需要运用法律语言对物质生活条件进行提炼和抽象，只有通过法律语言的反映，用法言法语高度概括物质生活条件的面貌和规律，才能使得立法真实地反映其物质基础。

法律制度根植于特定的经济基础，其以一种上层建筑的形态存在，因此，必然会受特定的物质生产方式制约。一方面，一国的人口及自然环境等因素以一种增进或减慢社会发展速率的方式对法律规则的发展产生深刻的影响。另一方面，作为经济条件之外的政治、哲学、宗教、道德、文化、历史传统、民族等上层建筑诸因素亦制约着法律规则的发展。由此，倘若要立质量优良之法，则须对决定和制约法律发展的各要素的发展状况作出全面的反映，确保上层建筑和经济等诸因素的发展。以我国地方立法中实行的超标排污收费制度〔1〕为例：我国仅对超过浓度标准排放污染物者征收排污费，而不超过排污标准者，则可无偿使用环境纳污能力资源。尽管规定将排污费会用于环境污染防治，但此规则的制定仍然加重了资源环境的破坏，由此，此类立法是与良法的创制精神和质量规定相背离的。

社会环境始终处于一种动态变化之中，而立法之目的是以法律来调整社会生活。因此，立法者固然希望通过法律的实施达到己所预期的实施效果，也即让立法产生预计之法律实效，但其主观却并非一成不变，易受到社会环境之影响，导致法律实效与预计之立法目的产生偏移或背离，使所立之法无法发挥其本身的价值效用。且立足于立法和社会需要的关系可见，立法的质量和扩增速率受制于社会的现实需求。就立法质量而言，唯有当社会存在依法律来实现一定利益的需要之时，所立之法才是质量优良的。立法如果超越或者滞后于社会需要，都无法准确反映和实现社会需求，可能无法实现对社会关系的最佳调整。

一方面，这要求立法者必须有深刻认识物质生活条件的能力，善于发现

---

〔1〕 公丕祥："法律效益的概念分析"，载《南京社会科学》1993年第2期。

其中的问题。为此，需要加强法学教育，重视法学专家（特别是立法专家）的功能。缺乏足够的法学专业人才，没有立法专家的专业工作，立法在面对纷繁复杂的物质生活条件时就会抓不到重点，甚至把立法引到错误的方向上去。

另一方面，恩格斯指出，法律等上层建筑以经济发展为基础，但是它们又都相互影响。[1]法律被创制出来以后，可能会对物质生活条件产生积极的推动作用，但也可能产生负面的阻碍作用。这说明，立法过程的每一个步骤都并非与物质生活条件一一对应，后者对于前者的决定性是从最终意义上说的。而前者对于后者的推动或阻碍也说明，立法者的主观能动性依然有发挥作用的空间。

在具体方式上，在物质生活条件较不发达时，立法技术相对比较粗糙，抽象性较弱，立法者可能更倾向于以直观的方式归纳物质生活条件，并特别强调法律的强制性。此时可以认为，立法采取的是一种直接的翻译方式。而在物质生活条件已经较为发达时，立法技术就需要走精细化的道路，通过各种专业方法对物质生活条件进行抽象，于是便发展出了一系列法学理论。具体到当前，尼古拉斯·卢曼的系统论指出，在复杂性的背景下，社会不断分化出功能各异的子系统，它们各自拥有自己独特的运作逻辑，且据此不断地自我指涉、自我参照、自我创生，以维系和强化其内部的统一性，因而各个子系统在运作上呈现出了强烈的封闭性。但是，各个子系统依然需要从其外部也就是其他子系统那里吸纳信息，以适应社会整体的发展趋势。只不过，各个子系统要吸收的是那些有利于自身统一性的信息，且必须符合自己的运作逻辑。从这个意义上讲，各个子系统在认知上又呈现出了一定的开放性。它们必须以"结构耦合"的方式，通过相互影响联合起来形成"共振"，才能保持彼此间的协调。[2]该观点对于立法翻译的启示在于，首先，法律也只是诸多子系统之一，随着物质生活条件的复杂化，法律越来越难以吸纳其他子系统的结构和模型，立法者越是使用强制性手段对其他子系统发号施令，就越是会遭到抵制，甚至导致管制失败。因此，现代法律越来越多地采取反

---

〔1〕　周旺生：《立法学教程》，北京大学出版社 2006 年版，第 43 页。

〔2〕　Niklas Lehmann，"Operational Closure And Structural Coupling: The Differential Of The Legal System"，*Cardozo Law Review*，1992.

身法（reflexive law）的调整策略，即法律倾向于不再过多地直接干预其他子系统的运作，而是通过大量引导性的、程序性的规定，通过自我调整来影响其他子系统与其保持联动。这是法律系统在无穷无尽的复杂现实面前的必然发展方向。因此，可以说，这是一种以间接方式翻译物质生活条件的做法。

就资源与环境领域来说，我们可以看到，在国内层面，环境立法越来越多，但由于环境法律关系充满了有别于传统法律关系的易变性，导致其无论是在因果关系的认定方面还是在管制措施的执行方面都面临着重重困难。环境保护的工作无法全部归于政府承担，而是要通过运用市场化机制、公私协力、行业自治等方式，将具体的保护工作分解给各个子系统自己去完成。这样一来，立法就必须放松管制，通过软化调整方式，即从自我调整手段的优化入手，间接地去影响其他子系统的运作，使其与法律系统的要求保持方向上的一致。

在国际层面，全球化的发展固然打破了地理界线，但却并未消解复杂化的发展趋势。这对于国际层面上的环境保护也不例外。现有的主要国际环境立法不但多采取框架公约加议定书的形式，极尽可能地扩大其包容性以吸引更多的国家参与其中，而且还规定了大量极具特色的资金、技术援助机制，同时在执行上也在努力发展不遵约机制这样的传统国际法少见的、具有激励色彩的执行手段。这些特点都说明，在国际层面的环境保护立法中，立法者很早就注意到了要在尊重国家主权的前提下，集合所有国家的力量开展环境保护，一劳永逸地规定刚性的权利义务是无法让各国坐到一起达成共识的。环境保护无法仅在国家层面上予以推动，而是必须尊重所有有关主体的参与，允许其因地制宜地开展自主活动。这也解释了为什么国际环境保护立法进程从一开始就特别重视除国家以外的其他主体的作用。也由于环境保护的具体事务千差万别，有关立法远不像传统国际法那样整齐划一，这恰恰说明了环境保护的复杂性。因此，立法主体需要因地制宜，通过框架性的立法为牵涉其中的其他子系统预留活动空间。

总之，物质生活条件决定立法的内容，而物质生活条件的复杂程度决定了立法应当选择什么样的调整方式。

三、立法的事实基础

法律是对现实生活的写照，也是对社会运行一般规律的总结。因此，立法者不能仅凭自己单方面的主观意志进行立法。如果其所立之法脱离现实，无视社会的真实需求，那么立法在施行过程中就会遭遇抵制，使得立法的目的落空。换言之，立法必须具备相应的事实基础，立法的重要性就在于它必须能够解决（现实的和未来的）问题，否则，立法将没有价值和意义。立法的事实基础与社会生产力水平密切相关，从环境保护的角度来看，立法在不同的生产力水平作用下，根据不同阶段的事实，大致发生过三次变化。

（一）农耕社会时期

在这一时期，人类的生产力水平不高，改造自然环境的能力极为有限，即便对环境造成了破坏，环境也可以凭借自身强大的净化与修复能力抵消人类行为所造成的负面影响。在这一阶段，资源与环境领域主要是作为社会生产活动的组成部分而得到规制，其目的主要是应对变幻莫测的大自然给人类生存所造成的直接威胁。由于环境在当时对人类而言依然是一个变幻莫测的甚至是让人感到恐惧的存在，这使得人类在面对各种自然灾害时往往只能将其归结为"天意"，只能选择默认和接受。因此，这一时期在客观上并不存在需要人类挺身而出去保护资源与环境的事实基础。

（二）工业社会时期

在这一时期，人类的生产力水平相较农耕社会时期发生了质的变化。工业生产对于资源与环境的利用效率远超农业社会，面对物质的极大丰富，人类可以凭借突飞猛进的科学发展，更有自信地把握社会生产的过程，为自己创造出一个更加安全的生活状态。在这一时期，空气污染、水污染、过度捕捞所造成的资源耗竭等问题开始出现。这些问题在农业社会极少出现，即使发生，也完全不像工业社会时期那样愈演愈烈，成为具有庞大规模和强烈危害性的"公害"问题。正是因为存在着这些负面的事实，客观上才会有要求通过立法来解决上述问题的基础。此时，由于环境问题的影响还受到地理和空间的限制，因此，有关立法以国内法为主。此时，还尚未出现需要在国际层面加以应对的环境问题。

（三）二战结束以来

二战之后，国际形势出现了新的变化，后工业时期的世界格局整体趋于稳定，发展开始成为时代的主题，工业社会也开始走向后工业社会的阶段。在这一背景之下，生产力水平进一步提高，各种高新技术不断涌现，工业社会也在灵活地调整自身以适应这一现实。一方面，人类对于资源与环境的改造能力早已不可同日而语，不但可以持续地、稳定地从环境中获取生产资料，而且还可以根据自己的意志将环境重塑为可以轻易操纵的物质单元，而这无论是在农业社会还是在工业社会早期都是无法想象的成就。正因如此，人类不再畏惧大自然，甚至开始轻视大自然，认为自己可以在科学技术最新成果的帮助下，克服长久以来所未能克服的一切困难。另一方面，伴随着这种盲目的乐观情绪的弥漫，人类逐渐发现环境领域中涌现出了大量前所未有的、高度的不确定性。很多新型环境问题根本无法通过线性思维予以把握，更无法从中得出直观的因果关系，尤其是，人类愈发无法预测自己当下的行为会对未来产生何种影响。在这个意义上，灾难性环境后果爆发的可能性（即环境风险）便成了这一阶段最为重要的环境问题类型。环境风险在时间上是指向未来的，是一种恶果发生的可能性。它并非传统意义上的可根据已有知识准确判断并必然会现实化的危害后果。例如，在生物科技突飞猛进的过程中，人类对于改性活生物体的安全性始终争论不休。对于气候变化的成因和演变，人类也是莫衷一是，主张减排者众多，但认为削减工业排放无济于事者同样大有人在。虽然生态科学的发展使得人类意识到了生态系统完整性的重要意义，但迄今为止，人类依然未能发现所有生物物种，也无法准确描绘生态系统的内部运作规律，从而在面对生物多样性的减损这一事实时，经常不知该从何入手。德国学者乌尔里希·贝克认为，由于社会充斥着体系性的不确定性，导致风险成了社会最为突出的特征。[1]环境领域亦是如此，在国际层面，全球早已进入到环境风险弥漫的状态之中，大量不确定性的环境问题已经突破国界，威胁到了全球安全。对于环境风险的不可知性，人类不能再简单重复之前的经验予以应对，而是要更新立法理念，从预防入手，革新防治手段，摒弃依循传统侵权法的思路，从合作治理的角度出发共谋风险背景下的环境保护策略。这种策略的制定和应用绝不止于运用传统知识消除局部和微观意义上的污染。显然，其对国际层面的环境保护立法提出了新的挑战。

由此可见，差异化的环境问题决定了立法在不同阶段的面貌究竟如何。从生产生活中的附随问题演变到具有独立性的可认知的环境问题，再演变到具有高度不确定性的全球环境风险，事实基础的变迁决定了立法的方方面面都要与时俱进，随之做出相应的调整。

---

〔1〕 〔德〕乌尔里希·贝克：《风险社会》，何博文译，译林出版社 2004 年版，第 20 页。

四、立法的社会基础

立法虽然由立法者制定，但所制定的法律只有得到社会的拥护才能真正发挥作用。如果立法不能反映大多数人的集体意志，不能维护社会公共利益，则法律必将失去其存在的意义。换言之，立法的合法性不但要符合是否遵守法定程序的形式合法性，还要看是否能得到社会的认可，即立法还需要获得实质合法性。这样一来，合法性的问题就包括了正当（legitimate）与认可（recognition）两个方面：

第一，就正当而言，一般要求立法全过程都必须符合法定的立法程序。例如，立法主体要具有立法资格。立法主体只能在法定范围内行使立法权而不得超越其立法权限。立法要经过法案准备、提出草案、立法完善三个主要阶段并经过更为细致的审议。同时，在这三个阶段之中还需要设置相应的立法监督程序，以防止立法过程出现各种偏差。一般来说，只要严格恪守了这些程序性规定，立法就应当被认为具有了形式合法性。

第二，就认可而言，立法获得实质合法性要比获得形式合法性困难得多。一方面，立法应当符合公平正义的标准，以维护社会公共利益为追求。而对于什么是公平正义，什么是社会公共利益，人们却很难作出界定。另一方面，当代社会阶层的利益诉求多元化，它们在很多时候处于相互竞争和相互冲突的状态之下，而立法无法兼顾到所有的利益诉求。如果立法在没有充分理由的情况下选择其中某一种或某几种利益，则所制定的法律就难免会遭受质疑，也得不到切实落实。

具体到资源与环境领域，与政治、经济事务不同，人类对于环境的理解以及由此而衍生出来的利益诉求是多种多样的，很难在观念上达成一致。原因在于，人类的环境观念是通过与其生存繁衍的环境的互动产生的，自然环境的差异和变迁决定了生活在不同地区的人类总是有着自己独特的环境文化，进而导致彼此的利益诉求千差万别。例如，生活在发达国家的人一般都会自觉运用"主客观二分法"来认识自己与环境的关系，因而他们主要考虑的是环境的经济价值，即便有时会强调环境的美学价值或生态价值，对这些价值的保护也很难超出对经济价值保护的法律框架。然而，世界上尚有很多土著人民，他们的观念决定了其始终要避免破坏甚至是商业化地利用环境。当这些不同观念发生冲突时，就会造成一系列的环境问题、人权问题。由此可见，立法往往面对的是诸多难以通约的价值，根本无法简单地作出抉择。显然，对于解决立法所面临着的实质性、合法性危机，立法者不能为所欲为地代替社会作出决定，也不能任意挑选某种利益诉求予以支持，而是应当不断优化立法过程，使得各种利益诉求都有机会得到正视和讨论，通过立法交流实现不同利益诉求的整合与理解，进而就立法所要保护的利益诉求形成最低限度的共识。

虽然立法获取实质合法性的过程可以被看作是一个立法协商的过程，但这种协商依然要遵守一定的底线，而不能变成为谋取私利而开展的博弈过程。为此，立法协商必须始终坚持以实现环境正义为目的。一般而言，环境正义至少要包括三个方面的内容：第一，分配正义。环境公共物品总是一定的，无法在不同人类群体之中做均等和充分的划分，因此必须在分配过程中考虑具体情况，实现分配的实质公平。按照罗尔斯的正义论，分配正义尤其要顾及社会弱势群体的利益。无数事实证明，环境破坏的后果并非总是由制造者承担，穷人恰恰更容易成为牺牲品，这显然有违公平，且会对社会秩序造成损害。在国际上也是如此，全球环境破坏并非是由所有国家引起的，不可能均等地要求所有国家承担责任，而是必须要根据历史和现状，结合各个国家的具体情况，作出适当的安排。例如，在解决全球气候变化的过程中，1992年《联合国气候变化框架公约》就指出，要在共同责任原则的前提下，实施有差别的责任，即责任的具体分配必须从实际出发，并尽可能考虑发展中国家要发展本国经济的要求。因为，要求发展中国家承担和发达国家一样的责任，既不可能实现，也有违环境正义。如果得不到广大发展中国家的承认和认可，该公约必然无法得到落实，进而使得气候变化会愈演愈烈，导致人类错失最佳的应对时机。第二，承认正义。缺乏公正的制度对人类所造成的伤害绝非仅止于物质损害，还存在着容易忽视的精神和心理损害，人类会强烈地感到自己的尊严未得到尊重。在建构理想社会的过程中，不能仅仅着重于物质上的分配，还要注意对人格尊严和精神追求的重视，事实上，这一点还应当被置于物质的分配之前。[1]承认正义意味着环境正义包含着丰富的内容，不是所有的利益诉求都可以用金钱量化，人类在环境保护中必须重视环境对于不同群体的意义。

---

〔1〕 徐贲：“马格利特《正派社会》”，载应奇主编：《当代政治哲学名著导读》，江苏人民出版社 2010 年版，第 401~402 页。

为实现上述环境正义的目的，立法必须采取多种具体措施开展协商，以达到平衡诸多利益诉求的目的。例如，在国内层面，要不断扩大公众参与的范围，努力保障公众能够就有关立法发表意见，切实影响立法进程，通过公众就不同意见的学习、沟通、分析和反思，努力弥合分歧，找到彼此都能接受的共识。事实证明，完全由专家主导的立法往往会忽视公众的价值追求，并将环境问题的解决简化为数字计算，这显然与实际不符，反而容易激化矛盾，导致社会对立法者的高度不信任。在国际层面，虽然消除环境破坏是各国的共同目标，但在具体解决的过程中，也不能局限于国家之间的谈判，而是要吸纳各非政府间的国际组织和个人，通过统筹规划来决定立法的具体内容，这与传统国际法主要是在国家之间特别是少数大国之间的协商非常不同。自 1972 年联合国人类环境会议以来，多份重要的国际环境宣言不断重申，环境问题的解决需要多方力量在各个层次上自上而下的共同参与，特别是要注意尊重地方层次的积极性。在全球气候谈判中，小岛屿国家同样可以提出自己因气候变化所致损失的损害赔偿诉求，并将其切实反映到气候变化的立法进程之中。发展中国家特别是小岛屿国家能够在立法中不被边缘化，甚至影响立法进程，这在传统国际法中是难以想象的。

五、立法的政治基础

立法与政治密不可分，在很多情况下，法律是政治博弈的结果，也就是说立法必然具有相应的政治基础。

首先，在国内层面，在西方，环境保护中的公众参与具有较为成熟的操作经验。但在我国，资源与环境领域必须要放到社会转型时期的大背景下加以考虑，必须统筹规划，因而必须充分发挥政府的领导作用，以防止环境保护出现失序现象。所以，在不同的政治基础下，立法的路径选择也会有所不同。当然，在我国不同的历史时期，环境保护在立法上的侧重点也有差异。例如，我国早期的环境保护立法主要强调污染的末端治理，把环境保护置于促进经济发展的助力地位。而 2014 年《环境保护法》则确立了"保护优先，预防为主"的理念，这一转变是在党中央面对新形势多次强调要加强生态文明建设这一背景下实现的。

其次，在国际层面，资源与环境领域同样深受政治因素的影响。在国际法早期的萌芽阶段，一方面，国际法实际上只适用于西欧内部，原因在于各国势均力敌，为维持均衡态势，必须通过国际法来保持分而治之的局面。另一方面，在西欧与非西方地区的关系上，前者要对后者实施殖民统治，根本不可能施行国际法。因此，在那样一个盛行武力征服的时期里，从整体上来看，并不存在普遍的国与国之间的平等，在这一时期西欧各国通过武力和不公正的贸易手段掠夺殖民地的资源而不顾可能的环境破坏，被认为是再正常不过的合理之举。

二战之后，一方面，随着殖民主义的瓦解，新兴国家大量涌现，联合国的建立表明在国与国之间要建立平等的关系。另一方面，这种平等关系并非实质意义上的平等。这是因为，随着国家之间的异质性日益突出，逐渐形成了发达国家和发展中国家两大阵营，后者在国际经济交往中总是处于弱势地位，无法与前者开展实质意义上的平等往来。尽管发达国家不得不正视发展中国家要求建立国际经济新秩序的呼声，在国际经济交往中给予发展中国家某些优待，但这些优待主要是作为一种例外而出现的，并非普遍情形。

从某种意义上讲，"二战"之后，国际层面并非真的在国与国之间形成了实质意义上的平等。也正因如此，在环境与资源问题上，最早发出倡议和呼声的大多是发达国家，因为日益恶化的环境对于其维持经济上的优势造成了严重威胁，因此，发达国家特别有动力强调环境保护。然而，对于发展中国家而言，如果只强调环境保护，却不去思考这些国家该如何发展经济与消除贫困，显然是一种不公正的做法。二者之间的斗争可以说是1972年联合国人类环境会议以来所有国际层面环境保护的主要线索。正是在这样的政治现实中，国际环境法应运而生，并将可持续发展作为协调二者矛盾的工具，以期推动二者的集体行动。

但是，国际层面的环境保护不能在无休止的不信任之中持续下去。自1972年以来，国际上虽然制定了大量的法律文件，但环境破坏的局面却并未得到根本性的改观。环境问题具有全球性，所有国家都不能独善其身，必须采取集体行动，共同治理。环境问题具有公益性，各国根据国际环境法所采取的环境保护措施的受益者是全体人类，这意味着环境保护是一种"对世"义务。国际层面环境保护的这一性质决定了一切行动都必须以责任为导向，通过各种形式的合作来推进环境保护，而不是在一个个局部问题上无休止地博弈。国家之间在环境问题面前是一种共生共在的关系，不论国家大小和贫富，均不能置身事外。也就是说，只有在环境问题面前，各国才第一次真正地实现了实质意义上的平等。考虑到这一点，对"人类命运共同体"这一重要理念的理解就至关重要，因为该理念指出了未来国际政治格局的走向，这对于重新思考国际层面环境保护的僵局具有重大的价值。在这一政治发展趋势的指引下，国际层面环境保护的立法应当凸显合作共赢的色彩，发达国家和发展中国家应当携手共同努力，为搭建各种合作平台而努力。

六、立法的伦理基础

立法是调整社会关系的重要手段，但不是唯一的手段，道德同样是社会正常运转的规范保障。一般而言，道德的调整范围要远远大于法律，立法只能在一定范围内调整社会关系。对于二者之间的关系，自然法学认为，由于存在着终极意义上的上帝的意志，因此人定规范（即立法）就应当努力通过理性去发现上帝的意志，根据这一意志来规范具体的社会关系。相应的，衡量立法优劣的一个重要标准就是立法者有没有贯彻或违背这一意志。与之相对，功利主义法学和分析法学认为，并不存在一个超验的终极意志，法律是主权者的意志体现。这种差异反映了人类对于立法是否要遵从道德的争议。应该指出，在不同的历史条件下，立法有时会偏向自然法学说，但有时又会偏向其他学说，但事实证明，立法应当坚守一定的道德底线，否则就可能会使得法律成为少数人实现其利益的工具，从而有损社会整体利益的实现。

法的内容以道德原则为现实来源。道德权利是法律权利的基础和源泉。由于法律皆具有一定的功利性，具有明显的行为倾向性，故而法律所禁止的行为往往就是道德所谴责的行为，但这并非说明二者等同。从起源上来看，法律权利源于道德权利。道德权利表达的是一种正当的伦理诉求，是由道德原则支持的、由传统习俗及内心信念维系的权利形态。而法律权利是法律所确认和保障的利益。在权利内容上，尽管二者有着相互耦合的领域，但法律所调整的领域相对而言是局部而非全涉的。那些涉及公共领域的、维持社会交往秩序的基本的道德原则只有通过规范的权力才能够被上升为具有强制力的法律权利。其次，道德义务是法律义务正当性的前提条件。道德义务从广义上看包括国家义务，违反道德义务并无专门机构进行归责和追究，而违反法律义务将由专门机关归责并追究。一切法律义务都是道德义务，但道德义务并非都是法律义务。仅有维系社会公共利益和基本社会生活秩序的道德义务才会被上升为法律义务。道德义务乃是法律义务正当性的前提条件，法律唯有立足于道德义务，才具有正当性和合法性，否则只能是纯粹的暴力强制。

立法内容是道德原则的最低化。一方面，法律权利涵盖的范畴小于道德权利，道德权利要满足一定的法律目的和价值追求才能够上升为法律权利。法律的价值在于实现一种正义的社会秩序，因而一切权利上升为法律权利的关键在于考察这些权利是否有助于实现法的价值理想与价值目标。另一方面，法律义务是道德义务的最低化。也即立法的内容是关乎义务的道德，实则为最低层次之道德准则形成的法律强制。道德义务主要是一种内在的义务，更需要考虑人的主观世界，而法律义务则主要是外在的义务，它一般针对义务人的客观行为，并不考虑主观的思想。而立法机关经由特定的立法程序在法律规范中将维系社会基本秩序抑或所谓的"义务的道德"[1]设定为相应的法律义务。

将道德原则上升为法律规则需要为其创设权利和与之相对应的义务和责任。道德原则是广泛覆盖于私人领域的、关于其层次争论不止的、依据精神力量进行救济的、预知性以及预见性相当弱的一种原则。而立法依托于国家机器保证实施，经由立法机关以法律条文的形式予以公布，具有相当的可预知性以及预见性。也即，立法不得不思考如何将一定程度的、预知性和预见性如此弱的道德原则纳入法律制度，如何将道德权利提升为由国家机器保障的权利，并且考虑如何设置法律义务。而这个过程无疑将划别生活中的道德权利层次，考量何种道德权利可以作为一种法律权利。而这种取向的目的在于实现一种正义的社会秩序，诸如安全、平等、自由、效率。这种被甄别、被选择的权利一旦被设置义务，其权利义务便会处于一种旗鼓相当的状态，经法律确认，其便会成为法律权利。道德原则是一种内化的、针对主观内心世界的原则，经由立法进行外化，成为一经违反便将招至物质力惩罚的规则。法律权利都有相对应的法律义务，二者相互关联，对立而统一。也即"立法不能够离开责任谈权利"。

总而言之，道德是对事物客观存在之条理（即伦理）的正确反映，这实际上就强调了立法与伦理之间的紧密联系，二者是不可分割的。伦理为立法提供方向性的指引，防止其沦为维护少数人利益的工具。

---

〔1〕 张恒山：《法理要论》，北京大学出版社2002年版，第344页。

七、环境立法的伦理基础

伦理所蕴含的内在价值是法律生成的基石。法律只有体现、反映一定的伦理价值取向和要求，才能获得社会普遍认同，进而成为在社会生活中真正起作用的行为规范。当然，伦理观的变迁标志着人类在不断深化认识自己与环境的关系，不同的伦理观必定会反映出不同的立法内容。

（一）人类中心主义环境伦理观

人类中心主义的概念在历史上曾在三个意义上使用过：一指人是宇宙的中心；二指人是一切事物的尺度；三指根据人类价值和经验解释或认识世界。[1]一言以蔽之，人类中心主义伦理观是以人类自身的利益作为环境伦理研究的出发点和归宿，并以此建构自己的环境价值体系。这一伦理观承认把道德关怀及于自然客体的必要性，并指导人类控制环境污染，拯救濒危物种，维护生态平衡。它认为自然客体的价值主要表现为它们对人类的价值，人类对自然客体进行道德思考、道德关怀的出发点和落脚点是人类自身的利益，人类保护环境的责任基于人类对自身的责任。一切生态或生物物种的价值都是由于它们直接或间接地与人、与人的本性发生了关系而被赋予价值的，人类是一切价值的焦点，一切价值的例证，并强调自然界的一切组成部分是"人类生存或健康的工具"，人类的利益和需要是评价其他生物和自然环境的价值尺度。

在古希腊时期，亚里士多德在评价人与自然的关系时就认为："植物是为了动物而存在的，而动物又是为了人而存在的……动物的用途不仅限于此，衣服和食物都可由它们而来。若我们相信自然不会没有目的地创造万物，那么自然是为了人而创造万物。"在中世纪，托马斯·阿奎那在其著作《神学大全》中指出："动物天生要被人所用，这是一个自然的过程。根据神的旨意，人类可以随心所欲地驾驭之，可杀死也可以其他方式役使。正如上帝对诺亚说：'如这些绿色的牧草，我已把所有的肉给了你'。"康德明确宣称："我们并不负有对动物的任何直接的义务。动物不具有自我意识，仅仅是实现目的的工具，这个目的就是人……（一些人宣称的）对动物的义务，只是我们对人的间接义务。"由于近代以来西方文明的强势，人类中心主义伦理观也随之对

---

〔1〕　裴广川、林灿铃、陆显禄主编：《环境伦理学》，高等教育出版社2002年版，第34页。

世界的其他文明产生了巨大的影响。在人类中心主义伦理观的支配下，绝大多数人都将人对大自然的肆意索取看作是天经地义之事，这也成了环境危机难以缓解的伦理根源。因此可以说，人类中心主义伦理观的惯性效应对环境危机的出现产生了重大推动作用。

20 世纪 30 年代至 60 年代发生了震惊世界的"八大公害"事件，由此，关于环境保护的法律规范开始大量出现。全球整体状况仍然是总体在恶化，局部在改善。其根本原因在于传统法律渗透了太多传统人类中心主义的思想，从而致使它们在环境保护上产生了"不合目的性"：即宪法、行政法、民法、刑法等传统法律手段对于环境问题的调整只保护人类利益，不保护环境本身和自然的内在价值，而现行的环境法也只不过是传统部门法的综合体，其保护的法益也只是人的利益，所以"环境保护法的目的并不是保护环境，而是保护自然人以及自然人集合体的权益"。按照人类中心主义环境伦理观，在实践中，人类的整体利益往往表现为个人利益或者群体利益，是假人类整体利益之名的个人利益、群体利益的最大化。构建于人类中心主义环境伦理观之上的法律恰是造成生态环境危机的根本所在，工业革命以来日益严重的环境危机之现实以及传统部门法应对环境危机的无力，恰恰证明了人类中心主义环境伦理观不能成为环境立法的伦理基础。面对愈演愈烈的环境问题，人类中心主义环境伦理观显然是回天乏力、束手无策而日渐式微的。

（二）弱人类中心主义环境伦理观

弱人类中心环境伦理观是改良人类中心主义环境伦理观的一种代表性观点。相对于人类中心主义，弱人类中心主义环境伦理观的最大创新是提出了感性选择与理性选择、需求价值与转换价值的概念。

1. 感性选择与理性选择

弱人类中心主义环境伦理观认为，感性选择指的是人可能产生的任何一种欲望；理性选择是指经过审慎思考后仍然具有的欲望。人类中心主义环境伦理观的一大弊端就在于过于强调人的感性选择，在这种思想的指导下，自然环境沦为了人类予取予求的原料仓库和垃圾场。而弱人类中心主义环境伦理观则强调人的理性选择。基于理性、道德、科学理论之上的理性选择，在绝大多数情况下能够保障人与自然的和谐共处，可以使得人类能够主观能动地对环境污染行为进行批评，从源头上遏制人类随意破坏大自然的可能性。

2. 需求价值和转换价值

弱人类中心主义环境伦理观也认为人才是内在价值的拥有者。只有经过人类主体的评判，自然界其他客体的价值才能够得以确定。在这一基础上，弱人类中心主义环境伦理观进一步把客体对人需求的满足这一类型的价值界定为需求价值，而将客体对改变人的价值观所具有的价值定义为转换价值。人类中心主义环境伦理观过度重视自然客体对于人的需求价值，却无视其对人的转换价值。弱人类中心主义环境伦理观认为，物种在具有满足人的需要的价值的同时，也能够促使人们通过对物种的感知进行反思，从而净化人的需求价值。这些反思为反对消费主义和物质主义起着极其重要的作用。换言之，应当在承认客体需求价值的同时兼顾客体的转换价值。基于上述概念的提出，弱人类中心主义环境伦理观认为，由于并非所有的感性选择都是合理的，因此，必须重视审慎思考的重要性，将合理的感性选择提炼出来进而上升为理性选择，同时也能够对不合理的（如物质主义的、环境消耗性的）感性选择进行有力的批评。

弱人类中心主义环境伦理观虽然对人类中心主义环境伦理观进行了扬弃，在坚持人类中心主义环境伦理观合理成分的同时克服了人类中心主义环境伦理观的诸多弊端，重视对人类环境影响行为的限制，以法律义务为重要方式，最终实现自身观点中的若干核心要素法律化，为环境法接纳其合理成分提供了思路，使其能够对既有环境法制进行理性继承和吸收。但是，弱人类中心主义环境伦理观无视人类社会各种利益群体的客观存在，将自然看作是对环境的客观的、唯一正确的想象，并且往往在精神象征的意义上把握自然的含义，从而忽视了现实世界中那些从生活的和生存的角度对自然（环境）的理解，使得其无法回应环境立法需要协调不同类型环境利益的要求。在实践中，其也逐渐显现出了弊端。所以，弱人类中心主义环境伦理观依然不能作为环境立法的伦理基础。

（三）非人类中心主义环境伦理观

面对人类中心主义的困境，与其对应出现的非人类中心主义环境伦理观提出要彻底摒弃人类中心主义环境伦理观，建立一种平等对待生物以及从属于生物圈乃至大自然的环境伦理观。

非人类中心主义环境伦理观认为，人类中心主义环境伦理观天然具有把人视为自然的主人的倾向。在这种危险的倾向下，对自然的奴役成了人的主体性的唯一体现。因此，扩展伦理关怀的范围，确立动物、植物甚至生态圈等非人类存在物的道德地位，能够使人类在日益严重的生态危机面前实现救赎。非人类中心主义环境伦理观对人类中心主义环境伦理观的批评主要集中在后者对理性有限的无视、与利己主义的逻辑统一性以及机械论倾向上。

1. 对理性有限的无视

人类每一代人的认识水平和科学技术都有时代的局限性，因此环境中的任何要素都有潜在的价值，不能随意处置。非人类中心主义环境伦理观认为，人类中心主义环境伦理观完全无视理性有限的现实，过度自负地按照每一代人的科学技术水平毫无节制地利用自然环境，会对在未来可能具有巨大价值的环境要素造成不可逆转的破坏。

2. 与利己主义逻辑的统一性

非人类中心主义环境伦理观认为，主体是否将利己作为唯一动机，即主体作出行为的动机在于该行为是否对他们有利，是人类中心主义环境伦理观与利己主义遵循的同一种逻辑。在这种动机的驱动下，"各人自扫门前雪，莫管他人瓦上霜"，个体的理性行为必然带来整体的不理性后果，环境不断恶化直至崩溃几乎无法避免。

3. 人类中心主义环境伦理观的机械论倾向

传统人类中心主义环境伦理观与工业文明的机械自然观有着千丝万缕的联系。机械论是现代主义的一个重要理论基础，其在自然伦理观中的体现就是把自然理解为可任意拆装的"机器"，这架"机器"由各种机械、可分的环境要素组成。这种自然观容易使人们形成这样一种观念：自然是可以被完全掌控的。因此，原本人与自然和谐共处的关系变成了对人类文明赖以存在的根基——自然的征服过程，最终可能使人与自然共同走向毁灭。

那么，是否可以以敬畏生命、大地伦理、动物权利、生命中心等环境伦理观为代表的非人类中心主义环境伦理观作为环境保护的立法基础、基本理念呢？

非人类中心主义环境伦理观是在批判和反思人类中心主义环境伦理观的种种弊端的过程中发展起来的。它对于人类中心主义环境伦理观持当然的否定态度，而对弱人类中心主义环境伦理观则批评其取得的成效难以持久，未能解决人类面临的根本性问题。在非人类中心主义环境伦理观看来，人类与非人类存在物都有其存在价值，是不可分割的、联系的整体。它主张承认非人类存在物的内在价值，甚至将其规定为与人类相当的法律主体，在实践上认为为满足人类需求而随意牺牲非人类存在物的利益的做法是不可取的。任何生命体的存活都需要其他物种的支撑，人类为了持续生存和持续发展同样离不开其他物种的支撑。因此，开发利用环境资源是理所当然的，非人类中心主义环境伦理观批评人类过度开发自然资源，实际上是开发利用自然资源的程度问题而非要不要开发利用自然资源的问题。此外，非人类中心主义环境伦理观对人类中心主义环境伦理观的批评也并未触及问题的实质。因为非人类中心主义环境伦理观仅仅关注了人与自然的关系，一味消解人的正当合理的利益诉求，忽视了人与人的关系，事实上，人类目前所面临的窘境其实质在于没有以人类共同利益为核心。所以，以非人类中心主义环境伦理观指导环境立法有着相当的困难。因为在环境立法过程中，立法者不可能作出非此即彼的选择，可见，无论是在理论上还是在实践中，非人类中心主义环境伦理观显然将问题简单化了，其同样无法成为环境立法的基础。

（四）超越的环境伦理观

展望未来，一种具有生命力的环境伦理学，只能是一种能同时接纳和包容人类中心论、动物权利论、生物中心论和生态中心论的雍容大度的、开放的环境伦理学。这种环境伦理学承认"人为天地之秀，万物之灵"，同时也认为，人的这种"秀"和"灵"不仅仅体现在其具有理性、能使用符号和明智地利用他周围的自然资源等方面，更重要的是，其是大自然的良知和神经，是地球利益的代言人和其他物种的道德代理人。其能够意识到，人类的利益只是更大的生态系统乃至地球的一部分，人类对生态系统的保护必须从更大的生态系统及地球的利益出发。只有以这种全球整体利益为根据的环境保护，才具有较大的包容性和安全性。也只有当人类超越了自己这一个物种的"私利"，成为地球利益的代言人和其他物种的道德代理人时，才能最终摆脱"自私物种"的形象，显示出其"与日月并明、与天地同久"的伟大和崇高。这需要的是一场"人的革命"。

1. 环境伦理观的整合

在哲学史上，最早具有"人类中心主义"思想的是普罗泰戈拉。他提出，"人是万物的尺度，是物存在的尺度，是不存在物不存在的尺度"，即只有人才是万物存在与否的标准，因而，居于中心地位。而宗教在倡导人类中心主义的观念中起到了不可替代的作用。犹太教和基督教在圣经上提出了上帝创世说，认为上帝不光创造了世界，还按照自己的形象创造了人。上帝指示人们要多生育、治理土地、管理万事万物。

随着 16 世纪人文精神的兴起和自然科学萌芽的出现，科学于 17 世纪开始全面发展。伴随着科学的发展，哲学也发生了从本体论向认识的转化，随着自由、平等、博爱等资产阶级人道主义的广泛传播，特别是伴随着科技的发展，人终于冲破了宗教神学的束缚，进而终于从神的奴婢变为了真正的主人，也继而把自己变为了自然的主人。

文艺复兴所要复活的是古希腊的人文主义精神，即欧洲的人本主义者所倡导的"自由、平等、博爱"精神。文艺复兴从一开始就伴随着反对经院哲学运动的兴起，并导致哲学及科学与神学相分离，使哲学和科学向着理性化的方向发展。拉蒙特之所以认为"人类中心论"起源于 16 世纪的文艺复兴运动，正是在文艺复兴以后，自然科学的发展把人类从神的奴役之下解放出来，人们开始用理性审视一切，认识自然、享受人生。提倡人的自由和价值成了当时的主流，人正在日益取代上帝成为新的统治者。

"机械论世界观"有三个奠基人：培根、笛卡尔和牛顿。培根为机械论模式奠基了基础，笛卡尔为其提供了一种有效的数学模式，牛顿则为"机械论世界观"大厦的最终建成贡献了力量。

把自然的规律、秩序与社会发展的规律结合起来的人是洛克和亚当·斯密。洛克把政府和社会活动与自然规律联系起来，亚当·斯密则在经济领域进行了同样的努力。

洛克宣称："对自然的否定，就是通往幸福之路。"在他看来，人类就其本性而言是善良的，使人为恶的是匮乏和贫困。大自然具有取之不尽、用之不竭的能源和资源，只要人类乐于进取，就会享受许多幸福和乐趣，这个世界本来就是为勤奋者与明智者服务的。

亚当·斯密与洛克一样坚信人类活动的基点是物质私利。在亚当·斯密看来，人们在追求物质利益时都是以自我为中心的，没有什么道德选择而言。

培根、笛卡尔、牛顿及洛克和亚当·斯密，都是"机械论世界观"的奠基人和开创者。他们的观点可以概括如下：宇宙间有一个可以在天体运行中观察到的、精确的数学规律，而人类社会却处于一派混乱之中；如何在人类社会建立起类似于力学规律的社会规律，结果将是以最有利于个人追求物质利益的方式组建社会。这样，人类积累的财富越多，社会就越有秩序，财富的积累与社会进步成了同义词。这里的进步是指人们对环境的改造，进步意味着能从自然界获得比原始状态下更多的财富和更大的价值。

我们可以看出，"人类中心主义"起源于 16 世纪人文精神的兴起和自然科学的萌芽，形成于 17 世纪以后自然科学的全面发展。其表现形式为：人总是企图征服自然，取得对自然的统治和支配权力，人们以占有、索取和改造方式拥有自然。人相对于自然是征服者、统治者和主人，自然在人面前是被征服者、是臣民和奴隶。

"人类中心主义"的思想自近代形成以来，在西方一直居于主导地位。多少世纪以来，人类成为自然的主人的梦想终于"实现"了。人类几乎是毫无顾忌地、疯狂地向自然索取，向自然宣战，向地球倾泻，滥用资源并加以挥霍，把自然仅仅作为可以随意支配的对象。"人类中心论"使整个地球为之震颤。人类不惜伤害来自地球上的任何对手，只求能够保存和发展自身。人类藐视本属于同一圈层的其他任何生命。

通过以上分析，我们可以区分出"人类中心主义"发展的两个不同阶段：第一阶段是 16 世纪之前的"人类中心主义"，它打着上帝的旗号，披着宗教的外衣。所以，这种"人类中心主义"无异于上帝中心论。第二阶段是脱去了宗教外衣的"人类中心论"，它起源于文艺复兴时期，形成于近代自然科学的发展之中。它的形成以科学技术为手段，表现为不断膨胀的主体性，植根于理性的形而上学传统之中，所以，这种"人类中心主义"实际上是"理性中心论"。

理性、主体性、科学技术成了与"人类中心主义"密切相关的因素，这些因素汇集在一起就表现为人高于自然、人优于自然、人比自然更有价值。人拥有绝对的生存权力、统治权力和支配权力，自然不过是为人而存在、受人支配和统治的。

由于生态平衡遭到破坏，环境污染日益严重，一些思想家深深感到，人类中心主义似乎难以维持下去。因此，只从感情意愿出发满足人的眼前利益和需要的价值理论，被称为强化的人类中心主义，也就是以往那种主张"征服"和"主宰"自然的沙文主义。这是一种掠夺式地对待自然环境的观点，在当代日益严重的环境问题面前，人类深感坚持这种极端的人类中心主义是行不通的，于是便出现了弱人类中心主义的观点。

当前人们倡导环境保护，治理污染，保持生态平衡也都是从人类的角度、以关心和爱护人类生存为前提来谈论这个问题，是以人的利益为出发点的，一言以蔽之，都是以人类为中心的，离开了人的利益也就无所谓环境保护问题了。但是问题在于，人们的一切要求，包括保护环境、保护人类生存的唯一家园——地球，虽然都是要达到为人类服务的效果，但是这并不等于我们只能从人类中心主义的立场来考虑问题。正如，不能认为因为我们在为人民服务的过程中实现了个人价值，达到了个人目的，于是就说利己主义是正确的。我们提倡保护自然界、爱护环境、保持生态平衡可以达到保护人类自身的目的，但这并不代表我们只能从人的利益出发，出发点与结果不能直接画等号。

既然我们承认人类不同于自然的其他物种，既然我们认为人类有高于其他物种的特质（这种特质就是人类有思维能力、有理性），那么人的理性就应该表现为对自己行为的认知，对自己行为具有一定的约束力。当前的生态问题、环境问题已经向人类发出了严重的警告，我们应该充分意识到问题的严重性，从而改变自身对于自然的态度，改变自己的生活方式，使人类的活动能够与自然的存在相适应。

超越的环境伦理观是环境问题对人类提出的客观要求。随着环境问题的进一步发展，其对建立普遍伦理的要求必将越来越迫切。正是在这样的社会、历史背景下，人类中心主义、弱人类中心主义、非人类中心主义（包括生态女权主义、动物权利论、生物中心论和生态中心论等）取得了共识：

第一，人是地球上唯一的道德代理人，能够从道德的角度来考虑问题，并用道德来约束自己的行为。具有道德意识，能够设身处地地为其他存在物着想，是人与其他存在物的最重要的区别，也是人的优越性的表现。大多数环境伦理学家都认为，人类应当以这样的一种方式来运用其那独特而优越的理性和道德，使得这种运用不仅有利于人的生存，而且有助于生态系统的稳定和其他生命的繁荣。人应成为良知的体现者，自觉地承担起维护生态平衡的责任。

第二，环境危机的实质是文化和价值问题，而非技术和经济问题。环境问题的实质是价值取向问题，是目标和意义的选择问题。不能只从经济利用的角度来理解人与自然的关系，要认识到自然存在物的非经济价值，特别是它们的精神价值（如审美的、认识的、科学研究的、教育的、心理和精神治疗的、人格塑造的）。

第三，后代拥有的权利和我们拥有的同样多，我们有道德义务留给后代一个适宜于他们生存的自然空间。随着道德的进步，人类目前已经形成了这样的共识：我们不仅对我们的朋友负有义务，也对与我们生存于同一时代的其他陌生人负有义务。当然，对后代的义务并不意味着，当代人不能使用地球上的资源，而是当代人不浪费这些资源，且可以给后代留下足够的资源。"每一代人使用资源的限度是：使资源的循环利用成为可能，或者，即使某种资源被用光了，但不会损害地球产出资源的总能力。"

第四，对人和非人类存在物要区别对待。非人类中心论只主张非人类存在物有权获得道德关心，其并不要求毫无区别地对待人与非人类存在物。应不应该从道德上关心非人类存在物，这是一个性质问题。应该给予多少道德关心，这是一个程度问题——正如我们虽主张人人平等，但并不认为所有人都应获得完全相同的待遇。非人类中心论只主张人与非人类存在物拥有平等的"道德地位"（Moral Standing），但并不认为二者拥有相同的"道德重要性"（Moral Significance）。

第五，人与非人类存在物是一个密不可分的整体。人的生存离不开一个稳定的生态环境，离不开生物的多样性。在生态危机日益严重的今天，人类的利益与其他物种乃至地球的利益已休戚与共、密不可分地相互交织在了一起。维护人的生存，内在地包含了维护作为人的生存根基的生态系统的生存。而保护了生态环境，人的生存也就自然有了保障。

这些共识也可被视为是西方环境伦理学的普遍性因素。这些普遍性因素为我们超越并整合环境伦理学提供了一个可靠的基础。

2. 可持续发展环境伦理观

超越的环境伦理观——可持续发展——的提出，源于全球性的环境危机，是人类对环境问题认识不断深化的结果。

1962 年，美国生物学家卡逊出版了《寂静的春天》一书。该书以惊世骇俗的笔调描绘了滥用农药对未来人类环境的毁灭性影响，提出了人类应与其他生物相协调、共同分享地球的思想，并向被人们奉为圭臬的"控制自然"的观念发起了挑战。

1972 年，以米都斯为首的罗马俱乐部发表了关于人类困境的报告——《增长的极限》。报告指出，如果目前人口和资本的增长模式继续下去，世界将会面临一场"灾难性的崩溃"，为避免这种前景，最好的办法就是限制增长，即实现"零增长"。尽管该报告对世界系统趋势的预测过于简单，并且提供的解决方案本身也缺乏可行性，但它使人们对工业文明发展过程中人与自然不和谐的根源有了更进一步的认识，促使人们认真反思现行的发展观念、发展模式，积极寻求变革的途径。

同年，联合国在瑞典首都斯德哥尔摩召开了第一次"人类与环境会议"，会议通过了《人类环境宣言》，要求人们采取大规模的行动保护环境，使地球成为不仅适合现在人类生活而且也适合将来子孙后代居住的场所。这里已包含了可持续发展思想的萌芽。

1983年，联合国授命挪威首相布伦特兰成立了一个独立的特别委员会，以"可持续发展"为基本纲领，制订了"全球变革日程"。

1987年，布伦特兰领导的世界环境与发展委员会经过三年的努力，发表了长篇报告——《我们共同的未来》。报告首次对可持续发展的概念作了界定："可持续发展是既满足当代人的需要，又不对后代满足其需要的能力构成危害的发展。"

20世纪80年代伊始，联合国针对当代面临的三大挑战——南北问题、裁军与安全、环境与发展——成立了由联邦德国时任总理勃兰特、瑞典时任首相帕尔梅和挪威时任首相布伦特兰为首的三个高级专家委员会。他们分别发表了《共同的危机》《共同的安全》《共同的未来》三个著名的纲领性的文件。他们都一再强调，可持续发展是今后不论是发达国家，还是发展中国家都应采取的发展战略，是整个人类求得生存和发展的唯一可供选择的途径。

从生态学观点看可持续性问题，则集中在生物生理系的稳定性上，在生物物理学家的头脑中，可持续性指的是保持一个健康生态系统的稳定，即应限制对于生态系统的开发。从全球来看，保持生物多样性是关键。

赫尔曼·戴利是系统考虑问题的先驱。他在1991年提出了可持续由三部分组成：①使用可持续再生资源的速度不超过其再生速度；②使用不可再生资源的速度不超过其可再生替代物的开发速度；③污染物的排放速度不超过环境的自净容量。

"可持续发展"这一概念一经提出，即在世界范围内逐步得到认同，并成了大众媒介使用频率最高的词汇之一，这反映了人类对自身以前走过的发展道路的怀疑和抛弃，也反映了人类对今后选择的发展道路和发展目标的憧憬和向往（尽管还比较模糊）。人们逐步认识到了过去的发展道路是不可持续的，唯一可供选择的道路是走可持续发展之路。人类的这一反思是深刻的，反思所得出的结论具有划时代的意义。

可持续发展理论之所以能够如此迅速地被世界各国人民所接受，就在于这个理论坚持发展，坚持发展与环境保护、生态平衡的统一。它是对悲观主义与盲目乐观主义的一种批判继承。"可持续发展"思想，总的来说包含两大方面的内容：一是对传统发展方式的反思和否定；二是对可持续发展模式的理论设计。可持续发展的最广泛的定义和核心思想是：既满足当代人的需要，又不对后代人满足其需要的能力构成危害；人类应享有以与自然相和谐的方式过健康而富有生产成果的生活的权利，并公平地满足今世与后代在发展与环境方面的需求。

这个理论的基本点：一是强调人类追求健康而富有生产成果的生活权利，应当与自然和谐的方式相统一，而不应该凭借着人们手中的技术和投资，采取耗竭资源、破坏生态统一和污染环境的方式来追求这种发展权利的实现；二是强调当代人在创造与追求方面与后代人具有相等的发展机会，不能允许当代人一味地、片面地、自私地为了追求今世的发展与消费，而毫不留情地剥夺后代人本应可以享有的发展与消费的权利。

可持续发展既不是医治社会百病的灵丹妙药，也不是理想主义的空谈，它代表了当今科学对人与环境关系的认识。可持续发展是经济社会发展的一项新战略，它既不同于传统的以"高投入、高消耗、高污染"为特点的经济增长模式，也不是"吃祖宗饭，断子孙路"的虚假的发展，更不是那种停止发展的"零增长"主张。

1989年5月举行的联合国环境规划署第15届理事会，经过反复磋商，通过了《关于可持续发展的声明》。该声明指出，可持续发展意味着维护、合理使用并且提高自然资源基础，意味着在发展计划和政策中纳入对环境的关注和考虑。这就明确地提出了可持续发展和环境保护的关系，即可持续发展和环境保护两者是密不可分的。要实现可持续发展就必须维护和改善人类赖以生存和发展的自然环境，同时，环境保护也离不开可持续发展，环境问题产生于经济发展的过程之中，也要解决于经济发展的过程之中。

可持续发展理论把发展与环境保护相互联系，构成了一个有机的整体。可持续发展理论把环境保护作为它极力追求实现的最基本的目的之一。现代的发展不能脱离环境与资源的发展，科学技术也不能代替环境与资源在社会发展中的作用。

可持续发展理论要求用新的生活方式和消费方式代替传统的生活方式和消费方式。

与此相关，它还要求人类改变对待自然界的传统态度，即人类不能总是从功利的角度出发，把自然界仅仅作为自己改造的对象。而是应该树立全新的现代文化观念，即用生态观念重新调整人与自然的关系，把人类仅仅当作自然界大家庭中的一个普通成员，从而真正建立起人与自然和谐相处的新观念。《我们共同的未来》的作者要求人们，"为了在解决全球问题中成功地取得进步，我们需要发展新的思想方法，建立新的道德价值标准，当然包括建立新的行为方式"。

可持续发展观的核心是公平与和谐。公平包括代际公平以及不同地域、不同人群之间的代内公平；和谐则是指人与自然的和谐，承认自然的生存权和地球有限主义。

代与代之间的公平可持续性的原始涵义是可持续发展的基本目标。但是，代际公平必须以代内平等的实现为前提。代内平等原则是用以调整不平等的国际政治经济秩序、消除世界贫困、寻求共同发展的伦理原则。

解决代际问题的关键在于建立"正义的储存原则"。这个原则就是人与自然和谐的原则，即使，人类的发展行为与环境运动相协调。具体地说就是当代人以及每一代人在满足本代人的生存和发展需要的同时，应当使资源和环境条件保持相对稳定，从而持续供给后代。通过这一原则，我们实际上是把代与代之间的公平问题放到了每一代人内部的实践中来解决。因此，人与自然和谐的原则是可持续发展的根本原则。

传统伦理学研究的是人与人之间的关系，以建立合理的人际道德规范为目标。环境伦理学则在继承传统伦理学内涵的基础上，把其研究范围拓展至人与自然的关系中。它着重研究自然的价值、人在世界中的地位、人对自然的权利和义务的问题（对这些问题的研究构成它的理论部分）。此外，它还研究人对自然的利用、补偿原则等实践问题（对这些问题的研究构成它的应用部分）。

可持续发展事实上意味着将道德关怀的对象由人扩展到人以外的自然界，这便涉及整个伦理学基础的转变问题。因此，从伦理学的发展趋势来看，人际伦理规范必须建立在人与自然和谐的原则之上，并且要受到这一原则的矫正、检验。从这个意义上来说，可持续发展的提出和建设，就是要为环境伦理学寻求更全面、更坚实的理论基础，它预示了一场伦理学的变革。

人与自然和谐的原则是可持续发展的根本原则，代际公平的目标必须通过这一原则来落实。因此，建立可持续发展的环境伦理观，就是要为人与自然和谐的原则寻求价值论的依据，并提出相应的道德规范。

要完成这项工作，首先必须在人和自然的关系上采取一种"整体主义"（Holistic）的立场，把人与自然看作是一个相互依存、相互支持的整体，即共同体。我们可以用两条原则来概括共同体中人与自然的基本关系：

第一条原则是介入原则，即人有正当的理由介入到自然环境之中。因为在构成世界的所有存在物中，只有人具有理性，因而具备从根本上改变环境的能力，他能够破坏环境，也能够改善环境。

第二条原则可以被称为制约原则，即自然环境对人类行为具有制约力。因为，人具有理性，这是事实，但这个事实不足以推论出人是宇宙间的唯一目的，是其他一切自然事物的价值源泉。

人类的存在必须以自然的持续存在为前提，而自然本身又是一个有着复杂的内部关系的有机体，如果要这个有机体持续向外部提供资源的话，在每一个时段内，它所能提供的资源在数量上是有限的，一旦超出这个限度，自然本身的连续性就会遭到破坏，人类身躯的利益最终也会受到损害。这就是我们所说的自然环境对人类行为具有制约力。一方面，人有权利利用自然，通过改变自然资源的物质形态，满足自身的生存需要，但这种权利必须以不改变自然界的基本秩序为限度；另一方面，人又有义务尊重自然存在的事实，保持自然规律的稳定性，在开发自然的同时向自然提供相应的补偿。在此，权利和义务是一种相互制衡的关系，其目的和结果是促成整个共同体的和谐。如此确定权利和义务的范围，是以人与自然之间原本存在着和谐为前提的，而可持续发展思想的提出，针对的则是人与自然的和谐关系已经遭受严重破坏的现实。

总之，在环境保护领域，无论是国内立法还是国际立法，都经历了由人类中心主义环境伦理观向弱人类中心主义环境伦理观的转变，进而直至非人类中心主义环境伦理观的形成。如前所述，这三者皆无法正确反映环境立法，难以成为环境立法的伦理基础。而面对环境危机，人类迫切需要一个能够正确反映环境立法并在其指引下规范自身行为保护生态环境的新型环境伦理观。

这就是超越人类中心主义、弱人类中心主义、非人类中心主义（包括生态女权主义、动物权利论、生物中心论和生态中心论等）的开放的环境伦理观——可持续发展。[1]"可持续发展"嗣后被明确为国际环境法的基本原则之一,[2]成了指导各国经济、社会发展的基本理念。

---

〔1〕 裴广川、林灿铃、陆显禄主编:《环境伦理学》,高等教育出版社 2002 年版,第 62~69 页。

〔2〕 林灿铃:《国际环境法》,人民出版社 2004 年版,第 169 页。

第四章

自然的生存权

"不唯独是人类，生物的物种、生态系、景观等，与人类一样也具有生存的权利，人类不可随意地加以否定。"这就是"自然的生存权"。

第一节　环境的伦理基础

关于自然的生存权问题，我们并不想过"泰山"〔1〕式的生活，而像儒道学说所作的"基于'天人合一'的终极目的，尽管事物是以各种各样的千姿百态而存在，但人类与自然终究是一体的"说明也似乎过于抽象，就是说，所谓"人与自然的一体性（物我合一）"乃是人类本来的生存方式的观点也并非人人都乐意接受。然而，"不仅仅是人类，生物物种、生态系、景观等也都具有生存的权利，不可随意加以否定"的原则，则是比较容易让人接受的。

首先，人是自然的一部分，人应该学会尊重自然。据推测，宇宙形成于100亿年以前，地球所在的太阳系的年龄大约为50亿年。原始生命的出现约在30亿年前，而我们人类的直系祖先——类人猿——出现于约1000万年前，之后，又经过900万年的进化，直到约100万年以前，才诞生了人类。由此可知，人是宇宙演化和生命进化的结果。没有宇宙，没有地球，没有生物，也就没有人类。

其次，地球不仅创造了人类，而且恰到好处地为人类的生存提供了适宜的环境。海洋、陆地和森林的面积比例适当，确保了人类需要的温度、湿度

---

〔1〕　美国作家巴勒斯的冒险小说《人猿泰山》中的主人公。

和气候，破坏这一比例无异于扼杀生命。具有光合作用的生物，通过释放水中的氧，使原始大气中出现了游离氧，从而为人类提供了全优基础。现今，植物的光合作用不仅提供着氧气，而且控制和调解着大气中的二氧化碳浓度，离开了生物圈的光合作用，人类断然不能生存。

最后，人必须改变以自然为对手的逻辑，学会与自然和睦共处。长期以来，人类一直把自然当作可怕的对手，时时加以防范，处处进行较量，改造和征服自然成了响亮的口号，支配和主宰自然成了最激动人心的目标。于是，出现了"让高山低头，叫河水让路"的诗句，发动了向大地、森林、荒山、江湖、太空、海洋、生物的全面讨伐。人创造着越来越多的第二自然，自然的人化已达到难以想象的地步。我们必须明白，整个自然是一种有序的状态，其中存在着恒量的数值比例关系，进行着有条不紊的循环。人只是这个有序世界的一分子，人要向自然索取氧气、粮食、淡水、能源等维系生命的基本物质。从这个意义上来讲，自然是人类的"母亲"。"母亲"有时也会暴跳如雷，但始终哺育着自己的孩子。因此，人类应该尊重自己的母亲。忘掉了母亲的养育之恩，践踏了母亲创造的生存环境，就从根本上破坏了人与自然的关系。

正如《世界自然宪章》所宣示的，人类是自然界的一部分，没有这个自然界，人类就不能生存。人类是环境的组成部分，从这个角度来看，环境的每个组成部分不仅直接关系到人类的价值，而且，还是一个相互关联的系统中不可缺少的要素，必须保护这个系统以确保人类的生存。尽管人类生存这个最高目标仍然是以人为中心，但人类却不再被视为自然界之外或之上的存在，而是与自然界相互联系、相互依赖的一部分。由于自然界中的各个部分都是相互联系的，每一部分都应受到保护，因此，国际环境法的规范既保护人类又保护环境。在此，我们所说的"环境"的总体乃是"生物圈"，[1]是指以各种生命形式为中心的宇宙的一部分，人类通过保护生物圈来保护自己。国际环境保护是通过对生物圈的组成部分（如岩石圈、水圈、气圈）采取保护措施来进行的。因此，环境的要素将由于它们对于人类的重要性、为人类服务而受到保护。当然，环境要素在具有"对于人类的重要性并为人类服务"之特性的同时还具有其内在价值。1982 年的《世界自然宪章》在前言中指

---

〔1〕 参见联合国教科文组织《人与生物圈计划》。

出：“每种生命形式都是独特的，无论对人类的价值如何，都应得到尊重，为了给予其他有机体的这样的承认，人类必须受行为道德准则的约束。”同样，1992 年 6 月 5 日的《生物多样性公约》也承认：“缔约国清楚地知道生物多样性的内在价值。”[1]有越来越多的国际法律文件开始承认环境要素的内在价值。这些都表达了“不唯独是人类，生物的物种、生态系、景观等，与人类一样也具有生存的权利，人类不可随意地加以否定”。

人类是自然的产物并在自然界中生存，自然遭毁灭，人类的生存和发展也将会变成“无源之水，无本之木”。当然，没有人类的生存及其实践，自然界也无法显示它的存在论意义和生存论价值。这就决定了人与自然在本质上存在着一种共存共荣的关系。天地产生了人，人替天地揭示了自然规律、法则。人依天地之则来规定自己的为人法则，就是天人合一，就是顺天道，就是体现天道，就是替天行道——人之道即天之道！人永远离不开天地为人营造的生存环境，这种环境不存在了，天地——地球和它的存在条件——也就不存在了，人类必亡！“人者，天地之心也！”唯有人能揭示天地之奥秘，而人乃天地所育出！所以，我们应充分认识到，在可以预见的未来，人类只能同舟共济。人类是一个整体，尽管生活在不同的主权国家内，但在环境保护问题上，人类必须齐心协力。否则，终有一天，整个人类都将彻底灭绝，就如同现在地球上许多物种已经灭绝一样。地球将重归平静，大自然又会以其在过去亿万年中所显示的创造力重新崛起于人类遗留的废墟之上。人类在此星球上的数千年存活史终将降格为一段插曲——一段毫无结果的插曲。数百年后，我们的足迹就将不复存在。[2]如果真正认识到了这一点，那么可持续发展就是整个人类的最高利益，任何其他利益都不能与之相抵触。可持续发展，是全人类——不分种族、不分地域、不论信仰、不论贫富——的生存法则！

诚然，人类为了更好地生活，理所当然地要改造自然。不可否认，人类征服自然的壮举的确也带来了物质文明的进步，但这种随心所欲的征服行为无疑造成了灾难性的后果。事实证明，人不应以征服和主宰自然为目的，而

---

[1]　参见《生物多样性公约》序言。

[2]　［德］狄特富尔特等编：《人与自然》，周美琪译，生活·读书·新知三联书店 1993 年版，第 11 页。

必须努力寻找两者之间的和谐。因为，自然是"人类母亲"的说法毕竟只能反映两者关系的一方面，自然同时又是顽皮的、难以琢磨的，在人们没有掌握其规律的领域和地方，它也会给人带来麻烦甚至灾难。所以，我们要认识自然、改造自然、兴利除害，使自然能更好地与人类和谐相处，但是人类改造自然的活动必须是科学的、有限度的。所谓科学，就是应当在真正掌握规律的基础上进行改造自然的活动。这里，掌握客观规律不仅指把握某一事物自身的规律，还包括弄清在生态大环境中，该事物与其他事物的联系。所谓有限度，就是应当牢记，尽管人类的创造能力是无限的，但自然却是一个有限、有序的整体。不能凭主观的意愿和热情，把自然无限地人化，那样做，会使本来有合理性的、必要的干预自然的行为走向自己的反面。

科学地改造自然，是调整人与自然关系的重要一步，然而这一步并没有超出传统的自然观。因为从根本上讲，改造自然本身乃是一种着眼于自然的直接有用性的行为，它仍然以人与自然的分离和对立为前提。现在人类应当做的是，积极地保护自然，努力恢复和保护正常的生态平衡。为此，甚至需要在一定意义上牺牲人类的某些物质利益，改变自己的某些生活方式和习惯。这样做，绝不是要消极地适应自然，而是为了寻求与自然的和谐相处。我们必须真正懂得，自然的无比丰富性不仅为人类生存提供了有用的资料，而且蕴含了人的全面发展所需要的许多要素，因此，保护自然就是保护人类，追求和谐就是追求人自身的全面发展。在物质文明已空前发达，人与自然的关系已空前全面的信息社会，实现人与自然的融合与全面协调并不是向古代的简单复归，而是现代文明的呼唤，是人与自然关系的真正的人道主义归宿。所以，我们须遵循一些基本原则。

第二节　人与自然的和谐共存

人既不在自然界之上，也不在自然界之外，人包括在自然界的整体之中，自然界是人类生命的源泉和价值的源泉，人类必须学会尊重自然、保护自然。对自然界整体性的爱惜和重视，对生态平衡的爱惜和重视，对各种生物种群的爱惜和重视，对地球上不可再生资源的爱惜和重视，都是持续生存伦理所要求的。

对自然界的爱是人们保护环境的重要动因，人们只有产生了对自然界和生命的爱才能够去热爱自然。而热爱自然则是人类合理利用自然，防止环境恶化，建立人与自然和谐共存关系的必要前提。

一、环境伦理学中的"荒野"

从 20 世纪 60 年代开始的全球环境危机，使人类不得不正视生与死的抉择。汹涌而至的环境危机给人类带来的刻不容缓的思考必然涉及哲学和伦理学。通过逐渐的积累，1979 年，关于环境伦理学研究的国际性学术杂志《环境伦理学》（*Environmental Ethics*）创刊，同时，还有一系列有关环境伦理学研究的著作问世。自此，环境伦理学研究领域便有了良好的讨论关于自然（荒野）之价值的研讨氛围。[1]

（一）荒野的价值

在关于荒野之价值的讨论过程中，产生了以下几种具有代表性的观点：

一种观点是从自然保护的角度来考虑自然的价值，以人类为中心，从人类利用自然所具有的价值角度出发。其观点是：自然正是因为可被人类利用才有其价值，也正因为有价值才要保护。与此相对的另一观点是：即使自然不被人类利用，其依然具有内在价值，是人类敬畏、惊叹之对象。这一"内在价值"是自然的内在"美"。也就是说，不论人类是否利用自然，从美学的观点来看，自然的内在价值都是不能被否定的。其概念中包含了"荒野"这一内核。如：人身处于荒野之中就能感受到宗教般的庄严；自然除了被人类利用之外有其精神方面的价值。这一"内在价值"概念确实脱离了旧有的人类"中心说"，脱离了"利用"，但它还是将人类置于其间来谈自然之价值。所以说，这一对自然价值的评价可以说包含了精神因素，是以功利主义的价值为基础的。

有人对上述观点提出了不同看法：自然有其"本质的价值"，有其超越人类之利用的、存在于包括人类之外的生物及无生命物质等各种平等关系之中的价值，应该被尊重。即认为：自然除被人类利用、被人类寄予各种精神之外，有其更为本质的价值。作为这一概念的实例就是"荒野"。也就是说：原始自然是独立于人类而存在的，是有其自身价值的。

---

[1] Eugene C. Hargrove, *Foundations of Environmental Ethics*, *Prentice - Hall*, 1989, and Rolston, Ⅲ, *Homes*: *Environ-mental Ethics*, Temple University Press, 1988.

（二）作为一般概念的"荒野"

不仅是传统的环境伦理学，就是标榜"自我实现"和"以生命为中心之平等"的内在生态学也因其重视精神性而将在"荒野"中的野性实践作为其重要因素，而使"荒野"概念在其思想中占有重要位置。从这一意义上讲，当"荒野"概念脱离人类中心主义，出现在非人类中心主义的环境思想中时，其概念还是作为理论的核心存在的。

现今，保护原始自然已在世界上成为自然保护的常识。建立美国式的世界公园（国家公园）那样的保护区已成为自然保护措施中的主要形式，并且正在世界各地推行。这样的措施产生于保护原始自然的想法，"荒野"这一有其本质价值的观念则是这一想法的背景所在。

基于这一观念而采取的各种措施并非是在哪里都能被立即接受的。世界公园（国家公园）的设立在各地也不是一帆风顺的。美国虽然于1964年就通过了《原始自然保护法》，自然保护的观念在美国看似根深蒂固，但从进一步国际化的观点来看，我们还是有必要重新认识"荒野"这一概念。

关于"荒野"概念与非西方社会的关系问题，有这样一个例子。在日本，曾经有三位从事环境问题的新闻工作者就地球环境问题作过讨论。其中他们就"非荒野概念的自然"作了如下讨论：以神社这一神圣的区域与其周边的自然相比较，就很难理解原始自然。也就是说，日本只有"支离破碎"的自然观，因为其本来就没有"荒野"这一概念。这种意识表明，这三位新闻记者怀疑日本的自然保护运动，怀疑日本人是否能持久地拥有物种多样性的想法。考虑环境问题时，其重要的支点就是"荒野"这一普遍的价值观念。这里的疑问就是，在这一前提下没有上述观念的日本人是否能在真正的意义上将自然保护思想融入自己的思想之中？

诚然，"荒野"的概念确实是先在欧美环境伦理学、环境思想中占有重要位置，而后才慢慢地为国际社会所理解的。像日本那样没有"荒野"之自然概念的地区并不少，因此，在考虑解决全球范围的环境问题时，有必要将这一概念相对化，重新研究以保护"荒野"的自然形式来解决环境问题是否切实有效，并以"荒野"概念的历史性变迁过程为中心来阐明现代自然保护思想的形成过程。

涉及"荒野"概念的重要文献有很多，但都是从历史的角度来阐述有价值之"荒野"的概念在美国是如何形成的。这些文献也认识到了这一概念在美国这一地区的特异性，但并没有分析、解释其意义。另外，印度的格豪（音译）就"荒野"概念提出了尖锐的批评，引起了国际社会的强烈反响。

（三）"荒野"一词的原本含义

在西方社会，"荒野"一词原本是含有否定意义的。

《圣经》中有近 300 个关于"荒野"的用例，译成中文基本都是"荒野"。"荒野"给人的印象是荒凉、可怕的所在，没有农耕、没有秩序，其中的野生动物则是恶魔的帮凶。然而，从另一个角度来讲，我们也可以从"荒野"中捕捉到某种积极的因素。那就是在"荒野"中，人可以不受俗世的干扰，能更为清楚地感受"神明"。[1]

此外，在基督教禁欲的传统中，人们认为：隐居者在广漠的"荒野"中自由地过着天使般的快乐生活；沙漠是与生物界相协调的幸福王国，野生动物也是乐园的居民，在隐居者和修道士身边过着恬静的生活。即在《圣经》中，"荒野"一方面是应该加以秩序化的、含有否定意义的场所，另一方面又是避难和冥想的所在，是天堂、是乐园。但后者给人以"异界"的印象，这一印象在各地区和各民族中普遍地存在着。[2]

关于两者的关系，纳什是以发展的眼光去看待的。他认为：希伯来人的传统中是并不留恋荒野的，但自从有了被埃及人赶出国门的经历之后，他们就在将"荒野"作为净化信仰和复活的场所了。"荒野"被作为"异界"时，这种说法具有不通之处，正如伊·夫·杜安所指出的那样，在基督教的主流中，两者之中的前者是更为一般的认识，这种认识可能更为恰当。西方社会中的"荒野"概念就是以这种形式形成的。

在西方社会，美国是以"荒野"概念为中心的环境思想的发源地，笔者在后文中讲述"荒野"概念的变迁时将特别注意美国。

对于 18 世纪中叶以后的初期开拓者来说，森林是令人讨厌的、难以接近的和可怕的。"森林"和"荒野"乃属同一意义的概念，是野生动物的居所，应该将树木伐倒、放火烧荒、耕种放牧。这种想法当然也来自拓荒者，对于拓荒者来说，"荒野"是他们为了生计必须逾越的障碍，因为"荒野"会不

---

[1]　[日]伊東俊太郎編集：『環境倫理と環境教育』，朝倉書店 1997 年版，第 208 頁。
[2]　例如：归隐山林，避居桃园等。

断地给他们的生活带来威胁。

但这种感觉在很大程度上起源于犹太教徒的经验，来自他们被埃及人赶出国门、要在新的世界安定下来开垦荒地的心情。他们要在那儿建立新的伊甸园，寻回失去的乐土，他们确信自己能在新的世界开创教会的新时代。当时，他们对于自然的奇异没有特别的感觉。

活跃于 17 世纪后半期的埃利奥特认为："荒野"只有严酷的劳动、贫乏及诱惑。马瑟认为："荒野"充满危险，到处是恶魔、飞龙和火练蛇，是反基督教的帝国，但北美的"荒野"则被认为是按神的旨意，保护改革派教会的避难所。

（四）"荒野"概念的新含义

18 世纪末，上述否定性评价被推翻了。

浪漫主义赋予了"森林"与"荒野"以新的意义。特别是美国东海岸那些具有文学艺术倾向的绅士阶层，他们爱好欧洲的自然神论哲学家及自然诗人的著作，用旅行者的眼光看待原生自然。这一感觉与将原生自然看作障碍的拓荒者的感觉有很大的差异。东部的人们甚至对于原生自然的迅速消亡抱有危机感。

与此同时，美国的爱国情感又加剧了这种感觉。独立战争以后，人们不断追寻具有美国特性的东西。与欧洲相比，那广阔的未被开垦的土地、无边无际的"荒野"，才真正具有美国特色。于是乎，"荒野"便成了爱国者所热爱的对象。

奥杜邦为寻找鸟类而踏遍美国，他于 1827～1838 年将此经历描写成册，出版了《美国鸟类》一书。这被认为是将对美新开拓地的向往付诸行动的典范。奥杜邦协会的名称就由此而来。另外，在文学界也出现了给森林景观以新的评价的现象，在美国式的憧憬中酝酿出了骄傲与信赖契机，如布赖恩特的《森林赞歌》以及欧文的作品。在绘画方面，1830 年到 19 世纪 40 年代，哈得逊河画派的科尔则将美国的原始自然作为世界的最初形状、具有深刻精神的东西来加以表现。

美国的史学家特纳有个著名的论点，即：新开拓地、西边广袤的自由大地孕育着美国社会所特有的多彩画面，如民主主义、个人主义等。由此而言，美国的民主主义乃产生于美国的森林，而从这个意义上来说，"荒野"乃是

"美国特性"的源泉。[1]

在这一背景下，形成了在美国具有很大势力的超验主义者思潮。其代表人物——思想家爱默生——于 1836 年发表了《自然》这一论著，认为自然是人类想象力的源泉，而且还反映了人类的精神。他主张人类的精神与自然有着密切的关系。这在当时对新英格兰的年轻一代产生了很大的影响。

梭罗就是在大学时代接触到这一论点的。受爱默生讲演的影响，梭罗大学毕业后曾一度寄居于爱默生家，从事超验主义者的核心刊物《日晷》的编辑工作。1845 年 7 月 1 日，他在居住地康科德以南 1 英里半的沃尔登池畔建起了森林小屋，在那儿生活了 2 年 2 个月。他将在那里的生活记录下来，并描写了那里的自然、动植物的生态情况及他的所思所想，整理成了《沃尔登——林中生活》，于 1854 年出版。在该书中，他否定了爱默生思想中所包含的概念，认为自然本身是不完整的，不承认其有自身价值，认为人类对自然具有支配地位。他认为，人置身于自然之中，是通过直观的方法，而不是理性和科学的方法，直接与渗透于自然界万物之中的上帝交流，去观察人类的精神。由此，他进入了另一新的境地。

应该指出，这一思想在启蒙主义盛行的近代，在以近代化为前提的浪漫主义思想中有所体现，尽管这两种思想感情在表面上看来是相反的。这种思想的接受者是那些生活在都市中、作为旅行者在感叹"自然正在消失的"人们，而不是那些与"荒野"相处而生的拓荒者。

"荒野"概念的大转变到 19 世纪末又有了新的发展，那时的美国，城市得到了进一步的发展，实际上已无新的拓荒地了。

"荒野"可以使人联想到新拓荒地和拓荒者的过去，联想到美国的特性；它是孕育强壮和男子精神的环境。都市和田园的扩大，乍看起来，当然是与赞美"荒野"相矛盾的。但正因如此，对荒野的保护才被意味深长地提出来。提出"保护""保存"本身就说明其保护的对象正在消失。正如梭罗哲学所显示的那样，其思想包括着两个侧面，认为文明的效用与对"荒野"的赞美都是必要的。

（五）"荒野保存"概念的起源及其流派

在被重新评价的"荒野"后来的变化以及目前以"保存荒野"为支柱的

---

　　[1]　参见 [日] 冈田泰男：『処女地と開拓者——アメリカ西進の運動研究』，東京大学出版会 1994 年版。

自然保护思想的确立过程中，最初扮演重要角色的是既是外交官又是学者的马什。他于 1864 年出版了《人类与自然》一书，就自然的协调性、复杂性、稳定性及人类对自然的破坏性影响作了广泛论述。他指出：人类细微的行动也会对自然那复杂的协调性带来不可估量的影响。他首次公开提出了保护自然的概念。他在书中强调人与自然相互结合，指出自然的价值并不只是能提供林木这样的经济价值，它还有娱乐价值、景观价值、审美价值等，从这一意义上强调了保护"荒野"的重要性。

在浪漫主义的背景下，有些学者强烈主张保护"荒野"，强调"荒野"有调节过于工业化的生活的娱乐作用。其中著名的代表人物有缪尔，他与当时提倡森林管理的代表人物平肖形成了鲜明的对比。他深受爱默生和梭罗的影响，大学中途退学后，其一直在加拿大和墨西哥湾旅游，1868 年进入内华达山脉的约塞米蒂山谷，被那儿的自然所吸引，开始了争取将这一地区设为自然保护区的运动，并取得了成果——美国于 1890 年设立了约塞米蒂国家公园。为了保护那里的自然，他创设了"峰峦俱乐部"，该俱乐部目前仍是世界上为数不多的环境保护团体之一。

缪尔曾与爱默生会面并交谈过，他深受爱默生超验主义思想的影响，这在其对自然的认识上都有所体现。他认为，不仅是动植物，就连岩石、水等自然物质也有神灵之光辉。这体现在他的《第一个峰峦之夏》等许多著作中，该书对此后的自然保护运动产生了很大的影响。

约塞米蒂世界公园（国家公园）的设立不仅与缪尔等"保存"论者有关，还与"保全"论者的活动有很大的关系。人们认为，约塞米蒂世界公园地区的水利稳定对圣霍瓦金（音译）溪谷地带的农业开发十分重要，有些人是出于这样的功利主义目的而支持设立约塞米蒂世界公园的。

"保全"与"保存"两种思想当然也有对立之时。最为典型的就是黑齐·黑齐伊溪谷保护问题，其作为两种思想对立的象征经常被人提起。

19 世纪末至 20 世纪初，为解决水的慢性不足，圣弗兰西斯科市（三藩市）计划在黑齐·黑齐伊溪谷建大坝，以便建设水力发电站，并向政府提出了建设申请。1908 年，联邦政府的内务部长受理了这一申请。于是，争论开始了。那时，"保存"派的主要战斗员是缪尔。他向以前曾邀请他一起走访约塞米蒂的罗斯福总统写信，反对人类向原始自然伸手。另一方的主要战斗员则是平肖，他基于"保全"的基本原则——适当管理的同时巧妙地利用——

支持建坝。双方进行了长年的论战，在参议院的公证会上进行了辩论，最后以美国在 1913 年批准建坝告终。"保存"派在与"保全"派的对立中吃了败仗。

20 世纪 20 年代，由于汽车业的发展，美国人开始能够轻松地进入森林去消遣。

在这种情况下，马歇尔将森林的价值分为了四部分：一是肉体价值，即与人类健康直接相关之价值；二是精神价值，即躲开喧闹生活，得以休息身心及促进人类独立思考的价值；三是美的价值；四是"荒野"的本质价值。他赞颂"荒野"，并指出：凭借汽车去森林消遣的人在与日俱增，这是对无可替代的"荒野"价值的漠视。[1]正是在这一观点的指引下，新的环境保护团体"荒野协会"成立了。

这样，"荒野"的概念在评价其效用、使用价值的过程中形成了，在这一过程中，人们终于认定"荒野"本身有其价值，应该加以保存。在这种情况下，有些人便尝试着继承和发展缪尔在黑齐·黑齐伊论战中大声疾呼却未能取得成果的"保存"思想。其主要代表人物是利奥波德。

（六）利奥波德的非人类中心主义——整体的荒野保护

利奥波德是位森林管理专家，他不但参与了以马歇尔思想设立的"荒野协会"的组织工作，还一直研究"荒野"并不断提出其想法。他最终提出了大地伦理学，其思想被后人广为吸取，成了环境思想中非人类中心主义思想的先驱。人们评价并称颂他的思想乃是制定于 1964 年的《原始自然保护法》的思想源泉。

在此，我们将沿着他的足迹来追寻非人类中心主义的思想，以便研究其意义所在。

利奥波德于 1877 年出生于艾奥瓦州的波林顿市，在耶鲁大学获得森林研究院硕士后，其作为森林官从事管理猎物、加强狩猎季节制、消灭有害动物、设立保护区等工作。

他于 1921 年首次公开就自然保护发表言论。此前，有许多人就关于成立世界公园的"荒野"保护发表过意见，但以国有森林中的自然保护为主题的还是首次。他阐述说："许多人希望有公路和避暑旅馆，这只是用于消遣，要

---

〔1〕　Robert Marshall, *The Problem of the Wilderness*, Scientific Monthly, 1930.

高效利用则必须保存荒野。"另外，他还指出，"荒野"已只在少部分地区残存。

1924 年，他曾一度出任威斯康星州麦迪逊森林产物实验所的副所长。在此后的 1925 年的论文中，他作了如下阐述："荒野就是那些处于原始状态的地区，在那儿，旅行者能以开拓时代的用马等动物运动、使用独木舟等原始的生存方式作消遣。因此，荒野是资源，同时，其价值因地而异，十分多样，只能相对而论。"[1]他保护"荒野"的理由与欧洲不同，其是为了保护、保存自由的狩猎和垂钓，也就是为了保护美国的独特性，即保存公共的"荒野"基础。

在此看来，利奥波德保护"荒野"的观点来自美国独特的娱乐消遣观念，至少在 20 世纪 30 年代是这样的。其主要目的是要确保始自开拓时代的狩猎、垂钓等高级娱乐。1928 年，他辞去森林产物实验所的工作，专门致力于猎物经营管理科学化、职业化的工作。1933 年，他成了威斯康星大学农业经济学猎物管理学讲座的第一位教授，发表了《猎物管理》（*Game Management*），从管理狩猎对象鹿的数量等"猎物管理的构思"出发，主张包括消灭"有害动物"等形式在内的森林管理方式。

1935 年，他在卡尔·舒尔茨财团的援助下赴德国和捷克研究欧洲有关狩猎鸟兽管理行政的情况。视察时，他对德国的恒续林及鹿的管理十分失望。他在总结此次旅行的论文中，将德国的森林发展分为 1810 年至 1914 年的桧树时代和 1914 年至 1935 年的恒续林时代。他指出："在恒续林这一德国林业学上光辉纪念碑式的森林中，鹿分布过多，相当程度上依赖于人工管理，而土壤的病理也在发展，树根都裸露在土壤之上。"

另一方面，罗伯特·马歇尔为保护濒临危机的"荒野"、扩大其范围而设想成立致力于保存"荒野"的新团体，并于 1934 年 10 月开始活动。10 月 25 日，马歇尔致信利奥波德，劝其成为新团体的 6 位创始人之一。利奥波德参与了 1935 年"荒野协会"的成立工作。

以此事为契机，他有关自然保护的想法发生了很大的变化：他重新考虑了人工自然保护的弊病。此前的自然保护管理是以获得更多猎物为目的的，

---

〔1〕 Aldo Leopold, "Wilderness as a form of Land Use", *J. Land and Public Utility Economics*, 1, pp. 398~404, 1925.

认为管理样式统一，弊病就少。但此后，他认为应该将栖息在该地区的全体生物都纳入管理范围，尊重其多样性。另外，他认为土地是一个有机的整体，土地的健康十分重要，令有病的土地状况与健康的土地作了对比。他认为，在完好的"荒野"里，生物圈是协调的，是处于平衡状态的；生物集团不应该被作为猎物来考虑，而应该作为原生生物来考虑。他的这些想法不断地在演讲中公开。

这些想法都归纳在他逝世后一年（即 1949 年）出版的《沙乡年鉴》[1] 之中。

他认为，依照历来的伦理运转着的共同体应包括土壤、水、植物、动物，也就是说，应扩大到集结了上述物质的"大地"，这才是进化之路。他提倡大地伦理学，就是重视保护"陆地"这一生命圈共同体整体稳定与美观的、立足于整体观的伦理。

利奥波德的这种思想得到了社会的高度评价，这对理解"荒野"产生了很大的影响。如艾伊林评价称："利奥波德给了我们两大遗产：①作为森林官员、作为猎人、作为野外工作者，给了我们"荒野"的概念；②给了我们理解、保存"荒野"的生态观。"[2] 创立世界公园，保存共有的"荒野"在某种程度上正成为可能，但关于国有林，尚需利用聪明的做法来加以保护以达到保存"荒野"的目的。作为森林官的利奥波德正好提出了这个想法。

（七）荒野——历史性再评价

"荒野"含义的转变以及"荒野"保护思想的深化是在美国森林管理的思想与实践中得以发展的。美国人在"荒野"中发现了具有爱国思想的一面，而这也是促使其发展的原因之一。发现"荒野"，找出其中的意义并加以认可，这在西方社会中也仅限于美国，这一点与"荒野"思想得以在美国进一步深化发展不无关系。"荒野"是没有人类痕迹的自然。从这一观点来看，美国自然中也有不能被称为"荒野"的部分，在被认为是"荒野"的地区中，有些是极为严寒的，那里生活着土著美国人。其中有名的就是内华达的约塞米蒂山谷，那里生活着印第安人。这些地区在美国的公有地政策下被划入国

---

〔1〕　Aldo Leopold, *A Sand Country Almanac: And Sketches Here and There*, 1949.

〔2〕　C. W. Alin, *The Leopold Legacy and Amercan Wilderness in Aldo Leopold: The Man and His Legacy*, 1987.

有，但开拓者们却拥有私有权，两面三刀，互相矛盾。其中一部分被划为世界公园。卡特林在其第一个世界公园的设想中认为，土著美国人的生活也是其要保存的对象，认为这也是自然的一环，但实际上在黄石公园成立时，却被无视了。

布卢姆在《美国精神的终结》中指出了在美国社会中共存的、与人类及自然相关的两大矛盾。洛克主义使我们对私有财产与自由市场的追求正当化，给我们以权利感，教导人们去适应市民社会；而卢梭主义在论述什么是人生、如何使伤口愈合时，试图在社会与消失的自然间建立某种通道。两者的思想都是以自然与近代社会的区别为基础的，都认为自然是原生的自然，是没有人类的自然界，是没有人的痕迹的自然。自然是将人类从严酷的贫乏中解救出来的原料，而人类正在污染着自然界。农夫们并没有用浪漫的眼光看待美国的树木、原野和小河，他们认为树木必须采伐，原野必须翻耕以多产粮食，驱动机器所需的东西也必须挖掘，小河必须用于灌溉或作为动力源。而"峰峦俱乐部"等自然保护团体则主张防止盲目性地向自然进军。有些人认为自然即原料，没有人类的劳动则毫无价值；而有些人则认为自然有其更为高贵、更为圣洁的价值，从而提倡保护动物以防灭绝，赞美避孕药、拥护堕胎。在这些对立的观点、情感的共存之中，美国精神似乎已经被宣告终结了。[1]

这一矛盾的提出，对于研究"荒野"价值的美国式变异很有意义。保护"荒野"的理念到底是否有普遍性？荒野的概念是在美国的历史环境中、在西方近代历史氛围中被发现、被深化的，将它作为先验性的普遍概念来考虑时，我们有必要作些保留。而如果我们针对这种普遍的概念是如何形成的这一点来做出历史评价的话，其又好像是一种辉格党党员史观。

人们企求保护自然并想使之成为正当行为，为此而形成了环境伦理思想，在这种情况下，我们有必要从历史、文化的角度研讨形成这些思想的基础概念。但以前的思想史分析并不是以这种形式进行的，而主要是记述"荒野"先天价值的发现及其概念的进化过程。古之纳什的《荒野与美国精神》如此，最近的艾尔什莱伊的《荒野观念》的基本历史观也是如此。

但如本节所说的那样，在本来含有否定含义的"荒野"概念逐渐转变为积极意义的过程中，给予这一转变以影响的是浪漫主义的心情，而其中重要

---

〔1〕 Allan Bloom, *The Closing of the American Mind*, Simon & Schuster, 1987.

的思想并不是生活在那些地区的人们的思想，而是来自城市地区的旅行者的思想，是他们从他们的视角称颂"荒野"。这里不包含开拓者们的心情，也不包括土著人那与自然关系密切的生活。从这一意义上来讲，将这一概念作为普遍的东西来对待应该慎重，至少从历史的、文化的意义上来讲，这一概念是在特定的氛围中出现的。

对于利奥波德，我们不能单从其晚年的大地伦理学思想的角度进行评价，还要将其作为森林官，从其从事猎物管理时代的角度进行重新评价。对于他的森林管理，应该注重其有关猎物——鹿——的管理的手法及思想深化等观点。当然，更值得注意的是：这些观点的结果是出现了大地伦理学这一全新的思想。但这些思想的基础是在指出鹿管理的失败的同时提出了更有效的管理方法。更为重要的是：猎鹿并非居住在那里的人们为生活而进行的，而是西方社会的传统，对于美洲地区的自然和居住在那里的人们来说则是外来传统。以此看来，这于生活没有什么意义。

当然，在其后的发展过程中，特别是对于荒野协会在美国社会中的作用、荒野法的制定及自然保护的进展，利奥波德的思想起了很大的作用。但是，在第三世界，在移植美国式的国家公园的过程中，失败的例子却不少。这一"荒野"思想并不普遍有效的例子也比比皆是。

印度的顾豪于1989年指出："荒野概念虽然重要，但在第三世界体系中，与环境破坏问题之间还没有因果性的关系。"他指出："第三世界环境破坏的原因是先进国家及第三世界城市中的人们之过分消费或军事上的问题，仅用自然环境和人类这种两分法之对立的模式来理解是不行的。"他认为："先进国家的环境主义者将'荒野'之概念引入的结果是将导致忽视那些必须予以理解的问题，如土壤流失、大气及水质污染、粮食的安全性、贫困等；作为结果，拘泥于荒野概念是有害的。"本来，在印度，人与自然的关系本来就与美国的完全不同；印度的人与自然之关系自古以来就更为密切，人口也较美国而言更为稠密，更不存在美国人作为开拓地而开发的"荒野"。

这一论点引起了争论，诸如：应该如何将土著民族之思想与"荒野"概念结合起来考虑等。事实上，至少在现在的非西方社会，特别是第三世界，以人类与自然这种单纯的二分法为基础，仅讨论是否以人类为中心是不可能建立起包含土著民族思想的环境伦理观的。

综上所述，"荒野"概念作为有其自身价值的概念无论从历史角度还是从区域角度都并不普遍；这一概念的出现有其时代性和地区性。"荒野"并不是具有普遍价值的环境伦理概念，它是以"人与自然的密切关系"为基轴，谋求新的环境伦理的概念。人类尚未涉足的原生自然确实还有不少，但就目前的地球而言，"自然"（即便是原生自然）大都以某种形式与人们的生活相关联。

二、人与自然

人与自然的关系，是人类所面临的又一必须解决好的最基本的问题。今天，随着人类所赖以生存的生态系统遭到越来越严重的破坏和环境危机的日益加深，人们已经越来越清醒地认识到，环境污染和生态失衡问题的解决，不能仅仅依赖于经济和法律手段，还必须同时诉诸伦理信念。只有从价值观上摆正了大自然的位置，并在人与自然之间建立起一种新型的伦理关系，人们才能明确地认识到人对自然的责任和义务，把尊重和爱护自然的意识融入自己的行动中，生态环境问题才有可能从根本上得到解决。人们日益认识到：地球并不是只为人类准备的，地球的生存目的并不必然地与人类的目的一致，如何实现人与自然的协同发展已成为我们这个时代最受关注的问题。倡导一种尊重自然、善待自然的伦理态度是我们的文明得以持续的基础。

在我们的历史上，任何文化都或明或暗地拥有某种关于自然的观念。迄今为止，工业文明所建立的一切都是在自然环境中取得或者发展起来的。现代人的生活虽然充满了人工色彩，但是仍然依赖于自然生态系统。这个系统中的所有资源，如土壤、空气、水、气候等，对于人来说都是生死攸关的。人类文明和大自然的命运已经互相交织在一起，就如同心灵与身体密不可分一样。今天，我们更应该认识到，人类已经不可能像征服者那样对自然发号施令了。只有维护自然系统的稳定与和谐，才能保证人类生存的幸福和繁荣。在人类作用于自然的力量迅速增长的条件下，人类更应当自觉地充任自然稳定与和谐的调解者。由自然的征服者转变为自然的自觉调节者，这是一次深刻的角色转换。人类需要一种新的伦理学，以便为人类适应这种新的角色建立起系统的道德准则和行为规范，实现这一角色的转换不仅需要道德的力量，更需要强制性的政策法律。

"仁者，以天地万物为一体。"[1]自然界与人类是一个大生命体，痛痒相

---

[1] 参见北宋理学的奠基者程颢、程颐之弟子集二人言论所编《二程遗书》。

关，休戚与共。《庄子·知北游》讲到"故万物一也……通天下一气耳，圣人故贵一"；《庄子·齐物论》提出"天地与我并生，而万物与我为一""道通为一"；《庄子·秋水》又强调"以道观之，物无贵贱"。可以看出，庄子认为万物都是浑然一体的，并且在不断地向其对立面转化，人之本性与万物之本性系于同一个"道"，不应将人与自然对立起来；天道贵生不是仅仅限于某一个个体的生命或者人类的生命，而是以整个自然界万事万物的生命为贵。

人类是自然的产物并在自然界中生存，是环境的组成部分，自然界与人类是同呼吸、共命运的统一体。人既不在自然界之上，也不在自然界之外，人包括在自然界的整体之中，自然界是人类生命的源泉和价值的源泉。从这个角度来看，环境的每个组成部分不仅具有直接关系到人类的价值，而且，还是一个相互关联的系统中不可缺少的要素，必须保护这个系统以确保人类的生存。没有这个自然界，人类就不能生存。生命有赖于自然系统的功能维持，以保证能源和养料的供应。文明起源于自然，自然塑造了人类的文化，一切艺术和科学成就都受到自然的影响，人类与大自然和谐相处，才有最好的机会发挥创造力和得到休息与娱乐……[1]人与自然在本质上存在着一种共存共荣的关系。

人类从自然状态一进入社会状态，便发生了巨大的变化，在其行为中，正义代替了本能，从而使他们的行为具有了此前所没有的道德性，只是在义务的呼声代替了生理的冲动和权利代替了贪欲的时候，此前只关心自己的人发现其今后不得不按照其他的原则行事，即在听从天性驱使前其先要问一问理性。尽管在这种状态中其失去了其从自然界中得到的一些好处，但其也得到了许多巨大的收获，其能力得到了锻炼和发展，眼界开阔了，感情高尚了，其整个心灵提升到了如此之高的程度，以致如果不是由于滥用这种新的状态而使往往堕落到比原先的状态还遭的地步的话，其将无限感激使其进入社会状态的那一幸福的时刻，因为正是从这个时刻起，其从一个愚昧的和能力有限的动物变成了一个聪明的生物，变成了一个人。[2]

地球不仅创造了人类，而且恰到好处地为人类的生存提供了适宜的环境。海洋、陆地和森林面积比例适当，确保了人类需要的温度、湿度和气候，破

---

〔1〕　参见《世界自然宪章》（1982 年 10 月 28 日联大通过）"序言"。

〔2〕　［法］卢梭：《社会契约论》，何兆武译，商务印书馆 2011 年版，第 24 页。

坏了这一比例，就无异于扼杀生命。具有光合作用的生物，通过释放水中的氧，使原始大气中出现了游离氧，从而为人类提供了全优基础。现今，植物的光合作用不仅提供着氧气，而且控制和调解着大气中的二氧化碳浓度，离开了生物圈的光合作用，人类断然不能生存。人是宇宙演化和生命进化的结果。没有宇宙，没有地球，没有生物，也就没有人类。整个自然是一种有序的状态，其中存在着恒量的数值比例关系，进行着有条不紊的循环。人只是这有序世界中的一分子，人要向自然索取氧气、粮食、淡水、能源等维系生命的基本物质。从这个意义上来讲，自然是人类的"母亲"。人类应该尊重自己的母亲。忘掉了母亲的养育之恩，践踏了母亲创造的生存环境，就从根本上破坏了人与自然的关系。所以，我们必须尊重自然。[1] 为此，人类必须改变以自然为对手的逻辑，学会与自然和睦相处。长期以来，人类一直把自然作为征服的对象，以支配和主宰自然作为目标。于是，出现了"让高山低头，叫河流改道"的诗句，发动了向大地、森林、荒山、江湖、太空、海洋、生物的全面讨伐。无可否认，人类征服自然的壮举带来了物质文明的进步，但这种随心所欲的征服却造成了灾难性的后果。事实证明，人不应以征服和主宰自然为目的，而必须努力、积极地保护自然，努力维持生态平衡。为此，甚至需要在一定意义上牺牲人类的某些物质利益，改变自己的某些生活方式和习惯。我们必须真正懂得，自然的无比丰富性不仅为人类生存提供了有用的资料，而且蕴含着人的全面发展所需要的许多要素。因此，保护自然就是保护人类，追求和谐就是追求人自身的全面发展。这样做，绝不是要消极地适应自然，不是向古代的简单复归，而是为了寻求与自然的和谐相处，实现人与自然的融合与全面协调，这是现代文明的呼唤，是人与自然关系的真正的人道主义的归宿。

地球上的生命（包括人类）的生存和发展，都有赖于生态系统的稳定，依赖于自然系统的功能多样性。地球上的生命支持系统可以调节气候、水流，

---

〔1〕 正如"生态女权主义"所强调的：倡导在关怀、热爱、友谊、信任、适当互惠等价值观的指导下，去建立人与自然的新关系。自然哺育了人类，母亲抚育了孩子，女性创造生命抚育生命的经历，使她们在对生命的理解上比男性更有优势。她们的心态更适合于思考人与大自然的关系，更容易与自然保持最亲密的认同关系。而在女性身上表现出来的爱护生命、同情心、责任感、牺牲精神对于环境伦理学所倡导的善待自然的道德要求是相通的，人类应将此推及非人类存在物，用关怀、热爱、友谊、信任、适当互惠，来建立人与自然的新关系。参见裴广川、林灿铃、陆显禄主编：《环境伦理学》，高等教育出版社2002年版，第48~49页。

清洁大气和水，调节循环基本元素，创造并再生土壤，使生态系统得到更新，为生命创造适宜生存的生态过程。保护地球的生命力，就是要确立地球是一切生命的家园、根源的观念，既要谨慎、明智地利用自然资源，又要关注和尊重地球生态，控制使用对生物圈的物质大循环和小循环有破坏作用的物质元素，要按照生态学和环境科学所揭示的生态系统的基本规律和内在关系，使我们的衣、食、住、行等需要能与生物圈的其他系统保持平衡。维持人类的持续生存，保护地球的生命力，离不开对生物多样性的保护。保护生物多样性不仅是对人类与各种生命形式和生态系统的相互关系的一种生物科学管理上的要求，而且也是环境道德上的要求，其目的是使生物多样性为当代人提供最大的利益，并保持满足后代需求的潜力。然而，残酷的现实是，20世纪以来，作为人类生存基础的生物多样性，无论是其生态系统还是其物种和遗传基础都受到了极大的损害，由于人类的原因造成的生物生境的丧失、过度开发、外来物种入侵、全球气候变化以及各种干扰的累加效应，正在使物种灭绝和种群缩减的速度加快。"我们的生存依赖于对其他物种的使用，但这不仅是实用问题，而且也是道德问题，我们要保证它们的生存并保护其生境。"[1]我们须倡导最大限度地、积极地保护地球上多种多样的生物资源，维持人类赖以生存的基本生态系统的稳定，以保障整个生物圈健康、持续地运行。

一部人类文明史，也是一部人与自然的关系史。

虽然，人类改变了地球、驯化了地球的植被，并成了地球动物界的主宰。但是，人类不是宇宙的主人，也不是地球的主人。因此，我们必须抛弃过去那种可以对地球任意攫取的思想，必须摒弃以往以大自然为征服对象的观念，善待自然并运用集体的智慧把力量集中起来，为保护"自然母亲"做持久不懈的努力。

生态环境问题的真正解决，还是一项长期而艰巨的任务，在生态伦理观念得以深入之后，各国政府还应共同努力，这是世界各国政府长期的历史任务、义务和责任。人类只有一个家园，其需要生活在地球上所有的人，所有的国家共同爱护。其目的是构造一个有着和谐的政治制度和完善的科学技术

---

〔1〕　世界自然保护同盟、联合国环境规划署、世界野生生物基金会合编：《保护地球——可持续生存战略》，国家环境保护局外事办公室译，中国环境科学出版社1992年版，第5页。

的理想社会。正如一百多年前一位先哲所言："这种共产主义，作为完成了自然主义，等于人道主义，而作为完成了人道主义，等于自然主义，它是人和自然之间、人和人之间矛盾的真正解决，是存在和本质、对象化和自我确证、自由和必然、个体和人类之间斗争的真正解决。"[1]这就是人类应为之努力的方向。

人类"随心所欲的征服却造成了灾难性的后果。人不应以征服和主宰自然为目的，而必须积极地保护自然，努力维持生态平衡。为此，甚至需要在一定意义上牺牲人类的某些物质利益，改变自己的某些生活方式和习惯。这样做，绝不是要消极地适应自然，不是向古代的简单复归，而是为了寻求与自然的和谐相处，实现人与自然的融合与全面协调，是现代文明的呼唤，是人与自然关系的真正的人道主义的归宿"[2]。

正如《世界自然宪章》所谓："文明起源于自然，自然塑造了人类的文化，一切艺术和科学成就都受到自然的影响，人类与大自然和谐相处，才有最好的机会发挥创造力和得到休息与娱乐。"

第三节　自然的内在价值

自然是独立于人类而存在的，是有其内在价值的。大自然不是任人摆布的，也不是人们所能轻易加以塑造的。只有承认了自然的内在价值，才会使人类与自然同属一个共同体。

一、敬畏生命

自然系统的创造性是价值之母，大自然的所有创造物，只有在它们是自然创造性的实现的意义上，才是有价值的……凡是存在自发创造的地方，就一定存在着价值。价值就是自然物身上所具有的那些创造性属性，这些属性使得具有价值的自然物不仅极力通过对环境的主动适应来求得自己的生存和发展，而且它们彼此之间相互依赖、相互竞争的协同进化也使得大自然本身的复杂性和创造性得到增加，使得生命朝着多样化和精致的方向进化。价值

---

〔1〕《马克思恩格斯全集》（第42卷），人民出版社1979年版，第120页。

〔2〕 林灿铃："国际环境法之立法理念"，载《清华法治论衡》2010年第1期。

是进化的生态系统内在具有的属性；大自然不仅创造出了各种各样的价值，而且创造出了具有评价能力的人。价值就是"这样一种东西，它能够创造出有利于有机体的差异，使生态系统丰富起来，变得更加美丽、多样化、和谐、复杂"。

此外，生态系统也是价值存在的一个单元：共同体比个体更重要，因为它们相对来说存在的时间较为持久。共同体的美丽、完整和稳定包括了对个性的持续不断的选择。在生态系统中，有机体既从工具利用的角度来评判其他有机体和地球资源，也从内在的角度来评价某些事物：它们的身体、它们的生命形式。因此，工具价值和内在价值都是客观地存在于生态系统中的。生态系统让各种价值在其怀抱中争奇斗艳，它也因此而变得更加美丽。

生态系统的性能对生命来说是至关重要的。有机体只护卫它们自己的身体或同类，但生态系统却在编织着一个更宏伟的生命故事。有机体只关心自己的延续，生态系统则促进新的有机体的产生。物种只增加其同类，但生态系统却增加物种种类，并使新物种和老物种和睦相处。

没有任何一个生命是毫无价值的或仅仅是另一个生命的工具，所有的生物在生态系统中都拥有自己的位置。这就是说："敬畏生命的伦理否认高级的和低级的，富有价值和缺少价值的生命的区分。"[1]因此，人类应当尊重所有生物，不分高低。

敬畏生命不仅要求敬畏人的生命，而且要求敬畏动物和植物的生命。所有的生物都拥有"生存意志"，人应当像敬畏他自己的生命那样敬畏所有拥有生存意志的生命。只有当一个人把植物和动物的生命看得与他的同胞的生命同样重要的时候，他才是一个真正有道德的人。

史怀泽的"敬畏生命伦理学"扬弃了道德生活中人和自然的区分和对立，促使人们重新思考人类与动植物、与整个自然界的关系。其不仅扩展了人类的道德责任和活动的领域，深化和强化了人的道德意识，而且因强调积极入世的原则和创立者本人的身体力行而深深地打动了现代人的心灵，进而成了20世纪具有特殊道德感召力的环境伦理学说之一。

自然作为一个自发的过程，不懂得敬畏生命，但却不断地产生着生命。

---

〔1〕　〔法〕阿尔贝特·史怀泽：《敬畏生命》，陈泽环译，上海社会科学院出版社1992年版，第131页。

只有人类能够敬畏生命，能够认识到与其他生命的休戚与共，能够摆脱其余生物的无知。敬畏生命的人能够在力所能及的范围内，帮助、拯救其他生命，并以此为最大的幸福。人类在自然联合体中所享有的举足轻重的特殊地位赋予其的不是剥夺的权利，而是保护的责任，应当把对动物的仁慈当作一项伦理要求。

二、人于自然的责任

自然具有不依赖于人的价值，人类应该尊重它，承认它存在的权利，承担对它的道德责任和义务。不仅是动物、植物、物种，生态系统作为自然整体的有机组成部分都具有自身的价值，每一种事物在自然中都有自己的作用，它们都为维护生物圈的完整性而发挥着自己的作用。因而，对于生命的尊重不应该只是出于人类的同情心和意愿，不应该只是依赖于人的利益和自然对于人的工具价值，而是要根据自然本身的价值，从生命物种的保存、进化和生态系统的完整、稳定、完美出发，采取符合生态规律的行动。"原野就其产生生命的根源而论，其本身是有内在价值的。"[1]罗尔斯顿把价值当作事物的某种属性来理解，在他看来，评价过程就是去标识事物的这种属性的一种认知形式，尽管对事物的价值属性的认知不是用认知者的内心去平静地再现已经存在着的事物，而是要求认知者全身心地投入其中，伴随着内在的兴奋体验和情感表达。换言之，我们只有通过体验的通道才能了解事物的价值属性。人们所知道的价值是经过体验整理过的，是由体验传递的。但这并不意味着价值完全就是体验，因为"所有的自然科学都是建立在对大自然的体验之上的，但这并不意味着它的描述、它所揭示的事物仅仅是这些体验。评价是进一步了解这个世界的某种非中立的途径。如果没有对自然界的感受，我们人类就不可能知道自然界的价值，但这并不意味着价值就仅仅是我们所感觉的东西"。[2]

罗尔斯顿最后指出，环境伦理是一个人的道德境界的新的试金石。一个人如果只捍卫其同类的利益，那么他的境界便并未超出其他存在物。他与其

---

〔1〕 ［美］罗尔斯顿："价值走向原野"，王晓明等译，载《哈尔滨师专学报（社会科学版）》1996年第1期。

〔2〕 H. Rolston, *Environmental Ethics*：*Duties to and Values in Natural Would*, Philadelphia, 1988, p. 28.

他存在物处于同一档次：仅仅依据自然选择的原理在行动。在与其他人打交道时，他是一个道德代理人；但在与大自然打交道时，他却并没有成为道德代理人。人应当是完美的道德监督者，我们不应只把道德用作维护人这种生命形式的生存工具，而应以其维护所有完美的生命形式。人展现其完美的一个途径就是看护地球；人与非人类存在物的一个真正具有意义的区别是，动物和植物只关心（维护）自己的生命、后代及其同类，而人却能以更宽广的胸怀关注（维护）所有的生命和非人类存在物。我们不仅要认可他人的权利，还认可他物——动物、植物、物种、生态系统、大地——的权益，这或许应该是人的特征。在地球上，只有人才具有客观地（至少在某种程度上）评价非人类存在物的能力，人的这种能力应该得到实现——饱含仁爱地、毫无傲慢之气地实现。那既是一种殊荣，也是一种责任，既赞天地之化育，也超越一己之得失。

著名的生态学家和环境保护主义者利奥波德强调，大地是生命共同体，应当承认每一个共同体成员的权利。在利奥波德看来，大地不是僵死的，而是一个有生命力的、活生生的存在物，它不仅包括土壤，还包括气候、水、动物、植物、微生物和人类。所有这些存在都是一个整体，人则是这个共同体中的平等一员和公民。在这个共同体内，每个成员都有它继续存在的权利。或者至少是在某些方面，它们要有继续存在于一种自然状态下的权利。文明还没有使地球从奴隶的地位中解放出来，因此，需要改变人们关于大地的观念，将道德观念向大地扩展。人类应当改变他在大地共同体中的征服者地位，不仅应尊重他的生物同伴，而且也应以同样的态度尊重大地共同体。由此，我们可以概括出大地伦理的涵义："一个事物，只有在它有助于保持生物共同体的和谐、稳定和美丽的时候，才是正确的；否则，它就是错误的。"和谐，是指这个共同体的完整和复杂——保留至今尚存的一切生物；稳定，则是大地的完好无损——维持生物链的复杂结构，以使其能具有发挥功能和自我更新的作用；美丽，则是道德上的动力——不要仅着眼于经济，还要从更高的价值观上去看问题。和谐、稳定和美丽是不可分割的三位一体。[1]毫无疑问，利奥波德尊重大地的理论是从总体上提出的，他的思考是建立在他对自然的观察和感情之上的。他的忧虑则出自他对生命——人和其他生物的生命——

---

〔1〕　〔美〕奥尔多·利奥波德：《沙乡年鉴》，侯文蕙译，吉林人民出版社1997年版，第234页。

的热爱。他不仅继承了早期环境伦理只关心生物个体（特别是高等动物）的思想，而且沿着这一思想道路走到了他的逻辑终点——承认生态系统、环境或大地的权利，开创了以"大地"的健康和完善为尺度的整体论的伦理思维方式，是一次向人类发出的建立新的伦理、道德意识的呼唤。

自然具有内在价值，这种价值不依赖于其对人类的用途。非人类存在物都具有不依赖于对人类的价值而客观存在的内在价值，这就是生命和自然物的生存。这种价值不是由人类所赋予的，而是它们的存在所固有的。例如生命及其遗传信息，无论人是否能体验到它，它都客观地存在着。因此，对自然的价值不能仅仅从人的尺度进行评价，如果只是从人的尺度进行评价——这是自然界价值的外在尺度——只是使自然界服从人的主观目的。自然客体的存在与自然之物的内在价值先天统一，不可分割，破坏了它们的存在，也就破坏了它们的内在价值。自然的内在价值不仅表现在能够感受痛苦或愉快的动物身上，而且也表现在整个生态系统中，每一个个体生物的价值都是整体生态系统固有价值的组成部分，整体所携带的价值大于其中任何一个组成部分所具有的内在价值。人类对物种和对生态系统的道德责任比对生物个体的责任具有更大的优先性。

在生态系统中，自然（非人类存在物）和人类一样具有独立的道德地位，它们和人类具有同等的存在和发展的权利。我们应承认自然界的内在价值，把道德权利的概念扩大到生命和自然界的其他实体上。对于动、植物和自然界的其他事物"应当确认它们在一种自然状态下持续存在的权利"，动物的生命具有内在的道德价值，动物感受痛苦的能力给予了它们一种权利，即不把痛苦毫无顾忌地加诸它们身上，它们体验愉快的能力也给予了它们一种权利，即不被剥夺大自然所赐予它们的幸福。其他生命和生态系统也有按照生态学规律持续生存的权利，大自然是一个权利高于其构成者权利的"邦联"，伦理关怀的范围不仅要扩展到所有的生物，还要扩展到河流、大地和生态系统，因为它们作为自然整体的有机部分是具有内在价值的，每一种事物都具有自己的地位，发挥着独特的作用，人类应当把自由、平等和博爱的伟大原则推广到所有存在物，把自然的内在价值和生存权利（而非人类的利益）作为判断人类行为善恶的标准。

此外，人类还应担当起道德代理人的责任。作为生物圈中有力量的道德代理人，人类负有考虑他们自己和其他生命形式的"基本需要"和"非基本需要"的双重责任，必须从道德上关心生态系统、自然过程以及其他自然生存物。人类在实现其自身权利的同时，也应给予其他存在物以同等的实现其各自生物潜能的机会。人类能够发现生物与环境的整体规律性关系并转化为人类应仿效的生态智慧，维护生态物种的多样性、复杂性和个体性，寻求与其他物种的协调统一，并把对生态系统的干扰减少到最低限度。

每一种生命形式都拥有生存和发展的权利。我们只是大自然整体的一部分，而不是与大自然分离的、不同的个体。我们作为人的本性是由我们与他人，以及自然界中其他存在物的关系所决定的。德韦尔和塞欣斯认为："谁也不会获救，除非我们大家都获救。这里的'谁'不仅包括我自己，单个的人，还包括所有的人、鲸鱼、灰熊、完整的热带雨林、生态系统、高山河流、土壤中的微生物等。"〔1〕

三、人于自然中的地位

建立人与自然的良好关系的关键是合理界定人在自然中的地位。自然哺育了人类，母亲抚育了孩子，爱护生命、同情心、责任感、牺牲精神等与善待自然的道德要求是相通的，人类应将此推及非人类存在物。

人与自然环境是一种相互依存、互相补充、不可分离的关系。人既像传统人类中心主义认为的那样，是自然的主宰和最高、最后的目的，也像自然主义者们所认为的那样，是生态系统中的一个不同成员。一方面，人类处于生态系统中，他和周围的环境不可分离，这就要求人类了解和掌握生态规律，了解生态资源的有限性，打破人们对科学技术力量可以解决一切生存厄运的迷信。另一方面，人类又具有丰富而复杂的人性，其中一部分是与生俱来的自然属性，另外一部分是在人与自然的相互作用中后天形成的社会属性，而正是后一种属性使人得以与自然相区别。人的社会属性要求人们正确处理涉及生态环境问题或由生态问题掩盖着的一部分人与另一部分人、现代人与子孙后代的利益关系问题。当人们关注的只是一己的生存、私利、成功和享受的时候，他们是无暇顾及人类整体持久生存的需要和子孙后代的利益的，自然更不会自觉约束自己的行为。相反，如果人们能够真正站在有利于人类持久生存下去的生态要求的角度和高度来考虑处理自身与自然的关系，便能形

---

〔1〕 B. Devall and G. Sessions, *Deep Ecology: Living as if Nature Mattered*, Salt Lake City, 1985, p. 66.

成高度自觉的生态责任意识，以此进行严格的"人类精神的自律"。因此，从根本上说，只有确定人类所应追求的真正价值，把生态环境保护的科学基础与社会生活中的行为规范有机地结合起来，才能不断提高解决现实环境道德问题的有效性，用关怀、热爱、友谊、信任、适当互惠，去建立人与自然的新关系。

由于生态系统本身的价值是一种超越了工具价值和内在价值的系统价值，因而，我们既对那些被创造出来作为生态系统中的内在价值之放置点的动物个体和植物个体负有义务，也对这个设计与保护、再造与改变着生物共同体中的所有成员的生态系统负有义务。对个体和物种的义务，与对生态系统的义务并不矛盾，因为，它们其实就是对生态系统的成果和发展趋势的义务。这些层面的义务虽然是各不相同的，但从深层次上看，它们却是统一的。

我们应当认识到，人类与原野不只具有资源关系，不应当把人与自然的关系限定在资源关系中。按照人与自然的根源关系，人类应该归属于自然，并自觉地把自己的地位限制在与自然的关系之中。正像史怀泽把生命既当作一种自然现象又当作一种道德现象那样，人类必须从生命的道德意义上出发考察包括人在内的一切生命及其相互关系。

我们与世界是一个整体，我们包含在他人中，也包含在自然中，自然中的所有生物都具有平等的内在价值。"认为人类就其本质来说优于其他物种这一观点是毫无根据的，这只不过是为自己谋利益的一种荒谬的偏见，应予以摒弃。"[1]换一种思维方式，用一种新的眼光看世界，我们就不再满足于为了自己的利益而机械地操纵世界，而会对它怀有发自内心的爱。重建人与自然、人与人的关系的最好方式就是建立一种生态世界观。

四、环境问题的实质

人们制造杀虫剂本是为了消灭有害的昆虫，但是昆虫却找到了避开化学药物的窍门。人们虽然可以预测化学物质对个别昆虫的效果，但却无法预测化学物质的袭击对整个生物群落可能造成的后果。《寂静的春天》指出，人们在制定以化学物质控制昆虫的计划时，严重忽视了两个重要的事实：第一，

---

〔1〕 ［英］A. J. 汤因比、［日］池田大作：《展望二十一世纪——汤因比与池田大作对话录》，荀春生、朱继征、陈国梁译，国际文化出版公司 1985 年版，第 391~393 页。

对昆虫真正有效的控制是由自然界完成的，而不是由人类；第二，一旦环境的防御作用被削弱，某些昆虫的超强繁殖能力就会复生，其力量可能会超出人的想象。"生命是一个超越了我们理解能力的奇迹，我们仍需尊重它。"《寂静的春天》通过对污染物的迁移、变化的描写，阐述了天空、海洋、河流、土壤、植物、动物和人类之间的密切联系，成功地描绘出了当代地球污染对生态影响的深度和广度。卡逊所得出的结论是十分重要的——"我们必须与其他生物共同分享我们的地球"。[1]

不仅是人类，凡是有生命的东西，都存活于一定的环境之中。即生物体皆居于与其固有环境能够有机结合的互动关系之中。存在着与各不同物种可能感受的刺激和可能的反应互相对应之所谓"环境世界"。对于生物而言，除根植于大地母亲而栖居的一定的环境以外，其是不可能存活的。在此意义上，我们也就很容易理解人类所赖以生存的特定的生物学、生态学的环境的重要性了。当然，由于人类具有不同于其他生物的机能，在某种程度上可以挣脱对环境的"依着"而以主观能动性反作用于环境，相对于"环境依着性"，人类行为乃是超越生物学环境的高层次行为，此种开发未知世界的高层次行为即为"世界开在性"。

当然，承认"世界开在性"，并意味着人类的生存可以完全脱离与自然环境的关联，任何层次的超越性行为是受任自然环境影响的。自然界乃是由相互紧密联系、循环不断的生态系统所组成的一幅绚丽多彩的"马赛克"。此"马赛克"并非是简单的生物学上的多样的"种"的集合，于今日而言，其还包括汽车、工业废弃物、生活污水、垃圾，以及人类生产加工的产品。现如今，"自然（原本）的自然"与"环境世界的圈域"之间的区别已不复存在了。亦即，可以称为完全切断与自然环境关联的"世界开在性"是不可能的。同样，而今，被称为"完全不受人类行为影响的'野性的自然'的独自存在"也很难说是正确的。因为即便是像地震或海浪那样令人恐慌的自然灾害，也已经可以通过科学预测和改造环境加以应对了。人类已能够十分准确地行使其对此类"自然影响力"的控制了。

人类原本就是具有"既内属于环境同时又具有超越环境之性质"的，以

---

〔1〕　参见［美］蕾切尔·卡逊：《寂静的春天》，吕瑞兰、李长生译，吉林人民出版社 1997 年版。

所谓奇妙的方式而存在着的存在者。如此这般的矛盾性，实际上就是人类既深植于自然环境之中，同时，又具备了超越自然环境的"世界开在性"。

人类走过了数十万年的漫长岁月，在这期间，人类不断地认识自然、改造自然，脱离了蒙昧和野蛮的时代，创造了灿烂的农业文明和工业文明。人类创造了光辉灿烂的古代文明，又亲手摧毁了这些文明。第二次世界大战之后，特别是 20 世纪 60~70 年代以来，随着量子论、相对论和系统论、控制论、信息论的广泛运用，以及新的理论（如耗散结构理论、混沌理论、协同论等理论）的提出和运用，人类增强了对于自然的认识和把握能力；宇航技术、通信、网络技术的发展使人的器官得到了进一步的解放；电子技术的广泛运用，使工业生产由自动化向智能化转化，大大提高了劳动生产率；新的能源和新型材料的运用改善了能源结构；遗传物质的发现、DNA 双螺旋结构的发现、基因工程的运用、克隆技术的发明，为人类的农业和医学的发展注入了新的活力。

但是，现代科技在创造了前所未有的生产力的同时，也创造了置人于死地的大规模杀伤性武器；破坏了人类赖以生存的自然环境；人口爆炸引起的人口、生态环境和贫困间形成了恶性循环；发达国家利用先进的科技，在其发展过程中造成了大量的环境问题和严重的资源、能源枯竭问题；这些问题已经严重影响了人类的生存与发展，成了全球问题。所谓全球问题，是人类在其生存与发展的过程中深深地感到已经陷入一种生存的困境之中。人口增长过快、能源短缺、环境污染、资源枯竭、核战争威胁等问题严重地影响着世界各国人民和各民族的利益，已成为制约人类生存与发展的问题。这些问题是决定人类共同命运的问题，并且只有靠全人类的共同努力才能解决。这里所说的环境问题，主要着眼于整个人类历史，而且不仅立足于当今，更主要的是面向人类环境的未来。

一方面，环境直接影响着人类的生存；另一方面人类的活动（无论是生产还是生活）也在直接或间接地影响着环境。人类与环境，两者存在于统一体之中，并且必然是相互依存、相互影响和相互促进的。自然界的变化是有其客观"法则"的，亦即通常说的自然规律，它是不受人类的主观意志支配的。人对于这种客观规律的认识，不是先天就有的，而是在长时期的实践、认识、再实践、再认识的过程中，付出惨重的代价，并在不断总结正反两方面经验的基础上得到的。

我们应该正视环境问题，探索"自然与人类间本来的存在关系"的基本命题。即使成功逃离地球，人类只要想生存下去，无论到哪里也摆脱不了环境问题。只要你是人，就无法逃避环境问题。

第四节　地球生命力与多样性

"人"作为自然界独特的产物，其生命过程需要一个庞大而又复杂的，由生命和非生命、生物和非生物组成的物质支持系统。这个系统就是地球的生命力和生物多样性。

一、"杀生"生存

"人"作为自然界独特的产物，其生命过程需要一个庞大而又复杂的，由生命和非生命、生物和非生物组成的物质支持系统。一个不容回避的客观事实是，只要人类存在，就要杀死其他生物。人们日常生活中的肉、禽、蛋、鱼乃至一粒米、一棵苗都是生命的组成部分。不仅人是如此，一般说来，食肉动物都要通过吃掉其他生物来生存，这是自然法则。虽然，人应当尽可能摆脱以其他生命为代价保存自己的必然性。在生活中，尽管我们承认一切生命是神圣的，但仍无法避免为了保存某一生命而牺牲其他生命的必然性。人类要生存就必然需要动植物来提供食物，这就需要为人们的行为制定规范，"敬畏生命的人只是出于不可避免的必然性才伤害和毁灭生命，但从来不会由于疏忽而伤害和毁灭生命"。[1]所以，人类对于生物的"杀生"行为并非都是不道德的，都是一种恶，都应受到谴责。提倡回到完全不受人类干扰的原始自然界，完全禁止人类向自然界的生物资源进行索取，不仅是不可能的，也是不应该的。

人类的生存和发展依赖于自然系统的结构和功能多样性。地球上的生命支持系统可以调节气候，清洁大气和水，调节水流，循环基本元素，创造并再生土壤，使生态系统更新，为生命创造适宜生存的生态过程。地球上所有的生命——包括我们自己——的生存，都有待于生态系统的稳定。保护地球

---

〔1〕〔法〕阿尔贝特·史怀泽：《敬畏生命》，陈泽环译，上海社会科学院出版社1992年版，第133页。

的生命力，就要确立地球是一切生命的家园、根源的观念，既要谨慎而又明智地利用自然资源，又要关注和尊重地球生态环境，控制对生物圈的物质大循环和小循环有破坏作用的元素的使用及其排放，要按照生态学和环境科学所揭示的生态系统的基本规律和内在关系，选择能使我们的衣、食、住、行等需要与人类生态系统同生物圈的其他系统保持平衡的道德行为。

维持人类的持续生存，保护地球的生命力，就离不开对生物多样性的保护。对生物多样性的保护不仅是对人类与各种生命形式和生态系统的相互关系的一种生物科学管理上的要求，而且也是环境道德上的要求，其目的是使生物多样性向当代人提供最大的利益，并保持满足后代需求的潜力。

在人类的发展史上，生物多样性始终是与人类文化共同进化的。人类用不断增长的知识和技能去管理和驾驭自然，以满足人类不断变化的需要。

严酷的现实是，20 世纪以来，随着人口的急剧增多，作为人类生存基础的生物多样性，无论在其生态系统水平上，还是在物种和遗传基础水平上，都受到了极大的损害，由于人类的原因造成的生物生境的丧失、过度开发、外来物种的引入和污染、全球气候变暖以及各种干扰的累加效应，正在使物种灭绝和种群缩减的速度加快，越来越多的物种开始受到濒临灭绝的威胁，即使是那些适应能力很强的物种也抵挡不住。"我们的生存依赖于对其他物种的使用，但这不仅是实用问题，而且也是道德问题，我们要保证它们的生存并保护其生境。"[1] 环境伦理应当倡导最大限度地保护地球上多种多样的生物资源，维持人类赖以生存的基本生态系统，持续地利用物种和生态系统，也就是保护地球的生命力和生物多样化。根据这样的原则，伤害野生珍稀动物和植物的行为是不道德的，滥用、破坏生物资源从而导致基本生态过程被破坏的行为也是不道德的。

保护生物多样性这一道德要求并不意味着完全禁止人类向自然界索取生物资源，让人类与自然界的一切生物和平共处，创造一个完全不受人类干扰的原始自然界，这不但不应该，而且也不可能。人类要生存、要发展，必然要根据自己的需要去取利除害。但是，这种取利除害的行为必须适度，不能以一己的、少数人的私利的满足来损害人类的根本的、长远的利益，人类对

─────────────

[1] 世界自然保护同盟、联合国环境规划署、世界野生生物基金会合编：《保护地球——可持续生存战略》，国家环境保护局外事办公室译，中国环境科学出版社 1992 年版，第 5 页。

生物资源的取利除害的行为不能危及生态平衡。

对于有害生物，我们既要看到它有害的一面，同时也应把它看作是生态系统中一种特有的物种，了解其特殊作用。

环境伦理并不是要不杀生，而是要不滥杀生。因为，人们在打击一种有害生物的时候，就会影响整个生态系统。但这并不是说，我们应当回到有害生物制约人类的原始状态。因而，建立自然保护区，将有价值的自然生态系统和野生生物生境保护起来，以维持生态系统内生物的繁衍和进化，是保护生物多样性的最有效的措施。

二、生物多样性

（一）生物多样性定义

"生物多样性"（biodiversity）本身是一个科学的概念，其在科学家所使用的、历史更悠久的"生物学上的多样性"（biological diversity）概念中有其科学渊源。20 世纪 80 年代初，这一概念使得人们得以在生物学领域对物种分类学上的多样性、物种的组织及它们相互间的关系采取一种新的动态研究方法，并形成了一个新的学科——"保育生物学"（conservation biology）。在这一学科中，生物多样性通常可以囊括全套的物种、物种内部的遗传变化，以及所有生物群落，包括其生态系统的互相作用。分类学家负责对地球各地的物种进行辨识和分类。物种的多样性也是以描绘物种丰富性的不同指标来衡量的：生物多样性数量指标的开发，主要是为了标明三个地理尺度上的物种多样性。一定群落或划定区域的物种数量，被称为"阿尔法多样性"（alpha diversity）；"伽马多样性"（gamma diversity）被用于更大的地理尺度，它指的是一个大的地区或一个大陆的物种数量，"贝塔多样性"（beta diversity）连接着阿尔法多样性和伽马多样性，它代表按环境或地理梯度而来的变化率构成。[1]通过其他维度的不断丰富，例如经济维度（资源价值评定）、法律维度（自然和专利的所有权）、政治维度（保护原住民的权利）以及社会学和哲学的维度（人类的生存和世界通过现代化而发生的转型），由"生物的多样性"这一科学上的概念转化为"生物多样性"概念成为可能。这一进程经由 1992 年联合

---

〔1〕　Richard B. Primack, *Essentials of Conservation Biology*, 2006, p. 32.

国环境与发展会议——里约峰会的《生物多样性公约》而被国际化。[1]《生物多样性公约》将"生物多样性"定义为："所有来源的形形色色生物体，这些来源除其他外包括陆地、海洋和其他水生生态系统及其所构成的生态综合体；这包括物种内、物种之间和生态系统的多样性。"[2]根据《生物多样性公约》秘书处官网的缔约方列表[3]，最近一个成为《生物多样性公约》缔约方的是安道尔（于2015年5月5日正式成为缔约方），目前该公约已有196个缔约方。这表明《生物多样性公约》得到了世界大多数国家的认可，生物多样性定义目前也已被广泛接受。

生物多样性是地球上所有生命及其生存环境的总和，是40亿年来生物进化的最终结果。生物多样性是生物之间、生物与环境之间复杂关系的体现，也是一个描述自然界生物资源多样性程度的内涵十分广泛的概念。

（二）生物多样性的构成

在多样化的生命实体群中，每一级生命实体的基因、细胞、种群、物种、群落、生态系统等都存在着多样性。因此，生物多样性有多个层次或水平，其中研究较多、意义重大的有遗传多样性、物种多样性、生态系统多样性和景观多样性这四个尺度的多样性。

1. 遗传多样性

"遗传多样性"（genetic diversity）是指种内基因的变化，包括种内显著不同的种群间和同一种群内的遗传变异，也被称为基因多样性。遗传多样性由特定种、变种、亚种或种内遗传的变异来计量，其测度相当复杂和困难。在物种内部因生境的不同也会产生遗传上的多样化，各种生物在不同亚种或地方品种中都存在着丰富的遗传多样性。种内的多样性是物种各水平的多样性的最重要来源。遗传变异、生活史特点、种群动态及其遗传结构等因素决定或影响着一个物种与其他物种及环境相互作用的方式。遗传多样性大多发生在分子水平和基因水平上，并且都与DNA的理化性质紧密相关。地球上，几乎每一种生物（除无性系外）都拥有其独特的遗传组合。当生物在未再生的情况下死亡时，就会开始出现遗传侵蚀或生物多样性损失。

---

〔1〕 ［加］玛丽-海伦娜·帕里泽奥："生物多样性可以是一种普世价值吗"，王爱松译，载《国际社会科学杂志（中文版）》2015年第4期。

〔2〕《生物多样性公约》第2条。

〔3〕 生物多样性公约秘书处官网：https://www.cbd.int/information/parties.shtml.

2. 物种多样性

物种是指遗传特征十分相似，能够繁殖出有生殖能力的后代的一类生物。"物种多样性"（species diversity）是指物种水平上的生物多样性。它是用一定空间范围的物种数量和分布特征来衡量的。一般来说，一个种的种群越大，它的遗传多样性就越大。但是一些种群增加可能导致其他一些种的衰退，而使一定区域内物种多样性减少。物种多样性是构成生态系统多样性的基础，也是使生态系统趋于稳定的重要因素。也就是说，生态系统的物种多样性越高，生态系统越稳定。对于物种与生态系统整体性的关系，有人用"铆钉"理论来形象地加以说明，也就是说，当物种损失到一定程度时，生态系统就会彻底崩溃。[1]

3. 生态系统多样性

"生态系统多样性"（eco-system diversity）指生物圈内生境、生物群落和生态过程的多样化以及生态系统内生境差异，生态过程变化的多样性。这里的生境主要指无机环境，如地貌、气候、土壤、水文等。生境多样性是生物群落多样性，甚至是整个生物多样性形成的基本条件。生物群落多样性主要指群落的组成、结构和动态方面的多样性。在一定区域内，即使有相似的自然条件也存在着多种多样的生态系统。生态过程多样性主要是指能量流动、物质循环、土壤形成、群落演替、生物间的相互关系等的多样性。在生态系统内部，也有学者主张用生物量来描述其多样性，它包含了生态系统中各种生物数量比例的差异，也反映了生态系统结构和功能的多样化。地球上生命的存在与发展完全依赖于生态系统，由于生态系统多样性是物种和遗传多样性的基础，这一层次包含的信息量最多，其尺度又是人类最易观察和把握的，因此，对生态系统多样性的保护就成了生物多样性保护的主要着眼点和作用点。有些生态系统则有其独特性，一旦遭到破坏就难以恢复，即该类系统将在地球上消失。

4. 景观多样性

景观是一个大尺度的宏观概念，具有高度的异质性，构成景观的要素可分为"嵌块体"（path）、"廊道"（corridor）和"基质"（matrix）。"景观多样性"（landscape diversity）就是指由不同类型的景观要素或生态系统构成的景

―――――――――

〔1〕 姬亚芹、鞠美庭："生物多样性保护的环境伦理规则初探"，载《环境保护》2000 年第 10 期。

观在空间结构、功能机制和时间动态方面的多样化和变异性，是人类活动与自然过程相互作用的结果。景观多样性，主要研究的是地球上各种生态系统相互配置、景观格局及其动态变化的多样化。这类生物多样性也逐步得到了人们的重视，景观多样性对土地利用规划、农林牧合理配置、景观设计、城市规划等具有极其重要的指导意义。

（三）生物多样性的价值

对于普通公众来说，生物多样性是一个抽象概念，世界人口的一半生活在城市地区，人们难以了解一个人的日常行为对生物多样性丧失的影响，同时，人们也很难意识到可以为此做些什么。与气候变化之类的问题截然不同，人们明白自己的汽车排放的尾气会促进温室效应和气候变暖，尽管人们很难因此去尽力改变自己的生活方式。但公众对于生物多样性并不了解，既不知道其中的因果联系，也不知道如何保护生物多样性的内在知识。而生物多样性丧失会造成不连续的巨大威胁，因为它是需要通过一个漫长的物种和生态系统被侵蚀的过程才能显示出来的。[1]

让生物多样性变成一个不只是对科学家来说有用的科学概念，意味着要将其转化为适用于普通公众的实践。而为了付诸实施，这样一种实践还需要让身处日常生活中的人们易于理解。例如，解释和说服生活在郊区的个人：他们的平房周围的绿草茵茵与生物多样性是南辕北辙的，而养殖和种植本地的物种不仅将带回害虫，而且将带回飞鸟和蝴蝶。在城市中，在向被混凝土所包围的孩子拓展他们与自然的关系时，这种挑战会更大。这样的方法，在与个人的文化及其自然观的联系中必定是有意义的。法语的"milieu"（环境）和日语的"fudo"（不动）概念，探讨的就是自然与文化之间这种水乳交融的关系。在这里，人类通过他们自己对自然环境的文化适应（语言，象征符号，文化、科技和社会的实践等）来传达自己的成员身份感觉。这种归属感超越了用于适应和缓解的科技解决方案。因此，保护生物多样性并不只有通过保护区这唯一一条途径。科技与文化之间的对话，就是要找到共同的实践，这些实践为将生物多样性转化为生活方式和关怀寻常自然的方式提供新

---

〔1〕［加］玛丽－海伦娜·帕里泽奥："生物多样性可以是一种普世价值吗"，王爱松译，载《国际社会科学杂志（中文版）》2015年第4期。

的途径。[1]

（四）　生物多样性保护的实践与困境

国际上第一个旨在保护野生动植物的国际公约是 1886 年德国、卢森堡、荷兰和瑞士签订的《关于规定在莱茵河流域捕钓沙蒙鱼的协定》。[2]国际野生动植物保护法大致可分为三个类型：第一类是以保护单一物种或物种群为宗旨的国际公约。如上述保护沙蒙鱼的《关于规定在莱茵河流域捕钓沙蒙鱼的协定》，保护各种鸟禽的公约，国际捕鲸公约以及保护南北极海豹、北极熊的国际法律文件。[3]受保护的物种最易受到人类的伤害，在经济上也具有相当的利用价值。这类公约注重限制滥捕、滥猎和国际贸易。早期的保护野生动植物的国际公约大多属于这一类型。第二个类型的国际公约主要是以其适用的范围为特征的。例如，在美洲有《西半球自然保护和野生动植物保存公约》，也被简称为《西半球公约》。[4]非洲国家在非洲统一组织的倡议下于 1968年签署了《养护自然和自然资源非洲公约》，简称为《非洲公约》。[5]在欧洲有《保护欧洲野生动植物和自然栖息地公约》，简称为《伯尔尼公约》。[6]在南极洲有《南极海洋生物资源养护公约》简称为 "CCAMLR"。[7]这类公约注重保护野生动物的栖息地和植物生长的自然环境，大多签订于 20 世纪 40 年代到 60 年代之间。在公约的适用方面具有明显的地域特征。第三类国际野生动植物保护公约制订于 20 世纪 70 年代。在这十年中，国际上掀起了保护野生动植物的高潮，先后制订了全球性的保护自然环境的 "四大" 国际公约，即 1971 年的《关于特别是作为水禽栖息地的国际重要湿地公约》、1972 年的

---

〔1〕　[加] 玛丽-海伦娜·帕里泽奥："生物多样性可以是一种普世价值吗"，王爱松译，载《国际社会科学杂志（中文版）》2015 年第 4 期。

〔2〕　参见盛愉、魏家驹：《国际法新领域简论》，吉林人民出版社 1984 年版，第 114 页。

〔3〕　如：1946 年订于华盛顿的《国际捕鲸公约》；1950 年订于巴黎的《保护鸟类国际公约》；1973 年订于奥斯陆的《保护北极熊协定》。

〔4〕　该公约于 1940 年 10 月 12 日在美国华盛顿通过，1942 年 5 月 1 日生效，现共有 19 个缔约国。参见联合国环境规划署：《环境领域的国际条约与其他协定登记册》，内罗毕，1991 年 5 月，UNEP/GC. 16/lnf. 4.

〔5〕　该公约于 1968 年 9 月 15 日在阿尔及利亚阿尔及尔通过，1969 年 6 月 19 日生效，现共有 29 个缔约国。

〔6〕　该公约于 1979 年 9 月 19 日在瑞士伯尔尼通过，1982 年 6 月 1 日生效，现有 23 个缔约国。

〔7〕　该公约于 1980 年 5 月 20 日在澳大利亚堪培拉通过，1982 年 4 月 7 日生效，现有 28 个缔约国。

《保护世界文化和自然遗产公约》、1974 年的《濒危野生动植物种国际贸易公约》和 1979 年的《保护迁徙野生动物物种公约》。这四大国际公约无论是在保护对象上，还是在适用范围上都比前两类国际法律文书有更深入的发展和创新，更具有全球性的影响力，因而也被称为现代国际野生动植物保护法的四大支柱。

与保护生物多样性相关的国际条约很多，典型的例如《生物多样性公约》及《卡塔赫纳生物安全议定书》和《遗传资源的获取与惠益分享的名古屋议定书》（以下简称《名古屋议定书》），以及《卡塔赫纳生物安全议定书关于赔偿责任和补救的名古屋-吉隆坡补充议定书》《1994 年国际热带木材协定》《国际捕鲸管制公约》《联合国防治荒漠化公约》等。

国际实践中也有大量的与生物多样性相关的活动，例如：在泰国曼谷举行的关于"资料交换所机制"（Clearing-House Mechanism）的亚洲区域研讨会（2018 年 1 月 29 日至 2018 年 2 月 2 日）；在加拿大蒙特利尔举办的关于在海洋和沿海地区实现"爱知生物多样性目标 11"（Aichi Biodiversity Target 11）的海洋保护区和其他有效保护区措施的专家研讨会（2018 年 2 月 6 日至 9日）；在蒙特利尔举办的特别指定技术专家组关于遗传资源的数字序列信息的会议（2018 年 2 月 13 日至 16 日）；在马拉维首都利隆圭举行的关于增强能力以促进综合实施《卡塔赫纳生物安全议定书关于赔偿责任和补救的名古屋-吉隆坡补充议定书》和《生物多样性公约》的非洲区域会议（2018 年 2 月 19日至 23 日）；等等。[1]

当然，目前对生物多样性的保护也面临着严峻的挑战。例如，其与国际贸易、应对气候变化等的冲突。

1. 生物多样性保护与国际贸易的冲突

生物多样性与国际贸易的冲突最明显的就是与世界贸易组织规则（WTO规则）的冲突，在生物多样性的多边环境条约中，《濒危野生动植物种国际贸易公约》《生物多样性公约》《名古屋议定书》等公约与 WTO 规则存在明显的冲突。

《濒危野生动植物种国际贸易公约》（CITES）第 2~5 条，以及第 8 条都提到了与贸易有关的措施规则。该公约第 2 条规定："……（四）除遵守本公

---

〔1〕 会议信息来自生物多样性公约秘书处官网：https：//www.cbd.int.

约各项规定外，各成员国均不应允许就附录一、附录二、附录三所列物种标本进行贸易。"第3~5条分别规定了针对附录一、附录二、附录三所列物种标本颁发许可证的条件。

第8条规定："（一）成员方应采取相应措施执行本公约的规定，并禁止违反本公约规定的标本贸易，包括下列各项措施：①处罚对此类标本的贸易，或者没收它们，或两种办法兼用；②规定对此类标本进行没收或退还出口国……"[1]

根据 CITES 对相关动植物标本贸易所规定的上述管制规则，成员方对这些物种标本贸易负有普遍性的许可管制的义务。而 CITES 中的管制义务规则本身与 GATT 1994 第11条禁止对货物进出口贸易设立和维持数量限制的义务规则相互排斥。不仅如此，CITES 根据动植物是否经过人工培育或直接因动植物所属群落不同而将同类动植物物种纳入不同的附录，并要求成员方施加不同的管制。这意味着，相关物种标本即便出自那些均参加了 CITES 和 WTO 的的国家或地区，其贸易也可能受到不同的待遇，其中有些可以得到许可，有些则不能得到许可。这与 GATT 1994 第1条（一般最惠国待遇）和第13条（数量限制的非歧视管理）下成员国需给予"相似产品"以相同待遇的义务是不相容的。

在很多 CITES 成员同时参加了 WTO 的情况下，这些同为 CITES 和 WTO 成员的国家或地区将无法同时履行 CITES 的管制义务和 WTO 下 GATT 1994 第11条（数量限制的一般取消）、第1条（一般最惠国待遇）和第13条（数量限制的非歧视管理）。同时，由于 CITES 的管制规则既涉及 CITES 缔约方，也影响 CITES 缔约方与非缔约方之间的相关贸易，因此无论是双方皆为 WTO 成员与 CITES 缔约方，还是两个 WTO 成员之一参加了 CITES，缔约方对 CITES 的履行都面临违反 WTO 规则的问题。

而 WTO 规则与生物多样性公约框架冲突最大的地方集中在知识产权部分，包括《技术性贸易壁垒协定》（TBT 协定）、《实施卫生与植物卫生措施协定》（SPS 协定）、《农产品协定》等，尤其是 TRIPs 协定与《生物多样性公约》《名古屋议定书》的冲突。

TRIPs 第27.1条规定，所有技术领域的任何发明，无论是产品还是方法，

---

[1]　参见《濒危野生动植物种国际贸易公约》第2~5条、第8条。

只要它们具有新颖性、包含发明性步骤，并可供工业应用，均应有权获得专利保护。因此，根据这一条款的本身文义来解释，利用遗传资源所得到的发明，无论其遗传资源的取得是否符合适当获取规则，都应有权获得专利保护，一旦被授予专利，相应的惠益根据专利制度便将由专利权人享有。这种结果势必会违反《生物多样性公约》第 8 条（j）款规定的由相关土著与地方社区认可，参与与生物多样性保护相关的知识、创新和做法的应用并公平分享惠益的规则。

《名古屋议定书》第 15 条（遵守获取和惠益分享的国家立法或监管要求）规定：①缔约方应采取适当、有效和适度的立法、行政或政策措施，规定在其管辖范围内利用的遗传资源是按照事先知情同意获取的，并订立了共同商定条件，以符合另一缔约方的获取和惠益分享国内立法或监管要求；②缔约方应采取适当、有效和适度的措施，处理不遵守根据本条第 1 款通过的措施的情事；③缔约方应尽可能酌情合作处理被控违反本条第 1 款所指的获取和惠益分享国内立法或监管要求的情事。

但 TRIPs 第 27. 2 条规定的各成员可拒绝授予专利的例外包括：公共秩序或道德，包括保护人类、动物或植物的生命或健康或避免对环境造成严重损害所必需的行为，只要此种拒绝授予并非仅因为此种利用为其法律所禁止。在该条例明确将公共秩序、道德和法律等因素予以并列的情况下，由于《名古屋议定书》是一项国际条约，各缔约方根据《名古屋议定书》对利用违反遗传资源适当获取规则所得遗传资源的行为的制裁措施就属于不可拒绝授予专利的法律因素，因此，各缔约国不可仅仅以《名古屋议定书》作为拒绝授予专利的依据。如前所述，《名古屋议定书》所强化的遗传资源适当获取规则，要求各缔约国有义务将违反其他缔约方遗传资源适当获取法律或规章的行为明确规定为违法行为，并且利用该违法行为获取他方遗传资源的行为也就不应受《名古屋议定书》缔约国的法律保护，由此所得的发明也同样不应受《名古屋议定书》缔约国专利法的保护。不仅如此，《名古屋议定书》对缔约国施加的制裁违反遗传资源适当获取规则行为的义务，更是与 WTO 成员依据 TRIPs 专利规则保护发明的义务相抵触。[1]

当然，也有一些公约（如《1997 年国际植物保护公约》《1994 年国际热

---

[1] 谢新明："论多边环境条约与 WTO 之冲突与联结"，华东政法大学 2012 年博士学位论文。

带木材协定》《执行 1982 年 12 月 10 日〈联合国海洋法公约〉有关养护和管理跨界鱼类种群和高度洄游鱼类种群的规定的协定》等）与 WTO 规则不存在明显的冲突，主要因为这类公约中几乎不含与贸易相关的措施或者其中的规定与 WTO 规则相一致。例如，《1997 年国际植物保护公约》（IPPC 1997）和 WTO 框架中的 SPS 协定都授权其成员可以采取贸易管制措施，同时，对实施这种贸易管制措施的方式和条件也施加了类似的命令性规则，如 IPPC 1997 的"技术上有正当理由"与 SPS 协定的"根据科学原理"和"充分的科学证据"等，可见，针对贸易管制措施的条件，两者的规定有相似之处。

2. 生物多样性与气候变化

生物多样性损失和气候变化是人类面临的两个严峻的全球性环境挑战，气候变化和生物多样性的交集涉及生态系统的各个方面，因此，气候变化和生物多样性保护问题是密不可分的。

（1）气候变化会对生物多样性造成直接破坏。全球变暖、海平面上升等气候变化现象表明，大气中二氧化碳水平的升高已经对自然生态系统和物种造成了明显的影响，这加快了物种栖息地的丧失，改变了物种的地理分布，加速了物种的灭绝速度、改变了生物生理学循环。同时，气候变化影响生物多样性保护制度功能的实现，生物多样性通过就地保护或移地保护达成目的，每个保护地都以一定的保护性物种或一定的地貌为保护对象。首先，气候变化可能引发许多生物多样性的并发性破坏因素，改变保护地的保护重心。其次，气候条件适宜时，一国在本国境内便能完成生物多样性保护国际义务，跨区域、跨境协调需要保护力量的高难度整合，加重了生物多样性保护的制度成本。最后，生物多样性保护国际法制度下的资金机制在运行中存在国家间在遗传资源惠益共享等方面的摩擦，财务机制运行举步维艰，气候变化加重了那些生物多样性丰富但技术、财政力量薄弱国家对财务机制的依赖，使生物多样性保护国际法制度履行更加困难。[1]

（2）应对气候变化的措施对生物多样性保护造成冲击。即应对气候变化措施会对生物多样性产生负外部性，其主要体现在碳汇营造和清洁能源的开

---

〔1〕 曾文革、肖峰、黄艳："气候变化对生物多样性保护的冲击与国际法制度协调"，载《江西社会科学》2012 年第 9 期。

发利用中。植树造林对生物多样性和生态服务既可能产生积极影响也可能产生消极影响，这取决于其设计、管理及土地的现时使用、可再生能源（包括风能、太阳能、潮汐能、地热能、生物质能、水能以及核能）可以取代化石能源，以减少温室气体的排放，但是其也对生物多样性和生态服务具有潜在影响。碳汇是抵消本国排放量的重要资源，会使各国在营造碳汇时将经济效率视为重要价值之一，偏好生长周期短、经济回报快的物种，而忽视了物种平衡及依附碳汇地带生产的物种群落的保护。

生物能源开发与利用也同样钟情于生长周期短、养分需求高的作物，在其种植区内人们会"驱逐"其他物种，使生物多样性倾向于单一，成为经济价值高的生态脆弱区。根据国际环境与开发研究所题为《生物多样性、气候变化与贫困：联结点发现》的简报："印尼有约 600 万公顷的土地上种植了棕树且政府鼓励继续扩张，如果继续发展下去，约 500 亿吨的碳可能被排放到大气中，等同于全球化石燃料 6 年的排放总量。为棕树种植而进行的土地清理将加速碳的重要储存地——泥炭地——的破坏。因此，东南亚每产出一吨棕油就会使二氧化碳排放增加 33 吨，10 倍于等量石油燃烧的排放量。而最适合于棕树种植地正是低地的片片绿色热带雨林，是陆地生态系统中生物多样性最为丰富所在。"[1]

核能是世界上最清洁的能源，但也是最危险的能源，封存深埋的核废料随着时间的推进可能会对地下水和土壤造成破坏，核事故会对很大范围内的生物多样性造成灭顶之灾，如日本福岛核电站泄漏事件。水利大坝、风能发电机场等清洁能源设施也可能会对物种流动造成影响，它们会阻却鱼类及其他水生生物在上下游之间的流动，影响域内生物繁殖、回溯、冬眠等自然行为，打破以河流为纽带的食物链传输，破坏候鸟等物种在迁徙过程中的中转站。如果这些工程布局不合理会增加季节性迁徙动物在途中死亡及无法到达目的地的风险，阻断栖息地之间的联系，造成生物多样性保护"片段化"。可见，应对气候变化和生物多样性保护两大法律体系有着独立的价值和体制，但二者又具有紧密的因果联系和制度关联，使得国际社会不能将二者割裂开来，

---

〔1〕 Hannah Reid and Krystyna Swiderska, *Biodiversity，Climate Change and Poverty：Exploring the Links*, 2011, p. 5.

有必要建立良好的协调保护制度，以实现气候利益与生物资源的协调保护。[1]

3. 协调合作之关键

《联合国气候变化框架公约》涉及保护生物多样性的焦点议题主要有"土地利用、土地利用变化和林业"（Land Use, Land-Use Change and Forestry, LU-LUCF）、"减少毁林和森林退化的碳排放机制"（Reducing Emissions from Deforestation and Forest Degradation, REDD）及损失和损害国际机制。《生物多样性公约》涉及应对气候变化的焦点议题主要有协同增效、减少毁林和森林退化的碳排放机制和地球工程及相关问题。[2]

虽然两大国际制度现在已呈现出合作态势，但解决价值取向、制度发展差异和履约能力参差不齐等问题是协调的关键。基于对气候变化与生物多样性保护国际法制度协调的客观要求，人们应从造成气候变化和生物多样性破坏的共同因素出发，寻找气候利益和生物资源保护的交叉领域，在生物多样性保护制度适应气候变化的同时，在国际法律制度层面加强两大条约的合作，弥补现行制度的不足，这已得到了国际实践的检验。具体而言，我们可从如下几个方面采取措施：

（1）以共同保护领域作为回应冲击的基本点。碳汇和碳库——森林、草原、湿地、海洋——也是生物多样性的重要组成部分。应对气候变化中的碳汇、碳库的营造与生态环境多样性保护应当成为共同优先领域，保持生态边界与营造生态走廊的实体性制度的形成可以克服二者协调的供给不足问题，这也是制度协调应达到的目的。

第一，充分发挥现行国际法的制度功能，利用现有国际法制度资源对共同保护领域形成"交叉性"保护。在碳汇、碳库等气候变化制度形成和执行的过程中，应注重体现对生物多样性价值的保护，在生物多样性保护的制度形成和公约履行方面注重保护地对减缓和适应气候变化的工具功能。

第二，在共同保护领域作为制度协调经验的基础上，应加强保护区域的一体化建设并推进网络化建设的力度，促成公约规范接轨和联动性长效机制的形成。注重利用生物多样性脆弱区域来营造碳汇、碳库，使气候变化应对

---

〔1〕 曾文革、肖峰、黄艳："气候变化对生物多样性保护的冲击与国际法制度协调"，载《江西社会科学》2012年第9期。

〔2〕 王敏等："《联合国气候变化框架公约》与《生物多样性公约》的关系"，载《生物多样性》2014年第4期。

项目的成果成为新的生物多样性富集地，并可将碳汇、碳库营造为连接生物多样性保护地的“生态走廊”，连点成片，在应对气候变化的过程中提高生物多样性保护地的“网络化”。

第三，加强生物多样性保护地建设对气候变化的回应。当前陆地碳汇约15%处于保护区域中，融合和提高保护、加强土壤中碳封存（包括在泥炭地和其他湿地以及草地和热带草原）的措施有助于减缓气候变化，有利于多样性和生态系统服务。在保护地建设规划制定时要纳入气候对变化影响和应对气候变化需要，根据影响分析对以生物多样性保护作为唯一价值的保护地建设规划作出必要修改或加入新的行动元素，并将有利于应对气候变化的保护地作为保护生物多样性的优先建设地。

（2）促进两大公约履约机制的综合协调性。公约间的制度协调在很大程度上要依靠公约机构、缔约国在履行两大公约义务过程中的行动协调。因此，在制度设定和履约要求上，两大公约应当力求朝着协调保护的方向发展。进一步深化两大公约已有的制度协调和机构合作，推动二者在国际项目上的合作。通过建立常规性工作协调机制和共同科学技术组织，进一步加强信息共享机制和共同技术力量等共同性能力的建设，促进应对气候变化及生物多样性保护联合项目的达成，将两大法律体制下的技术力量和资金力量整合起来，达成气候利益和生态利益保护的协同增效。

（3）防范应对气候变化的措施与生物多样性保护的制度冲突。以可持续发展的理念来整合应对气候变化与生物多样性保护两大法域，避免制度摩擦。气候系统的全球性更为突出，应对措施的国际协调需求强烈；而生物多样性保护的地域性相对较强，当前生物多样性保护的国际法发展水平远远落后于气候变化应对制度，缺乏像气候变化公约框架下的京都体制那样有力的履行机制。从客观现实到制度发展，气候变化及其应对措施都处于主动地位。

因此，应对气候变化措施必须顾及生物多样性保护，完善减缓和应对气候变化的相关规划、项目环境影响评价制度，加强这些规划和项目环评中对遗传资源、物种资源和生态环境多样性的影响评价，通过将生物多样性保护作为气候变化应对的目标之一，使二者的价值取向能在可持续发展思想的指导下得以统合。

（4）促进两大条约体系下国家能力建设的一致性。两大公约要做到制度的接轨，以指导两大体系下的缔约方能力建设的协调。保障两个方面的措施能在设施设备建设、监测预警标准、优先行动领域等问题上保持综合性；在进行相关数据库建设、专家库建设、名录通报编制等方面实现数据共享，避免信息不对称带来的行动抵触和资源浪费；在进行人才培养和培训时，要注重培养应对气候变化与生物多样性保护的复合型人才，在论证、质询和环评过程中注意发挥气候学、生物学、环境学和法学等多方面专业性人才的智慧，避免决策的单一化；促进《联合国气候变化框架公约》和《生物多样性公约》在缔约国大会、专题性会议等协商机制上的合作，通过互派代表、授予观察员身份等措施实现二者的价值统合，促进秘书处等工作机构的合作以为缔约国提供视野宽广的复合性条约实施合作方式；在国内履约的过程中，也要促进立法的兼顾性，在应对气候变化和生物多样性保护工作机制之间建立联席会议、共同专家组等协调机制，促进国家能力建设的复合性。[1]

三、保护地球生命力和生物多样性的重要性

地球不仅仅属于人类，我们是地球生命的一种，只有地球生物多样性得以延续，我们的生命才能得以延续！2010 年国际生物多样性年的主题是"生物多样性是生命，生物多样性就是我们的生命"。可见，对生物多样性的保护与每个人都有关，保护生物多样性实际上就是保护我们人类自己。

毫无疑问，在某种更具哲学意义的层面上，生物多样性依然留有源于科学的印记。我们为什么要从一个科学、社会的问题当中提出某种伦理价值？我们为什么要赋予生物多样性以价值，使之成为道德义务的对象？这个问题是值得探讨的，因为从事实到义务的转化（人们可以从"本来如此"中得出"应当如此"吗？）可以被追溯到休谟的现代哲学的一个关键理论问题。而在生物多样性这个问题上，一个科学上的事实——生物多样性的丧失——如何才能将自身转化成诸如"我们必须保护生物多样性"或"由于地球上人类和其他生物的生存依赖于生物多样性，我们必须拯救生物多样性"此类"道义法"（deontological）上的道德命令呢？[2]

人类的生存依赖于自然的养护——土壤、水、大气、森林等各种类型的

---

〔1〕　参见曾文革、肖峰、黄艳："气候变化对生物多样性保护的冲击与国际法制度协调"，载《江西社会科学》2012 年第 9 期。

〔2〕　[加] 玛丽-海伦娜·帕里泽奥："生物多样性可以是一种普世价值吗"，王爱松译，载《国际社会科学杂志（中文版）》2015 年第 4 期。

资源的持续存在。在过去的一个世纪里，世界人口的急剧增加和生活方式的改变已经导致人类对这些资源需求的暴增，同时也导致了自然环境、自然资源和生物多样性的损害。据估计，世界上已知的物种有超过 140 万种，还有大量还没有被列入目录的，地球总共可能存在大约 1200 万种物种。在过去的 45 亿年间，物种的多样性通过突变和扩张已经填满了生态圈中的空位，由于未知的原因，更复杂的生物体和物种出现了。由于物种形成和自然灭绝呈现平衡状态，这些未知的事件导致生物多样性被固定在了现有范围内。现在认为，地球已不太可能会形成新的物种。因此，如今现存的生物多样性数量被认为很可能已经达到了一种顶峰状态，从这个角度来看，生物多样性必须被认为是一种不可再生资源。生物多样性一旦被自然或人类的活动破坏或者大量减损，便将是不能替代和补救的。如果这样的灾难确实出现了，现在的科学技术无法通过实验室再繁衍出物种之间通过百万年进化形成的微妙差别，也无法复制出他们与不同生态系统之间的联系。美国环境学、经济学学者蒂莫西·斯旺森博士说："生物多样性之所以无比重要是因为它是这 40 亿年的进化过程的成果，而非仅仅是为了物种种类本身。"[1]因此，生物多样性对于物种种类的进化范围是有价值的，因为它具有对生命状态的恢复力，以及适应环境的能力，可以为未来应对生命威胁提供更多的帮助。而现实是人类已经耗尽了包括物种在内的自然资源的自然范围，取而代之的是少数选定物种的有限栽培和驯化，从而通过增加人类自己和人类选中的种群，来减少生物多样性和扩大自己的生态位，而没有太多注意确保这些发展与保持生物多样性的平衡。[2]

据专家估计，由于人类活动的日益加剧和全球气候的变化，目前地球上的生物种类正在以相当于正常水平的 1000 倍的速度消失；全球已知的 21% 的哺乳动物、12% 的鸟类、28% 的爬行动物、30% 的两栖动物、37% 的淡水鱼类、35% 的无脊椎动物，以及 70% 的植物处于濒危境地。[3]

1998 年至 2010 年间的《地球生命力报告》，采用了一个重要的综合指

---

〔1〕 Timothy Swanson, *Global Action for Biodiversity*: *An International Framework for Implementing the Convention on Biological Diversity*, 1997, p. 9.

〔2〕 Patricia Birnie, Alan Boyle and Catherine Redgwell, *International Law and the Environment*, 2009, pp. 583~584.

〔3〕 蒋高明、李勇："保护生物多样性就是保护我们自己"，载《自然杂志》2010 年第 5 期。

标——"地球生命力指数"（LPI）——来衡量全球生物多样性的状况与变化趋势。LPI由陆域、淡水、海洋生物群落三个独立的指标组成，每个系统赋以相同的权重。数据显示，LPI基本上一直在下降。以1970年为基准，至1995年的25年内，LPI已降低了30%，这表明在此阶段生态系统能为人类提供的再生资源产出与服务减少了30%，其中，森林、淡水、海洋生态系统指数分别下降了10%、50%、30%。2010年的《地球生命力报告》同样显示了1970年至2007年间全球LPI下降近30%的事实，这一现象在热带生态系统尤其显著。尽管采取了一系列的保护措施，起到了一定的积极作用，但总体下降的物种数量远远高于上升的物种数量。据相关统计，全世界有一万多种动植物正濒临灭绝。[1]

四、保护生物多样性的环境伦理观

人类应该如何对待包括动物、植物、微生物在内的地球上的各种生命？这是环境伦理学不能回避的一个重大问题，也是最具争议的一个生态道德问题。从有利于人类的持续生存的角度来构建人与生物的道德关系，最重要的道德原则就是保护地球的生命力和生物多样性。维持人类的持续生存，保护地球的生命力，离不开对生物多样性的保护。对生物多样性的保护不仅是对人类与各种生命形式和生态系统的相互关系的一种生物科学管理上的要求，而且也是环境道德上的要求，其目的是使生物多样性向当代人提供最大的利益，并保持满足后代需求的潜力。伤害野生珍稀动物和植物的行为是不道德的，滥用、破坏生物资源，从而导致基本生态过程被破坏的行为也是不道德的。[2]环境伦理应当倡导最大限度地保护地球上多种多样的生物资源，维持人类赖以生存的基本生态系统，持续地利用物种和生态系统。

（一）动物权利主义环境伦理观

在如火如荼的要求保护非人类物种，尊重自然的运动中，"动物权"成了当前使用频率相当高的词汇。这主要是因为，动物特别是高等动物和家畜，是与人类关系最为密切的生物，是人类最为了解的人类以外的其他生物物种。

---

〔1〕 梁艳、张琦、余国培："诠释地球生命力报告：1998-2010"，载《世界地理研究》2012年第2期。

〔2〕 裴广川、林灿铃、陆显禄主编：《环境伦理学》，高等教育出版社2002年版，第54~55页。

从生命特征来看，动物也拥有诸多与人类相似的生理和心理属性，而植物次之，微生物再次之。所以，在人们重新思考、调整与自然的关系时，动物成了首先的"受惠者"。

1975 年，彼得·辛格的《动物解放：我们对待动物的新伦理》被视为是动物权利运动的先驱著作。他指出，人类宣称的生命权利应扩展至动物，人的利益和动物的利益同等重要。人用动物做实验不亚于反动的种族主义或性别歧视。动物权利主义者认为，动物拥有在一个自然的环境中过完整生活的天赋权利，剥夺这一权利是不道德的，不管这能给人类带来什么利益。"动物权利运动是人权运动的一部分"，应当尊重和关心动物的价值和权利。

从对动物的任意践踏蹂躏到尊重它们的生命和权利，不能不说是价值理念的一次飞跃，对生物多样性的保护起到了很大的推动作用。但是动物权利主义的视野仍显狭窄，它仅仅将动物纳入了伦理关怀的范围，并把任何一个动物个体的价值都看得高于任何植物个体的价值。这种对生物价值区分的尺度是完全主观的人的感受。人的理性毕竟有限，动物权利主义者觉得毫无用处的某些植物资源，其重要价值可能在将来逐渐显现。实际上，作为自然界中物质和能量交换循环的枢纽，植物对于调节气候、涵养水源、保持水土、美化环境等起着重要的作用，同时还是社会生产和生活消费所需的重要资源。更为重要的是，植物种类的不断减少本身就是目前物种危机的一个重要方面。根据世界自然保护联盟濒危植物中心的保守估计，到 2050 年有 6 万种植物将要面临灭绝。而根据生态金字塔及生态链的自然规律，一种植物的灭绝至少会影响到 20 种昆虫，并且通过食物链发生一系列恶性循环。如果植物量不足动物量的 100 倍以上，动物乃至人类的生存就会受到严重威胁。如果说只关心人类福利的做法是一种不合理的"人类利己主义"，那么只关心动物福利的"动物利己主义"同样是不合理的，植物也有生存和发展的权利。尤其是当我们要在一个对人类健康或者生产生活有害无益的动物个体（如老鼠）与一个属于濒危物种的植物个体的生存之间进行选择时，动物权利主义更是无法为我们提供指导的。把大自然的各个部分人为地分成不同的等级的做法，还会造成大自然与大自然之间的对立。[1]

---

〔1〕 黄锡生、关慧："环境伦理观与生物多样性法律保护的相关问题"，载《广东社会科学》2004 年第 6 期。

（二）生物平等主义环境伦理观

动物权利主义把自由、平等和博爱的关怀扩展到了动物身上，而以阿尔贝特·史怀泽（Albert Schweitzer）和保罗·沃伦·泰勒（Paul Warren Taylor）为代表的生物平等主义环境伦理观则进一步将环境伦理关怀扩张并惠及其他所有生物。生物平等主义首先抛弃了人的优越性，认为人只是地球生物圈自然秩序的一个有机部分。作为一个生物物种，人和其他生物起源于一个共同的进化过程，面对着相同的自然环境，其作为地球生命共同体的平等成员资格，也应该与其他生物共享。人类与其他生物密不可分，都是一个相互依赖的系统的有机构成要素。在这个系统中，每一个生命的重大变化或灭绝都会通过系统结构对其他生命或生命共同体产生影响。阿尔贝特·史怀泽认为，所有的生命都是神圣的，要求人类像敬畏自己的生命意志那样敬畏所有的生命意志，这就是著名的"敬畏生命"伦理。保罗·沃伦·泰勒也在《尊重自然》一书中指出，人类只是地球共同体中的一员，本质上并不比其他生物优越。其次，生物平等主义还拒绝对生物作出主观随意的等级区分。在其看来，把生命区分为高级和低级、富有价值和缺乏价值，暗含着随意伤害和毁灭某些生物的危险。一个生物，不管其属于哪个物种，都应该获得平等的关心和关怀。对人的优越性以及物种优劣性的抛弃正是物种平等观念的体现。生物平等主义要求人们平等地看待所有的动物和植物，认为所有的生命都具有相同的价值。

生物平等主义突破了动物权利主义环境伦理观的局限，把道德关怀的视野投向了包括植物在内的其他一切生物。在生物平等主义环境伦理观的指导下，生物多样性保护的范围更为全面。遗憾的是，生物平等主义环境伦理观对生命之间相互联系的理解并没有上升到对生态整体价值的承认。其关注的仍然只是个体物种的福利，对由生命个体所组成的生命共同体的重要性认识不足。实际上，任何生物都是在与其他生物的联系中存在，从特定的生态环境中进化而来的。忽视生态系统的整体价值、否认人类对生态系统的直接义务是生物平等主义的一个重要缺陷。以此为指导的生物多样性保护，只可能停留在对物种内部、物种之间多样性保护的阶段，不能上升到保护生态系统多样性的高度。[1]

---

〔1〕　黄锡生、关慧："环境伦理观与生物多样性法律保护的相关问题"，载《广东社会科学》2004年第6期。

（三）生态整体主义环境伦理观

生物学的发展和生态学的进步为人们全面理解生态系统提供了必要的知识基础。1935年，英国生态学家亚瑟·乔治·坦斯利爵士对"生态系统"一词提出的定义被广泛接受。受现代生态学的启发，被誉为"环保先知"的美国人奥尔多·利奥波德构建了著名的大地金字塔模型——低层是土壤，往上依次是植物层、昆虫层、鸟类与啮齿动物层，最顶层由大型食肉动物组成，最后两层之间还包括一系列由不同动物组成的较小的层。在这样一个高度组织化的结构体系中，每一生物物种都有自己的生态位，发挥保证整个生态系统的养分循环和能量流动的作用，以维系整个自然界的生态平衡。奥尔多·利奥波德进而提出了大地伦理学说，并在其代表作《沙乡的沉思》中对之进行了详细的表述，不仅要求人类把角色从大地共同体的征服者转变为大地共同体的普通成员与普通公民，还要求把共同体的界线扩展到土壤、水、植物和动物，以及由它们组成的共同体大地。这意味着人不仅要尊重自然生态系统中的其他物种，而且要尊重生态系统本身。

大地伦理学学说以及在此基础上形成的生态整体中心主义的环境伦理观不仅认识到了每个物种个体的作用和价值，更认识到了生态系统不是生命个体的简单相加，作为生命个体生存的环境和母体，它所拥有的整体性价值绝不低于作为其组成部分的个体。对人类而言，自然孕育了人类并为之提供了生存和发展的物质基础。美丽的自然景观还陶冶了人们的身心，提高了生命质量。从更深的层面上看，作为一个具有自我更新、自我恢复功能的结构系统，自然生态系统在一定范围和程度内能够对来自外界的冲击进行补偿和缓冲，从而维持其稳定性。例如，当一个物种消失后，自然生态系统能够进化出代替的新物种来占据空缺的生态位。如果生态系统遭到严重破坏，以至无法恢复其整体性结构和功能，生态系统中的众多物种也会趋向灭绝。

与前两种环境伦理观相比，肯定生态系统整体价值的生态整体主义环境伦理观必将为生物多样性保护实践提供更有力的支持。

首先，生态整体主义环境伦理观进一步说明了生物多样性保护的必要性。有人曾从权利义务对等性的角度对生物多样性保护提出了质疑。权利和义务不仅相互依存和发展，而且还具有数量上的等值关系。受到人类的尊重和保护是生物资源及自然生态系统的权利，那么在享有受保护的权利的同时它们应该对人类承担何种义务呢？生物资源及自然生态系统既没有意识（即使有也是有限的）又没有行为能力，对人类的义务如何通过行动加以实现呢？生态整体主义使这一难题迎刃而解。就人类与其他物种的关系来看，他们作为生态系统的共同组成部分，相互依存、相互制约、协同进化。生物资源享有获取生存资源、利用环境条件的权利，也承担着参与生态竞争，成为其他生物包括人类的生存资源并被环境同化的义务。生态系统作为人类生存的母体，为人类提供适宜的生活环境，提供人类生存需要的给养资源，也理应享有受到人类尊重与保护、维系良性循环的权利。显然，生物资源及自然生态系统对人类承担着相应的义务，事实上，人们业已享受着这种义务的恩泽，只是由于没有履行自己合理利用生物资源、尊重自然生态系统的义务，才加剧了人与自然的矛盾，造成了日益严重的生态危机。

其次，生态整体主义环境伦理观为生物资源的开发利用提供了合理依据。动物权利主义、生物平等主义都提倡对人类以外的其他生物的尊重和保护。但是有人指出，自然界中的各种生物是人类重要的给养源。如果承认所有物种都拥有"生存权"和"发展权"，那就应该终止对它们的猎杀、捕食和利用，这就使人类陷入到了"史怀泽困境"[1]之中。

生态整体主义认为，每一物种内部各成员之间享有的权利是相同的，而不同物种之间所享有权利的强弱程度不同。承认人、动物、植物地位的平等并不意味着给予各种生物同等待遇。因为自然生态系统的正常运转取决于两个条件：一是该系统结构的多样性和复杂性；二是各个部分的合作与竞争。支撑生态系统结构复杂性的生物多样性（包括种类上和数量上的）固然要受到保护，可优胜劣汰的自然进化规律同样也应受到尊重。在大地金字塔中，各个物种都有自己的生态位。它们通过食物链、食物网相互联系，被捕食者为捕食者提供一定的生存条件，同时捕食者又受制于被捕食者。各物种之间相生相克，使生态系统成了一个动态平衡的有机整体。人类处于食物链的末端，作为异养生物，只能靠别的生物提供物质和能量来满足自身生长和存活的需要。因此，基于物种危机和其他物种的权利而彻底切断人类的生存给养是不切实际的。打猎、伐木和其他利用生物资源的活动，只要没有超过合理的限

---

〔1〕 史怀泽的"敬畏生命"伦理观要求人类像敬畏自己的生命意志那样敬畏所有的生命意志，但这样人类的生存也将成为不可能。因为无法保证每一个神圣的生命得以保存而无所适从就是"史怀泽困境"。

度和危及生态系统的完整与稳定，便应当得到允许，甚至在有的时候还会成为一种必要，例如捕杀那些超过某地承载极限的大型食草动物和对其捕食种群的生存构成威胁的食肉动物。因为在生态整体主义看来，作为生命共同体的生态系统，其自身的完整、稳定与和谐理应优先于共同体中个体的生存。为了特定地区生态系统的平衡，可以采取行动对物种的数量进行必要的调节。[1]

第五节　取利除害适度原则

取利除害适度作为环境伦理学的原则要求作为自然界中的一分子的人类的任何取利除害行为都不应当过分干涉自然的正常运作与自然界其他存在物的生存。

一、取利除害适度原则的界定

"取利"，即获取利益，"取利"在不同的语境下有不同的含义，比如经商之道中"以义取利"的"利"主要指经济利益；在环境伦理学意义下的取利行为的"利"，泛指人类的各种利益，如经济收益、更好的生存条件及享乐条件等。"除害"，指革除有害的事情、除去祸害，在环境伦理学的语境下也就是去除自然界中对人类生存、发展的不利因素，比如驱赶有害物种、改造不利地形等。"适度"指恰当的程度，即既不能不足，也不能过当，而在当前的环境形势下，主要指人类的取利除害行为不能过当。根据《环境伦理学》一书，取利除害适当原则的内涵是：人类为生存发展所进行的取利除害行为应当适度，不能以一己的、少数人的私利的满足来损害人类的根本和长远利益，人类对生物资源的取利除害的行为不能危及生态平衡。[2]取利除害适度原则是环境伦理学三大主张之一——自然的生存权——下的一项要求。

二、取利除害适度原则的产生背景

环境与人类的生存与发展息息相关，自然母亲创造了人类，又为人类提

---

〔1〕　黄锡生、关慧："环境伦理观与生物多样性法律保护的相关问题"，载《广东社会科学》2004年第6期。

〔2〕　参见裴广川、林灿铃、陆显禄主编：《环境伦理学》，高等教育出版社2002年版，第56页。

供了赖以生存的场所，对于我们而言具有根本重要性。从古至今，人与自然的关系发展几经波折，自然生存权的主张及其项下的取利除害适度原则之产生经历了否定之否定的演进历程。

首先，在刀耕火种的原始社会时期，人类与自然之间的力量天平明显倾向自然。人类在大自然面前犹如初生的婴儿，力量孱弱，时常面临"生存危机"——落后的种植、捕猎水平使每日维持生命所必需的食物无法得到保障，简陋的住所和低下的医疗水平使人们无法抵御寒冷、疾病，突如其来的野兽侵袭、自然灾害等更是雪上加霜。可以说，自然界的些许风吹草动都可能会对人类的生存和发展构成严重的威胁……在这一时期，人类对自然充满了朴素的敬畏之情，虚构出神明作为大自然的化身，将神秘的自然现象作为神明意图的体现。比如，在我国古代就有雷公、电母、龙王、山神等神灵形象。在此时，人类的各种活动，无论是"取利"行为还是"除害"行为，都还未能对自然环境造成重大影响，因此总体而言是"适度的"。

随着人类逐渐适应自然环境，改造自然的能力逐步提升，大自然的神秘色彩也逐渐淡去，人类也慢慢摆脱了生存困局；特别是进入工业革命时期之后，科学技术水平的空前发展极大地便利和改善了人类的生活，人类社会进入了高速发展阶段。在此背景下，人与自然间的关系显现出优势偏向人类的新局势，但是这种表面性的人类优势背后却又危机四伏。前所未有的财富积累和接踵而来的空前成就编织起了一个纸醉金迷的虚拟梦境，逐渐膨胀的欲望使人类忘记了自己与自然的血肉联系，忘记了自然的强大力量和残酷无情的一面。此时，人类盲目自信，藐视自然规律，甚至提出了"征服自然""人定胜天"等荒谬理论，发展出了畸形的极端人类中心主义思想。在这种思想的指导下，人类将自己作为万物的主宰，对有用生物"取之不嫌其多"，对有害生物"除之不怕其少"，以牺牲生态环境为代价而追逐本种群或是私人的自身利益成了一种常态。

最初，这种功利性的做法所带来的更加快速的巨额财富积累让人类自鸣得意，沾沾自喜。但久而久之，它的局限性就暴露出来了。近几十年来，这种只顾及眼前利益的发展模式终于遭到了自然的报复，自然灾害呈井喷式爆发，伦敦烟雾事件、日本水俣病事件等公害事件举世震惊。人们发现，原本以人类利益为导向的生产活动却都产生了威胁人类生存的相反效果，工厂的有毒有害废气、废料，生活垃圾、交通尾气等的排放使所有生命生存所依赖的空气、水源和土地受到污染，我们呼吸的空气中伴着焦灼呛鼻的气味和危害人类健康的颗粒物，河流不再清澈且散发出恶臭，作物的质量不再令人放心，因为其所生长的土壤已经遭到了重金属等毒害物质的侵害……人类尚且难以免受环境恶化的威胁，自然界中的其他成员，由于这些活动的进行本就是建立在牺牲其利益的基础上的，它们又没有像人类那样出色的智慧和能力对抗灾患，因此无疑将遭受更加严重的损害。一系列基础设备、设施的兴建破坏了野生动植物的栖息地，伐木机器入林，更先进的捕猎武器，留下了一个个坟墓般的树桩和淌着血的野生动物尸体，我们的伙伴正遭受着健康受损、被迫迁移甚至种群灭亡的悲剧。

正是在上述背景下，人类开始发展出科学的环境伦理观，以约束空前的适应自然、改造自然的力量。人类开始认识到：无论是为了自身利益还是为了保护我们的伙伴，应看到自然界本身的内在价值及自然界其他成员在环境中与人类的平等地位，基于危机制造者的身份及扶助弱者的道义，人类应当承认、尊重并保障自然的生存权利。"自然的生存权"观念获得了普遍的认可，同"地球有限主义"及"世代交替的伦理"一并构成了环境伦理学的三大主张。进一步说，自然的生存权主张又有"人与自然和谐共存原则""保护地球的生命力和多样性原则"及"取利除害适度原则"三项要求。其中，"人与自然和谐共存"描述了人与自然关系应当遵循的基本理念和精神；"保护地球生命力和多样性"与"取利除害适度"则更进一步地分别从积极与消极两个角度论述了人类应当如何对待自然。从正面角度来说，面对因为人类的行为而数量锐减甚至濒危的物种，人类应当履行积极义务，维持、恢复自然的生存权。比如，采取建立自然保护区等措施以养护地球的生命力，维持生物多样性。而本书所要详细论述的"取利除害适度原则"则在此基础上对自然的生存权主张所提出的人类所应承担的消极义务进行了补充阐明。

三、取利除害适度原则的具体内涵

对于取利除害适度原则的具体内涵，我们可以从以下两个角度来理解：其一，"取利"应当适度，也就是说，对自然界中自然资源的索取应当有限度；其二，"除害"应当适度，换言之，对于自然界中不利条件的改变应当有限度。

（一）取利适度

自然界的各种资源是可更新的。人类的取用使它的数量趋于减少，但它的生长、恢复则又可使减少了的数量重新得到补充，正是基于这种特性，自然界才能长久地、持续地向人类供给能量和原料，保障人类的生产生活所需。然而，自然资源的这种可更新性和不枯竭性并非是绝对的，而是有条件的——那就是人类的取用行为没有损害到自然资源的恢复及再生能力。因此，一味地追求从森林中采伐得更多，从江河湖海中捕捞得更多，从山野中猎获得更多，并不能显示人类的强大与聪明。真正的聪明应该表现在：人们不仅重视生物资源的取得，而且重视生物种群的保持；不仅考虑自身需要的满足，而且考虑生物种群的繁殖；不是只图一时间能取得最多，而是同时力求能使种群持续不断地提供得最多，即求得持续满足。[1]相反，破坏自然界的自我调节能力的行为是以牺牲长远的稳定换取眼前短暂利益的行为，是愚蠢的、得不偿失的。因此，人类在对自然进行索取时，应取之有度，不应当超出环境的承受能力。"取利适度"的要求可具体化为如下三项：

首先，人类的取利行为在取用数量上应当有所限制。如果人们的取用量超过自然恢复的速度，就会导致物种灭绝、生态环境毁灭等严重后果。比如，过度狩猎、捕捞将导致生物数量锐减，甚至灭绝；乱砍滥伐、过度放牧将导致森林、草场荒漠化，过度耕种也将使肥田沃土变得贫瘠。但是，现实中，总有一些人为了私人的眼前利益而牺牲集体的长远利益，公地悲剧是人类种群所注定要面临的难题。我国原本美丽富饶的东海，就成了"人类短浅目光牺牲品"和"公地悲剧"的一个生动案例。我国东海渔业资源得天独厚，其域内的舟山渔场是中国最大的渔场，曾与俄罗斯千岛渔场、加拿大纽芬兰渔场和秘鲁渔场等世界级大渔场相齐名。然而，随着我国捕捞业的飞速壮大及严重的过度捕捞，东海渔业资源迅速枯竭。20世纪80年代，舟山渔场的中心嵊泗列岛周围，整装待发的渔船曾桅立如林、壮观之极。但正是在那个时期，过强的捕捞能力使得东海大黄鱼、小黄鱼、带鱼、墨鱼等鱼汛逐一消失。至20世纪末，东海渔业资源已被过度开发，油尽灯枯。[2]当前，众多渔民都面

---

〔1〕　余谋昌、王耀先主编：《环境伦理学》，高等教育出版社2004年版，第274~275页。

〔2〕　董波："东海渔业枯竭渔民哀叹　悲剧何时休"，载 http://zj.qq.com/a/20140411/014989.htm.

临着因无鱼可捕而失业的局面。但可叹的是，造成如今局面的却也正是他们自己不知节制的捕捞行为。综上，"取利适度"最根本的一点是在数量方面提出不应当过量取利的要求。

其次，除了取利数量之外，对人类的取利手段也应当有所限制：人类在取利时不应当采取可能造成自然资源修复、再生能力严重受损的手段。比如，在过去，乡村地区时常使用的电鱼的捕猎方式就具有极大的危害。电捕鱼不分鱼的种类、大小，将造成鱼类的数量、种类锐减，甚至导致一些珍稀鱼种的灭绝。电鱼器释放的瞬间电量可以电倒一头牛，小鱼一般当场就会被电死，被电晕后的大鱼如果侥幸能活下来，性腺发育也会受到损害，基本丧失繁殖能力，可谓"断子绝孙"，同时，生长在水里的螺蛳、贝类、小蝌蚪等也难以避免毁灭性破坏。此外，电流通入水体后，会造成一定水域面积内氧气耗尽，造成水体真空，导致鱼虾、藻类、浮游生物等水生生物死亡，因电击或窒息而死亡的水生生物大部分会沉积水底，腐烂变质，严重的甚至会造成某一水域食物链断裂，严重破坏生态循环，造成"死水"现象，由此导致整个水生态系统的灭失。[1]与此相类似，毒鱼、炸鱼等捕捞方式也同样会造成巨大的负面影响，致使人类的取利行为无法持续，应当予以摒弃。关于取利手段的重要性，其实古人早已有了认识。如《淮南子·主术训》记载："故先王之法，……不涸泽而渔，不焚林而猎。"无论是抽干湖泊的水还是焚烧树林，虽然对于当次捕鱼、捕猎行动而言都能带来巨大收获，然而，这种取利手段也将严重损害该湖泊或树林的再生能力，甚至阻断未来取利的源头。"竭泽而渔"等相关成语也被引申用于讽刺贪图眼前利益而不顾长远利益的行为。因此，取利适度的第二层含义为，取利手段不应当严重破坏资源所依存的生态系统的健康和完整。此外，其实那些残忍的、造成动物极度痛苦的取利手段也是不受提倡的，比如给熊造成极端痛苦的"活熊取胆"行为，就违反了科学的环境伦理观，将引起所有动物保护爱心人士的强烈反对。

最后，人类的取利行为应当顺应自然规律，在合适的时间，在适当的地点进行；只有顺应自然规律，人类的取利行为才有可能持续进行。自然资源的恢复和再生不是瞬间就能达成的，而是需要一个过程，土地恢复肥力需要足够的时间，幼苗成长为可取用的木材需要足够的时间，鱼种繁衍成能够食

---

[1] "我们为什么对电鱼恨之入骨？"，载 http://www.sohu.com/a/115963651_ 482826.

用的成鱼也需要足够的时间。若在此期间，这一过程受到了干扰，自然资源的更新、再生能力也会受到严重影响，人类对自然资源的持续利用便也会受到影响。《逸周书·大聚解》记载："春三月，山林不登斧，以成草木之长。夏三月，川泽不入网罟，以成鱼鳖之长。"[1]《孟子·梁惠王上》记载："不违农时，谷不可胜食也；数罟不入洿池，鱼鳖不可胜食也；斧斤以时入山林，材木不可胜用也。"[2]这些古文都记载、反映了这样的思想。当前，现代社会也已经普遍建立起"休渔""休耕"制度，以保证自然资源的自我再生、自我修复过程能够顺利进行，割舍眼前的短暂利益保障长远的利益。因此，取利适度的第三层含义是取利行为应当顺应自然规律，在合适的时间、地点进行。

实际上，人类的一切行为都与自然环境有着十分密切的联系，人类的一切不当行为也都可能会对自然环境造成严重影响。因此，若未能谨慎地把握分寸，即使是对人类社会具有重要积极意义的行为也可能造成破坏环境的负面后果。比如，在改革开放的背景下，出口野生动物换取外汇就成了中国动物走向灭绝的重要因素之一。由于我国蛇类资源十分丰富，每年都有一定数量出口为国家换取外汇。1990 年，我国每年仅供应香港的活蛇就达一百多万条，还有数百吨蛇肉及相当数量的蛇皮、蛇毒等产品。如此大规模的出口，导致蛇类资源已经明显减少。[3]此外，在我国，令人吃惊的另一个事实是：备受推崇的中药文化竟也成为中国野生动物生存的最大威胁之一。有研究者总结："中药是世界上应用最广的传统药物。至少 27 种动物由于药用而面临灭绝。"比如，羚羊角是一种传统名贵药材，现在约 40 种中成药里都含有羚羊角成分，中国每年消耗羚羊角约 10 000 千克。这导致原产于中国的高鼻羚羊由于 20 世纪初以来的过度捕杀至 60 年代已在中国绝迹。[4]

综上，虽然人类的取利行为是必需的，但科学的环境伦理观要求人类的一切取利行为都应当做到"适度"。

（二）除害适度

人类在处理其与自然的关系之时还必须要做到除害适度。这是因为，人

---

〔1〕　语出《逸周书·大聚解》。
〔2〕　语出《孟子·梁惠王上》。
〔3〕　1990 年《林业部关于加强蛇类出口管理工作的通知》。
〔4〕　尹峰、梦梦主编：《药用濒危物种可持续利用与保护》，中国农业出版社 2013 年版，第 124 页。

类在判断何为"利"何为"害"时，往往是从自身利益出发，以自己的喜恶为标准，然而，这种标准与自然界的标准却是不尽相同的。自然界没有绝对有害的动物。无论是所谓的有利物种，如提供食物的庄稼、捕食害虫的益鸟、忠诚实用的家畜，还是所谓的有害物种，如传播疾病或啃食庄稼的害虫，伤人的凶兽，对于自然界而言，都是中性的、平等的，也都是重要而不可或缺的。因为任何一种物种数量的急剧变化都会通过生物链影响到整个生态系统的平衡与稳定。正是由于这种"利"与"害"之间的模糊性使人类的除害行为必须留有余地，否则物种灭绝，可能造成不可挽回的后果。比如，1956 年，在中国，麻雀与老鼠、苍蝇、蚊子一起被定为必须消灭的"四害"。当时，全国各地广泛开展了消灭麻雀运动，仅甘肃省就出动了百万青少年，7 天消灭麻雀 23.4 万只；北京在 1958 年 4 月 19 日至 21 日，捕杀麻雀 40.1 万只；上海市在 3 天之内灭麻雀 50.5 万只。1958 年 11 月上旬，据不完全统计，全国共捕杀麻雀 19.6 亿只。这一灭顶之灾，使北京一望无际的天空中见不到一只麻雀。实际上，麻雀在雏儿期是吃虫的，也有有益的一面，在麻雀覆灭的 1959 年春夏，上海等城市的人行道树木害虫大为猖獗，树叶被虫啃光。1959 年 11 月，中国科学院为此成立了"麻雀研究工作协调小组"。1960 年 4 月，我国终于停止了对麻雀的围剿。同样的事不仅仅出现在中国，据《自然界的奥妙》一书记载，1744 年普鲁士国王弗里德里希讨厌麻雀偷吃樱桃，下令消灭麻雀，悬赏杀麻雀一只给奖金 16 芬尼。于是，人们群起灭麻雀，麻雀很快绝迹。没了天敌，果树害虫猖獗，吃光了树叶，樱桃树不再结果。于是，国王不得不收回成命，被迫从外国运来麻雀，重新落户。麻雀的是是非非说明，动物对人类有益还是有害是相对的，自然界并没有绝对有害的动物。[1]

因此，作为地球家园里的一分子，人类应当怀着谨慎的态度进行活动，尊重自然规则，不能妄图用主观性的标准替代客观的自然规律，决定自然界其他成员的存亡。人类应当与其他家园里的所有同伴和谐相处，不能为了本种族的利益而肆意妄为。具体而言，除害适度的要求有三：

其一，不能对某一类物种赶尽杀绝，不应该"灭绝"，而应对其留有余地。如前所述，在自然界慈母般的目光中，没有所谓的"有害物种"，人类及其他种群都是同等重要的。生物灭绝的过程是不可逆的，这份"余地"的智

---

〔1〕 参见陆承平主编：《动物保护概论》，高等教育出版社 1999 年版。

慧之处在于使人类的"错误判断"不至于无可挽回。自然界中，生物链纵横交错构成一张大网，某种物种数量急剧变化伴随而来的效果往往是复杂而无法预测的。长期以来，尽管人们在防治害虫时谋求除尽灭绝，但具有讽刺意味的是，已知生存能力较强的少数几个物种中，有许多是人类渴望消灭的有害生物，如老鼠、吃农作物的昆虫、蟑螂、豚草等，为尽力消灭这些有害生物，人们使用了大量的化学杀虫剂，企图用化学药物来"扑灭"害虫，结果，由于化学药物同时毒杀了害虫的天敌，反而促使害虫数量无控制地增长，有时甚至会导致更大范围的蔓延。[1]

其二，看到自然界物种之间的密切内在联系之后，我们应提倡自然控制，依赖于生态系统的自我调节，通过依靠增加天敌的方法，顺应自然规律，除去"有害物种"，反而可能取得较好的效果。比如，对于臭名昭著的凤眼莲（俗称"水葫芦"）在作为观赏植物被引入后曾一度过量繁殖，泛滥成灾，并造成患害，对其进行治理曾一度成为难题，后来，一些国家引入专吃凤眼莲的象甲虫来控制前者的疯长，就取得了显著的效果。

其三，对于自然界的"不利条件"，应遵循"适应"优于"改造"，"因地制宜"优于"大兴土木"的观念，比如，山地可以被用于发展林业，草场可以被用于发展牧业，湖泊可以被用于发展鱼类养殖业。"围湖造田"等行为将改变自然界各组成部分既有的平衡性，带来重大的负面影响。比如，1958年以后，全国不少地区曾出现过大面积"围垦湖泊，与河湖争粮食"的浪潮。对于围湖造田运动，一方面，虽然它在特定时期解决了人民的温饱问题，然而，另一方面，萎缩后的湖泊丧失了原有的调蓄功能，地表径流也随之出现问题，水涝灾害的问题就逐渐凸显出来，给人民的生命财产都造成了重大损害。在遭受巨大的洪灾之后，政府虽然实施了多项湿地恢复工程试图进行补救，但是湖泊的调蓄能力在短时期内难以得到恢复，亡羊补牢，效果微乎其微。政府当前正在大力加强"退耕还湖、还林、还草"政策的推行，以弥补当年犯下的错误，然而，在花费了大量的精力、金钱之后，环境恢复成原状还是比较困难。

因此，虽然人类进行除害行为是人类生存发展所必不可少的前提，但除害行为应当适度，切不可过当。

---

〔1〕　余谋昌、王耀先主编：《环境伦理学》，高等教育出版社2004年版，第276页。

综上所述，取利除害适度原则，顾名思义，给予了我们如下忠告：人类的一切生产生活活动，无论是"取利"，或是"除害"，都应当适度，而是否适度应当由自然界的客观规律决定，判断依据是人类的介入程度是否超过了自然界的自我调节能力——人类在取利时不应当损害自然界的再生能力，在除害时，也应当不损害自然界的恢复能力。

四、取利除害适度原则的意义

取利除害适度原则的重要意义首先在于从反面的角度对人类提出不应当为其利益过分干涉自然生存的消极义务，因而与"人与自然和谐共存原则""保护地球的生命力和多样性原则"共同夯实了自然生存权主张；其次是在自然生存权主张前提下确认了取利除害行为的必要性，承认了人类生存发展和保护环境的辩证统一关系。

（一）人类的消极义务

取利除害适度原则要求人类敬畏自然、尊重一切生命，在为自身的生存发展进行取利除害行为之时应当把握分寸，不可过度。如前文所述，自然的生存权与其项下的取利除害适度原则具有充分的道德渊源和扎实的伦理基础。

1. 自然具有内在价值

传统观念将人作为"万物的尺度"并将"是否对人类具有利益"视为价值评判的最高标准；这种评判标准导致人类仅关注和重视自然的工具价值，包括社会、经济、文化、生态等方面的价值，而忽视了自然的内在价值。随着人类对人与自然关系认识的深入，自然内在价值的概念逐渐被越来越多的人所认可，自然及其价值不再局限于人类存在的依附物、附属品，自然具有天然固有的生存意义和权利。也就是说，"生命本身就是权利"，"合规律的存在意味着存在的权利"。[1]

2. 人类的地位

经过近年来频发的自然灾害的警醒，人类才逐渐摆正自己在自然界中的地位，以往，人类总认为自己是居于自然之上，能够任意支配自然的天之骄子，而现在，他们才恍然醒悟自己同其他自然物一样，不过是自然大系统中的一员，在自然母亲的眼里，人类与自然界其他成员的地位是平等的。而在

---

〔1〕 转引自俞田荣："自然法·自然权利·自然的权利"，载《浙江社会科学》2005 年第 1 期。

这一前提条件下，既然人类具有生存权，那么毫无疑问也应承认自然同样享有的天赋的生存权。

3. 人类的责任

不可否认，人类是近现代以来自然环境剧烈恶化的罪魁祸首，同时也是科学技术发展的最大受益者。相反，自然物被迫承受着以人类利益为导向的一系列利用、改造自然活动的副效应，这显然有违公平正义原则。"致害者承担责任""受益者承担责任"都是环境领域得到普遍承认的归责原则，是公正原则的体现。因此，人类对科学技术发展所伴随的副产物负有责任，应当尊重和保障自然物的生存权。

人类是万物之灵，自然母亲给予了人类天赋和特权，使之承担保护自然的责任。为此，人类不应囿于自身利益，而是应将关怀的视野投向大自然，尊重世间万物。正如施韦兹所强调的，一个人，只有当他把植物和动物的生命看得与人的生命同样神圣的时候，他才是有道德的。尊重自然界其他存在物的生存权是人类作为这个共同体中存在的唯一能够思考、具有道德观念的物种的义务与责任。

（二）人类生存发展权利

自然的生存权与人类的生存、发展权并行不悖，承认并尊重自然的生存权并不意味着要完全禁止人类向自然界进行索取，人与自然的和谐共处也绝对不等同于二者之间的完全隔绝，创造一个完全不受人类干扰的原始自然界。因此自然的生存权并非是对人类生存发展权利的全然否定。实际上，自然生存权主张的提出是呼吁改变目前人类为了本种族的发展而罔顾自然界中的其他成员的生存、肆意妄为的现状，希望能够建立一种有序平衡的状态。换言之，自然的生存权与人类的生存发展权是辩证统一的，虽然忽视自然生存权的人类发展权是目光短浅的愚蠢行为，但否定人类发展权的自然生存权却是乌托邦式的理想主义，不但不可能，而且也不合适。

一方面，人类的"取利"行为是必要的。正如1972年《人类环境宣言》所述："环境给予人以维持生存的东西，并给他提供了在智力、道德、社会和精神等方面获得发展的机会。"[1]人类据以维持生命的食物和水，御寒的住所和衣物无一不取自于大自然；而当代一切科学技术的发展成果也都是以大自

---

〔1〕　参见《人类环境宣言》"序言"。

然的馈赠为基础的，无论是人工产品的原材料，或是发明创造所依据的科学定理都是人类在自然中探索而寻得的。另一方面，人类的"除害"行为也是必要的，正是由于人类能够克服不利于人类生存的天气条件和地理环境、战胜凶猛的野兽、驱赶恼人的害虫，才能置身于食物链的顶端，在残酷的丛林法则面前，人类只有进行"除害"行为才能顺利地生存下来，并使本种族不断繁衍、繁荣。"实际上，从提供丰富的食物和避免疾病方面来说，我们得到的利益，大多归功于防治有害生物方面的有效成果，抛开这一点是愚蠢的。"[1]

五、取利除害适度原则在国际环境法中的体现

"在这样一个受利益原则支配的世界中，伦理常常是乏力的。但伦理之为伦理，就在于它不仅是一种观念，同时也是一种现实的力量。秉承伦理观念的人一旦成为一种社会力量，必然要对世界产生影响。先进的环境伦理观的实践意义就在于：它可以在当代和未来世界中，借助一定的社会结构，对既有的环境道德产生抵消作用，进而推动人类发展行为模式的根本转变。"[2]环境伦理学与国际环境法是姊妹学科，前者解决为什么要保护环境的问题，后者解决怎么保护环境的问题，前者所提倡的理念、精神将借助后者的规范性和强制力得以具体落实。

如今，环境伦理学中的取利除害适度原则在国际环境法律文件中得到了一定程度的阐述和体现。如1972年《人类环境宣言》原则二、原则三及原则五分别呼吁："为了这一代和将来的世世代代的利益，地球上的自然资源，其中包括空气、水、土地、植物和动物，特别是自然生态类中具有代表性的标本，必须通过周密计划或适当管理加以保护。"[3]"地球生产非常重要的再生资源的能力必须得到保持，而且在实际可能的情况下加以恢复或改善。"[4]"在使用地球上不能再生的资源时，必须防范将来把它们耗尽的危险，并且必须确保整个人类能够分享从这样的使用中获得的好处。"[5]1982年通过的

---

〔1〕 裴广川、林灿铃、陆显禄主编：《环境伦理学》，高等教育出版社2002年版，第56页。
〔2〕 裴广川、林灿铃、陆显禄主编：《环境伦理学》，高等教育出版社2002年版，第69页。
〔3〕 《人类环境宣言》原则二。
〔4〕 《人类环境宣言》原则三。
〔5〕 《人类环境宣言》原则五。

《生物多样性公约》在序言强调缔约方"意识到生物多样性的内在价值"[1]，确认了每一类物种都有其存在意义，从而间接对国际社会提出了尊重一切生命的生存权，取利除害应当适当的要求。在 1992 年的《里约环境与发展宣言》及其他众多国际环境条约中均提及的"可持续发展原则"皆与取利除害适度原则有着相通之处。《里约环境与发展宣言》原则三与原则四分别强调："为了公平地满足今世后代在发展与环境方面的需要，求取发展的权利必须实现。""为了实现可持续的发展，环境保护工作应是发展进程的一个整体组成部分，不能脱离这一进程来考虑。"

可见，人类的生存与发展是通过人类对自然的"取利除害"行为实现的，而"适度"的要求正是"持续发展"的前提保障，二者具有极其密切的内在联系。

---

[1]《生物多样性公约》序言。

第五章

世代交替的伦理

人与自然在本质上存在着一种共存共荣的关系。正如《世界自然宪章》所言：人类是自然的一部分，生命有赖于自然系统的功能维持不坠，以保证能源和养料的供应。自然资源是不能无限再生的，一旦用尽耗绝，未来的世代便难以为继。世代交替的伦理包括两方面的内容：一方面是实行代内平等，而另一方面则是倡导代际公平。代内平等和代际公平不能孤立而论，二者相互补充。而代际公平则是强调各代人之间对自然环境的权利和义务的公平分配，二者共同构成了世代交替的环境伦理的内容。

第一节　三才一体

"天人合一"是中国古圣先贤们对"天人关系"（人与自然界的关系）这一中国传统哲学根本问题的最好答案，是中国传统文化的主要观念。"天人合一"观念贯穿于中国古代哲学和传统文化的各个方面，是我国古人观察、认识和处理一切问题的出发点和归宿；也是以"天人合一"这一基本观点为基础和根本，生发和形成了中国的传统道德学说（包括传统环境道德思想）。"天人合一"的观点具有多方面的丰富内涵，其中关于人与自然界和谐统一的思想是其核心观点之一。"天人合一"的环境道德观主要包含了以下涵义：第一，认为人是宇宙自然演化而来的，并依赖于自然环境而发展，人与万物共存一体，同属自然的一部分；第二，友善万物，化育自然。中国传统环境伦理思想认为人应友善万物，对自然应采取顺应、友善的态度。

古人在上述"天人合一"这一根本观点的思想基础上，提出了处理人与自然关系（天人之际）的基本道德原则——利用厚生、质朴勤俭。就是一方面要积极开发利用自然，以不断满足人民物质文化生活的需要，另一方面要爱护和合理利用自然资源，珍惜、节约自然资源和物质财富，反对奢侈浪费。利用厚生，即尽物产之用以富裕民生，就是合理地利用和开发自然资源以满足人民生活的需要，使人民能够得以生存繁衍和发展进步。质朴勤俭，就是在开放和利用自然资源、改造自然、建设环境以满足民生的生产活动和经济活动中，要勤劳勇敢，艰苦创业；同时要爱护和充分而合理地利用自然资源，不浪费资源，珍惜、爱护、节约物质财富和劳动成果。

在"利用厚生、质朴勤俭"的基本原则之下，古人提出了"爱物惜物、取以时度"的环境道德基本规范。爱物惜物是中国道德的一贯传统。古人已经认识到，按照爱物惜物、节用有度的基本要求，在开发利用自然资源的生产生活中，就既能获取最大的生产量以尽量满足人类的需要，又能使各种生物的种类和数量相对稳定，使生态系统得到最大限度的保护，从而实现人与生态环境的和谐，达到生生不息、协同进化。人类必须以普遍利益和长远利益为元价值，融合人类的各种短期利益，同自然建立一种长期的物质平衡关系，以自然界本身的合理性（即生态平衡）来规范人与自然界之间的关系，处理好对自然的适应和改造、利用和保护、索取和补偿的关系，使自然达到向更高层次和谐状态的复归。人是从自然界产生并同自然界一起发展的，人依靠自然生存，受自然规律制约。因此，人与自然的关系应是和谐统一的。

环境问题作为燃眉之危机让人类不得不直面正视，乃始于环境概念扩及全球、环境破坏之影响力波及整个地球之时。面对如此严峻的问题，人类已经成了一个命运共同体。

面对如此严峻的环境危机，我们不禁要问：何以至此？难道我们未曾知晓环境伦理吗？其实，早在两千多年前，儒学精义之"仁"便已经体现出了先知的、合理的环境伦理观。"天、地、人，三才一体。"《荀子·礼论》："天地者，生之本也；先祖者，类之本也；君师者，治之本也。无天地焉生？无先祖焉出？无君师焉治？""故礼，上事天，下事地。"因为人和万物都是天生的，人与万物的性命都是天赋予的。此处所言之"天"即自然界，有天地而后有万物（包括人在内），以孔子为代表的儒家对自然界及其法则的认识是如此精辟。所以，我们的祖先都敬天、祭天，祭天的礼节是表现人对自然的热爱与尊敬，儒家的敬天之礼与宗教、迷信是无关的。没有地球，人何以孕育？谁能说生命不是地球、大气、阳光的产物！正如《世界自然宪章》所言：
"人类是自然的一部分，生命有赖于自然系统的功能维持不坠，以保证能源和
养料的供应。"

天地产生了人，人替天地揭示了自然规律、法则。人依天地之则来规定
自己的为人法则，就是天人合一，就是顺天道，就是体现天道，就是替天行
道——人之道即天之道！人永远离不开天地为人营造的生存环境，这种环境
不存在了，天地——地球和它的存在条件——便不存在了，人类必亡！"人
者，天地之心也！"唯有人能揭示天地之奥秘，而人乃天地所育出，实质而
言，是天地自己展示出自己的奥秘，是天地自己的"思维器官""感觉器官"
在活动！[1]

儒家之"仁"兼及万物，对待生灵尤其明显。孔子说："断一树，杀一
兽，不以其时，非孝也。"[2]也就是说，"树木要在应该砍伐时砍伐，禽兽要
在应该宰杀时宰杀"。在设定"礼"的概念时，儒家的经典更是论及了生灵。
《礼记·礼器》载："礼也者，合于天时，设于地财，顺于鬼神，合于人心，
理万物者也。"

人自天地生，故而人离不开天地，永远是自然界中的一部分。天、地、
人密不可分。天生万物，人的繁衍离不开自然的哺育，环境被破坏了，人类
将无法生存。为牟取财利，大肆砍伐森林，捕猎野兽，即无德，即反天道，
就是破坏了天人合一。"破坏人类自身的生存环境，便是变天之道，绝地之
理，乱人之纪。"这样的认识，是多么深刻和高卓！天道即自然规律，破坏自
然环境、违背自然规律，不就是变天之道？不就是绝地之纹理肌脉吗？破坏
自然环境，不就是胡作非为，自己乱自己的法度、生存之规律吗？保护环境，
于人类是有大益的、是顺乎人情。顺乎人情，就是合于礼义、合于道德。

我们的任务异常艰巨且不确定，但还没有到山穷水尽的地步，我们既不
能灰心丧气，也不要满怀信心地再"人定胜天"，急于成功和推卸责任均不可
取。我们应该清醒地认识：等待我们的不是最后的斗争，而是斗争的最初。

---

[1] 钱世明：《儒学通说》，京华出版社 2001 年版，第 81 页。
[2] 语出《礼记·祭义》。

第二节　代内平等

经济世界化既促进统一和平等，又加剧分化和差异。代内平等要求资源和环境在代内进行公平分配，强调不同发展空间（即任何地区和国家）的发展都不能以损害别的地区和国家的发展为代价，特别应当顾及发展中国家的利益和需要，强调人类的整体和长远的利益应当高于人们的那些局部的和暂时的利益。

一、代内平等的定义

人类对自然的狂妄自大态度和肆意掠夺行为，主观上是由两个因素引起的：一是由于人类对生态规律和自身生存的生态要求、对地球资源有限性的无知，以及对科技力量的迷信。二是由于人类行为中的狭隘利己主义和感性享乐主义。在人类生存面临生态危机的严重威胁，在有关人类生死存亡的生态学呼唤和警钟已经振聋发聩的今天，人类对自然的狂妄掠夺行为仍然没有从根本上得到有效控制的根本原因则是各种人际的生存竞争进一步强化了狭隘利己主义和感性享乐。

长期以来，由于民族和国家征战，人类在对待自然资源的心态上往往存在着这种放大了的个人主义——民族、国家利益优先的原则，结果导致了冲突和纷争，谁也很难独霸地球。从古代君主的开疆拓土到近代的贸易争夺，都表现了民族、国家霸占和控制自然资源的努力以及无法达成这一目标的无可奈何。由于谁也无法独自拥有地球，所以又导致了对地球自然资源的掠夺或开发。现在，虽然赤裸裸的自然资源掠夺战争已经非常少见了，但一些发达国家仍在采取以邻为壑的环境政策，为了霸占石油，不惜重金储备，以备自己将来的不时之需；把自己的森林保护起来，却从别人那里大量进口木材；各种工业垃圾，要转移到别国领土；核废料，抛向大海和太空。凡此种种，无不反映出某些发达国家在对待环境心态上的自私和野蛮。

代内平等的道德原则要求任何地区和国家，无论是大是小，无论是先进还是落后，都应无条件地保护环境，并为此作出积极贡献。这表明，在我们这个地球上，大自然是人类共同栖居的家园，任何地区、国家以及任何人都没有以自我为中心无限发展的自由，都必须以不给其他地区、国家和人民带来危害为前提，将消除地区贫困、缩小发达国家和发展中国家之间的差距作为重要内容。谋求发展是人类共同的、普遍存在的权利，尤其是发展中国家的发展权必须得到充分的尊重和保护。代内平等的道德原则，不允许因一部分人的发展而危害和牺牲另一部分人的利益。任何国家的公民，在地球上都是国际社会的一员，无论在哪里都应像爱护本国的环境一样爱护他国的环境。因为，全球具有整体性与相互依赖性。为维护人类的共同利益，保持人类生存和发展的良好环境，就必须确立代内平等的道德原则，即公平、平等地对待代内的人际关系，无论是人与人、还是国与国之间，都应风雨同舟，以便最终实现全球范围的可持续发展。

根据代内平等原则，任何一个地区、民族、国家的人都享有在地球上生存、享受和发展的权利。因此，应当从整体上防止国与国、民族与民族、地区与地区间的贫富分化。只有采取资源环境公正配置的原则，缩小贫富两极分化，才可保证人类整体生存和发展的持续性。就当前来讲，贫困者的生存需求应当优先于富有者的奢侈需求。富国不仅应当停止掠夺穷国资源的行为，而且还应当实际地帮助穷国发展经济。[1]可见，代内平等是指在一定的时间和空间范围内，人与人之间享有自然资源的权利和保护自然环境的义务是公平的，享有自然资源与保护自然环境是对应的，同一代人，不论国籍、种族、性别、经济水平和文化差异在要求良好生活环境和利用自然资源方面，都享有平等的权利。任何一个地区、民族、国家的人都享有在地球上生存、享受和发展的权利。因此，应当从整体上防止国与国、民族与民族、地区与地区间的贫富分化。只有采取资源环境公正配置的原则，缩小穷富两极分化，才可保证人类整体生存和发展的持续性。就当前来讲，贫困者的生存需求应当优先于富有者的奢侈需求。

二、代内平等的两个层次

代内平等可分为国内平等和国际平等两个层次。

（一）国内平等

国内平等是指在一个国家内部社会制度安排所具有的能够满足不同民族、种族、性别或地位的人们对于秩序、自由、平等、安全、效率、公平等价值

---

〔1〕 裴广川、林灿铃、陆显禄主编：《环境伦理学》，高等教育出版社 2002 年版，第 57~58 页。

需求的状态和属性。反映到环境资源方面，就是指在一个国家的内部其社会制度安排使人们彼此之间在自然资源利益分配、环境损害以及环境责任承担等方面所体现出来的公平正义。

在现阶段，代内存在着普遍的不平等现象，从国内看，我国地区层次上是东西部地区在获取资源利益与承担环保责任上的不协调，在广大西部地区已经形成某种程度上的环境恶化与贫困的交互循环。

1982 年，美国北卡罗来纳州华伦县的居民举行游行示威来抗议政府在该县非洲裔美国人社区附近建造聚氯联苯废料填埋场，五百多名黑人示威者遭到当局逮捕，一位名叫沃尔特·方特罗伊的众议员因声援并参与抗议活动也遭到逮捕。美国审计总署在南部 8 个州进行调研，结果发现有毒废物填埋场的选址的确存在着明显不平等的现象，大概 3/4 的填埋场位于少数民族聚居区附近。1987 年，美国联合基督教会种族正义委员会对少数民族和穷人社区展开调查，结果发现美国政府在环境利益和负担的分配方面存在严重的不公。我们发现：号称世界上最富裕的现代化国家美国，也存在着大量'富裕中的贫困'。它不乏世界级的千万富翁、亿万富翁，然而也不乏街头流浪汉、乞讨者。根据美国经济学家的预算，按其绝对贫困条件，美国低于国内贫困线以下的人口在 1980 年为 2930 万人，1990 年为 3360 万人，1995 年达到 3650 万人。也就是说，最发达的美国也仍有 1/7 的人口可被称为穷人。其他工业化国家也大同小异。联合国拉美委员会的一项统计表明，20 世纪 60 年代被视为工业化样板的一些拉美国家，70 年代以来的社会收入分配差距一直在拉大。70 年代初，拥有社会总收入一半左右的富人占总人口的 10%，而在 90 年代初期则进一步缩小为 5%。另一方面，城乡贫困人口从 70 年代初期的 42%上升到目前的 60%。

自 20 世纪 80 年代以来，伴随城市工业向农村的转移和发展，我国城市环境环境污染逐渐向农村扩散，农村的环境资源存在着严重削弱的趋势。城市居民所享用的物质利益主要来源于对农村地区自然资源掠夺性的开发，而环境破坏和环境污染的恶果却主要由农民来承担。同时，政府在资源环境方面的决策也主要向城市倾斜，因为收入和社会地位等因素，城市居住者有更多的能力和机会去影响政府在资源环境方面的决策。

国内层面上的自然资源和环境资源的种种非正义现象表明受益者主要是国家中的强势群体、富人、城市居民等，而受害者则主要是国家中的弱势群体、穷人、农民等。当局部的生态危机出现时，受到威胁的首先是没有风险规避能力的穷人。他们住在城市和乡村最易受环境影响的地带，当污染严重时，富裕者可以通过搬迁到空气清洁的地区或者有钱采取其他的防范措施。但是对于穷人而言，资金的缺乏使得他们对环境舒适度的需求弹性几乎为零。贫富差距在很大程度上并不是由个体先天边际生产力的差别所造成的，而是由后天的家庭环境和国家环境所导致的。起点的不公平在许多国家是造成贫富差距的根本因素。这种状况在发展中国家更为突出，因为这些国家的贫困者没有能力以公共选择的手段通过制度变迁来保证他们公平的发展机会，而且他们被先天剥夺了受教育的机会，使得他们对这种先天的安排逆来顺受而不加反抗。许多发展中国家依然沿循发达国家的工业化道路，把牺牲环境发展经济看成是唯一可行的富民强国之路。于是，许多农民用于灌溉和饮用的河流和湖泊被工厂排出的废水污染了，许多贫困者居住在浓烟滚滚的包围圈内，他们不能有效地申斥。无论从资金能力还是从把所有受害者联合起来的交易成本来看，他们都没有选择的余地。由此可见，资源环境在利益享用和损害承担方面存在的非正义现象，其实质是社会制度的非正义性。在国内正义层面，就资源利益和负担的分配而言，罗尔斯的正义原则可以作为社会制度安排的指导性原则，其体现的价值目标可以归结为自由、平等和公平。罗尔斯的《正义论》所倡导的社会正义原则，"第一个原则是平等自由的原则，第二个原则是机会的公正平等原则和差别原则的结合。其中，第一个原则优先于第二个原则，而第二个原则中的机会公正平等原则又优先于差别原则。这两个原则的要义是平等的分配各种基本的权利和义务，同时尽量平等地分配社会合作所产生的利益和负担，坚持各种职务和地位平等地向所有人开放，只允许那种能给最少受惠者带来补偿利益的不平等分配，任何人或团体除非以一种有利于最少受惠者的方式谋利，否则就不能获得一种比他人更好的生活"。国内不同种族、民族、性别或地位的人们自由而平等地享有资源环境的利益，同时，对于环境损害以及环境责任应该公平地加以承担，就资源利益和负担的分配而言，只允许那种给最少受惠者带来利益补偿的不平等分配，否则任何团体和个人都不能够获得一种比别人更好的生活。[1]

---

〔1〕 柯彪："代际正义论"，中共中央党校 2008 年博士学位论文。

（二）国际平等

国际平等是指国际政治经济制度所具有的能够满足不同国家的人们彼此间对于秩序、自由、平等、安全、效率、公平等价值需求的状态和属性。反映到环境资源方面，就是指各国在环境资源分配方面的平等，以及在环境损害和环境责任承担方面的平等。[1]

概括起来，国际平等主要包括三个方面的内容："一是各国在环境资源分配方面的平等；二是各国在从环境资源中获得经济利益的权利与承担环境保护义务方面的平等；三是为保护全球环境建立的国际政治经济制度方面的平等。"[2]

国际环境中也存在大量不平等的行为，主要表现为生态殖民主义。首先，发达国家把在生产过程中若不加治理就会直接或间接地产生大量污染物的污染密集型产业转移至发展中国家，这些污染物会严重危害环境和人类健康。其次，发达国家把危险废物转移至发展中国家，从而造成"生态垃圾倾卸"，我国是深受其害的国家之一。发达国家的这些非法非道德的行径使一些穷国重新沦为了它们的生态殖民地，严重破坏了世界范围内的生态环境。[3]

按照罗尔斯的差别原则理论，在国际层面，环境资源在各个国家中间的利益分配以及环境损害责任的承担，应该对作为最少受惠者的发展中国家进行利益补偿，利益和负担的分配应该以符合发展中国家利益的方式来进行。然而，大量的事实表明情况并非如此，资源环境方面的国际非正义现象可谓触目惊心。在对资源的使用上，发达国家以占全球 20% 的人口消费了全球 80% 的资源，而占全球人口 80% 的广大发展中国家仅消费全球 20% 的资源，一个发达国家居民消费的资源约等于发展中国家一个居民的 3 倍至 8 倍。在国际关系上，虽然和平与发展是当代世界的主题，但事实上，霸权主义、强权政治和文化歧视等依然存在，一些国家以保护环境、资源为借口，限制其他国家的发展；为了自己的私利，通过种种途径，向其他国家和地区倾倒有毒垃圾，转嫁污染产业，执行双重环境标准等。[4]有资料显示，在 1995 年，

---

〔1〕 柯彪："代际正义论"，中共中央党校 2008 年博士学位论文。

〔2〕 蒋国保："论环境正义的基本类型"，载《青海师专学报（教育科学）》2004 年第 3 期。

〔3〕 张海玲："论环境伦理学的三大主张"，载《科技创新导报》2009 年第 8 期。

〔4〕 彭分文："不可忽略的代内公平——从可持续发展的原则谈起"，载《广西社会科学》2003 年第 3 期。

外商在中国投资的污染密集型企业有 16 998 家，占三资企业总数的 30% 以上。其中，严重污染密集型企业占三资企业总数的 13% 左右。[1]因此，资源环境在国家之间进行利益划分以及责任承担时，现实的情况就是：一方面，发达国家的人民在消费主义观念的支配下，仍然继续消耗大量的资源来满足他们奢华无度的生活需要，并转嫁所造成的环境危害；另一方面，许多发展中国家的人们却仍然在为温饱而挣扎，并且不断以危害生态的消极方式来维持他们基本的生存需要。[2]

在资源环境的国际正义方面，西方发达国家对广大发展中国家的态度，可以用哈丁的"救生艇伦理"来获得说明。哈丁认为，发达国家与发展中国家的关系犹如救生艇式的关系，发达国家处在救生艇上，而发展中国家则是等待救援的落水者，由于艇的承载力有限，不可能将所有发展中国家都接纳到发达国家的救生艇上，否则救生艇就会因超载而倾覆。如果只是接纳部分发展中国家，则容易因为歧视或偏见而导致非议。因此，发达国家最好的做法就是独善其身，这样既不会招致非议，也为自己增加了安全感，于是，"彻底的冷漠就是彻底的正义"。显然，这种理论是荒谬的，它是在试图为西方发达国家的不公正的发展作辩护，这种发展是以广大发展中国家资源环境方面的利益牺牲为代价。我们姑且不去论证"救生艇伦理"的前提假设是否成立，就发达国家与发展中国家的关系而言，二者也不是救生艇上的人与落水者的关系。道理很明显，试想发达国家救生艇的建造能不归功于发展中国家吗？并且发达国家的长期生存和发展也离不开广大发展中国家的生存和发展，即使发达国家暂时能够得以逃生，但如果没有广大发展中国家的存在，发达国家未来的生存和发展将会举步维艰。

为了寻求和实现人类在资源环境方面的国际正义，我们必须在这样两个方面做出努力：树立人类共同体意识、建立公正合理的国际政治经济新秩序。第一，树立人类共同体意识。就国际正义而言，人类共同体意识就是指把各个国家的人们视为人类整体的构成部分，不管其国籍、民族、种族、性别和地位有何不同，从人类整体生存和发展的利益出发来考虑和处理国际之间资源环境方面的利益、负担和冲突。人类共同体意识从国际正义的角度而言也

---

〔1〕 蒋国保："论环境正义的基本类型"，载《青海师专学报（教育科学）》2004 年第 3 期。
〔2〕 蒋国保："论环境正义的基本类型"，载《青海师专学报（教育科学）》2004 年第 3 期。

可以被称为人类整体意识，它是一种超国家的思想意识，是全球范围内的人类整体在面临共同的资源环境危机时的必然选择。树立人类共同体意识，就是要求各个国家在处理彼此之间在资源享用和环境负担的问题时，不能够为一己私利所驱使，而应该把地球的资源环境视为人类整体的共同拥有物，积极开展协商、对话和合作，共同面对危机，共同协商解决问题的对策与方法。第二，建立公正、合理的国际政治经济新秩序。重新构建国际政治经济新秩序是解决国际正义问题的关键，是克服国际之间在资源环境利益分配和负担承担方面种种非正义的有效手段。构筑公正、合理的国际政治经济新秩序，需要以国际方面的法律法规作为制度保障。例如，为了控制有害垃圾和废弃物的跨国转移和防止全球环境的进一步恶化，1989 年，国际社会签订了《控制危险废料越境转移及其处置巴塞尔公约》（Basel Convention on the Control of Transboundary Movements of Hazardous Wastes and Their Disposal）。其重新修订后将非强制性的禁令改为强制性禁令，从而成为具有制裁能力的国际公约。类似的国际层面的关于环境资源的法律制度不胜枚举，问题的关键是要切实加强这些国际法律性文件的约束力和制裁力，尤其是要求发达国家和广大发展中国家共同遵守。只有加强国际方面的资源环境立法、守法、执法的各个环节，公正合理的国际政治经济新秩序才会得以捍卫，人类共同体的意识也能得以稳固和加强。在人类共同体意识的指引下，"全球发展应是全球多样性主体的发展，应是权利与义务对等的发展；各国政治上应相互尊重，共同协商，而不应该把自己的意志强加于人；经济上应相互促进，而不应当贫富悬殊；文化上应相互借鉴，共同繁荣，而不应排斥其他民族的文化；安全上应相互信任，共同维护，树立互信、互利和协作的新安全观，等等。只有以这些原则为基础，公正合理的国际政治经济新秩序才能真正建立起来"。[1]

三、代内不平等的危害

世界上的任何发展，包括可持续发展，都应该为绝大多数人谋利益。以代内平等为视角，每个国家，不论大小强弱，都应得到尊重；每个人，不论能力高低，尊严及基本权利都应得到保障。从道义上看，追求社会正义，要

---

[1]　彭分文："不可忽略的代内公平——从可持续发展的原则谈起"，载《广西社会科学》2003年第 3 期。

求社会正义，这是美好的人性。如果世界上存在着明显的不公正，甚至是触目惊心的贫穷与死亡，而人类对此麻木不仁，那将是人性的悲哀。少数人、少数国家的发展是一种畸形的发展。容忍甚至炫耀这种发展，是对人性的嘲弄，是对社会正义的嘲弄。

（一）导致社会动荡不安

稳定是一个社会发展的前提，也是可持续发展实现的关键。没有稳定，一切都无从谈起。一个不公平的世界一定是一个不稳定的世界。正如布伦兰特的报告所指出的，只要世界上还存在着大规模的贫困现象，只要世界上大多数国家把当前的国际秩序看作不平等、不公平的秩序，就不可能有全球稳定的发展。就国际范围来看，如果没有国际平等，国家间的冲突就不会停止，严重的还会导致战争。就一国范围来看，如果代内不公，将会加剧社会各阶层的利益矛盾，导致一部分人心态失衡，有失落感和被剥夺感，少数人甚至会对社会产生敌视心理。

（二）不利于矛盾的解决

众所周知，可持续发展所要解决的矛盾有两个：其一是人和自然的矛盾；其二是人与人之间的矛盾。其中，人和自然的矛盾是可持续发展所要直接面对和解决的矛盾。而要有效地解决这一矛盾，首先就必须解决人和人之间的矛盾。要使人和自然和谐，首先要做到人和人之间关系的和谐，而代内不公显然无法使人和人关系和谐，它会造成"人人为我"的主导思想，导致人与人关系的紧张，引起其对有限资源的争夺和对环境责任的推卸。

另外，因代内不公导致的贫困现象对自然环境的负面作用也是明显的。资源和环境恶化的起因，有富裕者为求最大利润和奢侈享受而掠夺资源，也有贫困者为求温饱而不得不滥用资源。当今世界，贫困国家和地区往往也是生态环境破坏最严重的地方。由于贫困，人们为了维持最基本的生存需要而难免滥砍滥伐。此外，由于贫困地区也是经济落后的地区，缺乏先进的技术和能力，因此，可能会导致这一地区对资源和能源的低效率使用，这不仅会导致资源和能源的过度消耗和浪费，而且也会带来环境污染的加剧。

（三）不利于人的全面发展

可持续发展是以人为中心的发展。为此，它要求社会中的每个成员的基本需要得到满足，素质得到提高，潜力得到发挥。在这几方面的内容中，基本需要的满足是人的全面发展的基础；素质的提高是人的全面发展的关键；

潜能的发挥是人的全面发展的目的。三者联为一体，缺一不可。说到底，可持续发展也就是要最大限度地发挥每个劳动者的聪明才智，调动他们身上蕴含的积极性。很显然，代内不公有背于这一目的的实现。它不仅造成一部分人的基本生活需要得不到满足，更会妨碍人的素质的提高和潜能的发挥。它不能为社会中的全部人力资源的充分开发创造条件，无法为每一个社会成员提供获得教育、发展自身的机会，营造一个基本的发展平台亦即一个平等竞争的环境，其结果是造成社会成员潜能的极大浪费，使社会无法达到应有的持续发展能力，从而延缓社会的发展进程。[1]

四、实现代内平等的困难

人类共同的环境危机会影响全人类的整体利益，关系到整个世界各个国家的每个人，人类只有树立整体意识，才不会为一己私利所束缚，才有可能积极开展有效的对话、协商和合作，一起面对，携手解决。要实现代内平等，于国际关系而言，则需要通过制度安排来提供保障，而非仅仅停留在良好的愿望和口号上，对于不合理的政治经济秩序必须加以改革，建立国际关系新秩序。

（一）发达国家与发展中国家的分歧

发达国家认为，是发展中国家过多的人口压力造成了当今严重的环境问题并侵害到了发达国家，发展中国家应该对环境问题负主要责任，这样才能显示"代内平等"。在全球 60 亿人口中，90% 的人口集中在发展中国家。过多的人口和过大的人口基数引发了包括环境问题在内的全球性问题。环境问题已经侵害到发达国家。1986 年，挪威首相布伦特兰说："在不久的将来，穷人中的环境问题，通过政治不稳定和动乱的传播，也会影响富人。"[2]1990年，美国参议院军事委员会时任主席的萨姆·努恩也说："我们国家的安全正面临着一种新的、与众不同的威胁——环境的破坏，我认为，我们国家最重

---

〔1〕 彭分文："不可忽略的代内公平——从可持续发展的原则谈起"，载《广西社会科学》2003年第 3 期。

〔2〕 [美]诺曼·迈尔斯：《最终的安全：政治稳定的环境基础》，王正平、金辉译，上海译文出版社 2001 年版，第 16 页。

要的安全目标之一，必须是使正在加速的全球性环境破坏步伐得到逆转。"[1]所以，发达国家认为，"代内平等"首先应该考虑发达国家受伤害的程度，国际组织应该主持公道，为他们的正当利益提供正义支持。著名的"救生艇伦理"最具代表性：美国学者 G. 哈丁认为，地球像一艘比较拥挤而富裕的救生艇；它只能养活有限的人口；穷国的人口增加，引起粮食问题与环境污染，破坏了地球的生态系统；富国不应该去救穷国，应当让穷国沉入大海。[2]

与此相反，发展中国家则认为，人口过多并不是产生环境问题的主要原因，发达国家的过度消费和浪费才是环境问题的真正原因，发达国家应该对环境问题负责任。从工业革命开始，二百多年来，资本主义发达国家在追求工业化的过程中，一直对自然界实行掠夺性开发和奢侈性消费，直到今天，发达国家仍然是自然资源的主要消耗者和污染物的主要排放者。发达国家的人口只占世界人口总数的 23%，却占有和消耗世界能源的 75%，木材的 85%，钢材的 72%，人均消费量是发展中国家的 9 倍~12 倍，温室气体的排放量也占全球总量的一大半。美国人口不足世界人口的 5%，却消费了全球 25%的商业资源；[3]养活一个美国人所需要的农产品是养活一个中国人的 3 倍。所以，按消费总量计算，一个美国家庭名义上只有 2 个孩子，但其实际上却相当于发展中国家养活 40 个孩子的消费量。[4]这些证据足以说明，发达国家应该承担生态危机的主要责任，并且对发展中国家造成的生态侵害作出相应的补偿，只有这样，才能体现生态伦理的"代内平等"。

（二）代内平等履行困境的根源

发达国家与发展中国家的争论表明，生态伦理"代内平等"的履行存在相当的困难。严峻的环境问题促使人们思考：使生态伦理"代内平等"的实施陷入困境的深刻根源是什么？

"代内平等"的困境与资本主义生产关系有着内在的联系。资本主义生产引发了"代内不公正"现象，而资本增殖的本性使"代内平等"的要求得不

---

〔1〕 ［美］诺曼·迈尔斯：《最终的安全：政治稳定的环境基础》，王正平、金辉译，上海译文出版社 2001 年版，第 1 页。

〔2〕 ［美］R. T. 诺兰等：《伦理学与现实生活》，姚新中等译，华夏出版社 1988 年版，第 448~551 页。

〔3〕 傅华：《生态伦理学探究》，华夏出版社 2002 年版，第 294 页。

〔4〕 李培超："论环境伦理学的'代内正义'的基本意蕴"，载《伦理学研究》2002 年第 1 期。

到实施。

综观历史，环境问题自有人类社会以来就存在了，只是资本主义以前的环境问题还不足以威胁人类。工业革命后，西方社会开始走上了资本主义生产方式的道路，"代内不公正"现象开始表现出来。后来，资本走出国界，随着经济全球化，发达国家又把许多非西方国家纳入资本主义世界体系，"代内不公正"现象开始由区际不公正转变为全球范围内的不公正，环境问题逐步提升为全球性问题。

在一定的历史时代，资本主义生产方式最适合社会生产力的发展，资本具有"伟大的文明作用"。这种伟大文明作用表现在：克服了人的自然局限性，即克服了人对自然力的神化和崇拜；人的依赖关系（人与人的依附关系，统治与服从的关系等）；狭隘地域性、封闭性。马克思指出："资本创造了这样一个社会阶段，与这个社会阶段相比，以前的一切社会阶段只表现为人类的地方性发展和对自然力的崇拜。""只有在资本主义制度下自然界才不过是人的对象，不过是有用物，它不再被认为是自为的力量。"〔1〕

然而，马克思指出，资本主义文明的发展是以牺牲人本身的发展，特别是牺牲广大劳动群众的根本利益为代价的。"文明的一切进步，或者换句话说，社会生产力（也可以说劳动的本身的生产力）的任何增长——例如科学、发明、劳动的分工和结合、交通工具的改善、世界市场的开辟、机器等等，——都不会使工人致富，而只会使资本致富，也就是只会使支配劳动的权力更加增大，只会使资本的生产力增长。"〔2〕

正是资本要得到增殖的本性导致"代内不公正"。资本在再生产中的任何一个环节，目的都是实现利润的最大化。从资本主义的生产来看，为了得到更多的剩余价值，各个资本家竞相扩大生产规模，无限度地提高劳动生产率。在大量生产的态势下，资本从大自然掠夺不可再生资源和能源，掠夺人类后代生存的物质基础。人的生存环境、人和自然之间的物质变换都被破坏了。从资本主义的消费来看，自资本主义产业革命起，资本主义的大规模生产模式决定他们同时要实现大量的消费，即远远超过人的基本消费需要的，追逐

---

〔1〕《马克思恩格斯全集》（第46卷），人民出版社1979年版，第193页。
〔2〕《马克思恩格斯全集》（第46卷），人民出版社1979年版，第268页。

那种膨胀的、单面化欲望的消费生活。[1]至于过度消费引发的环境问题却不是他们所考虑的内容。

在马克思时代，英国工业革命后造成的环境污染和破坏就很典型，区际不公正表现很明显：其一是空气污染严重。随工业革命发展起来的各城市都需要耗费大量的燃煤，而煤的大量耗用使工业城市"到处都弥漫着煤烟"，[2]厂矿林立的烟囱，夜以继日地向城市上空排放浓烟，这样一来，"把本来就很不干净的空气弄得更加污浊不堪"。[3]同样，城市居民的日常起居对煤的需求量的增加也加重了空气污染，从而使城市的空气"永远不会像乡间那样清新而充满氧气"。[4]其二是水体污染严重。由于厂矿企业大量排放废弃物，河流水域被严重污染。原来流入城市的河水还是"清澈见底的"，但一经城市流出"却又黑又臭，被各色各样的脏东西弄得污浊不堪了"。[5]工业城市"把一切水都变成臭气冲天的污水"。[6]

资本主义文明的这种发展不仅以牺牲本国无产者的生存和发展为代价，还以牺牲世界上所谓"野蛮民族"（不开化和半开化的民族）的生存和发展为代价。

资本的本性驱使自身跨出国界在世界市场上寻找利润，经济全球化成了"代内公正"问题的历史前提。经济全球化，实质是资本主义基本矛盾的全球化。"生产的国际关系"突出表现为发达国家和发展中国家的矛盾。资本主义区域性的代内不公正转变成了全球性的不公正。发达国家实行的是"生态殖民主义"，他们不惜牺牲发展中国家人民的生存利益，一方面凭借先进的科学技术向发展中国家掠夺资源；另一方面疯狂地向发展中国家转移环境破坏的恶果，造成了发展中国家的资源、能源危机和环境破坏。

发展中国家被卷入经济全球化浪潮后，社会生产不可避免地被植入了资本的逻辑——不择手段地追求利润最大化的轨道。全球化经济是"无国界经

---

[1] ［日］岩佐茂："实践唯物论与生态思想"，冯雷译，载《马克思主义与现实》2001年第2期。

[2] 《马克思恩格斯全集》（第2卷），人民出版社1965年版，第323页。

[3] 《马克思恩格斯全集》（第2卷），人民出版社1965年版，第324~325页。

[4] 《马克思恩格斯全集》（第2卷），人民出版社1965年版，第320页。

[5] 《马克思恩格斯全集》（第2卷），人民出版社1965年版，第493页。

[6] 《马克思恩格斯全集》（第2卷），人民出版社1965年版，第335页。

济"，它要"把整个世界当作车间和销售市场"，"哪里生产成本低，能获得最佳利润，企业就设在哪里，在哪里生产和销售商品，不考虑国界"。[1]在全球化的市场上，发展中国家的资源和其他原材料供给大于需求，这为吸引发达国家的外资和利用国外先进技术提供了条件。出于经济利益的考虑，许多发展中国家引进了发达国家的夕阳工业，吸纳了发达国家有毒有害的"洋垃圾"，在发达国家走过的"先发展，后治理"的老路上爬行。

可见，资本主义私有制的固有矛盾必然产生"代内不平等"现象，资本的逻辑作用使生态伦理呼吁的"代内平等"陷入了困境。[2]

第三节 代际公平

代际公平是从时间特性和人类认识能动性出发提出的一种现世人类应有的道德责任感和未来人类利益的道德义务感。[3]也就是说，对待有限的资源，当代人在使用过程中要尊重后代人使用这些资源的权利。美国经济学家海尔博朗奈提出，经济模式的发展不能不考虑子孙后代的利益，人类对满足他们利益的自然条件负有保护的责任，若麻木不仁则是对子孙后代权益的践踏。[4]尽管对后世的责任这个概念本身可能遭受怀疑，但以当代人的眼光去考虑后代人的生活的必要性是存在的，我们讨论对后世的责任也是有意义的。

一、代际公平的涵义

代际公平又称隔代公平，它是在可持续发展概念及其理论受到世界各国政府日益重视的条件下提出的。根据 1987 年联合国世界环境与发展委员会《我们共同的未来》的经典表述："可持续发展是既满足当代人的需求，又不对后代人满足其需求的能力构成危害的发展。"这一定义又被称为"布伦特兰定义"，其核心思想即是处理好当代人与后代人在资源、环境、人口、经济、

---

〔1〕 余谋昌："全球化与我国生态安全"，载《太平洋学报》2004 年第 2 期。

〔2〕 吴细玲："生态伦理'代内公正'的困境与现实选择"，载《三明学院学报》2006 年第 3 期。

〔3〕 参见裴广川、林灿铃、陆显禄主编：《环境伦理学》，高等教育出版社 2002 年版，第 56~58 页。

〔4〕 参见杨冠政：《环境伦理学概论》，清华大学出版社 2013 年版，第 207 页。

社会等方面的关系问题，涵盖了三层意思：①其出发点是生态和环境问题；②其落脚点是代际问题；③其最终目标是可持续发展。因此，可持续发展这一概念表达了人类对代际公平的关心和关注，用经济学的术语来表达，可以将此处的"需求"替换为"幸福"或"福利"，则可持续发展中的代际公平可以表述为"在能够保证当代人的福利增加时，也不会使后代人的福利减少"。

代际公平坚持人类社会的发展不仅要满足当代人的需求，而且还要考虑下一代人以及子孙后代的需求，当代人的发展不能以损害后代人的发展为代价，也就是要顾及人类发展的未来利益。强调代际平等是环境道德的一大特点。以往的道德只着眼于建立同代人（即人类横向）的伦理关系，反映和概括的是人类现实生活中的共同生活、共同发展、共同完善的客观秩序的需要。

今天，人类生产的生态负效应，正是在这种代际不公平的道德思想的支配下产生的。为了避免以上恶果的出现，实现可持续发展，人类必须确立代际公平的道德原则。代际公平关注的是发展的未来性。环境道德强调在发展问题上要公正地对待后代人，当代人的发展不能以损害后代人的发展能力为代价，并要求当代人为后代人提供至少和自己从前人那里继承的一样多甚至更多的财富。马克思说过，历史的每一阶段都遇到有一定的物质结果、一定数量的生产力总和、人和自然以及人与人之间在历史上形成的关系，都遇到有前一代传给后一代的大量生产力、资金和环境，尽管一方面这些生产力、资金和环境为新的一代所改变，但另一方面，它们也预先规定新的一代的生活条件，使它得到一定的发展和具有特殊的性质……人创造环境，同样环境也创造人。环境道德，从发展的未来性这一角度，深化了我们对历史唯物主义这一基本原理的认识。当代人提供给后代人的财富，包括物质财富和精神财富。物质财富主要指满足后代人进一步发展的环境、资源等自然条件，以及政治、经济、科技等社会条件。精神财富是指文化、思想等精神领域的成果。当代人的实践方式和实践效果，在一定程度上预先规定了下一代人的生活条件，如果父辈留给我们的是青山绿水，而我们却给后代人留下生态灾难，这就意味着当代人使后代人的生存环境变坏了。为了维护人类的长远利益，就必须贯彻代际公平的道德原则，建立代际间的道德责任感，并以其指导经济增长，以使生态环境保持具有既满足当代人需求又满足后代人需求的能力。因此，树立"以牺牲子孙后代的生存条件为耻"的社会风尚，是当前保护生态环境、倡导生态文明新风的重要道德推动力。

对我们（当代人）而言，最低限度（也是不能不遵守）的一个原则是"本世代人对未来世代的子孙的生存可能性负有责任"。关于这一点，我们（当代人）必须认识到：绝不能有——在将"没有石油便无法生存"的观念留给未来子孙的同时却一味地在耗尽石油的——利己主义思想。当代人对将来的世代之生存负有不可推卸的责任。

我们应该倡导代际公平。

可持续生存涉及建立人与自然的道德关系，也涉及确立人与人之间的道德关系。在对待人类的未来发展的问题上，它倡导代际平等原则，要求资源和环境在代与代之间进行公平分配。

人类代与代之间的公平，是从时间特性和人类认识能动性出发提出的一种现世人类应有的道德责任感和对未来人类利益的道德义务感。

代际公平的概念是由佩基最早提出并大力提倡的。按照他的解释，代际公平的问题可以简单而又广义地叙述如下：假定当前决策的后果将影响好几代人的利益，那么，应该如何在有关的各代人之间就上述后果进行公平的分配？

为了做到代际公平，佩基提出了所谓的"代际多数规则"。代际多数规则是指：当某项决策涉及若干代人的利益时，应该由这若干人之中的多数作出选择。由于相对于当代人（或者再加上若干代子孙）来说，繁衍不绝的子孙万代永远是多数，因而，从代际多数规则中我们可以得出下列推论：如果某项决策事关子孙后代的利益，那么不管当代人（或者再加上若干子孙）对此持何种态度，都必须按照子孙世代的选择去办。

在实际决策时，尚未出生的子孙后代是没有发言权的，因此，我们应当确立一个全社会普遍接受的、不取决于特定利益集团的伦理标准，在涉及代际问题时，应该将代际公平作为可供选择的可行性方案的约束条件，必须对传给下一代的资源基础质量加以保护，给下一代提供继续发展的机会。

代际公平要求本代人的发展能以损害后代人的发展能力为代价，至少要留下比前辈留下的更多的自然财富，以满足后代人能进一步发展的环境资源等自然条件。与本代人一样，每一代人都必须依靠足够的自然资源才能生存，后代人与本代人一样，都有着生存下去的不可剥夺的权利。后代人不可能在缺乏生活必需的环境和资源的条件下生存下来，因此，每一代人都必须关心以后各代。

从某种角度来讲，我们静态地观察地球资源有限性，就现存的人类而言，如果不考虑到资源地区分布不均的事实，我们其实还没到油尽灯枯的时刻。现代人的挥霍与消费固然破坏性很强，然而在伟大的地球母亲面前，我们还尚未被逼到墙角，毕竟地球的体量对于人类来说是巨大的，我们自身的科技水平也在进步。所以，话题自然地过渡到了从后世人享受地球资源、人类文明之延续的角度看待节俭使用资源的重大议题。然而，我们对后代是否当然负有责任呢？问题本身似乎没那么简单，也有人质疑这种责任的合理性，总的来说，人们认为那些尚未存在的人存有权利是件奇怪的事情。[1]

如果我们试图解决这种疑惑，以下思路也许具有可参考性：如果我们将后世的范围缩小至下一代，或者说是每一代的下一代，那这个问题似乎没有那么难以解答。从道德与法律的角度来讲，对下一代的义务本身是不言而喻的，无论从理智上还是从情感上，都很容易找到正当性。但将后世作为一个整体的概念摆在人类面前，情况似乎就有所不同了。至少有这样几种观点对对后世的责任提出了怀疑：

一种观点基于"出于无知"而提出怀疑，即我们对我们的后代一无所知，如果我们并不了解我们的后代，就无法具体化我们的义务。[2]另一种观点基于"受益人失踪"理论认为，我们不仅没有把后代生出来的权利，而且谈及对后代的伦理学义务是毫无意义的。[3]还有一种观点反对对未来后代人负责任的观点集中在未来后代人的时间坐标上，即认为我们现在不应该对那些许多年也不会出现的人负责任。[4]

也有人驳斥代际公平的概念，[5]认为代际公平理论，不管从其创立的初衷还是从其理论诉求来看，无疑都是一种保护环境的理论。爱迪丝·布朗·

〔1〕 参见［美］彼得·S. 温茨：《现代环境伦理》，宋玉波、朱丹琼译，上海人民出版社 2007 年版，第 80 页。

〔2〕 参见［美］戴斯·贾丁斯：《环境伦理学——环境哲学导论》（第 3 版），林官明、杨爱民译，北京大学出版社 2002 年版，第 80 页。

〔3〕 See Gregory Kavka, "The Futurity Problem", in Sikora and Barry (eds.), *Obligation to Future Generations*, pp. 180~203.

〔4〕 参见［美］戴斯·贾丁斯：《环境伦理学——环境哲学导论》（第 3 版），林官明、杨爱民译，北京大学出版社 2002 年版，第 82 页。

〔5〕 参见徐祥民、刘卫先："虚妄的代际公平——以对人类概念的辨析为基础驳'代际公平说'"，载《法学评论》2012 年第 2 期。

魏伊丝的《公平地对待未来人类：国际法、共同遗产与世代间衡平》（以下简称《代间公平》）是代际理论的代表作，而这部著作的创作本意就是解决环境保护的理论问题。这部著作是联合国大学地球学部资助的国际法、共同遗产和世代间公平研究项目的研究成果。而这个项目的主管、联合国大学前副校长爱德华·普罗曼认为，该项目是为解决影响人类生存、发展和福祉的全球性问题而开展的，其研究成果是对布伦特兰委员会环境与发展报告的较早的回应。按照爱德华·普罗曼的评论，魏伊丝所做的不仅是一个为寻找环境保护的支持理论而展开的研究项目，而且还是一个产生了符合设计初衷的研究项目。魏伊丝的研究成果的确是在努力发现支持在国际范围内展开环境保护的理论。她的著作的第一章提出了世代间公平问题，而证明这是一个现实的问题的根据是如下三个判断：资源耗竭、环境质量下降、资源取得和利用的不公平。这说明，所谓代际公平问题实际上就是环境资源问题。魏伊丝为解决代际公平问题而提出的方案当然也就是解决环境问题的方案。魏伊丝曾把代际公平理论的核心概括为各世代人在利用地球的自然和文化资源这些共同遗产的时候，同其他世代人（也即过去和将来的世代人）所特有的内在关系。她认为这一理论的出发点是：各世代既是自然和文化共同遗产的管理人，同时又是利用人。作为地球管理人，每一世代对未来世代都负有伦理上的义务。作为过去世代人遗产的受益人，当代人继承了某些享用这一遗产成果的权利，未来世代人也同样有这样的权利。这可以说是魏伊丝代际公平学说的基本观点，也是对其他各种代际关系学说的高度概括。这个基本观点展现的是一个法理学法律关系结构，其中的主体是过去世代、当前（我们）世代、未来世代的人。这些主体享受权利，负有义务，而这些权利、义务则是这个法律关系结构中的内容。这个关系的客体是自然和文化资源这些共同遗产。如果抛开文化资源不论，这个法律关系结构中的客体就是自然这种共同遗产。魏伊丝用资源耗竭、环境质量下降、资源取得和利用的不公平来说明的代际公平问题实际上主要就是存在于自然这种共同遗产上的问题，也就是环境问题。该学者提出的代际公平理论中的环境是什么的问题，就是这个法律关系结构中的客体，即自然共同遗产有什么特点的问题。

　　他认为，魏伊丝笔下的自然共同遗产是整体的地球环境，她所使用的地球财产的概念表明了这份遗产的整体性。她交给地球财产管理人的任务是管理这份具有整体性的遗产，并把管理共同遗产的目的概括为为所有世代而维持福利和幸福。她认为这个目的有三个方面的内涵：第一，使地球的生命维持体系的持续；第二，使人类生存所必要的生态学流程、环境质量……得以持续；第三，使健康、舒适的人类环境得以持续。不管是地球的生命维持体系，还是人类生存所必要的生态学流程、环境质量，抑或是健康、舒适的人类环境都是整体的地球环境。魏伊丝自己也承认这个共同遗产的整体性。她在列举了上述三个方面的内涵后说：这意味着将一个健康、有活力的地球留给未来世代。一个健康、有活力的地球显然是一种整体意义上的环境。魏伊丝在对其代际公平学说的论证中展示的自然共同遗产是整体的地球环境。她的最忠实的读者显然也赞同这个判断。她的著作的英文版序言的作者普林斯顿大学教授理查德·福尔克把魏伊丝的创作看作是在地球面临危险且这种危险令人心悸的情况下所采取的行动，而且她的作品堪作保护环境的行动指南。作为魏伊丝所承担的国际法、共同遗产与世代间衡平项目的主管，爱德华·普罗曼则把魏伊丝所从事的研究归结为一种宏观的、空间角度的研究，一种宇航员看地球似的宏观研究。他认为，在这个角度下，外层空间、海床、水、天气、气候、臭氧层、基因和文化多样性都可以被看作是全人类离不开的资源领域。它们超越了物质性资源的概念，不涉及物质形式的利用，并不受传统的属地管辖权的约束。这些资源领域在不同程度上具有全球性资源的属性，它们常被称作"全球共同财产"或人类共同遗产。

该学者认为，代际公平论者关心作为生灵之一的人类整体和具有共同遗产特点的整个地球，希望整个地球不仅在空间上具有一致性，在时间上也具有一致性。这样的思考是积极的，这样的愿望是善良的，但他们的所谓代际公平、代际契约、跨代共同体等代际理论却与他们所关心的人类整体和整个地球的特性并不一致。这些理论提出的解决办法——也是他们的理论大厦的核心部分——与支持他们创立自己的理论的基础是背离的。

《代间公平》为国际法引进了一个时间维度，爱德华·普罗曼对此非常欣赏，但是，在欣赏之余他似乎对时间的计算单位有些拿不定主意。爱德华·普罗曼说：时间维度与国际法有关，甚至不能认为它从属于占主导地位的空间维度。传统上，时间维度主要是把现在和过去相联系。当前研究的特殊之处在于把现在和将来有条理地联系起来。上述这种时间维度要求我们以长远的眼光考察不同的时间尺度。但是，多长才算"长"呢？这一问题是他感觉难以解决的。接下来，他似乎从魏伊丝的著作中发现了解题的方法：有一种现实，它既是目前存在的，同时也将延续到遥远的未来；……所有社会都无一例外地在某种程度上实践着一个原则，即当今世代对未来世代负责，当然只是局限于家庭和个人层次。这就是比附对象的来历。尽管爱德华·普罗曼知道这种代际关系只是局限于家庭和个人层次，但他还是宁愿按照魏伊丝的比附之路继续走下去。

该学者认为代际公平说提出的某些建议（比如关于自然和文化资源的维持设备与服务的建议、关于监管自然与文化遗产的建议等）都有其合理性，或者说符合环境保护的一般要求，但是，如果将代际公平作为一种法律理念或一种法律理论工具，则完全是不可取的。

显然，该学者的论断具有不合理性，且难以从根本上动摇我们应该对未来后世的发展尽一份义务这样的考虑。首先，对于后代是否存在这个考虑来讲，如果具体到每一个人的存在与否上，这个问题具有相当的偶然性。但基于人类社会整体的延续性来讲，人类作为一个物种已经存在了数十万年，突然像恐龙一样灭绝的可能并非没有，但人类社会得以延续的期待是具有很大可能性的。反过来讲，考虑当代人对未来后世的责任的目的本身也是为了人类的延续，而基于对后代不可知导致义务无法具体化以及从时间上难以考虑未来很久以后才可能存在的事情这两种考虑，笔者认为，人类行为的影响力是具有延续性的。即使从积极的角度来讲，我们难以对未来社会的后代做出直接且确定的施惠行为，但是避免消极影响的延续这种考虑却十分容易被证明具有合理性。举一个简单的例子，从发展核事业的角度，采取积极的预防措施来将核事故的发生之可能性降到最低本身不仅仅是对当代人的义务，且考虑到核污染影响的长期性，这种谨慎本身也是对后世人的责任。

综上所述，代际公平问题，主要是指当代人与尚未出场的后代人之间在发展机会上应均等、在利益分配上应公平的问题。代际公平问题的提出始于佩基，20世纪80年代，他在其著作中首次使用了代际公平这一概念，并从决策论的角度提出了实现代际公平的代际多数原则，即当某个决策涉及多代人利益的时候，应由这多代人中的多数作出选择。1984年美国的爱迪丝·布朗·魏伊丝教授系统阐释了这一概念的含义。她提出了"行星托管"的概念，指出人类的每一代人都是后代人地球权益的托管人，并提出了实现每代人之间在开发、利用自然资源方面权利的平等的原则，如责任原则、合理储存原则等。罗尔斯在其著作《正义论》中也对代际公平进行了一番探讨，并指出正义的储存原则是代际正义的主要内容。我国目前对于代际公平问题的研究主要集中在法学领域和环境伦理学领域，以及经济学、人口与资源管理学、地理学等具体学科领域。

代际公平问题之所以成立，是因为后代人同样具有生存和发展的权利。我们不确定后代人究竟是谁，但是可以肯定的是，后代人一定会出现，而且他们的生存和发展同样需要地球上的环境和资源。然而，环境容量是有限的，这样必然导致代际利益冲突。假如有一天我们发现了另一个星球适合人类居住，或者后代人不再需要地球资源，不需要水、土地、矿产、石油等资源就可以生存和发展，那么代际公平问题就不再是一个问题了。然而，迄今为止，我们还没有看到这种迹象，而环境危机已是迫在眉睫。提出并承认代际公平问题，继而设法解决代际公平问题是人类社会文明和进步的标志，意味着人类作为整体的"类意识"的觉醒。意味着人类责任意识的增强，也是关系人类发展最终去向的哲学终极问题，因而具有重大意义。试图以任何方式取消代际公平问题都是不道德的，是一种不完全的人类整体意识。道德上正直的人应该关心后代，这是人类的责任。

为后代人的生存着想，这既是本代人的责任，也是本代人超越前代人的表现。当代人节约使用资源、自觉保护生态环境会对后代人有好的道德示范作用。我们绝不能"吃祖宗饭，断子孙路"，走耗尽资源和"先污染，后治理"的路子，当代人应该担当起为后代开创更美好生活的责任。

透过代际公平理论，我们可以获得的最大启发就是观察环境问题和处理环境问题的时间视角。

二、代际公平的基础——代际伦理

环境伦理将关怀的对象由人与人的伦理关系延伸到了人与动物、生物和整个自然界。肯定动物、生物和整个自然界具有自身的价值和权利，是对伦理关怀的对象进行横向延伸；而作为代际公平基础的代际伦理将关怀的对象由本代人扩及后代人，将本代人之间的内部伦理关系延伸至本代人与后代人的伦理关系，是对伦理思考的客体进行了纵向延伸。代际伦理要求当代人要充分尊重后代人的权利和利益，并自觉地充当后代人的代言人，旨在打破唯本代独尊的"本代中心主义"价值观，反对本代利己主义，构建一种和谐的代际伦理关系和合理的代际道德规范，为代际公平提供强有力的伦理支撑。

　　代际伦理指的是一代人与后代人之间的伦理关系，是代际的权利与义务关系。人类既然确立了以可持续发展为目标，那么与之相对应地就涉及了代际伦理问题，或者说，可持续发展的伦理基础是代际伦理。代际伦理所揭示的是当代人与后代人在生存与发展问题上的道德关系，它与传统意义上的家庭内部两代人或几代人的微观代际伦理不同。它是从人类的历史跨度看问题，是涉及人类一代代永续发展的宏观代际伦理。代际伦理与通常意义上的伦理关系不同，它有两个特点：第一，代际伦理是纵向的伦理维度，是同一空间不同时间的人群间的伦理关系；第二，代际伦理又是单向度伦理关系，它是当代人对后代人的伦理义务，没有也无法要求后代人对当代人承担同样的伦理义务，如果说后代人有义务，也只是推理中的他们对他们的后代人的义务。也正因为如此，有人不认为代际伦理关系能够成立，因为"后代人"不是一个实体存在，无法判断自己的利益，也无法行使自己的权利。实际上，"后代人"并不是一个完全虚无缥缈的想象，而是有现实基础的，可以类比于婴儿，婴儿不具有作为权利主体的能力，无法承担义务，但不能因此否认和损害婴儿的权利。婴儿具有未来确定的现实性和作为权利主体的能力，所以成年人必须先期、单方面、根据已有的知识理性承担对婴儿的义务。同理，后代人也具有未来确定的现实性和作为权利主体的能力，所以，当代人必须先期、单方面、根据已有的知识理性承担对后代人的义务。代际伦理关系内生于复杂的经济、政治、社会、文化等各种社会关系之中并受其影响和制约，它不是一种完全独立的、游离于其他社会伦理关系之外的伦理形态；代际伦理与其他社会伦理形态一样，都是社会伦理关系和伦理形态的重要组成部分。

　　究其本源来讲，伦理关系是在早期人类脱离动物界向人群关系发展的过程中逐渐形成的，荒蛮时代动物性的人只是基于本能处理相互关系，没有合作和协调，是本能性的竞争关系，和其他野生动物没有本质区别。但当组成群体，合作性不断增强后，人与人之间的社会性关系便发展起来，野蛮的抢食竞争向合作、协调、共生的关系演化，逐渐形成了用于规范人与人关系的伦理观念，形成了一些共同遵行的规则。这些规范是用来克制不利于群体秩序的自私无序竞争的，所以道德从一开始出现就具有利他的色彩，或者通过利他求得共同利益最大化或者具有期待达成自身远期利益的意味。伦理关系究其本质来讲具有集体主义的价值取向，越是在依赖群体生活的社会中，伦理观念的集体主义色彩越重。伴随着生产力的发展，群体生存的必要性逐渐降低，大的群体逐渐向小群体转化，最后小到以家庭作为社会的基本单元。在这个过程中，在个人生存对群体的依赖度下降后，社会伦理中的集体主义色彩会有所弱化；伦理观念中的利己主义、功利主义等个人主义的价值取向会得到强化。在西方伦理思想发展过程中，个人主义正是在工业革命开始后生产力大发展，多数人获取生活资料的来源是参与企业生产活动，自身的生活过程可以不依赖群体合作而通过市场体系来实现的背景下成为强势价值观的。这样的生活方式刺激了个人主义的价值取向，成了启蒙运动倡导个性至上、自由至上价值观的重要社会基础。中国农业社会的生产力和生产关系一直延续到 20 世纪，宗法关系和集体主义伦理维持了强势的道德底色。个人主义和自由主义成了强烈的道德诉求而且逐渐向着主流道德的方向发展，正是在改革开放后生产力大发展，个人生活的独立性具备了充分条件后发生的。虽说通常认为西方伦理更强调个人主义，中国伦理偏重集体主义，但是中国个人主义在近三十多年来对集体主义伦理意识的冲击是非常巨大的。

我们常常提到人类共同利益，这里的所谓人类应当理解为包括后代人的人类整体，绝不应该仅限于当代人，而对后代人视而不见，这种对人类整体缺乏伦理关怀的意识，会导致当代人在社会决策和环境决策的过程中损害后代人的利益，使后代人不仅难以享受到发展带来的有益成果，其公平地占有和使用同前代人相同或至少趋同的资源、环境水平的权利也会被剥夺，而且还不得不承担因前人的贪婪而带来的环境污染、生态破坏的后果。由于后代人在社会决策或环境决策时尚未出场，不具有制度安排权、话语权和资源控制权，后代人这种地位决定了他们无法表达和宣示自己的权利、需要和利益，他们必须要有一个权利的代行者。谁应当成为后代人权利的代言人？当然只有当代人。而且，这种代理的实现不可能通过后代人的授权和要求取得，只能依靠当代人的境界和自觉，这就要求当代人在决策时运用代际伦理的思维方式，树立起代际责任意识，确保后代人与当代人在持续发展方面享有同样的权利。

我们必须强调当代人对后代的伦理义务，尽管这种利他性伦理诉求似乎和当今世界主流性伦理观念中的个人主义倾向相矛盾。就是说，人们在处理横向的自己和他人的关系中更重视自身的利益和权利，是个人主义导向的；而在看待自己这代人和后代的利益关系时则更强调自己对后代人的义务，是利他主义导向的。其实这里的逻辑和早期人类伦理道德关系产生的背景类似。

早期人类是因为需要组成有效的共同体才能应对严酷的生存环境，才必须以共同利益为前提确定相互关系的伦理规则，满足自己利益必须以不损害他人利益为原则，否则无法建立合作协调的人际关系，所以伦理关系中必须有利他的属性。今天人类的利益范围不仅是自己的当期利益，还包括未来的利益，人类在本能上是把与自己有血缘关系的子（孙）后代的利益包含在自己的利益考量范围内的，人甚至可以为了子女的利益而牺牲自己的利益，其是把子女（和可见的其他后代）视为自己血脉的延伸，是自身的一部分，在这个意义上，利他（子孙）和利己是一致的。同时，社会伦理以及作为伦理观念的制度化设计的法律制度也会为家庭内部代际间的利益分配确定非强制的和强制性的规则，比如父母有抚养未成年子女的责任，子女有赡养父母的义务，古代的传统社会已经为这些责任和义务的履行设置了伦理的要求和法律的强制规定。作为代际利益分配的保障，现代社会也同样有这样的保障机制，这是对有些人不愿意接受内在的本能驱使去承担抚幼养老责任的外在约束，如果有的子女不愿意赡养父母，会受到别人的谴责和法律的强制，道德和法律两方面都会对其形成制约。从我们所论及的代际伦理的意义上讲，今天人类也有视后代（包括同场后代和非同场后代）为自身一部分的本能考量，从可见、可感的时间段来说，我们希望我们自己的儿女、孙辈能生活在一个良好的环境中，我们愿意放弃部分即期消费转移给子孙作为远期消费，也会愿意放弃自己的部分满足为子孙留下清洁的空气和水体环境，留下够他们使用的物质资源。也可以说，现在的人类愿意对后代承担伦理义务是出于利他和利己因素的结合。

三、同场与非同场代际公平

代际公平具有两个视角，即同一时空不同代际的公平和不同时空代际的公平。

（一）同场代际公平

在同场代际关系中，伦理关系的主体有两个甚至多个，都有自己的利益诉求，都能够作为行为主体发出自己的声音、施加自己的影响，相互间可以甚至直接构成利益博弈，"坐在一张谈判桌上"。在 2002 年召开的世界可持续发展峰会上，有近 50 个国家的 200 名青年代表参加会议，表达了自己这一代人的观点和诉求。一位 12 岁的乌干达少年在会上发言，表达了自己这代人对上代人的看法："你们得到了可以在 20 年至 30 年时间内分期偿付的贷款，但到那时负责偿还的将是我们。"

考察同场代际公平问题可以以代内公平的原则和视角作为参照系。同场代际公平和代内公平的相同之处是，二者都有现实的、有行为能力的主体，他们都是处于同一时空维度；所不同的是代内公平是一种横向伦理关系，而同场代际公平是一种纵向伦理关系。

在同场各代的关系中，通常而言，中年（老年从退休开始算起）一代掌握话语权和决策权，各种政治权力机构（包括行政、立法、司法机关），掌握社会舆论话语权的各类媒体，有强大经济影响力的大公司，其中的决策者、管理层、核心层几乎绝大部分成员均属于中年一代这个群体。他们对于政治、经济、社会、文化的影响力是决定性的，这种力量可以被称为"中年霸权"。所以，这一代的利益坐标就影响到了同场各代的利益关系。虽然说在环境和资源问题上同场各代有着共同的利益，大家都希望呼吸清新的空气、喝到干净的饮水、吃到无污染的食品，但是，和老年一代、青年一代不同的是，中年一代面临更大的社会责任，决策者需要考虑当前的 GDP、就业增量、税收、分配、社会福利等问题，普通中年人负担着养老育幼的家庭责任，他们不能单纯以环境至上为出发点，而是要从中年一代的利益出发，平衡取舍各项经济、社会、环境目标。但站在老年一代、青少年一代的立场考虑，他们的利益更多地和环境相关。同场各代间在可持续发展上的公平需要兼顾各代的利益和诉求，这本身就是一场博弈。如果仅从中年一代的利益考量出发，目标取舍可能会更多地向当期的经济和社会发展目标倾斜，而如果从老年一代和青少年一代的立场来看，环境似乎更被看重。如果中年一代决策者的选择，即在这代人主导下形成的各种制度性安排、实施的政策、形成的生活方式等，在环境保护和经济发展目标的取舍上倾向于后者，其结果是经济上的所得的主要受益者是中年一代。虽然年轻一代会从就业增长中得益，但毕竟年轻人的薪资水平较低，而且基本无法分得经济增长中的利润收益，所以，年轻一代是次级受益者；老年一代的收入来自过去的付出，当前增长的成果和他们关系不大，而且老年人的消费需求较低，这个阶段的总量消费支出通常低于他们的总储蓄，当期发展的成果他们享受不多，但他们直接承受了因偏重发展而增加的环境代价，对他们的利益而言，良好的环境远比发展重要得多。从发展的角度来说，中年一代如果为当期发展而破坏了环境，到他们步入老年阶段后自己要承受这个环境代价的苦果，这对他们的决策选择也是一个制约因素。

（二）非同场代际公平

从最广泛的意义上来讲，代际伦理关系涉及的是当代人与前向的过去世代和后向的未来世代的权利义务关系；从较窄的意义上说，代际伦理只涉及当代人和未来后代之间的关系。对于前代人遗留给当代人的财富，比如建筑、城市基础设施、知识、思想、技术等，后代人是否负有义务以及以何种方式尽到这种义务，是个有争论的问题。有人认为，感恩、纪念、祭祀、保护等等于是尽到了对于前代人的伦理义务，有人则认为这些仅仅表现了当代人的内心需求和传统惯性。多数情况下，代际伦理关系的讨论不包括当代人和前代人之间的权利义务关系。一般来说，在非同场代际关系中，伦理关系的主体事实上只有"当代人"一个，"后代"是虚拟的，其利益诉求是由当代人根据自己的思维设身处地想象出来的，他们无法发出声音、施加影响，这是一场当代人的独角棋局，在和推想出来的"后代人"弈棋。代际公平的伦理原则要求当代人能够为后代进行必要的财富（包括财产、设施、知识、技能等）储备，将得自前代的财富传递给后代，要对地球现有资源的利用和给环境带来的负面影响自觉设置道德底线。即要使得生物资源保持稳定持续繁衍、生物多样性得到永久保持；非生物资源耗损的速度和新勘探储量、可替代资源的开发保持协调；扭转环境污染加重的局面，使环境质量走上不断改善的通道。

同场代际公平和非同场代际公平相比，如果存在公平度差异的话，通常前者的公平度会优于后者。同场代际公平相对较易实现的原因有两方面：其一，中年一代在可预期的未来会进入老年，成为当前视角下的"上一代"，其在"中年霸权"期为眼前利益而作的损害环境的决策，后果也会很快落到自己头上，10年至20年间，中年会步入老年，他们在偏好发展抉择的中年时期作出的选择结出的苦果，将由进入偏好环境抉择的老年期的自己承受是一个不难预知的结果。如果明知今天破坏环境的后果将在十几年后落到自己头上，其在眼下就会谨慎得多，而如果预知这个结果会在百年后出现，由于自己无从感知的后代承受，决策选择就未必会谨慎小心。其二，同场各代间能够直接构成相互影响的牵制关系，会直接影响当前决策，而未来的非同场后代则无从影响当前决策的选择。同场各代间施加影响的方式有：通过媒体发出自己群体的声音，以示威、集会、游行等群体性活动施加压力，以自己的选票施加影响，劝诫说服等，而非同场代际则不可能有这样的机会。即便我们说同场代际间存在"中年霸权"，但其他两个代际群体都能够直接发出自己的声音，可以表达自己的观点，也可以提出批评，而且他们都能够通过选举发挥自己的直接影响力，这两个群体对选举结果的影响力是非常强大的。而且很多国家特别是发达国家都步入了老龄化社会，老年人平均寿命的延长和整个社会生育率的下降，使得老年人群体在整个社会中的比重增加了，而且和青少年群体只有部分达到年龄者有选举权不同，他们全部都有选举权。在实行普遍选举的国家，这种力量是非常重要的。而在非同场代际关系中，构成双边关系之一边的"后代人"，是一个尚未登场的角色，他们的利益诉求是由双边关系的另一边（"当代人"）来代为行使的，决策选择的力量完全不对等，只是取决于当代人基于良知和远见的自觉自律。所以，相比之下，同场代际间的公平度会高于非同场代际关系。

代际公平的判断还涉及当代人和未来后代利益分配的比例设定、对未来技术进步可能性的判断、未来人类需求偏好的判断等问题。当代人和后代人的利益分配似乎是个伪命题，有什么样的利益、由谁来分配、比例如何确定都几乎无法有明确的判断。但是我们做一个假设，对于一笔钱当代人要在今天当代人自己消费和留给未来后代人使用之间做比例抉择，也就是说，这笔钱不能完全由当代人自己花掉（太自私了），也不能全留给后代（太无私了），怎么分这笔钱，花多少留多少？用罗尔斯的无知之幕确定比例，我们在幕后不知道自己走出大幕后会活在当下还是生活在未来，直观的决定是各分一半（不考虑单位货币今天的价值和未来价值之差），但即便是在这样的情境下也需要考虑一个问题：正常情况下未来人类会比今天的人类更富有，富人分走一半是否合理？而且还是穷人（当代人）的钱。不分不行，那是我们的后代，这是伦理要求。分多少合理，以什么原则来分，这是个莎士比亚式的问题。再有就是为了技术进步的各种可能要不要考虑未来能源技术一定会有突破，这是一个绝对可以预见的可能性，无论是几乎取之不竭的太阳能还是风能、地热能、潮汐能等，都可能导致石油煤炭这类化石能源不再重要甚至不再被使用；海水淡化技术的突破会极大地缓解水资源紧张状况，此外，沙漠绿化的可能性已大大增加、碳排放对气候的影响也可能得到大幅度中和。这些因素如果成为我们在作出今天和未来利益分配抉择时的考虑因素，可能更合理，但也可能成为当代人作出自私选择的借口，如何决断，是一个自利与良知的博弈。

四、代际公平原则的结构

代际公平的结构，主要是指关涉代际公平的各个主体的特征及相互关系、内容等。

（一）当代人的主体价值与权利

代际公平这一概念的出现是伴随着日益严重的环境问题而被提上议事日程的，但代际公平并不是对当代人苛以严格的义务和设定重重限制，以牺牲发展和进步为代价来避免当代人给后代人造成环境、资源等方面的问题，而是建立在对人类社会发展持乐观态度基础上的积极正义。代际公平要求当代人采取积极的行动来保证后代人享受同等美好的环境、取得相应的资源的利益，这体现了当代人的主体价值和权利。

在代际公平中，当代人在时间上具有优势，这种优势使得其能够对后代人生存和发展以及共享人类文明的平等机会产生决定性影响，当代人所创造的政治、经济、文化和科技为后代人的存在提供了物质和精神前提，即便是在代际公平的要求中，当代人的功能与价值是绝对不容置疑的。因为，代际公平的实现有赖于当代人的努力：一方面，由于人不可能脱离必要的自然和文化环境而存在，为满足本代人的利益需求，当代人在改造自然和社会过程中因故意或过失实施了大量可能对后代人的生存和发展产生严重不利的行为，为将这种对后代人的影响减至最低，当代人需要采取适当措施以矫正自己的行为并积极弥补可能造成的损害。另一方面，当代人同时是人类文明的继承者和传递者，当代人和后代人一起共享自然资源和人类文明成果，应当承担起使后代人得以生存和可持续发展的正义义务，实施那些能够推动当代人和后代人共同受益、共享文明成果的行为，如发展循环经济、寻求替代能源等。因此，无论在何种情况下，代际公平都没有对当代人的主体价值及其权利表示过怀疑。

（二）后代人的主体价值与权利

在代际正义关系中，后代人具有主体地位和人格尊严，当代人有义务和责任保证后代人的需要和利益，实现人类的自然永续和社会发展。当代人之所以要满足后代人的这种客观需要，保护后代人发展的利益，是因为后代人是人类文明的一部分，是当代人在未来的延续，具有可以确定的主体地位。在当代人与后代人的正义关系上，不是哈丁所主张的"当代人有关后代人的义务"。而是"当代人对后代人应负的义务"，前者是在满足其他主体的正义义务时"附带"产生的一种义务，它不可能脱离作为前提的正义义务要求而独立存在，实质上是否定了后代人的主体资格。而后者是一种建立在后代人具有主体地位基础之上的"独立"的正义义务，承认后代人在代际公平中作为主体所享有的权利。当然，在代际公平的范畴里，不可能要求当代人满足后代人的所有需要和利益，只需要当代人为后代人留足一种值得过的生活所需的正当利益和基本需求即可，在环境法的视域中，这一般包括后代人生存和发展的环境、资源等方面的基本需要。具体而言包括：①后代人有生命权；②后代人有不受操控其人类基因继承的权利，亦即其起源继承不被人为地改变的权利；③后代人享有丰富动植物世界的权利，并因此有生活于丰富自然内之权，以及保有多种多样遗传资源的权利；④后代人有健康的空气、未受损的臭氧层之权，以及在地球与太空之间享有充足交流的权利；⑤后代人有健康而肥沃的土地权，并有健康的树林权；⑥后代人有保存可观的非再生（或低度再生）之原料及能源的权利；⑦后代人有不遭受前代人留下来的、会危及其健康的，或需要花费昂贵费用以求保护及控制的产物或废弃物的权利。

（三）代际生存与发展的公平机会

代际公平实质上是一种分配正义，这种分配正义是指在对待多数人时的关系相当的平等对待：依价值、能力、需求性与债务的标准来分配权利和义务，分配正义实际上暗示着正义主体间，在特定物品或者机会的满足上存在冲突，因而需要按照一定的标准进行公正的分配，否则就是一种不正义的表现。"代际公平是具有世代间分配公平特点的问题"，"世代间的公平问题，预设了我们能够确定的一种利益冲突，这种冲突是发生在今天的人们的需要，与在遥远的未来出生的世代的需要之间的"。但是，确保下一代的需要，增加下一代的福利，超出了当代人的控制范围，因为我们不能精准地预见下一代或后几代对环境、资源需要的总量和分量，我们的任务应当集中在我们所能预见和控制的范围之内。相比较于现代人而言，后代人在利用环境及资源方面的机会在更大程度上处于我们的控制之下，因而，机会更应该成为代际公平的目标。通过某些方面的努力，我们能够确保下一代有某些机会——对我们所预见的后代人的幸福来说是必不可少的机会，我们能够保存某些必需品，诸如自然资源基础中的那些有价值的部分。如果我们不能确保这些基础在实际上传到后人手中，那么，我们至少应该阻止那些使上述基础无法传给后人的行为。

代际公平要求，"开放给后代人的全部范围的机会，都不应该被限制"，而这种机会受到限制的最直接表现，就是上述当代人实施的可以加以控制或克制的，但对后代人利益具有不可逆转影响的行为。例如，"假设在未来有人存在的话，如果我们在决定以下情况时忽视后代人的利益，可以说我们的行为对后代人来说是有违公平的：使用多少有限的资源，以不能恢复的或者需要以极端昂贵的代价才能恢复的方式，造成对环境的损害程度，对资本物品或者在新技术如可再生能源的创造和发展上的投资数额"等。

五、代际公平原则于国际环境法的体现

代际公平原则作为可持续发展观的一大支柱，逐渐成了各国环境法以及国际环境法制定和实施过程中的基本准则，"可持续发展"强调了代际公平的中心地位，而代际公平原则在诸多关于环境保护的国际环境立法中亦可以得到充分体现。1946 年的《国际捕鲸管制公约》就认可为"后代人"保护鲸鱼的储量。1972 年《人类环境宣言》原则一即规定："人类有权在一种能够过着尊严和福利的生活的环境中，享有自由、平等和充足的生活条件的基本权利，并且负有保护和改善这一代和将来的世世代代的环境的庄严责任。"原则二规定："为了这一代和将来的世世代代的利益，地球上的自然资源，其中包括空气、水、土地、植物和动物，特别是自然生态类中具有代表性的标本，必须通过周密计划或适当管理加以保护。"1992 年的《里约环境与发展宣言》原则三也明确提出了代际公平，规定发展权的行使必须"为了公平地满足今世后代在发展与环境方面的需要"，这一内容在 1993 年的《维也纳人权宣言》中以相同的用语得以重申。1992 年《联合国气候变化框架公约》第 3 条第 1 款呼吁缔约方在其决策中考虑代际公平。[1]这些都充分说明在国际层面为了后代利益而赋予"环境保护"重要地位，均体现了人类有责任保护环境以及

---

[1]　参见《联合国气候变化框架公约》第 3 条第 1 款："各缔约方应当在公平的基础上，并根据他们共同但有区别的责任和各自的能力，为人类当代和后代的利益保护气候系统。因此，发达国家缔约方应当率先对付气候变化及其不利影响。"

地球的自然资源。即人类对将来负有责任，且这些责任是可持续发展的内在组成部分。诸多关于国际环境保护的公约都表明一些国际制度已经通过利益平衡的方式容纳了后代人的利益，风险预防原则和可持续发展政策的更加广泛的采纳使得更多的制度紧随其后，可持续发展委员会和改组的全球环境基金也体现出了人类与环境关系的一种更加具有信任或信托法律属性的模式的演进，强调了代际公平的观点。

然而，尽管代际公平原则构筑起了可持续发展的理论奠基，但是其并未从根本上解决建立更强的代际权利和国际托管的问题。一方面，即使我们承认后代人独立的主体地位，享有各方面的与公平发展有关的权利，但由于后代人是尚未登上历史舞台的一代，其权利并不能得到有效的行使，而仅能仰仗当代人的道德觉悟和对义务的自觉承担；另一方面，即使依据韦斯的星球托管理论，当代人作为受托人，也会因为委托人的缺位而使权利义务的边界不明晰，且即使出现了受托人未履行善良管理义务而肆意破坏环境、滥用资源的行为也得不到法律的有效规制。环境保护的国际条约虽然从形式上确立了后代人享有权利的依据，但这些依据并不能作为司法裁判的理由，因为其并不能赋予后代人独立于国家和国际机构的诉讼地位，对其受到损害的权利进行救济。当然，在现阶段，代际公平原则作为可持续发展的理论基础仅能提供纲领上的指引，而具体制度的落实依旧任重而道远。

六、代内正义与代际正义

代内正义与代际正义同属于正义范畴，二者必然有其共同点，但是代际正义与代内正义毕竟是两种不同类型的正义，因而自身都存在着各自质的规定性。只有理清代际正义与代内正义的区别和联系，我们才能够使代际正义的维护和实现真正成为可能。

（一）区别和联系

根据我们对正义的理解，"严格说来，正义是指与人们的需要要求处于相洽状态中，从而受到人们普遍赞同、同意、认可的人文事物（人的行为、人的精神意向、社会的政治、法律、经济制度等）的状态、性质"。正义的主要问题是社会的基本结构（即社会制度），这已经成为人们不争的事实。社会制度正义涉及两个方面的内容：即代际正义和代内正义。我们通常所说的社会的公平正义一般是指代内正义，因为代际正义问题的日益凸现，所以才能提出代内正义以示区别。代内正义是指社会制度安排所具有的能够满足同代人彼此间对秩序、自由、平等、安全、效率、公平等价值需求的，因而受到同代人普遍赞同、同意的和认可的某种特定的状态和性质。根据同代人所处的不同范围，代内正义包括国家之间的正义以及国家内部的（包括群体之间和人际的）正义，即国际正义和国内正义。代际正义是指社会制度的某种状态或性质，这种状态和性质以当代人的自我节制作为其核心价值，以自然资源、环境资源乃至社会资源在人类各代之间的公平分配和使用、满足人类各代的生存和发展需要作为其本质内容，以人类社会可持续发展作为其最终的社会发展目标。如果说代内正义主要指的是空间维度上的正义，那么代际正义就是指时间维度上的正义，这是二者的明显区别所在。代际正义和代内正义可以被看作是人类的价值需要，就社会制度的状态和性质而言在空间维度和时间维度上有不同要求。二者的关键性区别就在于代际正义节制价值的存在，代内正义是同代人之间的正义，可以体现同代人彼此之间的权利义务要求。就代际正义而言，后代人的缺位使其权利和要求不能够在控制资源话语权的当代人这里获得体现和表达，因此，代际正义必须以当代人在资源环境问题、人口问题以及财富的消费和积累等问题的解决中以节制作为其核心价值内容和价值标准。

　　尽管我们说代际正义与代内正义存在着明显的区别，但是二者又具有很多方面的共同点。首先，代际正义和代内正义的社会价值目标都是实现人类社会的可持续发展。我们知道，当代世界里可持续发展的思想理念已经深入人心，人们正在以审慎而积极的态度来对待人类的现在和未来。可持续发展是一个涉及环境、资源、经济、社会、文化和技术等方面的综合性概念，是自然资源与生态环境的可持续发展、经济的可持续发展以及社会的可持续发展的总称。可持续发展提醒人们人类的发展"既要满足当代人的需要，又不对后代人满足其需要的能力构成危害"，同时也强调"一部分人的发展不应该损害另一部分人的利益"。这就清楚地表明，可持续发展要求人类既要重视代内正义，又要重视代际正义，人类要与自然界同生共荣、协调发展。其次，代际正义和代内正义是环境正义在不同方面的具体体现。环境伦理学家试图以正义的概念来构建环境保护的理论基础，他们所说的环境正义归纳起来包括三种关系：当代人之间的关系、当代人与后代人之间的关系以及人类与其他物种的关系。在当代人之间寻求实现的正义可以被称为代内正义，是指在各国国内或者在国际范围内，通过社会制度安排确保作为同代人的社会所有成员公平地分享环境资源的利益、分担保护环境资源的成本以及环境退化的结果，是环境正义对分配正义原则的适用。在当代人与后代人之间寻求实现的正义，就是本书研究的主题即代际正义，是指社会制度安排要使当代人与后代人平等地占有和使用环境资源、平等地负担环境保护的成本以及环境退化的结果。就人类与其他物种的关系而言，环境正义强调自然本身所固有的价值，要求人类公平地对待自然环境中的所有物种，人与自然和谐相处、休戚与共。可见，在环境正义这里，代内正义与代际正义最终统一于人类与自然的关系，人们如何使用、对待自然环境的实质是人与人之间的关系的体现，这种关系的理想状态在同代人中间表现为代内正义的实现，在不同世代人们中间表现为代际正义的实现。再次，代际正义和代内正义体现了人们共同的价值需要，即二者都反映了人类对秩序、自由、平等、安全、效率、公平等价值的追求和向往，或者说代际正义与代内正义分别是人类对这些价值需求在空间维度和时间维度上的具体表现。前者主要强调的是不同代人彼此之间对这些价值的需求，后者主要强调同代人彼此间的价值需求。最后，代际正义和代内正义的维护和实现都需要借助于社会制度安排，社会制度安排是代际正义和代内正义的主要问题，而且这里的社会制度对代际正义和代内正义而言是指同一种制度安排，而不是两种不同的社会制度安排。

代际正义与代内正义是相互联系、相互促进和辩证统一的。一方面，只有在代际正义的制度约束条件下，才能真正有效地解决代内正义的问题，同时代内正义是代际正义的前提和基础，代内正义问题的解决会促进代际正义问题的解决，因为前者不仅为后者提供了财富和自然生态环境的物质基础，而且创造了政治、社会、经济、文化等多种有利的制度条件。另一方面，代际正义与代内正义又是矛盾的统一体，代际正义是矛盾的主要方面，代内正义是矛盾的次要方面，因为可持续发展的核心价值理念就是代际正义。陈昌曙教授认为："可持续发展要求的公平性原则，既指代内平等，又指代际公平。前者指空间上的公平，当代人之间的横向公平，后者是时间上的公平，人们世代间的纵向公平，这两者紧密相关、互为前提、统一共存。但就可持续发展来说，最重要的当然是要求实现代际的公平：其一，因为可持续发展的基本要求，就是后代人要有与当代人同样的满足需要的权利和可能；其二，因为考虑到和要求实现代际公平，也就必然会涉及或逻辑地推及代内的公平。"蒂坦柏格曾经指出，可持续发展的核心是代际公平，就是要确保后代人的经济福利至少不低于当代人，或者讲当代人在利用环境资源时要确保后代人的生活标准不低于当代人。经济学家皮尔斯认为，可持续发展问题就是追求代际公平的问题，是指当发展能够保证当代人的福利增加时，也不会使后代人的福利减少。

（二）代际正义之代内解决

上文指出，代内正义是代际正义的前提和基础，代内正义问题的解决会促进代际正义问题的解决，因为前者不仅为后者提供了财富和自然生态环境的物质基础，而且创造了政治、社会、经济、文化等多种有利的制度条件，从这种意义上讲没有代内正义就不可能有代际正义。但是，就社会的可持续发展而言，代际正义比代内正义更具有价值优先性，这也是不争的事实。尽管如此，我们仍不能够肯定地讲，代内正义问题的解决就意味着代际正义问题的解决，或者说因为代际正义所具有的价值优先性就可以取代、降低代内正义的重要性。在代际正义与代内正义的关系上，简单的处理和应对都是不够审慎的选择。这里存在着一个十分重要的问题，即代际正义之代内解决的问题。

人类社会实践告诉我们，人们关注的更多的往往是代内的公平正义，而不是自然而然地在优先考虑代际正义问题后再来考虑代内正义，这就给代际正义问题的解决带来了非常不确定的因素。我们甚至很难认同这样的观点："有限资源代内分配的含义是：在某种资源总量有限的条件下，本代人与以后各代人已经根据各自的需要对该种资源进行了分配，那么在留给本代人的有限资源中，究竟以何种比例的分配为宜？这一部分耗费多了，可供另一部分人耗费的该种资源数量就少了。于是就出现了有限资源的代内分配问题。"这种认为代内资源分配是在优先考虑代际资源分配以后才进行的观点，只是过于乐观的想象罢了。因此，我们认为只有在代际正义制度约束条件下，代内正义问题的解决才能够真正有利于代际正义的维护和实现。

尽管代际正义之代内解决存在不确定的因素，但可以肯定的是，代内正义的确是代际正义的前提和基础。代与代之间的公平是可持续性的原始涵义，也是可持续发展的基本目标。但是，代际公平必须以代内平等的实现为前提。一切有关代际公平的问题都应该放在每一代人内部的实践中来加以解决。道理很明显，假如代内正义都不能够获得维护和实现，以至于个人、群体和国家为了满足自身的利益而不惜耗费资源、污染环境，置他人、其他群体或国家的利益于不顾。在国家层面上，表现为许多发达国家奉行"生态帝国主义"和"环境殖民主义"。比如，向发展中国家转移污染严重的产业、片面强调发展中国家的环境保护义务而无视其生存发展权，为了维护既得利益而不惜损害他人和后代的利益，结果就不能兼顾到全人类的共同利益，代际正义也只能成为一种不切实际的空想。从实际情况来看，导致当今世界不可持续发展的最大障碍也恰恰是代内正义的缺失，危及代际正义的也恰恰是代内正义的问题。如果我们不从根本上关注代内正义问题，那么奢谈代际正义将会一无所获。[1]

第四节　环境问题的国际法律规范

对于环境问题，人类已经到了不能不采取紧急措施的时刻了。尽管人类自诩为"万物之灵"，然而，现在已经到了哪里也没有避居之所的时候了。即使是正在筹划危机降临之时乘宇宙飞船而逃离地球恐怕也是已经来不及了！到实现这一目的为止，地球环境之现状的保证已经是极为困难的了。因此，我们应该正视环境问题，探索"自然与人类间本来的存在关系"。当我们有了这种深刻的认识后，对作为一个独立的新的法律部门的国际环境法就有了清晰的认识。

法学是一门科学！人类社会需要创设一种机制，对"科学技术"的滥用进行有效的约束、监督、防范，以防止"科学技术"对人类社会造成危害。

鉴于人类整体而言，为子孙后代计，须建立一套调整环境问题的法律规范。环境问题的国际法律规范指的是以国际环境法为基准用于调整国际环境问题的各种具体法律措施。目前，在吸收和借鉴各国有关环境立法和国际法其他部门立法的基础上，大致形成了以下若干关于环境问题的国际法规范。

一、制订标准

制订环境标准，建立以禁止或限制为基础的制度，设置新的立法内容：对可能损害环境的活动进行预先评价。经济合作与发展组织的一个关于环境

---

〔1〕 柯彪："代际正义论"，中共中央党校 2008 年博士学位论文。

保护的文件将关于环境问题的法律手段区分为四类标准：

（一）质量标准

环境质量标准是环境（如空气、水或土壤）可以接受的最大污染水平。它确定的是河流中汞的含量可以是多少，空气中二氧化硫的含量可以是多少，一条公路面向居民区的噪音水平可以是多少等。质量标准可以随着特定环境的利用情况而变化。因此，对于陆地上的水域，可以区分为可饮用水、洗浴用水、鱼类和贝类养殖用水等。欧盟关于不同方面用水的指令表明，质量标准应符合目标的多样性。质量标准可以适用于特定的地理区域，如国家标准、区域标准或地方标准。

（二）排放标准

设置排放标准的目的是规定一个污染源可以排放的污染物的数量，或者污染物在排放中的浓度。环境通常是确定的，如地表水、海水或空气。污染物的排放可以用时间单位来衡量，即在特定时间内的排放，或者计算在某个操作过程中的排放。一般说来，排放标准适用于固定的设施，如工厂或家庭，而流动污染物则属于产品标准规定的范畴。排放标准规定的是结果义务，由污染者自由选择达标方式。因此，一个纸浆厂可以选择安装净化水设备或改变生产工艺。排放标准可以因区域、污染者的数量和环境的吸收能力而有所不同。它还可以随时间而变化，并可以在紧急情况下暂时提高标准。因此，在持续有雾的时候，含二氧化硫的烟雾排放的标准可以更加严格。

（三）工艺标准

工艺标准旨在规定固定设施应达到的某些要求，即根据环境保护的目标要求某个工厂采用生产工艺。与排放标准不同的是，工艺标准是方式性义务，污染者不能自由选择减少排放的手段。同样，污染者可能被要求安装某些净化设备。

（四）产品标准

产品标准的目的，或者是规定产品的物理或化学特性（如对医药产品或洗涤液），或者是规定产品尤其是有毒产品的包装或陈列规则，或者是规定某个产品在使用过程中可以排放的污染物的限度（如汽车发动机排放的废气）。实际上，这些标准通常与工业领域为经济目的或为保护人类健康而经常使用的产品标准化是相一致的。关于产品的规范可以采取不同的形式：规定某个产品的成分或排放情况的标准，前者是对化学物质，后者是对汽车发动机或建筑机械。质量标准还可以采取列出某些产品禁用物质的形式，如含汞的杀虫剂。产品标准也可以是用于环境以外目标的标准化程序的内容。

在政府制订的强制性规范之外，专业组织制订的良好操作守则也可以成为产品标准。在国际上，国际标准化组织（ISO）是一个集合了一百多个机构的非政府性组织，其制订了一些涉及环境的标准。尤其是 14000 标准系列是关于环境管理、要求进行环境审计、产品追踪和颁发环境标志的。

显然，在国际范围实施这些标准需要有一个协调衡量方法。

随着国际环境法的发展，更加灵活的形式不断涌现。1992 年 3 月 17 日《关于保护和利用跨界河流和国际湖泊公约》（以下简称《赫尔辛基公约》）规定了"最佳可利用技术"规则，它旨在采取与特定情况相适应的实用措施，以限制排放和倾倒废物。《赫尔辛基公约》的附件一将"最佳可利用技术"定义为工艺、设备或开发方法的最新发展阶段，是实践中可以适用的某种措施。尤其必须考虑的是：近期类似的工艺、设备或开发方法；技术的进步和科学知识的发展；这些知识在经济上的可适用性；将之付诸实施的必然期限；排放物的性质和数量；现有的低污染或无废物技术。附件同时承认，对于一项特殊工艺来说，"最佳可利用技术"将随着时间而发展。

《赫尔辛基公约》的附件二鼓励采用"最佳环境实践"，包括教育公众并使之了解环保信息，制订和实施良好环境操作守则，产品标签，废物收集、处理以及回收再利用制度，环境风险分析，有利于环境的行为的社会和经济后果分析，等等。

二、禁止与限制

某些活动是完全予以禁止的，如禁止捕猎受到严格保护的野生动物物种（1979 年 9 月 19 日《养护欧洲野生物和自然生境公约》），或者禁止在特定的时期内进行某些渔猎方式（1972 年《南极海豹公约》）。除此之外，还有必要考察批准制度。它是指除非获得主管机构颁发的许可证，否则禁止进行某些活动。所谓许可证，可以是关于某个特定活动的一般命令，或是针对具体情况的具体命令。这方面颇有特点的一例是于 1972 年 12 月 29 日签署的《防止倾倒废物和其他物质污染海洋公约》。该公约规定：

（1）"倾倒"附件一所列的废物及其他物质应予禁止；

（2）"倾倒"附件二所列的废物及其他物质需要事先获得特别许可；

（3）"倾倒"一切其他废物或物质需要事先获得一般许可证。

前两类倾倒物质是根据它们含有的针对海洋环境的毒性或危险来确定的。人们可以根据它们的生态毒性和持续性而适用不同的处理方法。

开列清单的法律手段被广泛用于与海水和陆地水域有关的污染，如废物倾倒、船舶正常使用中产生的排弃物、陆源污染、河流或含水层中的排放物等。除了国际公约以外，欧共体的指令中也运用了这个手段。如1976年5月4日关于某些危险物质对共同体水环境造成污染的指令；1979年12月17日关于防止地下水遭受某些危险物质污染的指令。将清单列在附件中的好处是，文件主体本身并未因技术细节而变得累赘。而且，一般说来，附件比条约主体条款更容易修改。

在野生动植物保护方面，开列清单作为一种手段也被广泛运用。1973年3月3日的《濒危野生动植物种国际贸易公约》就附有三个清单：濒危物种清单、脆弱物种清单和需接受监控物种清单。对附件一中所列物种的贸易须进行非常严格的控制，应使这些物种不面临更多的危险，只能在特例条件下才允许进行有关贸易。附件二所列的脆弱物种，尽管当前并未受到灭绝的威胁，但如果不对这些物种的贸易予以严格控制以避免危害其生存的开发，那么，这些物种就可能濒临灭绝。附件三包括各缔约方为阻止或限制开发而宣布予以管理的所有物种。几乎所有保护野生生物的条约和欧共体的指令都运用了开列清单的方法。尽管保护野生生物与防治水污染的情况有所不同，但在技术上，开列清单都是对不同类别的事物采取不同的处理方法，而且可以根据情势的变化较容易地调整环境保护措施。

在控制危险物质和活动方面，开列清单作为一种法律手段有着重大变化。1989年3月22日的《控制危险废物越境转移及其处置巴塞尔公约》也包含有一个需要控制废物类别的清单，而附件三又以交叉的方法增加了一个危险特征清单，如易爆易燃物质、生态有毒物质。1998年9月10日的《关于在国际贸易中对某些危险化学品和农药采用事先知情同意程序的鹿特丹公约》，适用于危险化学品国际贸易，其中也有一个需要预先批准的化学品清单（附件三），而且还列出了将极端危险的杀虫剂列入该清单的标准。

最近，在一些情况下，开列清单的手段被完全颠倒过来。1992年4月9日的《保护波罗的海区域海洋环境公约》从相反的方向作出了禁止性规定。

如禁止在波罗的海区域进行任何废物倾倒，除了两个例外：疏浚活动产生的倾倒和遇难导致的倾倒（第 11 条）。1992 年 9 月 22 日的《保护东北大西洋海洋环境公约》也有同样的规定（附件二第 3 条）。1972 年 12 月 29 日的《防止倾倒废物和其他物质污染海洋公约》也走到了这条道上来。该公约 1996 年 11 月 7 日的附加议定书禁止倾倒任何废物或其他物质，除了附件一中所列的物质（第 4 条第 1 款）。这些物质包括：疏浚活动产生的杂物，净化产生的污泥，海上船舶、平台或其他人工设施产生的鱼类废物，地质性无机物，自然有机物，主要由钢铁、混凝土和其他无害物质构成的大体积物质。在任何情况下，倾倒都必须获得许可证（第 4 条第 2 款）。但即使获得批准，也不免除努力限制废物倾倒的义务，附件还为此规定了关于防止产生废物的审计。

三、环境影响研究与评价

环境影响研究与评价可以与批准制度结合在一起，因为其主要的内容是对重大活动的可以预见的环境影响进行研究。这个手段被率先引入到了 1969 年《美国联邦环境保护法》之中，以后，其他国家如加拿大、法国、爱尔兰等也陆续采用。

规定环境影响评价的第一个有拘束力的国际法律文件是 1978 年 4 月 24 日的《防止波斯湾海洋环境污染的科威特区域合作公约》（第 11 条 a 条款）。1982 年《联合国海洋法公约》第 206 条也要求评价可能损害海洋环境的活动的影响：各国有合理根据诊断在其管辖或控制下的计划中的活动可能对海洋环境造成重大污染或重大和有害的变化，应在实际可行范围内就这种活动对海洋环境的可能影响做出评价，并应依照第 205 条规定的方式提交这些评价结果的报告。

此外，1976 年 6 月 12 日的《南太平洋自然保护公约》第 5 条第 4 款要求缔约方认真审查可能对物种生态系统产生的后果。1985 年 7 月 9 日的《保护自然和自然资源的吉隆坡公约》第 14 条规定，缔约方应对所有可能对自然环境产生明显影响的工程活动予以预先评价，决策程序应考虑这个评价结果。这方面有两个特别重要的条约，一个是联合国欧洲经济委员会主持制订的《跨界背景下的环境影响评价公约》，另一个是《关于环境保护的南极条约议定书》。

1991 年 2 月 25 日在芬兰的埃斯波通过的《跨界背景下的环境影响评价公约》（以下简称《埃斯波公约》）的基本原则是，各缔约方在对其领土范围内可能造成重大不利跨界影响的活动作出批准或实施的决定之前，务必要进行环境影响评价（第 2 条第 3 款）。该公约附件一列出了必须进行这种评价的活动。其范围很广，不仅包括工业活动，也包括建设普通公路、高速公路、长距离铁路线、大的飞机场以及大面积砍伐森林。附件三则规定，没有列在附件一中的活动的规模、地点或影响也可以使环境影响评价成为强制性准备工作。

该公约的一个重要创新是，对于计划实施的活动是否可能产生重大不利跨界影响的问题，可以提交调查委员会（第 3 条第 7 款）。该公约附件四规定了这方面的具体规则：委员会由 3 名成员组成，依照国际仲裁委员会的方式，根据公认的科学原则提出意见。

该公约还规定了环境影响评价的内容（第 4 条和附件二），包括：关于计划进行的活动以及替代解决办法包括"零"选择的说明、关于监测和管理方案的概要。包括这些内容的资料应被通报给可能受影响国家，并散发给可能涉及的区域的机构和公众。其提出的意见应传达给计划进行活动的国家（第 4 条第 2 款）。有关国家之间应立即进行协商，讨论可替代的办法，包括不采取活动，以及减少不利影响的相互援助（第 5 条）。环境影响评价的结果、相关的资料、收到的意见，都应成为就计划采取的活动作出决策时予以考虑的内容。最后决定必须考虑环境影响评价的结果和从主管机构和公众中得到的意见。最后的决定，以及决定所依据的动机和理由都必须被告知可能受影响的国家（第 6 条）。

《埃斯波公约》的另一个重要创新是设立事后分析程序。这个程序可以应一个缔约方的请求而进行，包括检验有关活动是否符合批准该活动的文件所规定的要求、对任何不利跨界影响的确定。此外，还可以对过去的预测进行检验，从而使将来进行同类型的活动可以吸取教训（第 7 条和附件五）。该公约还要求制订研究方案，以改善进行环境影响评价所利用的方法、监督决策的有效实施（第 9 条）。

1997 年 5 月 21 日在纽约通过的《国际水道非航行利用法公约》也接受了环境影响评价的思想（第 12 条）。

1991 年 10 月 4 日通过的《关于环境保护的南极条约议定书》在很大程度

上也是建立在环境影响评价的基础之上的。该议定书第 8 条及其附件一规定了进行环境影响评价的方式。如果活动可能造成的影响不是微小的或暂时的，就必须对之进行评价。评价标准必须经过事先检验。附件一对计划进行的活动予以说明，研究其他选择和一切潜在环境影响（包括累积影响）。如果研究表明存在风险，就必须进行全面的影响评价，不仅包括通常的内容，而且还应确定监督和预警措施。全面评价计划应公开，接受南极条约协商会议的审查。关于是否实施预期活动的任何决定都应以全面环境影响评价为基础。在进行了全面环境影响评价之后，还应实施监督程序，以评价和检验任何已进行的活动的永久影响。

四、环境信息的收集交流

（一）环境信息的收集

环境信息的收集方式有监测、监视、观察、检查、报告等。环境信息的收集和报告是很多环境公约规定的一项权利义务。1959 年《南极条约》第 7 条规定，缔约方有权指派观察员在南极的任何地区、住所、装置和设备进行视察，还可指派观察员在南极进行空中视察。1972 年《防止倾倒废物及其他物质污染海洋公约》第 6 条第 3 项和第 4 项分别要求缔约方指定专门机关对倾倒物质的性质、数量、倾倒时间、地点和方法予以记录和对海域环境状况进行监测。1982 年《联合国海洋法公约》第 204 条规定，各方应在不损害其他国家权利的情形下，用公认的科学方法观察、测算、估计和分析海洋环境污染的危险或影响，并特别监视其所准许或从事的任何活动的影响，以便确定这些活动是否可能污染海洋环境。1992 年《联合国气候变化框架公约》有很多关于环境信息的收集的规定。例如，该公约第 1 条第 1 款 A 项规定，缔约方应承诺向缔约方会议定期提供关于《蒙特利尔议定书》予以管制的所有温室气体和各种源的人为排放和各种汇的清除的国家清单。该公约第 12 条专门就信息的提供作了详细的规定。

（二）环境信息的交流

环境条约的实施与环境信息的交流与应用是分不开的。环境条约一般都有关于环境信息交流的规定。这种关于环境信息交流的规约，有的要求在国家之间进行信息交流，有的要求在国家与国际组织之间进行信息交流，有的要求在国际组织之间进行信息交流，有的要求在国家、国际组织与非政府组织之间进行信息交流。被要求进行交流的信息的种类不胜枚举，有关于国家政策和法律的、关于科学的技术的、关于组织机构的、关于整体环境状况或特定环境因子的、关于污染物的和关于环境紧急事故的等等。例如 1982 年《联合国海洋法公约》第 61 条第 5 款要求通过各主管国际组织并在所有有关国家的参加下，经常提供和交换可获得的科学情报、渔获量统计以及其他有关养护鱼的种群的资料。该公约第 143 条第 2 款规定，管理局应促进和鼓励在“区域”内进行海洋科学研究，并协调和传播这种研究的结果。该公约第 144 条第 2 款强调各国和各主管国际组织应向发展中国家转让和传播有关海洋科学研究的情报和资料。

必须注意，环境信息的收集和交流不仅仅是一个一般的知识积累和交流问题，更重要的是一个涉及国家重大经济利益和其他方面重大利益的问题。对于这一点，不论是发展中国家还是发达国家都要有清醒的认识。因此，各国在环境信息的交流方面，既是自由、开放的，又是有限度的。发展中国家与发达国家之间围绕着 1992 年《生物多样性公约》关于遗传资源研究成果技术及其利益的分享问题展开了尖锐的斗争。该公约第 15 条规定，遗传资源的研究成果、技术及其利益应与提供遗传资源的国家公平分享。该公约第 16 条还规定，各缔约方应采取立法、行政或政策措施，以公平和最有利条件向发展中国家转让生物技术，包括私营部门掌握的此种技术。当技术的转让涉及专利和其他知识产权时，各缔约方应遵照国家立法和国际法，确保这种权利有助于技术转让而不违反公约的目标。这些规定，曾遭到美国等少数发达国家的强烈反对。美国曾以知识产权保护为由在 1992 年联合国环境保护与发展大会上拒绝签署该公约。与美国等少数发达国家不愿与发展中国家公平分享遗传资源研究成果、技术和利益的态度成鲜明对比的是它们在猎取发展中国家的遗传资源时的贪婪和不公平做法。[1]

五、综合污染控制

综合污染是一种新的环境保护方法。它的特点是对各种形式的污染和各环境因子实行整体的、系统的控制。传统的管制是分散的、个别控制的方法，其弊端是忽略了各种形式的污染之间的联系和转化。

---

〔1〕　即国际环境法基本原则“尊重国家主权但不损害国外环境原则”。

目前，综合污染控制方法在少数发达国家（如美国和一些西欧国家）的国内法中有所应用。在国际环境法中，综合污染控制尚未得到国际条约的广泛承认。1991 年经济合作与发展组织理事会提出了一项《关于综合污染预防和控制的建议》，号召成员国采取措施，消除障碍，实行综合污染控制。该建议的附件《综合污染预防和控制指南》指出，综合污染控制方法具有五个要件：①"从摇篮到坟墓"的概念（即全过程管理的概念）；②预测物质和活动对所有环境因子的影响；③废物数量和有害性的最小化；④应用共同手段评估、比较环境问题；⑤配合应用重在环境影响的措施（如环境质量目标）和重在源头治理的措施（如排污限度）。该建议指出，对于综合控制至关重要的政策和措施有可持续发展政策、无废或少废技术和循环使用技术、更清洁的技术和更安全的物质、风险预防、信息公开、将对环境的考虑与公共和私营事业的决策结合起来和一贯的、有效的守法和执法政策。

六、间接的经济措施

间接管制手段就是经济手段，它是"从影响成本效益入手，引导经济当事人进行选择，以便最终有利于环境的一种手段"。[1] 经济手段的目的是利用市场调节机制，保证环境资源的合理价格，促进环境资源的有效利用和合理配置。经济手段导致在污染者和其他社会群体之间会出现财政支付转移，如各种税收、收费、财政补贴、产品税或者产生一个新的实际市场（如许可证交易市场）。经济手段应用于环境管理的主要好处是其可以促使污染者以较低的成本获得较高的环境保护效果。经济手段可作为直接管制手段的有力补充。

当前，经济手段在一些国家（其中主要是在欧美发达国家）有所应用。国际环境法中关于经济手段的规定比较罕见。经济合作与发展组织理事会于1991 年 1 月对成员方提出了《关于在环境政策中使用经济手段的建议》。该建议的第 1 条第 1 款提出，成员方把经济手段作为其他政策手段（如直接管制）的补充或替代并更广泛、更坚定地予以使用。为此，该建议提出了四大类型的经济手段供成员方参考：①收费和税收；②可交易许可证；③押金退

---

〔1〕 经济合作与发展组织编：《环境经济手段应用指南》，刘亚明译，中国环境科学出版社 1994年版，第 4 页。

款制度；④财政补贴。第一次规定经济手段的全球性多边环境公约是 1987 年的《蒙特利尔议定书》。该议定书第 2 条第 8 款 A 项规定，作为一个区域经济一体化组织成员方的任何缔约方均可以联合履行关于受控物质的消费的义务，只要消费受控物质的总量不超过议定书规定的数量。这一条款开了环境条约的联合履行方式之先河。1992 年《联合国气候变化框架公约》第 4 款第 2 款 A 项和 B 项规定，公约的附件一所列发达国家和经济转型国家（指苏联、东欧国家）可以联合履行其削减二氧化碳和其他温室气体排放量的承诺。在实践中，附件一中的发达国家不仅同经济转型国家而且同发展中国家都在搞联合履约的试验项目。发达国家更希望的是同发展中国家搞联合履约项目。关于发达国家与发展中国家之间的联合履约，国际社会的舆论有褒有贬，发展中国家对之一般持谨慎的态度。1987 年《蒙特利尔议定书》第 4 次缔约方会议决定缔约方大会可对"不遵守"的缔约方采取中止其享有的公约赋予的某些权利和特殊待遇的行动。这种权利和特殊待遇包括接受资金援助的权利。

第六章

地球资源的有限性

"地球的生态系是封闭式的世界而非开放式的宇宙",使这一观念深入到生产与生活的所有领域的文化精神乃是我辈义不容辞的责任。然而,为了恪守有限性之所谓"极限"而实行从上到下的经济政策或指导方针,可能会导致政治性的全体主义。探求"在恪守有限性之所谓极限的同时,避免陷入政治性的全体主义"之路,当是今后人类的重大课题之一。

第一节　人类的家园

两极冰川融化、潘多拉的盒子被打开、群魔乱舞、疫病横生……今天,死神正在被温室效应不断加热的大气中游荡。因此,一种新的死亡形式闯进了人类所属的生命范围。[1]长此以往,不论是什么主义胜了什么主义,作为"人"的我们是否还能久居故园——地球?有让我们能够得以迁居的地球以外的星球吗?如果没有,我们应该怎么做?今天,不堪重负的地球已经向我们提出了一个极其迫切的关键性问题:我们能否走出"恐怖的均衡"?走出这种恶性循环?能否善待地球,约束自己?面对这一切,迫在眉睫的是我们应该清醒地认识现在的世界。

---

〔1〕〔法〕埃德加·莫林、安娜·布里吉特·凯恩:《地球祖国》,马胜利译,生活·读书·新知三联书店1997年版,第18页。

一、地球生命

地球从何而来？在 20 世纪最后几十年，人们开始推断，地球不是从太阳分离出来的，而是由太空中的碎片聚合而成的。其可能和其他行星一样，在一颗超新星爆炸之后，在宇宙灰尘聚集和集中的过程中形成。

地球是一个混沌的生命，其在有序与无序的冲突和结合中自行组织起来。在最遥远的太古代（46 亿年~25 亿年前）初期阶段，地球上并没有生命，地球的幼年时期曾频繁遭受陨石轰击和岩浆喷发，这种喷发排放出了大量气体，这些气体生成水和最初的空气。在大约距今 33 亿年前的太古代中期阶段，地球在岩浆喷发、暴雨倾盆的剧痛中，分娩出了最初的生命，出现了最早的生物——原核细胞的菌类。[1] 古菌类和后来的细菌在水中、空气中和地上迅速繁殖，在 20 亿年的时间里构成了一个生物圈。这个生物圈的所有成员之间实行近距离的交流（主要是通过一个细菌向另一个细菌射入脱氧核糖核酸）。大地上的这种相互关联形成了相依为命的共生现象，由此又先后生成了真细菌和真核生物这些有核细胞。然后，它们又集合和组成多细胞生物、植物和动物。单细胞的藻类可能是利用太阳能进行光合作用的。但无论如何，植物向大气散发了氧气，这使需要氧气的生命得以出现，并促进了动物的发展。不具备光合作用能力的动物在吞食其他生命的过程中获取能量。生命在海洋里蔓延开来，它们爬上布满树木花草并正在形成的陆地，又随着昆虫、鸟类飞上天空。4 亿~5 亿年前开始出现的重大的物种多样化使动物和植物之间发生了多种交互关系。在这当中，生物相以为食，并通过它们之间的敌对、竞争和互补作用构成生态组织或生态系统。可见，生命和地球上的其他物质是由同样的物理化学成分构成的，生命的不同之处仅在于其组织具有独特的复杂性。

生命的历史经历了地壳的缓慢变化和激烈动荡。她的生成离不开海洋和陆地的形成、地壳的隆起以及地形的侵蚀。有时，地理、气候、生态和遗传方面某些微小的变化也会对整体产生连锁影响。生态系统在解体和重组中进行演变。时代的交替在创新、意外和灾变中进行。自花卉大量出现以后，昆虫与花卉之间建立起了奇特的合作关系。中生代末期，一个火流星撞击了地

---

〔1〕　张延玲、隆仁主编：《世界通史》，南方出版社 2000 年版，第 1 页。

球。地球被撞出一个巨大的深坑，遮天蔽日的烟尘使植物大量减少，从而造成了巨形植食动物的灭亡。大概就是这次剧烈的地壳变动造成了恐龙的大量灭绝，而哺乳动物则借机繁育起来。5 亿年以来，从分支到门类，生命已发展得极为多样化：植物、非脊椎动物和脊椎动物。在脊椎动物中有无颌类动物、鱼类、爬行动物和哺乳动物等。在哺乳动物中又有灵长类动物。7000 万年以来，灵长类动物已开始分布于最初合为一体的新旧大陆之上。3500 万年以来，高级灵长类动物已遍及非洲和阿拉伯半岛。1700 万年前，这些灵长类动物中出现了人类的祖先。

生命在和各种地理气候条件相互作用的过程中建立了许多小生境，这些小生境的总体便是生物圈。生物圈已经把一个个生态系统连接起来，并罩住了整个地球。从宇宙的角度来看，这是个很薄的大气和征集层。如同地球本身孕育了生物圈一样，生物圈孕育了人类。

因此，在地球上诞生的生命和地球是休戚与共的。生命与生命之间也是休戚相关的。任何动物生命都需要细菌、植物和其他动物。对生态方面相互依赖关系的认识是一个新的伟大发现。任何生物（包括人类）皆不能摆脱由地球孕育的生物圈。在 19 世纪，人们不再把人类的产生归功于造物主，而是归功于生物的进化，人从猿猴演变而来的观点被广泛接受。人类终于明白：人本身就是自然界中的美妙对象，人与其所知道的一切都有关，其需要怀抱空间，需要时间去延续生命，需要活动，需要组成自己身体的各种元素，还需要赖以生存的热量和食物、空气、光等与其有关的一切。

二、只有一个地球

在现代社会中，人类所面临的各种生态环境问题中的最大挑战来自于人类本身的种群数量的增长。[1]随着人类文明的演进，人类经历了对自然认识和支配水平的从低到高的发展过程。人类与自然之间的博弈过程，实质上是人与资源的博弈。尽管，随着科技水平的进步，人类对资源的获取能力逐渐提升，资源利用率也在提高。但是，只要对于人类来说，资源本身无法达到"取之不尽，用之不竭"的程度，那么资源的分配问题就永远是一个难题。两次世界大战，本质上也是资源争夺战，人类因争夺各种自然资源的使用权而

---

〔1〕 参见裴广川、林灿铃、陆显禄主编：《环境伦理学》，高等教育出版社 2002 年版，第 221 页。

爆发的争端贯穿了整个人类历史。如果简化人类物种延续这个问题，在不考虑人类文明的进步这种更高级的要求，也不考虑小行星撞地球这种飞来横祸导致人类文明的瞬即毁灭的情况下，摆在人类眼前的最基本的问题就是粮食生产的问题与水源的问题。我们从基本的需求来探查资源的危机，管中窥豹也可见一斑。

纵观目前人类的粮食生产问题，尽管全球还有人正在忍受饥饿，但不可否认的是，关于粮食生产本身，我们人类已经取得了巨大的进步。比如美国是世界上农业最发达的国家。其一方面得益于自身得天独厚的地理条件，另一方面也是得益于其农业技术的发展，这使得美国的一个农民的生产可能满足超过 50 个人的食物需求。[1]技术的进步使得高产、高质的食品得以被生产出来，而正在如火如荼地进行着的全球贸易也参与到了丰富人们餐桌的活动之中。从这个角度来说，人类的前景一片大好。

然而，我们也有理由怀疑这种趋势是否得以持续下去。两个重要的原因摆在人们面前：一个是淡水危机，另一个就是城市化对耕地的侵蚀与不合理利用耕地导致的土地退化。以美国为例，美国大部分谷物的生产都集中在得克萨斯州与南达科他州之间的高地上，而该地区谷物产量的增加主要归功于地下的奥加拉拉蓄水层。而早在 1991 年就已经有学者估计，该地区也只能再为美国服务 40 年。[2]从总体上看，地球的水资源总共 13.86 亿立方公里，但其中淡水仅占 2.5%，且这 2.5%中还有许多存在于冰川、地球深处以及土壤、大气、沼泽和生物体等许多人类难以利用的地方。[3]总之，水源与土地是两个基础且至关重要的因素。历史曾无数次见证大江大河与千里沃土塑造的辉煌文明，也曾见证过由于对水土的破坏而导致文明的湮灭。

应当承认，无论我们从事怎样的活动，地球永远是这些活动最主要的舞台。当前的资源使用对地球的影响可划分为若干层次，这些层次叠加成一个金字塔型体系。在该体系最顶端是那些发达国家的高收入阶层，他们是纯粹

---

〔1〕　参见 ［美］彼得·S·温茨：《现代环境伦理》，宋玉波、朱丹琼译，上海人民出版社 2007 年版，第 12 页。

〔2〕　［美］彼得·S·温茨：《现代环境伦理》，宋玉波、朱丹琼译，上海人民出版社 2007 年版，第 13~14 页。

〔3〕　参见裴广川、林灿铃、陆显禄主编：《环境伦理学》，高等教育出版社 2002 年版，第 227 页。

的消费者。这一阶层给地球带来了最广泛的影响，他们直接消耗着多种能源，给地球带来的负担明显超过其他阶层。当人们从中等收入阶层上升到高收入阶层时他们对环境的影响也发生跃迁。如南非的大多数人属于中等收入阶层，他们会把大部分预算花在基本食物与衣服上，产生的东西相对地球环境并无多大损害。南非的消费者阶层则把他们大部分的预算都花在了住房、电力、燃料和交通上，这些都对环境有较大危害。

问题在于，对于许多发展中国家而言，不顾一切地出口原材料与初级产品是他们唯一可靠的外汇来源。为未来考虑，其似乎有必要停止掠夺资源，但财政收支告诉他们，一旦这样做，国家立刻就会破产。阻止眼下悲剧发生而追求未来难免沦为空谈。因此，欠发达国家的政府往往纵容甚至是主导继续掠夺资源。令人忧虑的是，被紧紧催逼的发展中国家在使收支相抵的努力中过于频繁地出卖他们的生态精华。发达国家可以随心所欲地操纵一个国家反对另一个国家，把工业生产线分散到国外，以寻找低廉劳动力、便宜的资源和宽松的法规。比较明显的是菲律宾政府：1975年，《幸福》杂志为几乎没有法规的拜屯出口加工区刊载了一则广告："为吸引……像你们一样的公司……我们已经砍伐了山川，铲平了丛林，填平了沼泽，改造了江河，搬迁了市镇……全都是为了你们和你们的商业在这里经营更容易一些。"事实上，那些生活在金字塔最底层的十几亿人，虽然享受不到有质量的生活，却给自然带来了最恐怖的破坏。世界上赤贫的10亿多人中也许有一半以上的人正陷于生态和经济枯竭的恶性循环中。在绝望中，他们无计可施，只能滥用土地，通过损害未来而拯救现在。

给上述问题找条出路十分艰难，因为很多彻底的解决方案都在根本上否定了人类的生存模式。总之，资源的危机是切实存在的，至少地区性、阶层性的资源短缺是难以回避的灾难。然而，有另一个思路似乎也值得思考。即纵观人类历史发展的足迹，资源是"越用越多的，而不是越用越少的"。这个观点乍听似乎不切实际，然而如果考虑到人最开始能利用的资源种类远比现在少，这个观点便有一定的启发性了。具体说来，拿能源举例，人最开始只能运用简单的木柴生火，到后来认识到了煤炭及其他化石能源，直至电能甚至核能的利用。这些都是人在发现自然的过程中，逐渐认识到更多的资源能为人所用的例证。另一方面，世界范围内可开采石油和天然气的估算数值也一直在增长。在国内，大庆油田的产油气量早已突破了发现之初的预估。我们甚至可以进行更大胆的想象，广袤的海洋及其深处不为人知的世界一旦能为人所用，人类使用资源的时代便将会迈向新的纪元。而且，目前的科学研究早已深入到了海洋之中。

然而，这种美好的愿景尚未实现，人类必须要考虑如何应对正在发生的资源危机和潜在的资源危机。至此，我们可引入另一个要讨论的话题——节俭使用资源。

三、消费主义与资源有限性

一个事实是，我们其实尚未探测出地球资源的上限。从某种意义而言，资源的使用是一个经济问题。然而，我们却不得不从道德和伦理的角度去考虑这个问题，去分析节俭使用资源的必要性，因为我们已经面临困境。

首先需要考虑的是，地球上现存的人节俭使用资源对现存的人的好处。上文已经提到，地球资源的有限性在地域分布不均的情况下被放大了。以水资源为例，富水区对水资源的珍视程度远比不上缺水地区。然而，富水区的人节俭使用水资源，能直接使得缺水区的人获益吗？答案可能是否定的。然而，一方面，人类的能动性往往可以表现出极大的创造力和想象力。比如著名的南水北调工程解决了北京地区的用水问题，使得一个缺水的北京感受不到用水的压力。诚然，这种大规模的工程并不常见，然而，其却为我们思考这个问题提供了一个新的方向。另一方面，我们从基本的伦理角度考虑现世人节俭使用资源对于现世人的意义，不得不引入一个新的话题——消费主义。在这方面，艾伦的思考有很大的启发性。[1]

艾伦用相当篇幅描述了这样一个社会："我们庞大而多产的经济……要求我们使消费成为我们的生活方式，要求我们把购买和使用货物变成宗教仪式，要求我们从中寻找我们的精神满足和自我满足……我们需要消费东西，用前所未有的速度去烧掉、穿坏、更换或扔掉。"为何出现这种情况？人类对自身的终极追求尚没有清醒的认识，对实现幸福的途径甚至幸福本身都不甚理解，却认为这些问题的解决必定是通过人类的某种索取来实现，相信索取会带来满足，满足就是幸福。人类不可能没有欲求，当我们经历历史锤炼，掌握了

---

〔1〕　参见包庆德、刘源："提取地球资源的利息而非本金——读艾伦·杜宁《多少算够：消费社会与地球的未来》"，载《中国地质大学学报（社会科学版）》2012年第6期。

足够强大的物质生产手段时，物质欲求便成了所有欲求中最容易实现的了。我们忽略了任何满足都需要心灵认同的事实。在这样生活中，人类被异化，机械地过着"为了满足而追求，如果没有追求，就创造一个"的荒唐生活，而其表现形式就是物质消费。由此，我们的社会成了"消费社会"，文化成了"消费文化"，我们心中所思所想的都叫"消费心理"，而我们在这样社会中扮演好一个"消费者"似乎比什么都重要。消费这头"怪兽"之所以横行于世，大体上出于两个层面的原因：

第一，"唯发展主义"在作怪。20世纪50年代，在大多数美国人正在为"美国梦"而打拼的时代，生态思想家爱德华·艾比就指出："为发展而发展"已成为整个民族、整个国家的激情或欲望，却没有人看出这种唯发展主义是"癌细胞的意识形态"。这种思潮渐渐从朴素认识论演变成社会价值系统。学界一般认为，20世纪60~70年代，"罗马俱乐部"首先对"增长癖文化"提出了质疑和批判，代表作为米都斯的《增长的极限》。事实上，艾比的批判在时间上至少要早十年。然而，这些仍只是理论上的批判。我们目前尚无法摆脱不消费就衰退的现实，这也是对消费者社会何以产生的最根本回答。没有消费，社会是无法实现经济大发展的。于是，我们忙于给经济制造各种各样的"任务"，而最理想的任务就是实现消费。不管是否真的使用、真的缺少，你一定要尽可能多补充、尽可能多消耗，以便可以开展新一轮消费。

第二，消费者社会的成因涉及一个比较复杂的社会心理领域。艾伦在《多少算够》的第二部分描绘出了一幅消费社会中人们疲于奔命，不断追求更多更奢侈的消费品的图景。消费品数量和品质是生活质量乃至个人价值的绝好体现。为何出现这种情况？我们作为社会的一员倘若得到某个阶层、群体的接纳与认可，并且这个阶层、群体正是自己所期望的话，我们便将体会到切实的满足。这种满足是人类正常的心理需要，是在人格上实现自我认可，进而获得必需的安全感、归属感的基础之一。这就是马斯洛心理需求理论在消费社会中最核心的实践形式。买东西既是自尊的一种证明，又是一种社会接受的方式——美国经济学家索尔斯坦·凡勃伦所定义的"金钱体面"的一种标志。许多消费被下列认可欲望所促动："穿体面的衣服、开体面的车子和住在体面的生活区，全都仿佛在说我不错，我在那个团体中。"

人口的控制需要考虑多种因素之间的平衡。比如劳动力市场的需求。人口基数与人均自然资源的占有、年龄结构、出生率与死亡率、男女比例等。

如果综合考虑这些因素，会得到两个相反的情况：一是国家人口基数小，出生率与死亡率均低，两者相抵，人口总体增长率较低，甚至出现零增长与负增长；劳动力资源并不丰富但技术水平较高；资源总量不一定很高，但人均资源占有水平较高。二是国家人口基数大，出生率与死亡率均高，两者相抵，人口总体增长率较高甚至很高；即便资源总量较高，但人均资源占有水平较低。事实上，属于前一种情况的国家大多数是发达国家，为了保证劳动力供应，它们不太可能采取控制人口的政策。并且，其大多数国民都属于消费者阶层，良好的医疗条件使得国民寿命较长，消费时间也多。属于后一种情况的国家大多数是不发达国家，即便想要控制人口，也会由于劳动力密集型的经济模式而难以实施。新生劳动力得不到良好的技术培养，只能从事初级劳动，对环境的掠夺很普遍。

艾伦在其著作的第三部分着重讨论了在消费者社会中如何改造消费本身，作者将其称为"驯服消费主义"。这项工程显然需要人类具有某种特殊基础，这种基础决非天赋而是必不可少的教育。这就是所谓的"需求的培养"。其核心是必须打破"不消费就衰退的神话"。需要强调的是，我们之前所做的工作只是将问题解决到这一环节，即明确认识到我们大众都可以或多或少地从经济发展中得到实惠。问题在于，我们的"实惠"是否还有其他可以实现的途径？显然，建立一种新的消费观是回答此问题的关键。这样就需要一种能够创造舒适的、非消费的、对人类可行的、对生物圈又没有危害的，把技术变化和价值观变革相结合的生活方式的导引。科学的进步、法律的健全、重新组织的工业、新的协议、环境税和群众运动则都能有助于达到这一目的。但最终维持使人类持续发展的环境要求改变我们的价值观。

但人类对直觉的依赖注定了最直观的方式很可能也是最肤浅的。没有什么比消费更能发展自我的了。当我们缺乏安全感，进行自我审视的时候，只需盘点一下我们所拥有的物品，就可以使自己安心了：我们所有的是一种物有所值、实实在在的东西。遗憾的是，在消费社会中，人类十分安于这样保护。改变这种局面很不容易。在技术方面，我们存在将消费副作用控制在有限程度内的可能。发展程度较高的社会具备对消费进行全面改造的某些条件。其可以以较少依赖不可替代资源或不产生重大环境污染、生态退化的消费取代传统形式上的技术消费（如科学、艺术、教育、文体活动和社会交往等）。而发展程度较低的社会显然不能在物质消费上进行无差别限制，但技术改造依然是必要的。绿色消费、循环经济都为我们提供了很好的实例。而通过道德的接纳来降低消费者社会的消费水平、减少其他方面的物质欲望，是一个理想主义建议。尽管它与几百年的潮流相抵触，然而，它可能又是唯一的选择。值得欣慰的是，无论在何种文明中，人类都把精神上的满足与生活上的简单、心灵上的纯净视为最高层次的追求。

第二节　节俭使用和持续利用

面对自然资源的有限性，我们还必须发展一种节俭使用自然资源的新道德观念。使人类的生产与生活方式同自然资源的有限性相适应，应当成为现代人的一种新的道德观念。

一、人类文明的正确选择

无论我们处于怎样的生存阶层，我们都不可能回避自然资源的消耗。因此，我们必须解决这个问题：有必要找到一个区分必要的消耗、合理的消费、不得已的消耗、错误的消费的标准。尤其是要思考在满足了基本的生存需要之后，我们依然不断进行物质追求的动力是什么？是否还有其他途径来实现？如果我们确实可以找到这样的标准并在某个时期内保证其有效，那必将意味着我们所有的消费活动都必须接受它的控制。但这实在难以实现，阻力不仅来自于消费社会的上层建筑，恐怕包括我们自己在内的所有消费者都会产生一种本能的抵触。即便在某些阶层内部可以实现相对平均，但阶层之间的级差还是难以避免的。而社会阶层金字塔的较低层几乎总是不满意的阶层，要以达到乃至超越更高阶层的消费标准为目标。我们往往会用"欲望动力论"解释这种不懈的物质追求。把人的欲望满足当作经济社会发展动力的思想由来已久。诚然，文艺复兴对人的认可打破了历史发展的枷锁，但也打开了潘多拉魔盒。从此，我们的欲望在自由这件神圣外衣保护下蔓延，"厄律西克同的厄运，象征着人类追求无止境的欲望满足的发展史"。但没有证据表明，地球对物质活动的承受力会像我们的欲望一样没有尽头。地球到底可以供养多少人？可以满足他们怎样的生活标准？显然，希望我们所有人都像发达国家的消费者阶层那样生活是不可能的，"地球供养数十亿人类的能力取决于我们是否继续把消费等同于满足"。众所周知，地球是我们最基本的活动舞台。地球是活的、是有生命的，这一点正在逐渐被科学所论证。

地球生命所蕴含的核心意义是地球及生存其上的一切共同构成一个彼此互动的整体。人类也是地球结构中的一环，可被称为"人类圈"——地球分别包括地核（内核、外核）；地幔（上地幔、下地幔）；地表即地壳（岩石圈、大气圈、水圈、生物圈、人类圈）。我们的活动同其他地球圈中的环节彼此影响，但主观能动性使我们对地球的影响倍增。地球会对我们的活动通过可以解释或无法解释的自然现象这一形式做出反馈，虽然这种反馈可能需要一定的时间才能得以体现。恩格斯在这方面给了我们正反两方面启示。虽然我们掌握"自然的法则"——这无疑是个重大的成就——但它不意味着我们有资本成为自然的主人。滥用自然法则依然逃避不了"大自然的报复"。大自然本身永远是一个疗养院。它即使不能治愈别的疾病，但至少能治愈人类的自大狂症。人类应被安置于适当的尺寸中，并须永远被安置在以大自然为背景的地位上，这就是中国山水画中人物总被画得极其渺小的理由。地球对我们消费活动的支持是有限制的，现在的纵容会导致未来的严峻后果。对于整个自然与人类而言，科学的发展并不只是意味着人类掌握了一个新工具。18世纪以来，我们将一切都生硬绑定在机械的链条上加以认识，自然顿时失去了内涵和色彩，重新构造科学的自然观才是我们处理好这一切的基础。值得欣慰的是，我们已意识到了科学对人类发出的"严肃的警告"。

技术发展需要一定的成本投入。最为重要的是，技术的发展是有极限的。如指望我们的交通技术在同等能源消耗下实现 3 倍效率是可能的，但 5 倍、10 倍就意味着完全否定科学常识。即便是取得飞跃恐怕也无法抵消由此激发的五倍十倍的新消费所带来的影响。我们把这个问题称为消费者的技术责任。现在学界已在这个问题上达成了基本的共识：消费者应承担技术责任，原因是技术对消费有一定的依赖性。生产是为了消费，没有消费就没有生产，也就没有技术的产生和发展。

更麻烦的是，对于大多数靠"寅吃卯粮"来维持生存的发展中国家来说，从资源经济转向技术经济已是力不从心，更何况是为实现环境指标的一点点提升而投入大量资本进行技术升级呢。我们曾尝试通过某些力所能及的技术发展方案来解决这个问题。英国学者舒马赫提供了这样一个技术发展版本——"中间技术"。其核心是通过对传统技术进行适度发展，避免难以承受的技术投入以及无法消化新技术带来的困境。在建立新的就业机会的同时不破坏原有经济体系，有效地控制经济波动，从而弱化发展给环境带来的压力，这对急于前进的发展中国家尤为可贵。"这种中间技术与土技术（这种技术往往处于衰退的状况）相比，生产率高得多，与现代工业的资本高度密集的高级技术相比又便宜得多。"也就是小（代价）、快（收益）、省（成本）。不过从20世纪70年代提出中间技术论以来，环境压力——尤其是发展中国家的环境压力——并未有太大的改观。究其原因，当今全球化使经济高度统一，也使人永远处于世界市场之中。只要国家间的技术差距还存在，就无法改变分工差别，也就无法改变从生产到消费的不公正。遗憾的是，当这种差别后果反映在自然上时，其对全人类的报复绝对是无差别的。总之，人口和技术始终是"双刃剑"，我们以往过多强调这些因素，却忽略了消费是可以现实把握的因素。如艾伦强调："没有消费者社会物质欲望减少、技术改变和人口的稳定就没有能力拯救地球。"

人们已经认识到，技术进步对解决资源危机的作用是有限的，"技术决定论"和"技术乐观论"都是错误的；在解决资源危机方面，制度变革比技术进步更重要。要想解决资源危机，必须在制度变革的前提下推进技术进步；通过技术进步解决资源危机，也只有在相应的制度环境下才能实现。正因为看到了这一点，米都斯说：人类对许多重要资源的使用以及许多污染物的生产都已经超过了可持续的比率，不对物质和能量的使用作显著的削减，在接下来的几十年中人均粮食产出、能源使用和工业生产将会有不可控制的下降。要想防止这种下降，两个改变是必需的：第一，修改使物质消费和人口持续增长的政策和惯例；第二，迅速地提高物质和能源的使用效率。在这里，他既看到技术进步的作用，也看到了制度变革的必要。

考察全球当下的状况，我们在依靠技术进步方面做得还可以，但在依靠制度变革方面做得就比较差了，由此呈现出了"一手硬，一手软"的局面。这是值得注意的。试想，由制度和技术共同造成的资源危机何以能够仅由或主要由技术进步加以解决呢？制度变革虽然可能比技术推广更难，但是，通过制度变革改变市场经济规则、打破资本的逻辑以及消费主义的盛行，以解决资源危机，是人类必须跨越的一步。

我国古代虽然没有出现过现代意义上的环境立法，但古代的立法者们却十分重视对自然环境的保护，强调在立法时应当尊重自然规律的客观要求，正确处理好人与自然的关系，尽可能做到"道法自然"。在处理环境与发展关系时，古人主张永续利用，对资源开发要"不夭其生，不绝其长"。特别注重对生活环境的保护，并以"礼"为标准，对生活环境划分出重点保护区域，进行重点保护。古代立法中的"见素抱扑，少私寡欲"的"无为""节俗"观对当代的立法有一定的借鉴意义。

综观我国的古代立法，有这样几点是值得借鉴的：①重视自然的生态伦理观。即在处理人与自然环境关系时，应尊重自然界，顺应自然规律的客观要求，处理好人与自然的关系，人类不可以凌驾于自然环境之上，无节制地开发利用自然环境与自然资源。立法时应当尊重并反映自然规律的要求。这种伦理观以道家的"道法自然"和儒家的"天人合一"为代表。②朴素的可持续发展观。当今人类社会在处理环境与发展关系时，普遍适用的就是"可持续发展"战略。该战略的核心内容就是"在不危及后代人需要的前提下，寻求满足我们当代人需要的发展途径"。"可持续发展"虽然是由当代人提出的，但我国古代的法律思想及相关立法早已包含有这种观念的萌芽。③重视对自然环境和自然资源的保护，特别是对生活环境的保护。保护自然环境与自然资源是环境法的首要任务，在我国古代有着大量的保护自然环境和自然资源的立法。[1]

持续生存是人类的根本利益之所在，要实现这一目标，便需要运用智慧的力量、技术的力量、社会的力量。而智慧的力量则在其中起着决定性的作用。现代人类的实践活动给生态环境带来了种种负效应，人类必须站在新的高度来认识和确定自己在实践活动中的环境行为规范，建立新的道德准则和调控智慧，尽最大可能确保人类利益的整体性、长期性和最优化。

环境伦理立足于这一根本宗旨，从爱护、尊重生态环境出发，把环境伦理三大原则[2]作为人类从事经济活动和其他一切社会活动的行为准则，提倡选择有利于生态环境保护的发展道路。

大量生产是以大量消费为前提的，而大量消费又是大量生产的结果。

大量生产所支持的大量消费带来的结果是产生大量的废弃物，这些废弃物不仅大量浪费了资源，也给环境造成了严重的污染与破坏。因此，我们必

---

〔1〕　张梓太："中国古代立法中的环境意识浅析"，载《南京大学学报（哲学·人文科学·社会科学版）》1998 年第 4 期。

〔2〕　即地球有限主义、自然的生存权、世代交替的伦理三大原则。参见裘广川、林灿铃、陆显禄主编：《环境伦理学》，高等教育出版社 2002 年版。

须变革传统的生产方式和生活方式，建立一种可持续的生产和生活方式，这在物质生产领域要求遵从节约的原则，在生活领域提倡过简朴和节俭的生活，制止那些浪费资源的行为。

倡导节俭地使用自然资源的道德观念，并不意味着抛弃科学技术，否定经济增长或者恢复旧的生活方式。事实恰好相反，耗尽自然资源和引起经济崩溃的挥霍性增长，才最有可能使社会倒退到原始状态。认清节俭使用自然资源的意义，减少挥霍性增长，使人类适应于自然资源限定的范围内生活，才是使人类文明持续发展的正确选择。

二、尊重环境限度

对自然限度的认识，是建立开发自然资源道德、规范的前提。不可再生资源是有限的，它们被消耗一点就会少一点，直至最终耗竭，各种矿物、石油、煤、天然气就属于这类资源。从理论上说，可再生资源是"取之不尽，用之不竭"的。只要我们对资源的使用维持在这个系统本身能够更新的能力之内，并且尽力保护这个系统免受污染和生态环境破坏等因素的不正当干扰，可更新资源便是可以更新的，并且可以持续下去。但可更新资源并不是用不完的资源，并非是"取之不尽，用之不竭"的。实际上，由于过度的开发、生态环境的改变或破坏、污染和引种外来物种等多种因素的共同作用常常使可更新资源灭绝。20世纪90年代以来黄河断流的加剧，就是这种无视大自然、损害大自然的生产方式造成的恶果。黄河断流的主要原因是人们对资源的不合理利用。因此，我们必须认识到掠夺自然、破坏自然，不可避免地会引发自然的退化。

多年以来，我们只讲战胜自然，按照人类的意愿制服和安排自然万物，这种做法是在主宰自然而不是在尊重自然。完全按照人的意愿去制裁万物，实际上就是一种主观主义。在这种观念的指导下，人们虽然可以取得对自然的暂时胜利，但或迟或早定会受到自然的报复。"必须发展一种对自然的新态度，它的基础是同自然协调，而不是征服自然。"[1]"在使用地球上不能再生的资源时，必须防范将来把它们耗尽的危险，并且必须确保整个人类能够分

---

〔1〕 ［美］梅萨罗维克、［德］佩斯特尔：《人类处于转折点——给罗马俱乐部的第二个报告》，梅艳译，生活·读书·新知三联书店1987年版，第143页。

享从这样的使用中获得的好处。"[1]

对可再生资源的开发和利用，要遵循可持续利用的原则，努力使资源增殖，抑制资源生产率的下降，防止资源的流失，保证可持续利用。总之，只有把社会经济活动始终建立在对再生性资源不断进行人工增殖的基础之上，并且使开发利用这类资源的强度与人工增殖这些资源的速度相适应，才能使经济的再生产同自然的再生产相统一，才能使这些资源成为真正意义上的再生资源。

地球生态系统的承载能力是有限度的，即它们和生物圈能承受而不发生危险恶化的影响的限度。人类必须在地球承载能力范围内生活，从长远看来，没有第二种合理的选择。"如果我们不能持久地和节俭地使用地球上的资源，我们将毁灭人类的未来。我们必须尊重自然的限度，并采用在该限度内行得通的生活方式和发展道路。"[2]这就要求我们必须对一种新的道德准则——尊重环境的限度、持续利用自然资源——作出广泛和深入的承诺，使我们的行动保持在地球的承载能力范围之内，使世界各地的人们享受长期、健康、完美的生活。

从伦理的角度来考察人类对待自然的开发与利用所必须遵循的道德原则，始于美国生态经济学家肯尼思·鲍尔丁于1966年提出的"地球像一艘宇宙飞船"的思想。鲍尔丁认为，人类现在奉行着一种"牛仔经济观"，这种思想就像牛仔一样把地球资源都看作是取之不尽、用之不竭的。正是这种观念使人类以无节制地消耗地球资源作为代价去创造自身的幸福，最后导致资源的危机，进而伤及人类自身的幸福。在他看来，人类赖以生存的地球是浩渺太空中的一只小小飞船。人口的无限增加，经济的不断增长最终必将耗尽"飞船"内有限的资源。因此，人类应当建立一种不导致资源枯竭、能够循环利用各种资源的"循环经济"。在这种"循环经济"中，自然资源的消耗将被减少到最低水平，人类阐明的发展与生态的健全就可以真正统一起来，现代人的利益与未来人的幸福之间的矛盾就可以得到最终的解决。

在鲍尔丁之后，美国微生物学家和地理学家凯里特·哈丁在20世纪60

---

[1]　参见《人类环境宣言》。

[2]　世界自然保护同盟、联合国环境规划署、世界野生生物基金会合编:《保护地球——可持续生存战略》，国家环境保护局外事办公室译，中国环境科学出版社1992年版，第1页。

年代末又提出了"救生艇伦理观"。哈丁认为，有限的世界——地球——只能养活有限的人口，穷困人口的增加引起了粮食问题和污染问题，破坏了地球的生态系统。哈丁指出，人类要想避免这一悲剧而继续生存，需要的不是"宇宙飞船伦理"，而是"救生艇伦理"。他认为，只要还未诞生管理全世界所有人口的真正的世界政府，遵从"宇宙飞船的伦理"的我们就不可能以人的尊严生存下去。显然，这种"救生艇伦理"根本就没有考虑发展中国家人民的生存权利以及将来人类后代的生存权利，所以，其是一种反人类的道德理论，是一种极端的道德观点。

当然，我们必须明白，可再生资源和不可再生资源都是有限的，而人类对资源的需要量却越来越大，并急速地使资源趋于退化和枯竭。当今世界上许多人热衷的是更多的生产、消费和更多的利润。为达目的，他们不惜掠夺式地开采日趋匮乏的地下矿藏，把自然界看成是源源不断地无偿提供资源的"原料库"。同时，还把大量废气、废水和固体废物不加处理地向大气、河海和地面任意排放倾倒，把环境看成是可以无限收购废物、污物的天然"阴沟"和"垃圾箱"。这是一种为追求局部利益而牺牲整体利益，为追求短期效益而无视长远效益，为追求经济效益而放弃社会效益的不道德行为。如果任其发展下去，河流干涸了，矿藏被挖掘了，土地变成了沙漠，生存环境被破坏了，人类也将无法生存下去。

到了20世纪70年代初，"罗马俱乐部"公开发表了它的第一个研究报告——《增长的极限》。该书指出，地球自身空间上的有限性，导致其必然会给人类的扩张设置极限，物质上的增长不可能无限继续下去。社会发展的真正极限的形成原因与其说是物理上的，不如说是生态学、生物学甚至是文化性质的。如果保护现有的社会发展趋势，当第三个1000年开始时，人类可能会完全失去对各种事件的控制，其结果是我们将把资源耗尽。绝大多数与生态学相关的占主导地位的道德观点都认为："人类不仅对现在的人们，而且对未来的人们负有责任。我们如何通过节俭地使用现有的资源，节俭地进行生产和消费来安排我们子孙后代的生活，是当前道德争论的核心所在。"[1]我们必须建立一种新的自然伦理观，尊重自然的限度，使持续地利用自然资源

---

〔1〕［美］R.T.诺兰等：《伦理学与现实生活》，姚新中等译，华夏出版社1998年版，第448页。

成为人们的一种道德共识。

三、节俭使用资源与可持续利用

事实上，人口的爆炸式增长已经对资源（尤其是不可再生资源）造成了巨大的消耗。如果任由人口爆炸，继续滥采滥用资源，不可再生资源就会枯竭，进而伤及人类自身。[1]如果无法找到可以替代的能源，人类社会的发展将受到极大的限制。因此，当代人有意识的保护后代人使用资源的权利是具有合理性的。这也可以很自然地引出，当代人节俭使用资源能为后代人保留使用资源的可能性，以维护人类文明的延续。从这个角度来看，可持续发展离不开当代人对资源的理性利用、节俭使用，可持续发展既是手段，也是目的。

回顾可持续发展理念的发展过程，1980 年《世界自然保育方略》率先提出了可持续发展的概念。其后，在 1987 年，联合国环境与发展委员会于《我们的共同未来》中提出，可持续发展是"满足当代需求的发展，但不损害后代需求的能力"。1991 年《关怀地球——一个可持续生存的策略》一书提出："在不超越维生系统的负荷力之情况下，改善人类的生活质量。"同年，国际生态学联合会和国际生物科学联合会召开的发展讨论会将可持续发展定义为："保护和加强环境系统的生产和更新能力。"[2]从这些定义上来看，尽管对可持续发展理念的认识是多角度的，但总的来说均是在处理这样两对关系：一是无限发展与有限资源之间的关系；二是当代人与后世人之间的关系。值得注意的是，可持续发展理念也是为了发展，其本身并非要求人类牺牲发展利益，而是要在发展的同时谋求可持续。

这一理念对人类的行为模式非常具有启发性：首先，从私人生活模式层面，重新审视自己的生活方式，革新自己的环境价值理念，努力使自己的生活方式符合环境友好的价值理念，同时尽力去感染他人。在社区的层面，应以基层自治的方式，共同采取行动建设绿色社区，开展以社区为单位的环境宣传与环境教育。在国家层面，应制定合理的环境政策，在国家级的架构上整合环境资源，创新发展模式，同时促进环境政策的宣传教育。在总体上，

〔1〕　参见裴广川、林灿铃、陆显禄主编：《环境伦理学》，高等教育出版社 2002 年版，第 240 页。
〔2〕　参见杨冠政：《环境伦理学概论》，清华大学出版社 2013 年版，第 202 页。

形成社会对环境知识和环境理念的整体感知，在提升人类生活质量的同时，促进和保持地球的活力与生态系统的和谐。

第三节　生存方式与持续生存

持续生存是指人类在自然中持久地、更好地生存。伦理学对人类生存的探究，经历了一个历史发展的过程。但总的来说，持续生存一直没有成为传统伦理学研究和解决的问题。

一、生存方式

"生存"是泛指一切生命的存在，然而，不同种类的生命得以延续的方式是根本不同的。动物只能以一种本能的活动方式来求得对自然环境的适应，"但人不是简单的自然存在物，而是具有理智的人的自然存在物。人不像普通动物那样无意识地适应自然界，而是在适应自然界的同时使自然界适应自己，满足自己的需要"。[1]可见，人是在认识和改造自然的过程中，实现自身的存在和发展的。由于"人是世间唯一感性的、对象性的存在物，人的存在就在于人的生存与生活，人是感性地和实践性地确证和阐释自身的存在过程，人的生存是人的一切活动的真正基础和前提"。[2]人生存的基本形式就是实践，自然界作为人类实践活动的对象，它的存在是人实践活动得以进行的前提，从而也是人得以生存和发展的前提。马克思认为，自然界就它本身不是人的身体而言，是人的无机的身体。人靠自然界来活。这就是说，自然界是人为了不致死亡而必须与之形影不离的身体。说人的物质生活和精神生活同自然界不可分割，这就等于说，自然同自己本身不可分离，因为人是自然界的一部分。[3]离开了自然界，人就会失去获取物质生活资料的可能性，同时，人与自然之间进行物质、能量、信息变换的可能性也就不复存在了。可以说，没有自然界——这一人类活动的对象——为人的生命存在提供的对象性关系，

---

〔1〕〔法〕奥古斯特·科尔纽：《马克思的思想起源》，王瑾译，中国人民大学出版社1987年版，第75页。

〔2〕〔德〕马克思：《1844年经济学哲学手稿》，中共中央马克思恩格斯列宁斯大林著作编译局译，人民出版社1983年版，第84页。

〔3〕《马克思恩格斯全集》（第42卷），人民出版社1979年版，第95页。

人的存在也将是不可能的。

人的生存方式可以被理解为是人与自然交往的方式，也就是人类为了不断满足自身物质和精神需求的发展而采取的生产、生活方式，以及人与自然在互动过程中发生的对象性关系的总和。人的本性是双重的统一，是社会和生物的存在，人类生活在两个世界中：自然的世界和社会的世界。因此，人的生存方式既包括自然生存方式，也包括社会生存方式，二者是辩证统一的。社会生存方式是人与人之间的交往方式，即人类为了满足自己的物质和精神需要而在社会生产实践过程中所采用的生产、生活方式。自然作为人类生存的前提，它也有自己特定的生存方式。自然作为一个巨生态系统，它的演化是一个无限发展的过程，因为生态系统是物质循环系统，生命生生不息，生物圈在不断地进行物质循环、转化、再生。循环使生态系统成为一个自我维持系统，强大的再生能力或自我修复能力使生态系统得以持续发展。自然生存方式的自我调节或再生能力是有一定限度的，这取决于人类对自然价值、自然规律的认识程度以及对自然作用力的大小。在不同的社会制度和生产力发展水平下，人们在生产生活过程中所采用生存方式并不相同，同时对自然价值、自然规律的认识程度以及对自然作用力的大小也有所差别。人的生存方式随着社会的进步以及生产力水平的提高而不断地变化，但无论如何变化，人的生存方式始终不能脱离自然界这一现实语境。

人的生存方式即是人的实践方式。"实践的合理性就其实质而言即指从人自身的目的、需要出发，根据对客观世界所做的正确认识，进行满足人类整体和长远利益或生存、发展需要的实践活动能力。"[1]实践合理性追求的目标是人、自然、社会之间对立与冲突的和解，以逐步实现人的自由、全面发展。人、自然、社会之间是辩证统一的关系。马克思认为："人不仅仅是自然存在物，他还是属人的自然存在物，也就是说，是为自己本身而存在的存在物，因而是类的存在物。他必须既在自己的存在中也在自己的知识中确证自己是类的存在物。"[2]因此，人应当把自身的类和它物（即自然界）的类当作自己的对象，当作自己以"类"方式存在的前提条件。

---

〔1〕　刘桂梅："论实践合理性与可持续发展遵循的基本原则"，载《湖南社会科学》2007 年第 4 期。

〔2〕　［德］马克思：《1844 年经济学哲学手稿》，中共中央马克思恩格斯列宁斯大林著作编译局译，人民出版社 1983 年版，第 84 页。

当代人与自然的关系之所以被异化，是因为人在与自然的交往过程中没有把自己看作是"类"的存在物，也没有把自然界当作是自己的"类"存在的前提条件，而是把自己当作"单一的存在物"对自然界进行疯狂的开发、掠夺。也就是说，当代人在与自然交往过程中，只注重社会的生存发展而忽视自然的生存与发展。人的生存方式的合理与否直接导致人与自然关系的正负价值。从某种意义上来说，人的生存方式决定着人与自然的关系。

（一）原始自然生存方式

远古时代，面对神秘而又强大的自然力量，生存成了一种自发的道德要求。由于人类只能以族类整体的方式来顺应自然，因此，维护族类生存就成了原始社会道德的最高道德戒律。

在远古社会，由于社会生产力水平极端低下，人的活动范围非常狭窄，活动方式十分简单。劳动是一种自然劳动，劳动工具、劳动手段、劳动分工、劳动关系主要由自然的因素来决定。人类只能从自然界中吸取天然生活资料以维持生存，在这种生存条件中，人自发地把自己融入自然界，把自然界看作是高于人的生命的存在，人类不仅在生活上直接依赖自然条件，而且以原始的、神秘的方式观照着周围的自然界，进而衍生出了畏惧自然、依附自然的生存方式。这是一种自然生存方式占主导地位而人的社会生存能力却极端低下的生存方式，它过高地肯定了自然的价值、无意识地遵循了自然规律，使得从自然界中创造的社会财富以及获取的物质资源非常有限。这种生存方式虽然符合自然生存发展的规律，但社会的发展水平却很低下。人与自然的关系虽然是和谐的，但它是一种原始的、低级的"和谐"。

（二）近代工业社会生存方式

近代工业社会，随着科技的进步和社会生产力的发展，人类对自然界的能动性加强，人的生存方式逐渐朝着技术能力的方向发展，通过科学技术的发展提高人的改造和利用自然界的能力，以解决人的物质生存问题。科学技术成了人们认识和掌握世界的基本方式，人的生存方式在科学技术的指导下展开。随着科学技术的不断进步，自然界的神秘性逐渐消失，自然成了人类依靠理性指导、通过实践活动征服而获取物质财富的资源库。在科学技术带来的物质回馈的激励下，人类忘记了自身与自然的整体有机联系，盲目向自然界索取，肆无忌惮地掠夺自然资源，只追求社会经济的增长而忽视对自然环境的保护，只强调自然界的价值而忽视自然界的规律性，人类的这种生存方式虽然使社会财富增加了，但它对生态环境的破坏性已经超过了自然系统的自我调节或再生能力的极限，人与自然之间形成了掠夺与被掠夺的关系，致使人与自然的关系被异化。这种生存方式将人的社会生存方式与自然生存方式割裂开来，只重视社会生存方式（满足自己物质和精神的无限欲望），而忽视了自然生存方式（否定自然价值和自然规律），破坏了人与自然的和谐关系，导致"人与自然关系发生了根本性颠倒——人确立了对自然的主体性地位，而自然则被降低为被认识、被改造，甚至被征服和被掠夺的无生命客体的对象"。[1]随着人类对自然界的疯狂掠夺、不可再生资源的大规模消耗、污染物的大量排放，自然界也开始了对人类无情的"报复"。随着自然资源的渐趋枯竭和生态环境的日益恶化，人与自然的关系处于了一种异化与对抗的状态之中。人类无视自然的社会生存方式导致了人与自然关系的恶化以及自身生存的威胁。正如20世纪60年代初蕾切尔·卡逊在《寂静的春天》一书中所说的："不是魔法，也不是敌人的活动使这个受损害的世界的生命无法复生，而是人们自己使自己受害。"[2]于是，人们开始反思自身的生存方式，反思自身的生存价值观，反思当下发展语境中的人的生存方式，追问这种生存方式的合理性，争取实现人与自然的和谐相处。正是在这样的现实状态中，一种试图使人类摆脱人与自然的对抗所导致的环境危机与发展困境的新的生存方式的产生成了可能。

（三）可持续生存方式

可持续生存方式是指兼顾社会与自然两种生存方式、能实现人与自然永久和谐相处的诗意生存方式。海德格尔曾指出："无论在何种情形下，只有当我们知道了诗意，我们才能经验到我们非诗意地栖居，以及我们何以非诗意地栖居。只有当我们保持着对诗意的关注，我们方可期待，非诗意地栖居的一个转折是否以及何时在我们这里出现。只有当我们严肃对待诗意时，我们才能向自己证明，我们的所作所为如何以及在何种程度上能够对这一转折做出贡献。"[3]

---

〔1〕刘远传：《社会本体论》，武汉大学出版社1999年版，第200页。

〔2〕[美]蕾切尔·卡逊：《寂静的春天》，吕瑞兰、李长生译，吉林人民出版社1997年版，第2页。

〔3〕[德]马丁·海德格尔：《演讲与论文集》，孙周兴译，生活·读书·新知三联书店2005年版，第213~214页。

我们所要追求的目标是"持续生存",即让人类生存这个现实永远持续下去。为了达到这个目标,我们要创造好的生存环境,避免因为过度索取而造成人类的自我毁灭。为此,我们必须强调持续生存原则。要摆脱人与自然关系恶化、对抗所导致的环境危机与发展困境,我们必须对不合理的生存方式作出重大变革,从"类"意识出发,选择社会生存方式与自然生存方式兼顾的、促使人与自然和谐相处的可持续生存方式:

(1)在社会生产实践过程中,从只追求社会经济的增长而忽视对自然环境保护、只强调自然界的价值而忽视自然界的规律性的生存方式,向既要促进社会文明的进步,又要保证自然生态系统得以持续发展的生存方式转变。在社会生产实践中,资源是人类生存的物质基础,也是生产要素。环境是人类生存和发展的空间,也是人类全面、协调、可持续发展的依托。因此,我们不能把自然仅仅当作是某种有用的"资源",而应该把整个自然资源系统都视为是极其重要的资源。可持续的生存方式就是要转变这种只顾开发、不顾保护的旧观念,着眼于培养自然再生产能力和自然资源的可持续利用,依靠科学技术的生态化对自然资源的有用性进行全方位的挖掘,最大限度地利用有限资源。扬弃片面生存发展方式,选择经济效益、生态效益、社会效益相协调的适度经济发展方式;将片面追求经济"量"的高增长,推行"高投入、高消耗、高污染"的粗放型经济发展模式,转变为以人的全面发展为目标。应超越对经济增长"量"的追求,寻求对人、自然、生态、社会和谐发展"质"的追求,内在地要求经济发展与生态相协调,实行适度的经济增长方式。而且经济发展的适度标准应该以经济的增长是否符合生态原则,是否可以在生态环境可承受的范围内保证经济的健康发展为标准,将经济指标与生态指标相结合,保证经济效益、生态效益、社会效益的统一。在发展时不仅要考虑人类自身的利益,也要考虑对环境造成的影响,尽量做到最低的损害,实现理性经济人向理性生态人的转变,从而实现人与自然关系的和谐。

(2)在人的生活过程中,从只是注重物质利益和物质享受的生存方式,向自觉遵循生态规律、追求生活质量、品位的生存方式转变。当代,在可供人们选择的商品种类越来越丰富的情况下,为了满足物质享受的追求,人们大量开采资源,大量消耗矿藏、森林、草原等不可再生资源,肆意污染空气和水源,破坏了生态平衡。有些人为了满足没有底线的物质欲望,不得不加快生活节奏,减少休闲时间,跌进"挣钱—消费—挣钱"的怪圈而不能自拔。

这种只追求生活数量，而忽视生活质量的生活方式，显然是不健康的。它只体现了物质生活的经济价值，而没有体现出文化价值，而且还破坏了人与自然的和谐。

追求物质享受本无可厚非，但人作为"万物之灵长"不能只是为了物质享受而度过一辈子。人不仅有物质需求，还有精神需求。只有将物质需要和精神需要结合起来，过高尚而节俭的生活，才能在实现人生的价值的同时，又有利于生态环境的发展。因此，转变上述不合理的生活方式显得尤为必要。在物质生活方面，转变那种虚假的、浪费型的消费观念，选择以满足人的实际需要为主，节约资源，尽力减少直至消除个人对环境的破坏的生活方式。在精神生活方面，不再过分追求物质或经济层面的东西，从而追求对科学、艺术、信仰等精神或文化层面的东西。在减少物质欲望和物质追求的情况下，增加闲暇时间，建立更加融洽的家庭关系、人际关系和社会关系。以健康的心理、信仰、审美和道德追求达到丰富的精神生活和满足实际需要的物质生活，从而实现生产发展、生态优化和生活幸福的"诗意生存方式"。

（3）在人与自然交往时，从只注重局部人和当下人利益的生存方式，向"以人为本"、促进人类整体发展和持续发展的生存方式转变。在人与自然的交往中，人们往往只注重个人、家庭以及区域性的人群的眼前和局部利益，而忽视其他区域和后代人的整体利益。譬如，在对水资源进行利用时，只考虑自己用水的快捷，而不考虑上游截水过多会给下游造成水荒问题。在污染物的排放上，只图自身的利益和方便，而不顾给他人带来的负面效应。在代际交往方面，只考虑自己这代人的需求，而不考虑后代人的需求。这种以个体生存或局部利益为出发点的人与自然的关系是非常功利的、对自然界价值的认识也是十分短视的，它是一种"杀鸡取卵"式的生存方式，不利于实现人与自然的和谐相处。要知道，自然生态系统是一个有机的整体，人们对局部地区生态环境的破坏，势必导致整个自然生态环境系统平衡状态的破坏。个别人、某个地区如果把各种污染物一股脑儿地"恩赐"给他人，最后的结果必定是"城门失火，殃及池鱼"。尤其是在当今这个全球化时代，人与人、区域与区域之间的联系越来越紧密，不同民族、国家之间生存方式的相互影响、相互制约性也越来越强，经济危机、生态危机不再是某一区域、某一国家的事，而是全球人的事。

生态危机的全球化迫使人们在生存方式上要有世界性的眼光。只有实现世界性的合作和治理，才能从根本上改善人与自然的关系，从而使人类摆脱生态危机和生存危机。因此，我们在与大自然进行交往时，必须从全球人的价值与需要出发，充分考虑不同地区、不同社会、不同代际自然环境、自然资源的供给量。在优先考虑自身的发展的同时也要考虑到他人的发展；在优先考虑当代人发展的同时，也要考虑到下一代人的发展，从而实现人与自然关系的永久和谐。

总之，人的生存方式随着社会的发展而变化着，人的生存方式不是自然生成的，它需要人的自觉。人与自然的关系也随着生存方式的变化而变化。可持续的生存方式是人类协调人与自然关系的最佳选择，这种生存方式并不是纯粹的幻想，其已经在实践中被施行，并且将是未来人类的主要生存方式。人是一种智能型动物，在面对全球性生态危机的困扰时，其会对自身的生存观和发展观作出更明智的选择。

二、"持续生存"发展观

目前，国家（包括中央政府和各级政府）、企业和社会团体、具有行动自由和自主能力的个人的共同特点是都有发展的欲望。

人们在制定发展计划的时候，会以某种发展思想，或者说某种发展观来作指导。当前占统统治地位的仍是"持续增长"发展观（尽管很多国家名义上已经接受了"持续发展"的思想），特别是对于个人和社会团体，他们都是从自身利益出发制定符合自身利益的"持续增长"计划。"持续生存"发展观要求在制定发展计划时要能从实现和维护人类的"持续生存"出发，或者具备制裁和纠正违反原则的可能。任何国家都不具备单独实施"持续生存"发展计划的条件和能力，因为"持续生存"只有在全人类的视角下才有意义。

我们应通过宣传和教育使"持续生存"的思想逐渐深入人心，使其逐渐赢得全社会的认同。在此基础上，还要实现人类精神世界的统一，不是统一于某种宗教或文化，而是统一于"生存"本身，这不会损害任何人的切身利益。笔者于前文中曾经提到，对人类生存的最大威胁来自于人类的精神世界，或者说来自于人类的精神世界没能达成统一。这是基础的统一，而不是内容的统一，我们将在共同的基础上保持各自的个性。一旦有这样的统一，我们的价值观念、政治思想和经济思想都将发生转变，即从原来的以"持续增长"为旨向转变为以"持续生存"为旨向，于是，社会体制和运行机制也要跟着发生转变，包括我们的生活方式和生产方式。

　　未来社会体制将从目前的"市场经济"体制转变为"持续生存"体制，因为市场经济体制是以经济利益为取向的。"持续生存"体制的本质特点是它的计划性。未来的人类社会将作为一个有机整体而存在和运转，这显然要以计划为基础，主要包括教育计划、科研计划和生产计划。中国是未来人类发展的希望所在，中国肩负着创造人类新文明的重任。同时，中华民族的生存危机也格外严重，因此，我们要为民族的生存而创新。随着中国国力的不断增强及"持续生存"发展战略在中国的成功（局部的和阶段性的成功），"持续生存"发展观必将具有越来越大的影响，并被世界各国所接受。

　　发展观所要解决的是社会发展的目标和模式问题，因此，发展观不是固定不变的，一般来说它是随着人类社会的发展而发展的。撇开不同国家和民族的个性，从其共性看，现代人类社会的发展观经历了两个阶段，即传统的"持续增长"发展观和目前的"持续发展"发展观。"持续增长"发展观认为：社会发展的目标应该是经济的持续增长和人们生活水平的不断提高，科学技术的飞速发展可以保证"持续增长"目标的实现。这种发展观之所以被"持续发展"发展观所取代，是因为其单纯追求"持续增长"，进而导致日益严重的环境危机、资源危机和社会危机。

　　"增长"之所以不能持续是因为生态环境的载荷是有限的，可供利用的自然资源也是有限的。特别是某些可再生资源和物种资源一旦丧失便再也无法恢复，其严重后果目前还无法准确预测。

　　"持续发展"的含义是，人们应该单纯追求经济的增长，应努力实现经济社会资源环境的协调发展和良性循环，从而保证人类社会的"可持续"发展。这种说法似乎已经解决了人类社会的发展问题。但是，经过思考，我们可以发现，"持续发展"与其说是提出了一种新的发展观，不如说是提出了一种良好的愿望，其尚缺乏实质的内容和可行的措施。最为明显的缺陷在于它的"定义"，即用"发展"来定义"发展"。"持续发展"因缺乏某种深刻的底蕴而难以从根本上修正"持续增长"发展观的价值观念和活动方式。这是"持续增长"发展观得以继续存在的根源所在。因此，"持续发展"只是一种过渡性的发展观，有待进一步的发展。

　　人类历史是人类为生存而奋斗的历史，人类文明是人类为生存而奋斗的成果。每个民族都有其各自的为生存而奋斗的历史，从而也就形成了各具特色的文明。在各民族相对隔绝的时期，这些文明是不同的民族赖以生存的基础。随着人类社会的发展，民族之间的联系逐渐增多，文明之间的碰撞和融合不断发生，时至今日终于汇合成全球一体化的历史浪潮。

人们在研究人类社会时，往往过多地关注其不同于自然的属性而忽视一种生命的本性。人们在探讨（人的）生命存在的意义的同时提出了许多学说。但是，这些学说似乎并未被大众所普遍接受。在市场经济中，人们选择追求财富，确切地说：追求财富的不断增加是生命存在的基本意义，这是"持续增长"真正的哲学基础。"持续发展"并没有否定这个基础，只是对其进补充，即人们在关注环境的同时，避免对环境的严重破坏，使人们持续地追求不断增加的财富。

这样，"持续生存"要想取代"持续增长"和"持续发展"，就必须提出一种新的论点作为它的哲学基础。这种论点就是，人作为一种生命，其生存的意义就在于生存本身。事物存在的意义在于它和人类生存所发生的联系。人类生存与动物生存存在不同之处，动物几乎是纯粹的肉体生存。人类生存是肉体与精神的共生。人类生存的主要内涵是其精神的生存。同样，对人类生存的最威胁也来于其精神。动物只顾及其个体或个体所在的群体的生存，随着文明的发展，人类的生存已超越单一的民族和国家。人类文明可分为两部分：一部分是与人类肉体生存直接相关的，这部分被称为物质文明，主要是指人们的"产"；另一部分是与人类精神生存直接相关的，这部分被称为精神文明，主要包括宗教、道德伦理、文学、艺术、哲学等。人类社会的进步不应单纯体现"产"的进步，还应注重体现"生存"的前提。"生存"是指人类保持存在的能力，它既包含"产"同时又区别于"产"，"产"是把"双刃剑"，它既可以维护生存也可以毁灭生存，生存则完全以维护人类存在为旨向。生存的本质含义是人类实现平衡和保持平衡的能力。因为我们能否生存下去取决于我们能否和这个世界保持平衡以及人类内部能否保持平衡，与其说其依赖于"产"不如说依赖于人类精神自我调节的能力。

既然"生存"是人类存在的意义所在，那么，我们便只能以"生存"来规定我们的一切活动，并且把"生存"定为我们追求的目标。其实，人类现实的和潜在的生存危机仍然十分严重。这是因为：我们以前的生活方式和生产方式是以过度消耗和破坏自然资源、破坏生态环境为特征，以吃子孙饭为代价的，是持久的。另外，人类内部的矛盾仍然十分严重，一旦爆发冲突，势必会毁灭部分甚至全部人类的生存（这正是因为我们有高度发达的"产"的缘故）。事实上，人类只要在这个世界上生存便会始终面临生存危机，因此需要时刻为"生存"付出努力。此外，人类还有一个发展问题。从"唯生存论"的角度来看，发展是个问题。发展是客观的运动和变化；"发展"能被定为追求的目标，因为它没有一个明确的意义。时间在流动，万物在变化，而且人类在不断地制定发展道路和发展目标，这就是发展观的问题。我们应该怎样发展？我们要向何处发展？"持续生存"发展观主要解决的是发展目标的问题，至于如何达到这个目标则要在实践中逐步解决。

　　然而，人既是自然的存在物，又是社会的存在物，这就内在地决定了伦理对人的生存的研究应当包括"人与自然"和"人与社会"两个方面。道德作为调节人类行为的最基本手段，不仅应当涉及调整人与人之间的关系，而且也必然涉及调节人与自然的关系。当人类驾驭自然的能力发展到一定水平，当人类与自然环境在其相互生存关系中的地位发生变化后，人与自然的矛盾将不断加大，冲突也将不断加剧，自然环境问题已构成对人类的生存和发展的客观需要，而且也是人类道德发展上的必然。

　　人类是地球生物圈中的一个组成部分，自然界与人类是"同生存，共命运"的统一体。一方面，人类是自然的产物并在自然界中生存，自然遭毁灭，人类的生存和发展将会变成"无源之水，无本之木"。另一方面，没有人类的生存及其实践，自然界也无法显示它的存在论意义和生存论价值。这就决定了人与自然在本质上存在着一种共存共荣的生存关系。

　　人与自然的生存关系表明，自然对于人类的生存和发展具有无以替代的伦理价值。而由人引发的自然生态变化，最终会对人类的社会现实生活产生影响。由于涉及人类的生存这个根本利益，因此人与自然的关系问题会具有很鲜明的伦理意义，维护人类的持续生存无疑应当成为环境伦理的基本原则。

　　人类的生存正受到种种威胁，这种威胁主要不是来自自然界的敌对力量，而是来自人类日益增长的对付自然的力量，来自人类自己。人类要想在地球生物圈中能生存下去，必须以一种新的生存伦理指导自己的行为。但这种生存伦理已不再意味着维护家庭、部落或种族、文化，甚至文明的生存，而是以一种超越种族和地域的眼光，以人类整体利益为价值尺度，保证人类在自然中长久地、更好地生存下去。这是环境伦理的根本性原则。可持续生存的道德原则既涉及人与自然的道德关系，也涉及人与人之间的道德关系。

如前所述，生态文明与工业文明的根本区别是工业文明的目的在于更好地生存，因而，物质幸福论梦想成了必需的动力，追求无限度的生产、发展新的技术体系，全面开发人的智力，这是不断地实现更高水平的物质幸福论梦想的主题。

克里斯托弗·司徒博在《环境与发展：一种社会伦理学的考量》中提出了一个异常严峻的问题："人的发展目标是人作为尺度？或者是人遵守尺度？或者人掌握尺度？"[1]可持续发展要求既要保持和强化"人作为尺度"的特权，又希望"人掌握尺度"，更需要"人遵守尺度"。"发展"客观地存在着一个"度"的问题，在其"度"内，发展是合理的和合法的；超其"度"外，其发展是非理和非法的。这个"理"就是道理，即天地人物共在互存、共生互生之道的本质规定；这个"法"即是法则，即宇宙律令、自然法则、生命原理、人性要求。我们应该致力于这个"度"的确定。

对人与自然的关系来讲，自然的才是最美的，除非不得已，不能伤害生命。并且，即使在不得已的情况下伤害了生命，也应该尽其努力补偿。工业文明所展开的工业化、城市化、现代化进程，是在无所顾忌地破坏这个"度"。今天的所谓"发展"，其实是一种"贪婪的增长"，是打着"保护环境"的幌子继续无所顾忌地不断索取和破坏自然。所以，必须中止这种"贪婪的增长"的观念和模式，这是生态文明建设的逻辑起点。"贪婪的增长"的发展观念和模式从根本上而言是反自然、反环境、反规律的片面发展观，中止这一走入歧途的片面的发展观念，就是重新回归自然法则、重新尊重环境原理和世界的生存规律。对此，恩格斯早在一百年前就给我们指明了方向："我们不要过分陶醉于我们人类对自然界的胜利，对于每一次这样的胜利，自然界都对我们进行报复。每一次胜利，起初确实取得了我们预期的结果，但是往后和再往后却发生完全不同的、出乎预料的影响，常常把最初的结果又消除了。……因此，我们每走一步都要记住：我们统治自然界，决不像征服者统治异族人那样，绝不是像站在自然界之外的人似的，——相反地，我们连同我们的肉体、血和头脑都是属于自然界和存在于自然界之中的；我们对自然界的全部统治力量，就在于我们比其他一切生物强，能够认识和正确运

---

〔1〕 参见［瑞士］克里斯托弗·司徒博：《环境与发展：一种社会伦理学的考量》，邓安庆译，人民出版社2008年版。

用自然规律。"[1]

破，是为了立；并且，破必须实现立。废除"贪婪的增长"的认知观和发展模式，这仅仅是手段，运用其手段所要达及的实际目的是顺应自然、尊重自然。顺应自然、尊重自然的发展方式就是可持续生存发展。可持续生存发展是以生存为基本，并以可持续生存为目标的发展。所以，在可持续生存发展观中，生存是根本、可持续生存是准则。维护其根本，遵守其准则，才可谋求发展。比如，该不该在某个地方建工厂，首先且最终考虑的应该是如果在这里建工厂，会不会影响人们的生存，会不会破坏人们的生存的可持续性。又比如，该不该在某条河流上修水电站，其中心议题不应该是水电站修成后能发多少度电，创造多少产值，解决多少劳动就业等，而是环境和人的可持续生存问题。所以，必须重点考虑修建这样一个或一串水电站，最终带来的环境破坏和生态丧失程度，并且在考量这种环境破坏和生态丧失时，不仅要着眼于当下，而且更要从未来长远的角度来审查它给代际、民族、国家的可持续生存或永续生存带来的阻碍。

概括地讲，建设生态文明，其基本的也是唯一正确的实施路径就是探索可持续生存发展方式，以从根本上保障人、社会、地球生命、自然的可持续生存。只有在这个前提下谋求发展，才是人类智慧的体现。所以，"持续生存发展观"不以实现物质幸福论梦想为动力，更不是为了追求经济的高速增长和源源不断的物质财富而无限度地发展新的技术体系和全面开发人的智力，而是以尊重自然认知自然为努力方向，以实现人类生存（生活）的幸福为目标。

第四节　环境伦理与科学技术选择

科学的要旨应是社会正义、环境正义以及人类公益与未来。但自工业革命以来，随着资本主义的兴起，西方社会最先进入了工业文明，并向全球蔓延。到了 20 世纪，科学被"现代化"，从而被纳入国家体制之内，并被神奇地与技术结合在一起，被冠以"科学技术"之名，成为国家与社会的制度性行为，且在疯狂地攫取财富的浪潮中沦落为理性工具！正如我们看到的：转基因、核电、水电……无不强调自身的重要性。"水电"把水电开发的地质风

---

[1]《马克思恩格斯选集》（第 4 卷），人民出版社 1995 年版，第 383~384 页。

险、生态风险说得少到几乎可以忽略不计，"转基因"则竭力否定转基因作物对自然生态及人类健康的危害……总之，它们没有一个承认自身具有辩证关系，且无一不给自己戴上先进、高效、无害、必要等华冠。毋庸置疑，迄今为止，"科学技术"已经取得了突飞猛进的发展，其滥用也可谓到了无以复加的地步。

一、环境问题中科技的地位和作用

科学技术既是引起资源环境问题的一个重要原因，也是解决这一问题的一个重要因素。这就是说，对于环境保护而言科学技术是存在优劣的。

（一）生态悲观论与生态乐观论的观点

1972年，"罗马俱乐部"推出了丹尼斯·L.米都斯等撰写的第一个报告——《增长的极限》。该报告认为，地球是有限的，在地球上决定人类命运的有五个因素：人口、粮食生产、工业、污染和不可再生的自然资源消耗，而这五个因素每年都在按指数增长。当这些不同的因素在一个系统里同时增长时，在一个较长的时期中，每一个因素的增长最终都会反馈给自身，形成恶性循环。比如，世界人口每30年翻一番，工业生产每10年翻一番。如此就会继续产生更多的人口和更高的人均资源需求，而增加了的资源消耗又将加剧环境污染，这样粮食产量就会下降，最后又会由于污染、缺乏粮食而使人口减少……这个恶性循环走向极端就是地球上的不可再生资源被耗尽，环境污染无法消除，粮食生产的增长终止。同时，在资源耗尽之时，越来越多的资本必须用于获得资源，只剩下极少投资被用于未来的增长，最后投资跟不上折旧，工业基础也将崩溃。

那么，怎样才能超越这种增长的极限呢？一个重要的因素是技术，但是技术能够超越增长的极限吗？生态悲观论者米都斯认为"不能"。他说："我们已经表明，在这个世界模型里，技术在被应用于解决资源枯竭、污染或粮食短缺等明显的问题时，对一个有限的、按指数增长的复杂系统基本没有影响，在这个模型里，我们甚至尝试对技术产生的利益予以最乐观的估计，但也不能防止人口和工业的最终下降，而且事实上，技术无论如何都不会把崩溃推迟到2100年以后。"[1]既然如此，米都斯认为，要超越"增长的极限"，

---

〔1〕[美]丹尼斯·L.米都斯等：《增长的极限》，李宝恒译，四川人民出版社1984年版，第19～20页。

就必须把保护环境凌驾于人类发展之上，改变传统的发展模式，实行"生态保护第一，发展经济和科技第二"的"抑制增长"或"零增长"的生产模式。那就是尽可能准确地为人口等五种因素的每一种关系定量，然后，按照这个量的比例来急剧缩减人口和工业增长速率。比如，用出生率等于死亡率使人口稳定；当工业资本自然增长到1990年后，通过投资率等于折旧率使工业资本稳定；让每个单位工业产品的资源消耗减少到1970年值的1/4来避免不可再生资源的短缺；让资本更倾向于社会服务（如教育和卫生设施），以减少社会生产所导致的资源消耗和污染，使每单位工农业产品所产生的污染减少到1970年值的1/4。总之，米都斯认为，应通过这样一些措施，维持人类的简单再生产，达到人与自然界的和谐相处。

"零增长"的方案是有缺陷的。米都斯在抽象过程中实际上舍弃了社会经济因素，没能把组织和引导人类达到"平衡社会"这一首要目标的社会政治纲领具体化，同时也没提出达到这一目标所依靠的力量，结果，这一目标只能成为没有现实根据的纯"乌托邦式"的设想。

即使不考虑上面这点，"零增长"方案仍然不能实行。它主张的人与自然界融为一体，放弃改造、征服自然的欲望，贬低人类的物质文明，否定人类能动性的积极意义，宣扬人的生物性的观点是不被绝大多数人所接受的，也与"持续生存发展"相违背。对于发达国家来说，实行零经济增长，意味着被挤出世界市场，相对地成为"不发达国家"；对于发展中国家，实行零经济增长，意味着永远处于不发达状态。因此，发达国家和发展中国家都不会答应实施"零增长"方案。况且，在有些国家，在经济呈现零增长甚至负增长的同时，资源和环境仍在承受巨大破坏。同时，在另一些国家，在经济呈现正增长的同时，资源消耗和环境破坏并没有呈现增长趋势。这种现象表明，摆脱生态环境危机与人类社会的发展并不矛盾，而是与人类社会的发展模式相关，可以这么说，生态环境危机正是由人类社会以往的发展模式以及发展观念导致的。

另外一些人不同意米都斯的这种生态悲观论和技术悲观论。他们认为，技术能够改变或扩张人口和资本的增长极限，从而超越"增长的极限"。如美国未来学家西蒙在其《没有极限的增长》一书中认为，科技的进步能够使人类为自然资源找到人工制造的替代品，为稀缺的资源找到更丰富的自然资源。大量的事实都支持了这一点。16世纪时树木稀缺，美国人学会了使用煤。19

世纪为生产灯油而将鲸捕猎得近乎灭绝时，煤油被从石油中提炼出来，用以点灯，并产生了最早的石油工业。现在，光导纤维（来源于沙）代替了传递电讯的昂贵的铜……更多的资源被发现并用于生产。但是，"增长的极限"真的能够通过技术进步去超越吗？答案是否定的。

（二）技术进步不能超越增长的极限

随着技术的进步，人类可以找到一些资源的替代品，从而在一定程度上缓解资源危机。例如，对于能源的减少，我们可以利用能源保护和建造更有效的机械设备去提高资源的利用率，也可以找出可替换、可更新的能源去弥补。但是，只要世界人口继续以指数增长，那么，单靠技术进步便不能解决资源问题。

现在我们前瞻性地探讨一下氢能源的利用情况：假定在不远的将来，热核聚变研究取得了突破性的进展，以至于重氢（氢原子的一种，它的质量数为 2）能够被用作产生原子能。那么，如果世界人口保持不变，并且以现在的强度消耗能源，海水中的重氢将提供人类使用 100 万年。有人甚至给出了更大的数值。但是，如果世界人口以每年 1%（现在 1.33%）的速率增长，即使每个人所消耗的能源与以前一样多，那么，上述 100 万年燃料的储存也将在 920 年内用完。

从 100 万年到 920 年表明了人口指数增长对能源使用年限的巨大影响，尽管 1% 看起来不是一个大数字，但是，按照人口指数增长公式，它意味着经过 79 年人口将翻一番，这样经过 920 年的翻番，人口的数字是巨大的。

有人会说，这里没有考虑提高能源的使用效率问题。依靠科技进步，人类完全有可能使得每一个人消耗的能量只有以前的一半。这难道不会大大延长能源的使用时间吗？

对于这一问题，我们通过计算可以回答。假定人口仍然以不变的速率增长，我们现在所做的只是降低能源的消耗，在经过一个类似的计算后，我们得到了一个令人失望的结果：海水中的重氢只能使用 990 年。

990 年只比 920 年多 70 年。效果不明显，说起来不太令人相信。但是，情况确实如此。这一结论可以普遍化。假定人口以 N 年翻一番的指数增长，即使每个成员削减一半的资源消耗量，资源的使用寿命也将仅仅延续 N 年。

这表明单纯的技术进步对于解决能源危机效果不大。只要人口以指数形式增长，那么，资源的永恒以及人类价值的永恒之塔终将倒塌。

因此，最有效的解决方式是降低人口增长率。假定我们将人口增长率从1%降低到0.5%，并且假定每个人口的能源消耗保持不变，那么海水中的重氢的使用寿命将从920年增加到1700年。

1700年是一个不小的数字，但是，在人类的历史长河中，也仅仅只是一个小片断。我们已经经历了6000年有文字记载的文明史，我们还想拥有更长的人类发展史。要达到这样的目的，还需要我们做很多的工作。

说到这里，有人会说笔者在这里只是举了核能的例子，可利用的替代能源、可更新能源有很多，如太阳能、海洋能、生物质能等，对这些新能源的开发应用肯定能够将人类从能源危机中解放出来。

真的如此吗？以太阳能为例，太阳持续不断地储存在地球表面的能量大约为 4×10^{16} 瓦。我们现在的技术可开发利用的太阳能只相当于地球接受的总辐射能量的0.076%。假定我们乐观地预言技术能够使我们使用上述能量的一半，即使用效率达到50%（这个数字是非常高的），这对解决能源危机意味着什么呢？为了满足地球上人类的需要，经过多少年之后，地球表面会完全被太阳能收集器所覆盖呢？

世界上总的能量消耗当前已经达到大约 10^{12} 瓦，来自太阳的可用的总能量大约是现在来自其他能源的2万倍，如果以同样的强度使用能源，同时人口以1%的速度增长，那么这意味着在整个地球被太阳能收集器覆盖之前，我们只能增加2万倍的能量消耗。计算结果表明，在经过不到14次的人口翻番之后，人类所消耗的太阳能就达到可利用的最大数值。如果以每次翻番的时间为70年计算，最终经过的年限也只有1000年。

在这里我们又一次看到了人口数量呈指数增长的威力，看到了控制人口将是一个比技术进步更有效的方法，又一次体会到了更先进的技术并不能解决所有问题。这一点也将在资源危机、生态危机上得到类似的体现。

即使不考虑人口这一因素，寻找替代能源也并非易事。技术的进步虽然能够为人类找到资源的替代品，但是，这种替代不是没有条件的。这里存在"替代弹性"问题。如果替代弹性是高的，这一替代就没有问题，如果替代弹性是低的，那么人类技术发明将不足以克服资源的限制。在工业社会，"替代弹性"比前工业社会高，因此，有大量的替代品出现。但是，由于人类数量的增加、资源消耗的急剧增长以及环境破坏的日益严重，我们的选择余地和斡旋空间更少了。在工业时代，"替代弹性"是逐渐下降的。因此，将希望寄托于利用技术革新并不保险。

1992年，世界上最知名的两个科学组织——美国国家科学院和伦敦皇家学院（其中没有一个是因为采取极端立场而闻名）——发表了一份史无前例的申明：科学和技术上的进步不再能使我们避免环境恶化和大多数人的持续贫困，这一结果是不可逆的。

（三）生态乐观论、悲观论与科技乐观论、悲观论的关系

从上面的分析我们可以看出，米都斯的技术悲观论和西蒙的技术乐观论都有失偏颇。米都斯看到了生态环境危机的现状以及未来人类生存的艰难性，看到了科技在创造现代物质文明的同时，也为毁灭文明提供了高效的手段。但其夸大了科学技术给环境带来的破坏作用而降低了科技进步在解决这一问题中的积极作用，认为科技进步并不能超越"增长的极限"，相反倒是引起"增长的极限"的一个很重要的原因。西蒙则过分乐观地评价了技术在解决环境问题中的作用，认为仅凭科技就能解决环境资源问题。

这两种观点都是错误的：首先，现代技术并非是造成生态环境危机的唯一罪魁祸首，将生态环境危机的产生完全归结于它有失公允；其次，依靠技术进步不能超越增长的极限并非意味着科技进步不能为这样的超越做贡献。技术是人类的创造物，它的产生和应用都要受到人类的影响。如此，有害于生态环境并非内在于技术的稳定不变的本性。可以这样说，由于人类过去没有意识到技术自身的缺陷，不太恰当地选择了技术发展的方向，造成了科技有害于环境的一面。意识到这一问题之后，人们可以凭借科技的正确发展和应用而将可持续发展贯彻到底。再次，依靠科技进步不能超越增长的极限并非意味着人类不能超越增长的极限，而是意味着单靠科技进步不能超越增长的极限。造成增长的极限的原因有多种，既有人口因素，也有社会制度原因，还有文化价值观念。由这许多种因素造成的生态环境危机是绝不可能单单通过科技进步来解决的。科技进步可以促使这一问题的解决，但绝不可能单独解决这一问题。

因此，生态乐观论、悲观论与科技乐观论、悲观论的关系是复杂的。在论及生态乐观论和生态悲观论时，我们不能不谈到环境问题起因和在环境问题解决方面科技的地位和作用。只有这样分析它们才比较客观。

生态乐观论的一个总的观点是：环境问题能够被解决。但各种生态乐观论在"环境危机是由什么因素引起的"以及"环境危机是由什么因素解决

的"问题上的看法是不同的。持"科技是引起环境问题的唯一原因"这一观点的是科技悲观论，而持"科技进步能解决环境问题"观点的是科技乐观论，我们不能把持有"科技不是引起环境问题的唯一原因"的观点看作是科技乐观论，因为其并不是说科技不是引起环境问题的原因（科技乐观论），而是说科技只是引起环境变化的其中一个原因。类似地，我们也不能把持有"科技进步不能解决环境问题"的观点看做是科技悲观论，因为它的意思并不是说"科技并不能为解决环境问题做贡献"，而是说"科技进步并不能唯一地解决所有的环境问题"。而且，在环境问题产生原因上持科技悲观论并不意味着在环境问题的解决上持环境悲观论。笔者认为，在环境产生问题上的科技悲观论是不可取的，在环境问题解决上的科技乐观论也是不可取的。两者都犯了科技决定论的错误。

"人类社会不能解决环境问题"内涵了"依靠科技也不能解决环境问题"。为什么通过科技不能解决的通过综合因素也不能解决呢？如果某些生态论者认为后者发生的原因是前者的存在，那么此时生态悲观论者在环境问题能否通过综合因素解决这一点上就是持科技决定论的，而且是科技悲观论的。根据笔者的观点，生态悲观论是错误的。因为它或者片面夸大了科技在产生环境危机中的作用，或者将科技当成解决环境危机的唯一法宝，认为科技不能解决的环境问题应用其他手段或科技与其他手段的结合也不能解决。这就犯了科技决定论的错误。因此，生态悲观论是错误的。

二、环境保护中的科学技术选择

环境问题的产生既与人类滥用科技有关也与科技自身发展过程中的不足有关。为此，需要我们转变观念，建立有利于可持续发展的政治经济制度以及文化价值观，尽量减少乃至避免科技的滥用，大力发展环保科技，发挥科技进步在可持续发展中应有的作用。

（一）科学：从天然自然走向大自然系统

对于科学，传统的观点认为，人们只有正确地认识了自然规律，并且按这样的规律改造自然，才能获得正确的结果，才能给人类造福。这种正确的结果在持这种观点的人看来，是会产生环境问题的。现在，环境问题产生了，而且日益剧烈，这是否意味着人类没有正确认识到自然规律呢？不能这么说。人类为了获得对自然规律的正确认识，在其认识自然的历史过程中，采取了一系列行之有效的科学方法，尽量消除了人们的主观性对认识结果的影响，从而使得科学知识体系相对于人类的其他认识体系而言，更具有经验证据的可靠性、逻辑体系的严密性、认识内容的客观真实性。从科学以及其他角度考虑，人类是无法否定科学认识的真理性的。既然如此，将这样的科学应用于改造自然的过程为何会产生如此严重的生态环境问题呢？这除了与人们滥用科技以及所获得的科学认识可能是错误的有关外，还与科学本身研究对象的狭隘以及所获得的是自然的局部规律有关。我们知道，人类对自然的认识是一个从简单到复杂的发展过程，是一个对自然加以人为分离，形成层次的过程：先认识简单的，然后再认识复杂的；先认识局部的，后认识整体的；先认识低层次的，后认识高层次的。由此，人类获得的是分门别类的知识体系，如物理学、化学，……掌握的是自然界分散的、断裂的、点状的、线性的规律。但是，人类对自然界的改造虽然是按这一规律进行的，不过由于改造过程中所涉及的自然是一个整体化的自然，因此，按照物理规律、化学规律等分门别类的规律去改造整体自然，很可能会与整体自然系统规律相违背，从而造成对自然生态环境的破坏。为此，我们需要扩展认识对象，在以往分门别类研究的基础上，大力发展交叉学科和综合性学科，对复杂系统和巨系统进行研究，以获得对自然系统的整体性的正确认识。可以说，物理学、化学、系统学、生态学等学科的建立及其发展就是向这一方向努力的结果。

可以预言，随着科学研究广度和深度的加强，人类对自然的认识将会越来越深刻和全面，所获得的自然规律将会达到新的层次和高度，改造自然的力量和正确性也会有所提高。不过，这里必须明了，由此所获得的科学仍然是以天然自然为对象的。对天然自然的正确认识，并不必然带来对天然自然的正确改造，因为对天然自然的改造过程是一个主体利用人工物对天然自然、人工自然及人类社会的改造过程。这一改造活动的正确性首先在于人类对天然自然、人工自然、人类社会的正确认识以及对这三者组成的大自然系统的正确认识，然后再按此正确认识对三者进行改造。而研究天然自然规律的科学所认识的是天然自然界中各种存在相互作用的规律，而没有对人类实践过程中所涉及的人类社会、人工自然、天然自然三者所组成的大自然系统进行总体认识。仅凭借对天然自然的正确认识去改造大自然系统，注定会出现内在的障碍：认识的对象与实践的对象不一致；会出现科学认识及其终极关注的是客观实在，而科学应用及其人类关注工具的指向既是天然自然又是人工自然以及人类这样一个内在矛盾。因此，根据对天然自然的认识来对天然自然、人工自然、人类三者进行改造并不能保证改造的正确性。

由此可见，传统的思维模式——人类认识自然（不包括人类、人工自然）规律，按自然（天然自然）规律办事，才能获得与自然的一致——是错误的。也正是由于这一错误在过去的很长一段时间里一直没有被人们发现，才导致人们忽视了人工自然、人类社会对天然自然的影响，无限制地向天然自然索取资源和排放废弃物，从而导致资源与环境危机。

该是人类由认识天然自然转向认识天然自然、人类社会以及人工自然的时候了。在采摘和狩猎时代，人类依靠自己的肌肉力量来与环境抗争，获得自然界现成的产品，从而将人类消融于大自然之中，获得了与自然的原始协调和低层次的和谐。到了农业时代，人类是直接以自然界为对象进行生产活动，从事栽培植物、驯养动物的"生物型"生产，对环境的影响不大，人和自然的关系也是和谐的。但是到了工业时代，随着近代科技革命与工业革命的兴起，资本主义自由竞争的刺激使人类对天然自然的认识和改造能力得到了极大提高，人对天然自然的主动地位得到了充分的体现，创造了种类繁多、数量巨大的人工自然物。这些人工自然物一方面满足了人类日益增长的物质文化生活的需要，另一方面也消耗了大量的天然自然资源，引起了资源危机，向环境排放了各种废弃物（如二氧化碳、废渣、有毒气体、核电站的核废料等），打破了生物圈、水圈、大气圈、岩石圈的原有平衡，造成了生态系统危机和环境危机。这就是说，人类在建造人工自然的过程中，已经使天然自然受到了不必要的破坏，已经影响到了人类的生存和发展。

要解决人类面临的生态环境危机，便必须要对人工自然规律进行正确的认识，以明确阐明人类改造天然自然、人工自然以及人类社会的过程；阐明产生人工物以及人类消费人工物的过程，人工自然与人类、天然自然的关系，以保证人类社会、天然自然、人工自然三者协调一致，正常运行。

这就需要人类把人工自然物的生产以及人工自然纳入到天然自然之中，使二者协调一致。协调的途径：一是改造人工自然进化的副产品或使之直接进入自然界原有的进化链中；或者为这些副产品另外设计进化路线，由此形成新的副产品，为自然界原有的进化链所吸收。二是重新设计人工自然的生产过程，变传统的"高污染、高消耗、低产出"的生产过程为"清洁生产"过程，采用生态技术，发展生态产业，将产业活动对自然资源的消耗以及对环境的影响置于大自然系统物质、能量总交换过程中，提高资源利用率，加强废弃物的回收、循环利用，减少废弃物的排放，实现大自然系统的良性循环和可持续发展。

就人类的实践活动而言，人工自然的产生消费过程也是人类社会生产和生活的过程。人类社会的生产和生活方式会直接导致人工自然的生产和消费方式，从而也会最终决定人类利用天然自然资源的方式和向自然环境排放废弃物的方式。在工业化时代，人类只看到了自己的主宰地位和人的主体力量，只看到了人类的物质利益，而没有看到人类对所属的自然生态系统的依赖和破坏。人类无限地夸大了物质生产的作用，同时忽视了自然资源是有限的、脆弱的，其承载人类作用的能力是有限的，而把自然当成是一个"取之不尽，用之不竭"的垃圾场；无限地夸大了自然的现时工具性的价值，但是又贬低乃至忽视了它的继续存在对人类的影响，拼命向自然索取，以追逐利润为生产的唯一目的，而将副产品及其剩余物多作为废弃物丢掉，从而造成了以土地沙化、退化为特征的"黄色农业"和以大量消耗资源、严重污染环境为特征的"黑色工业"。

这就迫使人们要研究人类社会的发展规律，从人类征服和控制天然自然以造福人类的传统模式转向控制人类与天然自然、人工自然之间的关系以造福人类；从以往单纯追求经济的高速发展转向自然的、经济的、社会的可持续发展。将现代人和后代人的利益结合起来；将国家、地区利益同全球利益结合起来；将经济效益与环境效益结合起来。变革人们的思维方式、生活方式和生产模式，扬弃传统的工业文明。用"生态文明"取代工业时代的"灰色文明"；用"节俭社会"代替"富裕社会"；用满足必要生活资料的"适度消费"代替满足无限度欲望的"高度消费"。以达到现在与未来、局部与整体、经济与环境、社会与自然在发展上的协调一致。

总之，人类实践活动所涉及的是大自然系统，大自然系统是由相互联系、相互制约的天然自然、人工自然、人类子系统组成的综合体。对此，人类绝不能从某一子系统出发，孤立地、片面地作出评价，片面地利用某一子系统的资源优势，而是要从整体出发，为合理利用大自然系统提供科学依据，为大自然系统建立起一种良好的生态结构，维持一种良性循环的物质、能量转换系统。

因此，从人类改造世界的真理性出发，该是从过去追求天然自然的规律转变为追求大自然系统规律的时候了。且不说纯客观性规律通过怎样的途径消除人的主体性参与。科学理论的"可证实性"、科学实验的"可重复性"并不必然地推得科学的"绝对真理性"，人类不能把科学看成是改造自然的真理性工具；对天然自然的正确认识并不必然地推得人类据此认识对天然自然的正确改造，人类不能盲目相信科学能够将人类导向幸福的彼岸。

这一切告诉我们，要获得人类的幸福，不仅要把天然自然作为整体进行研究，还要对大自然系统进行研究，正像人类生态学所做的那样：发现大自然系统的复合规律，按规律办事，达到人与自然的共同进化与发展。

顺应这一要求，当代科学技术发展呈现出了生态化、人文化的趋势。一系列以生态环境问题为中心的、研究自然规律和社会规律相互作用的交叉学科诞生了。它们包括：第一，环境自然科学，如环境数学、环境物理学、环境化学、环境生物学等。第二，环境社会科学，如环境伦理学、环境经济学、环境法学、环境社会学等。第三，环境工程学，这是以合理利用自然资源，防止环境污染和改善环境质量为目标的工程技术体系，其运用各种工程技术的原理和方法，开展污染防治、废物处理、噪声控制、自然资源开发、利用和保护等技术体系的研究和实践。

对于环境自然科学，笔者在这里以绿色化学为例加以说明。绿色化学是一门具有明确的社会需求和科学目标的新兴交叉学科。它的目的是把现有的化学和化工生产的技术路线从"先污染，后治理"转变为"从源头上根治污染"。这样，在减少甚至消除废弃物的同时，也可节省相应的环保费用，达到合理利用资源、能源、降低成本，保护环境的目的，实现生态效益和经济效益的双赢。其大致过程为：以无毒无害物质或可再生资源为原料（传统的化学工业中的许多原料都是有毒有害、不可再生的），以无毒无害的物质为催化剂（传统化工中的许多催化剂都是有毒有害的）进行绿色化工反应。该反应尽可能将原料分子中的原子百分之百地转变成产物，不再产生副产物或废物，实现废物的"零排放"，其也被称为"原子经济"。如丙烯氢甲酰化制丁醛、甲醇羰化制乙酸、乙烯或丙烯的聚合、丁二烯和氢氰酸合成己二腈等就是如此。要做到这一点，提高反应的选择性是一个关键。通常的化学反应在同样原料和反应条件下存在多个反应途径，所以产生了许多副产物。为避免这一点，提高反应的选择性的重点应放在提高反应途径的专一性上。其中，激光的应用和仿生化学是重要的研究领域。当然，许多有机反应都是在溶剂中进行的，无毒无害的溶剂的发现及其选用也是很重要的一点。最后，绿色化学要求生产出来的产品除符合满足人们的生产和消费需要外，还要不给环境带来损害。这一点与过去的化学工业生产的产品是不一样的。过去的化工产品的生产只考虑是否具有良好的性能，而较少考虑其对环境的破坏。

"绿色化学"与环境治理的理念完全不同。"环境治理"是利用各种手段来消除或减轻污染，而"绿色化学"则是从源头根除污染，不造成污染。当然，这是环境化学的最高目的，是化学努力的方向。其与目前人类所实施的各种污染治理战略以及废物回收利用战略并不矛盾。

基于环境工程学，即生态技术，我们应该选择什么样的技术类型呢?

（二）技术：向有利于环保的方向迈进

对于技术与可持续发展的关系，西方学者作了深入的分析，提出了各种各样的技术类型：

第一种是英国学者舒马赫提出的"中间技术"。他认为，中间技术是一种与资金高度密集、高度耗能、破坏自然的大量生产技术对立的"大众生产的技术"。"大量生产的技术在本质上是暴力的、破坏生态的，从非再生资源的角度来说，是自我毁灭的，并且会使人类失去作用。大众生产的技术由于利用了最好的现代知识和经验，因而易于分散，符合生态学的规律，缓和地使用稀少资源，目的是为了帮助人，而不是使人成为机器的奴仆。我把这种技术称为中间技术。"[1]中间技术介于传统技术与现代技术之间，比较适合经济技术落后、资金不足的广大发展中国家，因而具有一定的指导价值，但是，他过分强调技术的小型化，而把一切规模生产的技术都视为不好的技术则又是有失偏颇的。

第二种技术类型是绿党所倡导的"软技术"。绿党把工业文明的机械技术称为"硬技术"，而把它们提倡的技术称为"软技术"。他们认为，工业文明的"硬技术"与现代巨型技术相对应，它常常是反生态的、不人道的和危害健康的。而"软技术"是自力更生的和劳动密集型的，因而是小规律的和分散化的。它的"软"的特征是技术不仅不破坏生态、污染环境，而且还有利于生态建设。如对于能源生产，主张以可再生能源技术（如太阳能技术）取

---

〔1〕 ［英］E. F. 舒马赫：《小的是美好的》，虞鸿钧、郑关林译，商务印书馆 1985 年版，第 104 页。

代不可再生能源技术；在资源利用上，主张采取封闭式的再循环技术，以避免资源的浪费。……绿党提出，"软技术"对于生态环境的保护具有积极的促进作用。它所提出的"在一种新技术引进之前，应该确定一个评估阶段，在这个阶段内，检验这些技术与环境相协调的情况，以及对人类劳动条件的贡献"的观点[1]是具有高度责任感的，但是绿党否定一切现代工业技术的倾向是错误的。事实表明，"硬技术"也是可以有益于环境的。

第三种技术类型是由日本著名的现代技术史和技术论专家星野芳郎提出的"多样性技术"。他认为，现代人类面临的生态问题不是仅靠单项技术的开发就能解决的，而是必须依靠整个技术体系的历史性转变。"因为自然本身是在经常流动、变化和循环的，只有在有限的时间和空间里才有可能搞定量化、集中化和分工化。而将无限的自然本身当作一个系统来控制的时候，必然尊重自然的流动性、循环性和分散性，只有这样才能巧妙地控制它。"[2]由此，他提出了"多样性技术"。但是，其对如何建立一个多样性技术体系的技术原理、途径、社会条件和文化环境缺乏深入的探讨。不过，这种"多样性技术"在自然生态环境的多样性要求和人类能力多方面发展的趋势方面还是有一定合理性的。他提出的依靠整个技术体系的历史性转变来解决人类生态环境问题更是具有远见的。

第四种技术类型是生态化技术。自然界里的生命活动，就某一物种而言，都是排放废料的。例如，动物会排放二氧化碳、产生废物，最后死亡成为尸体。但是，自然界的生命的生存不是单一物种的生存，而是以生物群落的形式生存，许多物种在一起生活，构成生活网络，组成生物社会共同体。在这里，生命物质的生产是无废料的。例如，植物光合作用排放的氧气是动物呼吸所必需的；动物呼吸排放的二氧化碳，又是植物光合作用所必需的；植物和动物的其他废料又是微生物的生活所必须的。微生物会消耗和分解动物的粪便和动植物尸体，把复杂的有机物变成简单的有机分子和元素，返回环境中重新被植物利用。进入生态系统的物质和能量，在被一种有机体利用之后，会被转换成另一种有机体可以利用的形式，能量通过食物链被分层多次利用，

〔1〕〔美〕弗·卡普拉、查·斯普雷纳克：《绿色政治——全球的希望》，石音译，东方出版社1988年版，第176页。

〔2〕〔日〕星野芳郎：《未来文明的原点》，毕晓辉、董守义译，哈尔滨工业大学出版社1985年版，第37页。

物质通过食物链不断地循环、转化、再生。这是一种无废料生产过程，或者废物返原利用过程，其支持着生命的无限发展。

生态化技术（或产业）的发展模式应模仿自然生态系统的物质和能量的循环，这样的技术不仅应遵守物理、化学规律，还必须考虑到不能违反生物学、生态学的原理和规律。

技术生态化可以被理解为是技术与生态学的接近、融合，是生态学向技术渗透的过程。而其过程不仅包括在工艺流程或生产线设计和管理方面体现出生态学原理，还包括在宏观的技术政策、技术发展战略的确立过程中融入了保护环境的思想。生态技术不仅是应用生态学原理，而且是应用全部现代科学技术成果进行设计的，包括微电子和计算机技术、航天技术、生物技术和新能源、新材料技术。它在社会物质生产中创造生态工艺，使产品生产与环境保护在统一的过程中完成。因而，它是资源低消耗、产品高产出、环境低污染的生产，是节约型的生产。在这样的生产过程中，污染被视为是一种设计上的缺陷（在传统技术中污染是自然的），因而它也是环境安全的生产。

生态技术比较典型的体现在微生物生命支持体系替代计划（MELISSA—Micro-Ecological Life Support System Alternative）中。

我们知道，对于长时间的空间旅行而言，真正的制约因素是食品。为了理解这个问题，我们对于需要看一下假设的俄罗斯 Energia 火箭的登月飞行。Energia 是目前世界上功力较大的火箭，它可以将 100 吨物资送入地球轨道，但只能将其中的 12 吨送到月球表面。在这 12 吨中，还得预留出 7 吨燃料，为登月舱返回地球之用。于是，包括宇航员在内，Energia 的有效运载量仅有 5 吨。如果以每人日消耗 20 千克的食品、水、氧计算的话，那么，由 4 位宇航员组成的宇航小组在月球逗留一年时间将需要 7.5 吨可供消费的物资，也就是说，数量超过了有效运载量。

在这样的条件下，多人多年的空间旅行计划看起来确实只能是假想。唯一的解决办法就是在宇宙飞船上生产所需物资，也就是说，完全重新利用宇航小组代谢下来的废料分解成精心选择的菌株，作为细菌、单细胞藻类甚至高级植物生产的基质，最后为宇航小组利用。

当然，生态技术的建立和完善需要相当长的时间，不过这是可持续发展技术的一个方向。

总之，可持续发展条件下技术选择的原则是必须维护和保护不可再生自然资源和生态环境，选用能耗小、污染少的技术，并最大限度地发挥可再生资源的效率并加以循环利用，进而在此基础上，推动经济和社会的发展。在目前的状况下，环境技术创新应该实施两种战略：第一种战略是以连续的小步骤实施"增量"改进，最好的例子是污染治理技术。具有典型性的技术有：大气、水等污染治理技术，节能技术，过程末端治理技术，废物回收利用技术以及洁净煤技术等。第二种战略旨在发展那些与现存技术体系割裂的创新，如大力发展太阳能、氢能等技术，以代替传统的不可再生能源技术，解决人类所面临的资源危机；再比如利用纳米技术，在最合适的地方加上必需的原子和分子，使消耗性损失大为降低，使不需要的副产品不复存在，由此，使生产废料概念随之消失。不仅如此，我们还应控制产品在使用寿命结束后的降解和再循环，大大减少消耗性的废物排放。这将给制造工业带来新理念，也可将环境保护和资源利用带入一个新境界。

对于中国而言，从当前及今后的一段时间来看，可持续发展技术的选择应从实际出发，与本国资源环境相适应，与本国的社会经济发展相协调，不要一味沿袭发达国家的发展技术之路，把适合中国国情的适用技术作为技术选择的一个重要方面。例如，针对中国水资源现状、水资源特点，应将工业用水、农业用水、植被建设、水土保持综合治理、荒漠化防治等与水资源的保护和利用结合起来，进行系统研究，走出一条有利于中国的生态环境建设之路。在此基础上，中国还大力发展环保技术，将发展环保技术的第一战略和第二战略结合起来，遏制住环境问题加剧的趋势。与此同时，全方位地发展信息技术、能源技术、材料技术、生物技术等高新技术（它们一般具有高效低耗、较少环境影响的特点），进而降低产业序列演进中所耗费的资源环境代价。此外，还应该促进中国的产业升级。

第五节　确立新的环境伦理观

长期以来，人们以高能耗、高排放、高污染的方式无休止地向生态环境索取资源，在使生态资源的绝对量逐步减少的同时还通过各种生产生活活动向生态环境排泄废弃物使生态环境质量日益恶化。焚林而田，竭泽而渔，杀鸡取卵，片面追求 GDP 的粗放式社会经济发展方式，使得点源污染与面源污染相叠加，水源、土地、大气等因此遭受到了严重污染。这种畸形的发展观导致了今天全方位、立体式、整体问题与局部问题交叉、既有当前困境又有滞后效应的环境危机。鉴此，我们必须变革观念、改变战略、修改政策、完善立法以进一步推进良好体制、制度的建立健全，以使之利于新型发展观的确立和贯彻。

一、扭曲的发展观

传统的经济发展是指把经济增长（即人均国民生产总值的增长）作为经济发展首要的甚至是唯一的目标。这种发展是非科学的，是一种病态的发展。传统的经济发展包括这样几个方面：

第一，它是一种"发展＝经济"的发展观。它认为发展就是经济的增长，把工业增长作为衡量发展的唯一尺度，把一个国家的工业化进程看作是现代文明的重要特点。这种观点割断了经济增长与文化价值的联系，把财富、财富的增长以至把财富增长的速度当作衡量发展的基本尺度。社会发展被看作是经济现象，被看作是通过国民生产总值和人均国民生产总值的增长，为人民提供更多物化消费品和劳务消费品的过程。这种发展观不关心价值要求的合理与否，而直接把功利当成唯一的价值。

第二，它是一种没有增长的发展。传统的经济发展是以资源可以无限制供应的假设为基础的，它几乎不考虑经济增长对环境和生态系统的破坏性影响。这种发展体现在经济活动中是投入多、产出少，经济效益持续低落，它往往造成资源和能源的大量消耗，甚至浪费。例如，美国就是使用世界上40%的能源来达到目前这样高的人均国民生产总值的。如果发展中国家也按照这种经济模式来实现这样高的人均国民生产总值，全世界每年资源的消耗量将是现在的6倍。按照传统的发展模式，必然会对环境造成严重的污染，对环境的破坏抵消了发展带来的效益，这就是我们通常说的"高增长，低发展"或者"有增长，无发展"的现象，也就是说，使经济发展成为没有增长的发展。

第三，它是一种损害环境、损害自然的发展。其主要表现在：一是忽视环境、资源、生态等自然系统方面的承载力，把大自然看作是"取之不尽，用之不竭"的原料库，向它索取越来越多的东西；二是把养育人类的自然界视为填不满的垃圾场，向它任意排放越来越多的废弃物。实际上，地球是有限的星球，它所蕴藏的自然资源也是有限量的，过度的开采、放牧、砍伐，必将导致自然资源的枯竭。在传统的经济发展时代，人类总是以自然界的主宰者或者主人自居，肆意掠夺和摧残自然界，这大大地损害了环境、损害了大自然的自我调节和自我修复能力，从而也降低了人类生存的质量。

第四，它是一种没有考虑自然成本的发展。传统的经济发展倾向于经济增长和经济利润，而对于人们"征服自然""改造自然"所付出的资源环境成本是没有考虑的。其经济核算体系容易给人们造成"资源无价、环境无限、消费无虑"的错误思想。以这种思想为指导，在实践上必然会走一条"高投入、高消耗、高污染"的粗放式发展的道路，最终会给经济发展和环境保护带来灾难性的后果。

第五，它是一种没有整体协调意识的发展。传统的经济发展总是将注意力集中在可以度量的各种各样的经济指标上，诸如人均年收入、人均电话部数、国民生产总值、进出口贸易总额等，而对于文化、科技、教育、环境保护、社会公正、全球协调等许许多多的重大问题则漠不关心，甚至不闻不问。这种只顾经济增长不顾社会综合治理与发展的经济行为，不仅会导致社会的畸形发展，使人异化为工具和物质的奴隶，而且会引发大量的短期行为，如毁坏耕地、浪费矿物资源、大量使用各种化学原料与农药、无限度地开发，使生态环境不断退化等等。

传统的经济发展决定了传统发展伦理观的特点，这就是它的功利性、实用性和短视性。从伦理学角度看，功利性、实用性和短视性的观念是导致经济活动负效应产生的根源。传统发展伦理观与可持续发展是矛盾的，这种矛盾必然会引起人类经济活动的盲动，并引起经济的衰退。

（1）功利性。功利主义是传统发展伦理的主要表现。所谓传统发展伦理的功利主义的观念，就是人们在从事经济活动时，注重的是自己的或者当代人的直接利益，而不顾及他人或者人类的长远利益。传统发展伦理的功利主义分为国家功利主义和个人功利主义两个方面：国家功利主义的极端形式，在历史上通过两次世界大战以法西斯的面目出现，破坏性极大。在当代，国家功利主义与区域利益集团相结合，使发达国家与发展中国家的利益格局继续分化，在这种不合理的国际政治经济秩序下，根本无法实现国际社会对资源的合理开发和利用，更不会有公平竞争，这必然会造成纷繁复杂的国际矛盾的激烈化。个人功利主义把自己看成是一切经济活动的中心，在对自然资源的开发、利用和共享上无法与他人协调和达成共识。它们在人类的经济活动中，都加剧着人类社会发展的困境，都会造成环境破坏和经济的不景气。

在传统发展伦理的功利主义指导下，其人类活动造成的破坏性主要表现在：一是它造成人与自然关系的失衡。如果人们只考虑眼前功利，不考虑人类的长远利益和整体利益，为了发展自己，实现其经济增长，必然会不顾一切地"征服自然"与掠夺资源，从而破坏生态环境，使经济增长与环境失调。二是它也加剧了人与人之间的紧张关系。当今世界的经济活动，日益以集团化的面目出现，从功利主义出发，各个集团在追求自己的利益时，很可能会毫不犹豫地牺牲其他集团的利益。这样，集团间并不是在奉行正当合理的竞争原则，这势必会影响市场经济的有序性，从而影响世界经济的发展和国际社会的稳定。

总之，在发展观念方面，必须转变单纯考虑自己的或者当代人的直接利益的功利主义发展观，树立经济、生态、社会效益相统一的全面发展观。因为我们需要的不是社会的畸形发展，我们所需要的是社会、生态、经济的协同发展，所追求的是物质文明和精神文明的相互促进和社会的全面进步。

（2）实用性。实用主义的观念是导致经济活动负效应的直接原因。实用主义的观念所依据的伦理观是"于我有用即善"。它把满足自己的需要视为最高的道德价值。以此作为技术应用的唯一尺度去引导人类经济活动，必然造成技术的滥用。尽管科学技术的发展可以使人类生产出更多财富，创造更为舒适的生活条件，科学技术本身没有过错，它是中性的，但人类应用科技却存在着既可善用亦可恶用的伦理道德选择。在现实社会中，人们往往只从自身利益出发去对待技术应用，而较少考虑技术给人类可能造成的危害。当代人类所面临的环境污染、生态失衡等全球问题，在一定程度上就是技术滥用造成的恶果。事实证明，技术既能给人类带来幸福，也能给人类带来灾祸。爱因斯坦就曾强调："原子核链式反应的发现，正像火柴的发明一样，不一定会导致人类的毁灭，但是我们必须竭尽全力来防范它的滥用。"爱因斯坦甚至曾称科学是"潘多拉的盒子"。

爱因斯坦指出："在我们的教育中，往往只是为着实用和实际的目的，过分强调单纯的智育的态度，已经直接导致对伦理价值的损害。我想得比较多的还不是技术进步使人类所直接面临的危险，而是'务实'的思想习惯所造成的人类相互体谅的窒息，这种思想习惯好像致命的严霜一样压在人类的关系之上。"这说明，实用主义伦理思想是可以误导人们的行为的，而且其结果是十分可怕的。用实用主义的观点去看待自然和改造自然，使人们在追求物质方面取得了实效和收益，但却忽略了精神文化的追求和道德上的充实，这不得不引起我们的反思。

（3）短视性。短视性也是传统发展伦理的重要表现。短视性的经济发展是不讲协调的，它只注重现实利益，而不着眼于未来利益；它只注重这一代人的利益，而不顾及下一代人利益；它只注重自己国家的利益，而不顾及别国的利益。这样一来，生态平衡、环境保护等要求就会被忽视，甚至成为泡影。

现在我们所讲"先发展，后治理""转嫁环境污染"等，就是短视性最显著的表现。这一伦理思想的危害性是很大的。因为，第一，预防成本可能远比治理成本低，等到污染日积月累直到难以忍受时再来治理，必定要付出巨大的代价，比平时注意控制所花费的成本要高得多。第二，有些环境条件的变化是不可逆转的。如某些动植物的绝种等，一旦发生，花费再大的代价也无可挽回，人类将永远失去这些环境资源，这种损失及其对生态环境的影响，是无法用货币来衡量的。第三，短视行为在实践中造成的严重后果，包括一系列的社会问题，如围绕社会与自然关系产生的原料、能源和资源危机，环境污染问题；围绕人与社会关系产生的人的自由和人的异化问题以及由此造成的心理危机和信仰危机，等等。

在当今社会里，用短视行为指导经济发展，可以使物质财富得到极大的丰富，使物质生活空前繁荣，但人们将不再探索人生的意义，忘却生存的意义和价值而专注于现实的物欲追求，这只能使人们在虚幻的繁荣和苦涩的失望中挣扎，只能让人们悲叹短视的物质主义的苦涩无味。由此看来，依据短视行为来理解社会发展、经济增长是不恰当的，它包含着重大缺陷，需要超越。从长远来看，经济发展是重要的，但也要充分认识到保护环境的重要性。

二、新型的发展伦理观

传统的经济发展伦理给社会带来的负面效应是显而易见的，它需要彻底的修正。一个国家，特别是相对落后的国家，在走向现代化的历史进程中，既要加快经济发展，又要保护好生态环境，以实现经济的可持续发展；既要加快发展科学技术以迎接新技术革命的挑战，又要防止技术滥用造成的负效应。这就需要有科学、合理的新型发展伦理观的指导。

（1）新型的发展伦理观的中心点就是可持续发展。可持续发展是调节人类经济活动的新型伦理规范，这一伦理规范要求：

第一，重新审视人与自然的关系，把发展与生态环境紧密相连起来，在保护生态环境的前提下寻求发展，在发展的基础上改善生态环境。长期以来，人们一直把自然界视为征服的对象，提出"人定胜天"，以"人类为中心"，使生态环境遭到了严重破坏，给人类生存和发展造成了越来越大的压力。人类依赖自然生存和发展，自然生态环境代表人类的根本利益，破坏自然生态就意味着破坏了人类生存发展的基础。所以，人类必须重新审视人类对待自然的传统态度，必须以自身与自然生态环境相统一的"天人合一"的思想去认识自然、完善自然，确立人与自然协调的伦理尺度，使人类的活动被限制在生态环境许可的承载能力范围内，既要满足人类需要，又要保护生物圈、自然界，自觉调节人与自然的关系，实现人与自然的和谐发展。那种只注重经济效益而不注重生态效益的发展绝不是人类所企盼的发展，因为这种发展不仅会损害当代人的利益，而且会破坏后代人的生活条件；不仅会损害人类的利益，而且会破坏自然界的利益，这就等于把人类送入了坟墓。这是绝对不可取的。

第二，实现经济系统与生态系统的平衡，使社会再生产达到良性发展。发展是为了给人们创造更好的生存条件，让整个人类分享物质财富和社会进步所带来的好处。如果日益增加的物质财富仅为少数国家、少数阶层和集团享用，大多数国家和大多数民众所得极少，甚至成为经济增长的牺牲品，那就谈不上发展。无论从国际还是从国内来看，在增加物质财富的同时，都必须进行社会改革，以实现公平分配和广泛的社会平等。为此，国际社会的努力应集中于建立公正的经济和政治秩序，并制定某些向第三世界倾斜的特殊政策，以尽快改变其贫困状态，为世界的良性发展奠定基础。各民族国家，特别是发展中国家，应果断调整经济发展战略，坚决进行产业结构、管理体制、就业政策以及广泛领域的社会改革，反对腐败、抑制特权。如果经济系统与生态系统失去平衡，地球没有阳光、空气和水分，人类根本无法生存。如果没有耕地、森林、海洋、矿产、生物，也就无所谓什么物质资料的生产了。所以，人类在进行生产活动时，必须充分注意生态再生产的重要性，自觉地把物质资料再生产、人口再生产和精神产品再生产与生态再生产统筹考虑，努力做到经济系统与生态系统的平衡，真正实现社会再生产的良性发展。

第三，实现社会全面的持续发展。这一可持续发展的伦理规范要求至少包括：一是在不超出支持地球的生态系统的承载力的情况下改善人类生活质量，而改善人类生活质量则必然意味着人类平等、自由、健康地生活；二是保护和加强环境系统的生产和更新能力；三是承认并恪守新的伦理准则，即由于自然资源的有限性，每一代人在实现自身的需求时，都不要损害后代人满足需求的条件，在保护自然资源的质量和其所提供服务的前提下，使经济发展的净利益增加到最大限度；四是转向更清洁、更有效的技术，尽可能接近"零排放"或"密闭式"工艺方法，尽可能减少能源和其他自然资源的消耗；五是要把人类从唯物质主义和人类中心主义中解脱出来，在实现发展的方面，慎重地对待资源，合理开发、利用资源，尊重资源对经济增长的限制，不急功近利，忘乎所以，促进人的全面发展。

第四，消除对立，协调各种关系，实现人与人、人和自然的和谐发展。这就要求我们既要注意协调人与自然的关系，又要注意协调人与人、人与社会的关系，把现实利益同人类的长远利益统一起来；既要考虑人的物质利益，又要重视人的精神文化需求；既要追求物质方面的进步，又要促进人的全面发展，使人与自然、人与社会达到和谐统一，实现可持续发展。

（2）保护环境就是保护生产力。新型的发展伦理观注重保护环境与生产力之间的辩证统一，提出保护环境的实质就是保护生产力。对此，我们可以作如下分析：

第一，从事物矛盾的关系上看，保护环境与保护生产力是一个矛盾统一体。保护环境可能在某种程度上影响生产力的发展，但一味保护生产力，不顾自然环境所能承受的压力，就会出现环境危机。经济发展与环境保护之间存在着矛盾的一面、对立的一面，但也存在着可以协调的一面、统一的一面，保护环境是为了更好地发展生产力。保护环境与保护生产力的一致性蕴含了人类只有既遵循经济规律，又遵循自然规律，才能发展的道理。

第二，从经济再生产过程上看，"经济的再生产过程，总是同一个自然的再生产过程交织在一起的"，"劳动首先是人和自然界之间的过程，是以人的自身活动来引起、调整和控制人和自然之间的物质变换的过程"。即是说，包括经济再生产过程和自然再生产过程在内的人类社会的再生产全过程，是通过人与自然界的物质和能量变换紧密地结合在一起、交织在一起、循环不已进行的。保护环境与保护生产力之间存在着一种内在的联系，保护环境就是保护生产力。这说明，发展生产力的活动不是一种人类向自然的单向索取运动，它是人与自然进行的物质与能量交换的双向运动，自然界不再是一种异己力量，生产力不再是人类征服自然、改造自然，以获得物质资料的能力，而是人类利用自然、保护自然，以持续获得所需的物质资料和环境享受的能力。

第三，从生产力的各个要素来看，保护环境就是保护生产力中最活跃的要素——人。人是环境的一部分，保护环境就是保护人本身。在生产力的诸要素中，人虽然是最活跃的因素，但人只有通过以生产工具为主的劳动资料作用于劳动对象，才能不断发展生产力。而生产力中的物质要素劳动对象恰恰是环境的内容。环境的内容一旦遭到破坏，人类的生产活动就要受到限制，人类的健康与生存就要受到威胁。保护环境就是保护生产力中的另一要素——资源。保护环境可以促进资源综合利用。中国是有着近 14 亿人口的大国，自然资源相对不足，如果把这相对不足的自然资源也破坏了，我们即失去了生产力发展的基础，现代化的建设也将难以为继，发展生产力也就成了一句空话。这种观点客观上反映了人类对环境问题的积极态度，有利于对生产力要素的重新认识。

（3）新型的发展伦理观强调经济发展与环境保护的辩证统一。经济发展要以保护环境为条件和保障，因为自然环境系统的物流、能流是经济系统的物流、能流的来源，是社会劳动生产率和价值增值的基础。没有环境系统为经济系统提供物质和能量，就不可能有经济的持续增长。保护环境也离不开经济发展。良好的人类生存空间和环境质量只有在科学的经济运作和正常的经济秩序条件下才能实现，否则就会以牺牲环境为代价，出现滥垦滥伐、过度放牧和捕捞等掠夺式的经营活动，导致生态失衡。另外，治理污染、保护环境，需要技术和资金，这也要依靠经济发展来解决。由于经济与环境之间也存在着一些矛盾，故而在工业化进程中会出现"重经济发展，轻环境保护"的错误倾向。但只要正确处理好经济与环境之间的关系，其对经济的不利影响是暂时的，其收益却是长远的。

要正确认识经济与环境之间的关系，必须总结人类在经济发展中的实践，消除对经济发展的误解。例如，认为经济发展就是经济增长，牺牲环境求经济发展，重复建设盲目发展，脱离生产力发展水平和自然承载力的高消费，"杀鸡取卵""竭泽而渔"的掠夺式发展，高投入、高消耗、高成本、低效益的粗放型的经营模式等。以上误解是我们造成经济损失和环境污染的主要原因。事实证明，经济与环境之间是统一的，二者密不可分，互为条件、互为动力、相互制约、相辅相成，好比"车之两轮，鸟之两翼"，只有协调发展，才会有整个社会的全面发展和进步。

三、经济的绿色化与走向稳态经济

确立新型的发展伦理观和正确处理经济与环境之间的关系，要求理论上提倡经济的绿色化，在实践中走稳态经济的道路。

（一）经济的绿色化

全球性的生态危机严重困扰着社会的生存和持续发展，迫使人们重新审视人与自然的关系，从而正确解决社会经济发展同生态环境之间的矛盾。"经济的绿色化思想"正是在这种背景下产生的。

"经济的绿色化"要求采取尊重自然的态度，这种态度本身就是一个人所能做到的道德承诺的最高的基本形式。经济的绿色化思想主张用节制物质欲望的节俭社会来代替现在的"消费社会"和后工业的"丰裕社会"。绿色经济学的起点是消费，它从消费出发去考虑需求、分配、资源配置和生产。这与传统经济学以生产为中心的理论模式存在根本上的不同。绿色经济是一种稳态经济，它不以增长为目标，而以保证每个人的基本需要为起码要求。它要消除贫困，其成果不以 GNP（国民生产总值）来衡量，因为 GNP 没有显示出生产和产品的分配状况，更没有显示出经济生产过程的可持续性。绿色经济思想认为，现在 GNP 的高速增长恰恰是由于我们大量地提前耗用了本应属于后代的资源。因此，无限增长是不可持续的。绿色经济是单位产量能耗达到最低点的经济。其要义在于生产和消费有利于整个生态环境，有利于实现社会经济的可持续发展。绿色产品的出现和绿色产品标志的实施，具有市场经济导向和伦理价值导向的双重功能。不论是生产者，还是消费者都必须对环境承担责任，从而才能自觉地进一步思考人与自然的关系及其变化，并在哲学层面上正确解决人与自然日益激化的矛盾，开发绿色产品，为社会可持续发展铺设现实可行的道路。

经济的绿色化既是一种经济现象，又是一种文化现象。作为文化现象，它是人与自然协调发展的文化，是人类为适应环境而创造的一切以绿色植物为标志的文化。包括采集狩猎文化、农业、林业、城市绿化，以及所有的植物科学等。随着生态学和环境科学研究的深入、环境意识的普及，它有了更为广义和深层次的内涵。经济绿色文化即人类与环境协同发展、和谐共进，并能使人类可持续发展。其包括持续农业、生态工程、绿色企业，也包括有绿色象征意义的生态意识、生态哲学、环境美学、生态艺术、生态旅游，以及生态伦理学、生态教学等。"绿色"是生命的象征，经济绿色化的实质是提倡人类社会的可持续发展，它强调自然资源的合理开发、综合利用和保护增值；强调清洁生产和无污染的绿色产品，提倡文明、适度的消费和生活方式。经济的需求，就是对生态环境的一种责任。经济绿色化的内容有：确立绿色观念、绿色消费、绿色企业、绿色行销、绿色设计、绿色计划、绿色技术、绿色投资、绿色贸易（绿色产业）、绿色包装、绿色标志、绿色化学、"绿色革命"，等等。保护地球、维护地球，还地球一个清新安宁、赏心悦目的环境，这是我们的共同心愿。人类的承诺应该是：用绿色拥抱地球！

（二）走向稳态经济

用绿色拥抱地球，走向稳态经济，要求我们在实践上要采取切实可行的措施。这至少包括以下几个方面：

（1）倡导新环境伦理，实现"增长方式"的转变。道德的观念已由单纯表述人与人之间的关系准则范畴，扩大到了处理人与自然关系的范围，即环境伦理观。它包括相互联系的两个方面：一是自然对人类价值的意义；二是人类对自然的权利和义务。其基本观点是人类在维护自身生存的前提下，把人类的善恶观、良心观、义务观等道德观念扩展到自然界的一切实体。如：珍惜自然资源，保护生态，爱护环境，把地球环境作为一个整体以及维护人类子孙后代长远利益。我们必须从环境与发展相统一的视角来审视人类的经济活动和生活方式，以可持续发展指标来规范经济活动和生活方式，从而彻底改革单纯经济增长的观点，生成并确立环境、经济、社会三者和谐协调的整体主义发展观。就当代中国而言，我们面临着摆脱贫困、发展经济和保护生态环境、创造可持续发展基础的双重任务。如果不发展经济，那么就不可能消除贫困，不可能提高人民的生活水平，难免在日益激烈的国际竞争中受制于人。同时，如果不把合理使用资源、保护生态环境纳入发展之中统筹考虑，经济发展将难以持续，也难以为子孙后代创造可持续发展的条件。基于此，中国提出了可持续发展战略，即坚持以经济建设为中心，从人口、经济、社会、资源和环境相互协调入手推动经济建设的发展，并在发展的过程中带动人口、资源、环境问题的解决，从而重新确立人与自然和谐共处的关系，推动和建立新的社会文明。

（2）消除贫困。当代社会发展不可回避的一个事实是一部分人富足，而另一部分人（特别是全世界 1/5 的人口）尚处于贫困或者半贫困状态，这种贫富悬殊、两极分化的世界是不可能实现可持续发展的。因此，要把消除贫困作为可持续发展过程中予以特别优先考虑的问题，对于发展中国家来说，贫困与不发达是造成资源与环境破坏的基本原因之一，只有消除贫困，才能培养保护和建设环境的能力。只有努力发展经济，才能为解决贫富悬殊和环境危机提供技术和资金，最终摆脱贫穷、愚昧和不平等。

（3）清洁生产。工业发展是现代化的核心，一个国家的现代化进程，就是工业化的过程。面对经济发展和环境保护的双重挑战，可持续发展的任务首先是工业的可持续发展，这需要持续的资源保证和协调的环境支持。传统工业生产方式能耗高、资源浪费大、污染严重，从而导致可利用资源逐渐枯竭，工业污染远远超出环境容量，控制难度大。在这种情况下，人类目前对工业污染仍采取"末端治理"这一被动的管理模式。传统工业生产方式在可持续发展背景下已面临严峻挑战。要实现工业生产与环境的协调统一，必须摒弃传统生产方式，将战略重心转移到面向生产全过程的污染预防上来。清洁生产正是集转变传统工业发展模式与深化工业污染防治于一体的最佳生产方式，是实施可持续发展战略，促进工业发展与环境协调的有效途径。所谓清洁生产，是指将综合预防的环境策略持续地应用于生产过程之中，以便减少对人类和环境的风险性。对生产过程而言，清洁生产包括节约原材料和能源，淘汰有毒原材料并且减少排放物和废物的数量并降低排放物和废物的毒性。对产品而言，清洁生产策略旨在减少产品在整个生产周期过程（包括从原料提炼到产品的最终处置）中对人类和环境的影响。清洁生产通过应用专门技术，改进工艺流程和改善管理来实现，是一种兼顾经济效益和环境效益的最优生产方式。它与最初提出的"污染预防""废物最小量化""清洁工艺"及"源控制"属于大致等同的概念，与高投入、高消耗、粗放经营所支持的传统工业生产是对立的，是对环境保护观念的一种更新。因此，推行清洁生产是持续利用资源、减少工业污染的根本措施，是工业可持续发展的具体体现，是实现可持续发展的必由之路。

（4）保障人体健康。随着科学技术的发展和社会的进步，科技在广播、通信、工业、科学研究、国防、医疗卫生等各个领域得到了广泛的应用，给人类创造了巨大的文明，但同时也导致环境质量日趋恶化，进而影响了人体的健康。例如，空气污染多由各种燃烧废气及地面尘埃所造成。常见的空气污染物有 TSP、SO_2、NO、CO 和 BaP 等。主要危害是这些污染物在低浓度下长期作用于人体，可诱发多种慢性呼吸道疾病，导致免疫力功能下降，人在高浓度污染的环境下可能会急性中毒。又如，电磁辐射污染源急剧增加，其污染问题日益突出，不仅会影响人体健康，而且还会对各种敏感电子设备的正常工作产生不同程度的干扰和破坏。因此，为最大限度地扬利避害，必须加强科学管理并做到安全、合理地使用科技，以降低其危害程度。

（5）实现综合性的协调发展。《我们共同的未来》指出，可持续发展旨在保护生态的持续性、经济的持续性和社会的持续性，强调各社会经济因素与生态环境之间的联系和协调，寻求的是人口、经济、社会、资源、生态、环境等各要素之间的相互协调发展。为了达到这一目标，人类需要通过不断理性化的行为和规范协调经济发展、社会进步和生态平衡之间的相互关系，努力使它们达到和谐统一的状态。

（6）改变消费方式。新的环境发展伦理观要求人们放弃传统的生产方式和消费方式。地球所面临的最严重问题之一就是不适当的消费和生产模式，导致环境恶化、贫困加剧和各国发展失衡。若想达到适当的发展，需要提高生产效率，改变消费，以最高限度地利用资源和最低限度地生产废弃物。在消费问题上，要明确反对不顾经济、社会、生态后果的盲目消费与奢侈消费。现代消费的悲剧就在于，很多人根本不知道，许多新产品的问世是以增加资源压力、污染生态环境、影响民众身体健康为代价的。同时，产品的低成本又具有虚假性，而正是这种假象助长了浪费和对物品回收利用的轻视。在这里，我们绝非反对社会消费水平的提高，更不赞同商品的单调化。我们提倡节俭，提倡有益于资源保护、环境保护和身体健康的有节制的消费，注重物质消费与精神生活的协调，希望人类能走出消费的误区，获得真正的消费自由。

（7）改善人类住区。人类住区可理解为人类聚居地。它是以人为主体一切自然物和人造物及其相互关系的实体。人类住区不仅包含实物，而且包含人与人之间的各种关系，如政治、经济、艺术等。人类住区只有遵循生态学的原理及其运行规律，才会成为可持续发展的人类住区。可持续发展的人类住区源于环境保护。人类住区向环境中排放生活污水、工业废水、农业废水及其他废水，威胁水环境，威胁人类住区的可持续发展。因此，可持续发展的人类住区应将废水的减量化、无害化、资源化作为追求的目标。

第七章

生活方式与环境伦理

　　诚然，人类具有追求幸福生活的本性，这也是个人享有的权利。人类的生活方式从远古发展到今天，取得了巨大的历史进步。但是，现在人们已深深感到，整个"地球村"的村民们在生活方式上存在太多的困惑、难题和危机。人类生活方式走向何处的问题，从来没有像现在这样引起人们的担忧。

第一节　人类生活方式与环境

　　人类社会发展到今天，环境问题已成为全社会瞩目的社会问题，尤其是臭氧层破坏、酸雨和温室效应演化成了全球性环境问题。在现在这个时代，人类对环境的污染和破坏按照其产生的原因可被分为两大类：一类是由生产活动，即由生产产生的废弃物造成的；另一类是由生活活动，即由人类生活的浪费和过多消耗资源造成的。作为生产活动造成的环境质量的恶化，已广为人知，但对由不良的生活方式造成的环境问题人们尚缺乏相应的认识。

一、环境是人类生存的基础

　　人自从一降生，就终生处于周围的环境之中，一刻也不停地与环境进行物质和能量交换，从环境中摄取物质和能量，经过自身一系列复杂的生理生化反应，通过新陈代谢将物质和能量再输出到环境中，以维持自身的正常生理功能。在这层意义上，人是自然人或生物人，因为除人以外的其他生物也都是通过与环境的物质和能量交换来维持其机能和生命的。事实上，人早在母体内还未成为生理上独立的主体时，便已与环境发生了物质能量关系，不同的是这种联系是通过母体间接实现的。如果仅从人类现实的存在考虑，人类只要能从环境中摄取能为人类所利用的物质和能量就可满足自身的需要，无须关心人类代谢产物的去向，但这种假设却为自然生态规律所不容。

人类所生存的地球是一个大的生态系统。所谓生态系统，是指自然界里由生物群体和一定的空间环境共同组成的具有一定结构和功能的综合体系。生态系统由生产者、消费者、分解者和无生命物质四部分组成。生产者、消费者、分解者和无生命物质都在生态系统之中承担着各自迥异的角色：生产者主要指绿色植物及单细胞藻类，通过光合作用将太阳能转化为化学能，将无机物转化为有机物；消费者指的是包括人在内的所有动物，依赖生产者维持生存，摄入有机物，代谢排出无机物和有机物；分解者指微生物和一些腐生性动物，将动植物尸体分解还原成无机物，供生产者利用，从而使生产者、消费者和分解者之间以无生命物质为生存条件形成一个封闭的循环。物质在这封闭的循环内得以传递，进入生态系统的太阳能通过食物链从一种形式转化为另一种形式，从而使生态系统能维持动态平衡。

人类位于能量金字塔的顶端，要使人类保持一定的数量，就要保持在能量金字塔中位于人类以下的生物有足够的数量，否则低位营养级数量的减少，就必然威胁到人类的生存。物质在生态系统中周而复始地循环，被反复利用，才能使包括人在内的生态系统中的生物，得以维系下去。如果原本参与循环的物质脱离循环圈（例如人类大量制造的白色污染物不被降解），会减少生态系统的循环物质，而为了满足人类的需要就必须从自然界补充新的资源，而自然界的资源相对于人口的增长和人均消耗的资源而言又具有稀缺性。如此一来，人类代谢产生的物质不能通过物质循环继续为人类所利用，人类的生存危机由此而产生，尤其是对于后代人类更是如此。

由此可见，在决定生活方式和消费方式时，作为万物之灵的人类，应为子孙后代考虑，必须关注经我们消费的物质和能量到底流向了何方。

美国在1984年曾进行过一个名为"生物圈二号"的实验，在这次实验中，生产者只给在其中生活的人以阳光，一切生活物质都由他们自己生产，试图探求在地球之外再造一个地球的可能性。遗憾的是，这项耗资巨大的实验最终以失败告终，这警示人类，我们只有一个地球，地球是我们唯一的家园，我们应珍惜她。

人类是环境的有机组成部分，但并非普遍的组成部分。人类和其他生物一样，是自在的产物，其生存和发展完全依赖于环境。地球上的无生命物质先于生命而存在，只有当地球表面变得适宜于生物产生、繁衍和进化时，低级生命形式才产生。低级生命形式历经漫长的演化过程，逐渐进化到高级生命形式直至今天的人类。人类在地球上的生存离不开水、阳光、土壤、氧气和适宜的温度等生存条件，人体所需要的营养物质都是溶解在水这种天然溶剂中才能为人体所吸收的，各种物质在自然界的循环也都是通过水的溶剂特性和流动性来实现的。地球上全部生命所需的能量全部来自于太阳，没有太阳源源不断地给地球生态系统补充能量，地球上的全部生命将走向枯萎。土壤是人类的生存场所和劳动对象，是不可替代的，土壤也是人类赖以生存和发展的物质基础，是为人类所利用的各种资源中最重要的一种，是其他资源的载体。一切动物（包括人）离开氧气便不能生存，这已是人人皆知的生活常识。我们人体进行着各种各样复杂的生化反应，对维系人体功能有重要意义的温度就是人的体温。如果周围环境温度的变化引起人体体温改变，将会对人体的生化反应造成严重影响，造成人体机能紊乱，产生病变以至死亡。以上说明，人类是自然之子，并且永远从自然母亲那里吸取乳汁。

但是，人类并不是普通的生命形式，她并不满足于像其他动物一样永远做环境的奴隶。其他动物只能从自然界现成的资源中寻找食物，环境中有什么就利用什么，它们的想象力仅限于存在的事物，不可能想到改变什么，它们对自然界怀着敬畏的依恋，完全被动的依赖和适应自然环境而生存。人类在从公元前200万年至公元前1万年，对自然界的唯命是从和被动接受恩赐与动物没有本质上的差异。但是，人类的大脑结构决定人类不愧为万物之灵长。她能利用工具，能在被动适应自然的过程中掌握自然规律。从公元前1万年开始，人类摆脱了对自然单纯依赖的漫长年代，开始了对自然的有意识的改造。人类通过劳动，通过社会性的生产活动，使用日新月异的科学技术手段，有目的、有计划、有规模地改造自然环境，使其更适合人类的生存和发展。现在地球上的环境，已经很难找到没有打上人类烙印的原生环境了。

动物对环境只是被动地适应，通过改变自己的生活方式和生活习惯来适应生存环境，是一种单向的非相互的迎合。如每当天热难耐时，狗通过舌头排汗来达到降低体温的效果。人类则不然，人类除了改变自己以适应环境外，还能改变周围的环境以适应自己，实现人和环境的相互适应，如人类发明空调，改变局部环境温度度过炎炎夏日。人类对环境的改变是围绕人类需要，按照人类自己的愿望来进行的。但是现代人类迷信自己对环境的改造能力，陶醉于对自然的胜利，忽视了人类作为生态系统中食物链和食物网上的一个结点，在生物学意义上与其他生物是平等的，人类不可能凌驾于自然之上，人类改造自然的能力，导致人类遗忘了自己还有需要适应自然的一面，人类也需要改变自己的生活方式来适应自然环境。将人类视为芸芸众生中普通一员，无视人类在自然界具有高于其他生物的智慧，否定其在自然面前的主观能动性也是不客观不科学的。同样，认为人类能完全按自己的需要来控制和支配自然，不受自然生态规律的制约也不是正确的态度。

人类在依赖自然环境生存和改造自然环境的过程中，存在着一种十分复杂的人类与环境系统互相作用和相互制约的关系，其中体现着两种规律，即社会经济规律和自然生态规律，这两种规律的交织融合，并不以人的意志为转移地发挥着作用。

有人用系统工程的观点把人类与环境系统的结构分为三部分：一是物理系统，包括生物以外的各种无生命的环境因素，如大气、水、陆地、岩石、阳光等，一是生态系统，即生物圈，包括从最小的微生物到生物群落组成的大大小小的生态系统，还有一个是社会经济系统，是由人类活动控制的社会结构、经济结构和政治结构等。这三大系统各有自己内部的结构和功能，同时又相互联系，相互作用，相互制约。在其相互关系中最实质的联系是物质和能量的交换。这种物质和能量的交换既要以人类的生产活动为基础，也要以自然的再生产为基础。人类社会的经济再生产和自然的再生产又是交织在一起的，正如马克思所说："劳动首先是人和自然之间的过程，是人以自身的活动来引起，调整和控制人和自然之间的物质交换的过程。"人类在经济再生产过程中，一方面要以"资源"的形式从自然界中取得原料，另一方面又把生产和生活的废弃物排放到环境中去。为了维持人类环境系统的动态的平衡，人类的经济活动和改造自然的活动必须不超过两个界限：一是从自然界取出的各种资源，不能超过自然界资源的再生增殖能力；二是排放到环境里的废弃物不能超过环境的纳污量，即环境的自净能力。如果超过了这两个界限，就会打破生态系统的正常平衡，一方面造成资源枯竭，另一方面使环境质量恶化。第一个界限体现对生产活动的环境保护要求，第二个界限兼有对生产方式和生活方式的约束。

二、人类生活方式的内容

生活方式是指生活于不同社会和时代的人们，在一定的社会历史条件制约下和在一定的价值观指导下，所形成的满足自身需要的生活活动形式和行为特征的总和。

生活方式的主体可以是个人，也可以是家庭、群体、阶层、阶级、国家、民族等。我们研究的重点是生活方式对环境的影响和作用，为了避免我们的视线为人类内部的细枝末节的问题所干扰，我们将人类的社会生活方式作为考察对象，这样有利于对人和环境的关系从总体和宏观上进行把握，也体现了从环境伦理角度考察人与自然关系的需要。

考察生活方式不能离开它所赖以存在的客观条件，即生活活动条件。这是一定的生活方式形成的客观前提。从生活活动条件的构成要素上看，构成人类生活方式的生活条件的要素包括自然条件和社会条件。

不同自然条件下的人们的生活方式各不相同，从这个意义上讲，生活方式是人们对自然条件的适应，体现了自然条件对人们生活方式的意义。自然条件无疑是人们生活方式赖以形成的基础。但是自然随着人类认识能力和活动空间的扩展已经大为减少，自然条件对生活方式的影响更多的是同一定的社会条件交织在一起的，即自然环境对生活方式的影响越来越通过人化自然来进行。

制约生活方式的社会条件，即社会环境要素是个庞大的系统。概括地说，又可分为宏观社会环境和微观社会环境两类。宏观社会环境包括每一社会、每一时代的生产力发展水平，生产关系与社会关系的性质，社会结构的特点，以及政治、法律、文化教育、道德规范、民族传统等要素。由于不同的历史时代向人们提供的宏观社会条件不同，也就决定了每个历史时代人们的生活方式的差异性。微观社会环境是指现实生活中的人直接生活于其中的、身临其境的环境，包括人们的具体的劳动条件、收入和消费水平、闲暇时间的利用、住宅、社会安全、社会服务、文化设施、受教育状况等等。所有这些都很实际地影响着每个人的生活方式。由于在既定的社会宏观条件下，每个人所遇到的具体微观条件是千差万别的，这就使不同个人的生活方式，呈现出无限的丰富性和差异性。

按照马克思主义的观点，一定社会、一定时代的生产方式决定着人们的生活方式，在生产方式与生活方式的关系中，作为社会存在范畴的生产方式是决定因素，但是作为社会文化现象的生活方式也有独特的发展规律。生活方式是个人心理、群体心理、国家或民族心理以及人类社会心理的外显，而心理特征具有稳定性强，一旦形成难以改变的特点。例如，我国历史上形成的强烈的家庭观念，虽经历社会变迁和市场经济大潮的冲击，仍顽强地保留下来，与西方社会形成鲜明对照。生活方式相对于社会中最革命的因素生产力而言，属于慢变因素，具有异常的稳定性和历史传承性。因此生活方式的变革比生产方式的变革困难得多，一般说来，生活方式常常滞后于生产方式。人们完全改变一种适应了的传统生活方式与习惯需要几十乃至几百年，而生产方式的改变已从过去的几百年进化到今天的几十年。例如，我国西周的"六礼"婚姻生活方式至今还在某些农村存在，而西周的生产劳动方式却已荡然无存。

尽管生产方式的客观条件对生活方式的结构、内容起基础性的决定作用，但并不意味着人在生活方式的形成中无所作为。人们的价值观是可以在生活方式的形成中起指导作用的。对生活方式起着最高调节作用的是一个人、一个群体、一个国家或民族及至整个人类社会所形成的价值观念。所以，面对人类生存和自己生活方式的复杂发展趋势，人们有能力对自身的命运做出理性的选择。

如果说远古的人类受其低下生产力水平的束缚，面对大自然为他们确定的别无选择的生活方式只有被迫接受的话，现代的人们已经摆脱了这种宿命论的控制，对生活方式的选择趋于多样化，尽管这种选择必须在客观外界条件限定的范围内。

马克思主义反映论认为，观念是"移入人的头脑并在人的头脑中改造过的物质的东西"。人类选择什么样的生活方式是生活价值观的外在表现形式，是人类价值选择的能动性的体现。

由于人们的需要是多层次、多方面的，人们为满足自己的需要、实现自己的利益而进行的活动也是多层次、多方面的。所以，生活方式也是一个涉及多层次、多方面的综合性问题，这对理解生活方式的内容至关重要，而作为社会主体的人的生活方式主要表现为以下几个方面。

（一）劳动生活方式

劳动生活方式是人在日常生活中进行物质生产和精神生产的活动方式。

在现实的社会生活中，劳动者的劳动生活方式具体表现为他们的职业劳动的生活方式或谋生方式。

劳动生活方式是人类生活的基本组成部分。劳动生活方式是劳动主体利用工具，在一定环境与条件中，创造物质财富与精神财富时，所表现出来的各类活动形式。

劳动之所以是生活方式的基本内容：一是现代社会的劳动生活是人们最基本的生活。人们需要衣、食、住、行，获取生活资料，离不开劳动；人们要获得尊严、荣誉，离不开劳动；人们要自我实现，也离不开劳动。二是现代社会生活本质上是各种脑力或体力劳动生活。现代社会正在把体力劳动为主转向脑力劳动为主。三是随知识化、社会化生活的不断发展，劳动生产中的科学含量越来越高。科学是一种寻找客观规律与改造客观世界的活动。这种劳动，本身就是一种在科学指导下的脑力活动方式，而非本能的或简单的活动方式。四是劳动生活方式制约着生活方式的其他方面。如工人与农民之间生活方式的差异，在很大程度上是由于劳动方式的不同造成的。

（二）消费生活方式

消费生活方式是人们消耗物质生活资料和精神产品，享受劳务，满足物质需要与文化、健康需要的方式。包括衣食住行消费方式、家庭生活消费方式、健康消费方式、时间消费方式、精神生活消费方式、文化娱乐消费方式等等。

消费生活方式在人类历史的不同发展阶段、不同的社会形态下、不同的社会集团，具有不同的社会性质。从总体来看，随着生产的发展和社会的进步，社会生产的消费资料的数量不断扩大，质量不断提高，消费水平也不断上升。

在日常生活用语中，人们常常把生活方式理解为消费生活方式。然而，要对生活方式这一社会现象，进行科学的概括和抽象，从而把握其本质属性和基本特征，就必须从整体上，而不是仅仅从某一个层次上来把握它。

如果把生活方式仅仅看成是消费方式，那就分不清不同性质的生活方式。因为，消费方式不同，生活方式的性质可以基本相同，而消费方式相同，生活方式的性质也可以根本不同。不仅如此，如果把生活方式归结为消费方式，就有可能把生活目标放在追逐消费，讲究吃、穿等物质享受，而这就有可能影响工作和学习，甚至丧失远大理想。如果把生活方式归结为消费方式，就有可能对人生的价值和含义作消极的错误的理解。

（三）社会、政治生活方式

人们的社会活动和政治活动是既相联系又有区别的。社会活动是一个比政治活动更广泛的概念。政治活动、政治生活是人类社会和人们的社会活动发展到一定阶段的产物。自从出现政治关系之后，政治活动就成为人们生活方式的一个重要内容。人们的社会、政治生活方式，是衡量社会进步和人类解放程度的一个重要标志。社会活动则与人类社会共始终，有人类社会，就必然有人们的共同社会生活、社会活动，即使人们之间的政治关系消失了，政治活动从人们生活中泯灭了，作为社会群体，还将存在人们对社会进行自治的一系列社会活动。

（四）精神生活方式

学习生活方式是人们接受训练、教育与进行自修等活动方式，以及在日常生活中进行文化认识，接受各种知识的活动方式。随着生产的发展和社会的进步，人们的文化生活日益丰富，科学知识在社会生产和生活中的作用日益增长，这样，就使学习生活、学习活动在人们生活中的比重愈来愈大，人们的学习活动。学习生活就独立出来，成为人们生活方式的一个重要内容。

作为文化生活活动，非职业性的科学技术研究和工艺创造以及文艺活动，也和学习活动同属于精神文化生活方式的内容，其中有的和学习活动密切相连。

宗教生活方式，也属于精神生活方式。由于宗教迄今对于人类生活仍有重要影响，从世界范围来看，宗教仍然是生活方式研究的一个重要内容。

（五）生活交往方式

前面所说的人们的各方面的生活活动，是从行为的内容，即做什么来区分的。但所有这些活动都是在一定的社会关系中，通过人们相互联系和交往来进行的。所以，人们之间的相互联系与交往活动，贯穿于人们全部的生活活动之中，在这一意义上，人们的生活方式，也可以说是人们的生活交往方式。

三、人类生活方式的历史演变

人类社会的变迁体现为以生产力发展为主轴的社会经济、政治、文化等多因素的互动过程。在这种多因素互动过程中，生产方式系统（包括产权关系、分配关系等）对既定的社会经济形态的性质起决定作用，而生产力在生产方式结构中起决定作用。所以，我们必须研究生产力在社会变迁中的主导作用，研究它在不同的历史阶段中与生产关系以及整个社会的经济、政治、文化结构及其与生活方式的相互关系，并以此作为我们划分人类社会的历史演进阶段及社会生活方式变迁的宏观依据。人类生活方式与人类社会的历史演进相适应，经历了四个阶段。

（一）采猎社会的生活方式

人类在至少 100 万年前就出现在地球上，但是在绝大部分时间内，人类对于大自然的单纯依赖和绝对服从与其他动物并无本质上的差异。人虽然在体质形态上走出动物界，具备了由动物生活方式向人类生活方式转化的物质基础，如手脚的分工，直立行走，脑结构复杂化等，但就人类与她所处的生态系统相互影响的程度和性质而言，与其他杂食哺乳动物并没有多大区别。处于婴儿时期的人类过着采集者和狩猎者的生活方式，依赖大自然的恩赐维持动物式的生存。这种状态一直到旧石器革命才有了变化。人类对石器、骨器、木器工具的发明和火的使用，可以被看作是人类历史上的第一次技术革命，从而开始了运用工具向自然界索取食物的进程。一直到今天，人类与自然的关系还是通过技术和工具来发生的。

当时生产力水平极为低下，没有生产剩余，这也就决定了人类生活方式的特点。低下的生产力水平使个人在强大的自然界面前显得极端渺小和无助，个人要生存下去就必须集中在一起依赖于集体的力量来寻找生存的残酷竞争中寻找生存之路，从而形成了一团、一伙的以血缘为纽带的氏族或部落定居的生活方式。在这种生活方式中，个人的思想和行为只能附属于氏族或部族，个人没有独立性和个性可言，个人只是脱离氏族或部族就无法生存的氏族的一个细胞。人们共同行动，完全服从氏族、部落的规定和禁忌，一切行动、交往、日常生活习惯都被严格限制。由于生产力水平低下，即使终日劳作，也常常是食不果腹，所以没有严格的作息时间划分，什么时候劳动，什么时候休息，无明确界限，在生产分配上集体觅食，集体享受。人们把自然神化，自然崇拜成了当时的普遍信仰，出现了崇拜自然力和自然物的原始的自然宗教。在当时社会的精神生活中，宗教占有重要地位，并且有了动物雕刻、壁画、舞蹈和声乐等原始艺术。

总之，采猎社会时期由生产力水平低下的社会条件所决定，这个时期人与人、人与自然紧密联在一起，人类在自然界的主体地位，个人在人类社会的独立性没有也不可能彰显，呈现出愚昧、野蛮等生活方式的特征。

（二）农牧社会的生活方式

新石器的使用使人类由接受自然界赐予进入到主动利用自然资源的食物生产时期，即驯化动物和饲养家禽并栽培农作物，原始农业出现了。但人类从早期的原始农业过渡到真正的锄耕农业，掌握耕作、灌溉技术和使用铁器，大约经历数千年的时间。约5000年前人类才从蒙昧时代进入到第一种文明形态——农业文明时代。农耕技术的发明，是人类历史上第二次技术大革命。如果说前一个时期是人类与自然界斗争的时期，那么这个时期就进入了人类对自然的效仿时期，人类已经开始认识并利用自然规律。

随着社会生产力的发展，生产资料和生活资料种类、数量的增多，社会分工不断有新的发展，人们的职业生活方式和整个生活方式也越来越多样化，手工业和商业相继分离出来，随着手工业和商业的发展，城市也日益增多和发展了，由原始社会时期的军事堡垒逐渐发展成为社会政治、经济、文化中心。在这一时期，开始出现体力劳动和脑力劳动的分工。这种分工，不仅造成体力劳动者与脑力劳动者生活方式的重大差别和对立，更重要的是促进了科学和文化艺术的发展，从此，社会精神生产成了一个重要的、独立的领域，社会的精神生活日益丰富，人们的消费水平大为提高，衣、食、住、行等消费生活方式不断进步。在这一发展时期，人类社会的生活方式具有四个特点，首先是社会生活方式在对立的社会集团间分离。农牧时期社会形态的划分大致对应于奴隶社会和封建社会，阶级斗争成为政治生活的主要内容，构成社会的基本阶级是两个对立的阶级。这两个对立的阶级有着截然不同的生活方式。在奴隶社会中，奴隶不具有人格，在奴隶主眼中只不过是"会说话的工具"，在封建社会中，农民对地主是人身依附关系。对立的阶级必然存在对立的生活方式。"朱门酒肉臭，路有冻死骨"是这种对立的生活方式的真实写照。其次是由于人们生产能力以及由此决定的生活能力，"只是在狭窄范围内和孤立的地点发生着"，社会分工不发达，人们取得生活资料，主要是与自然交换，而不是与社会交换，加上交通不便，就形成了封闭、具有分散性的生活方式。在封闭的社会生活方式下，人们的活动被局限在狭小的地区和狭隘的社会关系之中。第三是自给自足的、缺少社会竞争的农业生产方式形成了具有极大保守性和稳定性的农业社会生活方式。封闭式的社会生活方式，很少接受外部信息，社会生活方式必然相对凝固、僵化，整个社会的生活规范、生活模式基本稳定不变。最后是人们的生产活动与生活活动在很大程度上是未分开的。由于生产能力小，人们必须用绝大部分时间从事食物生产以维持生存，闲暇时间少，因此在很大程度上可以认为，人们的生产活动就是生活活动，生活的主要内容就是维持生计的生产。

（三）工业社会的生活方式

人类历史上第三次大变革是二百多年前最先发生在英国的工业革命，至今，全世界许多地区仍在进行着工业化的过渡过程。现代工业生产力和技术革命的最突出特点是机器力即技术力代替了自然力和人力，非生物能源的广泛采用，从而使生产过程发生质变。强大的市场竞争机制形成经济自行增长的能力，商品生产和交易出现国际化趋势。与工业革命相伴发生的政治革命带来了生产关系和社会结构的大变化，也带来了人类社会生活方式的大变化，即工业化都市化生活方式取代了传统的农业生活方式。从人类文明史的角度看，工业社会生活方式的历史进步作用十分明显。首先，工业社会用物质生产的全面变革在人类历史上创造了奇迹，魔幻般地呼唤出巨大的生产力，从而为丰富和扩大人们的物质生活和文化生活需求及满足需求的手段与方式创造了前提。在物质生活上，工业化大生产为满足人们的物质需要提供了大量消费品，同时随着生产劳动强度和紧张程度的增加，也使提高劳动者的生活水平成为必要。如营养丰富的食品、较好的住房条件、方便快速的个人汽车等等。在精神生活上，现代化生产要求有较高的文化技术素养的劳动者，它同封建社会自给自足的小生产不同，那时生产技能简单和相对稳定的时期长，技艺的学习只靠父母、师傅言传身教就够了，而资本主义大生产则需要社会进行大规模的教育和培训，因而文化教育事业得到很大发展。与物质和文化的消费需要相适应，要求人们占有较多的空暇时间。商品生产和社会分工的发展，实现了家务劳动的社会化、现代化，使必不可少的家务劳动大为减轻，增加了可供人们自由支配的时间。所有这些，不仅增强了人们日常生活方式的文明程度，也为发展丰富多彩的个性创造出种种物质的要素。其次，商品经济的充分发展建立起普遍分工和普遍交换，第一次使人类社会有了整体性，使一切联系都变成了社会的联系，从而把封建社会建立在家庭、宗族、狭小地域范围内的闭塞的交往活动打碎了。人们交往范围的扩大不但打破了地域的界线，甚至随着世界市场的开拓也打破了国界。特别是资本的积聚，使资本主义用城市化生活方式取代了农村生活方式。城市化的生活方式所带来的人口、资金、信息的集中，使社会联系更加复杂化、多层次化，从而加强了交往的深度和广度。另外，商业的竞争和科学技术的发展，使信息传递速度、知识更新频率都大大加快，因而在扩大交往范围的同时，也引起生活节奏加快，普遍形成了时间观念、效率观念。那种停滞的、缺少变化的自然经济生活方式一去不复返了。最后，用个人独立性、自主性的生活方式取代了人身依附的生活方式。在工业文明阶段最早出现的资本主义雇佣和劳动关系确立了"自由人"的地位，加上在政治上对人身独立和公民平等原则的确认，反映在生活方式上则形成了独立意识强、自立自主的特点，要求个性和人格得到家庭和社会的承认和尊重，并用"公民社会"取代了宗族至上的"亲缘社会"，使人们的个性从封建人身依附关系的压抑下解放出来。这种生活方式所培养出来的人们的主动精神和独立自主能力，更符合现代工业生产的需要。[1]

纵观两个世纪以来世界工业化的过程，各国的工业化是呈梯次窗形推进的，18世纪后期首先在一个人口略多于世界人口的1%的英国开始的，经过200年，大约有1/5至1/4的人类进入了工业社会，获得了工业社会的生活方式。到20世纪末，差不多世界上所有国家都已把获得工业化的生产方式和生活方式作为国家的发展目标。另外，实践证明，在现代工业生产力的基础上可以出现不同类型的生产关系，即资本主义生产关系和社会主义生产关系。在工业文明下两种不同的生产关系必将发展为两种不同社会性质的社会生活方式，这体现了现代社会发展的不平衡性。

需要特别指出的是，当人类社会发展到20世纪即将结束的时候，以大机器生产为标志的工业社会向人们提供的生活方式已暴露出明显的弊端，因而对生活方式的变革也提出新的要求。

（四）知识经济社会的生活方式

从20世纪后半期开始，正当世界上差不多所有国家都坐落在工业化不同发展阶段坐标上的时候，人类社会又开始了一场新的以电脑和通信技术为代表的技术大革命，人类开始进入一个同工业化社会有质的区别的知识经济社会。知识经济社会是以知识、信息的生产、分配、传播与使用为基础的社会，具有十分突出的特点。

---

〔1〕 王雅林：《人类生活方式的前景》，中国社会科学出版社1997年版，第14~16页。

（1）知识经济社会将把传统的资源、资本密集优势型转向知识密集优势型。传统的资源丰富，自然条件、资本雄厚的优势地位，一旦被高、精、尖的知识、技术取代，即将改变全社会的生产劳动生活方式。由资源、资本优势型向知识密集优势型转化，不可避免地会引起劳动生活方式的以下变化：①知识密集型优势一旦出现，社会所需劳动力的数量会大大下降，质量要求会大大提高。人们从事劳动的方式将从体力为主转向脑力为主，从而会引起整个劳动者素质结构、劳动结构、时间结构等等的大变化。②随着劳动者的素质结构、能力结构、时间结构的变化，消费分配与消费生活结构也将产生巨大变化。其变化趋势必然是加强竞争与不平衡。③高节奏与多变性。知识更新与市场产品竞争相结合必然带来产业结构、劳动结构、知识结构的高节奏变化。

（2）在精神生活方式上，全球文化生活互化的速度与水平必将大大提高。微电子技术的发展，打破了几千年来的文化隔离界限。民族文化的吸引力与凝聚力将逐步缩小，国际文化的吸引力将大大增加。这是已经出现了的趋势，任何人想阻止也阻止不了。这种趋势的出现必定大大丰富人类的文化生活，同时也将给文化选择带来沉重负担。因此，在精神文化生活上难免出现五花八门、多姿多彩的生活方式。

（3）由于知识成为生产的第一要素，将大大减少劳动者的体力劳动量与劳动时间，人们将有更加丰富的精力与更多的余暇从事休闲、娱乐与自学、创造等活动。由此，余暇生活方式的选择与安排，将成为每个人认真考虑的新问题。[1]

四、生活方式与社会生产

影响生活方式的因素包括自然条件和社会条件。社会条件又可分为外部社会条件和内部社会条件。生活方式的主体除了本社会外，总是有一定的外部社会环境，总是要与外部社会相联系和交往，在这种联系和交往中，本社会的生活方式，必然受到外部社会生活方式的影响。从生活方式主体所处社会的角度来看，自然条件和外部社会条件都是本社会的外因，它们对生活方式的影响是通过社会内部因素发生作用的。所以，通常在影响生活方式的各

---

〔1〕　文彦等：《知识经济与生活方式创新》，四川辞书出版社 1999 年版，第 19 页。

种因素中，决定性影响因素不是在社会外部，而是在社会内部，在社会内部因素中，社会生产方式对生活方式起决定性的影响作用。

社会生产方式，是在一定生产力水平和一定生产关系条件下，人们进行物质资料生产的方式，是生产力和生产关系的统一体，属于历史唯物主义的范畴。

社会生产方式之所以是生活方式的决定性因素，原因有两个：

第一，社会生产是整个社会生活的基本条件。人最基本的需要是生存需要，只有在维持生命延续的前提下，才能满足其他需要，才能从事其他社会生活。换句话说，人们从事各种活动的首要前提，是必须能够生活，维持生命活动，也就是要获取吃、穿、住以及其他生活资料，只有在解决了这些的前提条件的情况下，才能从事政治活动、科学和文化艺术活动、宗教活动以及其他活动。只有社会生产能够提供给人们——生活方式的主体赖以生存的物质生活资料。所以，没有社会生产方式，也就没有人们的生活方式。

第二，社会生产方式是社会的物质的、经济的基础，它从根本上决定社会的性质、面貌、决定社会关系体系，社会结构和社会制度，社会生产方式也决定人自身的发展水平，"他们是什么样的，这同他们的生产是一致的——既和他们生产什么一致，又和他们怎样生产一致，因而，个人是什么样的，这取决于他们进行生产的物质条件"。而人自身的发展水平，决定他们进行物质生活活动和精神生活活动的内容和方式。所以，生活方式的本质属性和基本特征，是由社会生产方式所决定和制约的。而社会生产方式的发展、变化，也必然导致生活方式的演变。

社会生产方式对生活方式的决定性作用是表现在多方面的：[1]

第一，表现在它对劳动生活方式的影响上，表现在有什么样的社会生产方式，就有什么样的社会劳动生活方式。人们在劳动活动中，必然要依赖一定的劳动资料，通过以生产工具为主的劳动资料作用于劳动对象，劳动资料标志着人类征服自然的能力。人类社会初期的劳动资料是比较简单的，劳动活动方式也相应地比较简单。随着生产工具的改进和劳动资料生产的发展，就导致社会分工和劳动专业化的发展和劳动社会化的程度的提高，这就使人们的劳动职业生活愈来愈多样化，劳动生活方式也日益复杂。不仅如此，随

---

〔1〕 王玉波、王雅林、王锐生：《生活方式论》，上海人民出版社 1989 年版，第 96~101 页。

着科学技术的发展及其愈来愈成为直接的生产力，它使劳动对象多样化，这使生产力结构发生了变化，也使人的劳动的性质内容和、劳动的形式都发生了根本性的变化。例如：自动化技术的采用节省大量的人力劳动，劳动时间呈现日益减少的趋势；互联网的发展改变教师劳动方式，原来必须在教室里完成的教学工作，借助互联网这种教育形式在家里也同样能完成。

社会生产总是在一定的社会形式中进行的。生产过程中人与人的联系和关系即生产关系，对于社会劳动生活方式影响极大。生产力对包括劳动生活方式在内的整个生活方式的决定性作用，是通过生产关系实现的。在原始氏族公社时期，由于生产力水平极端低下，每个有劳动能力的成员都参加集体生产劳动，艰苦的劳动生活成了社会普遍的生活方式。后来，在生产资料私有制的生产关系下，劳动生活方式主要是劳动群众的生活方式，占有生产资料的剥削阶级则过着不劳而获的生活。实现了生产资料的社会主义公有制，又使劳动生活方式成为全体社会成员普遍的生活方式，但它是建立在科学技术高度发达基础上的劳动活动，不再是传统意义上的劳动了。

第二，社会生产方式对生活方式的决定性作用还表现在对生活消费方式的影响上。社会的生活消费水平是受生产力和生产关系的发展水平所制约的。在生产力与生产关系的不同发展阶段，人们的生活水平是大不相同的。一般说来，生产力愈发展，生产出来的生活资料愈多，生活消费水平也就愈高。但是，由于存在不同性质的生产方式，由于存在资本主义经济体系和私有制，发展中国家与发达国家之间，人们的消费水平是悬殊的；在发达资本主义国家内部，贫富之间消费水平也极为不同。不仅如此，随着生产力和生产关系的发展，消费水平的提高，新的产品和新的消费领域的开拓，消费结构必然会发生变化。例如，生存资料的需要和消费的比重将逐渐缩小，享受资料、发展资料的需要和消费的比重将逐步增加；精神文化消费的增长速度，将愈来愈高于物质生活资料消费的增长速度；随着商品生产的发展、世界市场的形成，生活消费也将日益社会化和愈来愈面向世界。不仅如此，伴随着生产力和生产关系的发展，在消费水平提高和消费构成变化的条件下，人们的消费观念、消费心理也将逐渐发生变化。

第三，社会生产方式对生活方式的决定性作用表现在它对家庭日常生活方式和自由时间的生活方式的影响上，正是由于生产工具的进步和私有制的形成，使一家一户有可能成为一个生产单位，为了继承私有财产也有必要组织一夫一妻制的个体家庭。这种生产力和生产关系决定了以氏族为社会基本单位的氏族制的崩溃和以父家长为中心的一夫一妻制的家庭制度的出现，逐步形成相应的家庭伦理、家庭功能，从此，家庭成为社会的基本细胞。到了资本主义社会，大工业生产取代了个体小生产，商品经济取代了自然经济，妇女就业增加，人口流动频繁，父权至上的家长制家庭制度瓦解，宗法家族观念逐渐消失，家庭伦理、家庭功能也逐渐发生变化。以生产资料公有制为基础的社会主义社会，家庭伦理、家庭功能又相应地随着社会的进步而发生变化。家庭的核心是夫妻关系，由于生产的社会化，妇女大量就业，男女日趋平等，以夫妻为单位的核心家庭增加，大家族家庭逐步减少、夫与妻、父母与子女的平等关系日趋发展。但是，在私有制下，这种平等关系受私有制及私有观念的制约，在以集体主义为相互关系准则的社会主义社会，家庭成员间才可能真正实现民主、平等。家庭关系、家庭生活方式，归根到底是由生产力与生产关系相统一的生产方式决定的。

生产力与生产关系的发展，对于由个人支配的自由时间的生活方式也有决定性的影响。在生产力极端低下的人类社会初期，人们终日辛勤劳动，只能维持最低生活水平，这就很难有什么由自己支配的自由时间。随着生产力的发展，人们有了剩余产品，才开始出现由个人支配的自由时间。但是，在私有制下，这种自由支配的时间是不平等的，劳动人民极少有自由支配的时间，因为他们的必要劳动以外的剩余时间和剩余劳动被占有生产资料的社会集团侵吞了。在社会主义制度下，自行支配的自由时间的分配，才会是比较平等的。但是，在社会主义社会，也必须有生产力的高度发展，不然，自由时间仍然较少，而且不同地区、不同职业集团的自由时间及其支配方式也会有很大差异。可见，所谓自由时间的生活方式也是由生产力与生产关系的发展水平所决定的。

第四，社会生产方式对生活方式的决定性作用表现在它对社会政治生活方式的影响上。在生产力水平低下。集体劳动、平均分配、没有什么私有财产的人类社会早期，人们之间是平等的，没有什么阶级区分，没有什么政治关系，从而也就没有什么政治生活方式。只是随着生产力和生产关系的发展，出现了阶级对立和人与人之间的政治关系，才出现了政治生活方式。与奴隶社会、封建社会较低的生产力水平和不发达的经济关系、社会关系相适应，当时的政治生活方式，比较简单、野蛮。政治关系披上了血缘关系的外衣，君主与臣民的关系表现为父子关系，君权与父权合而为一，人民群众没有任何民主自由。随着生产力与生产关系的发展，社会政治关系也日益复杂，出现了不同阶级的政党和各种各样的政治斗争形式，围绕人民民主权利的斗争日益尖锐。只有到了生产资料公有制的社会主义社会，人民才开始真正成为国家和社会的主人。然而，如果生产力不发达，人民群众为谋求生存而进行的劳动还相当艰苦，个人自由支配的时间极少，人民群众的民主意识和民主权利的实现，也是会受到限制的。可见，生产力与生产关系的统一，对社会政治生活方式起决定性的影响。

第五，社会生产方式对社会生活方式的决定性作用还表现为每一种占主导地位的生产方式都要经历不同的发展阶段，与之相适应的社会生活方式，也要有一个形成和发展阶段。在每一社会形态初期，新的、占主导地位的生产方式正处在形成与确立阶段，与此同时，还会存在相当多的旧的生产方式的残余。和这种情况相适应，社会中必然存在各种旧的生活方式的残余，而且由于各种原因，它们还会有相当大的影响。随着新的、占主导地位的社会生产方式的巩固和发展，与之相适应的新的社会生活方式也必将逐渐成为在社会中占统治地位的生活方式。这种社会生活方式也必将日益完备，与此同时，旧的社会生活方式的残余虽然还会存在，但其影响必然逐渐削弱。但是，这种情况，在新的、占主导地位的生产方式没有得到充分发展之前，是不可能出现的。在我国社会主义初期，社会生活中还存在这样或那样旧的、落后的、愚昧的生活方式是不足为奇的。随着社会主义经济建设的进行，社会主义生产方式的发展，社会主义精神文明建设的不断加强，那些旧的、落后的、愚昧的生活方式必将逐渐消除，文明、健康和科学的社会主义生活方式必将在社会占统治地位和日益完善。

社会生产方式对生活方式的决定性影响是从社会生活的深处，从归根结底的意义上来说的，这种决定作用不是直接的，社会生产方式对生活方式发生影响不能不通过政治上层建筑和思想上层建筑来实现。

生活方式是由多种因素共同形成的。同时，生活方式又作用于形成它的诸因素。在社会中占主导地位的生活方式，对于维护、巩固该社会的经济和社会政治制度方面也起着重要作用，因而国家政权和统治阶级千方百计地宣扬和支持这种生活方式。而反映新的生产力和新的生产关系，社会关系的新的生活方式，又会对原有的社会制度起冲击的作用，历史上先进分子往往是新生活方式的倡导者。

另外，生活方式对促进社会生产和物质文明建设具有强大的推动作用，消费方式是生活方式的重要方面，没有生产，就没有消费，但是，没有消费就没有生产，因为，如果这样，生产就没有目的。消费水平的提高，物质生活资料的种类和数量的日益增多的需求形成社会生产的动力，起到促进物质文明建设的作用。

生活方式对精神文明建设也具有重大推动作用。精神文明建设最本质的是对人的生活理想、生活观念、生活目的、生活态度的建设，形成有理想、有道德、有文化、有纪律的新人。生活方式的核心部分是生活理想与生活态度。因此，生活方式的改善是精神文明建设的重要内容。

生活方式对社会生产方式的反作用与生产方式对社会生活方式的决定作用不能等量齐观，二者不是处在同一个层次上的，生产方式的决定作用是主要的。

第二节　生活方式的伦理观

传统生活方式所竭力维护的旧秩序的一个必然结果是，人的发展的畸形化和失调，当人性的畸形化达到一定程度时必然会导致人的崩溃和异化，国际社会的两极分化的另一个结果是最终引起发达国家生活方式的不利变化，还有一个结果是单纯追求经济价值的传统生活方式在处理人与自然的关系上会步入误区，人与自然关系的失衡会使生活方式赖以存在的自然条件恶化，而自然条件对生活方式的制约作用将会使人类付出代价。

一、传统生活方式的伦理观及其问题

在人们为现代科学技术和经济增长带来的生活方式的巨大变迁而喜悦和陶醉之际，许多目光敏锐、责任感强的学者和政治家对我们的生活方式发出了振聋发聩的警告。

（一）物质生活和精神生活的失衡

在 20 世纪，大机器的工业生产方式创造出了巨大的物质财富，并在发达的西方社会确已实现了人们生活上物质的丰饶，但与大机器文明相联系的物质主义却把人和人的生活方式"物化"了，出现了物质与精神生活相分离的现

象。在整个社会生活中，不但存在精神空虚，人们中间笼罩着一层凄凉孤独的现象，而且存在着大量不道德、反体制、反文明、暴力犯罪、吸毒、性乱和艾滋病等严重社会问题。与物质富足相比，精神生活的贫瘠形成巨大反差，呈现出物质生活与精神生活失衡的图景。由于在世界日趋全球化的条件下，发达国家的生活方式处于主导地位，因而生活方式失调症也蔓延到了发展中国家。

在生活方式的内部，物质生活和精神生活是其基本内容。传统生活方式过分重视物质主义生活方式，忽视精神生活对人的满足。将人对物质和精神的双重需要归结为仅对物质的需要，是对人与动物本质属性的混同，不利于人自身的发展。追求物质主义、消费主义的生活方式也是人类对动物似的利己的回归。只考虑满足自己的感官刺激，不在乎人的社会属性，只注重人的自然属性或生物属性。消费主义偏离消费的初衷。消费的目的是获得商品和服务的使用价值，在传统生活方式下，这种消费的初衷和目的愈来愈模糊，为达到消费目的而占有商品和服务，占有商品和服务只是为实现消费目的的手段，现在人们舍本逐末，沉醉于占有商品和服务，沉醉于占有欲得到满足的动物式的快感，强调商品和服务的归属是一种典型的自私、利己的价值观在作祟。

（二）过度消费

消费主义是指人们的一种毫无顾虑，毫无节制地消耗物质财富和自然资源，把消费作为人生最高目的的消费观和价值观。消费主义的具体表现是，对物质产品毫无必要地更新换代，大量占有和消耗各种资源和能源，随意抛弃仍具有使用价值的产品，采取地球资源难以承受的生活方式等。

法国波德里尔亚的《消费社会的神话与结构》对富足消费社会作了鲜明的刻画。波德里亚尔认为，生产加速度发展的资本主义时代根本上是一个隔膜的时代，现代消费社会并不只是商品的世界，还包括广告、时装、媒介、健康和教养等因素在内。它把社会全体和人类活动都打上了消费化的记号，因而是一个消费的世界。在消费社会里，人们购买的已不单是物品的使用价值，还包括物品的方便程度、机能、美感、教养、知识等，人们购买物品实际是为了显示与他人的差别，表明自己的归属。在一定意义上说，人们购买的不是商品，而是生活方式。如果把波德里亚尔的这个观点加以发挥，就可以说，商品给购买者带来的是灵魂的救赎、精神的慰藉。这样，消费在这里也就成了问题：消费与本来的需求发生了背离，发展为无止境追求的欲望。对特定物品的需求消失了，转化为对差异的追求，也就是对物品的社会文化意义的追求。波德里亚尔尖锐地指出，这种变化的内在原因是由资本带来的生产力组织的扩大，即消费是生产的延伸，从一开始就像不得不生产那样，不得不消费。这就是富足社会的悖论。因为不断地强调差异化，也就带来了永久的心灵贫困化。在资本主义初期，人们被迫接受劳动训练，在高度消费的社会，则发生了对人们消费的训练。虽然有生产集体化、消费个人化的神话，但消费不过是资本主义经济的集体功能而已。也就是说，消费的主体并不是个人，而是庞大的资本主义生产体系。人们已经被消费自恋主义所左右，试图变成消费女王和王子。[1]

过度消费是在第二次世界大战以后，在西方国家出现的消费方式。过度消费有许多表现，如人们在购买商品时追求过分、豪华的精美包装，人为地不必要地增加家用电器的功能，汽车越来越快地更新换代，使人们似乎遗忘了汽车的功能仅是代步工具，在工业化国家的垃圾集中地，到处可见仍可以使用的电视机、家具、自行车、摩托车和汽车等。这种"不知惜物"的浪费型生活方式，大量消耗着地球上不可再生的资源。

事实上，由于经济全球化发展的趋势和西方生活方式对第三世界的冲击，发展中国家的过度消费亦呈蔓延之势。在某种意义上，消费主义是工业文明的副产品，不是某种社会形态所独有的现象。无论怎样，我们有必要在不断批判被消费社会裹挟的自我的同时，走向对环境问题的思考。

（三）贫富差距的扩大

由于社会生产力的发展，产生了社会分工与商品经济，人们开始把对自然的依赖转向对物的依赖，把对人的直接依赖转向对人的间接依赖，因为社会分工把人的生产与生活分割开来，产生了明确的作息时间与上下班制度，商品交换关系取代了自然经济的自给自足关系，从而把依赖人与人直接联合、战胜自然的生活方式转向人与人之间的间接依赖，即通过商品交换的"物的依赖"形式来生活。其实，早在一个多世纪前，马克思在《经济学手稿》中提出的"三大社会形态说"中，就把"物的依赖"作为人类社会必经的一个

---

[1] 刘大椿、[日]岩佐茂主编：《环境思想研究——基于中日传统与现实的回应》，中国人民大学出版社 1998 年版，第 75～76 页。

发展阶段。他指出，资本主义工业社会在推动人类生活方式的进步上，集中起来说，就是破坏了前工业社会以"人的依赖"为特征的生活方式，促进了人的发展和"人的独立性"，但另一方面，在这一社会形态之下，个人受物化的社会关系的摆布，处于"物"的支配之下，资本主义的商品经济必然给人的生活方式打上"货币拜物教"的印记，由于受到"物"的支配，"人丧失了他的中心地位，成了经济目的的一个工具"。沦为"物"的奴隶的人，精神生活缺乏活力和感情，开始丧失自己的精神家园。

在世界范围内，发达国家和发展中国家生活方式的天差地别是另一种失衡。发达国家为了维护其以"多买、多用、多扔"消费模式为特征的生活方式，竭力利用现有的不合理的国际经济秩序来使发展中国家的生活方式处于低级的水平，以牺牲发展中国家生活方式的发展为代价，实现自己生活方式的高水平。发达国家在生活方式领域内的作为是只考虑自身利益，是只以自我满足为出发的利己主义。在 20 世纪生产力高度发展的背后，是第三世界国家同发达国家人均收入差距的不断拉大，尽管第三世界中有少数国家和地区的经济发展出现勃勃生机，但其余的多数发展中国家困难重重，发展迟缓甚至停滞。贫穷和生活资料匮乏的直接后果是第三世界的人民与没有尊严的生活方式联系在一起。第三世界贫困的根源是现今的国际经济秩序和经济关系。在旧的国际经济秩序下，发达国家拼命压低原材料进口价格，加工产品再返销发展中国家，获取高额利润，剥削发展中国家的劳动力，掠夺发展中国家的资源，拒绝在技术和资金帮助上采取实质性的行动。发达国家工业化成果和较高的生活水平，恰恰是以大多数发展中国家的不发达为条件的。另外，发达国家将污染环境的产业迁移到发展中国家，形成污染转嫁造成发展中国家人民生活环境质量急剧恶化。以此来维护本国良好的环境状态。贫困不仅使发展中国家在生活方式上付出了"不发展的代价"，也将使全人类付出代价。发达国家忽视了其生活方式与发展中国家的生活水平的联系，无疑是一种竭泽而渔的短视行为。

此外，人类传统生活方式没有考虑子孙后代的利益。综观传统生活方式所面临的种种困惑，我们可以看出传统生活方式的伦理观及其存在的问题，即失衡、利己、短视、过度消费、经济价值优先等。

二、现代生活方式的伦理观

人类社会生活方式在 20 世纪取得巨大进步的同时，也遗留下太多的困惑和难题。人类如果不去解决自身的困境和问题而任凭其发展下去，人类将难免覆灭的命运。对人类来说如何构建现代生活方式已成为一个不可回避，而且是亟待解决的课题。

现代生活方式应确立和坚持和谐、利他和生态价值优先的伦理观。和谐的第一个层次是身心和谐，即物质和精神生活的和谐。重建人类生活方式的第一个任务是，恢复自身的身心即物质和精神生活的和谐问题。[1]

对于物质生活和精神生活的严重失衡，不仅许多国家的学者、思想家、政治家做了深刻反思，不少艺术家也通过自己的作品表达了对这个问题的反思。比如，美国唯一获得诺贝尔文学奖，并被称为代表了"人类良心"的戏剧家尤金·奥尼尔就是一个代表。在他的笔下刻画出的典型形象多为忽视精神生活而追求物质富足、个性扭曲的美国人。他的许多剧目反复重申的一个基本理念就是："人如果赚了全世界却赔上了自己的灵魂，那有什么益处呢？""我们想方设法占有灵魂以外的东西，却虚掷了灵魂。"他向每一个单纯善良的人发出警告："在自以为追求幸福而实为追求财富的时候，千万要头脑清醒啊！"如果我们对他的作品做出评价，我们会看到，他的作品看似集中于对社会现实的批判，但实际上也表达了一种建立和谐生活方式理想的呼唤。

那么，保证人们的身心健康发展的生活方式应该是怎样的呢？许多学者都对 21 世纪人类的价值追求做了表述，即更加注重物质和精神生活相平衡的生活方式。在这里，我们仅举美国学者 E. 拉兹洛在其著作《系统科学和世界秩序》中所作的表述。他预言，21 世纪人类社会将进入一个"人类生态学时代"。他对这个时代人类生活方式的描述是：人们在人类生态学时代的生活方式，主要于使生活的质量提纯、美化，而不是为了提高生活的物质标准。生活的物质标准和生活的质量被明确地区别开来，而且人们普遍认识到，如果生活的物质标准超过某一点之后继续上升，就要导致生活质量的衰颓。提供物质生活上的便利设备是不可避免的，但是它们将被用来为生存的目的服务，而不是用来支配生存目的。占有物的自豪不是同用镀铬与鲜艳色彩装饰起来

---

〔1〕 王雅林：《人类生活方式的前景》，中国社会科学出版社 1997 年版，第 198~200 页。

的拼命消耗能源和资源的发明联系在一起，而是同艺术品和手工艺品、同美的环境、同简单而高效的工具、同那些为促进与自然一体的感受、与同胞交流感起着特别良好作用的产品联系在一起……个人的地位将同其生活方式的真实和朴素联系在一起，同生活方式所表达的经历的纯洁联系在一起，而不是同夸耀个人的财富和权力，同大量消费联系在一起。

拉兹洛认为，在 21 世纪，"进步的性质将重新加以解释。在今日世界中，进步意味着提高人的物质生活标准，以及增加公司或国家的集体财富。依照人们的设想，社会、智力、文化和精神的进步尾随在物质进步之后。在人类生态学时代，重点将转移到非物质生活领域中的进步。这种进步将使生活的质量显著提高"。在 21 世纪，"各种社会，无论存在多大的差别，都将自觉重视非物质性的价值。与个人尊严、诚实、家庭、公民作用、创造力、探究智力和情趣相关的价值，将超过大量消费、积累物质财产和集中私人财富和权力所赋予的价值"。

需要指出的是，作者在突出强调精神生活的价值时，并不否定物质生活的价值，而是针对 20 世纪人们过分注重物质生活的现状所做的一种矫正，以取得两者之间的再平衡。同时也表明，在未来的世纪，人们的物质生活资源越富足，对精神生活的需要也就越多。

作者还这样具体描述了未来的世纪人们在各个生活领域更加注重精神需要以取得同物质生活相平衡的状况：人类对权利和财富的追逐并不会消失，但将受到限制。竞争将被引导到受高度重视的社会生活和文化领域，而不再只表现在基本的经济和政治领域。人们将不太需要用物质财产的积累，来夸耀和证实自身的价值，而更需在人性的标准、公民精神、艺术创造力、智力深度、科学上的聪明才智和政治知识方面来考察人们的价值。年纪比较大、在这些方面经验较多的人，会相应受到更多的尊重。假定出生率和死亡率在世界范围内同时下降，那么社会上将存在几代老龄人。将会出现七十多岁、八十多岁，可能还有九十多岁的精力充沛的老人，他们还能在社会上担任有用的角色，或许渴望能这样做。那时工作时间将更缩短，业余活动将受到更大的重视。人们能参加各种形成癖好的消遣，使自己的兴趣多样化。不断发展的教育事业，将使那些与人们新的趣味和爱好相一致并对社会有用的技能得到发展的机会。人们在漫长的一生中，可以从事几种截然不同的职业。今天只对那些精通很少几个方面而对其他方面了解甚微或一窍不通的专家大加赞扬的情况要发生变化。将来，人们尊重的将是那些具有多种兴趣、发展平衡的个性。学习环境的扩大和不断完善，更多的自由时间以及寿命的延长，将使人们能够把专门知识与一般知识和多样化的兴趣集于一身。

和谐的第二个层次是人与自然的和谐。如果说第一个层次的和谐是生活方式内部的协调，第二个层次的和谐就是生活方式和自然生态环境之间保持和谐与平衡的关系。过度消费正在使我们唯一的家园地球变成一个垃圾场。消费主义的经济学基础源于凯恩斯。凯恩斯认为，经济危机发生的根源是资本主义有效需求不足，而有效需求不足又是由于消费和投资不足，因此，他对资本主义经济危机开出的药方是鼓励消费和增加投资。二战后，随着凯恩斯主义成为资本主义国家普遍奉行的经济理论、制定各项经济政策的理论依据，使得鼓励消费的经济政策在资本主义国家得到广泛的重视与实施。正是在这一社会经济政策的推动下，无节制地消费物质财富，无顾忌地浪费珍稀资源成了社会认可的行为，消费主义也就成为支配人们消费行为的一种观念。凯恩斯理论是对消费观念的经济评价。与之相对立的是对消费活动的伦理评价。

中国古代以"崇俭、黜奢"著称，大多数思想家总是将节俭归之于善，将奢侈归之于恶。《左传》认为："俭，德之共也；侈，恶之大也。"根据司马光的解释，这一观点把消费与人的欲望联系起来，节俭是大德，因为它使人寡欲，一切德行皆从节俭来；奢侈是大恶，因为它使人多欲，所有恶行都从奢侈发端。先秦思想家墨子认为，节俭是圣人之所为，而淫欲是小人之所为，并断定"俭节则昌，淫欲则亡"。他的节俭思想的丰富性、深刻性和严厉性，在古代独树一帜。

中国古代崇尚节俭的生活方式仅从个人修养角度论证和阐发，现在，我们在对生活方式进行伦理评价时，必须从实际情况出发掺入环境保护的尺度，对生活方式进行生态评价，形成多元化的评价标准体系。人作为自然的有机组成部分，不可能脱离自然而存在，在经历大自然对人类种种报复后，人类开始意识到善待自然，和谐处理人与自然关系的重要性。和谐的伦理标准要求在观念上摒弃人类唯我独尊的人类沙文主义。

发达国家对发展中国家廉价资源的掠夺助长了发达国家的过度消费，加剧发展中国家环境问题的恶化和生活方式的低级化。现代生活方式应是建立在全球大多数人体面的生活的基础上的。在一部分人的体面生活方式成为另一部分人无尊严生活方式的原因时，这种生活方式就与和谐、利他的伦理观相背离。

　　近代以来人类追求的人对自然界的中心地位，试图以征服和控制自然、无限地牺牲自然来满足人类需要的价值观，在严峻的现实面前遭到无情抨击，《寂静的春天》的作者蕾切尔·卡逊认为控制自然的观念是"人类妄自尊大的想象产物，是在生物学和哲学还处于低级幼稚阶段的产物"。汉斯·萨克塞也指出："人们常说现代技术战胜了自然。这种说法不好，这种对大自然的理解来自农业文化时代对自然的习惯看法；这种说法也很危险，会导致人过高估计自己。"威廉·莱斯则试图对控制自然的观念做出新的解释："它的主旨在于伦理学的或道德的发展，而不是科学和技术的革新。……控制自然的任务应当理解为把人的欲望的非理性和破坏性方面置于控制之下。"他认为："我们不应该把人类技术的本质看作统治自然的能力。相反，……我们应该把它看作是对自然和人类之间关系的控制。"这种观点对正确理解当代人与自然的关系无疑是十分重要的。

　　人本来是自然的一部分，对自然的理解应当包括对人自身的认识。这样，控制自然观念便具有双重内涵，即对外部自然的控制和对内在自我的控制。早期人类控制自然的能力很弱，人具有不至于破坏自然生态系统的自我调节功能，因而控制自然主要表现为对外部自然的控制。随着支配自然能力的迅速增强，人类对自然的破坏力也相应扩大。这时，控制自然也应当包括对人类干预自然造成的负面效应的控制。只有对人自身能力发展方向和行为后果进行合理的社会控制，以约束人类自身的行为活动方式，才能保证对人的创造力的强化和对人的破坏力的弱化，把人与自然关系中的负面效应降到最低限度。

　　从对自然的控制转向对自我的控制，表明传统价值观的合理性在当代的失效。人类需要一种人与自然的新型关系，即生态价值观下的人与自然的协调发展关系。与传统价值观那种把自然视为"聚宝盆"和"垃圾场"的观念相反，生态价值观把地球看作是人类赖以生存的唯一家园。它以人与自然的协同进化为出发点和归宿，主张以适度消费观取代过度消费观；以尊重和爱护自然代替对自然的占有欲和征服行为；在肯定人类对自然的权力和利益的同时，要求人类对自然承担相应的责任和义务。因此，生态价值一旦确立，人与自然将由对手变成伙伴。这种关系既顺应自然又符合人类长远发展利益。[1]

　　〔1〕　刘大椿、〔日〕岩佐茂主编：《环境思想研究——基于中日传统与现实的回应》，中国人民大学出版社1998年版，第191~192页。

三、绿色生活方式

鉴于奢侈和挥霍的过量消费所导致的严重环境后果，以及社会关系和精神生活的不协调。十多年前，莱斯特·布朗就指出："自愿的简化生活，或许比其他任何伦理更能协调个人、社会、经济及环境的各种需求。它是对唯物质主义空虚性的一种反应。它能解答资源稀缺、生态危机和不断增长的通货膨胀压力所提出的问题。社会上相当一部分人实行了自愿的简化生活，可以缓和人与人之间的疏远现象，并可缓和由于争夺资源而产生的国际冲突。"有利于环境的生活方式的主要特征可表述如下：[1]

（一）以知识和智慧的价值代替物质主义的价值

在未来消费生活中不是推崇物质财富和过度的物质享受，拥有、利用和消费知识和智慧的价值被认为是符合时代的行为；创造知识和智慧的价值，将成为经济增长和社会发展的主要推动力；发明、制造和销售知识和智慧价值含量高的商品的企业将大行其道，蓬勃发展，知识和智慧含量高的商品成为更多消费者欢迎的更畅销的商品，有更多的知识和智慧的人，生产和销售知识和智慧含量高的商品的人将受到社会的尊敬，成为体面的人。也就是说，按未来的消费模式，决定消费愿望和最吸引消费者的，不再是豪华和高档的商品，而是有更高的知识和智慧含量的商品，只有后者才能成为真正的名牌。

这种价值观的目标表现在人与自然关系上，不是无限制的向自然进攻，以向自然索取更多的物质和财富表示个人的价值和成功。也就是说，不是以人统治自然和主宰自然表示人的胜利。它把保护和建设良好的生态环境列入人类目标，因而不是人类中心主义的，而是追求人与自然和谐发展共同进化，也就是人与自然"双赢"式的共同胜利。

（二）以适度消费代替过量消费

按照历史唯物主义的观点，人类生存的第一个前提，也就是一切历史的第一个前提，这就是：人们为了能够创造历史必须能够生活。但是，为了生活，首先就需要衣、食、住以及其他东西。因此人类第一个历史活动就是生产满足这些需要的资料。也就是物质资料的生产消费。在这种历史活动中，人的消费生活在解决温饱问题之后，要求更多符合需要的高质量商品，过更

---

〔1〕 余谋昌：《创造美好的生态环境》，中国社会科学出版社 1997 年版，第 264~269 页。

好和更舒适的生活，这是很自然的。社会物质生产以全面满足人的生存、享受和发展的需要为目标，胡应湘先生提出衡量中国经济发展的指标，称为"胡氏经济指标"，它从人民生活的角度，把经济发展区分为如下阶段：一民众开始外出用餐；二买新衣；三开始添购新家电；四买摩托车、汽车或公寓；五出国旅游。这个指标表示随经济发展，人的购买力水平（消费水平）的提高，是一个自然进程。

但是，工业化国家的高消费社会，推崇为消费而消费，而且是为需要而消费。在那里把物质消费水平作为社会地位的象征，为了表现自己更体面，更阔气，从而更有声望，便多多益善地竞相购买许多价格昂贵的高档商品、奢侈豪华的时装、化妆品、首饰等，远远超过自己的需要，经常把许多完好的高档商品如电器、衣裳、家具、食品甚至汽车等人为地废弃，抛进垃圾堆。从垃圾堆里可以捡到整个家庭的用品，还是相当高级的，这是一种畸形的过度消费。

同过度消费相比较，适度消费以节俭为特征，它不反对随着经济发展不断提高消费水平，只是反对"为地位而消费"的过量消费中的挥霍和浪费。因为这种过量消费的追求大大超过生存的基本需要。它剥削了其他社会成员的赖以生存的基本需要。这是不公正的。而且，它是资源浪费和环境破坏的直接根源。

对发展中国家的人民来说，"长期以来，他们的贫穷只不过对生物圈有局部影响，但这种情况现在变了，他们的贫穷状况把他们逼到绝境。他们蚕食大自然的后果相当严重，他们的生育繁衍使人口成倍的增长，认为孩子多或许能够得救，他们现在所走的路不会使他们走向安全，只会使他们走向凄凉境地，而且会更加损害正在被富人破坏的生物圈。一味地过量消费与被迫消费不足都是对大自然的犯罪。必须通过提高认识和更新道德观念，以及阐明严重后果的威胁，对富人的消费方式加以抑制；而穷人被迫消费不足的情况必须通过减轻贫困加以消除"。[1]

（三）以简朴的生活代替奢侈和浪费

简朴的生活是以提高生活质量为中心的适度消费的生活。"生活质量"，按美国学者加尔布雷斯《富裕社会》（1958年）一书的说法，是指"人的生

---

[1]　[圭亚那]施里达斯·拉夫尔：《我们的家园——地球——为生存而结为伙伴关系》，夏堃堡等译，中国环境科学出版社1993年版，第114~115页。

活舒适、便利的程度，精神上所得到的享受和乐趣"。

"简朴"是与豪华、奢侈和挥霍相对的。豪华和奢侈不等于舒适。豪华消费不仅不自在，简直是很辛苦。简朴才是方便和自在的。

简朴生活以满足基本需要的满足为目标，随经济水平的提高改善生活质量，主要表现在消费需求的多样化，即商品和服务的种类、质量和数量的多样化，以适应消费者利于发挥自己个性的主观要求，消费者个人的兴趣爱好，使人们有更多的选择消费的自由，特别是消费知识和智慧价值含量高的商品。

为了适应社会简朴生活的需要，制造厂家的商品生产不是以豪华、高档为目标，而以适应人的个性需求和爱好为标准，采用新技术的目的是生产新式样和新格调的产品。这些多样化的产品，知识和智慧的含量增加，但原材料的价值相对减少。因而它不是以价格高来衡量，而是以知识和智慧的价值高低来衡量。它提供社会多样化的商品和服务，满足个性多样化需求。

（四）绿色消费是简朴生活的新表现

鉴于环境问题成为社会中心问题，环境危机的严重性激发公众环境意识的觉醒和不断提高。这就使得消费者在购买商品和满足消费时增加了一种新的考虑，越来越多地考虑到环境保护，从而兴起一种"绿色消费"的浪潮。

所谓绿色消费，是以过简朴和健康的生活为目标，在物质消费中偏爱"绿色产品"，在选购商品时宁肯多花点钱也乐意买绿色产品。

"绿色产品"，是指它的生产和使用对人体健康和环境无害、符合生态保护要求的产品。例如，"绿色食品"，是无污染、安全和富有营养的食品。它的环境标准包括：产品的原料产地具有良好的未受污染的生态环境；食品原料作物的生产过程，以及水、肥、土等条件符合无公害、无污染的标准；产品的生产、加工、包装、储运过程符合食品卫生法规。因而它是高质量的食品。此外，还有生态时装、绿色家庭、生态饭店、生态旅游、生态银行等。当今用"绿色"和"生态"称谓消费生活成为一种新时尚。这种消费又引导一个新的市场方向，即绿色产品渗透和占领市场，从而形成一个新的市场：绿色市场。

在绿色市场上，商品以贴有"环境标志"或"绿色标签"表示它是绿色产品。绿色市场以绿色消费为动力，带动绿色生产的发展和推动绿色技术的需求。

"绿色标志"，或环境标签由政府部门依据有关环境标准颁发。它标明该产品从生产到使用和回收的整个过程符合保护环境的要求，不仅对人体健康无害，而且对环境和生态系统无害或危害极小。现在各国以国家制定的环境质量标准为依据，如 1973 年，联邦德国为 3600 种产品发放环境标签。1991年，澳大利亚、芬兰、法国、挪威、葡萄牙、瑞士等国实施绿色标签制度；1993 年，中国原国家环保局颁布我国环境标志图案，开始实施环境标签制度。标志图形由中间为青山、绿水、太阳、外围为 10 个圆环组成。图形中心结构表示公众的参与，整个图形表示"全民联合起来，共同保护人类赖以生存的环境"。从此，贴有中国"绿色标志"的产品一批一批地走进国内外市场。

"绿色标志"是一种证明性商标，证明它是绿色产品。目前它由各国颁发。它将向各国一致、国际性接轨的方向发展，从而形成国际性的世界绿色市场。它的实施保证绿色市场健康成长，鼓励保护和改善世界环境的世界贸易，通过贸易（消费）这一环节推动绿色生产。在公众青睐绿色产品的市场上，厂家为了提高自己的产品在市场上的占有率，不得不扩大绿色产品的生产。为了使产品符合环境标准，贴上绿色标签，必须实行环境安全的生产。为此，厂家要求采用生态技术，提高资源和能源使用率，减少废物排放。这样从减少资源消耗和降低排污费使生产成本下降，同时扩大产品在市场上的信誉，既增加企业的利润又提高了企业在市场上的竞争力，从而吸引越来越多的企业转向绿色生产，扩大绿色技术需求。

这是从人的消费开始的一场革命。从"绿色消费"开始，通过绿色贸易"绿色市场"，推动对"生态技术"的需求，以及"绿色生产"的发展，从而推动整个生产方式和生活方式"生态化"的变革。

（五）消费生活从崇尚物质转向崇尚精神

按有利于环境的生活方式，追求精神需要是比追求物质需要是更高一个层次的目标。

人们在以"适度消费"代替"过量消费"的情况下，可以不必为赚钱疲于奔命，有较多的闲暇时间。这就为丰富自己的精神生活提供了条件。有了时间，可以参加文化科学知识的学习，通过学习掌握一些基本的制造工艺，满足自己提高科学技术水平的渴望；参加科学和艺术活动，从事科学和艺术的思考，写作和创造；在旅游、娱乐和艺术欣赏中实现审美追求；改变了单调和紧张的生活之后，在多种多样的和丰富多彩的生活中，追求完善和健康的心理生活，道德生活，乃至信仰生活。例如，一部分人对某种宗教有兴趣和热情，参与适度的宗教活动，达到对信仰的满足；以至在家庭生活中，有更多的时间和精力教育子女、做饭炒菜、居室装饰、家具修理、庭院种植、饲养和管理等，都有利于体验和发挥自己的创造能力，增添生活的乐趣。

所有这些活动，不仅可以激发人们的思想、意志和丰富的感情，启迪人的智慧、潜能和崇高的精神，在发挥自己的创造能力中，实现个性的全面自由发展。而且，它有利于融洽家庭生活，人际关系和种种社会关系。因而它是人的幸福生活的一个重要方面。

总之，有利于环境的生活方式的上述特征表明，它是一种比传统高消费的生活更丰富和更高级的生活结构。它是随着温室技术和生产力发展到一个新水平产生的。这是一种更符合自然本性，更适合人的需要的生活。而且是一种更符合自然本性，从而更适应人类未来的持续发展的生活。因此，这是一种有更高生活质量的新的生活。

现在，我们正面临着建立有利于环境的生活方式的大好时机，知识经济为绿化生活方式提供了良好的社会外部条件。可以大胆预测，知识经济将把人类生活方式朝有利于环境的方向上大大推进。

知识经济是依赖于知识的生产、扩散与使用的经济，完全不同于以物质的生产和流通为特征的工业经济。环境破坏与污染产生的主要途径之一是物质生产。但随着物质生产比重的下降，环境状况也会相应改善。知识经济将人类对物质的依赖转变为对知识的依赖，精神生活的丰富弱化人类的物质主义倾向，减少消费活动产生的垃圾。知识经济提高人类素质，向人类倡导对知识的崇敬和人的全面发展，向人类灌输与自然和谐共处的思想，对人的思想进行变革。

另外，循环经济的发展也成为全人类的共识。循环经济就是把清洁生产和废弃物的综合利用融为一体的经济，它要求运用生态学规律来指导人类的经济活动。传统经济是一种由资源——产品——污染排放所构成的物质单向流动的经济，对资源的利用是粗放的和一次性的，通过把资源持续不断的变成废物来实现经济的数量型增长，导致了许多自然资源的短缺与枯竭，并酿成了灾难性的环境污染后果。循环经济倡导的则是一种建立在物质不断循环利用基础上的经济发展模式，组织成一个资源——产品——再生资源的物质反复循环流动的过程。只有放错了地方的资源，而没有真正的废弃物。在发达国家，循环经济已经成为一股潮流和趋势，有些国家甚至以立法方式加以推进。以法国为例，在 GDP 增长两倍多的情况下，主要污染物却减少了近75%，收到了经济和环境效益"双赢"结果。毋庸置疑，知识经济和循环经济为建立有利于环境的生活方式提供了契机。

第三节　人类生活方式的规范化

社会生活方式的构建属于人文、社会发展领域，是体现社会效益和社会价值体系的部分。由于社会生活方式对社会发展的重大作用，鉴于社会生活方式的重要性，对社会生活方式采取放任自流，无所作为的态度是不负责任的，对社会生活方式实施必要的管理是符合其自身发展规律和社会要求的。

一、社会生活方式的管理

社会生活方式管理是国家管理职能的一个组成部分，社会生活方式管理除了遵循国家管理的一般原则外，还要根据自身的特点，遵循一些特殊的原则。即国家采用行政、经济、法律、科学技术、教育等多种手段，对社会生活方式施加影响，建立适应生产力发展和符合可持续发展要求的文明的、健康的、科学的生活方式的活动。

（一）提高生活质量

生活质量是衡量人们生活和福利状况的一种指标，它包括自然和社会两部分。自然方面包括：清洁、优美的环境、充分的生态资源的供给等；社会方面包括：居住条件、社会服务设施、教育与医疗保障状况，人们闲暇时间的多少及社会秩序良好与否等。

提高生活的质量是社会经济发展的目标，这也是由生产力不断提高的社会生产状况所决定的，也是可持续发展的要求。可持续发展包括需要和限制两个重要概念。需要，指的是对人类需求的满足，包括满足全体人民的基本需要和改善生活的需要，这是发展的主要目标。对于发展中国家，在基本需要还没有满足的情况下，基本需要应被置于压倒一切的优先地位；限制，是指通过社会管理机制和科学技术，对向自然的索取和投入加以限制，以保持对环境和资源的永续利用。

社会生活方式的管理应坚持有利于提高生活质量的原则。对于与我国现有生产力水平和综合国力相适应的生活方式采取鼓励和提倡，同时支持生活方式的创新。我国在 20 世纪 80 年代初把讲吃讲穿、进舞厅看作是"资产阶级生活方式"而予以限制。事实上，随着生活条件的改善，人们对生活质量的要求相应提高，生活理想和生活态度也在改变，人们开始追求生活个性化，这是必然趋势。当然，生活质量的高低不能仅仅以占有物质生活资料的多寡来衡量，精神生活也是生活质量的重要组成部分，一味追求物质享受的人不可能获得全面发展，只会变成畸形、片面发展的人，忽视精神生活的社会终究会迎来巴比伦式的灭亡。

（二）继承与借鉴相结合

社会生活方式是动态、开放的体系，它的发展必然关涉纵向的时间和横向的空间两个向度的问题。从时间方面看，今天的生活方式时由昨天的生活方式发展而来的，又将向明天发展，这就有一个如何正确对待生活方式民族传统问题。从空间方面看，一个国家、一个民族的生活方式不是孤立发展的，必然同其他国家和民族发生相互联系和交流，这就有一个如何正确对待外来生活方式影响的问题。

每个民族都创造了灿烂的文化，在生活方式上形成了许多进步和优良的东西，如勤劳、节俭、重视伦理道德、讲究物质和精神的和谐，人和自然融为一体等。同时，也积存着许多落后的，陈腐的社会心理、习惯、风尚、行为规范和准则、价值观念，如宗法家长制，讲究等级贵贱等。在对社会生活方式的管理中，既要继承传统生活方法方式中的积极因素，加以改造和吸收，赋予其崭新的内容，又要扬弃其中消极落后的东西。

要建设适应现代文明要求的生活方式，必要条件之一是在广泛的国际交往中获得更快的进步和发展，取长补短。借鉴和交流应是全方位的，要超越社会政治制度，借鉴和吸收其他民族在建设和管理生活方式过程中的经验和成果，要有"他山之石，可以攻玉"的精神，这无疑具有极其重要的意义。

（三）区域性原则

社会生活方式是自然条件和社会条件共同作用形成的。在不同区域，自然条件和社会条件存在差异，各区域的社会生活方式呈现多样性的特征。在管理生活方式时，应充分尊重区域差异，而不是一味地划一标准，例如，当今世界基本上都实行一夫一妻制，但个别地方、个别民族仍保留其原有的其他类型的婚姻制度；不同民族均有自己独特的生活方式和习惯等。

（四）规划原则

在制定国民经济和社会发展规划时，要反映生活方式发展的客观要求。因为制定经济与社会发展规划的核心是满足人的需要和活动的全面性，而体现人的需要和活动的全面性的生活方式所凭借的客观条件，正是社会的协调发展。因此，一方面，生活方式发展的全面性要求在经济与社会发展规划中有指导意义，它将使社会生产的增长计划更加合理化和符合人的合理需要，有助于把经济效益、社会效益、环境效益统一起来，提高整个规划的系统性、综合性。另一方面，只有体现了生活方式对社会条件的全面性要求，才能实现我们所要创立的新型生活方式的预期目标，否则，生活方式在发展中就会出现畸变现象。

在综合规划中体现生活方式的发展要求，不仅意味着要有发展生活方式的相应内容，而且要把生活方式的发展目标作为制定经济与社会发展规划的重要依据。从历史决定论观点来看，社会生产方式及全部客观条件制约着生活方式，但从价值论的观点来看，生活方式的发展要求又反过来体现社会发展的价值目标，因此，正是生活方式对综合规划起着目标导向的作用，它不仅可以把国民经济的发展计划和社会发展计划两部分有机地结合起来，而且可以把社会发展的客观任务与社会成员的合理需要结合起来。因此在一定意义上可以说，新型生活方式的形成和发展体现着社会发展的总效益。为此，我们需要制定在一定发展时期内的生活方式的指标体系，以便作为制定经济和社会发展规划的参考系数。[1]

二、个人生活方式的规范化

人是社会生活的主体，个人选择什么样的生活方式，将成为社会生活方式的基础，个人生活方式影响家庭与社会生活方式的品质与发展趋势。要建设健康、文明的社会生活方式，离不开个人生活方式的建设，社会条件具有客观性，对社会条件的运用则具有个人的主观性。在这样的物质生活条件下，个人可选择不同的个人生活方式，要想使个人生活方式沿着文明健康的轨道发展，必须加强对个人生活方式的规范和管理。

对个人生活方式的规范就是运用一定的行为规则来要求个人生活行为。个人生活方式应遵循的规范告诉人们，在个人生活中的哪些行为是可以做的，

---

〔1〕　王雅林：《人类生活方式的前景》，中国社会科学出版社1997年版，第244页。

哪些是必须做的，哪些行为是禁止做的，哪些行为要受到限制，从而为人们的生活行为提供一种模式。

个人生活方式的规范主要有道德规范和法律规范。

法律是由国家制定或认可的以国家强制力保证实施的行为规范，法在规范个人生活方式中亦有重要作用。如劳动法规定劳动时间，劳动方式，婚姻法规定一夫一妻婚姻生活方式等。法为个人生活方式设定最起码的标准，如果低于这种标准，个人生活方式会引起社会秩序的混乱和无序，造成严重的社会后果，因此需要以国家强制力为后盾来保证。

道德规范不仅调整的范围更广泛，而且向人们提出的要求也更高，是鼓励全体社会成员应达到的要求，道德规范的实现主要依靠社会舆论和人们的内心信念。在一定意义上讲，个人生活方式只要不违法就属于私事。每个人由于生理、心理、家庭条件、经济收入、个人经历的不同，在生活方式价值取向上呈现多样性是无可厚非的。但同时个人对生活方式的选择应符合确定的基本原则。例如，某人仗着自己的经济实力，无止境地追求新奇服装，养成对物的毫不爱惜的浪费的生活习惯，那么他的行为就违反了生态伦理原则，就要受到道德谴责。总之，个人生活方式的道德规范是在承认个人生活取向多样化的同时，可用确定的道德原则对个人生活行为进行导向。

在任何建设文明、科学、健康的个人生活方式上尤其是消费方式上，可持续发展观念和思想都提供了良好的准则。

1994年联合国环境规划署在内罗毕发表的报告《可持续消费的政策因素》中提出了可持续的消费方式。"提供服务以及相关的产品以满足人类的基本需求，提高生活质量，同时使自然资源和有毒材料的使用量最少，从而不危及后代的需求。"同时，该报告还指出，可持续的消费并不是介于因贫困引起的消费不足和因富裕引起的过度消费之间的折中，而是一种新的消费方式。

具体来讲，可持续消费的消费模式应该包括"适度消费"和"替代消费"两个方面。"适度消费"是与发达国家的通过对资源的大量消耗而达到的高消费相对的消费模式，它要求人们的消费必须控制在自然资源可以承受的范围内。对企业而言，应当在生产时节能降耗，减少对环境的各种污染；对个人而言，应当在消费时充分考虑到资源的有限性，注重对能源如电、燃气资源、如水的充分利用和节约。"替代消费"是指在消费中，用可再生的资源替代不可再生的资源，如在能源消费中用水电、风力、太阳能来替代煤炭、石油等，用对环境无害、少害的消费品替代高污高耗的消费品，如采用无氟制冷技术的电冰箱和空调，选用不施用农药或农药施用量很少的蔬菜水果以及无磷洗衣粉等，与此相应，目前在我国已经实行了环境标志产品制度，它要求企业多开发生产对环境无害的消费品，要求消费者在消费中自觉使用具有环境标志的产品。

要想使可持续的消费方式成为全体社会成员普遍自觉遵循的行为准则，就必须要求每位社会成员养成节俭消费的习惯，具备可持续发展的意识。个人应具备的可持续发展意识应该包括以下几个方面：[1]

（一）自觉节约资源

在消费意识上，应当以符合环境保护和可持续发展原则的"适度消费""替代消费"来指导自己的消费，自觉地节约资源，尽量不使用对环境有害的物质。

（二）自觉参与环保工作

在环境保护上，不应当局限在日常环境的清洁与否上，也不应当只有在自己的利益受到侵害时才去抗争，而要在日常生活中自觉地参与环保工作，创造更加美好的生活环境。例如，参与植树造林活动，自觉爱护花木，自觉参与保护野生物种，不使用也不食用被保护动物、植物生产的产品，对于企业和个人污染环境的行为进行制止，等等。

（三）尊重自然

在人与自然的关系上，摒弃自然资源"取之不尽，用之不竭"观念，自觉地、有意识地爱护之，为后代人的生存和发展创造条件。要把人当成自然界的一部分，而不再是自然界的对立面；也不再强调征服自然，而是学会与自然和谐相处，并科学利用之。

（四）提高自身素质

不断提高自身素质（受教育水平，职业技能等）。可持续发展的核心是人的发展，人力资源是衡量一个国家和地区持续发展的重要指标。对个人而言，随着社会对人的素质的要求越来越高，只有具备较高的教育水平和职业技能，才能获得较好的职业，保持较高的生活水准。

（五）确立新的生活观念

在衡量一个人生活质量的高低时，不仅仅看他拥有多少财富，而且要注

---

〔1〕　王鸿生、孙立明主编：《可持续发展百题问答》，当代中国出版社 1997 年版，第 122 页。

重其生活所在地的环境质量，如空气的清新程度、水质的好坏、绿化程度等。

第四节　可持续发展

"可持续发展"要解决的是当前社会经济发展中普遍存在的非持续性问题，使之转移到可持续发展的轨道上来，真正把现代经济发展建立在节约资源、增强环境支撑力、生态良性循环的基础之上，使人类经济社会发展保持在环境承载力之内，确保最终实现全面可持续发展。

一、可持续发展的内涵

联合国大会于 1961 年确定 20 世纪 70 年代、80 年代、90 年代为第二个、第三个、第四个"发展十年"。发展中国家亦通过贸发会议（UNCTAD）争取贸易的改善。斯德哥尔摩人类环境会议后十年关于环境与发展的问题实际上并没有得到很好的解决，基于此，1983 年联大为追求问题解决的途径而设置了"环境与发展委员会"。1987 年环境与发展委员会在其报告《我们共同的未来》中第一次阐述了可持续发展的概念。根据该报告阐述，"可持续发展"指的是既满足当代人的需要，又不对后代人满足其需要的能力构成危害的发展。[1]可持续发展的概念中包含着制约的因素——不是绝对的制约，而是由目前的技术状况和环境资源方面的社会组织造成的制约以及生物圈承受人类活动影响的能力造成的制约。人们能够对技术和社会组织进行管理和改善，以开辟通向经济发展新时代的道路。委员会深信，广泛的贫困绝不是不可避免的。贫穷本身是一种邪恶，而可持续发展则是要满足所有人的基本需求，向所有人提供实现美好生活愿望的机会。一个以贫穷为特点的世界将永远摆脱不了生态的和其他的灾难。[2]同时，全球可持续发展要求较富裕的人们能根据地球的生态条件决定自己的生活方式，例如，能源消费方式。人口进一步快速增长会加重资源的负担，延缓生活水平的任何提高。只有人口数量的增长率与不断变化的生态系统的生产潜力相协调，可持续发展才有可能实现。

---

〔1〕　世界环境与发展委员会：《我们共同的未来》，王之佳等译，吉林人民出版社 1997 年版，第 52 页。

〔2〕　世界环境与发展委员会：《我们共同的未来》，王之佳等译，吉林人民出版社 1997 年版，第 10、11 页。

换句话说，经济、社会、资源和环境保护协调发展，是一个密不可分的系统，既要达到发展经济的目的，又要保护好人类赖以生存的大气、淡水、海洋、土地和森林等自然资源和环境，使子孙后代能够永续发展和安居乐业。

公众参与是实现全球可持续发展的重要基础。为满足基本需求，不仅需要那些穷人占多数的国家的经济增长达到一个新的阶段，而且还要保证那些贫穷者能得到可持续发展所必需的自然资源的合理份额。保证公民能有效地参加决策的政治体制以及国际决策中更广泛地实行民主将有利于这一公平原则的实现。这并不是让所有的人去解决全球可持续发展面临的问题，而是促使人们同舟共济。"为了全球可持续发展，应当从我做起，从现在做起。"全球变暖让世界很多地方的夏天热得如同"洗桑拿浴"，荒漠化使很多地方饱受沙尘暴袭击，物种灭绝使越来越多的生物成为人们久远的记忆。

"可持续发展"是 1992 年 6 月里约热内卢环境与发展会议的口号，其理念是首先要满足发展中国家众多贫穷人口的生存所需最低限度的物质要求，即为此而发展是必要的。

这一见解与印度总理甘地 1972 年在斯德哥尔摩人类环境会议所提出的"发展中国家的贫困乃是最大的环境问题"的主张是共通的。"发展"在斯德哥尔摩人类环境会议被列为议题，并建立了联合国环境规划署。

一部分的产油国确保了石油收入，东亚和东南亚诸国也取得了工业化的成功，而大多数的发展中国家则依然没能脱离贫困状态。对发展中国家而言，强调地球环境的恶化，不如更关心如何减轻其过度的财政负担和国际义务，认为造成地球环境污染的发达国家理应承担治理的责任。

对处于贫困中的发展中国家，创造和维持人类生存的条件才是要务。对发展中国家来说，发展是消除贫困的唯一方法，它们无法认同以环境保护为理由而削减援助额或增加贸易限制或减少发展资源资金等。据"环境与发展委员会报告"，仅 1985 年由发展中国家流向发达国家的额差就达 400 亿美元，而这主要来自发展中国家的天然资源，完完全全是所谓"批发自然"。[1]

"环境与发展委员会报告"从正面反映了发展中国家为解决贫困而发展的观点，因为报告充分纳入了发展中国家占多数的联大的意向。在构成委员会的 23 名委员中，以个人或专家身份选出的发展中国家委员就超过半数，委员

---

〔1〕 〔日〕原彬久编：『国际関系学讲义』，有斐阁 1996 年版，第 161 頁。

会的构成乃是根据联大决议而决定的。该委员会的报告在递交联合国环境规划署理事会后提交联大。1987 年的联大通过了接受环境与发展委员会 1987 年报告的决议，决议还强调了以"可持续且环境上健全的"发展为目标，为了解决贫困，经济增长是必要的，但绝不能使资源耗尽、使环境恶化。即，该决议提出我们最终应致力于和平的维护、增长的恢复、贫困状态的改善、人类生活的需要、人口增加问题的解决，以资源的保全、技术的改革、危机的管理等为目标，在制定政策时，应将环境与经济统一起来加以考虑。

该联大决议对"环境与发展委员会"报告是加以肯定的，所以，可以认为该报告奠定了里约会议的基础，确定了会议方向，这就是里约热内卢会议关于环境与发展的行动计划之底蕴。

二、可持续发展的理论基础

环境伦理是可持续发展理论的基石。环境伦理要求人类活动应当以不破坏生物物种的持续生存和自然生态系统的稳定为最低道德要求。环境伦理的提出是可持续发展理论的基石，标志人类对自然认识进入了一个新阶段，其实质是摒弃人类以无度消耗自然资源、污染环境为代价的发展，代之以人、社会和自然的和谐、友好发展。要树立长远观点，克服短视行为，要有给子孙后代的生存、繁荣留下一个良好环境空间的意识，切不可以当代人的利益为中心，甚至不惜牺牲后代人利益，拼环境、拼资源，掠夺自然。要以有限的资源满足无限的需求，关键是要在经济发展中，注意保护和合理利用自然资源，使可再生资源能保持其再生能力，非再生性资源不致过度消耗且能得到替代资源的补充，以实现自然资源的永续利用。

事实上，地球生态系统的承载能力是有限度的，人类必须在地球承载能力范围内生活，没有第二种选择。我们必须认识到"只有一个地球"和"明天与今天一样重要"，"如果我们不能持久地和节俭地使用地球上的资源，我们将毁灭自己的未来。我们必须尊重自然的限度，并采用在该限度内行得通的生活方式和发展道路"。[1]我们需要在深层意识上调整人与自然、人与人之间的关系，承认人类是自然界的普通成员，真正把人类看作是自然的一部分，

---

〔1〕 世界自然保护同盟、联合国环境规划署、世界野生生物基金会合编：《保护地球——可持续生存战略》，国家环境保护局外事办公室译，中国环境科学出版社 1992 年版，第 1 页。

把人类从对自然的胜利所产生的飘飘然中解脱出来，承认自然界变化发展的客观规律，从而建立起一种既符合人类持续发展的主观需要，又符合生态环境自然客观规律要求的人与自然的新型关系——平等、和睦、协调、统一。使我们的行动保持在地球的承载能力范围之内，使人们享受长期、健康、幸福的生活。这就要求我们必须尊重环境的限度，作出深刻的反省、崇善的承诺，以可持续的方式开发、利用自然资源。对自然资源的利用必须有"度"。这个"度"就是自然资源的再生和永续能力。无度或过度地利用自然资源，将毁坏它的再生和永续能力，使它的状况发生不可逆转的恶变。有度地利用自然资源，既使它发挥最大的效益，又不损它的再生和永续能力。对于可再生资源，应在保持它的最佳再生能力前提下加以利用。对于不可再生资源，则应保存和不以使其耗尽的方式的利用。与此同时，我们必须改变现行的生产和消费方式，必须基于节俭、循环的观点来对当今的社会体系进行综合调整，摈弃那种生产者追求最大利润，消费者寻求最大功效的分割型社会模式。把改进技术和改革体制结合起来，探索为人类社会建立与环境相适应的政治、经济体系。这正是《人类环境宣言》所宣示的原则十六和《里约环境与发展宣言》所宣示的原则八的要求。[1]必须毫不迟疑地确立并实行"可持续发展"这一国际环境法的基本原则。

"可持续发展"是建立在深刻反思传统发展观念基础上为实现人与自然的和谐提供的新思维，是对以往关于环境与发展关系的理论和实践的总结和升华，是人类持续生存的基本前提，是解决环境问题的有效途径，是人类社会发展的客观要求，是实现人类共同福祉的必然选择。它结束了长期以来把经济发展与环境保护相互对立起来的错误观点，明确了它们相互联系与互为因果的本质关系。它一方面吸收了悲观主义观点中的合理成分，充分注意到发展应具有可持续性，其意义不仅限于经济增长，而是更广泛意义上的人类生存质量及自然和人文环境的全面优化；另一方面借鉴了乐观主义的观点，肯定发展的必要性和可能性。可持续发展是对两种极端思想加以扬弃的结果，

---

〔1〕《人类环境宣言》原则十六："在人口增长率或人口过分集中可能对环境或发展产生不良的影响的地区，或在人口密度之低可能妨碍人类环境改善和阻碍发展的地区，都应采取不损害基本人权和有关政府认为适当的人口政策。"《里约环境与发展宣言》原则八："为了实现可持续的发展，使所有人都享有较高的生活素质，各国应当减少和消除不能持续的生产和消费方式，并且推行适当的人口政策。"

意味着在人与自然的关系不断优化的前提下，实现经济效益、社会效益、生态效益的有机协调，从而使社会的发展具有可持续性。

1987 年世界环境与发展委员会发表的研究报告《我们共同的未来》将"可持续发展"作为人类未来生存发展的唯一途径。该报告于同年为第 42 届联合国大会所接受。1992 年 6 月的里约热内卢环境与发展大会，"可持续发展"成为大会口号，大会提出的可持续发展战略，为处于历史关键时刻的人类指明了改革的方向，进一步完善了保护性利用资源制度。2002 年 9 月，约翰内斯堡可持续发展世界首脑峰会以可持续发展为中心议题，选择了一条给后代留下最宝贵的财产——可持续发展——的道路。2007 年 4 月 30 日至 5 月 11 日，可持续发展委员会第 15 届会议在联合国总部召开，重点研究包括能源促进可持续发展、工业发展、空气污染/大气层和气候变化等主题。"可持续发展"要求我们不仅对现在的人，而且对未来的人负有责任。我们应节俭地使用现有的资源，节俭地进行生产和消费来安排我们以及我们的子孙后代的生活。对我们而言，不能不遵守的一个原则就是"本世代人对未来世代的子孙的生存可能性负有责任"。我们必须认识到：在将"没有石油便无法生存"的观念留给子孙后代的同时却一味地在耗竭石油。我们绝不能走过分消费资源的路子，当代人应该担当起为后代人开创更加美好生活的责任。这必须成为人类的道德共识。

三、可持续发展的实践意义

长期以来，由于民族和国家征战，人类对待自然资源的心态上，就往往存在着这种放大了的个人主义——民族、国家利益优先的原则，结果是冲突和纷争，谁也很难独霸地球。从古代君主的开疆拓土到近代的贸易争夺，都表现了民族、国家霸占和控制自然资源的努力以及无法达成这一目标的无可奈何。由于谁也无法独自拥有地球，所以又导致了对自然资源的掠夺性开发。现代，虽然赤裸裸的自然资源掠夺战争已经少见了，一些发达国家仍在采取以邻为壑的环境政策，为了霸占石油，不惜重金储备，以备自己将来的不时之需；把自己的森林保护起来，却从别人那里大量进口木材；各种工业垃圾，要转移到别国领土；核废料，抛向大海和太空。凡此种种，无不反映了在环境心态上的自私和野蛮和狂妄自大。

人类对自然的狂妄自大态度和肆意掠夺行为，主观上是由两个因素引起的。一是由于人类对生态规律和自身生存的生态要求以及对地球资源有限性的无知，以及对科技力量的迷信。二是由于人类行为中的狭隘利己主义和感性享乐主义。在人类生存面临环境危机的严重威胁，在有关人类生死存亡的生态学呼唤和警钟已经振聋发聩的今天，人类似乎还没有真正觉醒，对自然的狂妄和掠夺行为以及无度的生活、消费仍然没有从根本上去"自觉"而加以有效控制。

21 世纪之初的全球金融危机来势凶猛，其影响出人预料，面对如此惨烈的经济大衰退，为防止经济滑坡，保障就业而追加投入、刺激消费以及力促增长成了世界各国的共同选择。此时，"环境评价""节能减排""应对气候变化""保护生物多样性"等似乎必须让道。的确，金融危机给经济发展带来了巨大压力，全球经济增长明显缓慢，国际竞争日趋激烈，投资和贸易保护主义上升。然而，环境事业如逆水行舟。我们不能忘记以往的"大干快上"造成的环境恶果：草原垦荒导致绿野沦为不毛之地，无节制的大面积砍伐将绿水青山变成了荒山浑河，乡镇企业致使多少河流由清澈可饮变成污浊不堪，大力发展私家车又使多少人为"堵"哀叹，沙尘暴肆虐几乎成为春天里的一道"风景线"，人们为随时可能爆发的干旱、洪水绷紧了神经……如果我们在"巨额投资""促进消费"中忽略了环境保护，势必增加新的环境负荷，埋下污染祸根，加剧环境与发展的矛盾。我们不应该也不能因此而重蹈"先污染，后治理"的覆辙，不应该也不能忽略了长期形成的高投入、高消耗、高污染、低产出、低效益的状况和由此带来的水、大气、土壤等严重污染。倘若我们不解决好"能源、淡水、土地、矿产等战略性资源日益不足"等问题，资源支撑不住，环境容纳不下，社会承受不起，可持续发展就是一句空话。

贯彻和落实"可持续发展"必须克服和摒弃环境心态上的自私和野蛮，善待自然的同时善待同是自然之子的"人"。

四、生活环境与可持续发展

环境是指环绕中心事物的周围世界。作为中心事物周围世界的环境，是中心事物（主体）活动的场所，构成主体活动所需条件的总和，并通过主体的活动而处于与主体相互作用，相互影响之中。我们所说的环境是以人为中心、为活动主体的环境。

环境按照与人类生活的密切程度可划分为生活环境与生态环境。生活环境是指与人类生活密切相关的各种天然的和经过人工改造过的自然因素；生态环境是指影响生态系统发展的各种生态因素。这种分类对于按照环境单元与人类生活密切程度而实施不同方式、不同程度的管理具有重要意义。应该指出，生活环境与生态环境的划分不是绝对的，而且，这种划分在环境问题仅仅是局部污染和破坏的前提下其意义更突出，在现今环境问题已演化成全球共同面临的社会问题的情况下，其意义已被弱化。事实上，随着人类对自然影响力的日益增强，生活环境的外延呈扩大趋势，在生态环境对人类生活也存在重要影响的意义上讲，为了更好地把握人类生活方式与环境的关系，我们在本节中对生活环境作扩大解释，即生活环境就是环境，包括上述分类方法中的生活环境与生态环境。

在社会经济条件发生变化时，这种变化必然反映在社会上某些人的头脑中，形成某种价值观念，并相应地产生新的生活方式的要求。一方面，生产方式制约着生活方式的发展；另一方面，生活方式的主体对生活方式的选择也是不可忽视的。我们在谈到生活方式的概念时曾说到，人们的价值观如何将在生活方式的形成中起指导作用，也就是说具有选择自己"怎样生活"的能动性，因此在分析人类未来生活方式走向时，如果忽视人类自身的主体因素，也不可能对人类生活方式的发展前景做出科学预测。即使科学技术和生产力对人类生活方式的形成和发展起决定作用，也应内在地包括人类凭借自己的价值观念对科学技术应用的调整能力。在这个意义上讲，科技对人类未来生活方式的影响，离不开人类自身能动的价值观因素，价值观因素在人类生活方式的发展中起最高调节作用和直接的决定作用。

"可持续发展"源自环境保护，但是目前已不限于环境保护，而是成为涵盖经济社会发展的战略模式，同时也是一种思想和理念，是国际环境法的一项基本原则。可持续发展不仅仅指生态可持续发展，还包括经济和社会的可持续发展，它们之间互相关联而不可分割。孤立追求经济增长必然导致经济崩溃，孤立追求生态持续不能遏制全球环境的衰退，生态持续是基础，经济持续是条件，社会持续是目的。人类共同追求的应该是自然-经济-社会复合系统的持续、稳定、健康发展，人类在追求这个目标的过程中，同时也实现了人的可持续发展，在一个不可持续的社会中，人的需求要么是为生存，要么为享受，只有在可持续的社会中，人们发展才是全面的、可持续的、才能将生存和享受的需求上升为发展的需求。

可持续发展战略的实施、可持续发展原则的贯彻、可持续发展思想的传播贯穿于人类活动的各个方面，除包括国家的活动，企业的活动，社会团体的活动外，还包括人的活动。生活活动归根结底是人的活动。只有可持续发展的思想深入人心，人们形成正确的环境伦理观，以正确的环境伦理观指导生活活动，才能保护好生活环境。可持续发展的观念和思想除直接影响人类生活方式外，还能通过社会生产对人类生活方式施加影响，达到改善生活环境的目的。

五、国际环境法的基本原则——可持续发展

今天，环境与发展的密切关系被表述为"可持续发展"，必须保护环境、将保护措施统一到发展进程中已成为被广泛接受的原则。"可持续发展"指的是在寻求满足当代人类需要的发展的同时，为后代的需要保护和尊重环境。这已经成为国际环境保护领域的基础。很多国家都把可持续发展的战略和思想融入本国的环境政策和立法之中，使可持续发展在国际环境法领域具有普遍指导意义，体现了国际环境法的特点并构成国际环境法的基础之一，成为国际环境法的一项基本原则。

（一）可持续发展原则的要求

可持续发展是 21 世纪的主题，其中心内容是要求经济增长与环境保护的协调。这是人类社会发展的一种新理念、新模式。

可持续发展原则要求环境与发展两方面的互相结合，对我们而言，不能不遵守的一个原则是"本世代人对未来世代的子孙的生存可能性负有责任"。我们必须认识到：在将"没有石油便无法生存"的观念留给子孙的同时却一味地在耗尽石油。这就是"可持续发展原则"对我们的要求。具体表现为：

1. 代际公平

代际公平，是从时间特性和人类认识能动性出发提出的一种现世人类应有的道德责任感和对未来人类利益的道德义务感。[1]

人类的每一代人都是对后代人的地球权益的托管人，我们应当确立一个全社会普遍接受的、不取决于特定利益集团的一个规范标准。在涉及代际问题时，应该将代际公平作为可供选择的可行性方案的约束条件，必须对传给

---

〔1〕 裴广川、林灿铃、陆显禄主编：《环境伦理学》，高等教育出版社 2002 年版，第 56~58 页。

下一代的资源基础质量加以保护，给下一代提供继续发展的机会。

代际公平要求本代人的发展不能以损害后代人的发展能力为代价，至少要留下比前辈留下的更多的自然财富，以满足后代人能进一步发展的环境资源等自然条件。与本代人一样，每一代人都必须依靠足够的自然资源才能生存，后代人与本代人一样，都有着生存下去的不可剥夺的权利。后代人不可能在缺乏生活必需的环境和资源的条件下生存下来，因此，每一代人都必须关心以后各代。"为后代人多着想，这既是本代人的责任，也是本代人超越前代人的表现。"[1]当代人做出节约使用资源自觉保护生态环境的榜样，对后代人就有好的道德示范作用。我们绝不能走过分消费资源和先污染、后治理的路子，当代人应该担当起为后代开创更美好生活的责任。

2. 代内平等

代内平等指的是代内的所有人，无论其国籍、种族、性别、经济发展水平和文化方面的差异，对于利用自然资源和享受清洁、良好的环境享有平等的权利。代内平等要求资源和环境在代内进行公平分配，强调不同发展空间即任何地区和国家的发展不能以损害别的地区和国家的发展为代价，强调人类的整体和长远利益高于局部的和暂时的利益。

代内平等是可持续发展的必要条件。然而，长期以来，由于民族和国家征战，人类对待自然资源的心态上，就往往存在着一种放大了的个人主义——民族、国家利益优先的原则，结果是冲突和纷争，谁也很难独霸地球。从古代君主的开疆拓土到近代的贸易争夺，都表现出了民族、国家霸占和控制自然资源的努力以及无法达成这一目标的无可奈何。由于谁也无法独自拥有地球，所以又导致了对地球自然资源的掠夺或开发。现代，虽然赤裸裸的自然资源掠夺战争已经非常少见了，一些发达国家仍在采取以邻为壑的环境政策，为了霸占石油，不惜重金储备，以备自己将来的不时之需；把自己的森林保护起来，却从别人那里大量进口木材；各种工业垃圾，要转移到别国领土；核废料，被抛向大海和太空。凡此种种，无不反映了某些国家在环境心态上的自私和野蛮。

根据代内平等，任何一个地区、民族、国家的人都享有在地球上生存、享受和发展的权利。因此，应当从整体上防止国与国、民族与民族，地区与

---

[1] 厉以宁：《经济学的伦理问题》，生活·读书·新知三联书店1995年版，第213页。

地区间的贫富分化。只有采取资源环境公正配置的原则，缩小穷富两极分化，才可保证人类整体生存和发展的持续性。就当前来讲，贫困者的生存需求应当优先于富有者的奢侈需求。富国不仅应当停止掠夺穷国资源的行为，而且还应当实际地援助穷国发展经济。1991 年的发展中国家环境发展部长级会议《北京宣言》提出："必须建立一个有助于所有国家，尤其是发展中国家持续和可持久发展的公平的国际经济新秩序，为保护全球的环境创造必要条件。"[1]

在国际环境法领域，1972 年的《人类环境宣言》宣布人类享有自由、平等和充足的生活条件的基本权利，其原则五要求"在使用地球上不可再生的资源时，必须防范将来把它们耗尽的危险，并且必须确保整个人类能够分享从这样的使用中获得的好处"。原则二十四要求有关保护和改善环境的国际问题应当由所有的国家，不论其大小，在平等的基础上本着合作精神来加以处理。1992 年《里约环境与发展宣言》原则三规定"为了公平地满足今世后代在发展与环境方面的需要，求取发展的权利必须实现"。该宣言还要求根除贫穷（原则五）和改变生产和消费方式（原则八）。

1971 年《设立油污损害赔偿国际基金国际公约》关于基金执行委员会的规定、1972 年《保护世界文化和自然遗产公约》关于世界遗产委员会的规定和 1982 年《联合国海洋法公约》关于国际海底管理局的规定都要求在地理上公平分配委员会或局的委员名额。1987 年的《关于消耗臭氧层物质的蒙特利尔议定书》在序言中提出"采取公平地控制消耗臭氧层物质全球排放总量的预防措施"。1990 年对该议定书的修正在上述文字之后加上"并铭记发展中国家的发展需要"一段文字。1992 年《联合国气候变化框架公约》规定："各缔约方应当在公平的基础上，并根据他们共同但有区别的责任和各自的能力，为人类当代和后代的利益保护气候系统。因此，发达国家缔约方应当率先对付气候变化及其不利影响。" 1992 年《生物多样性公约》的目标包括"公平合理分享由利用遗传资源而产生的惠益"的规定。

可见，代内平等思想已在一些重要的法律文件中得到体现。要实现可持续发展，必须强调代内平等。

3. 可持续利用

可持续利用指的是以可持续的方式利用自然资源。对于再生资源，可持

---

〔1〕　参见"发展中国家环境与发展部长级会议《北京宣言》"，载中国环境报社编译：《迈向 21 世纪——联合国环境与发展大会文献汇编》，中国环境科学出版社 1992 年版，第 169 页。

续利用指的是在保持它的最佳再生能力前提下的利用。对于不可再生资源，可持续利用指的是保存和不以使其耗尽的方式的利用。可持续利用的核心是利用的"度"。对自然资源的利用必须有"度"。这个"度"就是自然资源的再生和永续能力。无度或过度地利用自然资源，将毁坏它的再生和永续能力，使它的状况发生不可逆转的恶变。有度地利用自然资源，既能使它发挥最大的效益，又不损它的再生和永续能力。为了实现可持续利用，各国必须尽快改变现行的生产和消费方式，并推行适当的人口政策。必须基于循环的观点来对当今的社会体系进行综合调整，摈弃那种生产者追求最大利润，消费者寻求最大功效的分割型社会模式。这样，就会促进有关社会的各项政策、法律的统一。[1]这种理论，把改进技术和改革体制结合起来，探索为人类社会建立与环境相适应的经济体系。这也是《人类环境宣言》所宣示的原则十六和《里约环境与发展宣言》所宣示的原则八的要求。[2]

可持续利用在很多国际环境法律文件中得到了体现。

1980年《南极海洋生物资源养护公约》第2条规定"防止任何捕捞种群减少到无法保证稳定补充的水平"和"维持南极海洋生物资源中被捕捞种群的以其为生的种群和生态关系"。1982年《联合国海洋法公约》第119条规定"采取措施……使捕捞的鱼种的数量维持在或恢复到能够生产最高持续产量的水平"和"考虑到与所捕捞鱼种有关联或依赖该鱼种而生存的鱼种所受的影响，以便使这种有关联或依赖的鱼种的数量维持在或恢复到其繁殖不会受到严重威胁的水平以上"。1992年《生物多样性公约》第2条规定"持久利用"是指"使用生物多样性组成部分的方式和速度不会导致生物多样性的长期衰落，从而保持其满足今世后代的需要和期望的潜力。"

4. 环境与发展一体化

环境与发展一体化一方面要求在制定经济和其他发展计划时切实考虑保护环境的需要，一方面要求在追求保护环境目标时充分考虑发展的需要。这

〔1〕 潘抱存："国际环境法基本原则的宏观思考"，载《法学杂志》2000年第6期。
〔2〕《人类环境宣言》原则十六："在人口增长率或人口过分集中可能对环境或发展产生不良的影响的地区，或在人口密度之低可能妨碍人类环境改善和阻碍发展的地区，都应采取不损害基本人权和有关政府认为适当的人口政策。"《里约环境与发展宣言》原则八："为了实现可持续的发展，使所有人都享有较高的生活素质，各国应当减少和消除不能持续的生产和消费方式，并且推行适当的人口政策。"

就是说，它要求环境与发展两方面互相结合，协调统一，不能以保护环境否定发展，也不能以发展牺牲环境。它指的是将保护环境与经济和其他方面的发展有机地结合起来。

"环境与发展"是1992年6月里约热内卢环境与发展大会的矛盾焦点之一，在对环境与发展的关系认识上，发展中国家主张在发展中国家发展和消除贫穷是第一位的任务，反对少数发达国家借环境保护之名，行限制发展中国家经济发展之实。早在1972年的斯德哥尔摩人类环境会议发展中国家就以"发展中国家的贫困乃是最大的环境问题"的主张追求修正与发达国家之间的经济差别。消除贫穷是实现可持续发展的必不可少的条件。但绝不能以此为理由而一味地无节制地开发、索取以致破坏环境。解决这个矛盾的良策就是环境与发展的一体化。现在，不论是发展中国家还是发达国家，都不得不面对环境破坏的严峻现实，因此，很多国际环境法律文件都承认并要求实行环境与发展的一体化。1974年《防止陆源物质海洋污染公约》要求制定与环境保护要求相一致的一体化的规划政策；[1]1985年《东南亚国家联盟关于保护自然和自然资源的协定》第2条第1款要求在所有阶段和层次上将自然资源的保护和管理作为发展计划的有机组成部分；1992年《生物多样性公约》第6条b款要求尽可能并酌情将生物多样性的保护和持久使用纳入有关部门或跨部门计划、方案和政策内；1992年《里约环境与发展宣言》从整体上体现了环境与发展的一体化关系。[2]

（二）可持续发展原则的重大意义

"可持续发展"一经提出就得到了国际社会的广泛共识。可以毫不夸张地认为：如果说保护人类生存环境是国际环境法的出发点，那么，可持续发展原则就是国际环境法的立足点。

1987年第42届联合国大会接受并通过了阐释"可持续发展"的环境与发展委员会报告——《我们共同的未来》，发表了"可持续发展"应成为各

---

〔1〕　参见《防止陆源物质污染海洋公约》第6条第2款第6项。

〔2〕　参见《里约环境与发展宣言》原则三："为了公平地满足今世后代在发展与环境方面的需要，求取发展的权利必须实现。"原则四："为了实现可持续的发展，环境保护工作应是发展进程的一个整体组成部分，不能脱离这一进程来考虑。"原则五："为了缩短世界上大多数人生活水平上的差距，和更好地满足他们的需要，所有国家和所有人都应在根除贫穷这一基本任务上进行合作，这是实现可持续发展的一项不可少的条件。"

国政府的指导原则的宣言，并对"可持续发展"做了如下定义：环境的恶化与天然资源的枯竭，已十分严重地影响了发展。我们希望通过发展以满足现在的需要，但绝不允许现世代使资源枯竭。发展必须虑及将来世代的需求。

在国际环境保护的历史上，可持续发展观念可于1893年的"太平洋海豹仲裁案"中窥知。在该案中，仲裁庭一方面依据"公海自由"原则裁定美国对在其领海以外地区的海豹不具有管辖权，并否定了美国关于它有权作为"人类共同利益"的受托管理人而对处于其领海以外的海豹行使保护权的主张；另一方面为保护公海的海豹规定了一系列专门措施，如对禁猎季节、捕猎方法和捕猎工具的规定等。这种措施的目的是保护太平洋海豹的种群和数量，以免其因遭滥捕滥猎而绝种。仲裁庭为保护海豹而规定的措施反映了对自然资源的可持续利用的思想，并影响国际社会后来为保护海洋生物资源制定的条约。[1]如1946年《国际捕鲸管制公约》就明确规定了其宗旨是"防止所有种类鲸鱼的过度捕猎。为未来世世代代子孙而保护鲸鱼族类这一丰富自然资源。建立国际捕鲸管制制度，以确保鲸鱼族类的适当养护和发展"。[2]

1972年的《人类环境宣言》原则一就宣布："人类有权在一种能够过尊严和福利的生活的环境中，享有自由、平等和充足的生活条件的基本权利，并且负有保护和改善这一代和将来的世世代代的环境的庄严责任。"紧接着又强调了可持续理念。原则二是"为了这一代和将来的世世代代的利益，地球上的自然资源，其中包括空气、水、土地、植物和动物，特别是自然生态类中具有代表性的标本，必须通过周密计划或适当管理加以保护"。原则三是"地球生产非常重要的再生资源的能力必须得到保持，而且在实际可能的情况下加以恢复和改善"。原则五是"在使用地球上不能再生的资源时，必须防范将来把它们耗尽的危险，并且必须确保整个人类能够分享从这样的使用中获得的好处"。

1982年的《世界自然宪章》要求实现并保持各种资源和生态系统的"最佳可持续生产力"。

1986年世界环境与发展委员会环境法专家组通过的《关于环境保护和持

---

〔1〕 转引自王曦："论国际环境法的可持续发展原则"，载《法学评论》1998年第3期。

〔2〕 全国人大环境保护委员会办公室编：《国际环境与资源保护条约汇编》，中国环境科学出版社1993年版，第191页。

续发展法律原则》提出各国在利用生物资源和生态系统时，"应遵循最佳持续产量的原则"。

1987 年环境与发展委员会在其报告《我们共同的未来》中第一次明确阐述了可持续发展的概念。同年第 42 届联大决议接受并通过《我们共同的未来》，倡议"可持续发展"作为各国政府的指导原则，并对"可持续发展"重新定义。

1991 年发展中国家环境发展部长级会议《北京宣言》提出："必须建立一个有助于所有国家尤其是发展中国家持续和可持久发展的公平的国际经济新秩序，为保护全球的环境创造必要条件。"

1992 年 6 月的里约热内卢环境与发展大会，"可持续发展"成为大会口号，大会提出的可持续发展战略，为处于历史关键时刻的人类指明了改革的方向。大会通过的《里约环境与发展宣言》宣布的 27 项原则多处提到可持续发展。原则三提出"为了公平地满足今世后代在发展与环境方面的需要，求取发展的权利必须实现"；原则四提出"为了实现可持续发展，环境保护工作应是发展进程的一个整体组成部分，不能脱离这一进程来考虑"；原则五指出"各国在根除贫穷这一基本任务上进行合作是实现可持续发展的一项必不可少的条件"；原则八提出"为了实现可持续的发展，使所有人都享有较高的生活素质，各国应当减少和消除不能持续的生产和消费方式，并且推行适当的人口政策"。可见，该宣言中所提出的可持续发展观完善了保护性利用资源制度。"最优化的而不是最大的"或者"长期有利环境的"资源利用模式将维持自然的生存基础（包括为了下一代人）与提高不发达国家的生活水平有机结合起来。这表明它不是孤立地看待环境保护，而是将环境保护视为发展过程中的有机组成部分。[1]大会通过的以建立新的全球伙伴关系，促进可持续发展为核心的《21 世纪议程》，为各国实行《里约环境与发展宣言》宣布的各项原则和实现可持续发展提供了具体的计划。它要求将可持续发展的战略思想贯穿于各国的国内立法、决策和国际环境立法活动，并为人类社会的可持续发展提出了一份全面的行动计划。许多重要的国际公约都规定了这一原则。如《联合国气候变化框架公约》规定："所有国家有权并且应当促进可持

---

〔1〕 ［德］沃尔夫刚·格拉夫·魏智通主编：《国际法》，吴越、毛晓飞译，法律出版社 2002 年版，第 555 页。

续的发展。"[1]1992 年的《生物多样性公约》在序言中重申:"各国有责任保护它自己的生物多样性,并以可持久的方式使用它自己的生物资源"。还将"持久利用"界定为"使用生物多样性组成部分的方式和速度不会导致生物多样性的长期衰落,从而保持其满足今世后代的需要和期望的潜力"。[2]

2002 年 9 月约翰内斯堡可持续发展世界首脑峰会以可持续发展为中心议题提出:想给我们的后代留下一个什么样的世界?

该峰会是全面审查和评价《21 世纪议程》执行情况,重振全球可持续发展伙伴关系的重要会议,大会的主要目的是敦促各国在可持续发展领域采取实际行动。大会全面审议 1992 年以来环境发展大会所通过的《里约环境与发展宣言》《21 世纪议程》等重要文件和其他一些主要环境公约的执行情况,并在此基础上就今后的工作形成行动的战略与措施,积极推进全球的可持续发展。

会议通过了两份主要文件——《环境执行计划》和题为《约翰内斯堡可持续发展承诺》的政治宣言。《环境执行计划》被认为是关系到全球未来 10 年至 20 年环境与发展进程走向的路线图,是国际社会在可持续发展领域积极努力的最新结晶,其重要性不容低估,将对未来环境与发展产生积极影响。

大会还针对过去 10 年来被忽视和未得到解决的一些最紧迫生态问题设立了可行的时间表,并将重点集中在水、生物多样性、健康、农业、能源等几大具体领域,体现了务实态度。这些时间表能得到各国认可,充分表明走可持续发展之路,在全球范围内已是大势所趋,且这一趋势不会因暂时的阻力而逆转。

大会选择了一条给后代留下最宝贵的财产——可持续发展的道路。

很显然,可持续发展原则是建立在辨证的、科学的发展观念基础上的法律原则,是在深刻反思传统发展观念的基础上,对两种极端思想加以扬弃的结果。它一方面吸收了悲观主义观点中的合理成分,充分注意到发展应具有可持续性,其意义不仅限于经济增长,而是更广泛意义上的人类生存质量及自然和人文环境的全面优化;另一方面它也借鉴了乐观主义的观点,肯定发展的必要性和可能性。可持续发展原则意味着在人与自然的关系不断优化的前提下,实现经济效益、社会效益、生态效益的有机协调,从而使社会的发

---

〔1〕 参见《联合国气候变化框架公约》"序言"。
〔2〕 参见《生物多样性公约》"序言"。

展获得可持续性。可持续发展原则对主客体关系进行的重新建构，为实现人与自然的和谐发展提供了新思维。

实现可持续发展需要我们不懈努力、共同奋斗。作为一个人，生活的意义在于美好，在于向往目标的力量，应当使生活的每一瞬间都具有崇高的目标，而人生最有意义的就是向着生活的目标去奋斗！

第八章

良法善治

法治追求的目标并非仅仅是获得良法，关键是通过良法实现"善治"。以良法推进善治，以善治促进良法的不断完善，良法与善治的有机结合是构建良好社会秩序的基本保障，更是倡导良好社会风气的航标典范，同时也是人类社会持续、和谐发展的根本制度要求。

第一节 良 知

所谓"良知"乃是指作为理性存在的人所具有的一种善良意志、义务意识和内心法则，是在与他人取得某种一致之基础上个人对社会普遍道德法则的自觉和认同，良知的基本属性是其普适性。良知作为天道在人身上体现而发挥着行为准则的裁定功能，它对正义合理的行为予以肯定，对不合道义的行为予以否定，我们现实社会中形成的典章制度，也不外是对肯定和否定的规范化。因此，良知是人之所以为人的最基本的人格要素，是自我的主宰，一切高尚的行为、美好的品质皆源于此。

一、话说"良知"

中国的"良知"之说，由孟子首倡，由王阳明将之发展至极致。孟子曰："人之所不学而能者，其良能也；所不虑而知者，其良知也。"（《孟子·尽心上》）孟子又说："恻隐之心，人皆有之；羞恶之心，人皆有之；恭敬之心，人皆有之；是非之心，人皆有之。恻隐之心，仁也；羞恶之心，义也；恭敬之心，礼也；是非之心，智也。仁义礼智，非由外铄我也，我固有之也，弗思耳矣。"（《孟子·告子上》）人有先天的仁爱忠义之心理，这是内在的，并非外部授予，是与生俱来的天性。"所以谓人皆有不忍人之心者，今人乍见孺子将入于井，皆有怵惕恻隐之心。非所以内交于孺子之父母也，非所以要誉于乡党朋友也，非恶其声而然也。"（《孟子·公孙丑上》）良知、良能就是人有行善的本能，不是利益交换，不是沽名钓誉，是因内心有不忍而导致的一种自然冲动，不思虑计谋，直行而已。人内心中的这种善良品行，是其天性，人内在的尊崇、喜好礼义，同人们爱好美食一样。"故曰，口之于味也，有同耆焉；耳之于声也，有同听焉；目之于色也，有同美焉。至于心，独无所同然乎？心之所同然者何也？谓理也，义也。圣人先得我心之所同然耳。故理义之悦我心，犹刍豢之悦我口。"（《孟子·告子上》）孟子强调良知不是什么经验的获得，更不是什么理性的选择，而是一种先天的存在。当然，人的这种善良的先天心理品性，只是在人自身中的先天的根基，它还需要培养、扩充，谓"操则存，舍则亡"，它需要时时持守，通过养浩然之气、端正心志保养扩充它。否则，它就会像逃跑的鸡狗一样，远离你而去。但是，反过来，你如果善于操存持守、发扬光大，使其达至极致，那么，你就可以达到知性、知天的地步。孟子曰："尽其心者，知其性也。知其性，则知天矣。"[1]

明代王阳明在孟子阐述的基础上，对良知展开全面充分的论述。王阳明认为良知作为世间的那一点灵明既与天地万物流通一气、贯穿一体，同时又由于它的觉知特性而为万物的主宰。"仁义礼智也是表德，性一而已，自其形体也谓之天，主宰也谓之帝，流行也谓之命，赋予人也谓之性，主于身也谓之心。"这是从良知作为主宰、规定、超越的天道层面而论的。良知是一总说，不同的指称表明了它所具有的流行变化的特性，它既超越、主宰又内在、流行。"夫良知一也，以其妙用而言谓之神，以其流行而言谓之气，以其凝聚而言谓之精，安可以形象方所求哉？"这是就良知可以内在于人类及世间万物的可流行、普遍化的层面言之。良知由于其特有的灵明、觉解而成为天地万物之心。有人问他，一个人自身可以说是身心一体的，因为血气流通，那么人和外物如何就一体了呢？王阳明认为，这要从感应的角度把握，人是天地万物之心，人心又只是一个灵明。"可知充塞天地中间，只有这个灵明，人只为形体自间隔了。我的灵明便是天地鬼神的主宰。"天地鬼神离了我，便成为

---

[1] 语出《孟子·尽心上》。

死寂，良知离开物也没有觉悟的对象了。天地鬼神万物与人心是一气贯通的，认识其明灵的主宰，同时，"先天而天弗违，天即良知也；后天而奉天时，良知即天也"。先天自然而不违背天理，天就是良知，后天自觉顺应天时，良知就是天，天理与人心在本体上是一体的。天道下贯为人性人心，人性人心从其本体即是天道，如孟子所谓"尽心，知性，知天"。人本秉承天道，这是儒家的重要思想，牟宗三先生依此并据康德而提出超越而内在之概括。"天道高高在上，有超越的意义，天道贯注于人身之时，又内在于人而为人的性，这时天道又是内在的，因此我可以康德喜用的字眼，说天道一方面是超越的，另一方面又是内在的。天道既超越又内在，此时可谓兼具宗教与道德的意味，宗教重超越义，而道德重内在义。"[1]

王阳明更明确地将良知作为个人分辨是非善恶的原则，它内在于人自身。这个良知的准绳是人的天性，普遍存在无论任何人，"良知在人，随你如何不能泯灭，虽盗贼亦自知不当为盗，唤他为贼，他还忸怩。只是物欲遮蔽，良心在内，自不会失。如云自蔽日，日又何尝失了"。

中国古代思想家对良知的认识，看似浅显易懂，实则蕴含丰富的人生哲理。这丰富的哲理主要集中体现于"心之本体论"和"致良知说"。

"至善是心之本体"，[2] 又言："心即天理"。[3] 王阳明认为至善不需要在心外之物中探求，只需求诸内心即可。心可感知，人心达到明觉状态即谓良知。又说"知是心之本体，心自然会知。见父自然知孝，见兄自然知弟，见孺子入井自然知恻隐，此便是良知，不假外求。若良知之发，更无私意障碍，即所谓充其恻隐之心，而仁不可胜用矣"。在这里，王阳明认为本体的心就是良知，此心之所以能发用，是因为此心是良知。良知是心之本体，是心中固有的道德观念，并且人人皆有。夫人者，天地之心，天地万物本吾一体者也。生民之困苦荼毒，孰非疾痛之切于吾身者乎？不知吾身之疾痛，无是非之心也。是非之心，不虑而知，不学而能，所谓良知也。良知之在人心，无间于贤愚，天下古今之所同也。

良知是心之本体，人皆有之，具有普遍性，而生活于社会中的人不可能

---

〔1〕　牟宗三：《中国哲学的特质》，上海古籍出版社1997年版，第21页。
〔2〕　（明）王守仁：《传习录（卷上）》，山东友谊出版社2001年版，第9页。
〔3〕　（明）王守仁：《传习录（卷上）》，山东友谊出版社2001年版，第12页。

没有私心阻碍，要使心之本体的良知没有什么私心障碍，就需要致知格物的功夫。致良知就是要在社会中推行良知、实践良知、体验良知，将吾心之良知推行于事事物物。致良知就是要存天理、灭人欲，使自己不断趋向圣贤人格，要为善去恶。王阳明认为，良知是人判断是与非、善与恶的道德能力，是人展开具体行为的道德法则。他说："尔纳一点良知，是尔自家底准则，尔意念着处，是便知是，非便知非。更瞒他些不得；尔只要不要欺他，实实落落依着他去做，善便存，恶便去。"[1]可见，王阳明认为，良知是衡量人们内心善恶的标准，只要人诚实依良知行事，恶念便除，良知永续，善将永存。

只要人心不被物欲所遮蔽，就能穷尽天理，获得一切道德观念，达到人生的最高境界。从孟子到王阳明，皆强调良知作为人类的善良本能和普遍的道德法则统一于每个个体自身。

西方世界对良知的认识与东方世界则略有不同，不论是从苏格拉底的"灵异之声"到海德格尔的"缄默呼唤"，还是从普罗提诺的"自身意识"到黑格尔的"自身直接确然性"，在总体趋向上，与其说是社会伦理层面的"共知"，不如说是个人道德层面的"自知"，与其说是普遍主义的，不如说是个体主义的。即，西方所谓的"良知"虽然在性质上也有普遍伦理主义的取向，但更有个体道德主义的认同，是一种处在"自知"与"共知"之间兼具"自知"与"共知"两重属性的实践律令。尽管兼具"自知"与"共知"两重属性，但在首要意义上，它应当是"共知"，应当是社会对个体的普遍性的伦理要求，而非那种自发地产生于个体自身的道德希冀或欲望。换言之，一般情况下，一个人的行为只要是符合了社会对个体的普遍性的伦理要求，我们就可以说他有良知，只是在某些特定的场合或者针对某些特定的对象而言，良知才会有更高的要求，有关良知的评价标准也才会提高到超出一般公众的理解力而不得不转而求诸某种自然法的水平。当然，这种评价标准并非来自主体外部，而是来自主体自身，是主体自己对自己的要求。

西方世界对良知的认识依良知的性质可概括为道德情感论、知觉论、经验论三种。一是道德情感论。持这一观点的代表人物有莎夫次伯里、卢梭等。莎夫次伯里认为良知是一种自然的人类社会情感、善意情感，就如同情或父母的爱。他认为，这种自然情感的直接对象是他人的善和公众的善。卢梭认

---

〔1〕（明）王守仁：《传习录（卷上）》，山东友谊出版社 2001 年版，第 97 页。

为人的心中存在着一种天然的道德情感，这种道德情感就是人的良知。他说："在我们的灵魂深处生来就有一种正义和道德的原则，尽管我们也有自己的准则，但我们在判断我们和他人的行为是好是坏的时候却要以这个原则为依据。所以我把这个原则称为良心。"[1] 二是知觉论。知觉论以巴特勒为代表，巴特勒是西方理论的集大成者，他认为人的良知主要由良心与"合理的自爱"两部分构成。良知具有自然约束性的原则。在人的权威的这两大灵魂中，当自爱与人的良心冲突时，自爱应自然而然地顺从良心。巴特勒强调，在良知与自爱的情感中，良知享有至上权威，它是统帅自己情感的最高原则。因为良知具有反省的能力，人是理智的创造物，他反思自己的利益与幸福，是对善与恶的洞察。他必须反思自己的行为是善意的还是缺乏善意的，是合德性的还是不合德性的，并通过这种反思来确定自己良心的命令。三是经验论。经验论的学者认为良知并不是天赋的，而是由后天经验决定的。霍布斯认为良知是明显的意见；洛克否认有天赋的道德观念或真理，认为良知不过是我们关于道德正直或行为不端的意见或判断，而我们的道德能力则是从经验中获得的。[2] 持经验论的学者认为人对自己或他人行为善与恶的道德判断能力是来源于生活经验，并特别强调良知与人在经验世界中所感受到的东西相联系。

综上所述，我们看到西方自然法作为理性法和道德法与良知的沟通之处，它们是先验的普遍的理性，同时它们又是内在于个体自身的道德认知法则。

事实上，良知是人类应具有的最基本的道德观念，内在的表现为知善恶、知荣辱、知是非的道德观念。良知在衡量道德上的善恶、正与邪的同时也成为衡量正义与否的标准。正义作为一种美德，一种价值追求，它要求人们要有正义的意愿和品行，对他人合理的需要应尽量的满足。给他人所应得的、各得其所、各安其命，这些都是正义的实质内涵。但是在现实生活中，每个人对正义的理解却是千差万别的，甚至是截然相反的。这就需要我们来协调、统一这些不同的正义观，但是我们又如何来协调这些不同的正义观呢？古话说得好：公道在人心，人人心中都有一杆秤。这杆秤也许指的就是内在的良知吧。由此我们可以认为良知是判断正义与否的标准，依良知行事便可以得到正义、得到公正，良知就是人们心中判断正义的那杆秤。因为良知就是要

---

[1] 周辅成编：《西方伦理学名著选集》（下卷），商务印书馆1996年版，第143页。
[2] 何怀宏：《良心论》，北京大学出版社2009年版，第12页。

求人们无私欲的完全利他，要求人类摆脱自私的冲动，具备慈爱、诚实、善良的高贵品质。

二、良知与法

人类社会倘若缺失了法律，人类社会将难以避免地重返蒙昧、野蛮的状态。其实，这已经在中国的某个历史时期被证明的了。法律不仅是行为规范，还应是某种价值的宣告，用来保障对他人关系以及对物关系的法律，应该受到个人良知所承认。[1]良知是人类社会规则的本源，是道德义务与法律义务的主要来源。良知是衡量正义的尺度，[2]是我们制定法律或解释法律的最高准据，良知与法对实现社会和谐与社会公正的功能具有极其重要的互补性。

（一）良知是法律精神的基点

法律是我们道德生活之见证与外部形态，其历史实即人类道德的演进史。[3]法律根植于人类的心性之中，而人类的心性即人的良知，是人之为人之根本所在。法治的昌明要求社会活动主体形成与法治精神相一致的，基于法律并以对法律的忠诚为核心的法治良知。[4]健全的良知是法治能够顺利地良性运作的社会心理基础。在良知与法律之间，必须有此关系存在：对人而言，法律不是异类事物。换言之，法律要求必须与人性相符合。[5]一切规范性的东西都源于最高的善与仁慈。法必然追求善、仁慈与公正，并以善与公正为核心内容。善与公正的本质在于建立并尊重使人类得以交往的境况，它的第一条戒律就是"己所不欲，勿施于人""扬善避恶"。法律是促成善与公正的事物，罗马法的《国法大全》中明确规定："正义就是使人人各得其所之持续永久的愿望。"[6]罗马法中法的训诫是"正直生活、不伤害他人、各得其所"。[7]法就是要使每个人得到应得的事物、各得其所、诚实生活。应得之

---

〔1〕 ［德］考夫曼：《法律哲学》，刘幸义等译，法律出版社2004年版，第294页。

〔2〕 徐磊、封杰："良知：法治与道德对话的语言"，载《上海第二工业大学学报》2003年第1期。

〔3〕 ［美］O. W. 霍姆斯："法律之道"，许章润译，载《环球法律评论》2001年第3期。

〔4〕 姚建宗："法治与良知"，载《河北师范大学学报（哲学社会科学版）》2000年第3期。

〔5〕 ［德］考夫曼：《法律哲学》，刘幸义等译，法律出版社2004年版，第94页。

〔6〕 转引自江平、米健：《罗马法基础》，中国政法大学出版社1987年版，第8页。

〔7〕 ［意］登特列夫：《自然法——法律哲学导论》，李日章等译，联经出版事业公司1984年版，第79页。

物，是指一种正当的事物，"正当"的意思就是合法的、公正的、不偏不倚的。简单地说，正当的事物意味着公正。法律应该体现"善"的内在规则，这种"善"的内在规则就是公正、正义，是让每个人得到应得之物的永恒意志。这种意志表现为使他人、使所有的人都能从自我利益中心摆脱出来的精神习性。

法的观念是善、是公正、是公道与正义。格劳秀斯将法归纳为"他人之物，不可妄取；有约必践；有害必偿；有罪必罚"[1]等几个方面。洛克也指出："人们既然都是平等和独立的，任何人就不得侵害他人生命、健康、自由、财产。"[2]生命、健康、自由及财产等代表了个体良知之神圣权利，这要求大部分的法律规范必定与人的良知相关，以良知为其精神基点。

徒法不足以自行，没有良知的法律实践之途注定是黑色的。法律的创制与实施需要以良知为支撑。法律是保障人民的权利，维护人民的利益的，良知是法律正常运转的社会心理基础，是法治良性运作的有力保障，一个社会健全的良知是法律实施的先决条件。可以说，"健全的良知是真正的法治能够顺利地良性运作的社会心理基础，在一个良知泯灭或者普遍丧失基本良知的社会，真正的法治绝无立足可能"。[3]一个社会拥有健全的良知是法律顺利实施的根本保障。对于法律执行者来说，培养和树立良好的道德意识、道德情操，是其正确执法和司法的前提；而对于普通公民来说，只有具备良好的道德素养、高尚的道德品质，才能自觉地遵守法律、信仰法律。

（二）良知是衡量法律正义与否的尺度

良知要求人们善意地对待他人，这种善意是出于对他人利益的认识，所以这种善意必会引导他尽其所能地去避免做不正义的行为。给他人所应得，诚实生活，不伤害他人，这样的正义观念一如既往地支配着人类的生活，生活中的各种纠纷、矛盾的排除等所有的法律活动都应依据正义的原则。人们之间的交往活动、个人生活的目的、人与自然关系的发展等所有的目的都受正义观念的支配。正义的观念影响着人类的生产、生活和制度的设计。而人的良知是以正义为核心，正义又是良知的最高表现形式。良知昭示着人类对

---

[1] [英]戴维·M.沃克编：《牛津法律大辞典》，北京社会与科技发展研究所组织翻译，光明日报出版社1988年版，第629页。

[2] 北京大学哲学系外国哲学史教研室编译：《古希腊罗马哲学》，商务印书馆1961年版，第17页。

[3] 姚建宗："法治与良知"，载《河北师范大学学报（哲学社会科学版）》2000年第3期。

善的追求，对正义的需求与无限向往。

真正的法律不是权威或人定法，而是正当的理性，它与自然本身是和谐一致的，涵盖整个人类，决定人们应尽的义务和须禁绝的行止，它是持续永恒和普遍的。法的适用就是贯彻法的精神，而法的精神指的就是法应当体现永恒的、普遍有效的正义原则和善的伦理价值。

正义是人类社会的理想，而法是实现正义的理想途径。法的目的是要促使人道德上善良。法律承载着正义，正义是法应该达到目的的道德价值。良知作为一种人的道德意识、道德观念，是衡量正义与否的标准，由此我们可以认为良知是衡量法"善"与"恶"的标准。国家制定的法律如果不体现正义的原则，便是恶法，恶法是必然要遭到民众的反抗。人的良心是免于强制的，立法者在任何情况下都应当避免制定那些人们有可能拥有良心抵抗的法律。若是全社会主体都本着良知中的利他原则，本着以自己良知对正义的理解和把握，恶法之抵抗就能成为现实。

（三）良知是法律内容之源泉

法律不仅是一种行为规则，还应当是某种价值的宣示。法律是关于何者为善、何者为恶的指示。良知是人们对善恶、是非、应当与不应当的价值评价，是人的内心自律法则。

对于一个人的行为，大多数社会成员总是能从良知的角度做出"应当"或"不应当"的评价。人们对损人利己的行为表示反对、否定，内在的良知认为"不应当"；对利他的行为表示赞成、肯定，内在的良知认为"应当"。但人们的这种应当、不应当的评价往往缺乏具体的表现形式，不具有可操作性。当这种"应当"或"不应当"的行为评价以具体的形式表现出来，就成了人们的行为规则。"人类通过语言、文字的方式来表达社会群体对各种行为的看法和要求，这就是人类社会所发明的行为规则。"[1]"语言或文字是人们用来表达规范信息的符号，当社会成员这种公认的评价和要求，用语言或文字表达出来时，就成了社会规则。"[2]这种社会规则也就是在良知的评价基础上形成的。"法律规则是社会规则的一种，从这个意义上讲，法律规则存在的理由在于良知。法律规则作为一种行为模式，是国家向社会主体提出的行为

---

[1] 张恒山：《法理要论》，北京大学出版社 2002 年版，第 14 页。

[2] 张恒山：《法理要论》，北京大学出版社 2002 年版，第 14 页。

要求。但是，它首先是社会的要求，即社会其他成员认为法律主体有做某种行为的应当性。"[1]这是法律规则义务内容的原始动力。

良知与法律义务内容的关系具体表现在以下两个方面：一方面，良知与法律具有共同的内容，如杀人、偷盗、欺诈、伤害等内容，是法律与良知共同否定的；另一方面，法律反映社会的底线良知要求。国家制定的法律，其大部分规范是以消极、否定的方式指引人们的行为，而很少以正面、积极的方式对人们的行为进行规定。法律不可能规定一项每个人都有义务积极救助身处困境中的他人的命令。像乐于助人、见义勇为等较高的良知要求是不可能成为一项法律义务的，如果将见义勇为、乐于助人规定为一项法律义务，意味着当这一部分成为法律义务后，就成了一种对全社会硬性化的要求。人们要是不履行这样的义务，将要承担法律带来的不理性后果，这会给人们带来伤害。立法者将良知要求转化为法律只能针对社会最基本、最普遍的良知要求来进行。

（四）法律匡持良知

良知人皆有之，是人心中的善端。人具有向善的本性，也具有为恶的倾向。我们所生存的社会不是由圣人组成的而是由有着普通人类情感的凡人组成的，人们可以接受亲爱兄弟、亲爱父母的天赋道德观念，但人们却无法完全靠这样的道德情感生活。这种相亲相爱的良知观念虽然可以起到制约人们行为的作用，但它的力量是极其弱小的。人的一半是天使，一半是野兽的断言，说明了人具有善的无限性，又有恶的无限。因此，法律是保障社会基本良知的最好武器，我们需要法律规则来保护人类社会最基本的良知观念，来匡扶人们先天的善端。

人的良知具有赏善惩恶的内在本能。个人的行为背离了良知就会受到内心良知的谴责，良心的谴责表现为痛苦、懊恼、内疚。反之，个人的行为符合内心良知、合德性，良知便表现为快乐和满足。这种表现为快乐、满足与痛苦、内疚的道德情感就是良知对行为者的赏罚。实施赏与罚的就是人内心的良知。良知的赏罚功能是内在的，它的作用是极其微小的，在通常情况下，它并不能达到唤起个人内在道德情感的目的，仅凭良知这种赏善罚恶的内在本能并不能将人性的欲望控制在不侵犯他人权利、社会利益范围之内的话，

---

[1] 张恒山：《法理要论》，北京大学出版社 2002 年版，第 345 页。

那么就需要借助外在的暴力——法律——来进行惩恶扬善。法律凭借着与生俱来的强制力调整着错综复杂的社会利益关系，正是这种强制力才使得具有不同道德观的人遵循着相同原则下的行为规范。人们也正是出于对法律的外在强制力的畏惧，才使自己的所作所为不敢超出法律的界限和范围，对外对得起天地社会，对内经得起良心的拷问。

人们通过制定一整套明确的法律规范，告诉人们可以做什么、不可以做什么、应该怎样做、不该怎么做，对人们的行为的义务与责任提供明确具体的规定，这为人们提供道德良知上的判断与选择的标准。人类社会道德水平的提高与社会良知的培育总是自律与他律共同作用的结果，尽管自律能使人独善其身，但从良知社会化的大视角来看，他律对社会整体良知的培育和提升也同样重要，因为扬善必须抑恶，扶正必须压邪。只有通过法律对恶的有效惩治，才能对社会树立威慑作用，才能极大地预防人们再次行恶以达到阻止犯罪的目的。如果法律对不道德、违背人们良知的行为或者无道德的行为而引发的无序行为不给予及时的、有力的制裁，那么坏人将会变得无所顾忌、为所欲为，从而导致整体社会良知缺失、道德失范、社会道德水平低下。正如罗素所言："在不具备刑法的情况下，我将去偷，但对监狱的恐惧使我保持了诚实，如果我乐意被赞扬，我不喜欢被谴责，我邻人的道德情感就有着同刑法一样的效果。在理性的算盘上，相信来世永恒的报答和惩罚将构成一种甚至是更为有效的德性保护机制。"[1]生活中的法律通过设定惩罚的内容，对意欲违法犯罪之人能起到较好的预防作用，使他们出于对法律制裁的畏惧而能保持好自己内心的道德良知，让心中的恶念得以制止。所以，只有良知的内在赏罚与法律的外在赏罚有机结合，才能在一定程度上避免道德风险与罪恶行径的发生。

法律称赞善良的行为，惩罚恶的行为，法律制度中所有涉及赏善罚恶的内容规定都是建立在这种对人的是非善恶的道德含义的判断基础之上的，是非善恶的判断基础也就是人的良知。法律对个体良知、社会良知的匡扶作用主要表现为扬善和惩恶。扬善是指法律对符合人类基本的良知、符合道德品质的行为给予支持和鼓励，使其美好的德行可以得到物质上或精神上的认可、

---

〔1〕〔英〕伯特兰·罗素：《伦理学和政治学中的人类社会》，肖巍译，中国社会科学出版社1992年版，第73页。

奖励。惩恶是指法律对违背人类基本良知的行为、反道德的行为予以限制、否定甚至制裁，并使其为伤害他人的生命、健康、财产或其他利益的行为付出惨重的代价。如果扬善能够起着引领和导向的作用，其结果是将人引向社会所要求的道德与文明的方向，那么惩罚罪恶就是一种制止与纠错的手段，其目的是阻止人们从被引领的道路上逃逸甚或走向歧途。对个体良知而言，惩恶与扬善，这两种手段都是不可或缺的。法律对行善的人予以奖励、肯定，通过这种奖励让行为者意识到他的行为对他人、对社会是有价值的，是值得发扬的。受赏者会在今后的行为中不断地提高自己的道德意识、道德情操，争取表现更多的合道德的、合法律的、高尚的行为；法律对行恶的人给予惩罚，让违法者认识到他的行为对他人和社会是有害的，违法就要承担不利后果，意味着要承担痛苦。人的本性是趋利避害的，没有人愿意承担于自己不利的后果。对违法犯罪者而言，法律的惩罚实际上成了促使其改过自新、弃恶从善、做有道德的人的力量。

三、生的阵痛

生而覆灭——是无人不惧的！生的阵痛——是无法避免的！阵痛——是新生的必经！化蝶——是生命的升华！蜕变是一个艰难的过程，新生的同时意味着超越！幼虫只有历经挑战和忍耐的煎熬，方可化身成蝶！我们每一次的成长正是不断接受挑战和忍耐后的进步，正是一种自我能量不断积蓄和爆发的过程！只有完全的变化才可能有完美的成功！不能坚强地经历苦难的洗礼，就无法实现飞跃！

人类的历史是一个不断进步的历史，也是其历经阵痛与磨难的历史。其间，无数次的改革与革命，记载下了她全部的行程轨迹。虽然变革与革命不断发生，并且还将发生，但被颠覆者似乎从未真正觉察到危机的到来，意识到自己正临近亲手掘出的坟墓。在改革中被触痛的群体与个人，往往也只有痛定之后良久，才能理解自己作为当初的受害者却是现在的受惠者。这些令人困惑的问题，正是我们对革命与改革进行思索的必要性。

中国堪称文明古国，几千年的历史演进中，发生了大大小小不胜枚举的改革与革命。革命与变革是有关"变"的哲学和思考。正如《易经》所言："穷则变，变则通，通则久"，就极具变革的辩证色彩。在中国历史上，改革与革命从未间断过，变革思想的激荡与争鸣充满了整个文明的进程。无论是自下而上的革命，还是自上而下的改革，人类在改革与革命中不断更新着自身发展的模式，也不断地向现代化的社会迈进。

新事物——常常被视作旧事物的对立物——被人们喻为一切具有生命力、符合社会发展规律并预示未来发展方向的东西，尤其招人喜爱，人们不惜忍受阵痛的折磨，也要迎接这新的生命。所以，不断地求变、不断地要求创新，成了一个民族求生存、谋发展的不竭动力。然而，追求新生的热情往往使人们忽视对旧事物的关注，有时干脆不屑一顾，更有甚者，把旧事物视作新事物诞生发展的障碍，欲彻底打碎、践踏而后快，这便是传统与现代所存在的矛盾。传统真的是毫无价值，必须予以彻底抛弃的东西吗？这让我们想起法国大革命，革命中的人们以百倍的热情与真诚，试图与旧制度决裂，他们打碎国家机器，废除原有法律，努力革新社会风俗、习惯、思想甚至情感和语言，他们要抛弃一切陈旧的东西，以便重新建造一座理想大厦。但是，他们不知不觉中却从旧制度继承了大部分情感、习惯、思想，他们甚至是依靠这一切领导了这场推毁旧制度的大革命。甚至是只有在旧制度的残垣瓦砾中所谓的新社会大厦才得以建造。

传统之所以为人所痛恨，是因为它确实包含着腐朽的东西，但传统依靠惯性力量所持有的规范，却使社会长期保持它原有的形式与内在逻辑。传统未必是完美的，然而传统是不可或缺的，尽管传统的东西并非全都具有有益于人类的价值。试图改变传统的力量，也许就根植于传统之中。这就决定了对待传统的态度只能是在继承中扬弃。倘若认为隔断传统，无疑会使你陷入更古老的传统，那就无法前进了。我们只有扬弃传统只有在汲取传统中的精华的前提下，才能真正地做到创新。换言之，抛弃传统，人类就成无源之水无本之木，根本不能生存下去。

无可否认，人类通过知识与理性的运用，一步步从蒙昧无知走向文明开化，并在这一过程中看到了自己的本质力量。但是，始料未及的是，这种对知识和理性的极度崇拜与自信，又在一定程度上使人类社会的发展陷入了困境。经过14世纪的文艺复兴运动，17世纪的启蒙运动，知识从政治的禁锢中解脱出来，并迅速得到繁荣与发展，对人性的尊重，知识的渴望，理性的推崇，使人们真正感受到了知识的力量与伟大。知识被广泛运用于工业、农业、艺术、政治等自然与社会各领域后，短短的二三百年时间，社会实现了数次革命性变迁。整个近现代的历史，仿佛改变了人类与未知世界的关系，一种前所未有的改造自然的信心与勇气使人相信知识可以改变一切，甚至对未来世界可以做出准确的预测与安排。

但是，人们在推崇知识与理性的同时，并不是对理性丝毫不怀以戒心。在政治哲学领域，对理性的看法集中在两种对立的理论思想上，一类是以笛卡尔、卢梭、孔多塞等人为代表的建构理性主义，另一类是以盎格鲁-撒克逊文化为背景的以休谟、哈耶克等为代表的进化理性主义。当然，我们还可以从更久远的柏拉图和亚里士多德那里找到源头。两种理论的根本分歧在于对理性限度的看法上。进化理性主义对社会的认识基于社会的演进遵循一种自生自发秩序的观念上，知识的获得是在人类社会长期演化过程中不断被证明为正确的成分被人类所接受的过程。文明是经验的积累，个人的理性是极其有限的，只有在累积进化的框架内，个人的理性才能发展并发挥作用。在理性的运用中必须保证充分的自由，摒弃任何人为的强制因素。而建构理性主义，基于每个个人都倾向于理性行动和个人生而具有智识与善的假设，认为理性具有至上的地位。因此凭借个人理性，个人是以知道并能根据社会成员的偏好而考虑到构建社会制度所必需的境况的所有细节。这无疑是一种致命的自负，这种自负所付出的代价是巨大的。知识与理性都是有限度的，这种限度确定了人类潜能与智力发挥的边界。

实现梦想总要建立在现实的基础之上，就像我们拥抱天空必须站在大地上一样。改革之于革命，也许是替代物，也许是催化剂。但有些选择我们可以作出，有些选择我们即使作出了，也只能是错误的选择，我们只有在努力认识历史客观规律与发挥人类有限理性的结合中把握自己的未来。

然而，任何改革都一定伴随着阵痛。我们容易忽视的是这种阵痛在自身上的强烈程度，甚至有些人总以为改革是别人的事而忘却我们每一个人都要承受这种改革的阵痛。每一项改革都会不可避免地触及固有利益格局的调整，它们所带来的阵痛，是我们无法回避也是必然要承受的。

改革与革命无疑是社会的阵痛，而这种阵痛也是社会前进必须为之付出的代价。阵痛不可避免，难关要过，险滩也要闯。要最大可能化解改革的阵痛和风险，既要有"壮士断腕"的勇气，更要有"运筹帷幄"的智慧和冷静理性的定力。要保民生，必须牢牢守住民生的底线。民生永远是最大的政治，这不仅关系改革成败与方向，也关系社会的稳定和安宁。

没有问题的时代是不存在的，不同的是选择逃避问题还是直面问题。选择逃避后果不堪设想，选择直面虽然痛苦却是前进。因此，拥抱梦想的同时须作好直面矛盾、承受阵痛的准备。

第二节　良　法

"小智治事，中智治人，大智立法。"王安石有言：盖君子之为政，立善法于天下，则天下治；立善法于一国，则一国治。如其不能立法，而欲人人悦之，则日亦不足矣。

一、"良法"之义

法是治国之重器，良法是善治之前提。实现"良法之治"，前提在于有"良法"可依。但是，何谓"良法"？"良法"如何制定和获得？相较于过去相当一个时期无法可依、有法不依、有法难依的混乱局面，"国家治理体系现代化、法治化"的论断给我们提供了新的视角。国家治理体系不断完善和发展，不断现代化、法治化，其主旨就是要造就"良法"。

在西方法学史影响最大、时间最长的自然法学派，特别是古典自然法学派，坚持实在法与自然法的二元分离，在自然法学家看来，自然法是人的理性的体现，是正义的体现，"良法"是符合自然法的法，是符合"理性法"或"正义法"的法律。自然法学派始终坚持良法是人民利益所需而又清晰明确的法律，良法是符合自然法的法律，法律的效力来源于其道德性，强调法律与道德的紧密结合。他们认为，自然法具有先验性，其主要反映一种自然规律。自然法是实定法的准则和依据，如果实定法不符合自然法，那么它就不是法律。法谚云："不公正的法律就不属于法律。"提出与坚持"恶法非法"，认为"恶法"是与理性相违背的法律，是非理性的法律或不正义的法律。摒弃恶法，推崇良法。

二战以来，新自然法学派对良法理论做了新的阐述，提出了程序自然法。坚持法的道德性，把良法内容的进步性、价值的合理性同程序的民主性、形式的科学性有机结合起来。[1]新自然法学派代表人物富勒提出法律应当符合程序正义性的要求，法律的内在道德和法律的外在道德是互为影响的，其中

---

[1]　李龙主编：《良法论》，武汉大学出版社 2001 年版，第 32 页。

一方的败坏不可避免地会使另一方也趋于败坏。那些残忍的非人道的法律必然会危害法律的内在道德。如法西斯德国的法律就不具备法律的内在道德，是"恶法"，从而也就不能被称为法律。这实际上也否定了"恶法"的存在。

与自然法学派的"恶法非法"理论相对立的观点是以边沁和奥斯丁为首的分析法学派。分析法学派坚持法律与道德的分离，提出了一个与自然法学派"恶法非法"完全对立的命题——"恶法亦法"。奥斯丁在论证"恶法亦法"这一命题时，列举了几个理由：①道德邪恶的法律，尽管人们憎恶和反对，也不会失去作为"主权者的命令"的性质，同样具有强制力；②自然法学指出的评价法律良恶的标准，并不是有其绝对的客观真理性；③与理性法相冲突的法不可能具有义务性或拘束力，不能被认为是法律，这种观点是站不住脚的。他认为，实在法就是"主权者的命令"，而权利和义务则是法律为当事人设定的行为方式。法律的本质特征就归结于主权者政治上的优势。不存在高于实在法的"更高的法"。对法律的道德评价被排除在分析法学之外。奥斯丁的基本立场为现代新分析法学所继承，而法律与道德的分离是奥斯丁分析法学与新分析法学的共同之处，新分析法学派的代表哈特、麦考密克等人将法律与道德的分离作为一种法律理论是否属于分析法阵营的检验标准。哈特认为，即使违反道德性，只要是在法定形式下制定的，其内容仍然是法律，尽管是很不公正的法律。而麦考密克从肯定和否定的两个方面界定了分析法学的立场：①从否定的角度来讲，法律的存在不取决于它们是否符合对所有法律制度普遍适用的任何特定的道德价值；②从肯定的角度来讲，法律的存在有赖于它们是由社会中的人们决定创立的。这样，法律与道德的分离就成为当代分析法学所坚持的最重要的立场。分析法学家始终坚持法律与道德分离的信条，认为"法律的存在是一回事，它的功过则是另外一回事"，强调划分"实际上是这样的法律"与"应该是这样的法律"，也就是要把法律与道德、法的效力与道德分离。[1]分析法学家们认为，法律与道德的分离具有十分重要的认识上和政治上的意义：这使人们能够不受法应当是什么，应当追求什么样的意识形态、应当起什么作用的影响，用确定的标准精确地分析和描述法，有助于防止因认为现行法符合道德而盲目服从现行法律秩序，以法律不符合道德为由故意和错误反对现行法律秩序，从而有效地保持和运

---

〔1〕 张文显：《二十世纪西方法哲学思潮研究》，法律出版社 2006 年版，第 85 页。

用道德批评的武器。

法的理想与现实之间的偏离，使政治法律理论不得不研究法律的应然领域。人类在其漫长的发展历史中，总是不懈地努力，试图确定法律制度的理想状态，并以此为标准为政治法律制度的设计提供指导。"良法"概念产生于对法律的伦理价值和社会目的的关注，以政治法律制度的设计和评价为目的。亚里士多德将"良法"与道德价值紧密地联系在一起，认为良法的标准可以总结为：良法是为了公共利益而不是为了某一阶级（或个人）的法律；良法应该体现人们所珍爱的道德价值（对古希腊人而言就是自由）；良法必须能够维护合理的城邦制度于久远。[1]在他的政治理论中，政治法律制度只是实现人的善德的工具，具有强烈的伦理色彩。亚里士多德认为不是根据城邦的利益而只是根据部分人的利益制定的法律不是真正的法律。也就是说，良法应当是符合正义和善德的法律。亚里士多德和柏拉图师徒都强调法律应当符合道德准则。

自然法理论的"良法"概念是以自然法为核心的伦理上的概念。古典自然法学主张，良法是符合自然法的法律，法律的效力来自于其合道德性。如果政府制定的法律不能保护公民的自然权利、违反自然法，就不能被称为法律即"恶法非法"。现代新自然法理论，无论是富勒的程序自然法，德沃金所主张的政治道德，还是罗尔斯的社会正义，都被他们设想为法律应该遵循的道德准则。无论是古典自然法学还是新自然法学，其实质都是主张法律与道德之间的必然联系，并以某些道德原则作为评价法律的良恶的标准。自然法理论从法律的道德本质来说明"良法"，将确定良法的道德标准作为法哲学的主要任务。

分析法学也是从伦理道德的角度来看待"良法"的。奥斯丁、凯尔森、哈特、拉兹、麦考密克等分析法学家赞同法律存在道德上的良恶之分的观点，他们认为任何价值判断都是涉及主体的价值观念和态度，不能被客观证实或确定。[2]法律的本质不在于它符合某种普遍性的道德价值而在于它是由社会权威机关制定或认可的。因此，尽管每个具有理智的人都不可避免地对法律

---

〔1〕 王人博、程燎原：《法治论》，广西师范大学出版社 2014 年版，第 11 页。

〔2〕 ［英］尼尔·麦考密克、奥塔·魏因贝格尔：《制度法论》，周叶谦译，中国政法大学出版社2004 年版，第 145 页。

的好坏具有某种主观判断，但是法理学的任务是揭示实在法的形式结构，对法律的好坏并不给予特别的关注，因为在分析法学看来，不可能存在具有客观普遍意义的良法道德标准。因而旗帜鲜明地提出了"恶法亦法"的理论主张。

各种法律理论在良法问题上存在分歧的同时，也存在共同之处。法律从来都是一个多面体，需要我们从多个角度去揭示它各个方面的内在规定性。任何一种制定法，都是由内容、形式和价值这三个基本要素和成分构成的。法学研究的根本任务在于科学地认识与揭示法律的这三种要素和成分自身所固有的性质、特点和规律。立法者在制定法律的时候，自己的意志、愿望、要求和认识也必须符合法律的调整对象、法律的形式所固有的性质、特点和规律以及法所应当具有的道德准则和价值取向。法理学研究法律的上述三个要素自身的性质、特点和规律性，目的在于确立在制定法律时应该遵循的标准。因此，像分析法学将正义问题排除在法理学的研究范围之外一样，否认良法研究在法律理论中的地位，将良法问题排除在法理学的研究范围之外是不正确的。同时，我们也应该注意到，法律理论中存在的良法问题与法律的道德性有密切的关系，但是又不能等同于法律的合道德问题，将良法的含义仅仅局限在伦理道德范畴之内也是片面的。实际上，不仅在法律内容的道德价值方面存在良与恶的评判，而且在法律的形式方面也存在良与恶的问题。

实际上，古典自然法学家在论述良法问题的时候，也涉及了法律的形式和内容方面的要求。他们认为，法律应当具有普遍性（卢梭），法律条文应简洁、明确（霍布斯），应该与国家的地理、气候以及民族的一般精神相适应（孟德斯鸠）。富勒则将某些程序标准（如法律的一般性、法律的公布、法律的明确性、避免法律中的矛盾、法律的稳定性）作为法的内在道德。因此，自然法学的良法理论中也包含着分析法学和社会法学的因素。[1]合乎正义的法律必须只有加以科学地表达，才能够具有可操作性。不具备体系的内在逻辑一致性和统一性的法律，即使它符合某些道德标准，也很难被称为良法。同时，良好的法律也必须合乎它所调整的事物对象的实际情况，合乎调整对象自身的规律性，只有这样法律才能取得立法者所期望的社会效果。如果将

---

〔1〕 ［美］E. 博登海默：《法理学——法律哲学与法律方法》，邓正来译，中国政法大学出版社2004 年版，第 43 页。

法律的形式和内容方面的要求也作为法律的"应然"的重要内容的话，我们就可以认为，实证主义法学所反对的只是以道德来作为良法的评价标准。他们的共同之处是，都对法律的"应然"的某一方面进行了探索。

应该说，法律如果能够对培养良知起重要作用，首先必须是以正义与个人权利的原则塑造自身的良性而非恶性实质。如果完全没有涉及良法与恶法的问题，没有考虑恶法会如何使普通人变坏和使好人蒙冤，就一厢情愿地谈论良法如何造就好人，恐怕在理论上是很大的忽略，在实践中同时也是不接地气的空论。

法律的价值可以总结为正义和利益两个方面。[1]正义是法律所追求的伦理价值，它要求在全社会中以公平的方式分配社会的权利和义务，合理地分配社会的利益。而利益则是法律所促进的价值，或者某种需要或愿望的满足。庞德在论述法律的作用和任务时曾对利益进行了界定："它是人类个别地或在集团社会中谋求得到满足的一种愿望或要求。"[2]利益是权利的基础概念，权利代表着物质和精神上的利益，法律以权利和义务为其内容，实际上就是对权利主体利益的确认和保护。保障和促进个人利益、集体利益和社会利益是法律的社会目标。但是，在一定情况下，这三种目标之间是相互竞争的，例如，维护社会秩序是保护社会成员共同利益的需要，但是如果片面强调秩序而忽视了个人自由，则会导致对个人自由的不正当的剥夺或限制。同一类型的利益主体之间以及不同类型的利益主体之间利益的公平分配应该符合正义原则。正义是各种利益主体之间理想的利益分配方式，是人们之间的理想社会关系，是法律所追求的崇高的道德价值目标。

笔者并不认可"恶法非法"。法律是什么是一回事，法律的好坏是另一回事。恶法尽管是非理性的反映，只是为少数人特别是社会强势集团的利益服务，置社会多数人特别是社会弱势群体的利益于不顾，但由于它（尤其国内法）是由国家权力机构社会权威机关制定或认可的，于其存续间，无论你是拒不执行还是心里抵触，它仍然是以强制力为保障的实定法。

而良法是以良知为基础正确反映伦理要求符合道德规范的行为准则，是公平正义价值的追求，同时具有科学的法律体系。其特征是符合某种普遍性

---

〔1〕　沈宗灵："法·正义·利益"，载《中外法学》1993年第5期。

〔2〕　［美］罗斯科·庞德：《通过法律的社会控制》，沈宗灵译，商务印书馆2010年版，第55页。

的道德价值是社会经济发展规律的客观反映。

二、良法特征

如果将法律的内在规律性作为法的应然状态或者理想状态的话，那么良法就是符合法的应然状态的法律。亦即，所谓良法，其内质必须合乎调整对象自身的规律，必须符合公平正义并促进社会经济的发展，而其外在表现方式是必须具有形式科学性。因此，合乎规律与表现形式的科学性构成了良法的标准。

（一）符合客观规律

法律以权利和义务为内容，以人与人之间的特定社会关系为调整对象。社会关系发生于社会的政治、经济、文化等活动中，离开了社会活动的具体内容，法律对社会关系的调整就是空洞无力的。在最终意义上讲，法律的内容是由特定的社会物质生活条件决定的，社会的物质生活条件培植了人们的法律需要，又决定了法律的本质和内容。由于政治、法律、哲学、宗教、文学、艺术等的发展在以经济发展为基础的同时，它们彼此之间又都相互影响并对经济基础发生影响，法律必然反映社会的政治、经济、文化、科技活动的特定内容，必然会受到社会的道德、宗教等方面的影响。

民之所欲，法之所系。一个政府，只有它的执政目的是为了公众的利益，才能是好的政府。一个国家的法律制度，只有其目的在于增进公众的利益，它才可能是良法。良法着眼于社会全体民众的利益而不是少数人的利益，而恶法只是为少数人特别是社会强势集团的利益服务，置社会多数人特别是社会弱势集团的利益于不顾。

"法与时转则治，治与世宜则有功。"〔1〕法律作为一种社会生活规范，其本身就是要追求良好有序的社会效果。法律要充分发挥调整社会生活的效果，就必须密切联系实际，解决现实存在的问题。法律要与社会发展同步，要根据社会的变化坚持立改废释并举，以增强法律的及时性、系统性、针对性和有效性

法乃公平正义之术。正义首先是一个法律范畴，也是法律的基本价值，没有正义就没有法律。在西方语言中，正义常常与法律是同一个词。许多西

---

〔1〕 语出《韩非子》。

方思想家认为，正义是法的实质和宗旨，法只能在正义中发现其适当的和具体的内容。在这点上，东西方的看法是一致的。中国古代的"法平如水""法不阿贵"等，都表达了同样的思想，即法律应当以公平正义等价值理念为其正当性的来源，并且以实现公平正义为其主要目标。正如约翰·罗尔斯在《正义论》中所指出的："正义是社会制度的首要价值，正像真理是思想体系的首要价值一样。"所以，良法首先要以正义为价值核心。

良法应当有坚实的价值根基。完备的法律规范体系应当统一地贯彻法治的基本价值。其中，最关键的是在法律中充分贯彻公平正义的价值理念。正如《法国民法典》之父波塔利斯所指出的："实定法是永恒的正义的要求，一切立法者都不过是这种永恒正义的诠释否则一切法律都会具有随意性和不确定性。"〔1〕

法律本身是一种社会现象，应当起到维护社会秩序、保障社会安定有序的作用，其必须有效反映社会发展的规律，并通过完善的立法技术将这些规律整合为法律规则，最终促进社会发展。良法必须认识客观规律并在其中尊重和反映客观规律。诚如马克思所言："法律是人的行为本身必备的规律，是人的生活的自觉反映。"〔2〕

（二）具备科学体系

法律只有实现外在规则体系的一致性、内在价值体系的一致性、逻辑上的自足性以及内容上的全面性，才能有效发挥调整社会生活的作用。

法律的各部分内容应当相互协调、相互配合，而不能相互冲突。立法者需要适度预见和引导社会的发展。准确把握经济社会发展的规律、对未来的发展作出一定前瞻性的预见，并且能够引导社会朝着正确的方向发展。立法既要保持其适度抽象性，又要使其具有可操作性。在立法过程中，还应当保持法律规范内部价值的统一性，统筹协调各部门法律之间的关系，避免不同法律规范之间出现价值取向上的冲突，影响法律的实施效果。

良法要求覆盖社会生活的基本方面，实现社会的规则治理，同时实现法律与道德、习惯等方面的分工与协调，形成完备的、融贯的、科学的规则体

---

〔1〕　［法］特隆歇等："法国民法典开篇：法典起草委员会在国会就民法典草案的演讲"，殷喆、袁菁译，载何勤华主编：《20世纪外国民商法的变革》，法律出版社2004年版。
〔2〕　《马克思恩格斯全集》（第40卷），人民出版社2007年版，第72页。

系。换言之，良法不仅在内容上符合客观规律，在形式上亦必须具有科学性。法的科学性指的就是法律规范体系的科学性和法律规范的形式科学性。法律形式（包括程序法）作为一种特殊社会现象，有它自己质的规定性和特殊本质，它的存在是客观的。法律体系是由相互联系的法律规范组成的形式结构化的统一体。法律的基本构成单位是法律规范，法律体系内部法律规范之间具有客观的内部的联系，法律体系的统一性是指一个法律体系的所有法律规范之间相互协调、具有内在的逻辑统一性。[1]法律体系的统一性也是法律权威性的要求。法律一方面主张具有广泛的、至上的权威，另一方面它也不是武断的、专横的权威。只有在满足体系的统一性的情况下，才是具有现实的权威。否则，会造成"无法可依"，"有法难依"的现象，法律体系的统一性具有三个方面的要求：

第一，法律体系的全部法律规范的效力统一于一个共同的最高效力标准。法律体系的统一性最终来源于社会的经济基础，又与政治制度具有紧密联系。我们不能脱离社会的经济政治条件来解释法律体系的统一性。现代西方分析法学的各种流派对法律体系的最高效力标准都给予了高度的重视，例如凯尔森的"基本规范"，哈特的"承认规则"等。

第二，法律规范之间应该在形式上是协调一致的。法律要在其适用中产生立法者所希望的社会效果，就必须具有确定性。法律规范的冲突将破坏法律的确定性和行为结果的可预测性，给法律的遵守和适用带来困难，破坏法律体系的统一性。在相互冲突的法律规范所涉及的行为领域，人们将无所适从。因此，法律规范之间应该避免发生冲突，或者法律体系本身应存在解决法律冲突的机制。

第三，法律体系应该具有完备性。所谓法律体系的完备性是指法律体系规范应该尽量涵盖社会生活的各个方面。从形式上讲，法律是由基本单位的法律规范组成的。法律体系的完备性是一个相对标准，它是随社会组织和社会生产的复杂程度不同而异的。例如，现代法律体系中的金融法、环境法、劳动法、科技法等法律部门就是古代和近代法律所不具备的。

制定法律规范的科学性要求对于提高立法质量具有重要的意义。"法律规范，简单地说，就是人们行为的准则，即关于哪些事是可以做的，哪些事是

---

〔1〕 李龙主编：《法理学》，武汉大学出版社 2011 年版，第 325 页。

不得作的，哪些事是必须做的，这样一些带权威性和具有约束力的社会生活准则。"[1]法律规范是法律功能和作用的承载者，法律对人们行为的调整主要体现在法律规范对于人们的权利和义务的设置当中。而事实上，法哲学对法律的规范功能的认识一直对法律规范的类型、结构以及法律体系的结构的衰退发生着重要的影响。现代法哲学对于法律的规范功能有了较为全面的认识，法律不仅具有强制的功能，而且还具有指引、评价、预测、教育的功能。法律的规范功能并不是对每一个法律规范所具有的规范功能的要求，它们是通过法律规范之间的系统联系来实现的。

第三节 社会秩序

权力不等于秩序！

社会秩序作为社会生活的必备要素与每个社会行为主体的生存和发展息息相关，与社会整体及其各领域的良性运行和可持续发展紧密相连。一个社会要发展，就必须有一套维持这个社会正常运转的行为准则，这些行为准则就是法律，而法律本质上就是一种社会秩序准则。

一、"社会"与"秩序"

人不可能先于社会存在，而人的社会必然有其秩序，秩序是人性的深刻需要，社会秩序则关系其中每个人的生存生活状态。为了生存生活的尊严、安全、和谐等，社会秩序则必有规则，人人都向往有秩序、有规则的生活，这就是人们追求秩序的深刻心理根源。

（一）基本定义

社会是特定环境下共同生活的人群所形成的一种样态，和谐的社会需要良好的秩序，而秩序就是在自然进程和社会进程中都存在着的某种程序的一致性、连续性和确定性，社会秩序则是具有协调性和规范性等特点的社会状态。

1. "社会"的界定

对"社会"这一概念的界定向来纷繁复杂，不同学科及其不同的学术流

---

[1] 赵震江主编：《法律社会学》，北京大学出版社2008年版，第116页。

派对此概念的理解各不相同。

如果我们着眼于社会实体性的存在层面，那么，社会首先是实体性的存在，即无数有生命的个体及与之相关的其他各种实体存在构成了社会；如果主要着眼于社会主体的交往活动，那么，现实的人的生存必然发生着各种交互作用，这种交互关系就构成社会；如果主要着眼于社会关系的存在，那人们稳定性的关系则形成社会。这三种认识所概括的既是社会三种层次的存在方式，也是人们通常把握社会的三种途径。当然，这种分层是相对的，人们在主要侧重于从某一层次认识社会时，不可避免地涉及社会的其他层次，因为社会的三个层面本来就是按照其自身的规律有机地联系和统一的。虽然这种分层只是为了逻辑把握的方便，但这种分析方式能较好地解释以往人们认识社会的经验和理论视野，并有益于人们能够更加深刻地把握社会整体及各种社会现象，包括社会秩序现象和各种社会秩序问题。

总之，"社会"是指在特定环境下共同生活的人群能够长久维持的、彼此不能够离开的、相依为命的一种不容易改变的结构。"社会"有"同伴"内涵，是为共同利益而形成的人与人的联盟，是由长期合作的个体发展形成的团体，在人类社会发展进程中形成的小到机构、大到国家等人的集合体。诚如哈耶克所言："一个群体，一个民族，一个地区的全部人口，一个公司，一个协会，一个团体，一个部落，一个帮派，一个族群，或种族宗族运动和娱乐项目的成员，以及住在一个特定地方的居民，都是社会或能够构成社会。"[1]

2. "秩序"的涵义

"秩"为"依次排列，制定差等"之意；"序"有"位次、序列"之义。由此可见，"秩序"乃"有条理地、有组织地安排各构成部分以求达到正常的运转或良好的外观的状态，其原意是指有条理、不混乱的情况"，指人和事物所在的位置，有整齐守规则之意。如遵守秩序，社会秩序良好等。是"无序"的相对面。

英国社会学家科恩对秩序的理解较为集中，把秩序的主要意义和规定性理解为："第一，'秩序'与社会生活中存在一定的限制、禁止、控制有关。

---

〔1〕 ［英］F. A. 哈耶克：《致命的自负》，冯克利等译，中国社会科学出版社 2000 年版，第 129 页。

第二，它表明在社会生活中存在一种相互性，每个人的行为不是偶然的和杂乱的，而是相互回答或补充他人的行为的。第三，它在社会生活中捕捉预言的因素和重复的因素，人们只有在他们知道彼此期待的情况下，才能在社会上进行活动。第四，它能够表示社会生活各组成部分的某种一致性和不矛盾性。第五，它表示社会生活的某种稳定性，即在某种程度上长期保持它的形式。"〔1〕这五点理解分别涉及秩序的性质、人的行为、预期与秩序的关联、社会生活的秩序特点等方面。

于法学而言，"秩序"指的是自然和社会过程中存在的某种程度的一致性、连续性和确定性。法学强调有秩序的社会生活是人类其他活动的前提，并推崇法律是预防脱序制止无序状态的首要的、经常起作用的手段，即由法律、法规和规章等构成的法律规范体系，对于维护国家所确立或维系的社会秩序、实现社会正义具有特殊意义。

3. 社会秩序的定义

在社会生活中，明显存在着一种秩序、一贯性和恒长性。如果不存在秩序、一贯性和恒长性的话，则任何人都不可能从事其事业，甚或不可能满足其最为基本的需求。〔2〕社会秩序既是社会的黏合剂，也是社会的助动器，更是社会的引擎。社会秩序的存在确证了人类有组织社会的基本特征，社会秩序也只有通过一定的价值指引方能实现。这种价值指引较为典型地体现为伦理、道德、法律、宗教、意识形态等媒介。毋庸置疑，有社会的地方才有可能存在社会秩序，秩序的存在和实现的程度是表征社会文明的价值尺度。纵观人类的历史进程，对社会秩序良序化的建构和追求是贯穿于其间的主线和关键词。从宏观层面考察，社会秩序是人类得以发展和延续的一个基本保障，也是人类在实现发展和追求文明的过程中所摸索与建构起来的。

可见，社会秩序的第一层含义是指社会活动的一致性状态。所谓社会活动是对社会主体在生存、享受和发展过程中所从事的一切活动的抽象表达；所谓社会活动的一致性是指贯穿在社会活动过程中的趋同性。社会活动的基本主体是现实的人，即从事着感性物质活动的、处于社会关系中的个人，因

---

〔1〕 张文显：《法哲学范畴研究》，中国政法大学出版社 2001 年版，第 196~197 页。

〔2〕 〔英〕弗里德利希·冯·哈耶克：《自由秩序原理》（上），邓正来译，生活·读书·新知三联书店 1997 年版，第 199 页。

而从根本上说社会活动是现实的人的活动或人的现实性的活动。然而，在具体的社会活动中，人往往以组织或集体成员的角色或身份存在，而组织或集体一经形成后就有其自身超越于个人或个人简单拼凑相加的实体特性，也就是说，有了自己的特殊意志。因此，在哲学层面上，社会活动的主体除社会关系中的个体的人以外，还有组织或群体，政府或国家是其中特殊的实体。这样，社会活动的一致性状态就不仅指作为基本主体的个体在人的整体性的社会活动中的趋同性状态，而且包含着个人与群体、组织以及群体或组织之间在活动过程中所体现出来的趋同性状态。社会活动的形式多种多样，但物质生产活动处于社会活动整体的基础性层面，是其他一切活动的前提和根据。就社会活动的实现形式而言，无论是物质生产活动还是其他形式的活动都是通过社会交往来实现的。因此，社会活动中的一致性展现为社会交往中的一致性，或者说，在社会活动的层次上，社会秩序实质上是一种社会交往秩序。

社会秩序的第二层含义则指社会关系的结构化状态。社会关系是指社会主体在社会生活中所形成的关系。社会关系的结构化是指各种社会关系在社会生活中形成相对稳定的组合方式或网络结构。社会关系及其结构化状态是无形的，但其存在具有客观性。社会主体在社会交往活动中必然会形成一定的社会关系，这种社会关系既可能是协同性的和可调适性的，也可能是冲突性的和对抗性的。无论性质怎样，只要在一定的时间和空间内维持某种关系，就会逐渐形成某种相对稳定的结构性关系。这种结构性关系是支撑人类社会存在和发展的根本性关系。从一定意义上说，人类社会的变化发展集中体现为这种根本性的结构性关系的性质变化过程，其他结构性社会关系的生成和性质变化都会因这种根本性的结构性关系的变化而变化。这种根本性的结构性关系本身就蕴含着内在矛盾，其合理解决是使社会生活处于协调状态的关键。

社会秩序的第三层含义是指社会规范的约束性状态。所谓社会规范是指在社会生活中形成的对社会行为主体具有普遍约束力的行为规则。社会规范包括风俗、习惯、道德、礼仪、宗教和法律等多种规则，其基本功能乃是约束，约束人在社会生活中的各种活动。不同的社会规范体系中的不同部分在不同的社会生活阶段对不同的社会活动主体起着不同的作用，因此，社会秩序意味着，一方面在社会演进的一定历史阶段中起作用的各种社会规则之间应具有相容性，而不是相互冲突；另一方面，该阶段上社会活动主体对规则的理解、掌握和遵守应呈现出目标范围和层次上的某种统一性。社会行为主体总是在规则中活动，否则无法合作，从而也无法生存和发展。由此看来，社会行为主体制定和遵从规则是为了生存和发展的需要，对不相容的规则变更之，使之相容，对相容的规则，则选择顺应和遵循。

综上所述，社会是实体、活动和关系三个层面的有机统一，秩序是社会的秩序。那么，社会秩序的本质必须在这三个层面的有机统一中而体现为总体性的存在。可见，社会秩序是一种能够为个体提供合理行动证成的价值因素，社会秩序的存在为理性交往的社会证成提供了外部框架。社会秩序就是各种要素的体系，其中每一个要素都由它与所有其他要素之间的关系来界定。这些要素就是个人与群体。他们在体系中的位置就是社会地位，社会秩序的存在仰赖于其系统内部各个要素的协调一致，社会秩序的重要评价指标是个人与群体之间的协调程度。犹如，中国古代思想家提出的"治"，表示的就是社会的有序状态和社会秩序的维护与巩固，"乱"则表示社会秩序的破坏和社会的无序状态。换言之，如果个人与群体之间存在着协调、稳定、一致的关系，社会秩序将显现出合理而有序。反之，社会秩序则会滑向另一个极端即社会无序。简言之，社会秩序是指动态有序平衡具有协调性和规范性等特点的社会状态，是社会存续所必需的且有助于个体与社会互动发展的价值坐标。

（二）"社会秩序"之特征

社会秩序的存续与否需要满足两个基本标准：一是这种秩序应当符合作为其载体和基质的个体的人性需求；二是这种秩序应当实现为社会发展和文明进步提供基石作用的功能。历史和理性告诉我们，稳定是社会存续的首要因素和价值，只有在稳定的前提下才有可能实现对其他善的追求。同时，心理学的常识也足以证明，稳定是个体内心的原初追求。因此，稳定性成为社会秩序的首要特征。

1. 稳定性

社会秩序稳定性特征主要表现为：首先，社会条件及社会主体的活动方式的变化往往是长期的历史过程，因此，社会秩序的存在往往保持长期的稳定性；其次，社会秩序作为社会关系的协调性状态，其变化与否与社会关系结构是否发生变化密切相关，社会关系结构在一定的社会生活中有保持质的稳定性的倾向，因此，社会秩序的质的稳定性不易被打破；再次，作为社会规范的约束性状态，社会秩序稳定与否与社会规范的状况相关，而习俗、道德、法律等各种社会规范的变革是缓慢的，这使社会规范约束下的社会生活往往较为稳定；最后，社会秩序的稳定性是社会各要素系统正常发挥自身功能的必要前提。因此，社会秩序的稳定性在一定意义上满足社会主体生存、享受和发展的需求满足了某些社会主体维护既有利益格局的现实需要。[1]

2. 合理性

秩序是对无序的纠偏，秩序的存在合理地界定了个体之间、个体与群体之间的关系。社会秩序这一语词天然地内含了合理的要素，社会秩序的存在必须满足合理性的价值要求，合理性是社会秩序的价值内核。

3. 保守性

社会处于不断的变化发展之中，社会的不断发展生成新的事物，催生新的要素，引发新的浪潮。面对这种变化性，社会秩序应当具备一定的抵御功能。如果社会秩序朝不保夕、变化过快，则极易引发社会动荡，同时会对个体的秩序感造成极大的负面影响，最终波及社会的稳定。当然，保守性并非意味着一成不变，毋宁说，保守性是社会秩序在面对变化与稳定悖论时的一条沟通桥梁。保守性是社会秩序的时代特质。[2]

二、社会秩序的基本准则

在社会秩序的演变中出现过宗教、道德、法治三种秩序类型。纵观社会秩序的演变，在历史的长河中，自然法学派与实证法学派的论战可谓旷日持久，而这延续多年的讨论中，留给人们最深印象的字眼，莫过于"法律与道德"。而于现代社会，法治作为现代社会的根本秩序，表征着社会秩序的高级形态和基本走向。作为社会秩序的基本准则，法律和道德二者是不可分离的，一个良好的社会秩序既不是仅通过法律来维持，也不是仅通过道德来约束，而是需要二者共同作用。当然，宗教在人类社会的特定时期于规范社会秩序中也曾起到其独特的作用。

（一）道德

道德作为社会秩序基本准则的依据需要从道德之于社会秩序中的功能出

---

〔1〕 高峰：《社会秩序论——马克思主义社会哲学视域下的秩序问题探讨》，人民出版社 2016 年版，第 57 页。

〔2〕 杨春福："论法治秩序"，载《法学评论》2011 年第 6 期。

发。功能有时指的是一种生命运动系统，而不是运动本身的后果。有时指的是这些运动与有机体的某种需要之间相应的关系。因此，要了解道德在社会秩序中发挥的功能，必须首先考察与道德相应的社会需要。

1. 道德具有整合功能

整合功能是指把各部分以系统的方式结合在一起从而有利于整体的存在或发展的能力或功效。社会秩序的整合功能就是社会秩序能够把各种要素或力量结合在一起从而发挥促进社会发展的能力或功效。考察社会秩序的整合功能需要分别研究整合的前提、对象、过程、机制、方式、特点和应注意处理的相关关系等方面。道德就是能够把我们自身和我们与社会联系起来的纽带，它能够将一群乌合之众变成一个具有凝聚力的团体。其整合的对象是各种社会资源或社会力量，这既包括各类社会行为主体，也包括社会行为主体所掌握的其他形式的资源和力量。在实际的社会生活中，于不同的阶段和层次，社会行为主体有着不同的存在方式，可能以个体的方式存在，也可能以群体或组织的方式存在。由于对社会资源的占有状况不同，各社会行为主体的生存和发展的空间和途径也就不同，具体到价值观念、情感状态、利益追求和活动方式等方面可能会有很大的差异。要使社会处于稳定和协调状态，必须调动各种社会资源，使之汇集成系统或综合性的力量，共同为实现这一目标努力，而道德作为一种意识约束，能够达到这一点。

2. 道德具有调节功能

道德是社会矛盾的调节器。人在社会活动中相互间不可避免地要发生各种各样的矛盾，这就需要通过社会舆论、风俗习惯、内心信念等特有形式，以自己的善恶标准去调节各自的行为，指导和纠正人们的行为，使人与人之间、个人与社会之间关系尽可能地和谐。

3. 道德具有平衡功能

道德不仅调节人与人之间的关系，而且平衡人与自然之间的关系。它要求人们端正对自然的态度，调节自身的行为。环境道德是当代社会公德之一，它能教育人们应当以造福于而不贻祸于子孙后代的高度责任感，从社会的全局利益和长远利益出发，合理开发自然资源发展社会生产，维持生态平衡，积极治理和防止对自然环境的人为性的破坏，平衡人与自然之间的正常关系。

4. 道德具有认识和指引的功能

道德是引导人们追求至善的良师。它教导人们认识自己，对家庭、对他人、对社会、对国家应承担的义务和责任，教导人们正确地认识社会道德生活的规律和原则，从而正确地选择自己的生活道路和规范自己行为。同时，道德是催人奋进的引路人，它培养人们良好的道德意识、道德品质和道德行为，树立正确的义务、荣誉、正义和幸福等观念，使受教育者成为道德纯洁、理想高尚的人。

（二）法律

"法令者，民之命也，为治之本也。"[1]法律旨在创设一种良好的社会秩序。作为一种制度文明，法律维系着人类生存和发展的基本秩序，作为一种内在的默默地起作用的力量，法律又是维系一个有秩序和安全感的文明社会不可或缺的内在张力。法律于社会秩序的保障作用主要表现为法律规范所具有的指引、评价、预测、教育和强制等作用。这些规范作用，虽然在法律运行中往往是综合发生的，很难做具体的区分，但在理论上，这些规范作用则各具相对独立的意义。

1. 法的指引作用

法的指引作用是指法为人们提供特定行为模式的作用，它引导人们在法律规范所允许的范围内从事社会活动，告知人们何者可为，何者当为，何者禁为。法的规范作用通过具体的法律规范实现，根据法律规范形式的不同，法的指引作用可以分为授权性指引、义务性指引和禁止性指引。授权性指引就是通过授权性规范，告诉人们可为或有权为；义务性指引就是通过义务性规范，告诉人们应当为或必须为；禁止性指引就是通过禁止性规范，告诉人们不得为。因此，法通过授权性规范实现的指引作用又被称作选择性指引或不确定性指引，而法通过义务性规范和禁止性规范实现的指引作用又被称作确定性指引。根据法律规范指引的行为主体的不同，法的指引作用又可被分为个别行为的指引为一般指引。需要注意的是，区别个别指引和一般指引的标准是法律规范指引的行为主体的不同，不能认为具体的法律规范只能进行个别指引，也不能认为一般或普遍意义上的法律规范只能进行一般指引。法律的目的不仅仅是制裁违法，而更重要的是引导人们在法律的指引下和谐有序地生产生活。因此，在人际交往日益频繁、人际关系日益复杂的今天，法的指引作用的重要性就尤显突出了。

---

[1] 语出《商君书·定分》。

2. 法的教育作用

法的教育作用主要表现为培养人们的法律认同感和提高人们的法律意识。在一个社会之中，法律往往固定了全社会的价值观念和行为准则，形成了特有的法律模式。通过对法律的宣传和实施，人们的思想会受到法律的影响而逐渐将外在于个体的法律规范内化为自身的价值认同和行为方式。在此基础之上，人们在法律影响下的相互行为将形成生活习惯。法律规范的这种教育作用，不仅能够使各种法律主体养成自觉守法的习惯而促进法律的实现，而且也是建构法律文化和法律环境的有效因素。同时，法律规范通过个案也将对行为者本人和一般人今后的行为起到教育作用。这种教育作用又是通过对具体行为的惩罚或奖励两种形式来实现的。法律对违法行为的制裁不仅会使行为人受到教育，对其他人也有警示作用。同样，法律对合法行为的鼓励，也会使一般人受到教育。这种个案的示范教育作用，对预防违法，提高人们的法律意识、权利义务观念、遵纪守法的自觉性是十分重要的。此外，法律规范的教育作用与法的本质存在内在联系。体现公平正义、反映社会发展规律的法律规范所产生的教育作用，不仅能够获得社会认同而呈现积极正面的社会效果，而且也对法律权威的树立有积极意义。

3. 法的预测作用

预测作用就是法所具有的使人们通过法的可预期性特征预测彼此行为及其法律后果的规范作用。依据预测作用，人们可以根据法律规范预计自己行为的后果，从而决定自己的行为。通常认为，依靠作为社会规范的法律，人们可以预先估计彼此之间将如何行为。人们不仅可以根据法律预测彼此之间的行为，还可以根据法律规范来预测自己的行为可能产生的法律后果。法的预测作用对法的遵守有着重要的意义。通过法律规范的预测作用，一切行为主体可以在行为前预先得知自己行为可能或必然面临的法律后果，行为主体便会从选择最有利或成本最小的法律后果出发，自觉调整行为，使之符合法律的规定。

4. 法的评价作用

法的评价作用是法所具有的通过法律判断衡量人们行为是否合法或者有效的作用。在现实生活中，法并不是唯一的评价人们行为及其后果的标准，道德规范、传统习惯、社会团体的规章制度等也都在一定程度上具有对行为和后果的评价作用，但法的评价作用尤为明显。

5. 法的强制作用

强制作用法的强制性不仅是法的指引、评价、预测和教育等规范作用实现的现实保障，更是法的权威的保障。任何违法行为都须受到法律制裁，与其他社会规范相比，强制作用是法最显著特征。

第四节 良法之实施

天下之事，不难于立法，而难于法之必行。[1]徒法不足以自行。法律的生命力在于实施，实施的活力则来自制定的良法。有了良法，还要"善治"。善治即规则之治，是良法的贯彻与实施，是法治的目标。

一、善意

善意的基本含义包括诚实、公正和合理。善意原则是一项既构成一般法律原则也构成国际法一般原则的法的基本原则。它在条约的缔结、履行、解释和争端解决的过程中通过与其他原则规则相结合的方式发挥重要作用。它护持法的精神和价值，排除恶意行为的合法性或有效性。

（一）善意原则的基本含义

关于善意原则的含义，国际法学者奥康奈尔写道："国际法上的善意原则是一项基本原则，由此引申出条约必须遵守规则和其他特别地和直接地与诚实、公正和合理相关的规则。这些规则在任何特定时间的适用，取决于在该时间国际社会流行的关于诚实、公正和合理的主导标准。"[2]这是对善意原则在国内法和国际法上的实践的行为表现的总结和概括。《联合国宪章》第2条第2款规定：各会员国应一秉善意，履行其依本宪章所担负之义务，以保证全体会员国由加入本组织而发生之权益。《国际法院规约》第38条第2款规定：……规定不妨碍法院经当事国同意本"公允及善良"原则裁判案件之权。《维也纳条约法公约》也明确规定：凡有效之条约对其各当事国有拘束力，必须由各该国善意履行（第26条）；条约应依其用语按其上下文并参照条约之目的及宗旨所具有之通常意义，善意解释之（第31条）。可见，在国际法领

---

[1] 语出（明）张居正：《请稽查章奏随事考成以修实政疏》。
[2] John F. O'Connor, *Good Faith in International Law*, Dartmouth, 1991, p. 124.

域，基于公正理念而产生的"善意原则"作为法律基石指导着国际交往，是构建友好协作之国际关系的基础。其基本含义就是诚实、公正、合理。

（二）善意原则的地位

善意原则是一项古老的法律原则。自欧洲国际法的萌芽或奠基时期开始，国际法学家，如苏阿里兹（Francisco Suarez）、真提里斯（Alberico Gentili）、瓦特尔（Emer de Vattel）都一直强调善意原则对于国家交往的重要性。格劳秀斯更是强调说，善意原则要求甚至与敌人、海盗、反叛者和异教徒之间的条约也应当"努力维持"（diligently kept）。[1]在当代，善意原则受到了更多的关注。善意在每种法律秩序中都是一项内在的制度。[2]世界各大文化和各主要法系都有关于善意原则的理论与实践。无论在国内法还是在国际法上，都有其突出的地位。在国际法中，善意原则在条约法领域的实践最为丰富。善意原则是举世公认的支配国际法律义务创立和履行的原则。1969 年《维也纳条约法公约》序言第 3 段宣布各当事国"鉴悉自由同意与善意之原则以及条约必须遵守规则乃举世所承认"。善意原则之所以被举世承认，与它是支配国际法律义务创立和履行的基本原则分不开。善意原则是一项一般法律原则，又是一项国际法的一般原则。善意原则同样适用于个人之间的关系和国家之间的关系……它应当是所有法律制度的基本原则。

（三）善意原则的作用

善意原则捍卫社会的公平正义，维护法律秩序，有助于避免或减少违法行为，避免或减少法律争端。

善意原则本身无法单独实施和发挥作用，需要与其他原则规则相结合，同时也是与实施这些原则规则的相关具体法律行为相结合，才能表现出法律上的意义和效果。即使条约法的确不以善意原则为基础，那么它也密切地与善意原则联系在一起；因为这一原则从条约缔结到它们终止始终支配着条约。此外，善意原则往往还发挥"排除器"的作用，始终护持法的精神和价值，保护善意的行为、排除恶意行为的合法性或有效性。

于国际法而言，善意原则的适用尤其深入和广泛，已经从总体上构成国

---

〔1〕 Oliver DSrr and Kirsten Schmalenbach（eds.），*Vienna Convention on the kⅢ of Treaties*：*A Commentary*，Springer，2012，pp. 427~428.

〔2〕 转引自［法］M. 维拉利："国际法上的善意原则"，刘昕生译，载《国外法学》1984 年第 4 期。

际条约法的基础，并发挥着巨大的作用。善意原则是支配国际法律义务创立和履行的原则。而缔结国际条约是创立国际法律义务的重要形式，因此善意原则不仅要求以诚实、公正和合理的态度对待缔约程序善意缔结条约，同时还要求缔约方善意履行国际条约。善意履约是国际合作的必要条件，诚如《联合国宪章》第2条第2款规定："各会员国应一秉善意，履行其依本宪章所担负之义务，以保证全体会员国由加入本组织而发生之权益。"[1]善意履行条约与善意解释条约密不可分，善意履行条约当以善意解释条约为必要前提，因为不善意即歪曲解释条约，必然导致不善意履行条约的结果。因此，善意是法律解释的总原则。所谓善意解释，无非是从诚实信用的立场进行解释。解释条约不是给条约添加或减少含义，不是修改条约，也不是撇开原有含义另行确定条约的含义，需要"诚实"地确定当事国的真实意图和条约约文的真实含义，公正、合理地解释条约。根据国际常设法院的条约解释实践，条约义务应根据缔约方在缔结条约时的共同的真正的意图来履行，即根据条约的精神，而不仅是其文字。这是善意原则最重要的方面之一，与条约是缔约双方意思一致的概念是统一的。善意履行条约义务，意味着诚实地、忠实地执行条约的共同理解的实质内容。而共同理解的确定，则是一个解释问题。国际常设法院形成了解释当事方意图的目的解释法，以便得到实施的是缔约方追求的真正和实际的目标。善意原则要求当事方诚实、公正和合理地解释条约的同时也要求善意和平解决国际争端，争端各方只有从诚实、公正和合理的善意出发，才可能顺利解决争端。

权利必须善意地行使，是善意原则的基本要求。善意行使权利意味着行使权利是为了真诚地追求权利所保护的利益，并非有意使另一方的合法权益遭到不公平的损害。于一个国家而言，则意味着：国家权利必须以符合该国的国际义务的方式行使。

权利的行使对于当事双方应当是公平且公正的，不得损害他人利益，也不得以行使权利来逃避义务。善意原则正是通过这种方式建立权利与义务之间的相互依存关系的。同时，善意原则要求诚实地履行每一项权利。任何以逃避法律义务为目的的虚假行使权利的行为都是不能容忍的。虚假行使权利构成滥用权利，因而为法律所禁止。在此，善意原则要求考察行为的实际性

---

〔1〕 参见《联合国宪章》第2条第2款。

质，而非当事方为自己的行为所起的法律名义，它禁止以合法形式掩盖非法目的、禁止以行使权利为幌子逃避法律规定。例如，国际法规定国家应尊重私人财产，但允许为了公共利益而征收。如果一个国家并非以公共利益为目的而企图以征收的形式夺取私人财产，这种行为就是不被允许的。

此外，善意原则还禁止裁量权的滥用。由于社会关系的复杂性，法律不可能事先就精确地划定个人权利或国家权利的界限。事实上，法律对大多数权利进行规定时都未划定严格的界限，从而，在大量的案件中，法律允许个人或者国家在行使权利时拥有广泛的裁量权。在法律允许权利行使人自由裁量的情况下，这种裁量权必须善意行使，也即必须合理地、诚实地、以符合法律精神的方式进行，并且还要考虑到其他当事方的利益。由于裁量本身意味着主观判断，因此，通常很难直截了当地判断裁量权是否已被滥用。每一个案子都必须根据其特定情况进行判断，例如，根据国际实践或者人们的经验，来考察行为人的意图或动机或行为的客观后果。如果存在非法目的或企图，或者行为明显不合理，那么就应认定为存在法律所禁止的裁量权滥用。法律在裁量权被滥用时进行干预。

总之，我们可以看到善意原则以各种不同的方式支配着权利的行使。当权利本身赋予权利所有人以裁量权时，裁量权的行使必须是诚实的、诚恳的、合理的、符合法律精神的，且应当考虑到他人的利益。违反善意原则的要求的行为将构成权利滥用。通过承认权利与义务的相互依赖关系，善意原则还协调相互冲突的利益、确立权利的合理界限，以及保护法律秩序的和谐。通过为权利行使注入诚实、诚恳、合理、适度等品质，善意原则推动着法律制度的顺利运行和正常运作。在跨界水资源开发利用领域，"善意原则"作为国际环境法原则应予以确立并指导该领域的开发利用活动，鼓励各国在国际环境合作领域跨越各自的障碍，明确共同责任以促进人类的和平与发展。

二、善治

善治是法治的目标，善治本身是规则之治，需要以良法促善治。没有健全的法制，没有对法律的充分尊重，没有建立在法律之上的社会程序，就没有善治。善治作为人类的政治理想，肇始于柏拉图。柏拉图在《理想国》中畅谈"哲学王之治"是"最善之治"，而在《法律篇》中又将法治视为"次善之治"。他在人类文明史上第一次提到国家治理，指出"在凡是被定为统治

者的人最不热心权力的城邦里必定有最善最稳定的管理，凡有与此相反的统治者的城邦里其管理必定是最恶的"。〔1〕

（一）善治的内涵

善治实际上是国家的权力向社会的回归，善治就是一个还政于民的过程。善治表示国家与社会或者说政府与公民之间的良好合作，从全社会的范围看，善治离不开政府，但更离不开公民。善治有赖于公民自愿的合作和对权威的自觉认同，没有公民的积极参与和合作，至多只有善政，而不会有善治。所以，善治的基础与其说是在政府或国家，还不如说是在公民或民间社会。从这个意义上说，公民社会是善治的现实基础，没有健全和发达的公民社会，就不可能有真正的善治。〔2〕每一个公民都有权获得与自己的利益相关的政府政策的信息，包括立法活动、政策制定、法律条款、政策实施、行政预算、公共开支以及其他有关的政治信息，以便公民能够有效地参与公共决策过程，并且对公共管理过程实施有效的监督。即善治要求运用法律和道义的双重手段，增大个人及机构的责任性，要求公共管理活动取得公民最大限度的同意和认可。

显而易见，保证公民享有充分自由和平等的政治权力的现实机制是民主政治，善治只有在民主政治的条件下才能真正实现，没有民主，善治便不可能存在。专制政治在其最佳的状态下可以有善政，但不会有善治。

（二）善治的作用

1. 善治有利于充分实现人的尊严和价值

保障和实现人的尊严和价值是国家治理现代化、政治现代化的内在要求。因为"健全的理性的政治并不包含任何超自然的或神秘的东西，如果从人的本性出发，就能从中推导出政治体系，它是一整套彼此密切联系的真理，一系列比人类知识其他领域中的原则更可靠的原则"。〔3〕霍尔巴赫关于理性政治的论述提示我们，任何理性的政治以及由此延伸的国家治理都必须围绕人、人的本性这一主题加以构建，离开这一主题，其可行度与可信度都将受到极大的质疑。美国著名法学家范伯格则阐释了人的尊严的积极意义。他说："我

---

〔1〕 ［古希腊］柏拉图：《理想国》，郭斌和、张竹明译，商务印书馆 1986 年版，第 283 页。

〔2〕 俞可平主编：《治理与善治》，社会科学文献出版社 2000 年版，第 9~11 页。

〔3〕 ［法］霍尔巴赫：《自然政治论》，陈太先、眭茂译，商务印书馆 1994 年版，第 1 页。

们必须赋予人类另外一种我们有意不给动物的权利。这样一类权利就是更高一层次的尊重、一种不可侵犯的尊严。属于这一范畴的权利可能是唯一最强烈意义上的人权，它们是不可改变的、绝对的、普遍的、并为人类所特有的权利。"[1]善治正是因应了这种对于人性尊严的需求，因为善治是人道的治理，能为公众提供安全，降低风险，赋予权利，提供更多的选择，促进可持续的人类发展。[2]在善治的理念和模式下，人的尊严与人道得以维护和尊重。如果失却了尊严，人将失去其作为人类存在物所具有的本质特征。因此，唯有在勉力实现人类尊严的基础上才能言及人的进步与发展。在国家治理现代化的过程中，如何最大限度地张扬人的个性、保障人的尊严是一个具有先决性条件意义的价值命题和实践要领，善治理念的引介和施行在此层面将大有作为，制度将为之而作重新安排。

2. 善治有利于权利的保障

我们所身处的时代是一个"权利的时代"，维护权利、为权利而奋斗是这个时代的主旋律。"权利"可以有效地应对来自政府、外界的干预，可以铸就公民的自我疆域。我们稍经审视便可发现，权利已经成为评价公权力运作合法与否以及政府治理清明与否的关键词。任何试图对国家治理现代化建设有所裨益的理论或实践都应当围绕此而展开，若没有对权利的充分保障，国家治理现代化这一命题本身便没有存在的意义。因此，我们将其视为国家治理现代化过程中的核心问题。

"善治是在一个坚持人权、民主、法治的政治和制度环境下，为达到公平和可持续发展而对人、自然、经济和财政资源进行的透明且负责任的管理。它要求在公共权力层面有明确的决策程序、透明且负责任的制度安排。在管理和分配资源过程中有法律的权威，并能加强能力建设来制定并采取措施，以防止和抗击腐败。"[3]我们可以认定，"善治"就是以民众为中心，以权利保障为指向，以权力制约为要旨。在此意义上，我们引进"善治"作为实现

---

〔1〕［美］J. 范伯格：《自由、权力和社会主义——现代社会哲学》，王守昌、戴栩译，贵州人民出版社 1998 年版，第 41 页。

〔2〕［印］哈斯·曼德、穆罕默德·阿斯夫编著：《善治：以民众为中心的治理》，国际行动援助中国办公室编译，知识产权出版社 2007 年版，第 34 页。

〔3〕［印］哈斯·曼德、穆罕默德·阿斯夫编著：《善治：以民众为中心的治理》，国际行动援助中国办公室编译，知识产权出版社 2007 年版，第 10~11 页。

个体权利的有效保障。善治不但要求政府及其权力的行使要体现大多数人的利益，而且更要体现社会中贫困和弱势群体的利益。政府不仅仅是某一部分人的政府，更是所有民众的政府，重视某部分人的利益而忽视另一部分人的利益，或者为了部分人的利益而牺牲另一部分人的利益，都不是"善治"所期望实现的结果。"善治"追求的是对所有人的权利的一体保护，尤为重要的是突出了对弱势、贫困群体的利益的关注，并对其权利加以优先保障。较之法治的一般理论，善治更为强调对弱势群体权利的优先保护。因此，善治对于国家治理现代化过程中所必须面对的权利保障尤其是弱势群体的权利保障问题具有更为现实的意义。

3. 善治有利于社会的良性发展

在传统的社会管理体制中，权力掌握在政府手中，权力的运行方向总是自上而下的，权力的行使过程一般是借助于政府的政治权威，通过制定和实施政策等措施和手段对社会公共事务实行单向管理。在这种管理体制中，民众只是政府命令的被动接受者，而缺乏有效的互动机制。在国家治理现代化过程中，我们必须寻找超越传统模式的新型治理模式。善治模式无疑是最为理想的。因为"善治是政府的政治权利、企业的经济权利和公民社会权利良性互动过程。善治就是使公共利益最大化的社会管理过程。善治的本质特征就在于它是政府与公众对公共生活的合作管理，是国家与公民社会的一种新型关系，是两者的最佳状态。其管理机制所依靠的不再是政府的权威，而是合作网络的权威。其权利向度是多元的、相互的，而不是单一的和自上而下的"。[1]善治过程的一个核心理念是主体之间的互动，在互动中实现权力的优化行使，以此保证所有人都能参与到程序中来。善治的过程类似于回应型的法律状态，"它是一种对文明的承诺带给了人们运用法律界定和维持公共秩序的方法。在回应型的法律状态中，秩序是协商而定的，而非通过服从赢得的。"[2]在善治的过程中，权力的行使和秩序的维系遵循着同样的规律，即所有人都可以参与其间，秩序是所有人协商合意的结果。正是源于这一设置，秩序本身变得合法化与合理化，国家与公民之间的合作关系在此清晰展现。

---

〔1〕［印］哈斯·曼德、穆罕默德·阿斯夫编著：《善治：以民众为中心的治理》，国际行动援助中国办公室编译，知识产权出版社 2007 年版，第 39 页。

〔2〕［美］P. 诺内特、P. 塞尔兹尼克：《转变中的法律与社会：迈向回应型法》，张志铭译，中国政法大学出版社 2004 年版，第 105 页。

国家治理现代化所追求的理念应当是促进国家与公民之间的良性互动，维持秩序的正当化和合理化，保障所有人都能享有充分的参与机会并切实感受到"主人翁"意识以及作为公民理应享有的尊严。通过善治的制度设计和理念灌输，这些基本理念的实现也就成为水到渠成之事。需要特别指出的是，参与本身即是一个重要的概念，因为"参与意味着所有的社会成员都发出声音或者影响决策和治理。这是民主体制国家合法性的基础"。[1]因此，从多维的视角审视，我们可以得出如下结论：在国家治理现代化的进程中，善治既有利于促进公民参与社会管理事务，也有利于提升国家与公民之间良好的互动关系，以形成彼此的良性沟通，进而促进社会的良性发展。

三、法治

法治是良法与善治的有机结合，建设法治体系，必须以良法推进善治。

法治的基本意义是，法律是公共政治管理的最高准则，任何政府官员和公民都必须依法行事，在法律面前人人平等。法治的直接目标是规范公民的行为，管理社会事务，维持正常的社会生活秩序；但其最终目标在于保护公民的自由、平等及其他基本政治权利。从这个意义说，法治与人治相对立，它既规范公民的行为，但更制约政府的行为。

（一）法治的定义

法治，对于现今社会中绝大部分人来说并不感觉新鲜，"法治社会""依法治国""依法行政"等皆耳熟能详。然而，什么是法治？法治究竟是什么？

法治理念的提出可追溯到千年前的古希腊时期，学术界普遍认为法治最初定义来自亚里士多德，但对法治最早的探索应从柏拉图便开始了，无论从其《政治家篇》还是《法律篇》中都可看到法治概念的萌芽。后来亚里士多德在此基础上又对法治做了详尽阐释："法治应包含两重意义：已成立的法律获得普遍的服从，而大家所服从的法律又应该本身是制订得良好的法律。"法治的概念也便从那刻起走进了人类历史的舞台。后来又经过漫长的一段岁月，从罗马法到英国诸如哈林顿、洛克、戴雪等人进一步对法治意义的研究与阐释，再到后来孟德斯鸠《论法的精神》的提出，又经过了后来美国如潘恩、

---

〔1〕［印］哈斯·曼德、穆罕默德·阿斯夫编著：《善治：以民众为中心的治理》，国际行动援助中国办公室编译，知识产权出版社 2007 年版，第 68 页。

杰斐逊、亚当斯、汉密尔顿等人对法治精神的继承和完善，迄今，西方法治理论经历了多次深刻而重大的改变，形成了广博深邃的法治文化。

在一般场合，法治一词描述的是两种现象：一是社会秩序状态的类型，即在人的尊严和权利等理性价值的引导下，在法律权威的有效约束下而形成的社会秩序；二是国家治理方式，即国家和政府内部权力结构关系、各权力范围的限定、权力的运行及作用于社会的方式均依法律而进行。其实，这两种现象在现实世界又完全是结合在一起的，甚至就是一回事。没有法治的国家治理方式也就无所谓法治的社会秩序；在发展的逻辑中，法治的国家治理方式是内容、原因、动力，而法治的社会秩序则是形式、结果、表现。在两者的关系中，依法治国是国家治理方式，是治国的途径、方略；而法治国家则是社会秩序状态，是治国的目标、结果。

尽管法治一词所指称的对象——社会秩序状态和国家治理方式——在世界各国都是相同的，但我们并不能据此而形成明确的法治概念，即什么样的社会秩序状态或国家治理方式才可以称得上是法治的呢？

于"法"而言，须强调法律的合法性和合理性，强调法律的效力与政治权威的适度分离。这是法治观念受自然法理论影响最为直接的方面。法治之下的法律，其内部始终存在着作为实在法的法律与法理价值之间的紧张关系，法治要求两者应保持一种平衡状态，并在发生冲突时取向于法理价值，即要求法律必须符合一定的价值原则。而实在法与法理价值之间存在紧张关系的实质则是现实中存在着特殊的权力意志与普遍的理性意志的矛盾。法治的观点主张，普遍的理性意志至上；而人治的观点则主张，特殊的权力意志至上。因而在法治之下，"法律如欲成为法律，不能仅仅表示一个权威机关的意志，这个权威之所以令人尊重，不能仅仅是因为它是根据自己所能运用的强制权力；反之法律必须符合某些更为正当的东西"。[1]

在"治"的方面，法治强调对政府权力的规范和约束，它特别与专横、特权相对立。从历史上看，法治就是针对专制和人治条件下专断权力和特权的横行而兴起的对应性措施。莱昂·狄骥和哈耶克都是这样看待法治的。他们认为，所谓法治首先是指和专断权力的影响相反的法律至高无上的权力，它防止政府方面的专断权、特权甚至广泛的自由裁量权。或者说，法治的意

---

〔1〕 龚祥瑞：《比较宪法与行政法》，法律出版社 1985 年版，第 320 页。

思就是指政府在一切行动中都受到事前规定并宣布的规则的约束——这种规则使得一个人有可能十分肯定地预见到当局在某一情况下会怎样使用它的强制权力和根据对此的了解计划他个人的事务。[1]这显然是从问题的针对性上来定义法治的。历史经验指出，任何权力都不可能完全免于专横之虞，无论掌权者看似多么的贤能，凡有权力的地方就可能出现专横的局面。而法治与人治的一个重要区别就在于人治必然导致专横局面的出现，而法治则有可能避免它。在人治条件下，法律可能无法限制政府，但它能够约束百姓；而在法治的条件下，法律首先应能够限制政府，其次才是约束百姓。法治观念强调对政府的限制是因为相对于民众来说，法律规范政府的行为更难从而也更重要。

　　从"法"与"治"的结合来看，西方的法治观念不仅强调法治是法律主治，而且强调法律须"平等"地获得主治。法律获得平等的施行与普遍的遵守或者说法律的统治是法治最为宽泛的含义和基本属性。英国法学家戴雪通常被认为是近代西方法治理论的奠基人。它认为法治的含义之一是："法治意味着法律面前人人平等。或者，意味着所有的阶层平等地服从由普通法院掌管的普通法律；此一意义上的'法治'排除这样的观念，即官员或另类人可以不承担服从管治着其他公民的法律的义务，或者说可以不受普通法院管辖。"[2]法国《人权宣言》第6条也宣称："法律对于所有的人，无论是保护或处罚都是一样的。在法律面前，所有的公民都是平等的。"

　　毋庸讳言，中国缺乏类似于西方的那样一种法治的文化传统。虽然有学者将先秦法家以法治国的主张概括为"法治主义"，[3]但那种"法治主义"较之于法律至上和法律面前人人平等的现代法治概念相去甚远。先秦法家所主张的"据法而治"或"以法治国"，指的都是将法律作为人治的工具，而对社会进行严厉的统治。昂格尔将中国的法传统定义为"官僚法"，就是以此为据的。所谓"官僚法"，通俗地讲就是对老百姓有实效，而对官僚们至少在事实上很难有效的法律和法文化传统。

　　法治是一个内容丰富的概念，是一种价值取向明显的意识形态。第一，

---

〔1〕　参阅［英］弗里德里希·奥古斯特·哈耶克：《通向奴役之路》，王明毅等译，中国社会科学出版社1997年版，第73页。

〔2〕　A. V. Dicey, *Introduction to the Study of the Law of the Constitution* (1885), 1960, p. 202.

〔3〕　参阅梁启超：《先秦政治思想史》，商务印书馆2014年版，第65页。

"法治"是一个表征治国方略或社会调控方式的概念。第二,"法治"是一个表征活动的概念。在此意义上,法治的核心是依法办事。第三,"法治"是一个表征状态的概念。无论是作为治国方略,还是作为依法办事的原则,法治最终要表现为一种法律秩序。第四,"法治"是一个表征价值的概念。法治不是单纯的法律秩序,而是有特定价值基础和价值目标的法律秩序。第五,"法治"是一个融会多重意义的综合观念,是民主、自由、平等、人权、理性、文明、秩序、效益与合法性的完美结合。[1]可见,"一个完善的'法治'概念,同现代社会的制度文明密不可分,在任何现代性的法律中都意味着,对政府权力(尤其是立法权力)的限制,对权力滥用的保护措施,对公民自由与权利的平等保护,等等;意味着政府的立法、行政、司法以及其他机构的活动必须服从法律的一些基本原则:人民主权原则、人权原则、正义原则、公平合理且迅捷的程序保障原则等。法治同样要求政府维护和保障法律秩序,但政府必须服从法律的约束;法治同样也要求人民服从法律,但同时要求人民服从的法律必须建立在尊重和保障人权的基础之上——在这一意义上使用的'法治'是现代社会特有的意识形态,是一切制度化行为和制度安排应当与之相适应的'主义'"。[2]

民主是法治的"基础和前提",法治是民主的"体现和保障",两者互动、互补。在现代社会的发展进程中,最重要之平衡乃民主与法治之平衡;最理想之道路乃民主与法治平衡之道路;最和谐之社会乃民主与法治浪漫与严肃相中和之社会。民主与法治有着共同的价值基础,那就是承认人的尊严和权利的至上性。在此价值基础上,民主更注重权利的来源,法治则更多地倾向于对权利的保护;民主强调权利的合法性,法治则强调权利的现实性与规范性。两者的平衡、统一、转换当为现代社会追求之理想目标。

综上所述,法治是一种源远流长的意识形态、治国方略和社会文化现象。法治是国家的魂魄,是文明社会的一种显著美德。法治是实现作为独立的却又相互依赖的社会公共活动和私人活动的参加者的人类的尊严的保障。法治是对人们自由、公平、正义、秩序等的总概括,是人类追求理想社会的必经

────────────

〔1〕 张文显:《二十世纪西方法哲学思潮研究》,法律出版社 2006 年版,第 530~532 页。

〔2〕 张文显、宋显忠:"法治与法治国家的涵义",载夏勇、李林、〔瑞士〕丽狄娅·芭斯塔·弗莱纳主编:《法治与 21 世纪》,社会科学文献出版社 2004 年版,第 23 页。

之路。

　　（二）法治的本质

　　法治作为一种治国方略或社会调控方式，指的是国家在诸多社会控制体系中选择法律作为主要控制手段。与"法治"对立的社会治理方式是"人治"。

　　法治作为一个动态的或能动的社会范畴，其基本意义是指依法办事。也就是说，在制订了法律之后，任何个人和组织的社会性活动均应该受到既定法律规则的约束，人人平等地依法办事是法治的基本要求和标志。法治精神的核心是政府机关及其工作人员严格依法办事，只有政府官员严格依法办事，接受法律的约束，才有法治可言。正如福勒所说："法治的实质必定是：在对公民发生作用时（比如将他投入监狱或宣布他据以主张财产权的证件无效），政府应忠实地运用预先宣布的应由公民遵守并决定其权利和义务的规则，如果法治不是指这个意思，它就毫无意义。"[1]

　　无论是作为治国方略，还是作为依法办事的原则，法治最终要表现为一种良好的社会秩序。达到良好的法律秩序，既是法治的目标和结果，也是检验一个国家是否厉行法治的一个重要指标。法律秩序是法律规范实行和实现的结果，是法治社会的一种基本追求和向往。社会和法律进化的规律之一就是从无序到有序的转换，从一种秩序到另一种秩序的更新。历史不断地表明有序社会总要比无序社会更有助于人类的正常生活。在法治社会，法律秩序尤其受到人们的关切和重视，可以用来作为一种重要的尺度，用以衡量法治的水平、质量和规模，包括法治过程中的缺陷。法律秩序的合理化、合法化及稳定性的程度越高，愈是标志法治的成功；反之，法律秩序如果扭曲化、形式化，法律体系的合理性、公正性或法律秩序受到严重侵犯和破坏，则说明法治存在内在的弊端或不同程度的危机。

　　当然，法治也不是单纯的法律秩序，法治还是一种理想的社会生活状况。不是任何一种法律秩序都称得上是法治状态，法治是有特定价值基础和价值目标的法律秩序，即是有价值规定性的生活方式。法治在形式方面应包括法律规范必须清晰、公开、适度、可行、非溯及既往、规则之间协调一致、有明确的效力范围和制裁方式，等等。法治在内容方面需体现其价值基础和价

---

　　[1] L. L. Fuller, *The morality of Law* (revised edition), Yale University Press, 1969, p. 209.

值取向。当然，法治的价值基础和价值取向是一个变量，就现代社会来说，法治的价值基础和取向至少应体现人民主权原则、法律面前人人平等，法律必须承认、尊重和保护人民的权利和自由。

（三）法治精神

法治精神既不同于法律原则，也不同于法律精神，更不是法的本质。它的实质是关于法在与国家权力交互作用时人们对这一关系所选择的价值标准和持有的稳定心态。具有法治精神的社会，即使法制状况不甚理想，也会在这种精神的推动下逐步走向改善。如果说运动着的事物都需要一个方向或灵魂的话，那么法治的精神就是展现法治品格和风貌的方向和灵魂。现代法治社会中，构成法治精神的要素至少有四种：善法、恶法价值标准的确立；法律至上地位的认同；法的统治观念的养成；权利文化人文基础的建立。

1. 确立法的价值标准

善法，是法治的最低要求。所谓法治，首先是指"善法之治"。其实哲学上所追求的对人的终极价值——真、善、美在法治上只要有一种价值成立其余就会同时展开。倘若在立法上解决了善法之治的问题，那么在法的实施上必然要求"真法之治"，而不是有法无治。而善法之治与真法之治的实践结果，便给人以艺术上的价值，即"美法之治"。法治当中的"善"，意指有益于人的道德准则，在观念形态上它已转化为人人都能接受的正义。法律制度在设计和构建过程中被要求的分配正义、矫正正义、实体正义、程序正义等都是它的内容。法以正义实现为追求，该法便是善法，舍弃了正义的价值标准，该法便是恶法。善法、恶法价值标准的确立，使人们在观念上有了"法上之法"与"法下之法"以及"合法之法"与"不法之法"之分。正义为法上之法，追之近之为合法之法，去之远之则为法下之法或不法之法，亦即恶法。人们有无抵抗恶法的意识，是衡量其法治观念强弱的标准之一。在现代社会业已被认识到的由一组组基本价值范畴组合的价值体系中，为求得善法，应将正义、自由、公平、安全、生存确定为善法之恒定价值，在此基础上实现正义与利益的统合、自由与秩序的统合、公平与效率的统合、安全与和谐的统合、生存与发展的统合。至善之法，即是衡平价值关系而使价值冲突降至最低限度之法。这一价值尺度应成为立法的首要原则。将这一观念推之于社会，公众也就掌握了判别法律正义与否的标准，法治也就具有了去恶从善的内在活力。

2. 认同法律至上

法律至上地位的认同，回答的是法律是否具有最高权威的问题。无论何种社会秩序，总有一个至高无上的权威存在。如果公众心目中认同的最高权威不是法律，那么这个社会就肯定不是法治社会。我们已知的至上观诸如奴隶制时期"一切皆从天子出"的天子至上，封建制时期"天下事无大小皆决于上"的君主至上，西欧中世纪"朕即国家""国王便是法律"的国王至上，20世纪30年代德国的纳粹党至上、国家至上和希特勒元首至上等。在凡有权力高于法的地方，法都是随执掌权力人的意志被随意塑造的，这种社会里即使有法，这种法也是呈人格化的，其特点一是没有理性，二是多变。如果法要对社会产生作用的话，其作用的出发点首先是为了通过法律强化权力的权威。生效的法律一旦不利于权威的稳固，其命运就十分悲惨。在这样的社会里，法律是极不牢靠的，人们既无法信赖法律也无法依靠法律，反之实行人身依附或权力依附，其结果可能比依靠法律要好得多。因此，人们产生普遍的崇尚权力的观念及以官本位作为对人的价值评判标准就是非法治社会中必有的现象了。在这样的社会中，法律权威远不及一人之言，其结果必然导致无法无天人人自危。

3. 养成法的统治观念

法的统治观念是法治精神的核心。这种观念不同于政治学上所说的阶级统治。阶级统治的观点不承认统治阶级再接受其他主体的统治，而法的统治观点，则把法作为主体，而把社会所有人作为客体。在这种观念里，最有价值的思想是承认统治阶级也必须严格守法，而不承认法律之外另有主宰法的而不被法制约的主体。法的统治指的是国家的原则和社会状态。法律如果是人民制定的，受法律的统治正是接受人民的统治。在法的统治的主客体公式里，法的主体地位实则代表着人民的主体地位。法的统治的观念，是消除特权而首先要求立法者守法的观念。这恰恰是法的普遍性、平等性等原则的充分体现。

4. 建立权利文化人文基础

权利文化与人道主义文化、科技文化一起构成了当今世界三大文化主流。人道主义文化联系着人类的道德规范，社会的精神文明由此得以养成；科技文化概括着人类创造财富的先进手段，社会的物质文明由此不断提高；权利文化制约着人类设计制度的原则，社会的制度文明由此得以建立。

权利文化是法治社会得以形成的人文条件。在人格不独立、身份不平等、行为不自由的地方，法治便是遥远的梦想。权利文化所要解决的正是观念上的和制度上的问题。权利文化的凝聚形态是权利本位的理论，它是解决公民和国家主体关系的理论。主仆型文化产生义务本位，在这种本位里，国家具有主宰地位，公民唯有无条件服从之义务。权利本位则相反，它把公民对国家的关系颠倒过来，认为公民有权主宰国家，国家以保证公民主人地位的获得为绝对义务。同时，权利本位理论是解决权利与权力互动关系的理论。国家权力的行使以为公民创设权利实现的条件为目的，权力行使如果背离了公民权利得到保障的宗旨，权力便会受到改造。国家权力以公民权利为运行界限，而两权界限由法律规定。权利本位理论并不直接解决同一主体所享权利与所尽义务间的关系，因为按照权利本位理论设计的权利制度，允许人们享有无义务的自然权利。权利本位文化的实质，是个人权利的实定化和义务的相对化。在这种文化背景下，人和人之间的关系是平等、自主关系的，社会是和谐的。

（四）"法治"与"善治"的关系

无论是以"政府治理"为核心的善治理论，还是以"社会治理"为核心的善治理论，抑或是以"公共治理"为核心的善治理论都强调治理主体间要建立一种新型关系，通过彼此的合作管理使公共利益最大化，即构建以"公平正义"为核心的法治价值体系。

1. 良法是法治之前提

"立善法于天下，则天下治；立善法于一国，则一国治。"[1]法治本身不仅是规则之治，而且必须是良法之治，"良"不仅是道德层面的善良，而且是价值、功能层面的优良。法治的精神不仅在于依"法"而治，而且在于依"良法"而治。法治发展的历史表明，单纯依法而治是无法实现善治的。要实现善治，除了具备规则、逻辑体系的一致性、完整性的"形"之外，法律的价值基础还应当具有正当性、合理性的"神"，也就是说，"神""形"兼具的法才是良法，才能真正实现善治。在法治体系建设中，首先应当强调以良法为基础和前提。诚然，法治首先要做到有法可依。但是，有法可依并非只是对立法速度和规模的要求，而更重要的是对立法质量的要求。立法的关键

---

[1] 语出《王安石文集·周公》。

在于制定良法。

2. 善治是法治之目标

作为一种治理模式，善治本身是良法之治。其实质就是要全面推进依法治国的战略方针，把法治真正作为治国理政的基本方式，真正实现国家治理的现代化。所谓"天下大治"，指的就是善治，是指一种秩序、一种状态、一种结果。其最终目的是实现人民生活幸福、社会和谐有序以及国家长治久安。建设一个政治开明、经济富足、人民幸福、国泰民安的法治国家，就是我们要追求的善治。作为一种治国理政的方略，善治首先是民主治理。善治的关键是实现全体公民共同参与国家和社会的治理，而在现实社会中，民主是此种参与的最佳方式。只有让人民来监督政府，政府才不敢松懈；只有人人起来负责，才不会人亡政息。只有让最广大民众参与国家治理，才能在最广泛的范围内汇集民众智慧，提高国家和社会治理的科学性，并使此种治理符合广大民众的根本利益。所以，民主是依法治国必备的政治基础。另一方面，民主又必须依靠法律来保障，民主的完善必须要通过法律使其制度化和程序化，并由法律提供充分的制度保障。[1]总之，离开民主搞法治，会使法治丧失根基，无法真正建立法治国家；而离开法治搞民主，必然会导致社会混乱无序，甚至出现无政府状态，也无法真正实现民主。所以，推进依法治国的战略方针必须与民主政治的建设相配合、相协调。

"民主的确是一种值得赞美之善，而法治国家则更像是每日之食、渴饮之水和呼吸之气。"[2]这就是说，仅仅强调民主并不能自然实现法治。要实现社会有效治理，需要在民主的基础上全面推进法治。依法治理是全面推进法治国家、法治政府、法治社会的建设，一个成熟的法治社会，不仅要通过法律约束老百姓约束私权利，更要约束政府有效制衡公权力，在私主体受到公权力的侵害之后，法律应当对其提供充分的救济。[3]总之，只有建立法治政府，才能切实保障公民的合法权益不受侵害，维护社会安定有序、长治久安。要实现社会的和谐稳定，需要通过法治解决纠纷，化解矛盾，平衡利益冲突。法治的优点在于，它通过规则之治，使人们通过具有平等性、交涉性和可预

---

〔1〕　李林："当代中国语境下的民主与法治"，载《法学研究》2007年第5期。

〔2〕　［德］拉德布鲁赫：《法律智慧警句集》，舒国滢译，中国法制出版社2001年版，第49页。

〔3〕　参见宋功德：《建设法治政府的理论基础与制度安排》，国家行政学院出版社2008年版，第5页。

期性的程序规则解决矛盾和冲突。法治是现代社会化解矛盾、解决冲突最有效的方式。必须明确，以法治保障人权、保障民生、维护全体社会成员的基本权利乃是善治的基本要求。

3. 法治是善治实现的保障

善治实现的方式具有多样性，但法治是所有方式中最为重要的，是善治实现的保障。民主治理意味人民治理国家和社会，其中最好的方式就是按照法定的程序和权限开展，同时民主的完善需要通过法律来进行程序化和制度化。如果离开了法治，民主治理将处于无序或者无政府状态，善治自然无法实现。善治注重国家治理能力建设，力求建立廉洁奉公的政府。治理能力的增强有赖于程序化保障和制度化供给，法治作为国家治理能力提升的着力点，能够有效推进二者的实现。法治所追求的是让治理行为和过程公正化，治理状态和结果的可预期性。不论是对于人权的保障、对责任的追究，以及扩大公民参与权、政府透明性等等离开法治将无法进行落实。立法机关的立法活动、司法机关的司法活动、自由的媒体等均需要依据法治予以进行。相较于人治，法治的"善"具有天然性。善治最终的达成，需要法治的保障，需要国家稳定的秩序为依托。法治的首要前提是拥有健全的法律体系，实现制度在形式上的全面供给。善治的每一项基本诉求均离不开法治，法治能够为善治提供一套完善的具有科学性、合理性的制度，同时增进各项制度之间的衔接，强化制度协调性，使整个国家治理行为和过程有章可循，国家治理真正实现系统化。国家治理行为需要制度化来加以运作，需要法律作为支撑，通过法治方式来实现。

法治的制度优越性是人治所无法比拟的。法治首先能够促进整个国家治理活动在法律和权责范围内有序进行，防止治理活动的任意性、个人化所带来的不良后果，同时法治让治理活动本身具有更强的民主性和透明性，法治本身是公民理性的选择，规则和制度的建立和执行是基于全体民众的利益衡量而形成的，最后法治能够使治理过程和结果具有可预期、可救济和责任性。法治化是善治实现的趋势和必然选择，法治符合善治规则层面的诉求。法治作为制度治理，摒弃个人意志具有非个人特性。法律具有至上性，无论是社会单个个体或者群体，无论其经济实力或者政治地位的优劣，都必须在法律的规制下行为，最高行为准则不是某个个人或者团体，而是法律。这种对于法律的服从是一种非人格化的行为，有利于法律权威的稳定性和至上性。法律具有普遍性，法律的普遍性有利于杜绝公民、政府等在国家治理过程中的擅断性和任意性，维持治理的公正性和连续性。普遍性包括普遍性陈诉与调整和普遍适用性。法律具有公开性和确定性。法律的公开性有助于公民认识和遵守法律，监督治理主体行为，追究治理主体责任。法律的确定性是指法律条文应当清晰、具体、不含糊，在最大程度上减少弹性理解空间的存在。确定性是明确在治理过程中治理主体、社会组织、公民等到底哪些该为哪些不该为的界限和范围，确定具体的权力范围，划定权力行使的禁区。法律规则及其形成的制度是治理活动的基础性前提，是形成治理秩序的保障。

第五节　环境法治与生态文明

如今，就生态环境的灾难性而言，其规模之大、范围之广、程度之深已经超出了史上任何一个时期，海洋油污、水源短缺、酸雨赤潮、土地沙化、森林被毁、物种锐减、能源紧缺、冷暖无常……凡此种种，不仅已严重影响人类的政治、科技、经济生活等各个方面，甚至于精神的空虚和文明的萎缩。[1]地球不需要拯救，问题是人类自己，是否能够保持长久的人类文明！

一、生态文明的崛起

近现代工业文明给人类带来巨大财富和经济发展的同时，增强了人类对自然和自身奉行的对抗性思维和盲目开发行为，由此导致全球性生态危机，直接危及整个人类和自然的良好生存与可持续发展。地球上每年释放的二氧化碳加上其他的有害气体和尘埃，使得全球城市人口的一半在不健康的空气中挣扎；温室效应则使海平面上升、四季失调；全球约有 1/3 的陆地及 15 亿人口受到土地荒漠化的威胁；令人类恐慌且束手无策的传染病层出不穷；尽管我们在减少使用臭氧层消耗物质方面做了许多工作，但地球上空的臭氧层空洞仍在扩大……人类的生存正受到种种威胁，而威胁的制造者乃是人类本身。它迫使人们反思我们的观念，并重新审视人与自然的关系。我们认识到：环境变化是由人的观念所致。所以，人类社会的发展模式必须向生态化的方向转变，其中最主要的是价值观的转变，尤其是思维定式的转变。这是一场

---

〔1〕　林灿铃："国际环境法之立法理念"，载《清华法治论衡》2009 年第 1 期。

深刻的观念的革命。这也是人类摆脱环境危机的唯一出路。[1]

生态文明是人类在其历史发展过程中，遵循人、自然、社会和谐发展这一客观规律所取得的富有创造性的物质、精神和制度成果的总和；是一种以人与自然、人与人、人与社会的和谐统一、良性循环、全面发展、持续繁荣为基本宗旨的文化伦理形态。从广义而言，生态文明是人类社会继原始文明、农业文明、工业文明后的新型文明形态。它以人与自然协调发展作为行为准则，建立健康有序的生态机制，实现经济、社会、自然环境的可持续发展。这种文明形态表现在物质、精神、政治等各个领域。从狭义角度来看，生态文明作为社会文明体系的一个重要内容，是与物质文明、精神文明、政治文明和社会文明相并列的现实文明形式之一，着重强调人类在处理与自然关系时所达到的文明程度，以确保生态系统保持动态平衡、和谐永续。生态文明不仅为人们提供了更为文明的方式来对待大自然，而且在文化价值观、生产方式、生活方式、社会结构上都体现出一种人与自然关系的崭新视角。生态文明的崛起已成为人类进入工业化后期的一种新的发展道路。

生态文明观的核心是从"人统治自然"过渡到"人与自然协调发展"，是对传统人类中心主义这一环境伦理观的颠覆和超越——即"自然的生存权"。1982年《世界自然宪章》宣示："人类是自然的一部分，生命有赖于自然系统的功能维持不坠，以保证能源和养料的供应"，明确强调了整个自然是一种有序的状态，其中存在着恒量的数值比例关系，进行着有条不紊的循环。人只是这有序世界的一分子，没有这个自然界，人类就不能生存。进而指出"文明起源于自然，自然塑造了人类的文化，一切艺术和科学成就都受到自然的影响，人类与大自然和谐相处，才有最好的机会发挥创造力和得到休息与娱乐。"[2]如果没有良好的生态条件，人类既不可能有高度的物质享受，也不可能有高度的政治享受和精神享受。没有生态安全，人类自身就会陷入最深刻的生存危机。为了获得秩序井然使之久远地与自然界共存，人类必须重新认识和定位自己，并把智慧扩展到控制自己和与自然界两者关系上面去。人类生活在自然界之中，并与自然界中的其他生物构成了一种有着内在关联的

---

〔1〕 林灿铃："论环境法教育与生态文明"，载《中国环境科学学会环境法学分会2011年会论文集》，2011年9月。

〔2〕 参见《世界自然宪章》（1982年10月28日联大通过）"序言"。

"一荣俱荣、一损俱损"的生态系统，但生态系统的平衡是建立在各物种之间为了各自的生存和发展而争夺利用自然环境资源而展开的所谓"生存竞争"的基础之上的。人类的技术能力、思想和意识不应用于控制自然，而应用于理解、调整和改善自身与自然的关系。

作为一种崭新的文明形态，生态文明的内涵和影响表现在方方面面。在政治法律制度方面，环境问题进入政治体制、法律体系，成为政治和法治的中心议题之一；在物质形态方面，改造传统的物质生产领域，创造新的物质形式，形成新的产业体系，如循环经济、绿色产业、环境设计等；在精神领域，创造生态文化形式，包括环境教育、环境科技、环境伦理、环境保护意识等。建设生态文明，既包含传统文化中有关人与自然和谐相处的"保护环境"意识，也包括建立在现代文明基础之上的生态学、生态哲学精神。人类作为建设生态文明的主体，必须将生态文明的内容和要求内在地体现在人类的思想意识、生活方式、行为方式和法律制度中，并以此作为衡量人类文明程度的一个基本标尺以实现人与自然和谐相处的制度安排和政策法规并确立环境保护和生态平衡的思想观念和精神追求。[1]因此，生态文明是物质文明、政治文明和精神文明的基础和前提，没有生态文明，就不可能有高度发达的物质文明、政治文明和精神文明。

生态文明在本质上要求以尊重和维护生态环境为出发点，强调人与自然、人与人以及经济与社会的协调发展，并以可持续发展为依托，以生产发展、生活富裕、生态良好为基本原则，以人的全面发展为最终目标。建设生态文明，要从客观实际出发选择协调推进绿色工业化和生态现代化相结合的综合生态现代化道路，通过建设生态文明，实现对现有文明的整合与重塑，这必将对物质文明、精神文明、政治文明发生广泛而深刻的影响，推进经济社会的全面、协调、可持续发展。特别是生态文明与新型工业化道路的有机结合，将为实现工业化和现代化的协调发展注入新的动力。建设生态文明，是建设和谐社会的基础和保障，是形成节约资源能源和保护生态环境的产业结构、增长方式、消费模式的必然选择。

生态文明的崛起是一场涉及生产方式、生活方式和价值观念的人类文明

---

〔1〕 林灿铃："论环境法教育与生态文明"，载《中国环境科学学会环境法学分会 2011 年会论文集》，2011 年 9 月。

的革命，是不可逆转的世界潮流，是人类社会继采集狩猎文明、农业文明、工业文明后进行的一次文明形态的新选择，是人类文明的新发展，它与物质文明、精神文明和政治文明具有同样重要的地位，对于促进经济社会全面协调和可持续发展具有十分重要的意义。

二、环境法治的定位与功能

人类进入新世纪以来，生态危机日趋严重，人们逐渐认识到，生态环境问题不是大自然本身出现问题，而是人类自身的问题。环境问题是由人类活动所造成的，必须通过人心的变革得以化解。

今天，我们处在一个大变动、大交流、大发展的时代，东西方文化的碰撞、互动实属必然，绝不应该非黑即白、非此即彼。我们必须明确并践行"环境保护无国界"这一基本认识以"善"构建并履行国际环境法律制度，使人类的活动与自然界的永恒的普遍规律相协调。

生态文明的兴起和发展，促使人们从更为广泛的意义上看待人与自然的关系，探索解决生态问题、保障生态环境的法治化途径。法律作为通过调整各种社会关系从而调整利益冲突、解决社会矛盾、促进社会和谐的有效手段，从某种程度而言，社会所有问题的解决最终都将归结于法治问题，或者与法治密不可分。〔1〕历史经验证明，公平、正义与良好的社会秩序并不是自然形成的，而是通过运用法治等手段在不断的社会调节中实现的。只有充分发挥法治在保障、促进和实现社会和谐与稳定方面的重要作用，才能较好地处理各种社会关系，调整各种利益，解决纷繁复杂的社会矛盾。

将环境保护活动纳入法制轨道就是实行环境法治。环境法治是法治理念和原则在环境资源开发利用与保护、环境治理领域的具体体现和贯彻，是环境法律制度及其运行的有机统一。环境法治以公共福祉为环境治理的价值取向，其根本目的是促进人类公共生态福祉的提升。它既包括一国静态的环境法律制度，也包括环境法律制度在社会生活中的动态运行和实现状态，其内容主要包括环境立法、环境司法、环境执法、环境守法和环境法律监督等方面。〔2〕在现代社会，环境保护和生态文明的实现归根到底要依靠环境法治的

---

〔1〕 戴玉忠："和谐社会与法治保障"，载《人权》2007年第1期。
〔2〕 王世进、赖章盛："环境法治现状及环境法的伦理支撑"，载《求索》2005年第11期。

保障。环境法治强调改善环境、维护生态平衡，有利于实现经济、社会、环境的协调和可持续发展。对一个国家而言，创建生态文明以达人与自然的和谐离不开国家的法治文明和法制建设，尤其是环境法治的保障。环境法治的实现程度直接关系到生态文明建设的成效。

　　完善的法律体系是社会秩序良好运转的保证。环境污染和生态破坏等问题最终必将导致社会的无序，生态文明的提出，要求减少人类活动对自然环境的不良影响，保持自然环境、资源和人类的可持续发展。这就需要加强环境立法，通过完善的环境法律体系来规范约束人们的环境行为。

　　在此需要强调的是，环境法治建设过程中还应当重视环境教育的内容。环境教育指的是一系列可以告知、激发和予以人们关心、爱护、支持、践行环境保护的过程，不仅仅是通过改变生活方式，还通过促进在制度、政府以及人们行为方式上的改变。[1] 目前许多国家都颁布了专门的《环境教育法》或在其环境立法中设置了有关环境教育的条款，例如，菲律宾于 2007 年通过了《国家环境意识与教育法》；韩国 2010 年公布的《低碳法》其基本原则之一合作原则包含了低碳全民教育、宣传及培训方面的内容。环境教育的目的在于使人们认识并关心环境问题，培养人们以一种全面的观点来认识自然环境与人类之间的密切依着性，并向人们提供在改善生活和保护环境方面发挥积极作用所必需的技能、态度和价值观。当前，环境法教育与环境伦理教育、环境科技教育构成环境教育的中核。环境科技教育主要在于传授环境知识，建立科学的环境认知；环境伦理教育培养对环境的感情，树立正确的环境价值观；环境法学教育弘扬环境法律，确立良好的环境社会秩序。三者缺一不可，特别是如果没有良好的环境法律制度，不能把环境知识和环境伦理转化为有约束力的社会规范和行为准则，科学和伦理的要求也将难以落实到人们的具体行为之中。

　　生态文明建设期望达到的目标是建成一个人与自然协调发展的社会，它强调人与自然的和谐共处。生态文明的实现必须借助于环境法治，制定良好的环境法律制度并确保其实施，是建设生态文明的基本途径。只有制订出完善的环境法律制度并通过对法治文化的推动，使制定的环境法律能够得到普

---

　　[1]　林灿铃："论环境法教育与生态文明"，载《中国环境科学学会环境法学分会 2011 年会论文集》，2011 年 9 月。

遍遵守和有效实施，使一个社会的公民知法、守法、懂法、用法，普遍遵守环境义务，并能够有效地运用法律武器捍卫自己的环境权益，生态文明的实现才有希望。着眼于在可持续发展观指导下，综合运用各种法律手段，调整和协调人与人以及人与自然的关系。这种调整和协调应在既有的法律框架内展开，在依法治国战略指导下进行相应的制度创新，建立并运用法律促进机制，以发挥法律功能优势。

三、国际环境法于环境治理的重要作用

在"环境保护"成为当今世界主题之下，全球环境问题的兴起凸现了环境法治的必要性。在全球治理体系中，国际环境法在立法理念、立法基础、责任主体、调整范围、适用领域、归责原则等方面的巨大发展，以及国际环境法效力的强化，促使国际环境条约得到遵守和有效实施。国际判例和国际法律实践也都充分说明国际环境法对环境治理的重要作用。

全球升温、冷暖无常、四季失调、臭氧层耗竭、水源污染、酸雨赤潮、土地沙化、物种锐减、能源紧缺、飓风雪灾、空气污浊、疫病肆虐……凡此种种危机，既不是一个自然的骤然而来的结果，也不是人类生物学活动的力量用错了方向。错误在于人类社会——在于社会用来赢得、分配和使用那种由人类劳动从这个星球上和各种资源中所摄取来的财富的方式。[1]更甚者实乃观念。我们长期适应的那种自然永恒的观念，以及自然界将渐渐地、细微地发生变化的观念，源自于人类对自然界极其扭曲的感觉。[2]显然，我们的生存正受到种种威胁，这威胁主要不是来自自然界的敌对力量，而是来自人类自己本身。然而，由于受到自身利益的驱动，人类的环境保护意识尚未达到使人自觉行为的境界。此外，环境问题的全方位、立体式、整体问题与局部问题交叉、既有当前困境又有滞后效应等特点导致相互间存在诸多利益冲突，而加之以各国在政治、经济、科技、历史、文化、法制等方面存在巨大差异，又实实在在地影响着各国环境立法的协调和行动。因而，我们必须"超越种族和地域以人类整体利益为价值尺度"建立友善的全球伙伴关系，最

---

〔1〕 参见［美］巴里·康芒纳：《封闭的循环——自然、人和技术》，侯文蕙译，吉林人民出版社1997年版。

〔2〕 参见［美］比尔·麦克基本：《自然的终结》，孙晓春、马树林译，吉林人民出版社2000年版。

终改善全球生态环境和生活环境，促进经济发展和社会进步，建立一个人类可持续生存的和谐社会，保障人之所以为人的基本尊严。我们必须谋求建立一套完善的法律规则以规范人们的环境行为。国际环境法就是因应日益严重的环境危机而产生的。对人与自然关系的调整是国际环境法的首要特征。国际环境法对环境的保护是通过法律规则而不是通过道德规范来实现的，是通过调整人与环境的关系来达到防止和解决环境问题的目的的。其终极目标是为了保护和改善人类赖以生存的环境，促进经济的发展和人类社会的进步，最终建立一个人与自然和谐共处的社会。作为人类文明发展的客观反映，国际环境法律规范是通过立法理念起作用的。日益恶化的世界环境现状警示我们：必须实行一场深刻的变革——改变以往的生产和消费模式，创立对环境友好的可持续的生产和生活模式以建设更加美好的生存空间和开创充满希望的未来。"可持续发展"的环境伦理观是人类认识世界、审视生活的新视角，是人类社会发展的一种新理念、新模式，其中心内容是要求经济增长与环境保护的协调。人类的这一反思是深刻的，反思所得出的结论具有划时代的意义。因此，国际环境法的立法理念反映和揭示的是可持续发展和生态文明建设所需要的法律关系，国际环境法的诸多规则已经体现了其理念——"善"。唯此以"善"为念的立法才是真正意义的良善之法。正确的立法理念是构建与完善法律制度不可或缺的前提和基础。国际环境法是人类文明发展的客观反映，是调整人类环境行为的法律规范。其法律规范是通过立法理念起作用的。立法理念是立法的内在精神和最高原理，其体现立法者对立法之本质、原则及其运作规律的理性认识和价值取向，是实现法之最终目的的最高思想境界。

一部人类文明史，也是一部人与自然的关系史。虽然，人类改变了地球，驯化了地球的植被，并成为地球动物界的主宰。但是，人类不是宇宙的主人，也不是地球的主人。因此，我们必须抛弃过去那种对地球可以自由地任意攫取的思想，必须摒弃以往以大自然为征服对象的观念，善待自然并运用集体的智慧把力量集中起来，为保护"自然母亲"做持久不懈的努力。

为了保护人类赖以生存的环境，为了拯救人类自己，我们必须坚定共同的信念，采取共同的行动，必须考虑自身的行为方式，改变传统的发展观念，制订规章制度以规范我们的行为，有效地遏制环境破坏和环境污染，使人类得以可持续发展。要扭转环境质量退化，保持和谐、健康的持续发展，必须通过变革。在这种变革中意识和法律具有不可忽视的作用，人们必须用与自然和谐相处的生态文明观和可持续发展思想指导自己的行为，国家和国际社会应通过制定法律制度来促进和保障这种变革。不断加强生态文明建设，加大环境保护力度，推动环境法治的实现，朝着建设生态文明的方向不断进取，则人类社会的政治和文化必然会日趋进步。

真正的自由必须伴之以重任：建立完善的法律制度并培养强烈的责任感。我们必须抛弃过去那种对地球可以自由地任意攫取的思想，明确我们在改善环境和加强环境法治方面任重道远。我们必须担负起这一无可推卸的责任，为人类创造一个公平、合理、和谐、可持续发展的环境做出我们的贡献。

我深切地希望子孙后代能够享受到一个健康和持续发展的星球所带来的福祉！

参考文献

一、中文文献

1. 林灿铃：《国际法上的跨界损害之国家责任》，华文出版社 2000 年版。

2. 裴广川、林灿铃、陆显禄主编：《环境伦理学》，高等教育出版社 2002 年版。

3. 林灿铃：《国际环境法》，人民出版社 2004 年版。

4. 林灿铃：《国际环境法》（修订版），人民出版社 2011 年版。

5. 联合国环境规划署编：《全球环境展望 3》，中国环境科学出版社 2002 年版。

6. 张维平编著：《保护生物多样性》，中国环境科学出版社 2001 年版。

7. 杨国华、胡雪编著：《国际环境保护公约概述》，人民法院出版社 2000 年版。

8. 姚炎祥主编：《环境保护辩证法概论》，中国环境科学出版社 1993 年版。

9. 王之佳编著：《中国环境外交》，中国环境科学出版社 1999 年版；

10. 丁金光：《国际环境外交》，中国社会科学出版社 2007 年版。

11. 张海滨：《环境与国际关系——全球环境问题的理性思考》，上海人民出版社 2008 年版。

12. 耿云卿：《先秦法律思想与自然法》，台湾商务印书馆 2003 年版。

13. （汉）许慎撰：《说文解字注》，（清）段玉裁注，上海古籍出版社 1981 年版。

14. 张宏生、谷春德主编：《西方法律思想史》，北京大学出版社 1990 年版。

15. 魏英敏、金可溪：《伦理学简明教程》，北京大学出版社 1984 年版。

16. 陈秀萍：《变革时期法律与道德的冲突问题研究——兼论法律的伦理性》，中国方正出版社 2008 年版。

18. 刘放桐等编著：《现代西方哲学》（修订版）（下），人民出版社 1980 年版。

19. 杨日然：《法理学》，三民书局 2011 年版。

20. 中国环境报社编译:《迈向 21 世纪——联合国环境与发展大会文献汇编》,中国环境科学出版社 1992 年版。

21. 国家环境保护局译:《21 世纪议程》,中国环境科学出版社 1993 年版。

22. 戚道孟编著:《国际环境法概论》,中国环境科学出版社 1994 年版。

23. 王铁崖主编:《中华法学大辞典——国际法学卷》,中国检察出版社 1996 年版。

24. 马骧聪主编:《国际环境法导论》,社会科学文献出版社 1994 年版。

25. 王曦编著:《国际环境法》,法律出版社 1998 年版。

26. 贾顺先等编撰:《论语新编注译》,四川大学出版社 2001 年版。

27. 周旺生主编:《立法学教程》,法律出版社 1995 年版。

28. 张善恭主编:《立法学原理》,上海社会科学院出版社 1991 版;

29. 周旺生:《立法学教程》,北京大学出版社 2006 年版。

30. 应奇主编:《当代政治哲学名著导读》,江苏人民出版社 2010 年版。

31. 张恒山:《法理要论》,北京大学出版社 2002 年版。

32. 尹峰、梦梦主编:《药用濒危物种可持续利用与保护》,中国农业出版社 2013 年版。

33. 陆承平主编:《动物保护概论》,高等教育出版社 1999 年版。

34. 钱世明:《儒学通说》,京华出版社 1999 年版。

35. 傅华:《生态伦理学探究》,华夏出版社 2002 年版。

36. 杨冠政:《环境伦理学概论》,清华大学出版社 2013 年版。

37. 张延玲、隆仁主编:《世界通史》,南方出版社 2000 年版。

38. 刘远传:《社会本体论》,武汉大学出版社 1999 年版。

39. 王雅林:《人类生活方式的前景》,中国社会科学出版社 1997 年版。

40. 文彦编:《知识经济与生活方式创新》,四川辞书出版社 2011 年版。

41. 王玉波、王雅林、王锐生:《生活方式论》,上海人民出版社 1989 年版。

42. 刘大椿、[日] 岩佐茂主编:《环境思想研究——基于中日传统与现实的回应当》,中国人民大学出版社 1998 年版。

43. 余谋昌:《创造美好的生态环境》,中国社会科学出版社 1997 年版。

44. 王鸿生、孙立明主编:《可持续发展百题问答》,当代中国出版社 1997 年版。

45. 厉以宁:《经济学的伦理问题》,生活·读书·新知三联书店 1995 年版。

46. "发展中国家环境与发展部长级会议《北京宣言》",载中国环境报社编译:《迈向 21 世纪——联合国环境与发展大会文献汇编》,中国环境科学出版社 1992 年版。

47. 全国人大环境保护委员会办公室编:《国际环境与资源保护条约汇编》,中国环境科学出版社 1993 年版。

48. 世界资源研究所等编:《1998—99 世界资源报告——全球环境指南》,国家环保总局国际司译,中国环境科学出版社 1999 年版。

49. 牟宗三：《中国哲学的特质》，上海古籍出版社 1997 年版。

50. （明）王守仁：《传习录（卷上）》，孙爱玲译，山东友谊出版社 2001 年版。

51. 周辅成编：《西方伦理学名著选集》（下卷），商务印书馆 1996 年版。

52. 何怀宏：《良心论》，北京大学出版社 2009 年版。

53. 江平、米健：《罗马法基础》，中国政法大学出版社 1987 年版。

54. 北京大学哲学系外国哲学史教研室编译：《古希腊罗马哲学》，商务印书馆 1961 年版。

55. 李龙主编：《良法论》，武汉大学出版社 2001 年版。

56. 张文显：《二十世纪西方法哲学思潮研究》，法律出版社 2006 年版。

57. 王人博、程燎原：《法治论》，广西师范大学出版社 2014 年版。

58. 李龙主编：《法理学》，武汉大学出版社 2011 年版。

59. 赵震江主编：《法律社会学》，北京大学出版社 2008 年版。

60. 张文显：《法哲学范畴研究》，中国政法大学出版社 2001 年版。

61. 高峰：《社会秩序论——马克思主义社会哲学视域下的秩序问题探讨》，人民出版社 2016 年版。

62. 俞可平主编：《治理与善治》，社会科学文献出版社 2000 年版。

63. 龚祥瑞：《比较宪法与行政法》，法律出版社 1985 年版。

64. 梁启超：《先秦政治思想史》，商务印书馆 2014 年版。

65. 夏勇、李林、［瑞士］丽狄娅·芭斯塔·弗莱纳主编：《法治与 21 世纪》，社会科学文献出版社 2004 年版。

66. 宋功德：《建设法治政府的理论基础与制度安排》，国家行政学院出版社 2008 年版。

67. 《道德经》。

68. 《论语·为政》。

69. 《论语·卫灵公》。

70. 《论语·颜渊》。

71. 《论语·子路》。

72. 《孟子·梁惠王》。

73. 《韩非子》。

74. 《商君书·修权》。

75. 《礼记·中庸》。

76. 《礼记·祭义》。

77. 《礼记·乐记》。

78. 《管子·任法》。

79. 《管子·心术上》。

80. 《张载集》。

81. 《船山全书》。

82. 《二程遗书》。

83. 《逸周书·大聚解》。

84. （明）张居正：《请稽查章奏随事考成以修实政疏》。

85. 《马克思恩格斯选集》（第2卷）。

86. 《马克思恩格斯选集》（第3卷）。

87. 《马克思恩格斯选集》（第4卷）。

88. 《马克思恩格斯全集》（第40卷）。

89. 《马克思恩格斯全集》（第42卷）。

90. 《马克思恩格斯全集》（第46卷）。

91. ［德］弗里德利希·冯·哈耶克：《自由秩序原理》，邓正来译，生活·读书·新知三联书店2003年版。

92. ［美］弗·卡特、汤姆·戴尔：《表土与人类文明》，庄崚等译，中国环境科学出版社1987年版。

93. ［法］亚历山大·基斯：《国际环境法》，张若思 编译，法律出版社2000年版。

94. ［美］比尔·麦克基本：《自然的终结》，孙晓春、马树林译，吉林人民出版社2000年版。

95. ［法］埃德加·莫林、安娜·布里吉特·凯恩：《地球祖国》，马胜利译，生活·读书·新知三联书店1997年版。

96. ［古罗马］西塞罗：《论共和国 论法律》，王焕生译，中国政法大学出版社1997年版。

97. ［意］登特列夫：《自然法：法律哲学导论》，李日章等译，新星出版社2008年版；

98. ［英］韦恩·莫里森：《法理学：从古希腊到后现代》，李桂林等译，武汉大学出版社2003年版。

99. ［英］霍布斯：《利维坦》，黎思复、黎廷弼译，商务印书馆1985年版 。

100. ［英］洛克：《政府论（下篇）》，叶启芳、瞿菊农译，商务印书馆1964年版。

101. ［英］哈特：《法律的概念》，张文显等译，中国大百科学全书出版社1996年版。

102. ［美］德沃金：《法律帝国》，李常青译，中国大百科全书出版社1996年版。

103. ［德］霍尔斯特·海因里希·雅科布斯：《十九世纪德国民法科学与立法》，王娜译，法律出版社2003年版 。

104. ［德］弗里德里希·卡尔·冯·萨维尼：《论立法与法学的当代使命》，许章润译，中国法制出版社2001年版。

105. ［法］莱昂·狄骥：《公法的变迁 国家与法律》，郑戈、冷静译，辽海出版社、春风文艺出版社1999年版。

106. ［美］罗斯科·庞德：《法理学》（第1卷），余履雪译，法律出版社2007年版。

107. ［美］罗斯科·庞德：《法律史解释》，邓正来译，中国法制出版社2002年版。

108. ［美］朗·富勒：《法律的道德性》，郑戈译，五南图书出版公司2016年版。

109. ［美］Roland R. Foulke、［日］穗积重远：《〈法理学大纲〉与〈法律哲学ABC〉》，施宪民、李鹤鸣译，中国政法大学出版社2005年版。

110. ［美］唐纳德·帕尔玛：《伦理学导论》，黄少婷译，上海社会科学院出版社2011年版。

111. ［古希腊］亚里士多德：《尼各马科伦理学》，苗力田译，中国人民大学出版社2003年版。

112. ［英］金伯莉·哈钦斯：《全球伦理》，杨彩霞译，中国青年出版社2013年版。

113. ［德］黑格尔：《法哲学原理》，范扬、张企泰译，商务印书馆1961年版。

114. ［美］爱因·兰德：《新个体主义伦理观——爱因·兰德文选》，秦裕译，上海三联书店1993年版。

115. ［英］亚当·斯密：《道德情操论》，蒋自强等译，商务印书馆1997年版。

116. ［法］托克维尔：《论美国的民主》，董果良译，商务印书馆1988年版。

117. ［美］凯利·克拉克、安妮·包腾格：《伦理观的故事——人性完善的探究》，陈星宇译，世界知识出版社2010年版。

118. ［美］詹姆斯·雷切尔斯·斯图亚特·雷切尔斯：《道德的理由》，杨宗元译，中国人民大学出版社2009年版。

119. ［美］J. P. 蒂洛：《伦理学》，孟庆时等译，北京大学出版社1985年版。

120. ［美］E. 博登海默：《法理学——法律哲学与法律方法》，邓正来译，中国政法大学出版社1999年版。

121. ［德］狄特富尔特等编：《人与自然》，周美琪译，生活·读书·新知三联书店1993年版。

122. ［日］星野昭吉、刘小林主编：《冷战后国际关系理论的变化与发展》，北京师范大学出版社1999年版。

123. ［日］星野芳郎：《未来文明的原点》，毕晓辉、董守义译，哈尔滨工业大学出版社1985年版。

124. ［德］沃尔夫刚·格拉夫·魏智通主编：《国际法》，吴越、毛晓飞译，法律出版社2002年版。

125. ［美］芭芭拉·沃德、勒内·杜博斯：《只有一个地球》，《国外公害丛书》编委会译校，吉林人民出版社1997年版。

126. ［德］乌尔里希·贝克：《风险社会》，何博文译，译林出版社2004年版。

127. ［法］卢梭：《社会契约论》，何兆武译，商务印书馆2011年版。

128. 世界自然保护同盟、联合国环境规划署、世界野生生物基金会合编：《保护地球——可持续生存战略》，国家环境保护局外事办公室译，中国环境科学出版社 1992 年版。

129. ［法］阿尔贝特·史怀泽：《敬畏生命》，陈泽环译，上海社会科学院出版社 1992 年版。

130. ［美］罗尔斯顿："价值走向原野"，王晓明等译，载《哈尔滨师专学报（社会科学版）》1996 年第 1 期。

131. ［美］奥尔多·利奥波德：《沙乡年鉴》，侯文蕙译，吉林人民出版社 1997 年版。

132. ［英］A. T. 汤因比、［日］池田大作：《展望二十一世纪——汤因比与池田大作对话录》，荀春生、朱继征、陈国梁译，国际文化出版公司 1985 年版。

133. ［美］雷切尔·卡逊：《寂静的春天》，吕瑞兰、李长生译，吉林人民出版社 1997 年版。

134. ［加］玛丽-海伦娜·帕里泽奥："生物多样性可以是一种普世价值吗"，王爱松译，载《国际社会科学杂志（中文版）》2015 年第 4 期。

135. ［美］诺曼·迈尔斯：《最终的安全：政治稳定的环境基础》，王正平、金辉译，上海译文出版社 2001 年版。

136. ［美］R. T. 诺兰等：《伦理学与现实生活》，姚新中等译，华夏出版社 1988 年版。

137. ［美］戴斯·贾丁斯：《环境伦理学——环境哲学导论》（第 3 版），林官明、杨爱民译，北京大学出版社 2002 年版。

138. 经济合作与发展组织：《环境经济手段应用指南》，刘亚明译，中国环境科学出版社 1994 年版。

139. ［美］彼得·S. 温茨：《现代环境伦理》，宋玉波、朱丹琼译，上海人民出版社 2007 年版。

140. ［美］梅萨罗维克、［德］佩斯特尔：《人类处于转折点——给罗马俱乐部的第二个报告》，梅艳译，生活·读书·新知三联书店 1987 年版。

141. ［法］奥古斯特·科尔纽：《马克思的思想起源》，王瑾译，中国人民大学出版社 1987 年版。

142. ［德］马丁·海德格尔：《演讲与论文集》，孙周兴译，生活·读书·新知三联书店 2005 年版；

143. ［瑞士］克里斯托弗·司徒博：《环境与发展：一种社会伦理学的考量》，邓安庆译，人民出版社 2008 年版。

144. ［美］德内拉·梅多斯等：《增长的极限》，李宝恒译，四川人民出版社 1984 年版。

145. ［英］E. F. 舒马赫：《小的是美好的》，虞鸿钧、郑关林译，商务印书馆 1984 年版。

146. ［美］弗·卡普拉、查·斯普雷纳克：《绿色政治——全球的希望》，石音译，东方出版社 1988 年版。

147. ［德］马克思：《1844 年经济学哲学手稿》，中共中央马克思恩格斯列宁斯大林著作编译局译，人民出版社 1983 年版。

148. ［德］马克思："《黑格尔法哲学批判》导言"，载《马克思恩格斯全集》（第 3 卷），中共中央马克思恩格斯列宁斯大林著作编译局译，人民出版社 2002 年版。

149. ［德］恩格斯：《自然辩证法》，中共中央马克思恩格斯列宁斯大林著作编译局译，人民出版社 1984 年版。

150. ［德］考夫曼：《法律哲学》，刘幸义等译，法律出版社 2004 年版。

151. ［美］O. W. 霍姆斯："法律之道"，许章润译，载《环球法律评论》2001 年第 3 期。

152. ［意］登特列夫：《自然法：法律哲学导论》，李日章等译，联经出版事业公司 1984 年版。

152. ［英］伯特兰·罗素：《伦理学和政治学中的人类社会》，肖巍译，中国社会科学出版社 1992 年版。

153. ［英］尼尔·麦考密克、奥塔·魏因贝格尔：《制度法论》，周叶谦译，中国政法大学出版社 2004 年版。

154. ［美］罗斯科·庞德：《通过法律的社会控制》，沈宗灵译，商务印书馆 2010 年版。

155. ［法］特隆歇等："法国民法典开篇：法国起草委员会在国会就民法典草案的演讲"，殷喆、袁菁译，载何勤华主编：《20 世纪外国民商法的变革》，法律出版社 2004 年版。

156. ［法］M. 维拉利："国际法上的善意原则"，刘昕生译，载《国外法学》1984 年第 4 期。

157. ［古希腊］柏拉图：《理想国》，郭斌和、张竹明译，商务印书馆 1986 年版。

158. ［法］霍尔巴赫：《自然政治论》，陈太先、眭茂译，商务印书馆 1994 年版。

159. ［美］J. 范伯格：《自由、权力和社会主义——现代社会哲学》，王守昌、戴栩译，贵州人民出版社 1998 年版。

160. ［印］哈斯·曼德、穆罕默德·阿斯夫编著：《善治：以民众为中心的治理》，国际行动援助中国办公室编译，知识产权出版社 2007 年版。

161. ［美］P. 诺内特、P. 塞尔兹尼克：《转变中的法律与社会：迈向回应型法》，张志铭译，中国政法大学出版社 2004 年版。

162. ［英］弗里德里希·奥古斯特·哈耶克：《通向奴役之路》，王明毅等译，中国社会科学出版社 1997 年版。

163. ［德］古斯塔夫·拉德布鲁赫：《法律智慧警句集》，舒国滢译，中国法制出版社 2001 年版。

164. ［美］巴里·康芒纳：《封闭的循环——自然、人和技术》，侯文蕙译，吉林人民出版社 1997 年版。

165. ［圭亚那］施里达斯·拉夫尔：《我们的家园——地球——为生存而结为伙伴关系》，

夏堃堡等译，中国环境科学出版社 1993 年版。

166. ［日］岩佐茂："实践唯物论与生态思想"，冯雷译，载《马克思主义与现实》2001 年第 2 期。

167. 林灿铃："国际社会的整体利益与国际犯罪"，载《河北法学》1999 年第 1 期。

168. 林灿铃："国际环境法之立法理念"，载《清华法治论衡》2010 年第 1 期。

169. 林灿铃："论环境法教育与生态文明"，载《中国环境科学学会环境法学分会 2011 年会论文集》，2011 年 9 月。

170. 戴玉忠："和谐社会与法治保障"，载《人权》2007 年第 1 期。

171. 姬亚芹、鞠美庭："生物多样性保护的环境伦理规则初探"，载《环境保护》2000 年第 10 期。

172. 谢新明："论多边环境条约与 WTO 之冲突与联结"，华东政法法学 2012 年博士学位论文。

173. 曾文革、肖峰、黄艳："气候变化对生物多样性保护的冲击与国际法制度协调"，载《江西社会科学》2012 年第 9 期。

174. 王敏等："《联合国气候变化框架公约》与《生物多样性公约》的关系"，载《生物多样性》2014 年第 4 期。

174. 蒋高明、李勇："保护生物多样性就是保护我们自己"，载《自然杂志》2010 年第 5 期。

175. 梁艳、张琦、余国培："诠释地球生命力报告：1998－2010"，载《世界地理研究》2012 年第 2 期。

176. 黄锡生、关慧："环境伦理观与生物多样性法律保护的相关问题"，载《广东社会科学》2004 年第 6 期。

177. 梁治平："法辨"，载《中国社会科学》1986 年第 4 期。

178. 许斌龙："法律与人格——法律伦理学的视角"，载《华东政法学院学报》2002 年第 6 期。

179. 蒋少飞："从词源上简述伦理与道德的概念及关系"，载《改革与开放》2012 年第 5 期。

180. 邹渝："厘清伦理与道德的关系"，载《道德与文明》2004 年第 5 期。

181. 杜振吉："道德的起源与人的需要"，载《理论学刊》2003 年第 5 期。

182. 周立梅、楼刚："厘清伦理与道德的理论价值和现实意义"，载《青海师范大学学报（哲学社会科学版）》2011 年第 4 期。

183. 邹顺康："厘清伦理与道德的关系"，载《中国伦理学会会员代表大会暨第 12 届学术讨论会论文汇编》，2004 年 10 月。

184. 甘绍平："应用伦理学：冲突、商议、共识"，载《中国人民大学学报》2003 年第

1 期。

185. 李万古："再论环境道德"，载《山东师范大学学报（社会科学版）》1994 年第 1 期；

186. 范进学："论道德法律化与法律道德化"，载《法学评论》1998 年第 2 期。

187. 李常青、冯小琴："论法和道德的现实与未来的冲突及构造"，载《现代法学》1999 年第 21 期。

188. 蔡守秋等："环境法的伦理基础：可持续发展观——兼论‘人与自然和谐共处’的思想"，载《武汉大学学报（社会科学版）》2001 年第 4 期。

189. 高燕平：《国际刑事法院》，世界知识出版社 1999 年版。

190. 周晓林："合法活动造成域外损害的国际责任"，载《中国法学》1988 年第 5 期。

191. 公丕祥："法律效益的概念分析"，载《南京社会科学》1993 年第 2 期。

192. 蒋国保："论环境正义的基本类型"，载《青海师专学报（教育科学）》2004 年第 3 期。

193. 张海玲："论环境伦理学的三大主张"，载《科技创新导报》2009 年第 8 期。

194. 彭分文："不可忽略的代内公平——从可持续发展的原则谈起"，载《广西社会科学》2003 年第 3 期。

195. 李培超："论环境伦理学的‘代内正义’的基本意蕴"，载《伦理学研究》2002 年第 1 期。

196. 余谋昌："全球化与我国生态安全"，载《太平洋学报》2004 年第 2 期。

197. 吴细玲："生态伦理‘代内公正’的困境与现实选择"，载《三明学院学报》2006 年第 3 期。

198. 包庆德、刘源："提取地球资源的利息而非本金——读艾伦·杜宁《多少算够：消费社会与地球的未来》"，载《中国地质大学学报（社会科学版）》2012 年第 6 期。

199. 张梓太："中国古代立法中的环境意识浅析"，载《南京大学学报（哲学·人文科学·社会科学版）》1998 年第 4 期。

200. 刘桂梅："论实践合理性与可持续发展遵循的基本原则"，载《湖南社会科学》2007 年第 4 期。

201. 潘抱存："国际环境法基本原则的宏观思考"，载《法学杂志》2000 年第 6 期。

202. 王曦："论国际环境法的可持续发展原则"，载《法学评论》1998 年第 3 期。

203. 徐磊、封杰："良知：法治与道德对话的语言"，载《上海第二工业大学学报》2000 年第 3 期。

204. 姚建宗："法治与良知"，载《河北师范大学学报（哲学社会科学版）》2000 年第 3 期。

205. 沈宗灵："法·正义·利益"，载《中外法学》1993 年第 5 期。

206. 杨春福："论法治秩序"，载《法学评论》2011 年第 6 期。

207. 李林："当代中国语境下的民主与法治"，载《法学研究》2007年第5期。

208. 王世进、赖章盛："环境法治现状及环境法的伦理支撑"，载《求索》2005年第11期。

209. 柯彪："代际正义论"，中共中央党校2008年博士学位论文。

210. 刘华："法律与伦理的关系新论"，载《政治与法律》2002年第3期。

211. 范忠信："中华法系的亲伦精神——以西方法系的市民精神为参照系来认识"，载《南京大学法律评论》1999年第1期。

212. 俞田荣："自然法·自然权利·自然的权利"，载《浙江社会科学》2005年第1期。

213.《联合国宪章》。

214.《斯德哥尔摩人类环境宣言》。

215.《里约热内卢环境与发展宣言》。

216.《21世纪议程》。

217.《保护世界文化和自然遗产公约》。

218.《约翰内斯堡可持续发展宣言》。

219.《约翰内斯堡可持续发展世界首脑会议实施计划》。

220.《人与生物圈规划》。

221.《世界自然宪章》。

222.《气候变化框架公约》。

223.《生物多样性公约》。

224.《保护臭氧层的维也纳公约》。

225.《濒危野生动植物物种国际贸易公约》。

226.《防止陆源物质污染海洋公约》。

二、外文文献

1. ［日］原彬久 编：『国際関係学講義』，有斐閣1996年版。

2. ［日］川田侃：『国際関係の政治経済学』，日本放送出版協会1990年版。

3. ［日］山本草二：「国際行政法の存在基礎」，載1969年『日本国際法外交雑誌』第67巻第5号。

4. ［日］杉原高嶺：「一般利益に基ついて国家の訴訟権」，載1975年『日本国際法外交雑誌』第74巻第3、4号。

5. ［日］伊東俊太郎 編集：『環境倫理と環境教育』，朝倉書店1997年版。

6. ［日］岡田泰男：『処女地と開拓者——アメリカ西進の運動研究』，東京大学出版会1994年版。

7. John Edward Carroll, *Environmental Diplomacy: An Examination and a Prospective of Canadi-*

an——*U. S. Transboundary Environmental Relations*, University of Michigan Press, 1983.

8. Gregory Kavka, "The Futurity Problem", in Sikora and Barry (eds.), *Obligation to Future Generations*.

9. Ronald Dworkin, *Law's Emipire*, Harvard University Press, 1986.

10. O. W. Holmes, "The Path of Law", Harv. L. Rev. 4 (1897).33.

11. Bernard Williams, *Ethics and Limits of Philosophy*, Cambridge, Mass: Harvard University Press, 1985.

12. Steventh Edition, Bryan A. Garner Editor in Chief, *Black's Law Dictionary*, published by West Group ST. Paul, MINN., 1999.

13. Niklas Lehmann, "Operational Closure and Structural Coupling: the Differential of the Legal System", *Cardozo Law Review*, 1992.

14. Eugene C. Hargrove, *Foundations of Environmental Ethics*, Prentice – Hall, 1989, and Rolston, Ⅲ, Homes: *Environ-mental Ethics*, Temple University Press, 1988.

15. Robert Marshall, *The Problem of the Wilderness*, Scientific Monthly, 1930.

16. Aldo Leopold, "Wilderness as a form of Land Use", *J. Land and Public Utility Economics*, 1925.

17. Aldo Leopold, *A Sand Country Almanac: And Sketches Here and There*, 1949.

18. C. W. Alin, "The Leopold Legacy and Amercan Wilderness", in Aldo Leopold, *The Man and His Legacy*, 1987.

19. Allan Bloom, *The Closing of the American Mind*, Simon & Schuster, 1987.

20. H. Rolston, *Environmental Ethics: Duties to and Values in Natural Would*, Philadelphia, 1988.

21. B. Devall, and G. Sessions, *Deep Ecology: Living as if Nature Mattered*, Salt Lake City, 1985.

22. Richard B. Primack, *Essentials of Conservation Biology*, 2006.

23. Hannah Reid, Krystyna Swiderska, *Biodiversity, Climate Change and Poverty: Exploring the Links*, 2011.

24. Timothy Swanson, *Global Action for Biodiversity: An International Framework for Implementing the Convention on Biological Diversity*, 1997.

25. Patricia Birnie, Alan Boyle and Catherine Redgwell, *International Law and the Environment*, 2009.

26. John F. O' Connor, *Good Faith in International Law*, Dartmouth, 1991.

27. Oliver DSrr and Kirsten Schmalenbach eds., *Vienna Convention on the Kill of Treaties: A Commentary*, Springer, 2012.

28. Bin Cheng, *General Principles of Law as Applied by Internatiorud Courts and Tribunal*, Stevens and Sons, 1953.

29. A. V. Dicey, *Introduction to the Study of the Law of the Constitution* (1885), 1960.

30. L. L. Fuller, *The Morality of Law* (revised edition), Yale University Press, 1969.

　　做完一件事，似乎可以感觉略微的轻松！然而，这本书稿的完成，竟让我感觉更加的沉重！尽管我惊诧于本书的许多论断其实早已存在于我的内心并在我《国际环境法》等论著中可以找到痕迹。

　　我们有什么样的未来，可以说取决于我们对过往文明的态度！生命的升华——取决于蝶变；炼狱出世——新生的同时意味着超越！

　　我不入地狱谁入地狱。真正的学问，不是为了取悦于人，而是基于良知发自肺腑的不一定是真知灼见但一定是真实的感受；真正的读书人并不是为谋取一个五斗米的职位，而在于性情的陶冶和精神的富足。读书与思考的区别，便是学者与哲学家的区别。

　　人类在更新生活的过程中更新希望。即便不能肯定和确信，未来毕竟可能更好些。不是希望使人活着，而是活着产生希望！我们活着！我们希望摆脱环境危机，我们希冀着"未来无毒"！然而，当下的现实是我们的生存环境正在遭受着无穷的污染和各色各样的毒害，正在受到种种的威胁，且这毒害与威胁还在继续着。……这威胁主要不是来自自然界的敌对力量，而是来自人类自己本身。对大自然过度索取，对地球肆意倾泄，对资源随意挥霍，……这无良无尽的物欲与贪婪连着权与钱谱就的所谓盛世的繁华，无非是堕落的放纵。当物欲膨胀到完全占据身心的时候，必然导致精神的空虚和文明的萎缩！

　　一个人可以是富裕的，但不一定是幸福的！而且，我要特别强调：富不等于贵，富有之人不一定是贵族。贵族是行知合一、正直、不偏私、不畏难、不媚、不骄之崇高品行的人，贵族具有高贵的气质、宽厚的爱心、悲悯的情怀、高洁的精神、承担的勇气以及坚韧的生命力、人格的尊严、人性的良知。贵族精神代表的是高尚的品行和尊严，意味着为人的自制与克己，高贵的道德情操与文化精神，独立的意志与自由的灵魂，有担当并不为强权与多数意见所奴役，勇于奉献且具有知性与道德的自主性，超越时尚与潮流。

我不富裕，但我幸福！我不时尚，但我朴实！我不聪颖，但我坦诚！我笃信"坦诚"是最最基本的"人之美"！在我的人生跋涉中，虽然艰辛，却不孤独！吴汶燕、杜彩云、李乾睿、林森、王琦、林婧、汪珂如、陈文彬、蒲昌伟、邵莉莉、贾辉、孙世民、邹纯忻、刘春一、何勇、岳雷雨、吴朔桦、章汇、蹇潇、陈玥、高铭、葛平皓、漆宇舟、许子昀……，云霞、林玲、仙铃、林晔、林灏、林煜、子晞、肇翀……我深爱你们！是你们与我一起完成本书的写作！我庆幸无论时空须臾都有你们的温情支持与不离不弃！我深知我们所致力的学习和研究不是坐而论道的玄学，而是有着积极的批判潜能和构建新型文明的力量，是修身齐家治国平天下实践的力量！我不倦书山学海，探赜索隐力求钩深致远！因为，我们努力的目标不是让富人更富有，而是使穷人不再困苦！

每个人都是平凡而伟大的！生活就像攀登，但风景很美！

最后，我还要特别向中国政法大学出版社及丁春晖编辑致以真挚的问候与由衷的谢意！感谢你们为本书的面世所付出的辛苦与对我的无私帮助和支持！

2018 年 9 月 21 日 于荆斋